M. Euwe und H. Kmoch
Staunton-Turnier Groningen

चतुरङ्गविद्या

Tschaturanga

Darstellungen und Quellen zur Geschichte des Schachspiels

Herausgegeben von
Christiaan M. Bijl, Victor Kortschnoi
und Klaus Lindörfer

Band 87

1990
EDITION OLMS ZÜRICH

Max Euwe und Hans Kmoch

Staunton-Turnier Groningen 1946

1990
EDITION OLMS ZÜRICH

Dem Nachdruck liegt das Exemplar
der Bibliotheca Van der Linde-Niemeijeriana in der Königlichen
Bibliothek, Den Haag, zugrunde.
Signatur: 359 C 135

Nachdruck der Ausgabe Triengen/Luzern 1948

Printed in Germany
Herstellung: Strauss Offsetdruck GmbH, D-6945 Hirschberg 2
Umschlagentwurf: Prof. Paul König, D-3200 Hildesheim
ISBN 3-283-00065-4

Staunton-Turnier Groningen 1946

Dr. Max Euwe / Hans Kmoch

STAUNTON-TURNIER GRONINGEN

1948
VERLAG SCHWEIZER SCHACHBÜCHEREI
TRIENGEN / LUZERN

Berechtigte Übersetzung aus dem Holländischen.
Titel des holländischen Originals: STAUNTON-WERELDSCHAAKTOURNOOI
Übersetzt von Hans Kmoch

GRONINGEN 1946

Im März 1941 hat in Groningen ein Fünferturnier stattgefunden, und bei dieser Gelegenheit ließ Herr Joh. Hollander durchschimmern, der Schachklub „Staunton" habe die Absicht, nach dem Kriege ein großes internationales Turnier zu veranstalten. Du lieber Himmel! Niemand hat diese Andeutung beachtet, wir hatten zu viel Sorgen mit der Besetzung.

Im März 1946 stand aber bereits fest, daß der Schachklub „Staunton" sein 75jähriges Bestehen mit einem in Kürze zu erwartenden großen internationalen Turnier feiern werde. „Weltturnier" nannte es Herr Hollander. Besonnene Gemüter wollten allerdings auch dies noch nicht ernst nehmen; sie hatten zu viel Sorgen mit der Besetzung; diesmal allerdings nicht mit der deutschen, sondern mit der russischen. Sollte denn gerade den Groningern gelingen, wonach die Komitees von Hastings 1945/46 und London 1946 vergeblich gestrebt hatten, nämlich die Teilnahme von einigen Schachgrößen aus der Sowjetunion? Denn das verlangte die Lage in der Schachwelt von einem Turnier, das sich „Weltturnier" nannte: es mußte eine Kraftprobe werden zwischen den besten Spielern aus Ost und West. Die Sowjetunion war das einzige Land, wo die Schachbewegung auch während des Krieges bedeutende Fortschritte gemacht hatte; neue Sterne, ein Boleslawski, Bronstein, Kotow und Smisloff hatten zu leuchten begonnen, Flohr und Keres waren Sowjetbürger geworden, und als im September 1945 die stärksten Zehnermannschaften der USA und der USSR in einem Radiomatch gegeneinander antraten, haben die Russen einen überwältigenden Sieg davongetragen. Daraus war zumindest der Schluß zu ziehen, es sei unmöglich, ein großes internationales Turnier zu veranstalten ohne Beteiligung aus der Sowjetunion. Gerade dieses Land mußte unbedingt vertreten sein.

Es blieb denn auch geraume Zeit fraglich, ob die Veranstalter von Groningen 1946 voreilig taten, indem sie ihren geplanten Wettstreit als Weltturnier propagierten, ohne sicher zu sein, daß die eingeladenen Sowjetmeister wirklich teilnehmen würden. Diese Sicherheit gewann das Komitee nicht früher als ungefähr zwei Wochen vor Beginn des Kampfes. Aber dann elektrisierte die diesbezügliche Nachricht die gesamte Schachwelt, wobei auch beträchtliche Teile der nichtschachlichen Welt mitgerissen wurden. Der Name Groningen sollte bald während etwa sechs Wochen in Tausenden von Zeitungen täglich mit fetten Lettern erscheinen. Manche Zeitungen in fernen Ländern erwiesen dem nord-holländischen Städtchen sogar die Ehre einer Uebersetzung seines Namens in die betreffende Landessprache, wie dies bei größeren Ansiedlungen von Menschen, zum Beispiel London und Paris üblich ist. So schrieb „La Prensa“ in Buenos Aires, eine Tageszeitung von üppigen Ausmaßen, vorzugsweise über das Schachturnier in „Groninga“.

Die gewaltige Anziehungskraft des Staunton-Weltturniers war allerdings nicht ausschließlich den Russen zu danken; auch die übrigen Gänge des Menüs haben viel dazu beigetragen. Es gab 20 Teilnehmer aus 13 Ländern. Die vergleichenden Zahlen für Nottingham 1936 und Karlovy Vary 1929 lauten 15—10 bezw. 22—14. Groningen 1946 steht also diesen Vorkriegs-Weltturnieren gewiß nicht nach; es ist jedoch unter besonderen, auf den Krieg zurückzuführenden Umständen zustande gekommen, wodurch der Erfolg der Organisatoren wie ein Wunder wirken mußte. Und dieses Wunder geschah nach einer quälend langen Pause, während welcher die Nachwelt sozusagen patt gestanden hatte.

Schon dadurch mußte Groningen 1946 besondere Aufmerksamkeit erregen.

Es mußte sie aber auch erregen, weil Groningen gerade in Holland liegt, jenem merkwürdigen Ländchen, das anscheinend hauptsächlich von Schachliebhabern bewohnt wird, von Schachameisen, die fortwährend Schachturniere organisieren, wodurch ihr Land in dieser Beziehung zweifelsohne die Führung in der Welt besitzt. Beverwijk, Maastricht, Zaandam und Groningen markieren die wichtigsten Erfolge im Jahre 1946. Der Tag wird noch kommen, da die Schachgläubigen dieser Erde, sobald der Muzio sie mahnt, um die Partie zu eröffnen, ihr „Allachin il Allachin“ ausrufen werden unter dreimaliger tiefer Verbeugung in der Richtung von sagen wir Wijmbritseradeel (was nicht so weit ist von Groningen).

Am Montag, den 12. August, um etwa 8 Uhr abends, mußte das Turnier mit der Auslosung beginnen, und zwar im Hotel Frigge, wo alle Teilnehmer untergebracht werden sollten. Najdorf und Yanofsky waren am Donnerstag vorher an Ort und Stelle. Am Freitag traf Dr. Vidmar ein. Am Samstag brachten drei Autos der Sowjet-Gesandtschaft in Den Haag die Russen: Botwinnik mit Gemahlin und Töchterchen, Boleslawski, Flohr, Kotow, Smisloff und Weresow.

Der letztgenannte sollte nur als Leiter der Delegation auftreten und dem Turnier im übrigen nur als „Dummy“ beiwohnen. Er hätte allerdings auch ganz gut mitspielen können, denn Weresow ist der Vorkämpfer von Weiß-Rußland. Die Ankunft der Sowjetmeister lockte Scharen von Menschen vor das Hotel und gab uns einen Vorgeschmack von der gewaltigen allgemeinen Teilnahme, mit der das Turnier verfolgt werden sollte.

Am Sonntag kamen zu Mittag Guimard und spät am Abend Dr. Tartakower an. Damit war die Hälfte der Teilnehmer zur Stelle. Die zweite Hälfte hatte sich unterdessen in Amsterdam versammelt und wurde Montag nachmittags mit einem Sonderflugzeug der K. L. M. (Koninklyke Luchtvaart Maatschappij) nach Groningen gebracht. Aber nicht vollzählig: Lundin und Stoltz fehlten; ihr Flugzeug hatte sich irgendwo in der Gegend von Malmö verspätet und war nicht rechtzeitig in Amsterdam eingetroffen. Die Ungewißheit über die beiden Schweden währte jedoch nicht lange; um 7 Uhr abends saßen auch sie im Hotel Frigge. Das Programm konnte in Kraft treten.

Auf diesem Programm stand die allfällige Besprechung verschiedener technischer Einzelheiten zwischen den Spielern und der Turnierleitung, dann ein intimes Abendessen unter dem Vorsitz des Obmanns des Turnierkomitees, Herrn Duns, und schließlich die Auslosung. Aber zunächst mußte eine peinliche Angelegenheit geregelt werden.

Es waren 21 Eingeladene erschienen, während nur 20 Spieler zugelassen werden konnten. Wie war so etwas möglich? Ein furchtbarer Organisationsfehler? Nein. Es war eine Folge der alles andere denn normalen Umstände, unter denen das Komitee seine Vorbereitungen treffen mußte. Nur träge liefen die festen Zusagen ein, und einige erwiesen sich überdies als nicht fest genug. Fine sah sich genötigt, die seine zu widerrufen, und eines schönen Tages im Juli, zu einem Zeitpunkt, da die Hoffnung auf Teilnahme der Russen beinahe völlig geschwunden war, drohten auch Denker und Steiner, sich zurückzuziehen, da der Länderwettkampf USA—USSR für Groningen zu früh angesetzt worden war. Das Weltturnier schien zu einer Weltblamage auszuarten; es war zum Verzweifeln. Aber dann trat plötzlich eine Wendung ein und es wurde alles gut, fast zu gut. Der genannte Länderwettkampf wurde verschoben, und aus Moskau traf der offizielle Bericht ein, daß fünf bis sechs russische Großmeister nach Groningen entsandt werden würden. Fünf bis sechs? Das Komitee hatte um Entsendung von höchstens fünf gebeten, es mußte also jetzt mit der Möglichkeit rechnen, daß es zu 22 Teilnehmern kommen werde. Groningerseits war man damit einverstanden, aber zu Unterhandlungen war keine Zeit mehr, nicht einmal zu telegraphischen. Die Entscheidung mußte dem in Groningen aufzunehmenden persönlichen Kontakt mit den Teilnehmern vorbehalten bleiben.

Anderseits war aber beinahe mit Sicherheit anzunehmen, daß nicht alle Eingeladenen rechtzeitig erscheinen würden; das haben die Turniere von Hastings, Beverwijk, Maastricht und Zaandam gelehrt. Die Reiseschwierigkeiten sind ja heutzutage phantastisch und können leicht alle Berechnungen über den Haufen werfen. Das Groninger Komitee konnte unmöglich voraussehen, welche Ueberraschungen es von dieser Seite her zu erwarten hatte.

Die Ueberraschung trat auch ein, aber in einer ganz unwahrscheinlichen Form; sozusagen eine überraschende Ueberraschung. Vor der Auslosung waren alle 21 Eingeladenen anwesend; die Russen zwar nur zu fünft, aber dafür mit der conditio sine qua non, daß das Turnier programmgemäß am 7. September beendet werden müsse; sie hätten keine Zeit, sie müßten bestehen auf der Teilnehmerzahl von höchstens 20.

Was tun?

Das Komitee beriet. Da die Vorsehung das Spielen von 21 keineswegs dulden wollte, mußte eine Lösung gefunden werden. Man kam zu der Ueberzeugung, es sei ein Ding der Unmöglichkeit, einen der Ausländer zu ersuchen, sich zurückzuziehen. Niederländer gab es aber nur zwei: Euwe und Prins. Die Herren blickten einander an...

Aber Prins wollte nicht, und das ist schließlich begreiflich. Wer weiß, ob er je im Leben nochmals die Gelegenheit erhalten würde, an einem solchen Turnier teilzunehmen, noch dazu im eigenen Land. Nein, und abermals nein. Seine Argumente waren schlagend, doch die des Komitees nicht minder. Zwei Standpunkte, deren jeder für sich vollkommen gerechtfertigt war, stiessen gegeneinander — das Merkmal der echten Tragödie.

Als bereits Gerüchte im Umlauf waren, daß sich Euwe zurückziehen wolle und Botwinnik bereit sei, dasselbe zu tun, trat Weresow als deus ex machina auf und machte den folgenden Vermittlungsvorschlag: Wenn Prins sich diesmal freiwillig zurückzöge, solle er dafür entschädigt werden durch eine Einladung zu dem nächsten internationalen Schachturnier in der Sowjetunion. Botwinnik unterstützte diesen Vorschlag seines Landsmannes, und beide erklärten, sie würden zuhause ihren Einfluß geltend machen, auf daß Prins die angebotene Entschädigung auch wirklich erhalte. Das hatte den gewünschten Erfolg. Mit einiger Verspätung konnte die Gesellschaft von ungefähr 70 Menschen zu sich gehen. Es waren keine offiziellen Gäste eingeladen. Die von russischer Seite anwesenden offiziellen Persönlichkeiten, unter ihnen der Erste Sekretär der Sowjetgesandtschaft in Den Haag, Herr P. Sliousarenko, traten nur als Reisebegleiter ihrer Landsleute auf.

Während des Abendessens wurde, ungefähr um 10 Uhr abends, die Auslosung vorgenommen; sie hatte das folgende Ergebnis: 1. Smisloff, 2. Steiner, 3. Botwinnik, 4. Denker, 5. Boleslawski, 6.

O'Kelly, 7. Bernstein, 8. Euwe, 9. Stoltz, 10. Flohr, 11. Tartakower; 12. Kotow, 13. Yanofsky, 14. Kottnauer, 15. Christoffel, 16. Guimard, 17. Najdorf, 18. Szabo, 19. Lundin 20. Vidmar. Der erste Eröffnungszug im Staunton-Weltturnier war geschehen.

Vorher wurde mit den Spielern vereinbart, das Tempo solle 16 Züge pro Stunde betragen, mit erster Kontrolle nach 40 Zügen. Als Spielzeit für jede neue Runde wurden festgelegt die Stunden von 2 bis 7 und von 8.30 bis 10.30, mit Ausnahme am 13. August (4 bis 9), 28. August (10 bis 3) und 7. September (10 bis 3 und 4 bis 8). Vier Tage, nämlich der 19., 26. und 31. August, sowie der 6. September, wurden für die Austragung von Hängepartien bestimmt (Spielzeit von 10 bis 2 und von 4 bis 8). Die drei Sonntage dazwischen (18. und 25. August, sowie 1. September) sollten völlige Ruhetage sein. Mündlich und schriftlich wurde den Spielern mitgeteilt, der letzte Zug vor der Kontrolle (einschließlich des Drückens der Uhr!) müsse ausgeführt sein, bevor die Fahne fällt, daß es im Laufe des Spiels streng verboten sei, die Uhr abzustellen, daß jeder Spieler bei allfälligen Reklamationen die volle Verantwortung trage für die richtige und leserliche Protokollierung der Züge, daß jede auf Zeit und Zügezahl bezügliche Reklamation geschehen müsse und geprüft werde, während die Uhr des Reklamierenden im Gang bleibe usw., usw. Nichts durfte den Launen der Interessenten anheimgestellt werden. Es war Belagerungszustand. Zu Mitgliedern des Schiedsgerichtes wurden Dr. Euwe und Flohr gewählt, als Ersatzleute Denker und Dr. Vidmar. So endete der Tag der Eröffnung: 12. August 1946.

Der nächste Tag, obwohl bereits Spieltag, war teilweise noch für Eröffnungsfeierlichkeiten bestimmt. Um 11 Uhr vormittags wurden die Teilnehmer vom Bürgermeister der Stadt, Mr. P. J. W. H. Cort van der Linden, im Rathaus empfangen, der ihnen auf Englisch, das zur offiziellen Turniersprache gewählt wurde, verschiedenes über Groningen erzählte. Wenn vielleicht einige der Gäste, besonders die ausländischen, gedacht hatten, Groningen sei eigens zum Zwecke des Staunton-Weltturniers errichtet worden, dann hatten sie nun Gelegenheit, sich belehren zu lassen.

Und das war dann der zweite offizielle Eröffnungszug.

Der dritte und letzte wurde zwischen 3 und 4 Uhr gemacht, im „Harmonie"-Gebäude, dem Konzerthaus von Groningen. Das war zugleich die offizielle Eröffnung des Turniers, die Eröffnung der Eröffnungen. Wieder war der Bürgermeister zugegen, wieder das Turnierkomitee, sowie das Komitee des Schachklubs Staunton, aber es waren auch hohe Gäste anwesend, in erster Linie der Gesandte der Sowjetunion, Herr Vasily Valkov, mit seiner Gattin und einem Stab von Würdenträgern, Presseberichterstattern, sowie Photographen.

Viele Mitglieder dieser Gesellschaft waren aus Paris gekommen, weil ihnen dieses Schachturnier zeitweilig wichtiger erschien, als die Friedenskonferenz.

Nachdem man einige kurze, mit Tee und Kuchen verklärte Reden angehört hatte, begab sich die ganze Gesellschaft von einigen hundert Personen in den großen Saal der „Harmonie“, der zum Turniersaal umgestaltet worden war. Ein Streifen in der Mitte, etwa 25 Meter lang und 4 Meter breit, diente als Arena; dort waren die fünfmal zwei Spieltische aufgestellt. An dem einen Ende, gegen den Ausgang zu, war ein Tisch reserviert für das Komitee, an dem anderen Ende saß der Turnierleiter. Auf dem Podium standen zehn große Demonstrationsbretter; unter jedem befand sich eine große Schultafel, sozusagen als Demonstrations-Partienformular. Zehnmal zwei Staunton-Beamte hatten die Aufgabe, jeden Zug sofort zu veröffentlichen, ihn auf der Tafel zu notieren und auf dem Demonstrationsbrett nachzuziehen. An den Wänden des geschmückten Saals prangten die Flaggen der dreizehn vertretenen Länder. Alles war sorgfältig organisiert. Es gab viel Raum für die Zuschauer, aber keineswegs zu viel. Der Saal füllte sich rasch.

Der Bürgermeister sprach einige Worte.

Mit einer Verspätung von weniger als fünf Minuten begannen die Meister mit der ersten Partie.

Wir verweisen nun auf die Rundenberichte und überspringen einen Zeitraum von fast vier Wochen.

Es ist am 7. September 1946, ungefähr um 9 Uhr abends. Wieder befinden wir uns im Turniersaal, doch das ist kein Turniersaal mehr, zumindest kein Spielsaal. Der abgeschlossene Teil, in dem die Spieler gestritten und gelitten hatten, ist verschwunden, das Publikum hat die Konzerthaltung angenommen. Es starrt nach einer Rednerbühne, die vor dem Podium errichtet wurde und jetzt einem scharfen Lichtbombardement von vielen Photographen ausgesetzt ist. Die Preisverteilung beginnt. Nach einigen Reden kommt der große Augenblick. Mit erhobener Stimme ruft Herr Duns: „Mister Botwinnik“. Unter ohrenbetäubendem Applaus nimmt der Sieger seine Trophäen in Empfang: eine von Ihrer Majestät der Königin angebotene silberne Zigarettenkassette, einen Kranz von solchem Ausmaße, daß darunter noch ein zweites Paar Schultern bequem Platz gehabt hätte und einen Scheck auf 1500 Gulden. Botwinnik dankt mit einigen Worten in russischer Sprache.

Wilde Begeisterung packt das Publikum, als der Vorsitzende Dr. Euwe ruft und ihm den zweiten Preis überreicht: 1250 Gulden. Das geht so weiter, jedesmal unter stürmischem Applaus: Smisloff; Najdorf und Szabo; Boleslawski und Flohr; Lundin und Stoltz; Denker, Kotow und Dr. Tartakower. Die drei letztgenannten teilen den zehnten Preis plus zweimal das Partiehonorar für $9\frac{1}{2}$ Punkte, bei einem Tarif von 15 Gulden für jeden halben Punkt. Das sind dann die Preisträger.

Danach nehmen die Nichtpreisträger ihr Honorar entgegen: Kottnauer; Yanofsky (unter einem Extraapplaus); Dr. Bernstein und Guimard; Dr. Vidmar; Steiner; O'Kelly; Christoffel.

Es folgt die Verteilung der Spezialpreise.

Herr Duns gibt bekannt, daß die Kommission für die Zuerkennung der drei Schönheitspreise, welcher die Herren P. Devos, Vorkämpfer von Belgien, G. W. J. Zittersteyn, Vorsitzender des Königlich Niederländischen Schachbundes, und L. G. Eggink, Kommissär der Zeitschrift des Königlich Niederländischen Schachbundes angehörten, wie folgt beschlossen habe:

der erste Schönheitspreis, ein Silberfuchs, gebührt Lundin für seine Partie gegen Szabó;

der zweite Schönheitspreis, ein Herrenanzug, gebührt Euwe für seine Partie gegen Guimard;

der dritte Schönheitspreis, 100 Gulden, gebührt Yanofsky für seine Partie gegen Botwinnik.

Der Sonderpreis für das beste Ergebnis gegen die Preisträger, ein Betrag von 300 Gulden, „S. Landau Memorial" genannt und gestiftet von J. Landau in New York zu Ehren seines von den Deutschen umgebrachten Bruders, wurde geteilt zwischen Dr. Bernstein und Kottnauer; die beiden hatten den hohen Herrschaften zweimal fünf Punkte abgenommen.

Der Sonderpreis für das beste Ergebnis in den letzten fünf Runden, 100 Gulden, gestiftet von Weresow, blieb in der Familie; er ging an Boleslawski für einen Score von 4 Punkten.

Die fünf Gulden in Gold, welche den Sonderpreis für die kürzeste Gewinnpartie bildeten, erhielt Szabo für seinen Blitzsieg über O'Kelly.

Der erste Nichtpreisträger, Kottnauer, erhielt einen Trostpreis mit haushälterischem Einschlag.

Der letzte Nichtpreisträger, Christoffel, erhielt als Trostpreis eine Radierung mit Groningens berühmtem Turm, genannt Martini Sec.

Kotow und Smisloff erhielten zusammen eine Plakette von Euwe, die ein Schachfreund für denjenigen gestiftet hatte, der gegen Euwe gewinnen würde. Die Absicht war gut. Kotow und Smisloff können jetzt einen Match um die Plakette spielen.

Es folgte noch die Verteilung der Preise für das nationale Turnier, das vom 24. August bis 7. September im gleichen Saale stattgefunden hatte und von Dr. L. Stumpers gewonnen wurde.

Der letzte Applaus galt Frau F. Heemskerk, die im Schach der Damen Vorkämpferin von Holland blieb, weil sie den gleichzeitig mit dem nationalen Turnier gespielten Match gegen Frau C. Roodzant-Glimmerveen nicht verloren hatte.

Ungefähr um 11 Uhr wurde der grosse Saal geräumt, das Staunton-Weltturnier war beendet.

Während des anschließenden Festessens in einem kleineren Saal der „Harmonie“ begann das Abschiednehmen.

Euwe sagte zuerst leise Servus; er begab sich noch in derselben Nacht im Auto nach Amsterdam.

Die Russen und einige andere Teilnehmer verließen Groningen am 8. September zeitig in der Frühe. Die letzten, ausgenommen Najdorf und Szabo, nahmen am 9. September das Sonderflugzeug, welches sie nach dem Amsterdamer Flugplatz brachte, und fuhren von dort weiter nach Den Haag. Alles ging zuerst nach Den Haag, wo die Sowjetbotschaft am 9. September einen großen Empfang gab zu Ehren der russischen Meister. Nochmals hatten die Matadoren, die Funktionäre und Unterfunktionäre, die Journalisten, Berichterstatter und Photographen, viele mit ihren Damen, Gelegenheit, einander Adieu zu sagen, was sie in einer Berglandschaft von Leckerbissen und wohlgefüllten Flaschen mit ansehnlich verstärkter Herzlichkeit taten.

Nur Najdorf und Szabo konnten die Gastfreundschaft von Exzellenz Valkov nicht genießen; sie gaben an diesem Abend eine Simultanvorstellung in Groningen. Diese Vorstellung war schon Wochen vorher verabredet und mit Plakaten angekündigt, auf denen man von weitem Abstand lesen konnte: „Christliche Vereinigung — Najdorf — Szabo“. Minus eins mal minus eins ist nun einmal plus eins.

Am 10. September wurden die Russen mit einem russischen Sonderflugzeug aus Den Haag abgeholt. In ihrer Begleitung begaben sich auch Dr. Euwe und Gemahlin, Denker und Gemahlin, sowie Steiner nach Moskau. Es war höchste Zeit für den in der russischen Hauptstadt stattfindenden Länderwettkampf USA—USSR.

Dr. Tartakower blieb noch einige Tage in Den Haag. Dr. Vidmar reiste am 12. September von Amsterdam ab. Guimard und Najdorf begaben sich am 18. September über Brüssel nach Prag, um dort an dem tschechischen Helden-Gedenkturnier teilzunehmen. Als letzte verließen dieses Schachland Szabo und Yanofsky; sie gingen nach Zürich.

Was war das für ein herrliches Turnier! Wie gut hat alles geklappt, wie schön ist alles verlaufen. Alle Teilnehmer äußerten ihre Bewunderung für diese erstaunliche Leistung eines schachliebenden Volkes. Wohlverstanden: eines Volkes, denn was dieses Turnier so großartig gemacht hatte, war in erster Linie die freudige Mitwirkung des holländischen Publikums. Die Russen sind auf dem Gebiet der Schachbegeisterung gewiß verwöhnt, aber auch sie waren in Groningen überrascht. Die Amerikaner mußten zugeben, daß sogar der germanisierte Gulden noch stärker spielt als der Dollar. In Argentinien ist das Schachspiel so geschätzt, daß zwei der bekanntesten Rennpferde „Capablanca“ und „Tartakower“ heißen; trotzdem mußten Guimard und Najdorf zugeben, daß ihnen dieses Turnier imponiert habe. Und so könnte man noch vieles anführen, was für Groningen und ganz Holland schmeichelhaft ist. Auch jene, die hie und da zu nörgeln hatten (man verliert einen Bauern und findet später ein Haar in der Suppe!) mußten schließlich anerkennen, daß dies ein glänzendes, außergewöhnlich gut gelungenes Turnier gewesen war. Wahrlich ein Weltturnier!

Was ist ein Weltturnier? Wodurch unterscheidet sich Groningen 1946 von anderen Schachveranstaltungen? Ist es bedeutender gewesen als der Wettstreit von der AVRO im Jahre 1938 oder die Zweikämpfe um die Weltmeisterschaft, welche in Holland stattgefunden haben?

Es war nicht bedeutender, es war etwas anderes. In Groningen wurde nicht so sehr nach der Weltmeisterschaft gefragt als nach dem Stande der Schachbewegung in der ganzen Welt, nach den Fortschritten, die während des Krieges gemacht wurden, nach den Veränderungen, die sich vollzogen haben mochten. Solche Fragen können nur in einem Turnier mit vielen starken Teilnehmern aus vielen Ländern beantwortet werden. Die Groninger haben, indem sie ihre Veranstaltung „Weltturnier“ nannten, einen passenden Ausdruck gefunden für diese Art von Turnieren. Ungefähr zwanzig Teilnehmer aus ungefähr zwölf Ländern, die meisten bekannte Großmeister, eine Anzahl alter Haudegen und eine Schar junger und hoffnungsvoller Offiziere — das sind so nach einer beinahe hundertjährigen Erfahrung die Hauptmerkmale dessen, was man ein Weltturnier nennen darf. Und Groningen 1946 hat all diesen Anforderungen voll entsprochen. Prächtig haben Botwinnik, Dr. Euwe und Flohr die AVRO-Klasse vertreten, tapfer hat Dr. Tartacover die alte Garde angeführt, glänzend war Smisloff als Fahnenträger der jüngeren Generation. Fine, Keres und Reshevsky wurden zwar schmerzlich vermißt, aber ihre Abwesenheit hat die Bedeutung des Turniers keineswegs herabgedrückt. Das gleiche gilt von den Vertretern Großbritanniens, die unabkömmlich waren, weil zur selben Zeit in Nottingham die Vorkämpferschaft ihres Landes ausgetragen wurde.

Zum Schluß dieser Betrachtung eine Hypothese: die AVRO will wieder ein Turnier veranstalten, genau so eines wie im Jahre 1938. Sie weiß, daß Aljechin und Capablanca nicht mehr am Leben sind, stützt sich auf das Ergebnis des Groninger Turniers und kommt zu der folgenden Achtermannschaft: Botwinnik, Dr. Euwe, Fine, Keres, Najdorf, Reshevsky, Smisloff und Szabo. Wenn jedoch Fine, Keres und Reshevsky wieder verhindert sein sollten, kommt die AVRO in die größte Verlegenheit. Sie wählt zwar sofort Boleslawski und Flohr, weiß aber bezüglich des achten keinen Rat.

DIE TEILNEHMER

Die zwanzig Teilnehmer von Groningen 1946 bildeten eine bunte Gesellschaft. Die Nationalität und die Sprache, das Aeußere, das Temperament und der Charakter, das Lebensalter, der Bildungsgrad, die Gewohnheiten, die körperliche Verfassung, die Nerven, der ökonomische Standard, der Grad der Empfänglichkeit für Humor und der Blick auf das Weltgeschehen — dies alles brachte große individuelle Unterschiede mit sich und fand seinen Niederschlag in Stil und Ergebnis. Es ist verwunderlich und zugleich erhebend, daß diese großen Unterschiede keine großen Zusammenstöße verursacht haben. Der Sinn für Humor beherrschte die Lage und deckte alle Gegensätze zu. Viele Teilnehmer waren bereits alte Bekannte; die Neulinge wurden freundlich in die Familie aufgenommen, und alle haben sich während dieser vier Wochen köstlich unterhalten, trotz aller Sorgen, die jeder für sich mit dem Turnierspiel hatte.

Als Umgangssprache diente in erster Linie Deutsch; vierzehn der Teilnehmer sprachen es fließend, nur Guimard überhaupt nicht. Englisch, die offizielle Turniersprache, war im persönlichen Verkehr etwas weniger gebräuchlich. Auffallend war, daß viele Teilnehmer russisch sprachen, nämlich Dr. Bernstein, Szabo und Dr. Tartakower fließend, Dr. Euwe, Kottnauer, Najdorf, O'Kelly und Dr. Vidmar ziemlich — von den fünf Sowjetmeistern abgesehen. Anderer Sprachen bediente man sich nur in engerem Kreis. Flohr und Szabo sprechen etwas holländisch, O'Kelly beherrscht es perfekt. Guimard war der einzige, der sich nur schwer verständlich machen konnte. Es ist aber auch schon lange her, daß in Groningen Spanisch gesprochen wurde.

Nachstehend folgen einige Einzelheiten über jeden der Teilnehmer für sich, und zwar in der durch das Ergebnis des Turniers bedingten Reihenfolge.

M. M. Botwinnik. Geboren am 17. August 1911 in Leningrad (er feierte also während des Turniers seinen Geburtstag). Sieger in den Turnieren um die Vorkämpferschaft der Sowjetunion von 1931, 1933, 1939, 1941, 1944 und 1945. Gilt als der erfolgreichste Turnierspieler der Gegenwart.

Botwinniks größte Erfolge bilden die geteilten ersten Preise von Moskau 1935 (zusammen mit Flohr) und Nottingham 1936 (zusammen mit Capablanca). Seit Aljechin tot ist, betrachten viele Botwinnik als den stärksten Spieler der Welt. Diese Auffassung ist besonders in England verbreitet. In der Sowjetunion legt man diesbezüglich eine Zurückhaltung an den Tag, die von großer Sportlichkeit zeugt.

Der Sieg von Groningen bildet zweifelsohne den größten Erfolg in Botwinniks Laufbahn. Als der russische Vorkämpfer nach der 8. Runde mit einem Vorsprung von anderthalb Punkten in der Führung lag, war man allgemein überzeugt, daß er mit großem Vorsprung Erster werden würde; Flohr zum Beispiel betrachtete es einfach als ausgeschlossen, daß es anders laufen und Botwinnik überhaupt eine Partie verlieren könnte. Aber Botwinnik verlor sogar drei Partien, ohne daß man von einem plötzlichen Formrückgang sprechen könnte. Solch einzelne Rückschläge sind in seinem gewagten Stil begründet. Botwinnik ist zwar nicht das, was man einen Angriffsspieler nennt, aber er nimmt oft positionelle Wagnisse in Kauf, wählt schwierige Eröffnungen und liebt atembeklemmende Spannungen. So meisterhaft er in derartigen Lagen zu manövrieren und zu kombinieren versteht, er setzt sich dabei doch der Gefahr aus, daß die Probleme der Stellung einmal seine Kräfte übersteigen, zumal er oft mit Zeitnot zu kämpfen hat; letzteres zeigte sich nicht nur in den Partien, welche er verlor, sondern auch in jenen gegen Denker, Euwe, Flohr, Lundin, O'Kelly und Szabo. Botwinnik wird vielfach als eine Art Schachmaschine betrachtet, aber er ist nichts weniger als das. Ein Streiter ist er, voll Einbildungskraft, Mut und Unternehmungslust, nur äussert sich dies alles im allgemeinen nur in den minder auffälligen Formen des Stellungsspiels. Er steht etwa in der Linie von Steinitz-Rubinstein-Nimzowitsch. Aber er ist äußerst originell.

Im Gegensatz zu allen andern Teilnehmern konzentrierte Botwinnik seine ganze Energie auf den Schachkampf. Er lebte vollkommen zurückgezogen mit seiner Gattin und seinem Töchterchen, nahm seine Mahlzeiten auf dem Zimmer und tauchte nur an freien Tagen manchmal für ein halbes Stündchen in der Lounge auf, der Domäne der übrigen Teilnehmer. Aber er hat sich nicht an den Unterhaltungen der anderen beteiligt, niemals Schnellpartien oder Bridge gespielt, niemals etwas anderes bestellt als Tee. Daß er kein Raucher ist, versteht sich unter diesen Umständen von selbst. Zweimal des Tages pflegte die Familie Botwinnik einen kleinen Spaziergang zu machen, ein Bild idealen Familienlebens gebend. Glückliche, freundliche, korrekte und stille Menschen.

Große Sorge erfüllte Botwinnik das Spielen am Vormittag, was jedoch am 28. August und am 7. September nicht zu vermeiden war. Tatsächlich hat er in diesen zwei Partien (gegen Flohr und Najdorf) nur einen halben Punkt erzielt, und sogar das nur mit etwas Glück.

Hatte Botwinnik in der Pause zwischen sieben und halb neun eine abgebrochene Partie zu analysieren, dann konnte man seine Gattin mit dem Kind vor der Türe ihres Zimmers sitzen sehen, aufpassend, daß nichts und niemand den Champion störe. Kam jemand in die Nähe, so warnte sie mit leiser Stimme: „My husband is studying". Es war auf Erfolg berechnet und doch auch rührend.

Dr. M. Euwe. Geboren zu Amsterdam am 20. Mai 1901. Der viertälteste der Teilnehmer. Wie die Zeit doch verfliegt! Ebenso wie Botwinnik hat der Ex-Weltmeister in Groningen die beste Turnierleistung seiner Laufbahn vollbracht.

Dieser zweite Preis war noch etwas anderes als der erste in Zaandam, drei Monate vorher. Gleich Botwinnik hat auch er bewiesen, noch etwas besser zu sein als die besten von den achtzehn anderen Teilnehmern. Und hätten ihn seine Nerven nicht im allerletzten Augenblick im Stich gelassen, dann hätte er auch mit Botwinnik gleichen Schlußstand erreicht, was übrigens ein durchaus gerechtes Ergebnis gewesen wäre. Es hat nicht sein sollen, aber Euwe darf hoffen, es nächstens noch besser zu machen. Denn geht man seinen Erfolgen nach und prüft man seinen Stil, so kommt man zu der überraschenden Entdeckung, daß sich dieser Meister trotz seiner nun mehr als 25jährigen Laufbahn und seines nicht mehr gerade jugendlichen Alters noch stets im Aufstieg befindet. Das erhellt zunächst aus den Turnierleistungen Euwe's seit dem Ende des zweiten Weltkrieges; er spielte in Hastings miserabel, in London und Maastricht tadellos, in Zaandam ausgezeichnet und in Groningen glänzend. Es erhellt aber auch, wenn man Euwe's Spiel in Groningen mit dem vergleicht, was er in einem beliebigen früheren Turnier seiner Laufbahn gezeigt hatte, etwa in Karlovy Vary 1929 oder in Nottingham 1936. Anscheinend nähert er sich erst jetzt seinem Höhepunkt; er ist einerseits frisch wie nur je, anderseits aber bedächtiger geworden. Dies alles ist höchst ungewöhnlich und darum bemerkenswert. Bei Aljechin und Capablanca zeigten sich im Alter von ungefähr vierzig Jahren deutliche Spuren des beginnenden Abstiegs.

Euwe's Lebensweise in Groningen unterschied sich äußerlich nur wenig von jener Botwinniks: auch er hielt sich abseits und war außerhalb des Turniersaals kaum zu sehen. Aber er konnte sich bei weitem nicht im selben Maße wie Botwinnik auf das Spiel konzentrieren; das bewies am deutlichsten seine tägliche Plauderei im Radio über den Verlauf der jeweiligen Ereignisse im Turnier. Ob es Euwe wohl jemals gelingen wird, sich während eines Turniers ausschließlich mit seinen Partien zu beschäftigen? Das ist zu bezweifeln, und es würde vielleicht nicht einmal nützen. Euwe kann nur frei atmen, wenn er in Arbeit erstickt.

W. Smisloff. Geboren am 24. März 1921 in Moskau. Ein langer, sympathischer, stiller Junge mit rötlichem Haar. Das also ist der Anführer der neuen Generation. Das ist der Mann, der im September 1945, im ersten Radiomatch USA—USSR beide Partien gegen Reshevsky gewonnen hat. Das ist neben Flohr der einzige, der Groningen mit nur einer Verlustpartie durchgestanden hat. Sein Stil zeigt nicht viel Auffallendes. Was wohl auffällt, ist die Ruhe und Fehlerfreiheit, mit der Smisloff spielt. Er hält sich zurück von gewagten Unternehmungen, baut seine Partien sicher und bequem auf und kommt nicht in Zeitnot. Trotz seiner Jugend besitzt Smisloff den Stil eines Spielers mit langer Erfahrung. Wenn nicht alles täuscht, wird er ein großer Matchspieler werden.

M. M. Najdorf, geboren am 10. April 1910 in Warschau, und L. Szabo, geboren am 19. März 1917 in Budapest, sind Preisgenossen und teilen außerdem die Ehre, als einzige gegen Russen gewonnen zu haben; Najdorf erzielte aus diesen fünf Partien $3\frac{1}{2}$ Punkte, Szabo 3.

Najdorf ist eine anziehende Persönlichkeit: ungewöhnlich lebhaft, laut, fröhlich, gutmütig und vor allem genial. Seit 1939 in Buenos Aires ansässig, hat er sich dort zum König der Schachspieler Südamerikas entwickelt. Er sieht schrecklich schnell und erstaunlich viel. Als er gegen Smisloff 17 Züge in einer halben Minute machen mußte, hatte er die Kühnheit, Remis abzulehnen, und es gelang ihm tatsächlich, einen kleinen Vorteil zu behaupten. Er ist ein phantastisch guter Blindspieler; ein halbes Dutzend Blindpartien ist für ihn nichts, die erledigt er im Ping-Pong-Tempo, während er sich mit anderen Dingen beschäftigt, etwa einer Partie Bridge oder einer Simultanvorstellung auf 40 Brettern. Vierzig ist übrigens auch sein Rekord im Blindspiel, gegenüber 240 im gewöhnlichen Simultanspiel.

Mit Leidenschaft und zugleich Vollendung spielt er Blitzpartien. Er spielt sie auf besonders unterhaltliche Art, mit reden, lachen und vulkanischen Ausbrüchen sobald ihm etwas Ungewöhnliches gelingt oder auch mißlingt. Wo er spielte, drängten sich die Zuschauer einschließlich vieler seiner Kollegen. Es ging stets um Geld und mit Contra. Najdorf hatte in Groningen keine gleichwertigen Blitzgegner und mußte in der Regel mehrfach setzen. Flohr und Smisloff haben ihm zwar manche Lektion erteilt und nannten ihn dann höhnend Kasimirtschik (der russische Ausdruck für „Patzer"), aber das fand er nur amüsant. Bei alldem ist Najdorf kein Berufsspieler, sondern Geschäftsmann, ein Geschäftsmann, der alles zu verhandeln weiß. Strümpfe auch? Was meinen Sie: Najdorf soll Nylon nicht liefern können...? Indessen bleibt er als Geschäftsmann ein Simultanspieler, denn er beschäftigt sich immer mit hundert Dingen zugleich. Er repräsentiert ein neues Temperament: das simultanische. Für das ernste Schachspiel ist solches nicht gut. Najdorf hat in Groningen einen schönen Erfolg errungen, aber er hätte ein direkter Konkurrent von Botwinnik und Euwe werden können, wenn er mit mehr Konzentration gespielt hätte.

Szabo mag weniger genial sein als Najdorf; er macht dies wett durch Hingabe und erhöhte Aufmerksamkeit. Sein Stil ist scharf, vielleicht etwas zu scharf. Dadurch gewann er flott gegen Schwächeren, erzielte aber gegen die elf übrigen Preisträger nur 4½ Punkte, das ist 2 weniger als Najdorf (die Partie Najdorf—Szabó eingerechnet). Im großen und ganzen hat jedoch der ungarische Vorkämpfer ausgezeichnet gespielt. Er ist ein prächtiger Kämpfer, voll Mut und Selbstvertrauen, und voll tiefer Abneigung gegen öde Remispartien. In letzterer Hinsicht ist er nur mit Botwinnik, Euwe und Boleslawski zu vergleichen. Was Szabo noch braucht, ist eine verfeinerte Kenntnis der Eröffnungen, sowie mehr Uebung im Spiel gegen Großmeister. Er hat seine großen Erfolge noch vor dem Bug.

J. Boleslawski, geboren in Solotonoscha in der Ukraine am 17. Mai 1919, und S. Flohr, geboren zu Horodenka in Polen am 21. November 1908. Das sind zwei Spieler von sehr verschiedener Art: der eine ist stets auf siegen oder sterben eingestellt, der andere auf leben und leben lassen.

Es ist schwer zu sagen, ob Boleslawski in Groningen gut in Form war; dazu ist dieser Meister außerhalb der Sowjetunion zu wenig bekannt. Von Flohr dagegen kann mit Sicherheit gesagt werden, er habe viel eingebüßt von seinem früheren Schwung. Er zeigt sich beinahe unüberwindlich (nur eine Partie verloren!) aber dafür auch nur schwer imstande, eine Partie zu gewinnen (nur vier Siege, und nur gegen Nichtpreisträger!). Das ist zu wenig für einen Spieler seines Ranges. Es wäre vielleicht gut für Flohr, wenn er zur schlanken Linie zurückkehrte. So wie er sich in Groningen präsentierte, wurde er nicht zu Unrecht Vidmarowitsch genannt, Sohn des Vidmar (dessen Leibesumfang beileibe kein Geheimnis ist).

Da Flohr früher oft in den Niederlanden weilte, begegnete er in Groningen vielen alten Freunden und Bekannten, die ihn natürlich mit großer Freude begrüßten. Er war denn auch einer der angesehensten Gäste in Groningen, überdies auch gesucht, weil er beim Verkehr mit den übrigen Sowjetmeistern gewöhnlich als Dolmetsch auftrat. In bezug auf Boleslawski war er allerdings überflüssig, denn der spricht kaum etwas, obwohl er sich als freundlicher Mann gebärdet, und obwohl die Annahme gerechtfertigt ist, daß er sich im Notfalle auf Russisch verständlich machen könne. Boleslawski braucht aber nicht zu sprechen, seine Partien sprechen für ihn. Sehr eigenartige, fesselnde Partien. Dieser russische Meister war hinsichtlich des Stils vielleicht der interessanteste Teilnehmer von Groningen; besonders mit Schwarz hat Boleslawski manches Kunstwerk geliefert, und seiner Behandlung der Königsindischen Verteidigung wird wohl eine Revision der Theorie dieser Eröffnung nötig machen. Sein Start war nicht glücklich, sein Endspurt dagegen imponierend.

E. Lundin und G. Stoltz wurden beide 1904 in Stockholm geboren, ersterer am 2. Juli, letzterer am 9. Mai. Also beinahe Zwillinge, und das sind die beiden Schweden noch in manch anderer Beziehung. Sie ähneln einander im Aeußern, in Kleidung, Temperament, Stil, Ansichten und Spielstärke. Nur in bezug auf die Kunst des Schreibens klafft zwischen beiden eine breite Kluft: Lundin verdient damit teilweise sein Brot, er ist schließlich Redaktor der Schwedischen Schachzeitung, Stoltz dagegen müßte salzlos sterben, wenn er auf das Schreiben angewiesen wäre; er haßt es geradezu; er könnte niemals Redaktor werden. Es sind zwei ruhige, kreuzbrave Menschen, die sehr stark Schach spielen. Lundin, der Vorkämpfer seines Landes, spielt mehr wissenschafltich, dafür hat Stoltz mehr Uebung in internationalen Turnieren. Lundin dürfte wohl der stärkere von beiden sein, er kam jedoch erst nach der 9. Runde in Schwung; dann freilich erzielte er 7 Punkte aus 10 Partien, darunter die effektvollen, aufeinander folgenden Siege gegen Najdorf und Szabo.

A. S. Denker (New York, 20. Februar 1914), A. A. Kotow (Tula, 12. August 1913, sein Geburtstag fiel also auf den Tag der Auslosung) und Dr. X. Tartacover (Rostow, 9. Februar 1887) haben jeder 50 % erreicht und teilten den letzten Preis, vermutlich zur vollsten Unzufriedenheit jedes einzelnen.

Denker ist eine elegante, sympathische, repräsentative Persönlichkeit. Er begann glänzend, holte sich 7 Punkte aus 10 Partien und imponierte überdies durch seinen Stil, einen starken Fortschritt aufweisend gegenüber seinem Spiel in Hastings und London. Es schien bereits sicher zu sein, daß der neue Vorkämpfer der Vereinigten Staaten ten einen der höchsten Preise gewinnen werde, als plötzlich eine Wendung zum Bösen eintrat: ein grober Fehler gegen Euwe kostete Denker nicht nur diese eine Partie sondern das ganze Turnier. Er war knockout und erzielte in den noch folgenden acht Partien lediglich fünf Remisen. Das wäre nicht nötig gewesen. Wahrscheinlich hat sich Denker über den erwähnten Bock geärgert, und das ist das Schlimmste, was ein Schachmeister tun kann. In Moskau 1925 hatte

Lasker knapp vor seiner Partie gegen Torre eine ärgerliche Auseinandersetzung mit einem Kollegen; es ist bekannt, daß er diese Partie verlor, indem er eine elementare taktische Wendung übersah. Im gleichen Turnier trat Capablanca verärgert gegen Werlinskij an, spielte wie ein Kasimirtschik und verlor.

Kotow ist die männliche Ausgabe von Fanny Heemskerk (der holländischen Vorkämpferin). Das will natürlich nicht besagen, daß er klein und dick wäre, aber gedrungen und breit ist er schon, und er lacht gerne und ist sehr amüsant. Auch hat er nach Prozenten dasselbe Ergebnis erzielt wie Frau Heemskerk in ihrem Match gegen Frau Roodzant. Weresow, den Leiter der russischen Schachdelegation, nannte er scherzend „Mein Fjuhrer". Nachdem Kotow gegen Flohr, Botwinnik und Denker gewonnen hatte, erhielt er den Beiname gigantkiller. Und der „Riesentöter" gewann wahrhaftig in der letzten Runde auch noch gegen Euwe, damit insgesamt 6½ Punkte erzielend gegen die übrigen Preisträger; eine starke moralische Entschädigung für sein sonst nicht überragendes Resultat. Der russische Großmeister verlor in Groningen sechs Partien, fast alle durch taktische Versehen. Er war nicht gut in Form.

Dr. Tartacover trägt jetzt einen Schnurrbart, ist aber trotzdem sofort wiederzuerkennen. Sein ätzender gallischer (zuweilen auch galliger) Geist hat durch den Krieg nicht im mindesten gelitten. Als wir einmal während einiger Tage hauptsächlich mit Fischen gespeist wurden, bekam es Tartacover satt und er protestierte auf seine Art. Nicht etwa im Wege der Beschwerde, sondern in dem des beißenden Lobes: „Wissen Sie, ich finde Essen hier wirklich ausgezeichnet. Wirr bekommen doch jedden Tag Vorfisch, Fisch und Nachfisch..." Tartacover hat jetzt die französische Nationalität; sie paßt ihm wunderbar.

Er hat auch gut gespielt, jedenfalls besser als die zwei anderen Veteranen, Bernstein und Vidmar. Aber es ist keine Kleinigkeit, ein Turnier von 19 Runden durchzustehen, wenn man sechzig ist. Nach der 9. Runde hatte Tartacover das schöne Resultat von +3 –0 =6. Dann aber hat er keine Partie mehr gewonnen, wohl aber drei verloren.

C. Kottnauer, geboren in Prag am 24. Februar 1910, spielte ungleichmäßig, jedenfalls aber scharf, ungefähr im Stile von Szabo. Er hat nur vier Partien remis gemacht. Was das heißt, mögen einige vergleichende Zahlen dartun: Botwinnik 3 Remisen, Christoffel 4, O'Kelly und Szabo je 5, Boleslawski und Euwe je 6. In der letzten Runde hatte Kottnauer Weiß gegen O'Kelly und somit eine treffliche Chance, allein den letzten Preis zu gewinnen, aber er verlor, zur größten Genugtuung jener, die ihn auf diese Weise um einen halben Punkt überflügelten. Der tschechische Vorkämpfer ist eine einhehmende Erscheinung, gebildet, fesch und ein Sportsmann. Er ist kein junger Spieler, wurde aber erst nach dem Kriege im Ausland bekannt. In Holland ist er zuerst als Verfasser eines Turnierbuches aufgetreten: Zaandam 1946.

D. A. Yanofsky wurde am 26. März 1925 zu Ruszyn in Polen geboren, wanderte aber noch im selben Jahre mit seinen Eltern nach Canada aus. Er war unter den Teilnehmern von Groningen der jüngste, konnte auf keine besonderen Erfolge zurückblicken und wurde nur in seiner Eigenschaft als Vorkämpfer von Canada eingeladen. Das Komitee betrachtete die Einladung eines Canadiers als eine Ehrensache; es sollte gezeigt werden, daß die Niederländer die Befreiung ihres Landes durch die canadische Armee nicht vergessen hatten. Yanofsky kam. Er hatte bis dahin nur einmal an einem internationalen Turnier teilgenommen. Das war 1939, als er im Länderwettkampf zu Buenos Aires auf dem zweiten Brett für Canada spielte. Damals erzielte er $14\frac{1}{2}$ Punkte aus 16 Partien; er hatte gegen Foltys remisiert und nur gegen Najdorf verloren. Unter normalen Verhältnissen hätte diese Leistung des Vierzehnjährigen großes Aufsehen erregen müssen. Aber damals hatten die Deutschen gerade Polen überfallen, und die Welt hatte andere Sorgen, als sich um ein Wunderkind zu kümmern. Sieben Jahre später, am 2. September 1946, in der 15. Runde des Groninger Turniers, wurde aber Yanofsky entschädigt; er hatte an diesem Tage Botwinnik besiegt, und eine Flutwelle von Bewunderung riß ihn mit einem Male hoch empor in die Sphäre des Ruhms. Yanofsky ist ein starker Spieler mit einem rationellen Stil. Er studiert Medizin. Es frägt sich, ob er ein berühmter Arzt werden wird, aber ein berühmter Schachmeister wird er gewiß.

Dr. O. S. Bernstein, geboren am 20. September 1882 zu Schitomir in der Ukraine, und C. Guimard, geboren am 6. April 1913 zu Santiago de Estero in Argentinien, könnten ganz gut ihre Nationalität vertauschen. Denn Bernstein's lebhaftes, launenhaftes Temperament würde gut zu einem Argentinier passen, während Guimard's olympische Ruhe jedem Sohn der schwarzen Erde zur Zier gereichen würde. Wenn Guimard „Non importante“ sagt, klingt es recht russisch, man meint ein gezogenes „Nitschewo“ zu hören, wenn aber Bernstein eilig sein „Nitschewo“ hervorbringt, so klingt es irgendwie spanisch (vielleicht weil er sowohl Russisch wie Spanisch spricht). Bernstein wird bald böse, aber ebenso schnell wieder gut, Guimard wird nie böse, denn er fürchtet, daß er nie wieder gut werden könnte. Ein stark kontrastierendes Duo, das sich da zusammengefunden hat.

Bernstein war der Nestor der Teilnehmer. Eigentlich hat er sich schon vor 32 Jahren vom Schachspiel zurückgezogen, damals ein berühmter Großmeister. Seither ist er, abgesehen von unbedeutenden Gelegenheiten, nur viermal aufgetreten: in Bern 1932, Zürich 1934, London 1946 und in Groningen. Kein Wunder also, daß er nicht die alte Kraft zeigen konnte. Er ist zwar noch außerordentlich kampffreudig, steht aber mit den Eröffnungen auf Kriegsfuß und begeht oft grobe Versehen, Es kann ihn trösten, daß er 5 von seinen 7 Punkten gegen die Preisträger erzielt hatte.

Guimard ist ein feiner Spieler, aber er konnte sich während der ersten Hälfte des Turniers so gar nicht hineinfinden. Mag sein, daß er Lampenfieber hatte, denn schließlich war dies sein erstes großes Turnier. Jedenfalls stand er nach neun Runden jämmerlich da mit $1\frac{1}{2}$ Punkten. Um so verdienstlicher ist sein Erfolg in den nächsten zehn Runden, die er mit dem positiveren Ergebnis von $5\frac{1}{2}$ Punkten abschloß, darunter drei aufeinanderfolgende Siege.

Dr. M. Vidmar, geboren am 22. Juni (Morphy's Geburtstag!) 1885 in Ljubljana (sprich = Lublána), Präsident der Akademie der Wissenschaften in Jugoslawien, ist einfach schachtoll, soweit es sich um Schnellpartien handelt. Im Restaurant oder in der Lounge war er vom Schachbrett nicht wegzukriegen. Aber im Turniersaal benahm er sich entgegengesetzt, da wollte er so schnell wie möglich fertig sein und bot fleißig Remis an. Möglich, daß er dies tat, um Zeit zu gewinnen für Blitzpartien, möglich auch, daß er einfach zu träge war. Für die letztere Auffassung fällt seine enorme Körpermasse ins Gewicht. Aber wie dem auch sei, es dauerte jedenfalls zwölf Runden, ehe Vidmar begriff, daß es so nicht weitergehen könne, und beschloß, nie mehr Remis anzubieten, sondern jede Partie durchzuspielen, solange es noch eine Möglichkeit zu kämpfen gab. Er gab sich sozusagen selbst ein Forcing, und das half; Vidmar begann viel stärker zu spielen und erreichte in den noch folgenden sieben Partien mehr als in den zwölf vorangegangenen. Er zeigte sich nicht im geringsten ermüdet und erklärte nach der letzten Runde, er bedaure, daß das Turnier zu Ende sei; ein zweiter Turnus wäre nach seinem Geschmack gewesen.

Vidmar gehört zu den großen Figuren im internationalen Turnierleben, obwohl er natürlich nicht mehr dasselbe leisten kann, wie vor zwanzig oder dreißig Jahren. Er ist sehr unterhaltlich, weiß tausend Anekdoten aus dem Aermel zu schütteln und trägt stark bei zur allgemeinen Geselligkeit. In Groningen war ihm während des Turniers manches nicht recht; als aber geschieden werden mußte, versicherte er ein- ums andere mal, dieses Turnier sei eines der schönsten seiner Laufbahn gewesen. Es fiel ihm schwer, sich loszureißen von all den Freunden, Kollegen und Bekannten, und er wurde ganz traurig. Traurig wie Tito auf den Ruinen von Carthago.

H. Steiner, geboren am 15. April 1905 zu Dunajská Streda in der Slowakei, ist nun schon seit etwa zwanzig Jahren Yankee, allerdings mit vorzugsweise ungarischer oder zumindest deutscher Umgangssprache. Ein fröhlicher, gutmütiger Mensch, immer lachend, nie böse, alles eher denn eine Kampfnatur. Außerdem hatte ihn in Groningen die Grippe gepackt. Zwar hatten die meisten Teilnehmer unter der Grippe zu leiden (das Wetter war auch einfach empörend), aber wenn jemand schon von Natur aus mehr zur Geselligkeit neigt als zu so einer trockenen Beschäftigung wie schachspielen, dann leidet er in so einem Fall natürlich umso mehr. Und dann war da die Notation. Steiner bediente sich natürlich der englischen, noblesse oblige, aber das war vermutlich die Ursache, weshalb er fast jedesmal in fürchterliche Zeitnot geriet. In seiner Not versuchte Steiner, Trost zu schöpfen aus einem Ferngespräch mit seiner Gattin in Los Angeles, aber das führte nur dazu, daß er selbst noch Trost spenden mußte; sein Darling erkundigte sich nämlich hartnäckig, wieviel das Gespräch wohl kosten würde, bis die drei Minuten um waren. Der Sieger von London 1946 hatte nun einmal Pech in Groningen. Aber man kann schließlich nicht alle Turniere gewinnen.

A. O'Kelly de Galway, geboren am 17. Mai 1911 in Brüssel, bis 1944 wiederholt Vorkämpfer von Belgien, hat enttäuscht, in erster Linie wohl sich selbst. Gewiß: Groningen, das war noch etwas andederes als das Turnierchen zu Beverwijk 1946, das O'Kelly gewonnen hat. Aber so schlimm brauchte der Mißerfolg nicht zu werden. O'Kelly ist entschieden ein begabter Spieler, man konnte annehmen, er werde ein ehrenvolles Ergebnis erzielen. Was er gezeigt hat, lag jedenfalls unter seiner Spielstärke. Daß er zum Beispiel seine Partie gegen Botwinnik noch verloren hat, ist nur mit außergewöhnlichen Umständen zu erklären. Aber es hat keinen Sinn, hier zu untersuchen, in welchem Maße O'Kelly die Grippe gehabt habe, oder was es sonst gewesen sein könnte, wodurch sein Resultat so ungünstig beeinflußt wurde. Hoffen wir, daß er bald wieder Gelegenheit erhält, in die Schranken zu treten, aber dann in guter Verfassung.

M. Christoffel, geboren am 2. September (auch einer, der seinen Geburtstag in Groningen feierte) 1922 in Basel, Ex-Vorkämpfer der Schweiz, hat die Schachwelt bereits im Turnier zu Zaandam, Juni 1946, darauf vorbereitet, daß sein Resultat in Groningen wohl kein glänzendes sein würde. Aber daß er letzter werden würde, war doch unmöglich vorauszusehen; in guter Form hätte er zweifelsohne erheblich besser abgeschnitten. Er machte während des ganzen Turniers den Eindruck, niedergeschlagen zu sein. In der elften Runde hatte er darum ersucht, die zweite Sitzung nicht mitmachen zu müssen mit Rücksicht auf seine Grippe; der Arzt des Komitees konnte ihm aber die Befreiung nicht erteilen, da sich einige andere Teilnehmer des Turniers in demselben Zustand befanden und dennoch weiterkämpften. Nun muß Christoffel trachten, wieder so schnell wie möglich Vorkämpfer der Schweiz zu werden; sonst läuft er Gefahr, in den Hintergrund zu geraten. Es wäre schade um den netten jungen Mann.

1. RUNDE

DIENSTAG, 13. AUGUST 1946

1.	Smisloff—Vidmar	1—0
2.	Steiner—Lundin	0—0
3.	Botwinnik—Szabo	1—0
4.	Denker—Najdorf	½—½
5.	Boleslawski—Guimard	½—½
6.	O'Kelly—Christoffel	1—0
7.	Bernstein—Kottnauer (abgebrochen)	0—1
8.	Euwe—Yanofsky	1—0
9.	Stoltz—Kotow (abgebrochen)	½—½
10.	Flohr—Tartacover (abgebrochen)	½—½

Das Spiel hatte kaum begonnen, als sich die Turnierleitung und das Komitee einer schwierigen Aufgabe gegenüber sahen. Die Photographen hatten nämlich eine große Offensive unternommen und drohten die Spieler zu verdrängen. Es blitzte im Saal wie während eines heftigen Gewitters, und man hörte das Knallen von berstenden Lampen. Glücklicherweise endete alles gut: niemand hat im Schreck die Dame eingestellt, niemand durch herumfliegende Bombensplitter ein Auge verloren, und keinem einzigen Photographen ist es gelungen, sein Opfer mit Stuhl, Brett und Zubehör umzuwerfen. Nach ungefähr zwei Stunden war die Ruhe und Ordnung wieder hergestellt und wurde es möglich, alle Aufmerksamkeit auf den Verlauf der Partien zu richten.

Wir machen eine Runde und beginnen bei Smisloff-Vidmar, wo wir dreimal nachzählen und dann endgültig feststellen, daß Smisloff einen gesunden Mehrbauern besitzt. Aus dem Protokoll geht hervor, daß Vidmar diesen Bauer bereits im 6. Zuge aufgegeben, ohne ersichtlichen Grund und ohne Ersatz.

Steiner steht etwas schlechter gegen Lundin; er hat das sogenannte halbe Zentrum.

Botwinnik hat ein Damengambit sonderbar behandelt; nun hat er hängende Bauern auf der c- und d-Linie, während Schwarz das Läuferpaar besitzt. Man würde fast sagen, daß Schwarz im Vorteil sei. Aber warten wir lieber ab; Botwinnik weiß schon, was er tut.

Kein Zweifel ist jedoch möglich im Falle Denker-Najdorf; der amerikanische Vorkämpfer besitzt klaren Raumvorteil und steht vortrefflich.

Boleslawski hat offenbar das Endspiel von Springer gegen schlechten Läuter im Sinn; schon sind die Damen getauscht und schon steht ein weißer Springer auf dem idealen Stoßfeld d4. Aber die Lage ist trotzdem noch nicht klar; es sind noch zu viel Figuren auf dem Brett, und Guimard hat Gegenspiel.

O'Kelly—Christoffel spielen eine wilde Partie. Der Belgier hatte in der Sizilianischen eine Keres-Variante gewählt, mit g2—g4 bereits im 6. Zug. Der Ausgang ist ganz ungewiß, es kann sich noch alles Mögliche ereignen.

In der Partie Euwe—Yanofsky wurden soeben die Damen getauscht; Weiß besitzt zumindest zwei kleine Vorteile, nämlich das Läuferpaar und die bessere Entwicklung.

Die Partien Stoltz—Kotow, Flohr—Tartacover und Bernstein—Kottnauer zeigen gleichwertige Stellungen im Mittelspiel.

Die Zeit verfliegt, die Partien gestalten sich im beschleunigten Tempo, und plötzlich hat Botwinnik als erster gewonnen, als erster die Führung im Turnier errungen. Wie das kam? Ach, Szabo versuchte einen weißen Läufer auf h6 einzuschließen und spielte zu diesem Zwecke g6—g5, wodurch er seinen ganzen Königsflügel schwächte. Das hätte an sich nicht geschadet, zog aber Verpflichtungen nach sich, die sich praktisch als zu groß erwiesen. In kritischen Stellungen liegen die Fehler gewissermaßen an der Oberfläche, man kann leicht einen in die Hand bekommen, ohne daß man recht weiß wie. Szabo packte seinen Fehler im 29. Zuge, und im 31. fehlte ihm eine Figur.

Fünf andere Partien endeten beinahe gleichzeitig in dem Augenblick, wo sie abgebrochen werden sollten.

Euwe hatte abgewickelt und einen Bauern gewonnen, aber es blieben nur ungleiche Läufer auf dem Brett. Einige Züge später eroberte er jedoch durch eine giftige taktische Wendung, eigentlich eine kleine Verwandlungskombination, einen zweiten Bauern. Noch schien es keineswegs sicher, daß Euwe die Partie gewinnen müsse, aber er gewann sie, und zwar auf besonders lehrreiche Art. Ein Beitrag für Endspielbücher.

O'Kelly—Christoffel hatten so lange auf einem Vulkan getanzt, bis der Schweizer schließlich das Gleichgewicht verlor; er tauschte derart unglücklich die Damen, daß er das Endspiel einige Züge später aufgeben konnte.

Smisloff verwertete einfach seinen Mehrbauer und gewann ein Turmendspiel.

Steiner spielte ohne Plan, wodurch er bald gezwungen wurde, nach den Plänen Lundins zu spielen. Als er bereits sehr schlecht stand infolge arger Schwächen auf dem Damenflügel und überdies einen Fehler gemacht hatte, der die Qualität hätte kosten müssen, überschritt er zur Sicherheit auch noch die Bedenkzeit.

Die Partie Boleslawski – Guimard endete unentschieden. Der Argentinier hatte sich gut verteidigt, wodurch es dem Anziehenden nicht gelang, das erstrebte Endspiel herbeizuführen.

Vier Partien wurden abgebrochen, aber zwei davon in der Pause remis gegeben, nämlich Stoltz-Kotow, ein gleichstehendes Endspiel von Läufer gegen Springer, und Denker—Najdorf, ein Läuferendspiel mit drei gegen zwei Bauern auf dem Königsflügel; Denker hatte seinen Vorteil erst noch vergrößert und in einen Mehrbauern umgesetzt, er ließ aber danach eine zu weit gehende Vereinfachung zu.

Die zwei restlichen Partien wurden abends nochmals abgebrochen und erst am Hängetag zu Ende gespielt. Wie zu erwarten war, ergab Flohr-Tartacover Remis, obwohl am ersten Tage zunächst Flohr und dann Tartacover Remis ablehnten. Das war eine gute, ziemlich schwierige Stellungspartie. In der Abbruchstellung besaß Schwarz die Dame gegen zwei Türme, bei ungleichen Läufern und etwas Königsangriff. Dieser Angriff führte nach Wiederaufnahme des Spiels zu Qualitätsgewinn, doch mußte sich Tartacover mit ewigem Schach begnügen, da sein Gegner unterdessen einen gefährlichen Freibauern erlangt hatte.

Die Abbruchstellung Bernstein-Kottnauer war günstig für Weiß; Bernstein war gegen Ende der ersten Sitzung auf dem Damenflügel eingedrungen und stand nun im Begriff, einen Bauer zu erobern. Nach Wiederaufnahme errang jedoch Kottnauer zur allgemeinen Ueberraschung einen raschen Sieg; er setzte seinen Gegner mit Dame und Turm matt, nachdem dieser einige schwache Züge gemacht hatte.

Stand nach der 1. Runde: Botwinnik, Euwe, Kottnauer, Lundin, O'Kelly, Smisloff je 1; Boleslawski, Denker, Flohr, Guimard, Kotov, Najdorf, Stoltz, Tartacover je ½; Bernstein, Christoffel, Steiner, Szabo, Vidmar, Yanofsky je 0.

Partie Nr. 1

Smisloff — **Vidmar**

Spanisch

1.	e2—e4	e7—e5
2.	Sg1—f3	Sb8—c6
3.	Lf1—b5	Lf8—c5
4.	c2—c3	f7—f5

Eine Gambitvariante, die laut Theorie zu einem zwar lebhaften, aber für Schwarz nicht günstigen Spiel führt. Smisloff kommt jedoch mit einer kleinen Ueberraschung.

5.	d2—d4	f5 : e4
6.	**Lb5 : c6 !**	

Die Abweichung von der Musterpartie Yates — Rabinowitsch, Baden-Baden 1925, in der Weiß schwächer 6. Sfd2 zog; es folgte 6..., Lb6! 7. L:c6, b:c6 8. Dh5†, Kf8 9. D:e5, Sf6 10. 0-0, La6 11. Te1, Ld3!, mit Vorteil für Schwarz.

6.	....	**d7 : c6**

Nach 6..., e:f3 7. L:f3, e:d1 8. 0—0 besitzt Weiß schöne Angriffsaussichten. Aber der Textzug kostet einen Bauern.

7.	**Sf3 : e5**	**Lc5—d6**
8.	**Dd1—h5†**	**g7—g6**
9.	**Dh5—e2**	

Stellung nach 9. Dh5—e2

9. .... Ld6 : e5

Oder Sf6 10, Lg5, 0—0 11. Sd2, Lf5 12. g4! und Weiß erobert den Bauern e4 unter noch günstigeren Umständen.

10. De2 : e4 Sg8—f6

Er versucht noch das Spiel gambitartig zu gestalten. Das Endspiel nach 10..., Dd5 11. D: e5†, D: e5 12. d: e5 wäre gegen die Uebermacht von vier zu zwei auf dem Königsflügel ganz aussichtslos.

11. De4 : e5† Ke8—f7
12. 0—0 Th8—e8
13. De5—g5 Lc8—f5
14. Lc1—e3 Dd8—d7
15. Sb1—d2 Sf6—e4

Ja, wenn das zum Springertausch führte, stünde es noch nicht so schlimm um Schwarz, denn er könnte hoffen, schliesslich ein Endspiel mit ungleichen Läufern zu erreichen. Aber Weiß verfügt über eine kleine Feinheit, durch die er den Springertausch vermeidet.

16. Dg5—h6 ! Kf7—g8

16..., S: d2 17. D: h7† würde einen zweiten Bauern kosten.

17. Sd2—f3 Dd7—g7
18. Tf1—e1 Se4—d6
19. Dh6 : g7† Kg8 : g7
20. Le3—f4

Auf diese Weise beseitigt Weiß alle Gefahr für ein Endspiel mit ungleichen Läufern. Schwarz kann nämlich den Tausch auf d6 nicht verhindern, es sei denn, daß er den Bauern c7 aufgibt.

20. .... h7—h6
21. Sf3—d2 g6—g5
22. Lf4 : d6 c7 : d6
23. Sd2—c4

Durch diesen Angriff auf den d-Bauern gelangt Weiß zur Beherrschung der e-Linie.

23. .... Te8 : e1†
24. Ta1 : e1 d6—d5
25. Sc4—d6 Kg7—f6
26. Sd6 : f5 Kf6 : f5
27. Te2—e7

Ein Mehrbauer, die offene Linie und nun auch die siebente Reihe — das sind erdrückende Vorteile. Der Tag ist bereits entschieden.

27. .... Ta8—b8
28. f2—f3 a7—a5
29. Kg1—f2 b7—b5
30. g2—g4† Kf5—f6
31. Te7—c7 Tb8—b6
32. Tc7—a7 a5—a4
33. a2—a3

Mit dieser Lahmlegung des feindlichen Damenflügels wird jedes Gegenspiel ausgeschaltet.

33. .... Tb6—b8
34. Ta7—c7 Tb8—b6
35. Kf2—g3 Kf6—g6
36. h2—h4

Die Exekution: Weiß verschafft sich einen Freibauern.

36. .... h6—h5
37. h4 : g5 Kg6 : g5

38. f3—f4† Kg5—h6
39. g4—g5† Kh6—g6
40. Tc7—c8 Kg6—f5
41. Tc8—f8† Kf5—e4
42. g5—g6 c6—c5
43. f4—f5 Schwarz gibt auf.

Partie Nr. 2

Steiner **Lundin**

Damenläuferspiel

1. d2—d4 d7—d5
2. Sg1—f3 c7—c5
3. c2—c3

Also Slawisch im Anzuge.

Der Praktiker, dem diese oder jene Verteidigung des Damengambits besonders gefällt, dreht manchmal gern den Spieß um und spielt die „schwarze" Variante auch mit Weiß. Keine üble Taktik. Nur kann man dabei leicht in Verwirrung geraten, unwillkürlich außer Acht lassend, daß Weiß trachten muß, die Führung zu behaupten, während Schwarz nur den Ausgleich anzustreben hat.

3. .... Sg8—f6
4. Lc1—f4 e7—e6
5. e2—e3 Sb8—c6

Die Hauptvariante des Abgelehnten Slawischen Damengambits, jedoch mit vertauschten Farben. Und was stellt sich dabei heraus? Wir befinden uns im Damenläuferspiel.

6. Sb1—d2

Den Vorzug verdient 6. Le2, die Linie d1—d4 vorläufig frei zu halten. Der Grund zeigt sich beim nächsten Zuge.

6. .... Lf8—d6
7. Lf4—g3

In dieser Variante ist es im allgemeinen besser, auf f4 tauschen zu lassen, was das weiße Zentrum verstärkt; und nicht auf g3. Aber das geht nur, wenn sich Weiß den Besitz des Figurenfeldes d4 gesichert hat; hier drohte Ld6:f4 nebst c5:d4, wobei schließlich ein weißer Bauer jenes Feld plombieren würde. Aus diesem Grunde wäre es vorher besser gewesen, die Linie d1-d4 offen zu halten.

Etwas besser als der Textzug war 7. Sb3, um 7..., c:d4 mit 8. L:d6, D:d6 9. e:d4 zu beantworten.

7. .... Ld6 : g3
8. h2 : g3 Dd8—d6

Zur Vorbereitung von e6-e5, was dem Nachziehenden ein kleines Uebergewicht im Zentrum verschafft.

9. Dd1—a4

Weiß unternimmt einen kümmerlichen Versuch, um e6—e5 zu verhindern und bringt dabei seine Dame ganz außer Spiel.

9. .... Lc8—d7
10. Da4—a3 b7—b6
11. Ta1—d1 0—0

Das kann sich Schwarz ruhig leisten, denn die Gegenpartei hat nicht die Mittel, um die offene h-Linie zum Angriff zu benützen.

12. Lf1—d3 e6—e5 !

Schwarz hat sein erstes strategisches Ziel erreicht.

13. d4 : e5 Sc6 : e5
14. Sf3 : e5 Dd6 : e5
15. Sd2—f3 De5—c7
16. Ld3—b1 Tf8—e8
17. 0—0

Bevor ihm der Boden im Zentrum zu heiß wird. Es lagen Wendungen wie T:e3† nebst D:g3† in der Luft.

17. .... Ld7—c6
18. Da3—b3 Ta8—d8
19. Db3—c2

Die weiße Dame ist endlich auf den guten Weg zurückgekehrt. Aber ein Vergleich der beiden Stellungen fällt jetzt zugunsten des Nachziehenden aus: mehr Bewegungsfreiheit, ein besseres Zentrum und eine völlig gesunde Bauernstellung.

Es ist allerdings noch die Frage, ob man diese Vorteile zusammen schon als entscheidend ansehen muß.

19. .... Lc6—b5
20. Tf1—e1 g7—g6
21. b2—b3 Dc7—e7
22. a2—a4

Weiß unternimmt eine Art Angriff auf dem Damenflügel, der jedoch bald verpufft und nur Schwächen im eigenen Lager zurück läßt.

22. .... Lb5—c6
23. b3—b4 Lc6—d7
24. Dc2—b3 Ld7—e6
25. Db3—b2 Le6—g4

Der Läufer hat vier Züge hintereinander gemacht, aber dafür steht er jetzt auch sehr gut.

26. Lb1—d3 Sf6—e4
27. Ld3—b5 Te8—f8
28. Td1—c1

Es war schon an der Zeit, die Fesselung aufzuheben.

28. .... De7—f6
29. Sf3—h2 Lg4—e6
30. Te1—e2

Deckt die Dame, sodaß ein allfälliges c5:b4 mit c3:b4 beantwortet werden kann. Uebrigens steht nun auch f2 besser geschützt.

30. .... h7—h5
31. Sh2—f1

Stellung nach 31. Sh2—f1

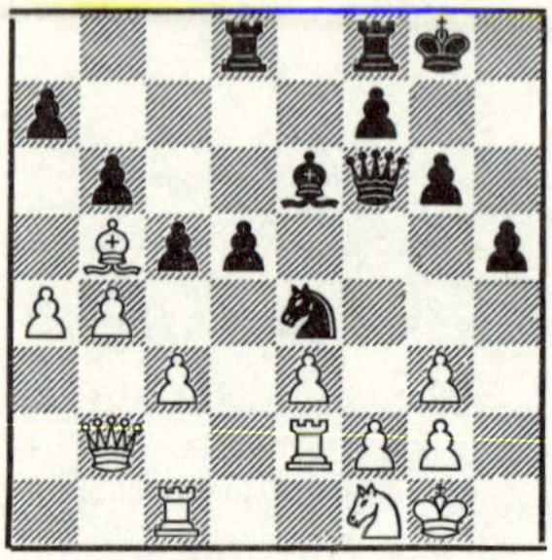

Steiner befand sich hier in grosser Zeitnot, er konnte nur gerade noch Züge machen, aber keinen Plan entwerfen. In seiner schlecht organisierten Stellung wäre letzteres freilich auch schon sehr schwierig gewesen.

31. .... Td8—c8

Schwarz dagegen hat es leicht, für ihn liegen die guten Pläne zum Greifen nahe. Jetzt richtet er seine Aufmerksamkeit auf den weißen c-Bauern.

32. f2—f3 Se4—d6
33. Lb5—a6 Tc8—c7
34. La6—d3?

Das hat noch gefehlt: er wird jetzt auf b4 mit der Dame zurücknehmen müssen, weil sonst der Tc1 hängt, und behält somit den schwachen, rückständigen, vereinzelten Bauern auf c3.

Geboten war 34. Da3.

34. .... c5 : b4 !
35. Db2 : b4 Sd6—c4

36. Sf1—d2 Sc4—e5
37. Ld3—a6?

Und hier mußte wenigstens 37. Dd4 geschehen, um die Angriffslinie f6—c3 zu unterbrechen.

37. .... Le6—c8!
38. La6 : c8?

Etwas besser war 38. Lb5, a6 39. f4.

38. .... Se5—d3!

Hier überschritt Weiß die Bedenkzeit; seine Stellung ist natürlich unhaltbar.

Partie Nr. 3

Botwinnik **Szabó**

Damengambit

1. d2—d4 d7—d5
2. Sg1—f3 Sg8—f6
3. c2—c4 e7—e6
4. Sb1—c3 c7—c5
5. c4 : d5 Sf6 : d5
6. e2—e3 Sb8—c6
7. Lf1—c4

Diese Variante hat Botwinnik im AVRO-Turnier 1938 mit Erfolg gegen Aljechin angewendet. Letzterer setzte hier mit 7.., c:d4 fort.

7. .... Sd5 : c3
8. b2 : c3 c5 : d4

Szabo behandelt die Eröffnung auf bemerkenswerte, wohl zum Ausgleich genügende Art.

9. e3 : d4

Sehr unternehmend gespielt. Botwinnik nimmt offenbar an, die Fortsetzung 9. c: d4 biete wegen 9..., Lb4† nebst Läufertausch wenig Angriffsmöglichkeiten; er will aber ein volles Spiel haben und nimmt daher lieber die hängenden Bauern in Kauf, obwohl die eine gewisse Schwäche bilden.

9. .... Lf8—e7
10. 0—0 0—0
11. Lc4—d3 b7—b6
12. Dd1—c2!

Der erste Giftpfeil; auf 12..., h6? würde nun 13. De2! folgen, mit der gewaltigen Drohung 14. De4 (die mit 14..., g6 nicht zu parieren ist, weil h6 hängt).

12. .... g7—g6

Szabó ist im Bilde.

13. Lc1—h6

Hier dachte Botwinnik sehr lange nach, aber ohne daß es ihm gelungen wäre, einen völlig befriedigenden Plan zu finden. So erklärt es sich, daß er in der Folge rechts und links Stiche austeilt, jedoch ohne inneren Zusammenhang und auch ohne Erfolg.

13. .... Tf8—e8
14. Ld3—b5 Lc8—b7
15. c3—c4 a7—a6
16. Lb5 : c6

Ein nicht gerade ehrenvolles Ende des weißen Angriffsläufers.

16. .... Lb7 : c6
17. Sf3—e5 Ta8—c8
18. Dc2—b2

Nach dem Tausch auf c6 würden die hängenden Bauern sehr schwach werden.

18. .... Lc6—a8
19. Ta1—c1 b6—b5!

Schwarz hat bereits die Führung an sich gerissen.

20. c4—c5

Glatt ungünstig wäre 20. c:b5 wegen 20..., Dd5 usw. Zwar bleibt Schwarz auch nach dem

Textzug unstreitig ein Vorteil, aber Weiß besitzt allerlei Gegentrümpfe: sein c-Bauer ist ein gedeckter Freibauer geworden, sein Läufer drückt auf die schwarze Stellung, und seine Dame lauert aus der Ferne.

20.	....	Dd8—d5
21.	f2—f3	f7—f6

Die Einleitung zu einem Plan, der zwar manches für sich hat, aber auch gewagt ist.
Natürlicher und stärker war 21..., Lf6.

22.	Se5—g4	Te8—d8
23.	Tf1—d1	g6—g5

Enthüllt den Plan. Die Absperrung des weißen Läufers von seiner Basis ist bestechend, hat aber den Nachteil, daß Weiß die durch f7—f6 soeben gesperrte, lebenswichtige Zugstraße b2—g7 wieder öffnen kann.

24.	Sg4—e3	Dd5—c6
25.	h2—h4 !	

Dieses Bauernopfer darf Schwarz nicht annehmen, denn auf 25..., g:h4? würde folgen: 26. d5!, e:d5 27. Td4 mit siegreichem Angriff.

25.	....	Dc6—e8
26.	h4 : g5	f6 : g5
27.	Se3—g4 !	

Hier steht der Springer vorläufig unangreifbar.

Verführerisch, aber schlecht wäre 27. d5?, z. B. 27..., Dg6 28. d6, Lf6 29. Db3, D:h6 30. D:e6†, Kh8 31. Sg4?, Ld4†! usw.

27.	....	De8—g6

In Betracht kam 27..., Td5, mit der — allerdings etwas fernen — Drohung Td5-f5-f4:g4 nebst Dg6.

28.	Td1—e1	Le7—f6
29.	Tc1—d1	Td8—d5??

Stellung nach 29. .... Td8—d5??

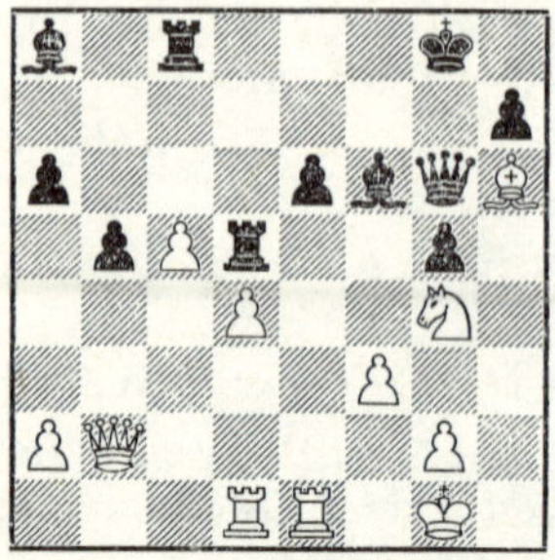

Schade um diese beiderseits gut gespielte Partie.

Richtig war 29..., Ld5, mit Aussichten für beide Teile.

30.	Te1 : e6	Lf6 : d4†
31.	Db2 : d4	

Die Ueberraschung; Weiß gewinnt auf jeden Fall eine Figur: 31..., T:d4 32. T:g6† usw.
Schwarz gibt auf.

Partie Nr. 4

Denker — **Najdorf**

Königsindisch

1.	d2—d4	Sg8—f6
2.	c2—c4	g7—g6
3.	Sg1—f3	Lf8—g7
4.	g2—g3	0—0
5.	Lf1—g2	d7—d6
6.	Sb1—c3	Sb8—d7
7.	0—0	e7—e5

Es war zu erwarten, daß dieses System in Groningen oft angewendet werden würde; erfreut sich doch die Königsindische Verteidigung in der Sowjetunion großer Beliebtheit, während auch Najdorf und insbesondere Christoffel zu ihren Anhängern zählen.

Indessen hat sich nicht gezeigt, daß die Beurteilung dieser Eröffnung geändert werden müßte; es bleibt bei dem etwas verschwommenen „Aussichtsreich, aber vielleicht nicht ganz korrekt."

Der hier von Denker angewendete Aufbau (8. h3 und 10. Le3) dürfte Zukunft haben. Immerhin muß darauf hingewiesen werden, daß Najdorf a7-a5-a4 unterläßt und damit einen der wichtigsten Trümpfe des Schwarzen nicht ausspielt.

8.	**h2—h3 !**	**c7—c6**
9.	**e2—e4**	**Tf8—e8**
10.	**Lc1—e3 !**	**Dd8—c7**
11.	**Ta1—c1**	

Möglicherweise war 11. Dc2 noch stärker.

11.	....	**e5 : d4**
12.	**Sf3 : d4**	**Sd7—c5**
13.	**Dd1—c2**	**Dc7—e7**
14.	**f2—f3**	

Den Vorzug verdient 14. Tfe1, worauf Schwarz nicht 14..., Sf: e4 spielen darf wegen 15. S: e4, S:e4 16. L: e4, D: e4 17. Ld2! usw.

14.	....	**Lc8—d7**

Nach 14..., d5 15. c: d5, c: d5 16. Sb5, b6 17. b4 stünde Weiß sehr gut.

Aber 14..., a5 hätte besser in den Rahmen dieser Eröffnung gepaßt.

15.	**Tf1—e1**	**De7—f8**
16.	**Tc1—d1**	**Ta8—d8**
17.	**b2—b4 !**	

Dank dem Umstand, daß a7-a5 unterblieben ist, hat Weiß nun die Gelegenheit, die feindliche Stellung aufzurollen.

17.	....	**Sc5—e6**
18.	**Sd4—b3**	**b7—b6**
19.	**f3—f4**	**Ld7—c8**
20.	**c4—c5 !**	

Stellung nach 20. c4—c5!

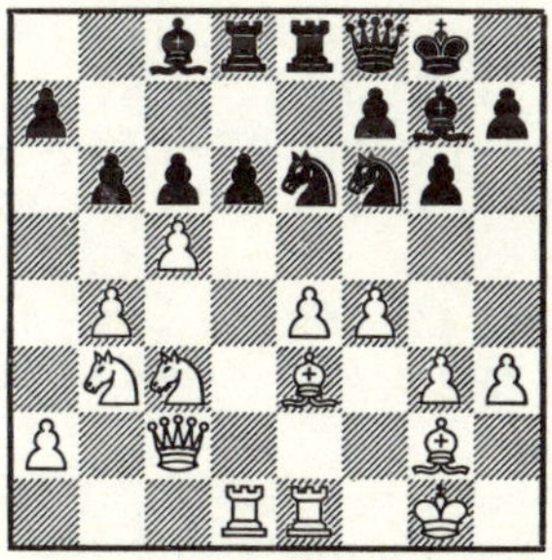

Schön gespielt. Weiß erobert nun nach einer Reihe ziemlich erzwungener Gegenzüge einen Bauern.

20.	....	**b6 : c5**
21.	**b4 : c5**	**d6 : c5**
22.	**e4—e5**	**Sf6—d5**
23.	**Sc3 : d5**	**c6 : d5**
24.	**Sb3 : c5**	**d5—d4 !**

Die beste Gegenchance.

25.	**Sc5 : e6**	**Lc8 : e6**
26.	**Td1 : d4**	**Td8 : d4**
27.	**Le3 : d4**	**Df8—a3 !**

Dieser gleichzeitige Angriff auf a2 und g3 rettet die schon recht gefährdete Partie des Nachziehenden.

28.	**Te1—e3**	**Da3 : a2**
29.	**Dc2 : a2**	**Le6 : a2**
30.	**Te3—a3**	**La2—e6**
31.	**Ta3 : a7**	

Das ist alles, was Weiß erreichen konnte: einen Mehrbauern, aber mit vier gegen drei auf dem Königsflügel, und das reicht nicht aus zum Gewinn.

31.	....	Te8—d8
32.	Ld4—e3	f7—f6 !

Erzwingt das Remis.

33.	Ta7—a6	Kg8—f7
34.	Ta6—a7†	Td8—d7
35.	Ta7 : d7†	Le6 : d7
36.	e5 : f6	Lg7 : f6
37.	g3—g4	h7—h5
38.	g4—g5	Lf6—c3
39.	Kg1—f2	Ld7—f5
40.	h3—h4	Lf5—e6
41.	Lg2—e4	Le6—f5
42.	Le4—d5†	Lf5—e6

Remis.

Partie Nr. 5

Boleslawski — **Guimard**

Französisch

1.	e2—e4	e7—e6
2.	d2—d4	d7—d5
3.	Sb1—c3	Sg8—f6
4.	Lc1—g5	Lf8—e7
5.	e4—e5	Sf6—d7
6.	Lg5 : e7	Dd8 : e7
7.	f2—f4	a7—a6
8.	Sg1—f3	c7—c5

Eine bekannte Variante mit bekannter Fortsetzung, wobei in der Regel ein im Wesentlichen bekanntes Endspiel herauskommt: ein starker weißer Springer auf d4 gegenüber dem schlechten schwarzen Damenläufer.

Aus diesem Grunde ist die vorliegende Variante nicht besonders ratsam für Schwarz.

9.	d4 : c5	Sb8—c6
10.	a2—a3	De7 : c5
11.	Dd1—d2	b7—b5
12.	Dd2—f2	

Zwingt den Gegner, entweder das wichtige Feld d4 freizugeben, oder aber in den Damentausch einzuwilligen, wodurch das besagte Endspiel näher rückt.

12.	....	Lc8—b7
13.	Df2 : c5	Sd7 : c5
14.	Sc3—e2	f7—f6
15.	Se2—d4?	

Er mußte auf f6 tauschen, dann konnte er die Führung behalten. Jetzt dagegen wird sein e-Bauer vereinzelt und schutzbedürftig, wodurch sich die Spiele im folgenden die Waage halten.

15.	....	Sc6 : d4
16.	Sf3 : d4	f6 : e5
17.	f4 : e5	Ke8—e7
18.	0—0—0	Ta8—f8
19.	Lf1—e2	Tf8—f4
20.	Le2—f3	Th8—c8
21.	Kc1—b1	Lb7—c6
22.	g2—g3	Tf4—f8
23.	Th1—f1	Lc6—d7
24.	Lf3—e2	Tf8 : f1
25.	Td1 : f1	Ld7—e8
26.	Tf1—f3	Sc5—d7

Stellung nach 26. .... Sc5—d7

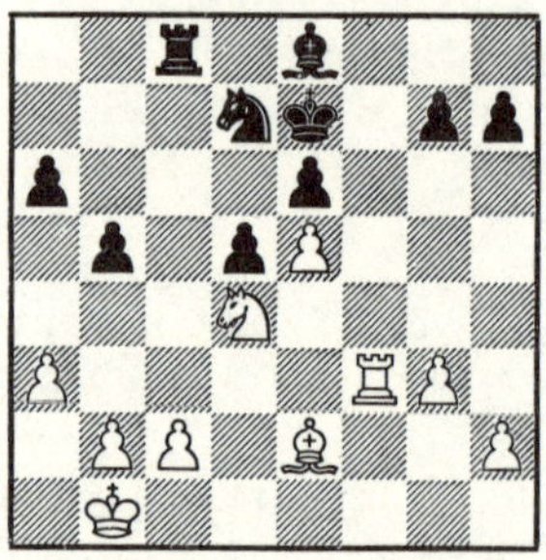

Mit diesem Versuch, aus der Schwäche von e5 Nutzen zu ziehen, kommt etwas Leben in den bisher stehenden Kampf.

27.	Tf3—e3	Le8—g6
28.	Kb1—c1	Lg6—e4
29.	Le2—f3	Sd7 : e5

Bauer um Bauer.

30. Lf3 : e4 d5 : e4
31. Te3 : e4

Aus mit dem Gedanken an ein Endspiel zwischen starkem Springer und schlechtem Läufer.
Der vereinzelte e-Bauer des Schwarzen ist frei und keineswegs schwach.
Die Spiele stehen völlig gleich.

31. .... Ke7—d6
32. c2—c3 Kd6—d5
33. Te4—e2 Tc8—f8
34. Kc1—c2 Tf8—f6
35. Kc2—b3 Se5—d3
36. Te2—d2 Sd3—c5†
37. Kb3—b4 Sc5—e4
38. Td2—d1 Se4—f2
39. Td1—d2 Sf2—e4
40. Td2—d1 Se4—f2
41. Td1—d2

Remis.

Partie Nr. 6

O'Kelly **Christoffel**

Sizilianisch

1. e2—e4 c7—c5
2. Sg1—e2 e7—e6
3. d2—d4 c5 : d4
4. Se2 : d4 Sg8—f6
5. Sb1—c3 d7—d6
6. g2—g4

Diese scharfe Fortsetzung ist bekannt aus der Partie Keres—Bogoljubow, Salzburg 1943; sie wurde aber sonst noch wenig erprobt.
Die naheliegendste Form der Bekämpfung besteht wohl in 6.., d5.

6. .... e6—e5

Auch keine üble Idee.
Der an sich anti - positionelle Textzug bildet die Einleitung zu einer interessanten Befreiungskombination.
Bezüglich 6..., h6 siehe Nr. 139.

7. Lf1—b5† Lc8—d7
8. Lb5 : d7† Dd8 : d7
9. Sd4—f5 h7—h5 !
10. g4—g5 Sf6 : e4
11. Sf5 : g7† Lf8 : g7
12. Sc3 : e4 d6—d5
13. Se4—c3 d5—d4
14. Sc3—e4

Stellung nach 14. Sc3—e4

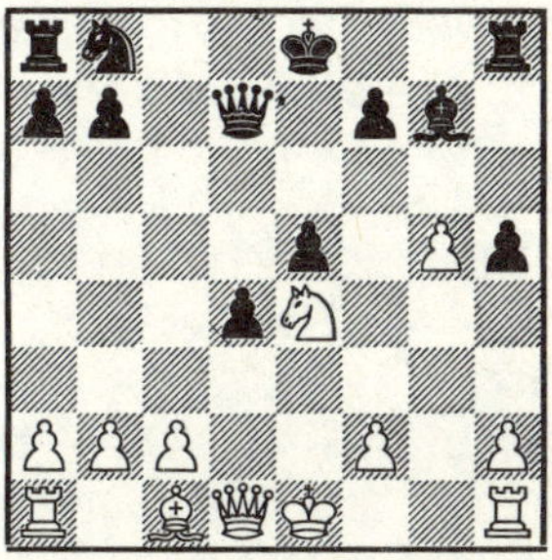

Das erste Scharmützel ist vorbei, es hat in beiden Lagern gehörige Schwächen verursacht. Wir ziehen aber das schwarze Spiel vor, denn es läßt sich rascher entwickeln: 14..., Sc6! nebst 15..., 0—0—0.
Die zwei nächsten Züge des Nachziehenden sind etwas weniger zweckmäßig, aber trotzdem nicht schlecht.

14. .... Dd7—d5
15. f2—f3 Sb8—d7
16. c2—c3 Sd7—c5?

Aber dieser schwache Zug ändert die Sachlage. Richtig war 16...., 0—0—0, z. B. 17. c: d4, Kb8!, mit gutem Spiel für Schwarz.

17. Se4 : c5 Dd5 : c5
18. c3 : d4 e5 : d4
19. Dd1—e2† Ke8—d7

Aus dem weiteren Verlauf ergibt

sich, daß 19..., Kd8 etwas besser war, um den König nicht den Schachs auf b5 und f5 auszusetzen.

20.	De2—d3	Th8—e8†
21.	Ke1—d1	Ta8—c8
22.	Lc1—f4	Dc5—c4

Zu erwägen war 22..., Dd5. Aber Weiß hat bereits auf jeden Fall das bequemere Spiel.

23.	Dd3—f5†	Kd7—d8
24.	Th1—e1	Te8 : c1†
25.	Kd1 : e1	Tc8—c5
26.	Df5—e4	Tc5—c6

26..., Db4† 27. Kf1, D:b2 wäre wegen 28. Tb1 zu gefährlich für Schwarz.

27.	Ta1—c1	Dc4—b4†

Einfach 27..., D:a2 hätte wohl zum Remis geführt: 28. T:c6, b:c6 29. D:c6, Da1† 30. Lc1 (30. Kf2, D:b2† und 31..., Db6) 30..., Da5† 31. Kf2, Ke7 oder auch 31..., Dc7 bezw. 31..., Db6. Nach dem Textzug wird die Sache schwieriger.

28.	Ke1—d1	Db4—a4†
29.	b2—b3	Da4—b5
30.	Tc1 : c6	b7 : c6
31.	Lf4—d2	Db5—d5?

Führt regelrecht zu einem verlorenen Endspiel. Den Vorzug verdiente 31..., Kd7, und auch 31..., Df1† 32. Kc2, Da1 noch zu spielen.

32.	De4 : d5†	c6 : d5
33.	Kd1—c2	Kd8—d7
34.	Kc2—d3	Kd7—d6
35.	Ld2—c1	Kd6—c6
36.	f3—f4	Kc6—d6
37.	Lc1—b2	Kd6—c5
38.	a2—a3	a7—a5
39.	Lb2 : d4†	

Einfach, aber hübsch.

39.	....	Lg7 : d4
40.	b3—b4†	a5 : b4
41.	a3 : b4†	

Nun holt sich Weiß nach 41..., K:b4 42. K:d4 ohne Umschweife eine neue Dame: 43. f5, 44. g6 usw.

Schwarz gibt auf.

Partie Nr. 7

Bernstein — **Kottnauer**

Anti-Meraner

1.	Sg1—f3	Sg8—f6
2.	d2—d4	e7—e6
3.	c2—c4	d7—d5
4.	Sb1—c3	c7—c6
5.	e2—e3	Sb8—d7
6.	Lf1—d3	a7—a6

Wenn es Schwarz darum zu tun ist, das Hauptspiel der Meraner Verteidigung, die Blumenfeld-Variante zu vermeiden, dann muß er schon vor dem 6. Zuge a7—a6 ziehen, in die sogenannte beschleunigte Meraner einlenkend. Nach dem Textzug kann Weiss mittels 7. e4! doch die Blumenfeld-Variante herbeiführen (7..., d:c4 8. L:c4, b5 9. Ld3, c5 usw.), es sei denn, daß Schwarz 7..., d:e4 spielt, was aber die Verteidigung zumindest nicht erleichtert.

7.	c4 : d5	

Eine farblose Fortsetzung, gleichwertig mit der ganz ungebräuchlichen Ablehnung der Meraner mittels 6. c:d5.

7.	....	c6 : d5

Warum nicht 7..., e:d5!? Das verschafft dem schwarzen Damenläufer einen bequemen Ausgang, während der weiße nur auf Kosten der Isolierung des d-Bauern ins Freie gelangen kann. Welch ein Unterschied mit der Tauschvariante des Klassischen Damengambits, wo c4:d5 erst nach Entwicklung des Lc1 geschieht!

8.	0—0	Lf8—e7

Etwas besser war 8..., Ld6.

9. Sf3—e5!

Die einzige Möglichkeit für Weiß, in dieser beinahe symmetrischen Stellung etwas Führung zu erlangen.

9.	....	Sd7 : e5
10.	d4 : e5	Sf6—d7
11.	f2—f4	b7—b5
12.	Sc3—e2	Sd7—c5
13.	Ld3—c2	Sc5—e4
14.	Se2—g3	

Weiß kann den feindlichen Springer auf e4 nicht dulden.

14.	....	Se4 : g3
15.	h2 : g3	Le7—c5

Schwarz will irgendetwas erreichen und verliert dabei seine eigene Sicherheit aus dem Auge. Er sollte auf jeden Fall erst die c-Linie besetzen (Lb7 nebst Tc8), dann hatte er noch immer Zeit, sich über andere Dinge den Kopf zu zerbrechen.

16.	Dd1—f3	Ta8—a7
17.	Lc1—d2	0—0
18.	Ta1—c1	Dd8—e7

Es drohte 19. L:h7†.

19.	Kg1—h2	g7—g6
20.	Df3—f2	Ta7—c7
21.	Ld2—a5	

Weiß steht gut. Man sieht bereits, daß Schwarz infolge der versäumten Besetzung der c-Linie Schwierigkeiten empfindet. Auf 21..., Tc6 würde nun 22. a4! folgen, mit Vorteil für Weiß. (Weniger überzeugend wäre 22. L:g6, f:g6 23. b4, L:e3 24. D:e3,Tc4).

21.	....	Tc7—d7
22.	Tf1—d1	Lc8—b7
23.	Lc2—b3	Tf8—c8
24.	Tc1—c2	Lc5—b4
25.	Tc2 : c8†	Lb7 : c8
26.	Df2—c2	Lc8—b7
27.	La5—b6	

Dieser Läufer ist für den Td7 besonders hinderlich; daher vermeidet Weiß den Tausch.

27.	....	De7—e8
28.	Td1—c1	Lb4—e7
29.	a2—a4	De8—b8
30.	a4 : b5	a6 : b5
31.	Dc2—d3	Lb7—a6
32.	Lb6—a5	Le7—d8
33.	Dd3—d2	Db8—b7
34.	Lb3—d1	Ld8—b6
35.	La5 : b6	

Jetzt braucht Weiß diesen Läufer nicht mehr, denn er ist inzwischen zur klaren Alleinherrschaft über die c-Linie gelangt.

35.	....	Db7 : b6
36.	Dd2—d4	Db6—b7

Das Endspiel nach 36..., D:d4 würde Schwarz noch weniger Aussichten bieten.

37.	Dd4—c5	b5—b4
38.	Ld1—a4	Td7—d8
39.	La4—c6	Db7—b8
40.	Tc1—a1	La6—b7
41.	Lc6 : b7	Db8 : b7
42.	Ta1—a7	Db7—b8
43.	Ta7—a4	

Endlich ein greifbarer Erfolg der Belagerungsstrategie: Weiß gewinnt einen Bauern.

43. .... Td8—c8
44. Dc5 : b4?

Dieses Preisgeben der c-Linie ist schwer verständlich. Viel stärker war 44.T:b4!, Da8 45. De7 nebst Tb7, denn das hätte den schwarzen Turm gezwungen, die c-Linie wieder zu enträumen. Dann wäre Weiß jedenfalls im Vorteil geblieben. Ob es zum Gewinn genügt hätte, bleibe dahingestellt.

44. .... Db8—c7
45. Db4—d4?

Die Dame wäre viel besser nach d2 gegangen.

45. .... Dc7—c2
46. Ta4—a3 Tc8—b8!

Um die zweite Reihe frei zu machen.

47. b2—b3?

Fehler über Fehler. Besser war z. B. sofort 47. b4.

47. .... Tb8—c8
48. b3—b4

Er bemerkt die Gefahr erst jetzt, da es zu spät ist.

48. .... Dc2—e2!

Stellung nach 48. ..., Dc2—e2!

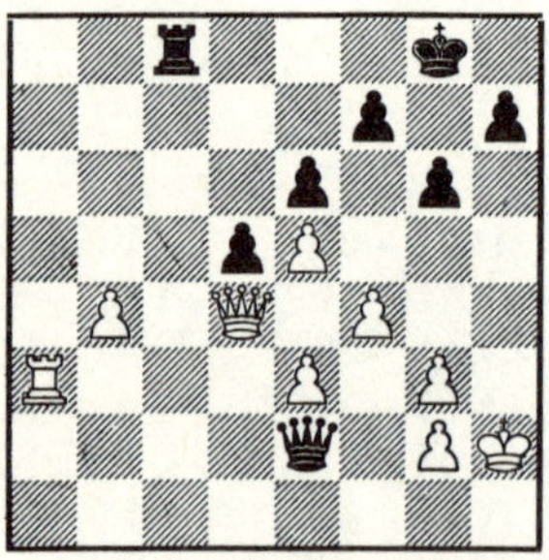

Mit zwei gewaltigen Drohungen: 49..., Tc2 usw., sowie 49..., Dh5† nebst 50..., Tc1† usw.

49. Ta3—c3 Tc8—a8
50. Dd4—d3

Es gibt keine Rettung mehr. Drollig wäre der folgende Schluß: 50. Tc1, Ta2 51. Tg1, Dh5 matt.

50. .... De2—h5†
51. Kh2—g1 Ta8—a1†
52. Kg1—f2 Dh5—h1
53. Tc3—c2 Dh1—g1†
54. Kf2—f3 Ta1—f1†
55. Kf3—g4 Dg1—h2

Droht 56..., Dh5 matt, und 56. Kg5 nützt nichts wegen 56..., D: g3† nebst 57..., Dh4 matt. Weiß gibt auf.

Partie Nr. 8

Euwe — Yanofsky

Nimzo-Indisch

1. d2—d4 Sg8—f6
2. c2—c4 e7—e6
3. Sb1—c3 Lf8—b4
4. e2—e3

Diese Bekämpfung der Nimzo-Indischen Verteidigung wurde im Groninger Turnier bevorzugt.

4. .... d7—d6

Kein glücklicher Gedanke; besser ist 4..., 0—0 oder 4.., b6.

5. Sg1—e2

Auf diese Weise macht sich Weiß den Zug d7—d6 zu Nutze. Denn Sg1—e2 wird in dieser Eröffnung am besten mit d7—d5 beantwortet, und das geht nun nicht mehr.

5. .... 0—0
6. a2—a3 Lb4 : c3
7. Se2 : c3 e6—e5
8. Lf1—e2 Dd8—e7
9. 0—0 Lc8—f5
10. f2—f3

Es drohte e5—e4; das Spiel würde dann einen geschlossenen Charakter annehmen, und das wäre dem Läuferpaar des Weissen abträglich.
Nach dem Textzug darf 10..., e4? nicht geschehen wegen 11. f:e4, L:e4 12. T:f6!, g:f6 13. S:e4, D:e4 14. Lf3 usw.

10. .... Sb8—c6

Etwas besser 10..., Sbd7.

11. Sc3—d5 Sf6 : d5
12. c4 : d5 Sc6—b8
13. e3—e4 Lf5—c8

Ein allgemeines „retirer pour mieux sauter". Der Textzug ist nötig, weil sonst Dd1—b3 in verschiedenen Varianten besondere Kraft hätte.

14. Lc1—e3 e5 : d4
15. Dd1 : d4 f7—f5
16. Ta1—c1

Weiß muß genau spielen, um den erlangten Positionsvorteil zu behaupten. Gelänge es Schwarz, nach vorherigem Abtausch auf e4 den Springer nach e5 zu führen, dann stünde er durchaus befriedigend. Daher der Textzug, womit Sb8—d7 verhindert wird.

16. .... c7—c5

Am besten. Schwarz muß seine Streitkräfte so schnell wie möglich reaktivieren, auch wenn dies mit einer Schwächung seiner Bauernstellung verbunden ist.

17. d5 : c6 e.p. Sb8 : c6
18. Dd4—a4 f5 : e4
19. Da4 : e4

Nach 19. f:e4, Le6 nebst 20..., Se5 stünde Schwarz gut. Ein Beispiel, wie schnell sich ein anscheinend großer Eröffnungsvorteil beinahe automatisch verflüchtigen kann.

19. .... De7 : e4
20. f3 : e4 Tf8 : f1†
21. Le2 : f1 Lc8—e6
22. Lf1—b5

22. Lf4 führt zu nichts: 22..., Tf8 23. Td1, d5 24. e:d5, T:d5 usw.

22. .... Ta8—c8

Schw. gibt einen Bauern, um ein reines Endspiel mit ungleichen Läufern zu erreichen. Das ist gut, 22..., Se5 23. Tc7, a6 war objektiv besser.

23. Lb5 : c6 Tc8 : c6
24. Tc1 : c6 b7 : c6
25. Le3 : a7 Kg8—f7
26. a3—a4 Le6—b3
27. a4—a5 Lb3—c2

Um so schnell wie möglich weiter abzuwickeln und das Remis sicherzustellen. Dieser Zweck wird mit dem Textzug erreicht, obwohl die folgende Antwort den Anschein erweckt, daß Schwarz einen groben Fehler begangen habe.
Nach 27..., Lc4 28. Kf2, Ke6 29. Ke3, d5 30. Kd4! stünde Schwarz vor schwierigen Aufgaben.

28. La7—c5!

Stellung nach 28. La7—c5!

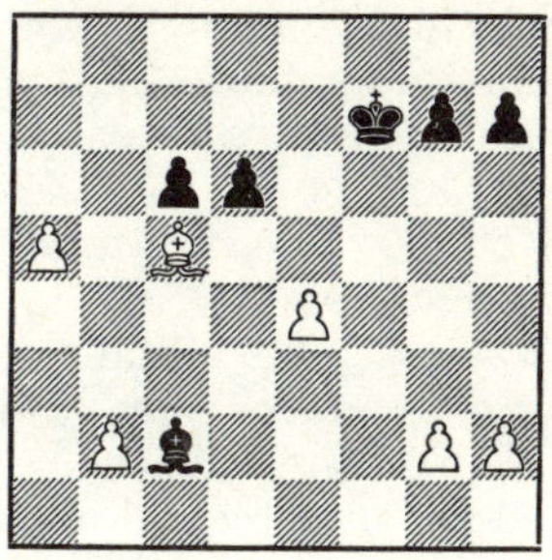

Eine witzige Wendung. Schwarz darf den Läufer nicht nehmen, weil dann der a-Bauer durchlaufen würde; der verdoppelte schwarze c-Bauer würde dabei als eiserner Schirm mithelfen.

28. .... Lc2—d3
29. Lc5 : d6 Ld3 : e4
30. a5—a6 c6—c5

Nötig, um Ld6—c5 nebst a6—a7 zu verhindern.

31. Ld6 : c5 h7—h5 !

Yanofsky behandelt das Endspiel mit großer Sachkenntnis. Hier verhindert er beizeiten die Festlegung seines h-Bauern, durch welche Weiß nach etwa 31..., Ke6 32. Kf2, Kd5 33. Lf8!, g6 34. Lh6! leicht gewinnen würde.

32. Kg1—f2 Le4—d3 !

Es war wichtig, den a-Bauern nach a7 zu treiben und auf diese Weise die Kraft der verbundenen Freibauern stark zu vermindern.

33. a6—a7 Ld3—e4
34. g2—g3 Kf7—e6
35. Kf2—e3 Le4—g2?

Ein nach der vorangegangenen umsichtigen Verteidigung besonders bedauerlicher entscheidender Fehler. Nötig war 35..., Kf5!, um dem feindlichen König das weitere Vordringen auf dem Königsflügel zu verwehren. Die Drohungen auf dem Damenflügel hätten sich aus der Ferne parieren lassen, z. B. 36. Lf8, g6 37. Kd4, Lg2 38. Kc5, Ke6! 39. Kb6, Kd7 und Weiß kommt nicht weiter, u. a. eine Folge des 32. Zuges von Schwarz, wodurch der a-Bauer nach a7 getrieben wurde.
Nach dem anscheinend ebenfalls genügenden Textzug steht dem Weißen schließlich eine verborgene Gewinnmöglichkeit zur Verfügung.

36. Ke3—f4 g7—g6
37. g3—g4 h5 : g4
38. Kf4 : g4

Es ist wichtig, mit dem König zurückzunehmen, und nicht mit dem Bauern; denn der Bauer hat auf der h-Linie noch eine ganz besondere Aufgabe zu erfüllen.

38. .... Lg2—h1
39. Kg4—g5 Ke6—f7
40. Lc5—d4 Lh1—g2
41. h2—h4 Lg2—h1
42. b2—b4 Lh1—g2
43. b4—b5 Lg2—h1
44. Ld4—f6 Lh1—g2
45. h4—h5 !

Der Gewinnzug. Weiß beseitigt den Bauern g6 und kann dadurch seinen König nach dem Damenflügel führen. Der schwarze König ist dagegen machtlos; er steht schon zu dicht beim Rand und kann sich dadurch der Abschneidung durch den Läufer nicht entziehen.

45. .... g6 : h5
46. Kg5—f5

Nun könnte noch folgen: 46..., Lh1 47. Lh4, Lg2 48. Ke5, Lh1 49. Kd6, Ke8 47. Kc7 usw.

Schwarz gibt auf.

Partie Nr. 9

Stoltz — Kotow

Anti-Meraner

1. d2—d4 Sg8—f6
2. c2—c4 e7—e6
3. Sg1—f3 d7—d5
4. Sb1—c3 c7—c6
5. e2—e3 Sb8—d7
6. Dd1—c2

Im Groninger Turnier herrschte eine deutliche Abneigung gegen die Meraner Verteidigung vor; weder die Weißen noch die Schwarzen wollten sich im allgemeinen darauf einlassen, aber bei den Weißen trat die Abkehr noch schärfer zu Tage. Die Ursache dieser Einstellung ist wohl in der Furcht zu suchen, der Gegner könnte in dieser besonders verwickelten Eröffnung irgendeine gefährliche Neuerung im Köcher haben.

6.	....	Lf8—d6
7.	e3—e4	

Nach 7. Ld3, 0—0 8. e4 steht dem Schwarzen bekanntlich die gute, von Tschigorin stammende Fortsetzung 8..., d:c4 9. L:c4, e5 zu Gebote.
Der Textzug hat den Vorteil, daß er Tschigorins Fortsetzung ausschaltet.

7.	....	Sf6 : e4
8.	Sc3 : e4	d5 : e4
9.	Dc2 : e4	Sd7—f6
10.	De4—c2	c6—c5
11.	Lc1—d2	0—0
12.	d4 : c5	Ld6 : c5
13.	b2—b4	Lc5—e7
14.	Lf1—e2	b7—b6
15.	0—0	Lc8—b7

Beiderseits regelmäßige Entwicklung etwa wie in der Variante 6. Ld3, Ld6 7. e4, d:e4 8. S:e4, S:e4 9. L:e4 usw.
Nun gelangt Schwarz unter den etwas geänderten Verhältnissen bequemer zu völliger Befreiung seines Spiels. Das Einzige, worauf Weiß hoffen kann, ist die Verwertung seiner Mehrheit auf dem Damenflügel; aber die Aussicht darauf ist gering.

16.	Ld2—c3	Lb7—e4
17.	Dc2—b2	Ta8—c8
18.	Tf1—d1	Dd8—c7
19.	Lc3—e5	Dc7—b7
20.	Td1—d2	Tc8—d8
21.	Ta1—d1	Td8 : d2
22.	Td1 : d2	Db7—c8
23.	Sf3—d4	Tf8—d8
24.	Sd4—b5	Td8 : d2
25.	Db2 : d2	

Das Spiel nimmt einen korrekten, aber wenig anziehenden Verlauf. Auch der Rest der Partie vollzieht sich ohne jedwede Erschütterung.

25.	....	Dc8—d7
26.	Dd2 : d7	Sf6 : d7
27.	Le5—d6	Le7 : d6
28.	Sb5 : d6	Le4—b1
29.	a2—a3	Kg8—f8
30.	f2—f4	a7—a6
31.	Kg1—f2	Kf8—e7
32.	Sd6—b7	Lb1—e4
33.	Le2—f3	Le4 : b7
34.	Lf3 : b7	a6—a5
35.	Lb7—c6	a5 : b4
36.	a3 : b4	Sd7—f6
37.	h2—h3	Ke7—d6
38.	Lc6—f3	e6—e5
39.	Kf2—e3	Sf6—e8
40.	Lf3—d5	f7—f6
41.	Ld5—g8	

Stellung nach 41. Ld5—g8

Hier wurde das Spiel abgebrochen und nicht mehr weiter fortgesetzt. Remis.

Partie Nr. 10

Flohr — **Tartacover**

Nimzo-Indisch

1.	d2—d4	Sg8—f6
2.	c2—c4	e7—e6
3.	Sb1—c3	Lf8—b4
4.	Dd1—c2	Sb8—c6
5.	Sg1—f3	d7—d6
6.	Lc1—d2	

Eine gute Fortsetzung, womit Weiß in dieser schwierig zu behandelnden Eröffnung ein kleines Stellungsübergewicht erlangt.

6.	....	e6—e5
7.	d4 : e5	d6 : e5
8.	a2—a3	Lb4 : c3
9.	Ld2 : c3	Dd8—e7
10.	e2—e3	a7—a5
11.	h2—h3	

Weiß spielt sehr genau; ohne den Textzug würde er nach Lc8-g4 den Tausch seines Königsläufers nicht vermeiden können. Und gerade das Läuferpaar ist sein Stolz.

11.	....	0—0
12.	Lf1—e2	a5—a4

Verhindert den Vormarsch b2-b4, der dem Weißen gute Aussichten auf dem Damenflügel eröffnen würde.

13.	0—0	Tf8—e8

Beide Parteien mobilisieren ihre Streitkräfte. Weiß steht dank seinem Läuferpaar etwas besser.

14.	Sf3—d2	Lc8—d7
15.	Tf1—d1	g7—g6

Um Lf5 folgen zu lassen.

16.	Sd2—e4	Ld7—f5
17.	Se4 : f6†	De7 : f6
18.	Le2—d3	Lf5—e6

Merkwürdig: Weiß bietet den Tausch eines Läufers an, damit auf den Vorteil des Läuferpaars verzichtend, und Schwarz lehnt ab.

Aber das hat alles seine guten Gründe. Der weiße Königsläufer leistet unter den gegebenen Umständen weniger als der Läufer des Schwarzen; denn einerseits steht ihm der eigene Bauer auf c4 im Wege, anderseits beißt er gegen die Formation g6—h7 auf Granit.

19.	b2—b4 !	

Ein weiser Entschluß: Weiß nimmt eine Zersplitterung der Bauern seines Damenflügels in Kauf, um die Bewegungsfreiheit seiner Figuren zu erhöhen.

19.	....	a4 : b3 e. p.
20.	Dc2 : b3	Ta8—b8
21.	Ld3—e4	Df6—g5

Der Beginn eines Angriffs in Taschenformat, der sich bald erschöpft.

22.	Kg1—h2	Dg5—h4
23.	f2—f3	Dh4—f2
24.	Td1—e1	Te8—d8

Somit hat Schwarz doch einen kleinen Erfolg erzielt: er ist auf Kosten einiger Tempi zur Beherrschung der d-Linie gelangt.

25.	Ta1—a2	Df2—h4
26.	Ta2—b2	Td8—d6
27.	Db3—b5	f7—f6
28.	c4—c5	

Weiß hat sich entschlossen, zwei Türme für die Dame zu erobern; es frägt sich jedoch, ob das einfache 28. Ld5 nicht nachhaltiger war.

28. .... Td6—d8
29. Le4 : c6 b7 : c6
30. Db5 : b8 Td8 : b8
31. Tb2 : b8† Kg8—g7
32. Tb8—b2

Stellung nach 32. Tb8—b2

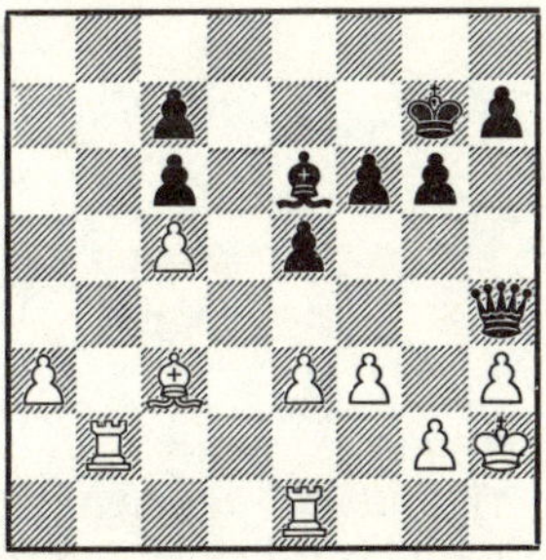

Notwendig; es drohte 32..., L:h3.

32. .... Dh4—c4
33. Lc3—b4 Dc4—a6

Wenn man bedenkt, daß zwei Türme schon im allgemeinen stärker sind als die Dame, während sie hier noch durch einen Freibauern unterstützt werden, so gewinnt man einen recht guten Eindruck von der Transaktion des Weißen.

Dennoch hat die Sache einen kleinen Haken, nämlich den, daß die feindliche Dame jetzt eine große, für Weiss lästige Wirksamkeit entfaltet.

34. Tb2—d2 f6—f5
35. e3—e4

Oberflächliches Spiel in Zeitnot; besser war 35. Lc3!.

Nach dem Textzug schwinden die kleinen Gewinnaussichten des Weißen völlig dahin, da Schwarz einen starken Vorposten auf f4 erlangt.

35. .... f5—f4
36. Te1—a1 Da6—a4
37. Lb4—c3 Kg7—f6
38. Lc3—b4 g6—g5
39. Ta1—c1 h7—h5
40. Tc1—c3 g5—g4

Hier lehnte Weiß zu Unrecht ein Remisangebot seines Gegners ab. Dieser revanchierte sich einige Züge später, indem er seinerseits ablehnte.

41. f3 : g4 h5 : g4
42. h3 : g4 Le6 : g4
43. Td2—d8!

Um zu verhindern, daß die Dame über a8 nach dem anderen Flügel gelangt.

43. .... Kf6—e7
44. Td8—g8 Da4—d1
45. Tg8—g7† Ke7—e8
46. Tg7 : c7 f4—f3!

Das ist sehr gefährlich für Weiß.

47. Tc3 : f3!

Nach 47. g:f3, Ld7 könnte Schw. noch auf Gewinn spielen.

47. .... Lg4 : f3
48. g2 : f3 Dd1 : f3
49. Tc7 : c6 Df3—f2†

Auch nach 49..., D:e4 50. Td6 nebst 51. c6 wäre Schwarz genötigt, sich mit ewigem Schach zu begnügen, schon mit Rücksicht auf niedliche Möglichkeiten wie 52. Te6†, Kd8? 53. La5†, Kc8 54. Te8 matt!

50. Kh2—h3 Df2—e3†
51. Kh3—h2 De3—e2†
52. Kg2—g3 De2—e3†
53. Kg3—h2 De3—f2†
54. Kh2—h3 Df2—f3†
55. Kh3—h2 Df3—f2†

Remis.

2. RUNDE

MITTWOCH, 14. AUGUST 1946

11. Vidmar—Tartacover	0—1
12. Kotow—Flohr	1—0
13. Yanofsky—Stoltz	½—½
14. Kottnauer—Euwe	0—1
15. Christoffel—Bernstein	1—0
16. Guimard—O'Kelly	½—½
17. Najdorf—Boleslawski	1—0
18. Szabo—Denker	0—1
19. Lundin—Botwinnik	0—1
20. Smisloff—Steiner	1—0

Diese Runde zeichnet sich durch gute, spannende Partien und rasche Entscheidungen aus. Um 7 Uhr war beinahe alles erledigt. Nur auf zwei Brettern wurde der Kampf nach der Pause fortgesetzt. Das heißt, wenn man es Kampf nennen will: Vidmar machte noch zwei Züge, Lundin noch zehn.

Den schönsten Sieg erzielte Denker. Er opferte eine Qualität, erstickte dadurch eine gegnerische Unternehmung auf dem Damenflügel im Keime, eröffnete gleichzeitig einen heftigen Königsangriff und gewann glänzend. Die Kraft und der Schwung, womit der amerikanische Vorkämpfer diese Partie behandelte, erregten allgemeine Bewunderung.

Najdorf schlug Boleslawski durch feine Behandlung eines sogenannten Mittelspiels ohne Damen. Ein besonders wertvoller Punkt wie sich später zeigen sollte; denn Boleslawski spielt (oder spielte zumindest in Groningen) mit Schwarz viel stärker als mit Weiß.

Steiner zeigte löblichen Mut, indem er gegen Smisloff die Budapester Verteidigung wählte. Mut ist jedoch nicht alles. Der Russe kam in Vorteil, indem er ein sehr intelligentes Qualitätsopfer brachte, wodurch er den Gambitbauern behauptete, ein mächtiges Zentrum erlangte und überdies starken Druck längs der c-Linie. So stark war dieser Druck, daß er sich auf Steiners Nerven fortpflanzte und den Amerikaner zu einer Verzweiflungstat trieb, die jämmerlich scheiterte. Weitere Fälle von Budapester Verteidigung haben sich in diesem Turnier nicht ereignet.

Kotow besiegte Flohr in einer sehr ruhigen, aber sehr guten Positionspartie. Es sollte Flohrs einzige Niederlage in Groningen werden.

Bernstein leistete gute Advokatenarbeit, indem er seine schlechtstehende Causa gegen Christoffel mittels schlau herbeigeführter Verwicklungen in eine günstige verwandelte. Als er das erreicht hatte, verlor er jedoch den Prozeß durch Zeitüberschreitung. Das freute ihn nicht und er appellierte an das Schiedsgericht. Seine Berufung stützte sich aber nur auf Argumente von der sogenannten menschlichen Art und wurde tags darauf von den drei Schachmeistern Euwe, Flohr und Hollander einstimmig abgewiesen.

Die zähen Ringen zwischen Yanofsky—Stoltz und Guimard—O'Kelly führten zu keinerlei greifbaren Ergebnissen; beide Partien wurden in der Pause remis gegeben.

Nach der Pause verlor Vidmar in zwei Zügen die Dame. Tartacover verriet deutlich, daß er dem „dicken Juden“, wie er den Professor zu nennen pflegt, die Null von ganzem Herzen gönnte, vielleicht noch mehr als sich selbst die Eins. Diese zwei alten Haudegen sind einander schon auf vielen Schlachtfeldern begegnet, und dabei ist Tartakaviar (er wird von Vidmar nie anders genannt) schon oft das Opfer seiner eigenen phantasievollen Experimente geworden. Vidmar mochte sich auch diesmal auf Kaviar gefreut haben, aber er wurde bitter enttäuscht, denn Tartacover behandelte diesmal seine geliebte Holländische Verteidigung ganz nach dem Rezept Botwinniks, und diese kräftige bürgerliche Kost erwies sich für Vidmar als zu schwer. Die weiße Stellung zeigte bald verdächtige Symptome auf dem Damenflügel; das Uebel pflanzte sich nach dem Königsflügel fort und führte da zur Entbindung. Nämlich im Sinne von Auflösung.

Als letzter gewann Botwinnik gegen Lundin; in einem günstig stehenden Endspiel führte er durch eine Reihe von Zwangszügen auf glänzende Art die Entscheidung herbei. Ueber den ersten Teil dieser Partie wurde viel debattiert; die meisten Sachverständigen vertraten die Ansicht, Lundin hätte nach der Eröffnung überlegenes Spiel gehabt. Stoltz ging sogar so weit, zu versichern, Lundin würde ganz bestimmt gewinnen, falls er nochmals dieselbe Stellung gegen Botwinnik erlangen sollte. Es klang sehr überzeugend. Aber man darf nicht außer Acht lassen, daß Botwinnik einen sehr eigenartigen Stil besitzt. Wie er z. B. in der ersten Runde dargetan hatte, weichen seine strategischen Auffassungen beträchtlich ab von dem, was uns die Weisen bisher verkündet hatten. Wer weiß — vielleicht ist Botwinnik bereit, zu beweisen, daß Stoltz sich geirrt habe.

Bleibt noch die Partie Kottnauer—Euwe, die kürzeste dieser Runde. Euwe gewann in 31 Zügen, genau wie gestern Botwinnik. Der Stil, in dem er gewonnen hatte, war aber nicht gerade hinreißend, denn Kottnauer hätte einen gesunden Bauern gewinnen können, wählte aber statt dessen ein ungesundes Figurenopfer. Zwei Zuschauer, die dieser Partie mit besonderer Aufmerksamkeit folgten, hatten während der kritischen Phase ungefähr folgendes Gespräch:

„Mächtest Du nicht fragen, wie Åwe ståht?“

„Ich hab soähm gefragt: angäblich miserabel.“

„Na da hascht es: miserabel. Natierlich stäht er miserabel, das hab ich schon lang gesähen. Wozu hat er franzäsisch gespielt?“

„Franzäsisch? Es war kein Franzäsisch, es war Englisch.“

„Meinetwägen Englisch, ich meine nur, daß Spanisch viel bässer gewäsen wäre.“

„Spanisch war doch nicht mäglich, weil Weiß kein e4 gespielt hat.“

„Kein e4 gespielt? Willst Du vielleicht abstreiten, daß der Bauer noch immer auf e4 stäht?“

„Keinesfalls. Aber der ist doch erscht spähter hingekommen.“

„Meinetwägen spähter. Dann hätte Åwe ähm spahter Spanisch spielen müssen. Da schreibt er in seinen Biechern über Umstellung von Ziegen, und wenn es darauf ankommt... Donnerwetter! Jetzt hat Kottnauer eine Figur geopfert. Ich glaube, wir können nach Hause gähen.“

„Warten wir lieber; vielleicht findet Åwe noch etwas.“

„Das wird aber schwär sein. Am Ende gewinnt der Russe noch einen Schönheitspreis.“

„Kottnauer ist ein Tschäche.“

„Meinst Du vielleicht, daß ein Tschäche keinen Schönheitspreis gewinnen kann? Da! Jetscht gewinnt er schon etwas zurick. Åwe kann noch einige Schachs gäben. Ein Diagramm desch jammersch. Wie nennt man das doch? Racheschachs! Oh wäh! Es ischt aus. sie fangen schon an zu analysieren.“

„Du hascht Rächt, aber hascht Du auch gesähen, wer die Partie aufgegeben hat? Kottnauer!“

„Ko... Ko... Kokot.... Kokokottnauer? Ach so, Kottnauer. Natierlich Kottnauer. Das hab ich doch lang gesähen. Meinscht Du vielleicht, daß Åwe von so jemand verlieren würde? Unsinn. Es ist zum Lachen. Dieser Doktor Maksch Åwe ischt eine Klasse für sich.“

S t a n d n a c h d e r 2. R u n d e: Botwinnik, Euwe, Smisloff je 2; Denker, Kotow, Najdorf, O'Kelly, Tartacover je 1½; Christoffel, Guimard, Kottnauer, Lundin, Stoltz je 1; Boleslawski, Flohr, Yanofsky je ½; Bernstein, Steiner, Szabó, Vidmar je 0.

Partie Nr. 11

Vidmar — **Tartacover**

Holländischer Stonewall

1.	**d2—d4**	**e7—e6**
2.	**c2—c4**	**f7—f5**
3.	**g2—g3**	**Sg8—f6**
4.	**Lf1—g2**	**Lf8—e7**
5.	**Sg1—f3**	

Bemerkenswert sind die Folgen von 5. Sc3; wenn Schwarz dann 5..., 0—0 zieht, kann Weiss mittels 6. Db3 den Vormarsch d7—d5 verhindern. Aber 5. Sc3, d5 führt mit Zugumstellung zur Textfortsetzung.

5.	....	**0—0**
6.	**0—0**	**d7—d5**
7.	**Sb1—c3**	**c7—c6**

Damit ist der Holländische Stonewall vollendet. Schwarz besitzt ein festes Zentrum mit Angriffsaussichten auf dem Königflügel, Weiß dagegen muß trachten, Angriff zu erlangen auf dem Damenflügel, was übrigens keine leichte Aufgabe ist.

8.	Dd1—b3	Dd8—e8
9.	Sf3—e5	Sb8—d7
10.	Se5—d3	Kg8—h8
11.	Lc1—f4	b7—b6
12.	Db3—a4	Lc8—b7
13.	Ta1—c1	a7—a6
14.	Da4—b3	Ta8—c8
15.	c4—c5	

Zwingt zu der folgenden Antwort und führt damit zur völligen Einschließung des Lb7. Weiß erreicht auf diese Weise einen kleinen, aber deutlichen Vorteil.

15.	....	b6—b5
16.	Tc1—e1	

Ein schwacher Zug, womit Weiß Zeit verliert und seinen Vorteil aus der Hand gibt. Die Lage erforderte das Oeffnen einer Turmlinie auf dem Damenflügel. Geboten war 16. a4!.

16.	....	a6—a5 !

Dieser Vormarsch wendet das Blatt, da der schwarze Damenläufer auf a6 ausgezeichnet ins Spiel kommt. Auf 17. a4 würde nun kräftig 17..., b4 folgen.

17.	a2—a3	Sf6—h5
18.	e2—e3?	

Damit läßt Weiß auf seinen strategischen Fehler einen taktischen folgen und gerät in entscheidenden Nachteil. Er hätte 18. Lc1 ziehen müssen.

18.	...	Lb7—a6 !

Mit deutlichen Absichten. Dank dem fehlerhaften 18. e3 hat dieser Läuferzug jetzt entscheidende Kraft.

19.	Te1—d1	g7—g5
20.	Lf4—e5†	Sd7 : e5
21.	d4 : e5	

Weiß nimmt eine verhängnisvolle Zersplitterung seiner Bauernstellung hin. Es wäre noch verhältnismäßig besser gewesen, 21. S:e5 zu ziehen, obwohl dies wegen 21..., b4 die Qualität gekostet hätte.

21.	....	Tc8—b8
21.	Tf1—e1	b5—b4 !

Stellung nach 22. ..., b5—b4!

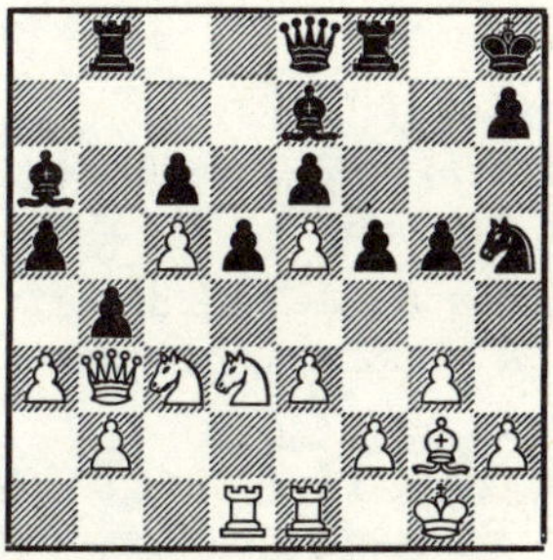

Eine artige Kombination, wodurch Schwarz mindestens einen Bauern gewinnt.

23.	a3 : b4	La6 : d3
24.	Td1 : d3	Le7 : c5 !

Die Pointe.

25.	Sc3—a2	a5 : b4
26.	Sa2—c1	Lc5—e7
27.	Db3—a4	Tb8—a8
28.	Da4—d1	c6—c5

Mit einem starken Mehrbauern bei überlegener Stellung steht Schwarz auf Gewinn.

29.	g3—g4	

Eine verzweifelte Gegenaktion, die lediglich dazu führt, dass Schwarz auch noch Königsangriff erhält.

29.	....	f5 : g4
30.	Dd1 : g4	De8—f7
31.	Td3—d2	Sh5—g7
32.	Sc1—b3	Ta8—a2
33.	Sb3—c1	Ta2—a7
34.	e3—e4	

Noch eine Verzweiflungstat. Weiß will seinen Figuren das Blockadefeld c4 verschaffen, begünstigt aber durch das Freigeben des Feldes f4 nur den Königsangriff des Gegners.

34.	....	d5—d4
35.	Dg4—e2	Sg7—h5 !
36.	Lg2—f1	Sh5—f4
37.	De2—g4	Sf4—g6

Erobert den Bauern e5

38.	Lf1—g2	Sg6 : e5
39.	Dg4—h3	c5—c4 !

Auch das noch! Weiß darf nicht 40.T:d4 ziehen wegen 40.., D:f2† usw.

40.	Te1—f1	g5—g4
41.	Dh3—g3	Le7—d6
42.	Kg1—h1	d4—d3
43.	Dg3—e3	Se5—f3

Der kürzeste Weg.

44.	Lg2 : f3	Df7—h5
45.	De3—d4†	Ld6—e5

Weiß gibt auf.

Partie Nr. 12

Kotow — **Flohr**

Slawisches Fianchetto

1.	d2—d4	Sg8—f6
2.	c2—c4	g7—g6
3.	Sb1—c3	d7—d5
4.	Sg1—f3	Lf8—g7
5.	Dd1—b3	c7—c6
6.	Lc1—f4	

Dies ist das Slawische Fianchetto, ein Ableger der Grünfeld-Indischen Verteidigung (die auf c7-c5 beruht) und der Slawischen Schlechter-Variante, bei der e2-e3 geschieht mit Einschließung des Lc1).

Von diesen drei Eröffnungen, die auf verschiedene Art entstehen können, ist das Slawische Fianchetto am aussichtsreichsten für Weiß, und es ist dafür eine wichtige Frage, ob Schwarz gezwungen werden kann, vom Grünfeld-Indischen — wie dies hier geschieht — mittels c7—c6 zum Slawisch abzuschwenken.

Flohr scheint diese Auffassungen allerdings nicht zu teilen, denn er wendet die Aufstellung mit c6 gerne an, oft auch in der folgenden Form: 1. d4, d5 2. c4, c6 3. Sf3, Sf6 4. Sc3, g6 usw. Im vorliegenden Fall gelingt es ihm allerdings nicht, die Richtigkeit seiner Anschauung darzutun.

6.	....	d5 : c4
7.	Db3 : c4	Sf6—d5

Besser erst 7..., Le6.

8.	Lf4—e5	Lg7 : e5
9.	Sf3 : e5	Lc8—e6
10.	Sc3 : d5	Le6 : d5
11.	Dc4—c3	

Weiß ist etwas im Vorteil durch sein Uebergewicht im Zentrum.

11.	....	Sb8—d7
12.	Se5 : d7	

Weiß darf keine Zeit verlieren mit 12. Sd3, denn es könnte folgen 12..., 0—0 13. f3, f5 14. g3, Dc7 15. Lg2, e5! mit völlig befriedigendem Spiel für Schwarz.

12.	....	Dd8 : d7
13.	f2—f3	f7—f5

Er hat Recht, wenn er 14. e4 nicht zuläßt.

O. S. BERNSTEIN

J. BOLESLAWSKI

M. M. BOTWINNIK

M, CHRISTOFFEL

14. e2—e3 0—0
15. Lf1—e2 a7—a5

Eine kleine Schwächung.

16. 0—0 Tf8—d8

Erwägung verdiente 16.., f4 17. e4, Lf7, nebst womöglich Dc7, Tfd8 und Td7. Aber Schwarz wartet lieber ab.

17. a2—a3 Dd7—c7
18. Ta1—d1 Td8—d6
19. Le2—d3 Ld5—f7

Nicht 19..., Te6? wegen 20. e4, f: e4 21. f: e4, L: e4 22. Lc4! usw.

20. Tf1—f2 Ta8—d8
21. f3—f4

Um eventuell eine Aktion auf dem Königsflügel einzuleiten (Ld3—e2—f3 nebst h2—h4—h5).

21. .... b7—b6

Diese unnötige Schwächung des Bauern c6 veranlaßt Weiß, seinen Plan zu ändern und vorläufig auf dem Damenflügel zu operieren.

22. Td1—c1! Dc7—a7
23. Ld3—e2 Lf7—d5
24. h2—h3 Td8—c8
25. Le2—f3 Ld5 : f3
26. g2 : f3!

Kotow zeigt in dieser Partie aussergewöhnliche strategische Fähigkeiten. Mit dem Textzug nimmt er den feindlichen Figuren das Feld e4, öffnet die g-Linie und läßt die Drohung h3—h4—h5 wieder aufleben.

26. .... b6—b5
27. Tf2—c2 a5—a4

Schwarz stand bereits auf Verlust, aber diese neuerliche Schwächung beschleunigt seinen Untergang.

28. Dc3—b4 Da7—d7
29. h3—h4

Verhindert ein allfälliges g6—g5 und verstärkt die Drohung h4-h5.

29. .... Kg8—f7
30. Tc2—c5 Td6—d5
31. Kg1—f2 Dd7—e6
32. Db4—c3 Td5 : c5
33. Dc3 : c5 De6—b3
34. Tc1—c2

Stellung nach 34. Tc1—c2

Die Entscheidung ist herangereift. Es droht 35. d5, wogegen Schwarz keine genügende Verteidigung besitzt.

34. .... e7—e6

Verhindert zwar 35. d5, schwächt aber anderseits die Königsstellung in verhängnisvoller Weise.

35. Dc5—a7† Kf7—g8
36. Tc2—e2 Db3—d5
37. Da7—e7 c6—c5
38. h4—h5!

Ein kräftiger Schluß. Es droht 39. h6 nebst Matt, und Schwarz darf nicht 38..., g: h5 ziehen wegen 39. Kg1! usw.

38. .... Dd5—d8
39. De7 : e6† Kg8—g7
40. De6—e5†

Hier überschritt Schwarz die Bedenkzeit. Seine Stellung war aber bereits hoffnungslos.

Partie Nr. 13

Yanofsky — **Stoltz**

Sizilianisch

1.	e2—e4	c7—c5
2.	**Sg1—f3**	**Sb8—c6**
3.	**d2—d4**	**c5 : d4**
4.	**Sf3 : d4**	**g7—g6**

Eine veraltete Fortsetzung, von der man längst zugunsten von 4...., Sf6 abgekommen ist. Die Theorie verurteilt den Textzug, da er Weiß die Gelegenheit gibt, mit 5. c4 den sogenannten Maróczy-Aufbau zu wählen, wobei Schwarz eine beengte Stellung behält.

Stoltz scheint jedoch 5. c4 nicht zu fürchten; er hat in Groningen sechsmal Sizilianisch gespielt und setzte abwechselnd mit 4..., g6 und 4..., Sf6 fort.

5. Sd4 : c6

Es ist wohl merkwürdig, daß keiner der Gegner von Stoltz auch nur den Versuch unternahm, den Zug 4..., g6 mittels 5. c4 zu bestrafen. Ebenso wie Yanofsky haben auch Steiner (Nr. 97) und Denker (Nr. 108) auf c6 getauscht, was entschieden schwächer ist als 5. c4 oder 5. Sc3.

5.	....	**b7 : c6**
6.	**Dd1—d4**	**Sg8—f6**
7.	**e4—e5**	**Sf6—d5**
8.	**Lf1—c4**	

Auf 8. e6 folgt 8..., Sf6 oder auch 8..., f6; Schwarz erlangt in beiden Fällen die bessere Entwicklung.

8.	....	**Dd8—b6**
9.	**c2—c3**	**Lf8—g7**
10.	**Lc4 : d5**	**c6 : d5**
11.	**Dd4 : b6**	

Nach 11. D:d5, Lb7 nebst 12..., L:g2 stünde Schwarz überlegen.

11.	....	**a7 : b6**
12.	**f2—f4**	**g6—g5 !**
13.	**f4 : g5**	**Lg7 : e5**

Das Läuferpaar und ein zahlenmäßiges Uebergewicht im Zentrum — mit diesem Ergebnis der Eröffnung kann Schwarz wohl sehr zufrieden sein.

14.	**Lc1—e3**	**f7—f6**
15.	**g5 : f6**	**Le5 : f6**
16.	**Sb1—d2**	

Nach 16. L:b6?, Tb8 und T:b2 wäre Schwarz entscheidend im Vorteil.

16.	....	**Lc8—a6**
17.	**a2—a4**	**Th8—g8**
18.	**g2—g3**	**Tg8—g6**
19.	**Ke1—f2**	

Das Schlagen auf b6 wäre noch stets verfehlt: 19. L:b6, L:c3 20. b:c3, T:b6, mit klarem Vorteil für Schwarz.

19.	....	**Lf6—g7**
20.	**Th1—e1**	**La6—d3**
21.	**Le3—d4 !**	**Lg7 : d4†**
22.	**c3 : d4**	

Weiß hat seine Lage verbessert, indem er einen der feindlichen Läufer abtauschte. Er steht aber noch immer gefährdet, denn der übrig gebliebene Läufer ist stärker als der Springer, und überdies wirken die schwarzen Türme besser als die weißen.

22.	....	**Tg6—h6**
23.	**Kf2—g1**	**Th6—c6**
24.	**Te1—e3**	**Ld3—f5**
25.	**Ta1—f1**	**Lf5—h3**
26.	**Tf1—e1**	**Lh3—e6 !**

Nicht 26..., e6? wegen 27. g4!, L:g4 28. Tg3, h5 29. h3 usw.

27. b2—b3 b6—b5

Der Beginn eines äußerst gefährlichen Angriffs, durch den Weiss an den Rand des Abgrunds gebracht wird.

28. a4 : b5 Tc6—c2
29. Sd2—f3 Ta8—a2
30. b5—b6 Ke8—d8
31. Sf3—g5 !

Stellung nach 31. Sf3—g5!

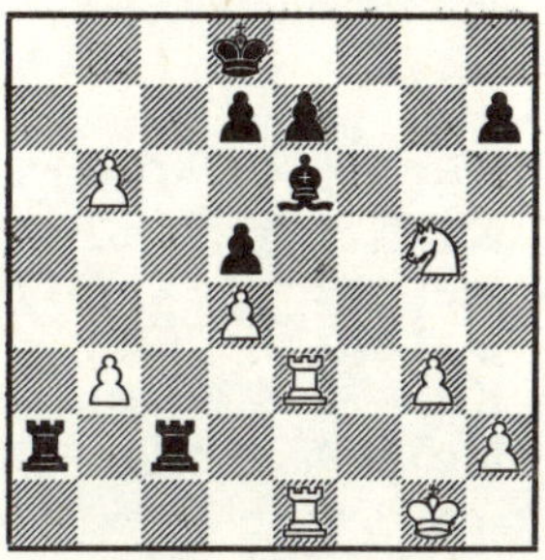

Der rettende Zug.

Der Läufer wird unschädlich gemacht, und ohne die Mitwirkung dieser Figur kann Schwarz, trotz der optimalen Aufstellung seiner Türme, kein Mattnetz weben.

31. .... Tc2—g2†

Der Läufer kann nicht mit Erfolg weichen, man prüfe: 31..., Lf5 32. Tf3, e6? (32..., Tg2†! führt zu ewigem Schach, da 33. Kf1? an 33..., Ld3†! scheitert), 33. T:f5! e:f5 34. Sf7†, Kc8 35. Sd6† und 36. Te8 matt; oder 31...., Lg4 32. T:e7, Lh5 33. b7, Kc7 34. T:d7! K:d7 35. b8D, Tg2† und remis.

32. Kg1—h1 Tg2 : h2†
33. Kh1—g1 Ta2—g2†
34. Kg1—f1 Tg2—b2
35. Sg5 : e6† d7 : e6
36. Kf1—g1 Tb2—g2†
37. Kg1—f1 Tg2—d2
38. Kf1—g1 Td2—g2†
39. Kg1—f1 Tg2—c2
40. Kf1—g1 Th2—d2
41. Te3 : e6

Hier wurde die Partie bei der Pause abgebrochen und später remis gegeben.

Partie Nr. 14

Kottnauer — **Euwe**

Englisches Vierspringerspiel

1. c2—c4 e7—e5
2. Sb1—c3 Sg8—f6
3. Sg1—f3 Sb8—c6
4. d2—d4 e5 : d4
5. Sf3 : d4 Lf8—b4
6. Lc1—g5 Lb4 : c3†
7. b2 : c3 Sc6—e5

Es war nötig, 7..., h6 einzuschieben. Wie die Folge lehrt, hätte Schwarz auf diese Weise ein volles Tempo erspart.

8. f2—f4 !

Die Einleitung zu einem bemerkenswerten Angriffsverfahren, das in der Tschechoslowakei mit vollem Erfolg erprobt wurde.

8. .... Se5—g6

Auf 8..., Seg4? folgt 9. e4, Se3 10. De2, S:f1 11. e5, mit siegreichem Angriff.

9. g2—g3 h7—h6
10. Lg5 : f6 Dd8 : f6
11. Lf1—g2

Die Aufstellung des Weißen bietet zwei belangreiche Vorteile: der fianchettierte Läufer übt einen starken Druck auf den Damenflügel aus, dagegen steht der schwarze Springer ganz unwirksam.

11.	....	0—0
12.	0—0	d7—d6
13.	Ta1—b1	c7—c6
14.	Dd1—d2	Tf8—e8
15.	e2—e4	Sg6—f8
16.	Tf1—e1	

Stellung nach 16. Tf1—e1

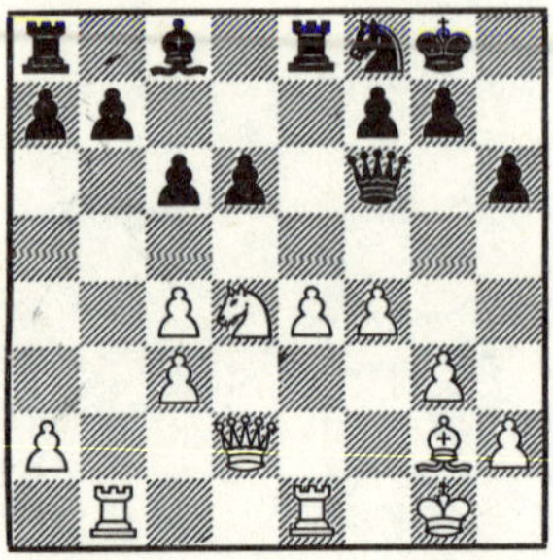

Weiß steht positionell überlegen.

16.	....	Sf8—d7?

Schwarz hat keine Möglichkeit, seine Figuren zu entwickeln, wie sichs gehört. Mit dem Textzug trachtet er den Springer nach c5 zu führen, gibt aber dabei das Feld f5 einen Augenblick frei, und das kostet einen Bauern.

17.	Sd4—f5	d6—d5
18.	c4 : d5	c6 : d5
19.	e4 : d5?	

Richtig war 19. D: d5, Sb6 20. Dd4!, womit Weiß bei sicherer Stellung einen Mehrbauern behaupten konnte.
Mit dem Textzug bringt Weiß ein Stückopfer, das sich als inkorrekt erweist.

19.	....	Te8 : e1†
20.	Tb1 : e1	Df6 : f5
21.	Te1—e8†	Sd7—f8
22.	Dd2—e1	

Droht 23. De7, aber das ist bequem abzuwehren.

Etwas besser als der Textzug wäre 22. d6 gewesen.

22.	....	Df5—f6
23.	De1—e3	

23. De5, an dieser Stelle oder einen Zug später, kam eher in Betracht.

23.	....	Df6—d6
24.	Lg2—h3	

Weiß macht es seinem Gegner wohl sehr leicht.

24.	....	Lc8 : h3
25.	Te8 : a8	Dd6 : d5
26.	Kg1—f2	Dd5 : a2†
27.	Kf2—e1	Da2—b1†
28.	Ke1—d2	Lh3—g4
29.	De3 : a7	Db1—d1†
30.	Kd2—e3	Dd1—e2†
31.	Ke3—d4	Kg8—h7

Nun kann der Springer eingreifen, denn 32. T:f8 würde an 32..., Df2† scheitern.

Weiß gibt auf.

Partie Nr. 15

Christoffel — **Bernstein**

Spanisch

1.	e2—e4	e7—e5
2.	Sg1—f3	Sb8—c6
3.	Lf1—b5	a7—a6
4.	Lb5—a4	Sg8—f6
5.	0—0	Lf8—e7
6.	Tf1—e1	b7—b5
7.	La4—b3	0—0
8.	c2—c3	d7—d6
9.	h2—h3	Sc6—a5
10.	Lb3—c2	c7—c5
11.	d2—d4	Dd8—c7
12.	Sb1—d2	Lc8—d7

Früher spielte man gewöhnlich sofort 12..., Sc6, um Weiß schnell zu einer Erklärung im Zentrum zu veranlassen.

Der Textzug bietet dem gegenüber gewisse Vorteile; Schwarz bereitet ein Gegenspiel auf der c-Linie vor.

13. Sd2—f1 c5 : d4
14. c3 : d4 Ta8—c8

Naheliegend, aber nicht das Beste. Stärker ist 14..., Sc6 (siehe Nr. 146), denn dann führt 15. Le3, Sb4 16. Lb1 zur Einschließung des Ta1. Nach dem Textzug kann Weiß letzteres vermeiden.

15. Lc2—d3 Sa5—c6
16. Lc1—e3 e5 : d4

Auf 16..., Sb4 folgt zunächst 17. Tc1! und dann erst 18. Lb1 (siehe die vorige Anmerkung).

Mit dem Textzug gibt Schwarz das Zentrum auf, an sich ein kleiner Nachteil, aber unter den gegebenen Umständen noch das Beste, da die schwarzen Figuren gute Wirksamkeit erlangen.

17. Sf3 : d4 Sc6—e5
18. Ta1—c1 Dc7—b7
19. Tc1 : c8

Nötig, um auf eventuelles Sc4 die Antwort Lc1 zur Hand zu haben.

19. .... Tf8 : c8
20. Ld3—b1 Se5—g6

Nicht 20..., S: e4? wegen 21. L:e4, D: e4 22. Lg5.

21. Le3—g5 h7—h6
22. Lg5—c1 Db7—b6

Droht 23..., T: c1!

23. Lc1—e3 Db6—b7
24. Sf1—g3 Le7—f8
25. Sd4—f5 d6—d5
26. e4—e5 !

Sehr stark gespielt. Schwarz darf nicht 26..., S:e5 ziehen wegen 27. Ld4 nebst 28. L: f6 oder 28. S: h6†.

26. .... Sf6—e8
27. f2—f4 Lf8—c5
28. Sf5—d4

Weiß hat eine schöne Stellung, aber mit dem Textzug gibt er seinem Gegner die Gelegenheit, sich fein herauszuschwindeln.

Stärker war 28. L: c5 oder 28. Sh5.

28. .... Lc5 : d4
29. Dd1 : d4 Tc8—c4
30. Dd4—d2

In Betracht kam 30. Dd3, doch sind die Folgen von 30..., S: f4 31. L: f4, T: f4 32. Dh7†, Kf8 nicht klar (33. Sh5, Db6† nebst 34. ..., Df2).

30. .... d5—d4 !

Eine hübsche Kombination.

31. Le3 : d4 Ld7 : h3 !

Stellung nach 31. . ., Ld7 : h3 !

Die Pointe. Auf 32. g: h3 folgt nun 32..., Sh4! mit zwei „kleinen“ Drohungen, nämlich 33. Sf3† und 33..., T: d4! (34. D:d4, Dg2 matt). Nach 33. Le4, D: e4! gewinnt Schwarz die Figur zurück.

32. Lb1 : g6 — Tc4 : d4
33. Dd2—f2

Der Schlaukopf! Auf das naheliegende 33..., T:f4? würde nun 34. Le4! gewinnen.

33. .... — Db7 : g2†
34. Df2 : g2 — Lh3 : g2
35. Lg6—h5 — Lg2—c6
36. Sg3—f5 — Td4—c4

36..., Td7 ging nicht wegen 37. e6!

37. e5—e6 — g7—g6

Nicht 37..., f:e6? wegen 38. Se7†, Kf8 39. Sg6†, Kg8 40. Se5! usw.

38. Sf5—e7† — Kg8—f8
39. e6 : f7 — g6 : h5

Bei diesem Zuge überschritt Schwarz die Bedenkzeit. Schade, denn er hatte sich geistreich herausgearbeitet und besaß nun Gewinnaussichten, z. B.: 40. S:c6, Sd6 41. Se5, Tc2 42. Td1, S:f7 43. S:f7, K:f7 44. Td6, a5 45. T:h6, T:b2 46. T:h5, a4! usw.

Partie Nr. 16

Guimard — O'Kelly

Abgelehntes Slawisch

1. d2—d4 — d7—d5
2. Sg1—f3 — Sg8—f6
3. e2—e3 — Lc8—f5

Schwarz vermeidet das Colle-System.

4. c2—c4 — c7—c6
5. Sb1—c3

Die Hauptvariante des Abgelehnten Slawischen Damengambits geht mit 5.. c:d5 weiter. Nach dem Textzug hat es Schwarz bequemer.

5. .... — e7—e6
6. Sf3—h4

Jetzt wäre 6. c:d5 schwach wegen 6..., e:d5!
Mit dem Textzug verschafft sich Weiß das Läuferpaar, aber das ist hier kein Vorteil, weil der Lc1 eingeschlossen bleibt.

6. .... — Lf5—g6

Die Fortsetzung 6..., Lg4 7. Db3, Dc7 8. h3, Lh5 9. g4 usw. würde das weiße Spiel begünstigen.

7. Dd1—b3 — Dd8—b6
8. Sh4 : g6 — h7 : g6
9. Lc1—d2 — Sb8—d7
10. Lf1—e2 — Db6—c7
11. h2—h3 — Sd7—b6

Ein Versuch, c4—c5 zu provozieren, wonach Schwarz bald mit großer Wirkung e6—e5 ziehen könnte.

12. Ta1—c1

Sehr wichtig. Weiß verzichtet lieber auf das Läuferpaar.

12. .... — d5 : c4
13. Le2 : c4 — Sb6 : c4
14. Db3 : c4 — Ta8—d8
15. e3—e4

Dafür kommt nun dieser Läufer gut ins Spiel.

15. .... — Dc7—d7
16. e4—e5 — Sf6—d5
17. Ld2—g5 — f7—f6
18. e5 : f6 — g7 : f6
19. Lg5—e3 — Lf8—d6

Stellung nach 19..., Lf8—d6

Schwarz kann nicht mehr gut rochieren, er steht aber trotzdem vollkommen befriedigend; sein Springer ist vortrefflich postiert und sein Läufer gut.

20.	**Sc3—e4**	**Ke8—f7**
21.	**Dc4—e2**	**Td8—e8**
22.	**De2—f3**	**Kf7—g7**
23.	**0—0**	**Ld6—b8**
24.	**Tf1—e1**	**Dd7—c7**
25.	**Kg1—f1**	

Kaltblütig gespielt. Weiß braucht 25..., Dh2 tatsächlich nicht mehr zu fürchten.

25.	**....**	**Dc7—a5**
26.	**a2—a3**	**f6—f5**
27.	**Se4—c3**	**Sd5 : c3**
28.	**b2 : c3**	**Da5—d5**

Nach 28..., D: a3 würde Weiß etwas Angriff erlangen, etwa wie folgt: 29. Lf4 (droht 30. Ta1 mit Rückgewinn des Bauern) 29..., De7 30. L: b8, T: b8 31. d5, c: d5 32. D: d5 mit allerlei Chancen.

29.	**Tc1—b1**	**b7—b5**

Nicht 29..., D:f3 wegen 30. T:b7†, Kf6 31. g:f3, T:h3 32. Ke2, mit Vorteil für Weiß.

30.	**Df3 : d5**	**e6 : d5**
31.	**a3—a4**	**a7—a6**
32.	**a4 : b5**	**a6 : b5**

Das Endspiel steht völlig gleich.

33.	**Tb1—a1**	**f5—f4**
34.	**Le3—d2**	**Te8 : e1†**
35.	**Ta1 : e1**	**Kg7—f6**
36.	**Kf1—e2**	**Th8—e8†**
37.	**Ke2—f3**	**Te8 : e1**
38.	**Ld2 : e1**	**Kf6—f5**
39.	**h3—h4**	**Lb8—d6**
40.	**Le1—d2**	**Ld6—e7**

Abgebrochen und in der Pause remis gegeben.

Partie Nr. 17

Najdorf — **Boleslawski**

Alt-Indisch

1.	**d2—d4**	**Sg8—f6**
2.	**c2—c4**	**d7—d6**
3.	**Sb1—c3**	**e7—e5**
4.	**d4 : e5**	**d6 : e5**
5.	**Dd1 : d8†**	**Ke8 : d8**

Mit dieser Variante wurden bisher wenig Erfahrungen gemacht; man nimmt jedoch im allgemeinen an, daß der Verlust der Rochade für Schwarz nicht nachteilig ist. In der vorliegenden Partie versetzt Najdorf dieser Auffassung einen Stoß.

6.	**Sg1—f3**	**Sf6—d7**
7.	**g2—g3**	**f7—f6**
8.	**Lf1—g2**	**Sb8—a6**

Besser war zunächst 8..., a5 und dann erst Sa6.

9.	**0—0**	**c7—c6**
10.	**b2—b3**	**Kd8—c7**
11.	**Lc1—b2**	**Sa6—c5**
12.	**b3—b4 !**	

In Verbindung mit dem nächsten Zug des Weißen sehr stark.

12.	**....**	**Sc5—e6**
13.	**c4—c5**	

Diese Einschnürung nötigt Schwarz bald zu b7—b6, wonach aber der Bauer c6 schwach und die Stellung des schwarzen Königs etwas luftig wird.

13.	**....**	**Lf8—e7**
14.	**Sc3—e4**	**b7—b6**
15.	**c5 : b6†**	**Sd7 : b6**

Das gibt zwar etwas Gegenspiel, verschärft aber die Schwäche d. Bauern c6. Bessere Aussichten auf Konsolidierung bot 15..., a: b6.

16.	**a2—a3**	**Sb6—a4**
17.	**Lb2—c1**	**Lc8—a6**
18.	**Tf1—e1**	**Th8—d8**

Dies führt beinahe zwangsläufig zum Verlust des c-Bauern.

Schwarz hätte 18..., c5 ziehen müssen, unbeschadet des Umstandes, daß nach etwa 19. b:c5, Se:c5 20. S:c5, L:c5 21. Ld2! sein entblößter König Angriffen ausgesetzt wäre.

19. **Lc1—e3 Sa4—b6**

Jetzt würde 19..., c5 an 20. Tac1 scheitern.

20. **Lg2—h3 Se6—f8**
21. **Ta1—c1 Sf8—d7**
22. **Lh3—e6 La6—b5**
23. **Sf3—d2 Sb6—a4**
24. **Sd2—b3 Sd7—b6**
25. **Sb3—a5**

Stellung nach 25. Sb3—a5

Weiß hat seine Streitkräfte schön konzentriert, der Bauer c6 ist bereits ein Kind des Todes.

Ein Musterbeispiel von Angriffsführung bei fehlenden Damen.

25. **.... Td8—e8**
26. **Le6—h3 Ta8—d8**
27. **Tc1—c2 Td8—d5**
28. **Sa5 : c6 !**

Die Abwicklung beginnt.

28. **.... Lb5 : c6**
29. **Te1—c1 Kc7—b8**
30. **Tc2 : c6 Te8—d8**
31. **Kg1—g2 Td5—d1**
32. **Tc1—c2 Sb6—d5**
33. **Le3—c5 Sa4—b6**
34. **Lh3—e6**

Da das Brett so stark bevölkert ist, sieht die Sache noch verzwickt aus. Aber Weiß klärt nun die Lage.

34. **.... Td1—a1**
35. **Tc2—d2 ! Kb8—b7**
36. **Lc5 : e7**

Erobert eine Figur.

36. **.... Td8—e8**
37. **Td2 : d5 !**

Schwarz gibt auf.

Partie Nr. 18

Szabo — Denker

Damen-Indisch

1. **d2—d4 Sg8—f6**
2. **c2—c4 e7—e6**
3. **Sg1—f3 b7—b6**
4. **g2—g3 Lc8—b7**
5. **Lf1—g2 Lf8—e7**
6. **0—0 0—0**
7. **Sb1—c3**

Die Hauptvariante der Damen-Indischen Verteidigung. Der Kampf geht um e2—e4. Das Durchsetzen dieses Vormarsches ist in der Regel gleichbedeutend mit Vorteil für Weiß, es läßt sich jedoch nicht erzwingen.

7. **.... Sf6—e4**
8. **Dd1—c2 Se4 : c3**
9. **Dc2 : c3 d7—d6**

Besser ist z. B. 9..., Le4, um die nun folgende Antwort zu verhindern.

10. **Dc3—c2**

Droht 11. e4, was Schwarz nicht gut verhindern kann. Denn 10..., d5 würde Zeitverlust bedeuten, und 10..., f5 ist unbefriedigend wegen 11. Se1, z. B. 11..., L:g2 12. S:g2, d5 (sonst folgt e4) 13. Sf4, und Weiß steht überlegen.

10. .... Sb8—c6

Schwarz findet sich mit der Zulassung von e2—e4 ab.

11. Tf1—d1 Le7—f6
12. d4—d5

Es ist wohl merkwürdig, daß Weiß auf 12. e4 verzichtet. Immerhin ist auch der Textzug gut, umso mehr als Weiß nach Belieben mit e2—e4 fortsetzen kann.

12. .... e6 : d5
13. c4 : d5 Sc6—b4
14. Dc2—b3 a7—a5
15. Lc1—e3

Dieser Zug ist im Hinblick auf die Wichtigkeit von e2—e4 unlogisch.

15. .... Tf8—e8
16. Ta1—c1 Sb4—a6
17. Sf3—d4

Weiß besitzt etwas mehr Bewegungsfreiheit; es ist aber nicht leicht, daraus ein Gebild zu gestalten.

17. .... Sa6—c5
18. Db3—c2 Dd8—d7
19. h2—h4?

Offenbar mit der Absicht, Kh2 nebst Lh3 folgen zu lassen. Aber der Textzug verursacht eine ernsthafte Schwächung der weißen Rochadestellung und gibt Schwarz die Gelegenheit, einen aussichtsvollen Angriff zu eröffnen.

19. .... Te8—e5
20. Le3—f4

Auf 20. Sc6, L:c6 21. d:c6, De6! 22. b3 folgt sehr stark 22...,T:e3!.

20. .... Te5 : d5 !

Vortrefflich gespielt!

Das Qualitätsopfer lohnt sich aus mehreren Gründen: Schwarz bekommt einen Bauern, erlangt das Läuferpaar, erzielt durch die Beseitigung des Lg2 eine weitere Schwächung der weißen Königsstellung und bemächtigt sich dank diesen Umständen der Führung.

21. Lg2 : d5 Lb7 : d5
22. b2—b3

Ein notwendiger Tempoverlust. Die Preisgabe des a-Bauern würde bedeuten, dem Gegner auch noch materiellen Vorteil einräumen.

22. .... Dd7—h3
23. Sd4—f3

Nach 23. f3, Te8 24. e4 würde die Opferwendung 24..., S:e4! 25. f:e4, T:e4 entscheiden. Daher muß der Springer zurück.

23. .. Ld5—e4
24. Dc2—d2 Sc5—e6
25. Dd2—e3 d6—d5
26. Tc1 : c7 !

Dieses Zurückgeben der Qualität bildet die beste Verteidigung; nimmt nun Schwarz den Turm, so kommt sein Angriff zum Stehen.

Schlecht wäre 26. L:c7 wegen 26..., g5!, mit der tödlichen Drohung 27..., g4.

26. .... Lf6 : h4 !

Stellung nach 26. .... Lf6:h4!

Die stärkste Fortsetzung des Angriffs. Weiß darf das Opfer nicht annehmen, denn auf 27. S:h4?? folgt 27..., Dh1 matt, und nach 27. g:h4?, Dg4† 28. Lg3, S:c7 besässe Schwarz einen Mehrbauern bei überlegener Stellung.

27. Tc7—b7

Hier versäumt Weiß die Gelegenheit, die Spiele auf die folgende hübsche Art auszugleichen: 27. Tc4!!, Le7 (27..., d:c4? 28. D:e4, oder 27..., L:f3? 28. D:f3 ist günstig für Weiß 28. T:e4, d:e4 29. D:e4, Tc8, mit voraussichtlichem Remisschluß. Nach dem geschehenen Zug wird der Angriff des Nachziehenden unwiderstehlich.

27.	**....**	**Lh4—d8**
28.	**Td1—c1**	**g7—g5 !**

Ein Keulenschlag: der Läufer ist angegriffen, und es droht außerdem 29..., g4. Schwarz erobert mindestens eine Figur, wobei sein Angriff noch an Kraft zunimmt.

29.	**Lf4—c7**	**Ld8—f6**
30.	**Lc7 : b6**	**g5—g4**
31.	**Tc1—d1**	

Um den durch 31..., Lg5 bedrohten Turm zu sichern.

31.	**....**	**Lf6—g5 !**

Trotzdem dieser Zug! Schwarz leitet damit eine kräftige Entscheidung ein.

32.	**De3—c3**	**g4 : f3**
33.	**e2 : f3**	**Se6—f4 !**

Das war der Hauptzweck von 31..., Lg5!

34.	**g3 : f4**	**Le4 : f3**
35.	**Dc3 : f3**	**Dh3 : f3**
36.	**Td1—c1**	**Lg5 : f4**
37.	**Tc1—e1**	**d5—d4**
38.	**Te1—e7**	**Df3—g4†**
39.	**Kg1—f1**	**d4—d3**

Droht Matt in drei Zügen durch 40..., Dh3† usw. Weiß gibt auf.

Partie Nr. 19

Lundin — **Botwinnik**

Damen-Indisch

1.	**d2—d4**	**Sg8—f6**
2.	**c2—c4**	**e7—e6**
3.	**Sg1—f3**	**b7—b6**
4.	**g2—g3**	**Lc8—b7**
5.	**Lf1—g2**	**Lf8—e7**
6.	**0—0**	**0—0**
7.	**Sb1—c3**	**d7—d5**

Gebräuchlicher ist 7..., Se4 (siehe z. B. Nr. 18). Botwinnik wendet aber gerne den Textzug an, möge dieser auch kleine Bedenken haben. Letzteres geht auch aus dem Verlauf dieser Partie hervor.

8.	**Sf3—e5**	**Dd8—c8**

Deckt den Lb7 und entfesselt den Bauer d5.

9.	**c4 : d5**	**Sf6 : d5**
10.	**Sc3 : d5**	**e6 : d5**
11.	**Dd1—b3**	**Dc8—e6**
12.	**Se5—d3 !**	

Ein starker Zug; es droht Bauerngewinn durch 13. Sf4, und Schwarz darf nicht 12..., D:e2? ziehen wegen 13. Te1.

12.	**....**	**Tf8—d8**
13.	**Lc1—e3**	**c7—c6**

Auf die Dauer unvermeidlich. Die schwarze Stellung ist zwar sehr fest, aber etwas unfrei. Letzteres bildet den kleinen Nachteil des Aufbaus mit 7..., d5.

14.	**Tf1—d1**	

Das ist Zeitverlust.

Stärker war sofort 14. Tac1 nebst Tc2 und Tfc1.

14. .... Sb8—d7
15. Ta1—c1 Sd7—f6
16. Tc1—c2 Sf6—e4
17. Td1—c1 Ta8—c8
18. Sd3—f4 De6—d7
19. Db3—a4

Mit diesem und dem nächsten Zuge erzwingt Weiß eine kleine Schwächung des feindlichen Damenflügels.

19. .... a7—a5
20. Da4—b3 b6—b5
21. Db3—d3?

Ein schwerer Fehler; das Feld d3 hätte frei bleiben müssen für den Springer. Allerdings durfte nicht sofort 21. Sd3?? geschehen wegen 21..., a4! mit Damengewinn. Aber 21. a4, womit Weiß seiner Dame mehr Bewegungsfreiheit verschafft hätte, wäre gut gewesen.

Nach dem Textzug wird Weiss genötigt, sich dem Königsflügel zuzuwenden, aber dort leuchtet für ihn kein Stern.

21. .... g7—g5!

Sehr stark gespielt, und keineswegs gewagt, wie man denken könnte.

Der weiße Springer, dessen natürliche Bestimmung das starke Feld c5 war, wird nun nach der h-Linie verschlagen und bleibt dort ein Gefangener.

22. Sf4—h5 f7—f5
23. f2—f3 Se4—d6
24. Le3—f2 Td8—f8
25. b2—b3 Tf8—f7
26. h2—h3 Dd7—e6
27. g3—g4 De6—g6
28. Lf2—g3?

Führt regelrecht zu einem verlorenen Endspiel.

28. .... f5—f4!
29. Lg3—f2

Nach 29. D:g6†, h:g6 gewinnt Schwarz eine Figur.

29. .... Df6:d3
30. e2:d3 b5—b4!

Stellung nach 30. .... b5—b4!

Weiß hat eine elende Stellung: sein Springer kann nur aus der Ferne zuschauen, was in der Heimat vorgeht, seine Läufer haben Ketten an den Füßen, nämlich Bauernketten, und das Scheusal von einem Doppelbauern ist ein Anblick gräßlich und gemein.

Schwarz steht auf Gewinn. Mit dem Textzug bereitet er sowohl Sd6-b5-c3 wie auch den schliesslichen Durchbruch a5-a4 vor.

31. Tc1—e1 Tc8—c7
32. Te1—e5 Sd6—b5
33. Kg1—h2 Lb7—c8
34. h3—h4 h7—h6
35. h4:g5 h6:g5
36. Kh2—g1 Lc8—d7
37. Tc2—e2 Kg8—f8
38. Te2—c2 Tc7—a7

Zielbewußt operierend, hat Botwinnik die günstigsten Vorbedingungen für den nun folgenden Durchbruch geschaffen.

39. **Lg2—f1**	**a5—a4 !**
40. **b3 : a4**	**Ta7 : a4**
41. **Tc2—b2**	**Sb5—c3**
42. **Te5—e1**	**Tf7—h7**

Nach 42..., S:a2 43. Ta1, Sc3 44. T:a4, S:a4 45. Ta2 würde Weiß Gegenspiel erlangen. Darum zieht es Botwinnik vor, seine Stellung weiter zu verstärken.

43. **Te1—a1**	**Kf8—f7**
44. **Lf2—e1**	**Sc3—b5**
45. **Lf1—e2**	

Auf 45. Lf2 folgt Th7-h8-a8 nebst Sc3, wonach der Bauer a2 sang- und klanglos verloren geht.
Mit dem Textzug macht Weiss anscheinend einen günstigen Tausch: er gibt d4 auf, um b4 zu erobern.

45.	**Sb5 : d4**
46. **Le2—d1**	**c6—c5 !**

Schwarz durchkreuzt die Absichten seines Gegners mit einer glänzenden Kombination.

47. **Ld1 : a4**	**Sd4 : f3† !**

Eine zweite Ueberraschung.
Anstatt den Läufer zu nehmen, was auch stark gewesen wäre, geht Schwarz den Springer erobern und erbeutet dabei eine Anzahl Bauern.
Die weiße Stellung stürzt plötzlich zusammen.

48. **Kg1—f2**	**Ld7 : g4 !**
49. **La4—d1**	**Sf3—e5 !**
50. **Ld1 : g4**	**Se5 : g4†**

Nun kann der weiße König den Springer nicht mit Erfolg angreifen, denn auf 51. Kf3 folgt 51..., Se5†. Dies ist der letzte Witz der Kombination des Nachziehenden.

51. **Kf2—g1**	**Th7 : h5**

Die Kombination hat also drei Bauern für die Qualität eingebracht, und dies bei gewaltiger Stellung. Es ist aus.

52. **Tb2—g2**	**Le7—f6**

Auf einen Zug des Ta1 würde nun 53..., Ld4† 54. Kf1, f3! rasch entscheiden.
Weiß gibt auf.
Botwinnik hat das Endspiel prächtig behandelt.

Partie Nr. 20

Smisloff — **Steiner**

Budapester Gambit

1. **d2—d4**	**Sg8—f6**
2. **c2—c4**	**e7—e5**
3. **d4 : e5**	**Sf6—e4**

Die Fajarowicz-Variante, nach dem gegenwärtigen Stand der Theorie das Hauptspiel dieser Eröffnung.

Es muß sich aber noch erweisen, ob der Textzug tatsächlich besser ist als das alte 3..., Sg4 (wonach Weiß das bessere Spiel erlangt).

4. **Sg1—f3**	

In Betracht kam 4. Dc2, um nach der Gambitfortsetzung 4..., d5 5. e:d6 e. p., Lf5 kaltblütig mit 6. f3, Sg3 7. e4 fortzufahren

4.	**Lf8—b4†**
5. **Lc1—d2**	**Se4 : d2**
6. **Sb1 : d2**	**Sb8—c6**
7. **a2—a3**	**Lb4 : d2†**
8. **Dd1 : d2**	**Dd8—e7**
9. **Dd2—c3**	

Dank einer wohldurchdachten Reihenfolge seiner Züge ist Weiß in der Lage, den Gambitbauern vorläufig zu behaupten.

9. .... 0—0
10. Ta1—d1 Tf8—e8
11. Td1—d5

Ein genialer Gedanke.
Weiß will lieber die Qualität opfern lassen.

11. .... b7—b6
12. e2—e3 Lc8—b7
13. Lf1—e2 Ta8—d8

Auf 13..., Sa5 würde 14. b4! folgen.

14. 0—0 Sc6—b8
15. Tf1—c1 !

Der Kern des weißen Aufbaues, zugleich auch die einzige Möglichkeit, die Führung festzuhalten.
Wenn der angegriffene Turm weicht, führt 15..., Sc6 entweder zum Rückgewinn des Bauern bei gleichem Spiel, oder nach 16. Td5, Sb8 usw. zur Zugswiederholung.

15. .... Lb7 : d5
16. c4 : d5

Weiß besitzt zwar nur einen Bauern für die Qualität; dank seinem mächtigen Zentrum befindet er sich aber im Vorteil.

16. .... d7—d6?

Führt ziemlich zwangsläufig zu einer hoffnungslosen Stellung.
Am besten war 16..., c5, um den Druck auf der c-Linie sofort aufzuheben. Allerdings wäre Weiß auch danach im Vorteil geblieben, wie die folgende, von Smisloff angegebene Variante zeigt: 16..., c5 17. Lb5, a6 18. d6, De6 19. Lc4, Df5 20. e4, Dh5 21. Ld5, Sc6 22. L:c6, d:c6 23. b4! usw.

17. Le2—b5 ! Te8—f8
18. e3—e4 a7—a6
19. Lb5—d3 d6 : e5
20. Sf3 : e5 Td8—d6

Schwarz spielt auf Gegenangriff, beschleunigt aber dadurch seinen Untergang. Er hätte sich mit 20..., f6 verteidigen müssen.

21. Se5—c4 Td6—h6
22. Sc4—e3 De7—h4
23. Dc3 : c7

Stellung nach 23. Dc3 : c7

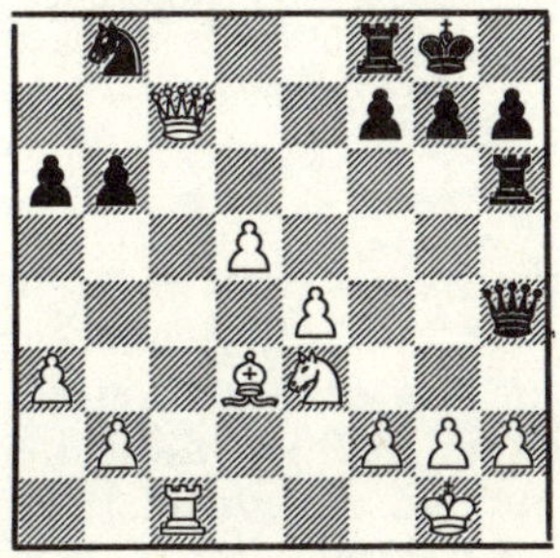

Danke bestens!

23. .... Th6—f6
24. g2—g3 Dh4—h5
25. e4—e5 Tf6—h6
26. h2—h4 Dh5—f3

Alle diese Angriffsversuche verlaufen ergebnislos. Schwarz kämpft für eine verlorene Sache.

27. Tc1—c4 b6—b5
28. Tc4—f4 Df3—h5
29. Se3—g4

Nun gewinnt Weiß auch noch die Qualität zurück.

29. .... Th6—g6
30. Ld3 : g6 Dh5 : g6
31. e5—e6 ! Dg6—b1†
32. Kg1—h2 f7—f5
33. e6—e7 Tf8—e8
34. Dc7—d8

Erzwingt Matt in einigen Zügen. Schwarz überschritt hier die Bedenkzeit.

3. RUNDE

DONNERSTAG, 15. AUGUST 1946

21.	Steiner—Vidmar	½—½
22.	Botwinnik—Smisloff	1—0
23.	Denker—Lundin	1—0
24.	Boleslawski—Szabo	0—1
25.	O'Kelly—Najdorf	½—½
26.	Bernstein—Guimard (abgebrochen)	½—½
27.	Euwe—Christoffel	1—0
28.	Stoltz—Kottnauer	1—0
29.	Flohr—Yanofsky	1—0
30.	Tartacover—Kotow	½—½

Heute haben Botwinnik und Euwe allein die Führung übernommen, und zwar endgültig, wie sich später herausstellen sollte. Untereinander um die ersten zwei Plätze kämpfend, aber sonst in idyllischer Einfachheit, sollten diese beiden Urgroßmeister fortan die Spitze bilden, nur ein einzigesmal für einen einzigen Tag von Smisloff gestört (siehe 8. Runde).

Botwinnik erzielte heute einen besonders wichtigen Gewinnpunkt, indem er seinen Landsmann Smisloff besiegte. Er hatte bereits in der Eröffnung das bessere Spiel erlangt und eroberte schließlich — allerdings nachdem von beiden Seiten ein schwacher Zug geschehen war — zwei Bauern. Ungleiche Läufer und gute Verteidigung machten aber den Gewinn noch recht schwierig; beim Abbrechen vor der Pause mußte Botwinnik lange nachdenken, um den einzigen Gewinnweg zu entdecken. Es ist bemerkenswert, daß sowohl Flohr als Smisloff die einzige Niederlage gleich zu Beginn des Wettkampfes erlitten, und daß beide von einem ihrer Landsleute geschlagen wurden.

Euwe gewann eine weniger wichtige Partie auf weniger überzeugende Art. Er brachte das bekannte Läuferopfer auf h7, aber unter derart ungünstigen Umständen, daß sich bei den Kritikern nach dem Nehmen des Mopses ein allgemeines Schütteln des Kopfes erhob. Hatte denn Euwe gestern nicht selbst gezeigt, wie man unkorrekte Opfer widerlegt? Aber wenn zwei dasselbe tun, kommt eben meistens etwas ganz anderes heraus.

Denker gewann abermals in gutem Spiel gegen einen starken Widersacher. Lundin war diesmal sein Opfer. Der prachtvolle Start des Vorkämpfers der Vereinigten Staaten wird aufsehenerregend. Sollte Denker die große Sensation des Turniers werden? Er spielt hier jedenfalls viel besser als bei früheren Gelegenheiten. Er spielt ruhig, ohne Anstrengung, bleibt immer liebenswürdig und eine schicke Erscheinung. Ein Vergnügen, ihn beim Spiel zu betrachten. Das ist bemerkenswert, weil sich viele Schachmeister beim Spiel wie Flagellanten benehmen, wenigstens in Bezug auf ihr Aeußeres; sie wühlen in ihren Haaren, ramponieren ihre Kleider, bedecken sich mit Asche, betropfen sich mit Kaffee und sehen manchmal nach einer schweren Partie aus, als hätten sie an einem Ringkampf teilgenommen. Es sind die Nerven. Aber Denker hat seine Nerven, wenn man so sagen darf: an der Leine. Er ist immer oké.

Stoltz gewann ein interessantes Mittelspiel mit ungleichen Läufern gegen Kottnauer, der sich angesichts eines heranrollenden Angriffs gegen seinen König genötigt sah, die Qualität zu opfern; das half aber nur vorübergehend.

Boleslawski erlitt eine unverdiente Niederlage gegen Szabo. Er hatte die Mackenzie-Variante der Spanischen so ziemlich widerlegt und damit einen wertvollen Beitrag zur Eröffnungstheorie geliefert, scheiterte jedoch an der Aufgabe, seinen großen Vorteil auszunützen. Schließlich wollte er verhindern, dass der Gegner mittels Turmopfer ewiges Schach erreiche und machte einen Zug, wodurch er sofort die Dame verlor. Böcke dieses Kalibers kamen in Groningen glücklicherweise nicht oft vor; die Fehlerquote war hier im Vergleich zu anderen Turnieren bescheiden.

Auch Yanofsky verlor heute eine gutstehende Partie durch einen groben Fehler, aber das war doch etwas anderes als der Mißgriff Boleslawskis. Der Canadier war nach einem mißglückten Angriffsversuch Flohrs in Vorteil gekommen; er gelangte zu einem starken Rochadeangriff, kam aber nur langsam vorwärts, da sich der Sowjetmeister hartnäckig weigerte, weitere Konzessionen zu machen. So kam es, daß Yanofsky schließlich in Zeitnot geriet, einer wichtigen Hilfsquelle seines schlauen Gegners keine Beachtung schenkte und eine Figur verlor.

Die vier Remispartien bieten im allgemeinen wenig Anziehendes. O'Kelly verstand sich gegen Najdorf frühzeitig zu einer Zugwiederholung, obwohl er die bessere Stellung hatte. Das erwies sich als verhängnisvoller Fehler, denn Frau Caissa zeigte sich beleidigt und kehrte dem Belgier in der Folge den Rücken zu. Auch Vidmar bekundete ein Uebermaß an Friedensliebe: nachdem er bewiesen hatte, daß Steiners Begehren, die Partie wegen dreimaliger Wiederholung derselben Stellung für remis zu erklären, ungerechtfertigt sei, führte er mit seinem nächsten Zuge die fragliche Stellung selbst zum drittenmal herbei, damit dem Remis zustimmend. „Why" frug Denker und zeigte sofort, daß Vidmar allen Grund hatte, dem Remis auszuweichen. Bernstein könnte ein Vorwurf dieser Art niemals treffen, denn der spielt am liebsten weiter, solang noch eine Möglichkeit besteht, Züge zu machen. Man kann nie wissen. Heute ließ er es in einem völlig gleichen, einfachen Endspiel gegen Guimard noch zum Abbruch kommen, allerdings, ohne damit etwas zu erreichen. In der Partie Tartacover—Kotow war Weiß genötigt, die sich bietende Gelegenheit zu einer zwangsläufigen Zugswiederholung zu ergreifen, denn er hätte sonst die schlechtere Stellung behalten.

Stand nach der 3. Runde: Botwinnik, Euwe je 3; Denker 2½; Kotow, Najdorf, O'Kelly, Smisloff, Stoltz, Tartacover je 2; Flohr, Guimard je 1½; Christoffel, Kottnauer, Lundin, Szabo je 1; Bernstein, Boleslawski, Steiner, Vidmar, Yanofsky je ½.

Partie Nr. 21

Steiner — **Vidmar**

Damengambit

1.	d2—d4	d7—d5
2.	c2—c4	e7—e6
3.	Sb1—c3	Sg8—f6
4.	Lc1—g5	Lf8—e7
5.	Sg1—f3	0—0
6.	e2—e3	h7—h6
7.	Lg5—h4	b7—b6

Die Tartacover-Variante, womit Schwarz meistens befriedigendes Spiel erreicht. Da der Sb8 noch nicht gezogen hat, besteht keine Gefahr, daß die Felder a6 und c6 durch den Textzug schwach werden. Auch kann Schwarz unter Umständen gut mit Sc6 fortsetzen.

8. c4 : d5

Gebräuchlich, aber wahrscheinlich nicht das Beste.
Stärker ist wohl 8. Ld3, was u. a. auch von Aljechin empfohlen wurde.

8.	....	Sf6 : d5
9.	Lh4 : e7	Dd8 : e7

Auch 9..., S:e7 ist nicht übel.

10.	Sc3 : d5	e6 : d5
11.	Ta1—c1	Lc8—b7
12.	Lf1—d3	c7—c5
13.	0—0	

Richtig war 13. d:c5. Nur auf diese Weise konnte Weiß hoffen, die Führung zu behalten.

13.	....	c5—c4

Jetzt steht eher Schwarz besser; denn seine Mehrheit auf dem Damenflügel ist stark.

14.	Ld3—b1	Sb8—d7
15.	Kg1—h1	b6—b5
16.	Dd1—c2	g7—g6
17.	Sf3—g1	Sd7—f6
18.	Tc1—e1	Ta8—e8
19.	f2—f3	Sf6—h5
20.	Dc2—f2	

Eine andere Möglichkeit bestand in 20. e4, worauf aber 20..., Dh4 lästig gewesen wäre.

20.	....	De7—f6
21.	Sg1—e2	b5—b4
22.	g2—g4	Sh5—g7
23.	Se2—g3	Lb7—a6
24.	Tf1—g1	La6—c8
25.	Kh1—g2	Df6—h4
26.	Df2—d2	a7—a5
27.	Kg2—h1	Dh4—f6
28.	Kh1—g2	Df6—h4
29.	Kg2—h1	Dh4—f6
30.	Kh1—g2	Df6—h4

Stellung nach 30..., Df6—h4

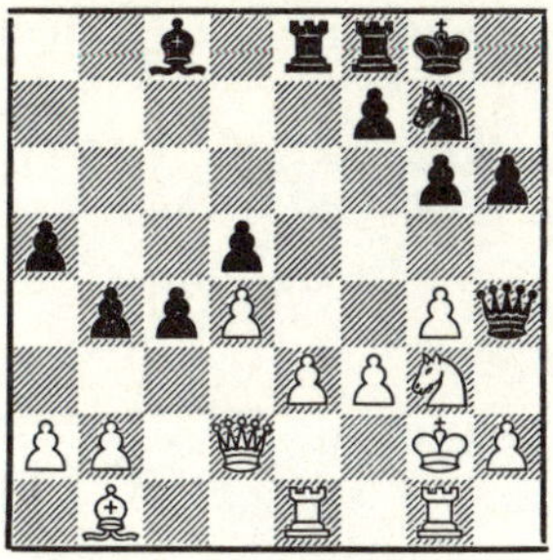

Vidmar befand sich keineswegs in Zeitnot; es ist daher schwer zu begreifen, daß er sich mit Remis zufrieden gibt. Schwarz steht besser; denn auf dem Königsflügel droht ihm nichts, und auf dem Damenflügel besitzt er die Mehrheit.

Remis.

Partie Nr. 22

Botwinnik — **Smisloff**

Grünfeld-Indisch

1. d2—d4 Sg8—f6
2. c2—c4 g7—g6
3. Sb1—c3 d7—d5
4. Sg1—f3 Lf8—g7
5. Dd1—b3 d5 : c4

Bezüglich 5..., c6 siehe Nr. 12.

6. Db3 : c4 0—0

Schwarz vermeidet den Uebergang zum Slawischen Fianchetto mittels 6..., c6, es gelingt ihm aber nicht, ein befriedigendes Spiel zu erlangen.

7. e2—e4 Lc8—g4
8. Lc1—e3 Sb8—c6?

Das ergibt klaren Vorteil für Weiß.

9. d4—d5 Lg4 : f3
10. g2 : f3 Sc6—e5
11. Dc4—e2 c7—c6
12. f3—f4 Se5—d7
13. Lf1—g2

Um nach 13..., c:d5 mit 14. e5 fortzufahren. Weiß besitzt jetzt in sicherer Stellung das Läuferpaar und ein mächtiges Zentrum.

13. .... Sd7—b6
14. Ta1—d1 Dd8—c7
15. 0—0 Tf8—d8

Noch stets würde c6:d5 mit e4-e5! beantwortet werden.

16. Td1—c1 Dc7—d7
17. Tf1—d1 Dd7—g4
18. De2 : g4

Nach 18. f3, Dh4 wäre die Drohung 19..., Sh5 lästig.

Im Endspiel hat Weiß die besten Aussichten auf Ausnützung seines Vorteils.

18. .... Sf6 : g4
19. Le3 : b6 a7 : b6
20. d5 : c6?

Gibt den Vorteil aus der Hand. Richtig war 20. e5!, mit starkem Druck auf die feindliche Stellung.

20. .... b7 : c6
21. e4—e5 Sg4—h6?

Stellung nach 21..., Sg4—h6?

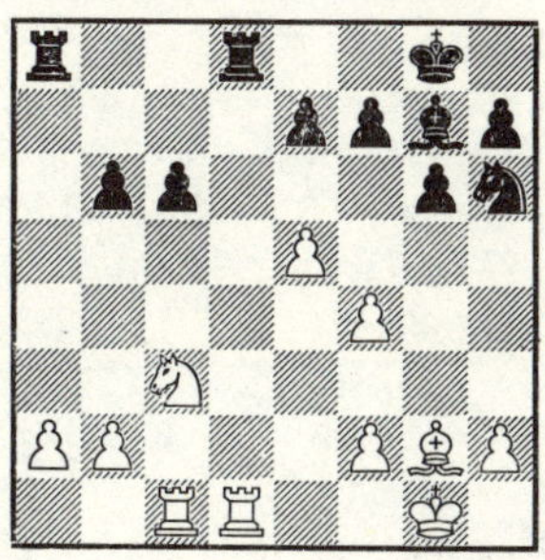

Smisloff revanchiert sich und verliert nun zwei Bauern. Er meinte, daß 21..., Tac8! nicht angängig wäre wegen 22. Lh3, h5 23. f3, dabei übersah er jedoch, daß der einfache Zug 23..., Se3! die Lage rettet.

22. Lg2 : c6 Td8 : d1†
23. Tc1 : d1 Ta8—c8
24. Sc3—d5 !

Botwinnik wickelt tadellos ab und erobert bald einen zweiten Bauern.

24. .... Lg7—f8
25. Td1—c1 Sh6—f5
26. Tc1—c4 e7—e6
27. Sd5 : b6 Tc8—b8
28. Sb6—a4 Tb8—d8

Auf diese Weise behält Schwarz noch etwas Gegenspiel.

29. Lc6—e4 Sf5—h4

Droht Matt.

30. Kg1—f1 Lf8—h6
31. Le4—b7 Sh4—f5
32. Kf1—e2 Sf5—d4†
33. Ke2—e3 Sd4—f5†
34. Ke3—f3 Sf5—d4†
35. Kf3—e4 Sd4—e2
36. Tc4—c8 Td8 : c8
37. Lb7 : c8 Se2 : f4
38. b2—b4 Sf4—h3
39. b4—b5 Sh3 : f2†

Es ist dem Nachziehenden zwar gelungen, das materielle Gleichgewicht wieder herzustellen; aber unterdessen sind die verbundenen Freibauern des Weißen zu stark geworden.

40. Ke4—d4 Lh6—f4
41. h2—h3 f7—f6
42. Lc8: e6† Kg8—g7
43. e5 : f6† Kg7 : f6
44. Sa4—c5 Kf6—e7
45. Kd4—d5 g6—g5
46. a2—a4 Sf2—d1
47. a4—a5 Sd1—c3†
48. Kd5—c6 Sc3 : b5

Um noch vor Torschluß einen der Freibauern unschädlich zu machen.

49. Kc6 : b5 Lf4—b8
50. Kb5—b6

Schwarz gibt auf.

Partie Nr. 23

Denker **Lundin**

Angenommenes Damengambit

1. d2—d4 d7—d5
2. c2—c4 d5 : c4
3. Sg1—f3 a7—a6

Diese Variante kam auch in Nr. 55 zur Anwendung. Wir sehen Schwarz in beiden Fällen befriedigendes Spiel erlangen.

4. e2—e3 Lc8—g4
5. Lf1 : c4 e7—e6
6. Dd1—b3 Lg4 : f3
7. g2 : g3 b7—b5
8. Lc4—e2 c7—c5
9. a2—a4 b5—b4
10. d4 : c5 Lf8 : c5
11. 0—0

Ein neues System. Gewöhnlich setzt Weiß mit Sd2, Sc4, e4 und Le3 fort. Denker hat jedoch einen andern Plan, er will seinen Damenläufer fianchettieren. Das gewährt eine flotte Entwicklung, hat jedoch den Nachteil, daß auf c3 eine Schwäche entsteht.

11. .... Sb8—d7
12. Sb1—d2 Sg8—f6
13. Sd2—c4 0—0
14. Db3—c2 Ta8—c8
15. b2—b3 Sf6—d5
16. Lc1—b2 Lc5—e7 !

Schwarz will sich des schwachen Feldes c3 bemächtigen. Zu diesem Zwecke muß erst der Lb2 getauscht werden.

17. Kg1—h1 Le7—f6
18. Ta1—d1 Lf6 : b2
19. Dc2 : b2 Sd5—c3?

Bis hierher hatte Schwarz sehr gut gespielt. Aber mit dem Textzug übereilt er sich und gerät in Schwierigkeiten.

20. Td1—d6!

(Stellung nach 20. Td1—d6!

Greift a6 an und droht außerdem 21. Dd2 nebst eventuell Se5 oder Sb6. Weiß erobert einen Bauern.

20. .... Dd8—c7
21. Td6 : a6 Sd7—f6

Nach 21..., S:e2 22. D:e2, Sc5 23. Tb6!, S:b3 24. T:b4 behält seinen Mehrbauern.

22. Sc4—d6 Tc8—d8
23. Sd6—b5 Dc7—c8
24. Sb5—d4

Weiß manövriert sehr geschickt und sorgt dafür, daß der eingedrungene schwarze Springer nichts anstellen kann.

24. .... Sf6—d5
25. Ta6—c6 Dc8—d7
26. Tc6—c4 Td8—c8
27. Tf1—c1 e6—e5
28. Sd4—b5!

Damit stellt Weiß seinen Vorteil sicher. Es droht u. a. 29. e4, sodaß Schwarz genötigt ist, abzuwickeln.

28. .... Tc8 : c4
29. b3 : c4 Sc3 : e2
30. Db2 : e2 Sd5—c3
31. Sb5 : c3 b4 : c3
32. Tc1 : c3 Dd7 : a4
33. De2—c2

Die Wogen haben sich geglättet; Weiß besitzt noch immer seinen Mehrbauern, der nun einen klaren, entscheidenden Vorteil darstellt.

33. .... Da4—a6
34. Kh1—g2 f7—f5
35. c4—c5 Tf8—f6

Droht mit 36..., Tg6† 37. Kh3, Df1† 38. Kh4, Th6† 39. Kg5, Tf6! usw. vielleicht gar zu gewinnen.

36. Dc2—b3† Kg8—f8
37. Tc3—d3 e5—e4?

Verliert sofort. Besser war jedenfalls 37..., Tg6†, worauf Weiß 38. Kh1 hätte ziehen müssen.

38. Db3—b8† Kf8—f7
39. Td3—d7† Kf7—g6

Auf 39..., Ke6 folgt 40. De8 matt.

40. Db8—g3† Kg6—h5
41. Td7 : g7 Tf6—g6
42. Tg7 : h7†

Schwarz gibt auf.

Partie Nr. 24

Boleslawski **Szabo**

Spanisch

1. e2—e4 e7—e5
2. Sg1—f3 Sb8—c6
3. Lf1—b5 a7—a6
4. Lb5—a4 Sg8—f6

5.	0—0	Sf6 : e4
6.	d2—d4	b7—b5
7.	La4—b3	d7—d5
8.	d4 : e5	Lc8—e6
9.	c2—c3	Lf8—c5

Die offene Verteidigung wurde in Groningen nur viermal angewendet, mit dem Textzug nur ein einziges Mal; in den drei anderen Fällen geschah 9..., Le7.

10.	Sb1—d2	0—0
11.	Lb3—c2	f7—f5
12.	Sd2—b3	Lc5—b6

Schwarz scheint auf die sogenannte „grande variante" loszusteuern, nämlich 13. Sbd4, S:d4 14. S:d4, L:d4 15. c:d4, f4 16. f3, Sg3 17. h:g3, f:g3 18. Dd3, Lf5 19. D:f5, T:f5 20. L:f5, Dh4 21. Lh3, D:d4† 22. Kh1, D:e5. Boleslawski hat jedoch, wie die Folge lehrt, eine Verstärkung im Köcher. Im Hinblick auf letztere erklärte Szabo nach der Partie, daß er 12..., La7 hätte ziehen müssen, um die nun folgende Fortsetzung von Weiß zu entkräften.

13.	a2—a4	b5—b4
14.	a4—a5	

Gewinnt ein wichtiges Tempo für die Entwicklung des Damenturms über a4.

Man sieht nun, weshalb 12..., La7 besser gewesen wäre.

14.	....	Lb6—a7
15.	Sb3—d4	Sc6 : d4
16.	Sf3 : d4	La7 : d4
17.	c3 : d4	f5—f4
18.	f2—f3	Se4—g3

Nach einem kleinen Zwischenspiel also doch die „grande variante"!

19. Tf1—f2

Weiß lehnt das Opfer ab, was er unter den durch a2-a4-a5 geänderten Verhältnissen leichter tun kann als in der Hauptvariante. Da nämlich der Ta1 über a4 ins Spiel kommt, hat die Hemmung des Lc1 durch den Bauern f4 nur untergeordnete Bedeutung.

19.	....	Dd8—h4
20.	Ta1—a4	Ta8—e8

In Anbetracht der Lage auf den Königsflügel kann sich Schwarz nicht den Luxus leisten, mit der Deckung des Bauern b4 Zeit zu verlieren — ganz abgesehen davon, daß dieser Bauer schwerlich lang zu halten wäre.

21.	Ta4 : b4	Le6—c8
22.	Lc2—b3	c7—c6
23.	Tf2—c2	Lc8—d7
24.	Tb4—b7	

Stellung nach 24. Tb4—b7

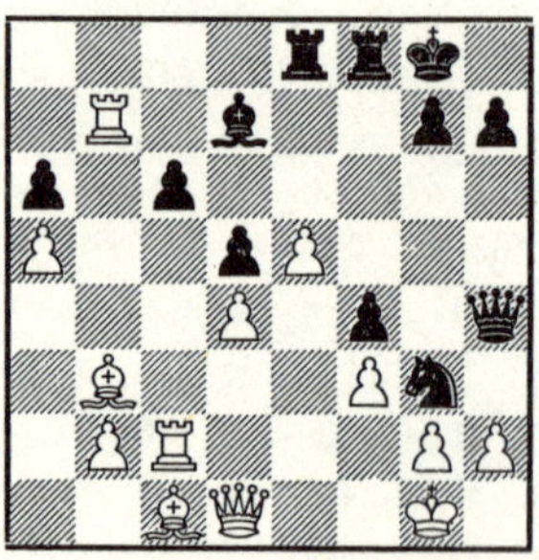

Nicht das Stärkste. Weiß konnte wie folgt eine Gewinnstellung erlangen: 24. De1 (drohend 25. L:f4) 24..., g5 25. Tb7, Tf7 26. La4; dies hätte die Gegenchancen von Schwarz auf Null herabgesetzt.

24.	....	Te8—e7
25.	Lc1 : f4	

Er wickelt ab, um nicht fortwährend auf eine Verstärkung des feindlichen Angriffs mittels Tf5 oder Sf5 achten zu müssen.

25.	....	Tf8 : f4
26.	h2 : g3	Dh4 : g3
27.	Tb7 : d7	

Dieses Qualitätsopfer ist zwar korrekt, aber nicht so stark, wie Weiß gedacht haben mochte.

27.	....	Te7 : d7
28.	Tc2 : c6	Td7—d8 !

Sofortiges 28..., Th4? würde an 29. Tc8†, Kf7 30. e6†, K:e6 31. De2† usw. scheitern.

29.	e5—e6	Tf4—h4
30.	Dd1—e2	Th4—h2

Droht Matt mittels 31..., Dh4 usw.

31. De2—f2??

Ein feister Bock; in dem Bestreben, Remis durch ewiges Schach zu vermeiden, stellt Weiß d e Dame ein.

Richtig war: 31. e7, Te8 32. L:d5†, Kh8 33. Tc8, worauf Schwarz sich allerdings wie folgt retten konnte: 33..., T:g2†! 34. D:g2, De1† 35. Df1! (35. Kh2?, T:c8!) 35..., Dg3†! (35..., D:f1†? 36. K:f1, T:c8 37. Lc6!) 36. Dg2!, De1† usw. mit ewigem Schach.

31.	....	Th2—h1†

Weiß gibt auf.

Partie Nr. 25

O'Kelly — **Najdorf**

Angenommenes Slawisch

1.	d2—d4	d7—d5
2.	c2—c4	c7—c6
3.	Sg1—f3	Sg8—f6
4.	Sb1—c3	d5 : c4
5.	a2—a4	Lc8—f5
6.	Sf3—e5	Sb8—d7

Gegenwärtig gilt 6..., e6 als die beste Fortsetzung.

Nach dem Textzug erlangt Weiß mühelos ein starkes Zentrum.

7.	Se5 : c4	e7—e6
8.	f2—f3	Lf8—b4
9.	Lc1—g5 !	h7—h6
10.	Lg5—h4	Sd7—b6
11.	e2—e4	Lf5—h7
12.	Dd1—b3	a7—a5
13.	Ta1—d1	Sb6 : c4
14.	Lf1 : c4	0—0
15.	0—0	Dd8—c7

Schwarz gestattet die Verdoppelung seines f-Bauern, weil ihm diese die Aussicht eröffnen würde, den vorläufig begrabenen Lh7 mittels f6—f5 zu befreien.

16.	Sc3—a2	Lb4—e7
17.	Sa2—c3	Le7—b4
18.	Sc3—a2	Lb4—e7

Beide Spieler sind offenbar mit Remis zufrieden; Weiß offenbar aus Respekt vor seinem berühmten Gegner, Schwarz in der Erkenntnis, daß seine Stellung zu keinerlei höheren Erwartungen berechtige.

Uebrigens hätte es Weiß trotz seiner ungefähr idealen Stellung keineswegs leicht gehabt, einen wirkungsvollen Plan zu entwerfen. Kein Wunder; Weiß besitzt alles, was er nur wünschen kann, sodaß jede Veränderung eine Verschlechterung bedeuten könnte!

19.	Sa2—c3	Le7—b4

Remis.

Partie Nr. 26

Bernstein — **Guimard**

Französisch

1.	e2—e4	e7—e6
2.	d2—d4	d7—d5
3.	Sb1—c3	Lf8—b4
4.	e4 : d5	

Die Abtauschvariante der französischen Verteidigung führt auch in dieser Abart zu nichts. Die Zeit, da man den Textzug als die „einfachste Widerlegung" von 3..., Lb4 betrachtete, ist längst vorbei.

4.	....	e6 : d5
5.	Lf1—d3	Sb8—c6
6.	Sg1—e2	Sg8—e7
7.	0—0	Lc8—f5
8.	Ld3 : f5	Se7 : f5
9.	Dd1—d3	Dd8—d7
10.	Sc3—b5	

Droht 4. S: c7†

10.	....	Lb4—a5
11.	Lc1—f4	

Wieder mit der Drohung auf c7 zu nehmen.

11.	....	Sc6—b4

Eine genügende Verteidigung.

12.	Dd3—h3	Sf5—e7
13.	Dh3 : d7†	Ke8 : d7
14.	Sb5—a3	Th8—e8
15.	Se2—g3	g7—g6
16.	Ta1—d1	Sb4—a6
17.	Sa3—b5	Se7—c8
18.	c2—c3	c7—c6
19.	Sb5—a3	

Beiden Parteien ist es nach vieler Mühe gelungen, den Damenbauern mittels c2—c3 bzw. c7—c6 zu stützen, aber dafür stehen die beiden Damenspringer vorläufig im Winkel.

In einer so einfachen Variante wie dieser, kann man sich derartige Dinge gefahrlos erlauben.

19.	....	La5—c7
20.	Lf4 : c7	Sa6 : c7
21.	Sa3—c2	Sc8—d6
22.	Sc2—b4	Sc7—e6
23.	Sb4—d3	f7—f6
24.	f2—f3	Te8—e7
25.	Tf1—e1	Ta8—e8
26.	Sd3—c5†	Kd7—c7

Er konnte auch auf c5 tauschen, aber der Textzug ist einfacher.

27.	Sc5 : e6†	Te7 : e6
28.	Te1 : e6	Te8 : e6
29.	Kg1—f2	Kc7—d7

Der Kampf wird in beinahe symmetrischer Stellung mit größter Hartnäckigkeit fortgesetzt. Es ist leicht zu erraten, welcher von den beiden Spielern hierbei die treibende Kraft gewesen ist.

30.	h2—h4	Kd7—e7
31.	Sg3—e2	Ke7—f7
32.	g2—g4	Te6—e7
33.	Se3—f4	Te7—e8
34.	Sf4—d3	h7—h5
35.	Td1—e1	Te8—h8
36.	Te1—h1	h5 : g4
37.	f3 : g4	Sd6—e4†

Ein kleiner Erfolg für Schwarz: dieser Springer hat ein starkes Feld bezogen. Aber dafür besitzt Weiß nun die Möglichkeit, sich auf der h-Linie den entfernteren Freibauern zu verschaffen.

38.	Kf2—f3	Se4—d2†
39.	Kf3—e3	Sd2—e4
40.	Ke3—f3	Sc4—d2†
41.	Kf3—e3	Sd2—e4
42.	Th1—h2	g6—g5

Schwarz hat das Herumschieben satt und trachtet nun, rasch Remis zu forcieren. Es wird auch remis, nur dauert es noch eine Weile.

43. h4—h5 f6—f5

Ein vorübergehendes Bauernopfer.

44. g4 : f5 Kf7—f6
45. Sd3—f2 Se4—d6
46. Sf2—g4† Kf6 : f5
47. Ke3—f3 Sd6—e4
48. Sg4—e3† Kf5—e6
49. Kf3—g4 Th8—h6
50. Se3—f5 Se4—f6†

Eine kleine Kombination.

51. Kg4 : g5 Th6 : h5†
52. Th2 : h5 Sf6 : h5
53. Sf5—d6 !

Stellung nach 53. Sf5—d6!

Die erste Verwicklung in dieser Partie. Zwar bleibt das Gleichgewicht gewahrt, doch muß sich Schwarz in dem nun folgenden Bauernendspiel größter Genauigkeit befleißen.

53. .... Ke6 : d6
54. Kg5 : h5 Kd6—d7
55. Kh5—g4 Kd7—e8
56. Kg4—f4 Ke8—f7
57. Kf4—f5 Kf7—e7
58. a2—a4 a7—a5
59. Kf5—e5 Ke7—d7
60. Ke5—f6 Kd7—d6

Remis.

Partie Nr. 27

Euwe **Christoffel**

Slavische Abtauschvariante

1. d2—d4 d7—d5
2. c2—c4 c7—c6
3. Sg1—f3 Sg8—f6
4. c4 : d5 c6 : d5
5. Sb1—c3 Sb8—c6
6. Lc1—f4 e7—e6

Die Slavische Abtauschvariante gewährt dem Weißen sowohl nach dem Textzug, womit der Lc8 eingeschlossen wird, als nach 6..., Lf5 7. e3 nebst 8. Se5 oder 8. Db3 eine leichte Initiative!

7. e2—e3 a7—a6
8. Lf1—d3 Lf8—d6
9. Lf4 : d6 Dd8 : d6
10. 0—0 0—0
11. Ta1—c1

Besser war 11. Sa4, um den nun folgenden Gegenzug mit Sc5 zu beantworten; z. B. 11. Sa4, b5 12. Sc5, e5 13. d: e5, S: e5 14. S: e5, und Weiß besitzt ein kleines Uebergewicht, da der Bauer d5 vereinzelt bleibt.

11. .... b7—b5
12. e3—e4

Ein verlockender Zug, der jedoch nichts ergibt.

12. .... d5 : e4
13. Sc3 : e4 Sf6 : e4
14. Ld3 : e4 Lc8—b7

Damit ist der Angriff des Weissen bereits zum Stehen gebracht. Auf 15. Se5 folgt einfach 15..., Tac8, und 15. Dc2? wäre schlecht wegen 15..., Sb4 (16. L: h7†?, Kh8 17. Db1, L: f3 18. g: f3, g6 und gewinnt.

15. Ld3 : h7†?

Weiß will durchaus Remis vermeiden und bringt deshalb dieses „Verzweiflungsopfer“, wodurch er jedoch die Partie hätte verlieren müssen.

15. .... Kg8 : h7
16. Sf3—g5† Kh7—g6

Nicht 16..., Kg8? wegen 17. Dh5.

17. Sg5—e4 Dd6—f4

Sehr richtig; Schwarz darf Dg4† nicht zulassen.

18. Se4—c5 Sc6—d8

Bereits die Widerlegung des Opfers. Uebrigens hätte Schwarz auch auf die folgende hübsche Art Remis erzwingen können: 18..., Th8 19. g3, S:d4! 20. g:f4, Sf3† 21. Kg2, Sh4† 22. Kg1 (auf 22. Kg3?? folgt Matt in zwei Zügen) 22..., Sf3† usw. mit ewigem Schach.

19. Tc1—c3 Tf8—h8
20. Dd1—c2† f7—f5?

Viel besser war 20..., Kf6!, wonach sich der weiße Agriff rasch totgeblutet hätte.

21. Tc3—g3† Kg6—f7?

Durch diesen zweiten Fehler gerät Schwarz in Nachteil. Er hätte 21..., Kh7! ziehen müssen.

22. Sc5 : b7 !

Stellung nach 22. Sc5:b7!

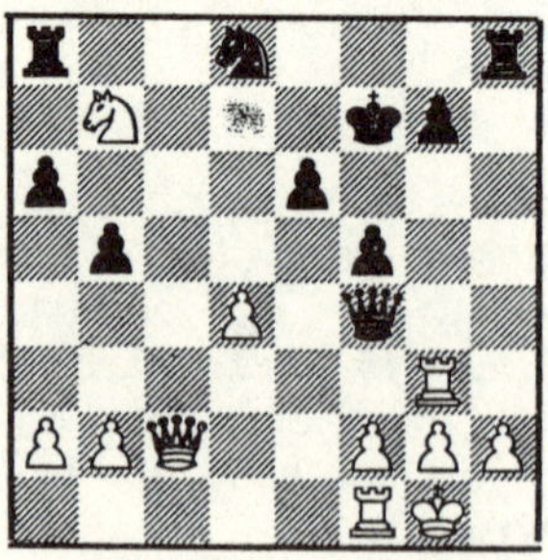

Damit gewinnt Weiß die geopferte Figur bei überlegener Stellung zurück.

22. .... Th8—e8

Auf 22..., S:b7 folgt 23. Dc6!, wonach nicht nur der Springer hängt, sondern (nach 24. D:b7† bzw. 24. Dd7†) das tödliche 25. D:g7† droht.

23. Sb7—c5 Sd8—c6
24. Sc5—d3

Mit 24. Sb3 war der gewonnene Bauer zu behaupten, aber der Textzug ist stärker. Weiß erlangt siegreichen Angriff.

24. .... Sc6 : d4
25. Dc2—d1 Df4—d6
26. f2—f4 Te8—h8

Es drohte Entscheidung durch 27. Dh5†.

27. Sd3—e5† Kf7—g8
28. Tg3—d3 Ta8—d8
29. Kg1—h1

Nach 29. Sf3, S:f3† 30. Tf:f3 hätte Schwarz noch den rettenden Zug 30..., Db6†.

29. .... Dd6—b6

Er konnte noch 29..., Th4 versuchen.

Nach dem Textzug gewinnt Weiß rasch und zwangsläufig.

30. Se5—f3 Sd4—c6
31. Td3—d7 Td8 : d7
32. Dd1 : d7 Sc6—d8
33. Dd7—e8† Kg8—h7
34. Sf3—g5†

Schwarz gibt auf.

Partie Nr. 28

Stoltz — **Kottnauer**

Anti-Meraner

1.	d2—d4	d7—d5
2.	Sg1—f3	Sg8—f6
3.	c2—c4	c7—c6
4.	Sb1—c3	e7—e6
5.	e2—e3	Sb8—d7
6.	Dd1—c2	

Die von Stoltz bevorzugte, jetzt recht gebräuchliche Fortsetzung. Damit zerfällt die Anti-Meraner in zwei wichtige Varianten: 6. Se5 (Rubinstein) und 6. Dc2 (Stoltz).

6.	....	Lf8—e7

Oder auch 6..., Ld6 (siehe Nr. 9).

7.	b2—b3	

Weiss folgt dem Schema, dass e3—e4 stark sei, wenn der schw. Königsläufer auf d6 steht, dagegen weniger wirkungsvoll ist, wenn Schwarz Lf8—e7 gezogen hat.

7.	....	b7—b6
8.	Lf1—e2	Lc8—b7
9.	0—0	0—0
10.	Lc1—b2	Ta8—c8
11.	Ta1—d1	Dd8—c7
12.	Le2—d3	Le7—d6
13.	e3—e4 !	

Auf diese Weise erlangt Weiß einen kleinen Stellungsvorteil. (Siehe die vorhergehende Anmerkung).

13.	....	d5 : e4
14.	Sc3 : e4	Sf6 : e4
15.	Ld3 : e4	Sd7—f6
16.	c4—c5	

Interessant; Stoltz erachtet die Lahmlegung des Bauern c6 für wichtiger als die Erhaltung des Königsläufers. Es frägt sich indessen, ob diese Beurteilung richtig ist, denn Weiß würde auch nach 16. Ld3 Angriffsaussichten behalten.

16.	....	Sf6 : e4
17.	Dc2 : e4	Ld6—e7

Nicht 17..., b:c5? wegen 18. Sg5!, g6 19. d:c5 (19..., L:c5? 20. S:h7! usw.).

18.	Lb2—c1	Tf8—d8
19.	Sf3—g5	Le7 : g5
20.	Lc1 : g5	Td8—d5
21.	Lg5—f4	Dc7—d8
22.	Lf4—d6	

Weiß hat sein Uebergewicht an Bewegungsfreiheit behauptet. Die Anwesenheit der ungleichen Läufer tut seinen Angriffsaussichten keinen Abbruch.

22.	....	b6 : c5
23.	d4 : c5	Dd8—a5
24.	De4—g4	Da5—c3
25.	Td1—c1	Dc3—d4
26.	Dg4—g3	Lb7—a6
27.	Tf1—e1	Dd4—d3

Mit Tauschangeboten arbeitend, die dem Weißen als Angreifer natürlich ungelegen sind, hat Schwarz seine Stellung in den letzten Zügen ansehnlich verbessert.

28.	Dg3—g4	h7—h5
29.	Dg4—h4	Tc8—e8
30.	h2—h3	Dd3—d4
31.	Te1—e4	Dd4—d2
32.	Tc1—e1	La6—d3
33.	Te4—e3	Dd2 : a2

Etwas gewagt, da Weiß nun Gelegenheit hat, seinen Angriff aufzufrischen, aber dennoch nicht zu verurteilen. Schwarz besitzt genügend Verteidigungsmöglichkeiten.

34. **g2—g4** **Ld3—g6**

Schwarz übersieht offenbar den folgenden starken Gegenzug. In Betracht kam: 34..., D:b3 35. g:h5, Dc4 36. Dg3, f6; Weiß besitzt zwar allerlei Chancen, aber Schwarz kann sich behaupten.

35. **Ld6—e5 !**

Hebt die Turmdeckung des Bauern h5 auf und bringt Schwarz in eine schwierige Lage.

Stellung nach 35. Ld6—e5!

35. .... **De2—c2?**

Geboten war 35..., h:g4 36. h:g4, f6 bzw. 36. D:g4, Dc2.

36. **g4 : h5** **Lg6—f5**
37. **Dh4—g3** **Td5 : e5**

Erzwungen, denn 37..., g6 38. Dg5 oder 37..., f6 38. L:f6, Td7 39. h6 wäre noch weniger ersprießlich.

Das Preisgeben der Qualität bedeutet freilich langsamen Untergang.

38. **Dg3 : e5** **f7—f6**
39. **De5—d6** **Kg8—h7**
40. **Dd6 : c6** **Te8—d8**
41. **Dc6—c7** **Dc2—d2**
42. **Dc7—g3** **Td8—d5**

Noch ein kleines Aufflackern des Widerstandes; aber bald übernimmt Weiß endgültig das Kommando.

43. **Te1—a1** **a7—a5**
44. **Dg3—c7** **Dd2—d4**
45. **Ta1—c1** **Lf5—e4**
46. **Te3—g3** **f6—f5**
47. **c5—c6** **Td5—d6**
48. **h5—h6 !**

Ein bösartiger Zug.

48. .... **Kh7 : h6**
49. **Dc7—f7**

Auf 49..., Kh7 entscheidet nun 50. Dg6†, Kg8 51. c7.

Schwarz gibt auf.

Partie Nr. 29

Flohr **Yanofsky**

Angenommenes Slawisch

1.	**d2—d4**	**d7—d5**
2.	**c2—c4**	**c7—c6**
3.	**Sg1—f3**	**Sg8—f6**
4.	**Sb1—c3**	**d5 : c4**
5.	**a2—a4**	**Lc8—f5**
6.	**e2—e3**	**e7—e6**
7.	**Lf1 : c4**	**Lf8—b4**
8.	**0—0**	**0—0**
9.	**Dd1—e2**	**Lf5—g4**
10.	**Tf1—d1**	**Sb8—d7**
11.	**e3—e4**	**Dd8—e7**
12.	**e4—e5**	**Sf6—d5**
13.	**Sc3—e4**	**h7—h6**

Eine nun schon altbekannte Variante.

14. **h2—h3**

Besser war 14. Sg3, um nach 14..., f6 mit 15. h3, L:f3 16. D:f3, f:e5 17. Dg4 fortzusetzen.

14. .... **Lg4—h5**
15. **g2—g4** **Lh5—g6**
16. **g4—g5?**

Dieser stürmische Versuch, Vorteil zu erlangen, führt zu dem entgegengesetzten Ergebnis, da er lediglich die weiße Rochadestellung schwächt.

16.	....	h6 : g5
17.	Se4 : g5	Lg6—h5
18.	De2—e4	g7—g6
19.	Td1—f1	f7—f6 !

Damit geht Schwarz bereits zum Gegenangriff über.

20.	e5 : f6	Sd7 : f6
21.	De4—h4	Sf6—h7
22.	Dh4—g3	Lb4—d6
23.	Sf3—e5	Tf8—f5 !

Sehr stark gespielt. Weiß kann sich jetzt nur mit großer Mühe behaupten.

24.	Sg5—e4	Ld6 : e5
25.	d4 : e5	Tf5—f3
26.	Dg3—g2	De7—h4
27.	Tf1—e1	Ta8—f8

Yanofsky führt den Angriff mit großer Sachkenntnis; mit Recht verschmäht er hier den Bauern h3 und verstärkt lieber seine Stellung.

28.	Ta1—a3	Tf3 : a3
29.	b2 : a3	Tf8—f3
30.	Lc4—f1	Sd5—f4
31.	Lc1 : f4	Dh4 : f4
32.	Se4—g3	Sh7—g5!

Stellung nach 32. .... Sh7--g5!

Auch die letzte Reserve wird in den Angriff geworfen.

Es ist wahrlich nicht zu glauben, daß Schwarz diese Partie noch verliert.

33.	Te1—b1	b7—b6?

Das kostet auf überraschende Weise eine Figur. Richtig war 33..., T: a3 34. S: h5, g: h5 35. T: b7, Kf8, womit Schwarz einen starken Angriff behauptet hätte. Der Wert des Schlagens auf a3 besteht darin, daß dem weißen Turm der Stützpunkt b4 genommen wird.

34.	Sg3 : h5	g6 : h5
35.	Tb1—b4	Df4 : e5
36.	h3—h4	

Gewinnt den Springer und die Partie.

36.	....	Tf3—f5
37.	Lf1—d3	De5—e1†
38.	Ld3—f1	De1—d2
39.	Tb4—b3	Kg8—f8
40.	h4 : g5	Tf5 : g5
41.	Tb3—g3	Tg5 : g3
42.	Dg2 : g3	Dd2—d7
43.	Dg3—f3†	Kf8—e7
44.	Df3 : h5	Ke7—d8
45.	Dh5—e5	c6—c5
46.	Lf1—b5	

Das Eingreifen des Läufers führt schnell zur Entscheidung.

46.	....	Dd7—d1†
47.	Kg1—h2	Dd1—d2
48.	Kh2—g3	Dd2—d1
49.	De5—f6†	Kd8—c7
50.	Df6—e7†	Kc7—b8
51.	Lb5—c6	Dd1—d3†
52.	Kg3—h2	

Schwarz gibt auf.

Partie Nr. 30

Tartacover — **Kotow**

Anti-Meraner

1. c2—c4 e7—e6
2. Sb1—c3 d7—d5
3. d2—d4 c7—c6
4. Sg1—f3 Sg8—f6
5. e2—e3 Sb8—d7
6. Dd1—c2 Lf8—d6
7. b2—b3

Das ist nicht die beste Entgegnung auf Ld6; Stoltz zieht in diesem Falle sofort e3—e4 (vergleiche die Ausführungen bei Nr. 28).

7. .... Dd8—e7
8. Lf1—d3 e6—e5

Gegen Guimard spielte Kotow in ähnlicher Stellung erst 8..., d:c4 (siehe Nr. 73).

Der Textzug ist auch gut, obwohl er die Isolierung des Bauern d5 nach sich zieht.

9. c4 : d5 c6 : d5
10. d4 : e5 Sd7 : e5
11. Sf3 : e5 Ld6 : e5
12. Lc1—b2 0—0

Schwarz besitzt die bessere Entwicklung und damit vollen Ersatz für die Isolierung seines Damenbauern.

13. Sc3—b5

Nach 13. 0—0 könnte das bekannte Läuferopfer auf h2 folgen, z. B. 13..., L:h2† 14. K:h2, Sg4† 15. Kg3, h5! mit siegreichem Angriff für Schwarz.

13. .... Lc8—d7
14. Lb2 : e5 De7 : e5
15. Sb5—d4 Ta8—c8
16. Dc2—d2 Sf6—e4
17. Ld3 : e4 d5 : e4

Nun hat der isolierte Bauer wieder Anschluß gefunden; Schwarz steht gut.

18. 0—0 De5—g5

Hier kann 18..., Tc5 nebst Td5 und Tfd8 eher in Betracht. Schwarz spielt etwas hastig auf Angriff und erreicht dadurch nur mit knapper Not ein Remis.

19. Ta1—c1 Ld7—h3
20. f2—f4!

Stellung nach 20. f2—f4!

Damit erzwingt Weiß eine Zugwiederholung.

20. .... e4 : f3 e.p.
21. Sd4 : f3 Dg5—g6!

Auf 21..., Dg4? gewänne 22. Kh1.

22. Sf3—e5 Dg6—g5!

Wieder das Einzige, denn 22..., De6 oder Dh5 ergibt nach 23. T:c8 nebst S:f7 Vorteil für Weiß.

23. Se5—f3 Dg5—g6
24. Sf3—e5 Dg6—g5
25. Se5—f3

Remis.

4. RUNDE

FREITAG, 16. AUGUST 1946

31. Vidmar—Kotow	½—½
32. Yanofsky—Tartacover	½—½
33. Kottnauer—Flohr	½—½
34. Christoffel—Stoltz	0—1
35. Guimard—Euwe	0—1
36. Najdorf—Bernstein	½—½
37. Szabo—O'Kelly	1—0
38. Lundin—Boleslawski	0—1
39. Smisloff—Denker	½—½
40. Steiner—Botwinnik	0—1

Eine Runde mit kurzen Partien: acht waren bereits vor der Pause erledigt, eine wurde in der Pause remis gegeben und nur eine abends fortgesetzt; auch sie endete mit einem Unentschieden, gerade in dem Augenblick, wo sie abgebrochen werden sollte.

Schon nach etwa einem Stündchen lief Szabo grinsend weg. Er hatte in 16 Zügen eine Figur gewonnen und außerdem — was er allerdings noch nicht wissen konnte — die fünf Gulden in Gold, welche für die kürzeste Gewinnpartie ausgesetzt waren. Armer O'Kelly. Hast Du Dir gerade diesen Magyaren aussuchen müssen für Experimente auf dem Gebiete der Verteidigung des Damengambits? Wußtest Du nicht, daß Szabo gerade in offenen Stellungen am gefährlichsten ist, da er seine Figuren mit Tschigorin'scher Behendigkeit zu dirigieren verstehst? Wir begreifen natürlich, daß Dir mit diesem salbungsvollen Lamento nicht geholfen ist, ja daß es Dich vielleicht sogar langweilen wird. Aber Du wirst doch erlauben, daß wir bei dieser Gelegenheit wenigstens unser Vertrauen in Dein Talent bezeugen. Caissa wird Dir ja nicht ewig schmollen, und vielleicht wird sie Dir schon morgen... Was sagst Du? Stick? Ach so: stickvoll. Ja, es ist tatsächlich zum Ersticken voll hier.

Mit Schwarz in 16 Zügen eine Figur zu verlieren, ist gewiß arg, aber es frägt sich noch, ob es ärger ist als das Unglück, welches heute Lundin zugestoßen ist. Keine zwei Stunden, nachdem er strahlend voll Gesundheit und theoretischen Kenntnissen 1. d2—d4 gespielt hatte, konnte er den Saal als Hackfleisch verlassen, zu solchem zugerichtet durch Boleslawskis Königsindische Dampfwalze. 22 Züge! Und dabei mußte Lundin aufgeben in dem vollen Bewußtsein, eine Mehrfigur zu besitzen, was extra peinlich ist. Schrecklich, schrecklich. Man greift sich in Ermangelung eines Bessern an den Kopf. Armer Lundin. Hast Du...? Was sagst Du? Ach so; ja, es ist tatsächlich zum Ersticken heiß hier.

Steiner erreichte gegen Botwinniks Holländischen Stonewall eine Partielänge von 28 Zügen. Er wurde auf der g-Linie begraben. Auch kein beneidenswertes Los für jemand, der den Anzug hatte.

Christoffel spielte in einem Zustand progressiver Verträumtheit; er stellte gegen Stoltz im 14. Zuge einen Bauern ein und im 30. Zuge einen Turm. Mehr Züge hat die Partie nicht gehabt.

Einen tadellosen Sieg, auch mit Schwarz, erzielte Euwe gegen Guimard. Hier fiel die Entscheidung, mit einem Qualitätsopfer verziert, auf der h-Linie. Alles ging einfach und logisch und artig. Es war eine vollendete praktische Schachlektion, nicht zu kurz und nicht zu lang: 35 Züge. Dies alles hat auf die Schiedsrichter für die Schönheitspreise einen tiefen Eindruck gemacht und sie krönten diese Partie mit dem zweiten Schönheitspreis. A propos praktische Schachlektion: „Practische Schaaklessen" heißt ein Buch von Euwe.

Die übrigen Partien endeten unentschieden, und so haben die Weißen an diesem Tage die schwere Niederlage von 1—4 erlitten. Aber man muß zugeben, daß sie Pech gehabt haben. Najdorf konnte gegen Bernstein bereits im 13. Zuge eine Figur gewinnen, aber er sah die ziemlich einfache Kombination nicht. Smisloff dagegen erreichte nichts trotz guter Stellung, da sein Gegner Denker wohl die tiefe Kombination sah, wodurch sich die Spiele ausglichen. Vidmar erlangte gegen Kotow nach harter Arbeit das bessere Spiel, ließ sich aber durch einen schwarzen Springer auf d4 einschüchtern und bot Remis an, was Kotow widerwillig annahm; er hätte einerseits gern auf Gewinn gespielt, getraute sich aber anderseits nicht, die Götter zu versuchen.

Kottnauer stand lange Zeit gut gegen Flohr, aber er blieb stehen, und so kam es, dass er sich schließlich festhalten mußte, um nicht umzufallen.

Yanofsky—Tartacover war die einzige lange Partie. Der Canadier kam in Vorteil, eroberte im Endspiel einen Bauern und spielte verbissen auf Gewinn. In seiner jugendlichen Einbildungskraft nahm der Mehrbauer allmählich die Gestalt einer strahlenden Eins an, die vor seinen Augen zu tanzen begann (mit wohlgeformten Beinen). Yanofsky lächelte, auf seinen sonst bleichen Wangen zeigte sich eine sanfte Röte. Er spielte selig auf Gewinn, bis er jäh aufgeschreckt wurde durch die rauhe Notwendigkeit, die Partie abzubrechen. Und da bemerkte er, daß er eine elementare Remisstellung erreicht hatte.

Stand nach der 4. Runde: Botwinnik, Euwe je 4; Denker, Stoltz je 3; Kotow, Najdorf, Smisloff, Tartacover je 2½; Flohr, O'Kelly, Szabo je 2; Boleslawski, Guimard, Kottnauer je 1½; Bernstein, Christoffel, Lundin, Vidmar, Yanofsky je 1; Steiner ½.

Partie Nr. 31

Vidmar **Kotow**

Damengambit

1. d2—d4 Sg8—f6
2. c2—c4 e7—e6
3. Sg1—f3 d7—d5
4. e2—e3 c7—c5
5. Sb1—c3 Sb8—c6

Mit Zugumstellung ist die geschlossene Variante der Tarrasch-Verteidigung entstanden (die Tarrasch „Normalvariante“ zu nennen pflegte).

6. c4 : d5 Sf6 : d5
7. Lf1—d3

Etwas unternehmender ist 7. Lc4.

7. ...... Lf8—e7
8. 0—0 0—0
9. a2—a3 b7—b6
10. Dd1—e2 Lc8—b7
11. Tf1—d1 Dd8—c7
12. Lc1—d2 Ta8—d8

Hier sollte 12..., S:c3 nebst 13..., c: d4 geschehen.

13. Ta1—c1 Dc7—b8

Stellung nach 13. .... Dc7—b8

Ursprünglich hatte Kotow beabsichtigt, nun mit 13..., c: d4 14. S:d5,T:d5 15. S:d4, S:d4 fortzusetzen, denn 16. e:d4, Db8 wäre vollkommen befriedigend für Schwarz. Aber diese Variante stimmt nicht wegen 16. T:c7!, S:e2† 17. L:e2; wonach beide Läufer von Schwarz hängen, 17..., Tfd8 an 18. T:e7! scheitert, und 17...., Lc5 an 18. b4! usw. Die Pointe ist das eventuelle Matt auf der 8. Reihe. Uebrigens wäre in dieser Variante auch 15. e:d4 für Weiß günstig.

14. d4 : c5 ! b6 : c5

Schwarz nimmt lieber eine Bauernschwäche in Kauf als die unbehagliche Stellung seiner Figuren nach 14..., L:c5 15. S: d5, T: d5 (auf 15..., e: d5 käme sogar 16. L:h7† in Betracht) 16. b4, Le7 17. Le4 usw.

15. Sc3—e4

Viel stärker wäre 15. Sa4! gewesen.

15. .... Lb7—a8

Mit Gegenangriff auf b2.

16. Ld2—e1 Db8—b6
17. De2—c2 Td8—b8
18. Se4 : c5 Le7 : c5
19. Dc2 : c5 Db6 : b2

Da sich beide Parteien ihrer Schwäche entledigt haben, beginnt das Spiel remislich auszusehen.

20. Tc1—b1 Db2—f6
21. Tb1 : b8 Tf8 : b8
22. e3—e4 Sd5—f4
23. Ld3—f1 h7—h6
24. Kg1—h1 e6—e5
25. Dc5—e3 Sf4—e6
26. Lf1—c4 Se6—d4
27. Lc4—d5

Nach 27. Lc3 hätte Weiß doch noch das etwas bessere Spiel gehabt.

27. .... Sd4 : f3
28. De3 : f3 Df6 : f3

29.	g2 : f3	Sc6—d4
30.	Ld5 : a8	Tb8 : a8

Remis.

Partie Nr. 32

Yanofsky — Tartacover

Aljechin-Verteidigung

1.	e2—e4	Sg8—f6
2.	e4—e5	Sf6—d5
3.	d2—d4	d7—d6
4.	c2—c4	Sd5—b6
5.	e5 : d6	

Eine vereinfachende Fortsetzung, die zu Stellungen führt, welche an die französische Abtausch-Variante gemahnen.

5. .... e7 : d6

Nach 5..., c:d6 erlangt Weiß auf die Dauer ein kleines Uebergewicht auf dem Damenflügel.

6.	Sb1—c3	Lf8—e7
7.	Sg1—f3	0—0
8.	Lf1—e2	Sb8—c6
9.	0—0	Lc8—g4

Droht 10..., L:f3 (11. L:f3, S:c4).

10.	b2—b3	Tf8—e8
11.	Lc1—e3	Le7—f6
12.	Dd1—d2	Dd8—d7
13.	Tf1—d1	Ta8—d8

Beide Teile entwickeln ihre Streitkräfte jedoch ohne bestimmte Angriffsziele. Die offene e-Linie wirkt ernüchternd; sie steht der Entfaltung weitreichender Pläne entgegen.

14.	Ta1—c1	h7—h6
15.	h2—h3	Lg4—h5
16.	Sf3—h2	Lh5 : e2
17.	Sc3 : e2	h6—h5

Schwarz versteht sich zu einer kleinen Schwächung, um 18. Sg4 zu verhindern.

18.	Sh2—f3	Dd7—f5
19.	Kg1—h2	Sc6—e7
20.	Td1—g1	

Weiß schickt sich an, mit der Drohung g2—g4—g5 zu arbeiten.

20. .... c7—c5?

Eine weitere Schwächung, aber diesmal eine empfindliche.

Der Textzug bietet keinerlei Vorteile und legt Schwarz lediglich die Verpflichtung auf, ungefähr fünfzig Züge lang stets das Beste zu finden, nur um sich gerade noch im Sattel zu halten. Und dabei wäre all die Mühe vielleicht umsonst gewesen, falls auch der Gegner stets das Beste getroffen hätte.

21. Dd2—c2!

Weiß erkennt sehr richtig, daß die Schattenseiten des letzten Zuges von Schwarz gerade im Endspiel stark hervortreten müssen.

21.	....	Df5 : c2
22.	Tc1 : c2	Se7—f5
23.	Se2—g3	

Ein vorübergehendes Bauernopfer.

23.	....	Sf5 : e3
24.	f2 : e3	Te8 : e3
25.	Sg3 : h5	Lf6 : d4

Vorsichtiger war 25..., Le7, nebst womöglich d6—d5.

26. Sf3 : d4 c5 : d4

Dieser Mehrbauer ist unhaltbar, wodurch Weiß bald Gelegenheit erhält, den schwachen Bauern d6 längs der offenen d-Linie anzugreifen.

27.	Tg1—d1	g7—g6
28.	Sh5—g3	d4—d3
29.	Tc2—d2	Td8—e8
30.	Td2 : d3	Te3 : d3

31. Td1 : d3 Te8—e6
32. Td3—d4

Weiß hat sich ein klares Stellungsübergewicht verschafft. Es droht jetzt 33. Se4.

32. .... f7—f5
33. Td4—d2 a7—a5
34. Sg3—e2 a5—a4
35. Se2—f4 Te6—f6
36. Kh2—g3 g6—g5
37. Sf4—d5 Sb6 : d5
38. Td2 : d5

Der Springertausch hat die Aussichten des Anziehenden noch verbessert, denn der weiße Turm besitzt große Bewegungsfreiheit und findet dankbare Angriffsziele.

38. .... a4 : b3
39. a2 : b3 Kg8—g7
40. Td5—b5 Tf6—f7
41. h3—h4?

Stellung nach 41. h3—h4?

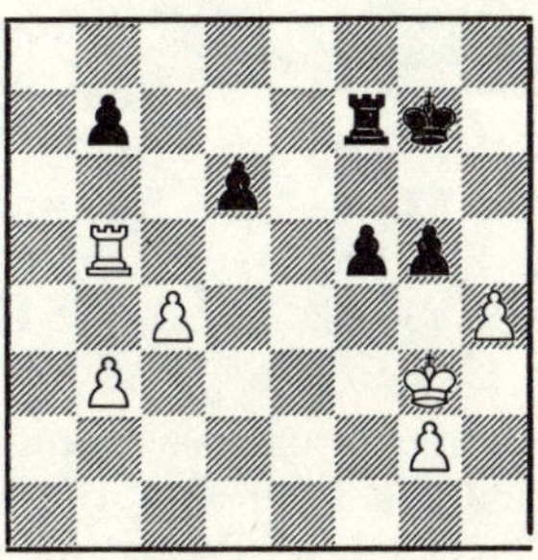

Ein grundsätzlicher Fehler; erst hätte der feindliche Turm mittels 41. Tb6! völlig festgelegt werden müssen. Es konnte folgen 41..., Td7 42. h4!, g:h4† (42.., Kf6 43. c5 läuft auf dasselbe hinaus) 43. K:h4 (auch 43. Kf4 kommt in Betracht; nach 43..., Kf6 44. c5 ist dann 44..., Tg7 das Beste für Schwarz) 43..., Kf6 44. c5, Ke5 45. c:d6, und Weiß besitzt gute Gewinnaussichten.

41. .... f5—f4† !

Sehr richtig. Schwarz trachtet, alle Bauern auf dem Königsflügel abzutauschen.

42. Kg3—g4 g5 : h4
43. Tb5—h5

Auf 43. K:h4 folgt 43..., f3 44. g:f3, T:f3 45. T:b7†, Kf6 und Remis.

43. .... Kg7—f8
44. Th5—h8† Kf8—e7
45. Th8 : h4 Tf7—g7†
46. Kg4 : f4 Tg7 : g2
47. Th4—h7† Ke7—d8
48. Th7 : b7

Dieses Endspiel ist nicht zu gewinnen.

48. .... Tg2—e2
49. Tb7—h7 Te2—e1
50. Th7—h3 Kd8—c7
51. Th3—e3 Te1—h1
52. Kf4—e4 Kc7—c6
53. Ke4—d4 Th1—d1†
54. Te3—d3 Td1—c1
55. b3—b4 Tc1—b1
56. b4—b5† Kc6—c7
57. Td3—h3 Kc7—b6
58. Th3—h7 Tb1—d1†
59. Kd4—c3 Td1—c1†
60. Kc3—b3 d6—d5 !

Erzwingt Remisschluß.

61. Th7—h6† Kb6—b7
62. c4 : d5 Tc1—c5
63. Th6—d6 Tc5 : b5†
64. Kb3—c4 Tb5—b1
65. Td6—d7† Kb7—c8
66. Td7—h7 Tb1—b6
67. Kc4—c5 Tb6—a6
68. Kc5—d4 Kc8—d8
69. Th7—f7 Ta6—b6

Remis.

Partie Nr. 33

Kottnauer **Flohr**

Slawisch

1.	c2—c4	Sg8—f6
2.	Sg1—f3	c7—c6
3.	d2—d4	d7—d5
4.	e2—e3	Lc8—f5
5.	c4 : d5	Sf6 : d5

Laut Theorie ist 5..., c:d5 das das Beste. Indessen ist auch der Textzug spielbar.

6.	Lf1—c4	e7—e6
7.	0—0	Sb8—d7
8.	Dd1—e2	Lf5—g4
9.	e3—e4	

Es ist eine Art angenommenes Slawisch entstanden; nur hat Weiß den seinen Damenflügel etwas schwächenden Zug a2—a4 erspart.

9.	....	Sd5—b6
10.	Lc4—b3	Lf8—e7
11.	Sb1—c3	0—0
12.	Lc1—f4	Tf8—e8
13.	h2—h3	Lg4—h5
14.	Ta1—d1	Le7—f8
15.	g2—g4	

Die alte Geschichte im Angenommenen Slawisch: Weiß trachtet, einen ideales Zentrum aufzubauen, und wenn der Bau steht, weiß er nicht recht, was er damit beginnen soll.

15.	....	Lh5—g6
16.	Lf4—g3	f7—f6
17.	Sf3—h4	Lg6—f7
18.	Sh4—g2	Dd8—e7
19.	Sg2—e3	Ta8—c8
20.	Kg1—h2	Te8—d8
21.	a2—a3	De7—e8
22.	Tf1—e1	

Sehr in Betracht kam 22. f4, schon um den folgenden Gegenzug zu verhindern.

22.	....	e6—e5 !

Stellung nach 22. .... e6—e5!

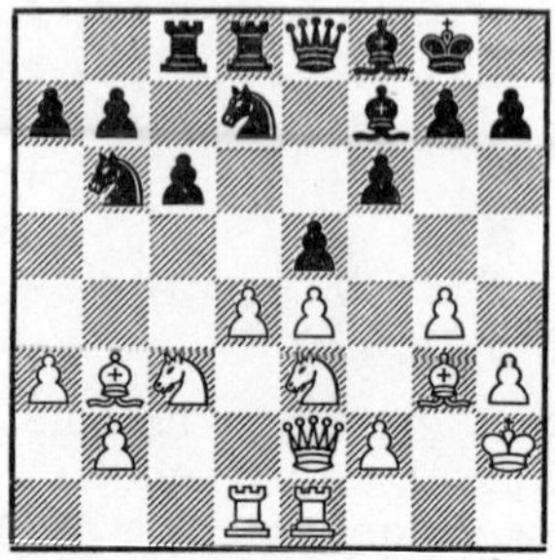

Mit diesem Gegenstoß im Zentrum erreicht Schwarz ein vollkommen gleiches Spiel.

23.	Lb3 : f7†	De8 : f7
24.	d4—d5	

24. d:e5, f:e5 führt ebenfalls zu einer gleichen Stellung.

24.	....	c6 : d5
25.	Se3 : d5	Sb6 : d5
26.	Sc3 : d5	Lf8—c5
27.	f2—f3	Sd7—b6
28.	Sd5 : b6	Lc5 : b6
29.	Lg3—f2	Lb6 : f2
30.	De2 : f2	

Man könnte am Reichtum des Schachspiels zweifeln, wenn man sieht, wie diese Partie in weniger als zehn Zügen verödete. Nun steht sogar Schwarz eine Kleinigkeit besser, aber das dauert nicht lang.

30.	....	Df7—b3
31.	Td1 : d8†	Tc8 : d8
32.	Kh2—g3	h7—h6
33.	Te1—e2	Db3—d1
34.	Te2—e1	Dd1—d2
35.	Te1—e3	b7—b6

36.	**Df2 : d2**	

Der Rest ist einfach.

36.	....	**Td8 : d2**
37.	**b2—b4**	**Kg8—f8**
38.	**Te3—c3**	**Kf8—e7**
39.	**f3—f4**	**Td2—d7**
40.	**h3—h4**	

Remis.

Partie Nr. 34

Christoffel **Stoltz**

Sizilianisch

1.	e2—e4	c7—c5
2.	Sg1—e2	Sb8—c6
3.	d2—d4	c5 : d4
4.	Se2 : d4	Sg8—f6
5.	Sb1—c3	d7—d6
6.	Lf1—e2	g7—g6
7.	0—0	Lf8—g7
8.	Lc1—e3	0—0
9.	Kg1—h1	

Matt gespielt. Stärker ist 9 Sb3.

9.	....	Lc8—d7?

Noch matter gespielt. Viel stärker ist 9..., d5!.

10.	Sd4—b3	Ld7—e6

Jetzt ist die bekannte Hauptvariante entstanden, wobei aber Weiß den Zug Kg1—h1 gewonnen hat.

11.	f2—f4	Dd8—c8
12.	Dd1—e1?	

Aber das ist nicht die Methode, das gewonnene Tempo auszunützen. Richtig war 12. Lf3 nebst eventuell 13. Sd5.

12.	....	Sc6—b4
13.	Ta1—c1	Le6—c4
14.	a2—a3?	

Stellung nach 14. a2—a3?

Das kostet einen Bauern und damit auch die Partie.

14.	....	Sb4 : c2
15.	Tc1 : c2	Lc4 : b3
16.	Tc2—c1	Dc8—e6
17.	Le2—f3	Lb3—c4
18.	Tf1—f2	Sf6—g4

Schwarz hat einen Bauern gewonnen und obendrein die Führung erlangt.

19.	Lf3 : g4	De6 : g4
20.	De1—d2	Tf8—c8
21.	Le3—d4	Lg7—h6
22.	Ld4—e3	Dg4—e6
23.	Tf2—f3	f7—f5

Sehr stark, wie die Folge lehrt. Schwarz öffnet die Diagonale nach g2, um allmählich den weissen König aufs Korn zu nehmen.

24.	Tf3—h3	

Ein unglückliches Feld für diesen Turm.

24.	....	Lh6—g7
25.	Le3—d4	Lg7 : d4
26.	Dd2 : d4	f5 : e4
27.	Sc3 : e4	Lc4—d5
28.	Se4—c3	Tc8—c4

Bereits hier konnte 28..., D:h3 geschehen (29. D: d5†, e6).

29.	Dd4—d2	Ld5—c6

Jetzt droht Schwarz mittels 30..., D:h3 einen ganzen Turm zu gewinnen.

30. Tc1—e1?

Manchmal übersieht man eben sogar einen herannahenden Schnellzug und wird infolgedessen zermalmt.

30. .... De6 : h3

Weiß gibt auf.

Partie Nr. 35

Zweiter Schönheitspreis

Guimard **Euwe**

Doppelindisches Springerspiel

1.	d2—d4	Sg8—f6
2.	Sg1—f3	g7—g6
3.	g2—g3	b7—b6

Wenn Weiß in der Indischen Partie 2. Sf3 zieht und den Vormarsch c2—c4 hinausschiebt oder überhaupt unterläßt, begibt er sich der Möglichkeit, ungewöhnliche Fortsetzungen von Schwarz mittels einer raschen Besetzung des Zentrums auszunützen.

Auf dieser Tatsache beruhen allerlei selten vorkommende, von der Theorie bisher kaum beachtete Abarten der Indischen Partie.

Wir bezeichnen diese Abarten mit dem Sammelnamen Indisches Springerspiel und bestimmen seine Formen gemäß der Art und Weise, wie Schwarz seine Läufer entwickelt.

In der vorliegenden Partie fianchettiert Schwarz schon in den ersten Zügen ungestraft beide Läufer und erlangt eine befriedigende Stellung. Das ist ein für das Indische Springerspiel bezeichnender Fall.

4.	Lf1—g2	Lc8—b7
5.	c2—c4	Lf8—g7
6.	0—0	0—0
7.	Sb1—c3	Sf6—e4

Dasselbe Entlastungsmanöver wie in der Damen-Indischen Verteidigung.

8. Sc3 : e4

Bei 8. Dc2, S:c3 9. D:c3 würde die weiße Dame in die Schußlinie des Lg7 geraten.

8.	....	Lb7 : e4
9.	Lc1—f4	d7—d6

Auf 9..., c5 setzt Weiß am besten mit 10. Le5 fort.

10.	Dd1—d2	Sb8—d7
11.	Lf4—h6	e7—e6
12.	Lh6 : g7	Kg8 : g7
13.	Sf3—e1	Le4 : g2
14.	Se1 : g2	Sd7—f6
15.	d4—d5	

Besser war f2—f3 nebst e2—e4, womit sich Weiß noch verschiedene Möglichkeiten vorbehalten konnte.

15.	....	e6—e5
16.	f2—f3	Dd8—e7
17.	e2—e4	Ta8—e8

Eine der Art nach bekannte Stellung, worin keine der Parteien viel unternehmen kann.

18.	Kg1—h1	h7—h6
19.	b2—b4	

Dieser Zug, gespielt ohne die Gewißheit, daß c4—c5 durchgesetzt werden kann, macht sich lediglich als kleine Schwächung geltend (siehe den 22. Zug von Schwarz).

19.	....	Sf6—d7
20.	g3—g4?	

Und nun schwächt Weiß auf dieselbe Art auch seinen Königsflügel, was ernste Folgen nach sich zieht (siehe den 28. Zug von Schwarz).

Uebrigens hat der offenbar gegen f7—f5 gerichtete Textzug auch den Nachteil, daß Weiß nicht länger mit f3—f4 drohen kann; denn f3—f4 kann in dieser Stellung nur gut sein, solange die Möglichkeit besteht, e5 : f4 mit g3 : f4 zu beantworten.

20.	**....**	**Kg7—h7**
21.	**Sg2—e3**	**Te8—a8**
22.	**Tf1—g1**	**a7—a5**
23.	**b4—b5**	

Auch dieses sofortige Freigeben des wichtigen Feldes c5 ist nicht gut. Geboten war 23. a3. Schwarz konnte dann seine Türme auf der a-Linie verdoppeln und auf diese Weise versuchen, b4—b5 zu erzwingen.

23.	**....**	**De7—g5**
24.	**Tg1—g3**	**Sd7—c5**
25.	**Ta1—e1**	**a5—a4**
26.	**a2—a3**	

Sonst könnte a4—a3 geschehen und der Ta8 über a4 ins Gefecht kommen.

26.	**....**	**Tf8—h8**
27.	**Dd2—e2**	**Kh7—g7**
28.	**Se3—g2**	**h6—h5**

Die Analogie der Ereignisse auf den beiden Flügeln ist bemerkenswert: auf der einen Seite 19. b4, mit dem Gegenspiel 21..., Ta8 und 22..., a5, auf der anderen Seite 20. g4?, was 26. Th8 und 28..., h5 zur Folge hat.

Bemerkenswert ist auch, daß die Flügelaktionen von Schwarz jetzt in einem starken Königsangriff kulminieren. Der schwarze Springer unterstützt diesen Angriff in wirksamer Weise; er steht auf c5 ausgezeichnet und kann überdies via b3 näher herankommen.

29.	**h2—h4**	**h5 : g4**
30.	**f3 : g4?**	

Das gibt Schwarz die Gelegenheit zu einer rasch entscheidenden Opferwendung. Nötig war 30. T : g4.

30.	**....**	**Th8 : h4†**
31.	**Sg2 : h4**	**Ta8—h8**

Stärker als 31..., D : h4†, worauf 32. Dh2 folgen würde.

32. Kh1—g2

Auch nach 32. Th3, T : h4 ist Weiß verloren, z. B. 33. T : h4, D : h4† 34. Kg2, Sd3! usw., oder 33. Dh2, T : g4 34. Th7†, Kf8 35. Tf1, Tf4 usw.

32.	**....**	**Dg5 : h4**
33.	**g4—g5**	**Sc5—b3**
34.	**Te1—g1**	

Nun droht der weiße König über f1 zu flüchten.

34. .... Sb3—d2 !

Stellung nach 34. .... Sb3—d2!

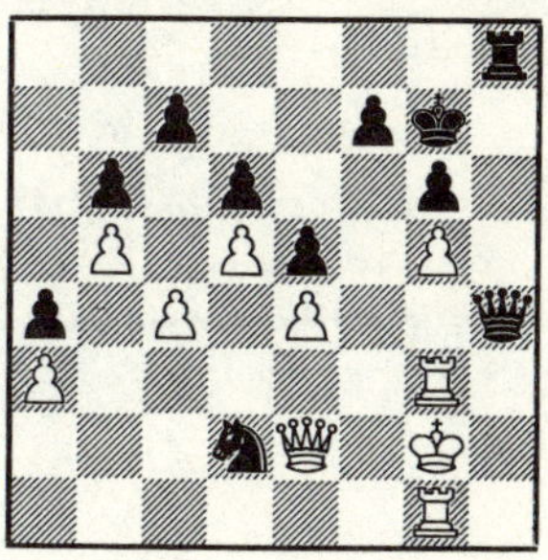

Eine sogenannte „Epauletten"-Stellung. Es droht 35..., Dh2 matt, und der Springer darf wegen

35..., Dh2† nicht genommen werden.

35.	Kg2—f2	Sd2 : e4†

Weiß gibt auf.

Partie Nr. 36

Najdorf — **Bernstein**

Damengambit

1.	d2—d4	d7—d5
2.	c2—c4	e7—e6
3.	Sb1—c3	Sg8—f6
4.	Sg1—f3	Lf8—e7
5.	e2—e3	0—0
6.	Lf1—d3	c7—c5

Eine Abart der geschlossenen Variante der Tarrasch-Verteidigung.

7.	b2—b3	c5 : d4

Schwarz meint aus dem Zuge b2—b3 Vorteil ziehen zu können, da Weiß noch nicht rochiert hat.

8.	e3 : d4	Le7—b4
9.	Lc1—b2	Dd8—a5
10.	Dd1—c2	d5 : c4
11.	b3 : c4	b7—b5?

Um das Feld d5 zu gewinnen. Er setzt seine „Widerlegungsaktion" mit Gewalt fort.

12.	a2—a3	b5 : c4?

Subjektiv folgerichtig, aber objektiv ganz verfehlt. Schwarz sollte nun eine Figur verlieren.

13.	Ld3 : h7†?	

(Siehe Diagramm)

Weiß versäumt die günstige Gelegenheit. Richtig war 13. Le4, S: e4 14. a: b4, D: b4 15. Ta4! usw. mit Figurgewinn.

Stellung nach 13. Ld3 : h7†?

13.	....	Sf6 : h7
14.	a3 : b4	Da5—b6

Nicht 14..., D: b4? wegen 15. La3.

15.	0—0	Sb8—c6
16.	Sc3—a4	Db6—b5
17.	Tf1—c1	Sc6 : b4
18.	Dc2 : c4	Ta8—b8
19.	Dc4 : b5	Tb8 : b5
20.	Tc1—c7	a7—a6
21.	Lb2—a3	

Weiß besitzt zwar noch einen geringen Vorteil, aber zum Gewinn reicht es nicht aus.

21.	....	Sh7—f6
22.	La3 : b4	Tb5 : b4
23.	Sa4—c5	Sf6—d5
24.	Tc7—a7	Sd5—c3
25.	Sc5 : a6	Lc8 : a6
26.	Ta7 : a6	Sc3—e2†
27.	Kg1—f1	Se2 : d4
28.	Sf3 : d4	Tb4 : d4
29.	Ta6—a8	Tf8 : a8
30.	Ta1 : a8†	Kg8—h7

Remis.

Partie Nr. 37

(Schönheitspr. für den schnellsten Sieg)

Szabo — **O'Kelly**

Damengambit

1.	d2—d4	d7—d5
2.	c2—c4	c7—c5

Die symmetrische Verteidigung, eine ganz ungebräuchliche Fortsetzung.

3. c4 : d5 Sg8—f6

Offenbar neu und als Verstärkung gedacht. Die Folge lehrt jedoch, daß Schwarz nach dem Textzug noch größere Schwierigkeiten empfindet als in der bekannten Variante: 3..., D:d5 4. Sf3, c:d4 5. Sc3 usw.

4. d4 : c5 Dd8 : d5
5. Dd1 : d5 Sf6 : d5
6. e2—e4 Sd5—b4
7. Sb1—a3 e7—e5
8. Lc1—e3 a7—a6?

Der Rückgewinn des Bauern ist ein Problem geworden, und Schwarz scheitert an dessen Lösung.

Der Textzug bezweckt die Verhinderung von Lb5(†), er kostet aber ein Tempo und verursacht obendrein eine arge Schwäche auf b6.

Besser war 8..., Le6.

9. Sg1—f3 f7—f6
10. Sf3—d2 Lc8—e6
11. Lf1—c4 ! Le6 : c4
12. Sd2 : c4 Lf8 : c5

Kostet eine Figur. Dasselbe wäre der Fall nach 12..., Sd3† 13. Ke2, S:c5 14. Sb6, Ta7 15.Tac1. Schwarz stand bereits auf Verlust, aber mit 12..., Sd7 hätte er länger Widerstand leisten können.

13. Le3 : c5 Sb4—d3†
14. Ke1—e2 Sd3 : c5
15. Sc4—b6 Ta8—a7
16. Ta1—c1 !

Stellung nach 16. Ta1—c1 !

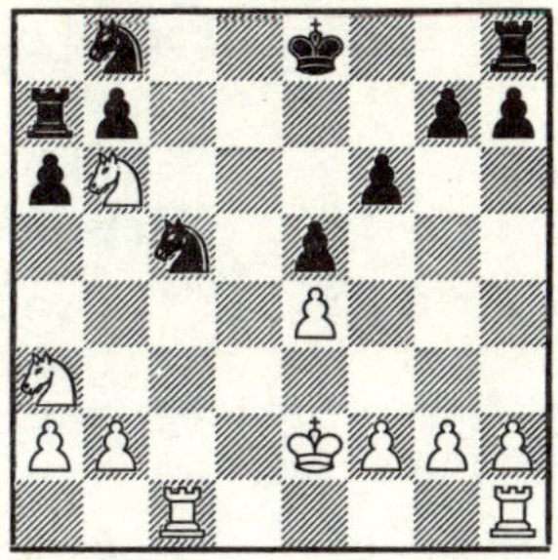

Es ist vorbei. Auf z. B. 16..,.„ Sbd7 folgt einfach 17. S: d7 usw.

Schwarz gibt auf.

Partie Nr. 38

Lundin Boleslawski

Königsindisch

1. d2—d4 Sg8—f6
2. c2—c4 d7—d6
3. Sb1—c3 e7—e5
4. Sg1—f3

Lundin verschmäht 4. d:e5 (siehe Nr. 17).

4. .... Sb8—d7
5. e2—e4 g7—g6

Boleslawskis Wunderwaffen.

6. Lf1—e2 Lf8—g7
7. 0—0 0—0
8. Tf1—e1 Tf8—e8
9. Le2—f1 e5 : d4
10. Sf3 : d4 c7—c6

Schwächt den Bauern d6. Es ist merkwürdig, daß dem Nachziehenden daraus in der Folge keine Schwierigkeiten erwachsen.

11. Lc1—g5

Weiß behandelt den zweiten Teil der Eröffnung in einer Art und Weise, die nicht geeignet ist, dem Gegner Ungelegenheiten zu bereiten. Eine stärkere Fortsetzung war 11. Sc2.

11.	....	h7—h6
12.	Lg5—f4	Dd8—b6

Deckt d6 durch die Gegendrohung 13..., D:b2. Der Bauer b2 ist in dieser Stellung wichtiger als der Bauer d6.

13. Sc3—a4 Db6—a5

Und jetzt hängt der Bauer e4, der ebenfalls wichtiger ist als d6.

14. b2—b4?

Hübsch, aber schlecht, denn es führt nur zu einer argen Schwächung des weißen Damenflügels. Geboten war 14. Sc3.

14. .... Da5—d8

Es war vorauszusehen, daß sich Boleslawski die Dame nicht abkombinieren lassen werde: 14..., D:b4?? 15. Ld2, Da3 16. Te3.

Nach dem Textzug hängt noch immer der Bauer e4.

15.	Sa4—c3	Sd7—e5
16.	f2—f3?	

Diese zweite Schwächung schlägt dem Faß den Boden aus. Das weiße Spiel bricht nun rasch zusammen.

Besser war 16. Tc1.

16.	....	a7—a5
17.	b4—b5	Sf6—h5
18.	Lf4 : e5	

Was sonst? Auf 18. Le3 gewinnt 18.., c5!, denn geht der Springer nach e2, dann folgt 19.., S:c4 und geht er nach b3 oder c2, so entscheidet 19..., S:f3†.

18. .... Lg7 : e5

Stellung nach 18. ..., Lg7 : e5

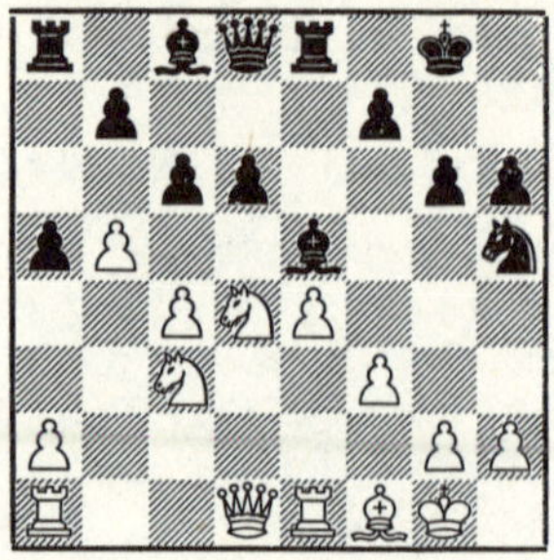

Mit zwei furchtbaren Drohungen: 19..., Dh4 und 19..., Df6. Das ist tödlich.

19.	Dd1—d2	Dd8—h4
20.	g2—g3	Sh5 : g3 !

Wer würde das nicht tun?

21.	h2 : g3	Dh4 : g3†
22.	Lf1—g2	

Die weiße Dame muß den Sd4 gedeckt halten, und 22. Kh1 scheitert an 22..., c5.

22. .... Lc8—h3

Mit drei Kardinaldrohungen: 23.., L:d4† 23...., Dh2† und 23..., L:g2. Ein kraftvoller Schluß.

Weiß gibt auf.

Partie Nr. 39

Smisloff — Denker

Sizilianisch

1.	e2—e4	c7—c5
2.	Sg1—f3	d7—d6
3.	d2—d4	c5 : d4
4.	Sf3 : d4	Sg8—f6
5.	Sb1—c3	g7—g6
6.	Lc1—e3	Lf8—g7
7.	Lf1—e2	Sb8—c6
8.	Dd1—d2	0—0
9.	0—0	d6—d5

Dieser Vorstoß ist in der Drachen-Variante fast ausnahmslos als ein Erfolg des Nachziehenden zu werten, aber gerade in dieser Stellung liegt ein Ausnahmefall vor. Die wichtigste und gebräuchlichste Fortsetzung an der Textstelle (in Nr. 83 auch von Botwinnik angewendet) ist 9..., Sg4.

10.	e4 : d5	Sf6 : d5
11.	Sd4 : c6	b7 : c6
12.	Ta1—d1	Lc8—f5
13.	Sc3 : d5	Dd8 : d5
14.	c2—c4 !	

Vortrefflich gespielt. Das Endspiel nach 14..., D:d2 wäre für Weiß vorteilhaft mit Rücksicht auf die Verhältnisse auf dem Damenflügel: eine gesunde Mehrheit gegenüber zwei schwächlichen Einzelbauern.

14.	....	Dd5—e5

Mit gutem Grund vermeidet Schwarz das Endspiel.

15.	b2—b3	a7—a5
16.	Le2—f3	De5—c7
17.	Le3—c5	Ta8—b8
18.	Tf1—e1	Lg7—e5
19.	g2—g3	Tf8—d8
20.	Dd2—e3	Td8 : d1
21.	Lf3 : d1	Le5—d6
22.	Lc5—a7	

Anscheinend ein Zug, der zumindest nichts verdirbt, da Weiß, wenn ihm nichts Besseres einfallen sollte, wieder 23. Lc5 ziehen kann.

Die geistreiche Antwort lehrt jedoch, daß dem nicht so ist, und Weiß durch den Textzug seinen Vorteil aus der Hand gibt.

Die richtige Fortsetzung wäre 22. Lf3! gewesen.

22.	....	Ld6—b4!

Stellung nach 21. ..., Ld6—b4!

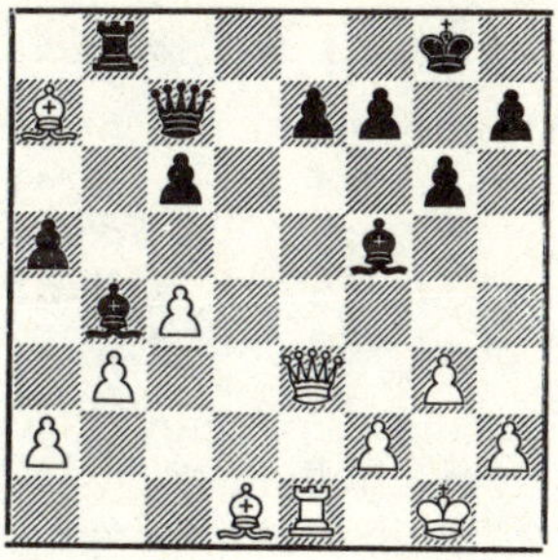

Schön kombiniert.

Der angegriffene Turm durfte nicht nach c8 gehen, wegen 23. Lb6 nebst L:a5, und nicht nach a8, wegen 23. Lb6 nebst 24. c5. Wohl konnte 22..., Tb7 geschehen, denn das Bauernopfer 23. c5 bietet keine klaren Chancen, aber Weiß hätte in diesem Falle die Möglichkeit gehabt, seinen Stellungsvorteil durch Herstellung des Status quo ante zu behaupten: 23. Lc5!.

23.	La7 : b8	Dc7 : b8

Nun bekommt Schwarz die Qualität auf jeden Fall mit ausgeglichener Stellung zurück; das ist der Witz seiner Kombination. Man prüfe: 24. Tf1, Lh3 usw., oder 24. Te2, Dd6! 25. Dc1 (25. Lc2?, L:c2 26. T:c2, Dd1† und gewinnt) 25..., Lg4 usw.; oder 24. De5, Dd8! usw.

24.	Ld1—f3	Lb4 : e1
25.	De3 : e1	Db8—c7
26.	c4—c5	e7—e5
27.	De1—e3	Lf5—e6
28.	Kg1—g2	Kg8—g7
29.	Kg2—g1	Kg7—g8

Remis.

Partie Nr. 40

Steiner — **Botwinnik**

Holländischer Stonewall

1.	d2—d4	e7—e6
2.	c2—c4	f7—f5
3.	g2—g3	Sg8—f6
4.	Lf1—g2	Lf8—b4†
5.	Lc1—d2	Lb4—e7

Ein bekanntes Manöver, das in derartigen Stellungen u. a. auch von Aljechin häufig angewendet wurde. Schwarz verhindert das Fianchetto des Lc1, ohne seinen wertvollen Königsläufer zu tauschen. Der mit diesem Manöver verbundene Zeitverlust hat nichts zu sagen, da der weiße Damenläufer auf d2 nicht besser steht als auf c1.

6. Sb1—c3 0—0

Sofort 6..., d5 ist genauer.

7. Dd1—c2

Denn nun konnte Weiß den Vorstoß d7—d5 mittels 7. Db3! dauernd verhindern. (Siehe Nr. 74 und Nr. 111.)

7.	....	d7—d5
8.	Sg1—f3	c7—c6
9.	0—0	Dd8—e8
10.	Ld2—f4	De8—h5
11.	Ta1—e1	

Weiß hat f2—f3 nebst e2—e4 im Auge, aber dieser Plan ist unter den gegebenen Umständen ungesund. Es bot noch eher einige Aussicht auf Erfolg, wenn Weiß bereits im 10. Zuge Tae1 gespielt hätte, denn Ld2-c1, Sf3-d2 usw.

11.	....	Sb8—d7
12.	Sf3—d2?	

Nur mit 12. Lc1 hätte Weiß noch versuchen können, seine Absicht durchzusetzen.

Der Textzug nimmt dem Lf4 das einzige gute Rückzugsfeld und führt dadurch zu schwerem Nachteil.

12.	....	g7—g5 !
13.	Lf4—c7	Sf6—e8
14.	Lc7—e5	Sd7 : e5
15.	d4 : e5	f5—f4 !

Gestützt auf die Veränderung der weissen Bauernstellung übernimmt Schwarz mit dem Textzug bereits die Führung. Der Bauer e5 wird künstlich isoliert und es droht schon allenfalls f4:g3 nebst g5—g4 und Dh5:e5.

16. g3 : f4

Auf 16. f3? würde 16..., Lc5† 17. Kh1, f:g3 usw. folgen.

Mit dem Textzug bereitet Weiß Sd2—f3 vor, was sofort nicht ging wegen 16..., g4. Mag sein, daß Weiß auch die Hoffnung hegte, aus der offenen g-Linie Nutzen zu ziehen. Diese Linie kommt aber nur dem Gegner zu gute.

16.	....	g5 : f4
17.	Sd2—f3	

Auf 17. e3 folgt nicht 17..., f3 (wegen 18. Dd1!) sondern einfach 17..., D:e5.

Der Zug 17. e4 führt nach 17..., d4! 18. Se2, D:e5 (18. f3, Sg3!) 19. Sf3, Dh5 20. Se:d4, e5 zu trefflichem Spiel für Schwarz.

17.	....	Kg8—h8
18.	Kg1—h1	Se8—g7

19.	**D c2—c1**	**L c8—d7**
20.	**a2—a3**	

Weiß kann dem Fortschreiten des feindlichen Angriffs nichts entgegensetzen. Er ist bereits verloren.

20.	....	**T f8—f7**
21.	**b2—b4**	**T a8—g8**
22.	**T f1—g1**	**S g7—f5**
23.	**S c3—d1**	

Auf 23. D: f4 ist 23..., Sh4! noch viel stärker als 23. Sg3†.

23.	....	**T f7—g7**
24.	**D c1 : f4**	**T g7—g4**
25.	**D f4—d2**	**S f5—h4 !**
26.	**S d1—e3**	**S h4 : f3**
27.	**e2 : f3**	

Stellung nach 27. e2:f3

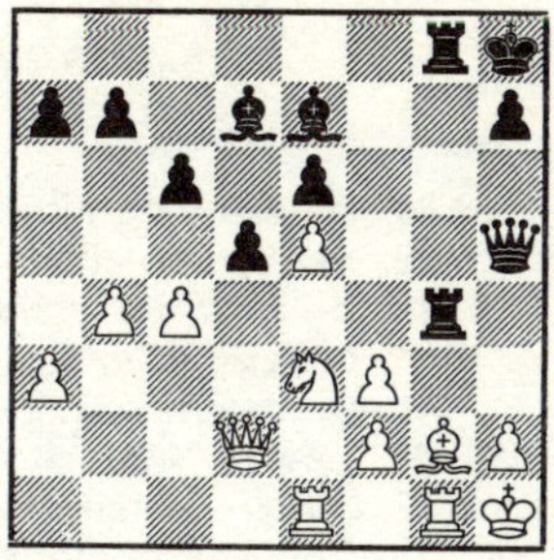

Nimmt der Läufer, so folgt 27..., D: h2† nebst Matt. Der Unterschied wäre freilich nicht groß gewesen.

27.	....	**T g4—h4**
28.	**S e3—f1**	**L e7—g5**

Weiß gibt auf.

5. RUNDE

SAMSTAG, 17. AUGUST 1946

41. Botwinnik—Vidmar	1—0
42. Denker—Steiner	1—0
43. Boleslawski—Smisloff	0—1
44. O'Kelly—Lundin	0—1
45. Bernstein—Szabo (abgebrochen)	½—½
46. Euwe—Najdorf	½—½
47. Stoltz—Guimard	1—0
48. Flohr—Christoffel	1—0
49. Tartacover—Kottnauer	1—0
50. Kotow—Yanofsky	½—½

Die erste Woche des Staunton-Turniers ist vorüber, Botwinnik hat mit hundert Prozent die Führung, Euwe steht an zweiter Stelle. Diese Veränderung in der höchsten Region kam durch den unlogischen Ausgang zweier Kombinationen zustande: Botwinnik unternahm einen hübschen Durchbruch, der aber gleiches Spiel ergeben sollte und deshalb zum Siege führte, weil Vidmar auf Qualitätsgewinn spielte; Najdorf opferte einen Bauern und erzielte Remis, jedoch nur, weil Euwe es versäumte, diese Kombination glatt zu widerlegen.

Denker und Stoltz haben sich an dritter Stelle behauptet. Beide gewannen heute in flottem Stil, der Amerikaner gegen seinen Landsmann, der Schwede gegen Guimard, also ungefähr seinen Antipoden.

Auf dem vierten Platz wurde das Gedränge wesentlich kleiner, da nur Smisloff und Tartacover gewannen. Ersterer besiegte seinen Landsmann Boleslawski in einer Partie, wo der eigentliche Kampf kaum zehn Züge dauerte. Er hatte sich gegen die Spanische Eröffnung mit der Tschigorin-Aufstellung verteidigt, eroberte im Laufe einer scharfen, von Weiß provozierten Verwicklung auf dem Damenflügel eine Qualität, und konnte diesen Vorteil dank einem Fehler seines Gegners endgültig behaupten. Der weitere Widerstand von Weiß war aussichtslos. Boleslawski kann das Experimentieren nicht unterlassen. Er ist ein Idealist, ein Märtyrer der Schachwissenschaft. Er ist sozusagen stets bereit, sich unter die Raupenbänder eines Tanks zu werfen, nur um aufzuzeichnen, was der Mensch im Augenblick der Zermalmung seiner Gliedmassen fühlt. Dieses mutige Auftreten muß ihm hoch angerechnet werden. Männer dieses Schlages bilden die Seele des Fortschritts im Schachspiel. Auch Steinitz, Tarrasch und Nimzowitsch sind infolge ihrer heiligen Ueberzeugung oft unter die Räder gekommen.

Tartacover gewann gegen Kottnauer eine gute Positionspartie im Endspiel.

An fünfter Stelle stehen Flohr, Kotow und Najdorf.

Der Ex-Tscheche gewann flott gegen Christoffel; er spielte das Meraner Gambit, dessen Annahme er — im Gegensatz zu Botwinnik — als verfehlt betrachtet. Seine reiche Erfahrung auf diesem Sondergebiet der Eröffnungstheorie bildete für den Schweizer ein zu großes Handicap.

Kotow kam gegen Yanofsky in Vorteil und eroberte nach einer Reihe von Verwicklungen einen Bauern, aber ungleiche Läufer machten den Wert dieses Erfolges problematisch. Ein zweiter Bauerngewinn, zu dem der Russe später Gelegenheit erhielt, hätte freilich entscheidend sein müssen, aber Kotow beging beim Einbringen dieses Beutestückes den Fehler, auch die Türme zu tauschen, was überflüssig war, und erreichte dadurch mit nur ungleichen Läufern auf dem Brett eine tote Remisstellung. Der letzte Abschnitt dieser Partie bildet zusammen mit der Schlußphase der Partie Euwe—Yanofsky aus der ersten Runde einen wertvollen Beitrag für die Endspieltheorie, denn wir sehen in beiden Fällen genau dasselbe Material und fast dieselbe Stellung, aber Euwe gewinnt, während Kotow nur Remis erzielt.

Der dritte Mann an fünfter Stelle, Najdorf, hat, wie bereits erwähnt, gegen Euwe remisiert.

An sechster Stelle steht Szabo mit fünfzig Prozent. Seine Partie gegen Bernstein endete nach einem zähen, aber wenig aufregenden Ringen mit Remis. Die Abbruchstellung ließ kein anderes Ergebnis erwarten. Der Ungar zeigte sich bisher nicht im Schwung.

Lundin besiegte O'Kelly im Wege eines Königsangriffs (den er im Wege eines Angriffs auf dem Damenflügel erlangt hatte) und holte ihn dadurch ein. Diese beiden stehen jetzt an siebenter Stelle. Für beide endete die erste Woche mit einer Enttäuschung; besonders der schwedische Vorkämpfer verriet eine sehr schlechte Form. Sollte man ihn im allgemeinen überschätzt haben? „Gewiß nicht" versicherte Stoltz, „Lundin ist ein sehr starker Spieler, er hat nur Pech, aber ich bin überzeugt, daß er dennoch unter die Preisträger kommen wird." Stoltz sollte mit seiner Ueberzeugung Recht behalten.

Von den acht Unglücklichen auf den drei folgenden Plätzen fällt in erster Linie Boleslawski auf, offiziell der drittstärkste Spieler der Sowjetunion. Diese befremdende Tatsache wurde aber oben bereits erklärt.

Stand nach der 5. Runde: Botwinnik 5; Euwe 4½; Denker, Stoltz je 4; Smisloff, Tartacover je 3½; Flohr, Kotow, Najdorf je 3; Szabo 2½; Lundin, O'Kelly je 2; Bernstein, Boleslawski, Guimard, Kottnauer, Yanofsky je 1½; Christoffel, Vidmar je 1; Steiner ½.

Partie Nr. 41

Botwinnik — **Vidmar**

Katalonisch

1.	d2—d4	d7—d5
2.	Sg1—f3	Sg8—f6
3.	c2—c4	e7—e6
4.	g2—g3	d5 : c4
5.	Dd1—a4†	Dd8—d7

Auf diese Weise erzwingt Weiß sofortigen Damentausch und vermeidet also die Gefahren des Mittelspiels. Aber er verliert anderseits Zeit, wodurch seine Aufgabe im Endspiel schwierig wird.

6.	Da4 : c4	Dd7—c6
7.	Sb1—d2	Dc6 : c4
8.	Sd2 : c4	Lf8—b4†

Wieder auf Tausch gespielt, die Entwicklung des Gegners fördernd. Allerdings hat letzteres nur geringe Bedeutung.

9.	Lc1—d2	Lf4 : d2†
10.	Sf3 : d2	Sb8—c6
11.	e2—e3	Sc6—b4
12.	Ke1—e2	Lc8—d7
13.	Lf1—g2	Ld7—c6

Dieses neuerliche Tauschangebot ist gut. Weiß muß nämlich ausweichen, da sich sonst sein Vorteil verflüchtigen würde.

14.	f2—f3	Sf6—d7
15.	a2—a3	Sb4—d5
16.	e3—e4	Sd5—b6
17.	Sc4—a5	Lc6—b5†
18.	Ke2—e3	0—0—0
19.	Th1—c1	

Botwinnik hat seinen Vorteil durch sorgfältiges Spiel behauptet und steht gut. Er kommt jedoch nicht viel weiter, da auch Vidmar diesen Teil der Partie ausgezeichnet behandelt.

19.	....	Sd7—b8
20.	b2—b3	Lb5—d7
21.	Lg2—f1	Sb8—c6 !

Der Beginn einer wichtigen Sicherungsaktion.

22.	Sa5 : c6	Ld7 : c6
23.	a3—a4	Lc6—e8
24.	a4—a5	Sb6—a8
25.	a5—a6	b7—b6
26.	b3—b4	Kc8—b8

Alles sehr gut gespielt. Weiß besitzt nun keinerlei nennenswerte Anhaltspunkte für den Angriff.

27.	Tc1—c3	c7—c6
28.	Ta1—c1	f7—f6
29.	Sd2—b1	Le8—d7
30.	Sb1—a3	Sa8—c7
31.	b4—b5 !	

Stellung nach 31. b4—b5!

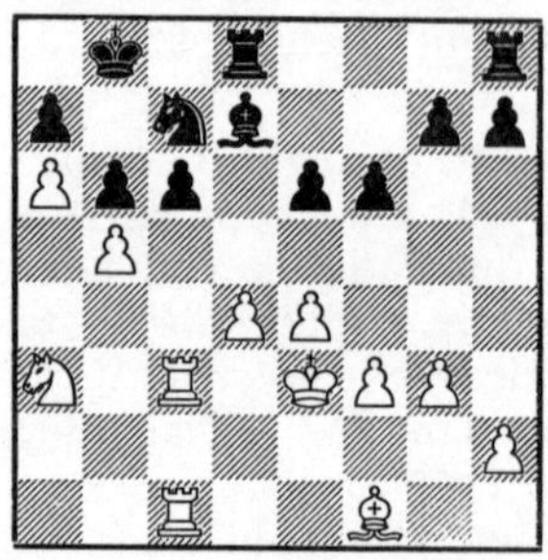

Eine schöne Kombination, jedoch keineswegs zwingend.

31.	....	Sc7 : b5
32.	Lf1 : b5	c6 : b5
33.	Tc3—c7	

Droht Entscheidung durch 34. Tb7†, Ka8 35. Tcc7 usw.

33.	....	Td8—c8?

Schwarz pariert zwar die Drohung, übersieht aber die eigentliche Pointe der gegnerischen Kombination.

Die richtige Verteidigung, womit ein Spiel mit gleichen Aussichten zu erzielen war, bestand in 33..., Lc8!.

34.	Tc7—b7†	Kb8—a8
35.	Tb7 : d7 !	Tc8 : c1
36.	Sa3 : b5	

Jetzt besitzt Weiß eine ideale Stellung. Er erobert zwangsläufig einige Bauern und gewinnt ohne Mühe. Zunächst droht er wie folgt die Qualität zurück zu gewinnen: 37. T:a7†, Kb8 38. Tb7†, Ka8 (erzwungen) 39. Sc7†, usw.

36.	....	Th8—c8
37.	Td7 : g7	h7—h6
38.	Tg7 : a7†	Ka8—b8
39.	Ta7—b7†	Kb8—a8
40.	Tb7—a7†	Ka8—b8
41.	Ta7—b7†	Kb8—a8
42.	g3—g4	e6—e5
43.	d4—d5	Tc1—c5
44.	Tb7—a7†	Ka8—b8
45.	Ta7—b7†	Kb8—a8
46.	Tb7 : b6	Tc8—b8

Auch der Turmtausch bringt dem Nachziehenden unter diesen Umständen keine Erleichterung.

47.	Tb6 : b8†	Ka8 : b8
48.	a6—a7†	Kb8—b7
49.	Sb5—d6†	

Die verführerische Kombination 49. d6?, Tc8 50. Sc7, K:a7 51. Se6 würde nach 51..., Tc3† 52. Ke2, Tc2† usw. nur Remis ergeben; der weiße König darf nämlich die d-Linie nicht betreten, wegen Tc6!, und er darf anderseits nicht gestatten, daß der Turm den d-Bauern von hinten angreift.

49.	....	Kb7 : a7
50.	Sd6—e8	Ka7—b6
51.	Se8 : f6	

Mit drei Bauern für die Qualität und keinerlei Schwächen in der eigenen Stellung ist die Gewinnführung ein Honiglecken für Weiß.

51.	....	Tc5—c3†
52.	Ke3—f2	Tc3—c7
53.	h2—h4	Tc7—f7
54.	Sf6—h5	Kb6—c7
55.	g4—g5	h6 : g5
56.	h4 : g5	Tf7—h7
57.	Sh5—f6	Th7—h2†
58.	Kf2—g3	Th2—h1
59.	Kg3—g2	Th1—h8
60.	g5—g6	

Schwarz gibt auf.

Partie Nr. 42

Denker — **Steiner**

Damengambit

1.	d2—d4	Sg8—f6
2.	Sg1—f3	d7—d5
3.	c2—c4	e7—e6
4.	Sb1—c3	Lf8—e7
5.	Lc1—g5	Sb8—d7
6.	e2—e3	h7—h6
7.	Lg5—h4	Sf6—e4

Meistens wird das Lasker-Manöver ausgeführt, während der Damenspringer noch auf b8 steht. Aber das macht keinen Unterschied von Bedeutung.

8.	Lh4 : e7	Dd8 : e7
9.	Dd1—c2	

Das ist unter den gegebenen Umständen etwas stärker als die Abwicklung mit 9. c: d5. Weiß erlangt ein kleines Uebergewicht an Raumbeherrschung.

9.	....	Se4 : c3
10.	Dc2 : c3	Sd7—f6

Besser war 10..., c6.

11.	Lf1—d3	0—0
12.	0—0	Lc8—d7
13.	Sf3—e5	Tf8—d8
14.	c4—c5	

Ein artiger Gedanke. Weiß spielt auf die Schwäche der schwarzen Felder.

14.	....	Ld7—e8
15.	f2—f4	Sf6—e4

Um wenigstens etwas Bewegungsfreiheit zu erlangen.

16.	Dc3—c2	f7—f6
17.	Se5—f3	Le8—c6

Nicht 17..., Lg6 wegen 18. Sh4, Lh7 19. f5.

18.	b2—b4	a7—a6
19.	a2—a4	De7—e8
20.	Tf1—c1	Td8—c8

Ein recht merkwürdiger Zug. Schwarz behandelt die ganze Partie schwächlich und ohne rechten Plan.

21.	Ld3 : e4	d5 : e4
22.	Sf3—d2	De8—g6

Auf 22...., f5 folgt sehr stark Sd2—c4—e5. In Betracht kam 22...., e5, z. B. 23. Dc4†, Df7 usw. (23..., Kh7? 24. d5!); oder 23. d:e5, f:e5 24. f5, Dd7 usw., in beiden Fällen mit etwas aktivem Gegenspiel für Schwarz.

23. b4—b5 !

Im Gegensatz zu dem schlappen Spiel des Nachziehenden zeigt Denker große Entschlossenheit.

23.	....	a6 : b5
24.	a4 : b5	Lc6—d5

Auf 24..., L:b5 folgt 25. Db3, mit günstigem Rückgewinn des Bauern.

25.	Dc2—b2	Dg6—g4
26.	Sd2—f1	g7—g5

Endlich eine Gegenaktion von Bedeutung.

27.	Db2—f2	Kg8—f7?

Aber nach diesem schwachen Zug macht sich g7—g5 nur als entscheidende Schwächung geltend. Geboten war 27..., f5! was Gegenspiel gewährleistet hätte, obwohl Weiß nach 28. Sg3, Dh4 29. h3, Kh7 30. Kh2 dennoch im Vorteil gewesen wäre.

28.	h2—h3	Dg4—h5
29.	f4—f5 !	

Stellung nach 29. f4—f5!

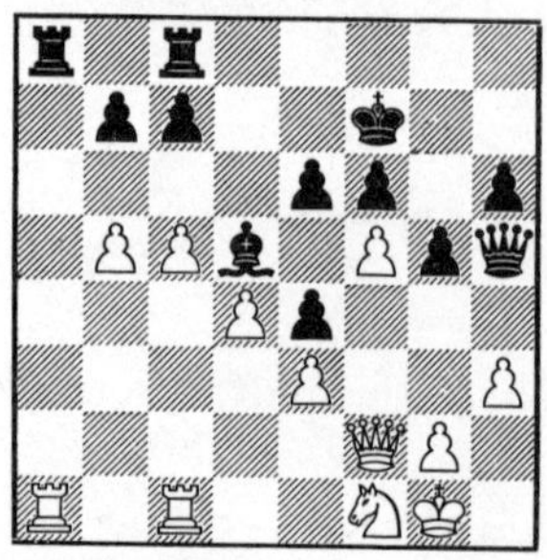

Die Unterlassung von f6—f5 rächt sich. Weiß bricht nun auf der f-Linie durch, untergräbt die Stellung des Ld5 und erlangt einen entscheidenden Angriff auf die geschwächte Königsstellung des Gegners.

29.	....	Dh5—h4
30.	f5 : e6†	Ld5 : e6
31.	Sf1—g3	Ta8 : a1

Auf 31...., f5 gewinnt 32. d5! usw.

32. Tc1 : a1 Le6—c4
33. Kg1—h2 ! Lc4—e6

Nach 33..., L:b5 gewinnt Weiß durch 34. Da2†, Kg6 35. Dd5 usw.

34. d4—d5 !

Vernichtend. Schwarz muß das Feld f5 freigeben, denn 34..., Ld7 nützt nichts wegen 35. c6.

34. .... Le6 : d5
35. Df2—f5 Ld5—e6
36. Df5—h7† Kf7—e8
37. Ta1—f1 g5—g4
38. Sg3 : e4 f6—f5
39. Dh7—g6† Ke8—e7
40. Dg6—g7†

Hier überschritt Schwarz die Bedenkzeit.

Partie Nr. 43

Boleslawski — **Smisloff**

Spanisch

1. e2—e4 e7—e5
2. Sg1—f3 Sb8—c6
3. Lf1—b5 a7—a6
4. Lb5—a4 Sg8—f6
5. 0—0 Lf8—e7
6. Tf1—e1 b7—b5
7. La4—b3 d7—d6
8. c2—c3 0—0
9. h2—h3 Sc6—a5
10. Lb3—c2 c7—c5
11. d2—d4 Dd8—c7
12. Sb1—d2 Lc8—d7
13. d4 : e5

Die Tauschbehandlung der geschlossenen Verteidigung der Spanischen Partie erfreut sich in Rußland besonderer Beliebtheit.

13. .... d6 : e5
14. Sd2—f1 Sa5—c4
15. b2—b3 Sc4—b6
16. a2—a4

Gemäß der Schablone müßte Weiß mit Lg5 nebst Se3 fortsetzen, oder auch mit sofortigem Se3, um auf diese Weise die Schwäche der Felder d5 und f5 auszunützen.

Boleslawski will das noch verstärken, indem er erst auf die Vertreibung des Sb6 spielt, aber Schwarz antwortet glänzend, und es ergibt sich eine atembeklemmende Verwicklung.

16. .... c5—c4 !
17. a4—a5 c4 : b3
18. a5 : b6 Dc7 : c3
19. Lc2 : b3 Dc3 : a1

Stellung nach 19..., Dc3:a1

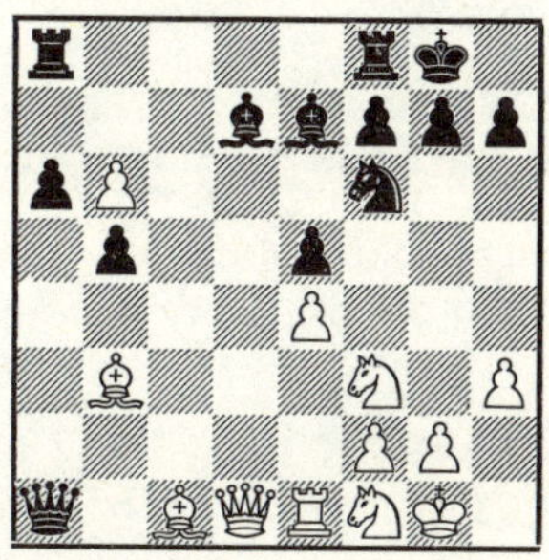

Schwarz hat die Qualität und einen Bauern gewonnen, aber seine Dame befindet sich in Lebensgefahr. Die Lage ist noch nicht geklärt.

20. Dd1—d2

Droht 21. Lb2 mit Damengewinn.

20. .... Le7—a3
21. b6—b7?

Das verliert. Richtig war 21. La2! (drohend L:a3), wonach Schwarz nichts besseres hatte als die Abwicklung 21..., Le6 22. L:a3, D:a2 23. D:a2 L:a2 24. L:f8, K:f8, 25. S:e5, mit ungefähr gleichen Aussichten.

Zum Beispiel: 25..., Te8 26. Ta1 (oder 25. Sc6, Ld5!) 26..., T:e5 27. T:a2, b4 28. T:a6, Tb5, und das Endspiel dürfte wohl remis werden.

21.	....	Ta8—b8
22.	Lb3—a2	

Ein Tempo zu spät.

22.	....	Ld7—e6
23.	La2 : e6	

Jetzt hilft auch 23. L:a3 nichts, denn das Endspiel nach 23..., D:a2 24. D:a2, L:a2 25. L:f8, K:f8 26. S:e5, T:b7 ist für Schw. gewonnen.

23.	....	f7 : e6
24.	Dd2—a5	La3—b2

Schwarz hat jedesmal gerade noch einen Zug, aber das genügt.

25.	Da5—c7	Lb2 : c1
26.	Te1 : c1	Tb8 : b7 !

Die Entscheidung. Der Rest ist nicht mehr interessant.

27.	Dc7—c6	Tb7—b6
28.	Dc6—c7	Da1—a3
29.	Dc7 : b6	Da3 : c1
30.	Db6 : a6	Sf6 : e4
31.	Da6 : b5	Se4 : f2 !
32.	Sf3 : e5	Dc1—g5
33.	Kg1—h2	Dg5—f4†
34.	Kh2—g1	Sf2 : h3†

Weiß gibt auf.

Partie Nr. 44

O'Kelly — **Lundin**

Anti-Meraner

1.	d2—d4	d7—d5
2.	c2—c4	e7—e6
3.	Sb1—c3	c7—c6
4.	e2—e3	Sg8—f6
5.	Sg1—f3	Sb8—d7
6.	Dd1—c2	

Weiß bedient sich dem Schweden gegenüber einer schwedischen Waffe. Die Folge lehrt jedoch, daß er in deren Handhabung keine genügende Fertigkeit besitzt.

6.	....	Lf8—d6
7.	e3—e4	d5 : e4
8.	Sc3 : e4	Sf6 : e4
9.	Dc2 : e4	Sd7—f6
10.	De4—c2	c6—c5
11.	d4 : c5	

Stärker ist 11. Ld2 (siehe Nr. 9).

11.	....	Ld6 : c5
12.	Lf1—e2	

Da Weiß mit seinem vorigen Zuge doch bereits von Partie Nr. 9 abgewichen ist, wäre es klug gewesen, nun eine ganz andere Aufstellung zu wählen: 12. Ld3, und wenn möglich Lg5.

12.	....	0—0
13.	0—0	b7—b6
14.	Lc1—d2	

Besser war 14. Lg5.

14.	....	Lc8—b7
15.	b2—b4	

Nun würde 15..., Le7 zu derselben Stellung führen, die in Nr 9 nach dem 15. Zuge von Schwarz entstand.

15. .... Lc5—d6 !

Dieser Zug ist viel stärker als 15...., Le7, denn nun gelangt Schwarz mit De7 zu einer unternehmenden Aufstellung, wobei sich in erster Linie b2—b4 als eine Schwächung geltend macht. In der Partie Nr. 9 hatte Schwarz diese Möglichkeit nicht, da Weiß eine zweckmäßigere Zugfolge gewählt hatte. Vor allem geschah dort b2—b4 in einem Augenblick, da Schwarz nicht gut Lc5—d6 ziehen konnte wegen der Antwort c4—c5.

16. Ta1—c1

Weiß entwickelt sich schablonenhaft, ohne auf die besondern Erfordernisse der Stellung Rücksicht zu nehmen.
Viel besser als der Textzug war 16. Db2, mit der Deckung von b4, sodaß 16..., Se4 mit 17. Le3 beantwortet werden konnte. Ueberdies hätte dann a7—a5 lange nicht dieselbe Wirkung erlangen können wie in der Partie.

16. .... Sf6—e4
17. Tf1—d1 Dd8—e7
18. a2—a3 a7—a5 !

Damit kommt Schwarz in entscheidenden Vorteil.

19. Ld2—e3

Auch 19. c5, b:c5 20. b:a5 ist ungenügend, da der Bauer a5 bald verloren gehen würde.

19. .... a5 : b4
20. a3 : b4 Ld6 : b4

Droht 21..., Sc3, mit entweder Figurgewinn durch 22..., Ta2, oder — falls Weiß mit 22. Td2 oder Te1 fortfährt — Qualitätsgewinn mittels 22..., Sa2.
Deshalb darf Weiß an dieser Stelle nicht mit 21. L:b6 fortsetzen.

21. Le2—d3 f7—f5
22. Le3 : b6

Auch jetzt beschleunigt dieses Nehmen den Verlust.

22. .... Se4—c3 !
23. Td1—f1

Der einzige Zug (mit Rücksicht auf 23..., Sa2).

23. .... Ta8—a2
24. Dc2—b3 Ta2—a3
25. Db3—c2 Lb7 : f3
26. g2 : f3 De7—g5†
27. Kg1—h1 Dg5—f4

Mit der doppelten Drohung 28..., Ld6 und 28..., D:f3†.

28. Tf1—g1 Ta3—a2 !

Nimmt dem Tc1 die Damendekkung, wodurch der Tg1 die erste Reihe nicht verlassen darf.

29. Dc2—b3 Lb4—d6
30. Kh1—g2

Das Einzige (siehe die vorige Anmerkung).

30. .... Tf8—f6

Stellung nach 30..., Tf8—f6

Führt zum Matt, hauptsächlich weil 31. Kf1 an 31..., D:c1† scheitert.
Weiß gibt auf.

Partie Nr. 45

Bernstein — **Szabo**

Damenläuferspiel

1.	**Sg1—f3**	**d7—d5**
2.	**d2—d4**	**Sg8—f6**
3.	**Lc1—f4**	**c7—c5**
4.	**e2—e3**	**Dd8—b6**
5.	**Dd1—c1**	

Unternehmender ist 5. d:c5. Nach dem Textzug gelangt Schwarz zur Führung.

5.	....	**Sb8—c6**
6.	**c2—c3**	**Lc8—f5 !**

Sehr richtig. Es liegt kein Grund vor, im Gewohnheitsstil 6...., e6 zu ziehen und den Lc8 einzusperren.

7.	**Sb1—d2**	**c5 : d4**
8.	**e3 : d4**	**Ta8—c8**
9.	**Lf1—e2**	**e7—e6**
10.	**0—0**	**Lf8—e7**
11.	**h2—h3**	**0—0**
12.	**Tf1—d1**	**Tf8—d8**

Schwarz steht etwas freier, ein Erfolg seiner zielbewußten Eröffnungsbehandlung. Er besitzt Angriffsaussichten auf dem Damenflügel.

13.	**Sd2—f1**	**Sf6—e4**
14.	**Sf1—g3**	**Se4 : g3**
15.	**Lf4 : g3**	**Sc6—a5**

Den Vorzug verdiente 15..., h6, um den Lf5 vor dem nun folgenden Abtausch zu bewahren.

16.	**Sf3—h4**	**Lf5—e4**
17.	**f2—f3**	**Le4—g6**
18.	**Sh4 : g6**	**h7 : g6**
19.	**Ta1—b1**	**Sa5—c4**
20.	**Lg3—f2**	**Db6—a5**

Schwarz arbeitet an der Verwirklichung seiner Aussichten; seine Aktion auf dem Damenflügel ist im vollen Gang.

21. **Dc1—c2**

Eine indirekte Deckung des Bauern a2.

21.	....	**Td8—d6**
22.	**Le2 : c4**	**Tc8 : c4**
23.	**Lf2—e1**	

Weiß erkennt, daß er sich auf dem Damenflügel nicht völlig untätig verhalten darf. Er überdeckt daher den Bauern c3 und bereitet damit das Vorrücken des a-Bauern und b-Bauern vor.

23.	....	**Da5—a6**
24.	**b2—b3**	**Tc4—c8**
25.	**a2—a4**	

Jetzt hat Weiß auf dem Damenflügel etwas Raum gewonnen, allerdings auf Kosten seiner Bauernstellung. Die Schwächen auf b3 und c3 erfordern ständige Figurendeckung, wodurch sich Weiss völlig auf die Verteidigung beschränken muss.

25.	....	**Td6—c6**
26.	**Dc2—d3**	**Da6—a5**
27.	**Le1—d2**	**Da5—c7**
28.	**Td1—c1**	**Le7—d6**
29.	**Tc1—c2**	**a7—a6**
30.	**Tb1—e1**	**Ld6—a3**

In beidseitiger Zeitnot folgt nun ein planloses Hin- und Herschieben der Figuren.

31.	**Te1—a1**	**La3—e7**
32.	**Ta1—c1**	**Tc8—d8**
33.	**Ld2—e3**	**Dc7—d7**
34.	**Tc1—d1**	**Td8—b8**
35.	**Tc2—a2**	**Dd7—c7**
36.	**Le3—d2**	**Le7—f6**
37.	**f3—f4**	

Um e6—e5 zu verhindern und die Diagonale nach h2 zu sperren.

37.	....	Tb8—c8
38.	Kg1—f1	Dc7—b6
39.	Ta2—b2	Db6—c7
40.	Tb2—a2	Dc7—b6
41.	Td1—b1	Db6—d8
42.	Dd3—e3	Dd8—d6
43.	Kf1—e2	

Dieser Ausflug des weißen Königs ist gewagt und bringt den Gegner auf den Gedanken, einen Königsangriff zu unternehmen.

43.	....	Lf6—d8
44.	De3—d3	Ld8—a5
45.	Tb1—c1	g6—g5!

Stellung nach 45..., g6—g5!

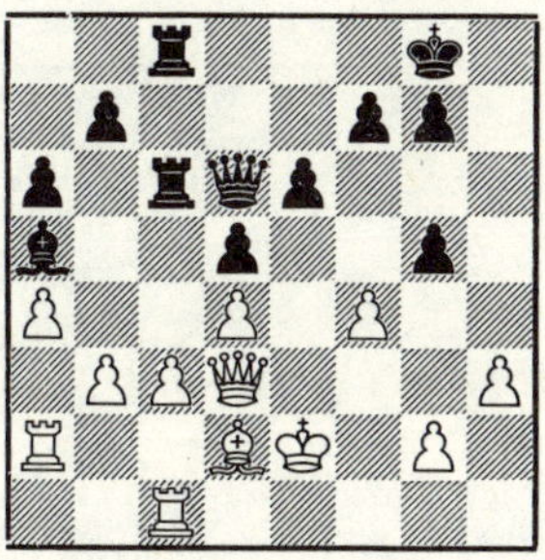

Mit diesem Bauernopfer macht Schwarz zunichte, was Weiß mit 37. f4 erzielt hatte, und eröffnet einen gefährlichen Königsangriff.

46.	f4 : g5	Dd6—h2
47.	Dd3—f3	e6—e5
48.	d4 : e5	Dh2 : e5†
49.	Df3—e3	De5—h2
50.	De3—f3	Dh2—e5†

Auf 50..., Te6† könnte der weiße König nach dem Damenflügel entweichen. Mit dem Textzug wird diese Königsflucht verhindert, da 51. Kd1 an 51...., L: c3 scheitert.

51.	Df3—e3	De5—c7
52.	Ke2—f1	La5—b6
53.	De3—f4	Dc7 : f4†

Schwarz begnügt sich mit einem geringfügigen Endspielvorteil, ein vernünftiger Entschluß, denn es ist nicht zu sehen, wie der Angriff erfolgversprechend weitergeführt werden könnte.

54.	Ld2 : f4	Tc6 : c3
55.	Tc1 : c3	Tc8 : c3
56.	Ta2—d2	Tc3 : b3
57.	Td2 : d5	

Weiß kann sich gerade noch behaupten. Auf 57..., Tb2 folgt nun 58.Td2, Tb4 59. Le5, T:a4 60. g6!

54.	....	Tb3—b4
58.	Lf4—e5	Tb4—e4

Auf 58..., T: a4 würde 59. g6! folgen (59..., f: g6 60. Td7). Der Textzug ergibt allerdings noch weniger.

59.	a4—a5	Lb6—e3
60.	g2—g3	b7—b5

Oder 60..., L: g5 61. L: g7! usw.

61.	a5 : b6	Le3 : b6

Jetzt ist das Remis unvermeidlich.

62.	h3—h4	Kg8—h7
63.	Kf1—g2	a6—a5
64.	Kg2—f3	Te4—e1
65.	Td5—b5	Lb6—d8
66.	Tb5—d5	Ld8—b6
67.	Td5—b5	Lb6—d8
68.	Le5—c3	Te1—f1†
69.	Kf3—g2	Tf1—c1
70.	Lc3 : a5	

Dieser Bauerngewinn ändert nichts an der allgemeinen Lage.

70.	....	Ld8 : a5
71.	Tb5 : a5	Kh7—g6

72.	g3—g4	Tc1—c2†
73.	Kg2—f3	Tc2—c3†
74.	Kf3—e2	Tc3—c2†
75.	Ke2—d3	Tc2—g2
76.	h4—h5†	Kg6—h7
77.	Ta5—a4	Tg2—g3†
78.	Kd3—e2	Tg3—b3
79.	Ta4—a6	Tb3—g3
80.	g5—g6†	f7 : g6
81.	Ta6 : g6	Tg3—a3
82.	Ke2—f2	Ta3—b3
83.	Kf2—g2	Tb3—a3
84.	Tg6—b6	Ta3—c3
85.	Tb6—b5	Kh7—h6
86.	Tb5—b6†	Kh6—h7
87.	Tb6—e6	Tc3—a3
88.	Te6—e8	Kh7—h6
89.	Te8—e7	Ta3—b3

Remis.

Partie Nr. 46

Euwe — **Najdorf**

Nimzo-Indisch

1.	d2—d4	Sg8—f6
2.	c2—c4	e7—e6
3.	Sb1—c3	Lf8—b4
4.	Dd1—c2	Sb8—c6
5.	Sg1—f3	d7—d6
6.	Lc1—d2	

Dieselbe Fortsetzung wie in der Partie Flohr—Tartacover (Nr.10).

6.	....	0—0
7.	a2—a3	Lb4 : c3
8.	Ld2 : c3	Tf8—e8
9.	e2—e3	e6—e5
10.	d4 : e5	Sc6 : e5

Besser ist 10..., d: e5, weil dann Weiß Mühe hat, seinen Springer zweckmäßig zu verwenden.

11.	Sf3 : e5	d6 : e5
12.	Lf1—e2	c7—c5

Eine unnütze Schwächung. Schwarz unterließ 12..., b6, weil er 13. Lf3 nebst 14. Lc6 fürchtete, aber das hätte nach 14..., Ld7 zu nichts geführt.

13.	0—0	Dd8—e7
14.	Ta1—e1	

Auf Angriff gespielt. Sehr in Betracht kam aber auch die positionelle Behandlung mit 14. Tad1; nebst Turmverdopplung auf der d-Linie; Schwarz hätte nicht leicht opponieren können, ohne die Deckung des Bauern e5 aufzugeben.

14.	....	b7—b6
15.	f2—f4	Lc8—b7?

Stellung nach 15..., Lc8—b7?

Ueberraschend und hübsch, aber nicht echt. Besser war 15..., e: f4 16. Lf3, Se4, z. B. 17. e: f4, Lb7 oder 17. L: e4, D: e4 18. e: f4, Dc6. Schwarz hält in beiden Fällen gerade noch stand.

16. f4 : e5?

Mit 16. L: e5!, Sd7 17. Lc3! (nicht 17. Ld3?, S: e5 18. L: h7†, Kh8 19. f: e5, g6, mit Vorteil für Schwarz) konnte Weiß entscheidenden Vorteil erzielen, wegen 17..., D: e3†? 18. Tf2!!, mit der tödlichen Drohung 19. Lf3.

16.	....	Sf6—e4
17.	Le2—f3	Se4 : c3
18.	Lf3 : b7	De7 : b7
19.	Dc2 : c3	Db7—e4

Jetzt steht eher Schwarz besser, denn der Bauer e5 fällt, und jener auf e3 bleibt schwach.

20.	Te1—d1	Te8 : e5
21.	Td1—d7	f7—f6

Sofortiges 21..., Te7 wäre stärker gewesen.

22.	Tf1—d1	Te5—e7

Nach 22..., D:e3† usw. gelangt Weiß zur Verdopplung seiner Türme auf der siebenten Reihe.

23.	Td7 : e7	De4 : e7
24.	Td1—d5	Ta8—e8
25.	Kg1—f2	De7—e4
26.	h2—h3	De4—h4†
27.	Kf2—f3	Dh4—e4†
28.	Kf3—f2	

Remis.

Partie Nr. 47

Stoltz — **Guimard**

Damengambit

1.	d2—d4	d7—d5
2.	Sg1—f3	Sg8—f6
3.	c2—c4	e7—e6
4.	Sb1—c3	Lf8—e7
5.	e2—e3	0—0
6.	Dd1—c2	

Diesen Zug wendet Stoltz im allgemeinen nur an, um die Meraner Verteidigung zu vermeiden (siehe u. a. Nr 9 und Nr. 28). Was er hier vermeiden will, ist nicht ganz klar.

6.	....	Sb8—d7
7.	b2—b3	b7—b6
8.	Lf1—e2	Lc8—b7
9.	0—0	Ta8—c8
10.	Lc1—b2	c7—c5

Die Stellungen sind fast symmetrisch, es ist nicht viel los.

11.	Ta1—d1	Dd8—c7
12.	d4 : c5	Sd7 : c5

Ein unvorsichtiger Zug. Richtig war 12..., L:c5 oder 12..., b:c5.

13. Sc3—b5 !

Nun wäre 13..., Db8? fehlerhaft wegen 14. Le5!; das kommt davon, daß Schwarz mit 12..., S:c5 die Deckung des Feldes e5 geschwächt hat.

13.	....	Dc7—d8

Erzwungen. Aber die Dame steht in der Linie des Td1 gewiß nicht gut.

14. Sb5 : a7

Nur ein Tausch, da auch der Bauer a2 verloren geht, aber trotzdem vorteilhaft für Weiß.

14.	....	Tc8—a8
15.	Sa7—b5	

Dank der Beseitigung des schwarzen a-Bauern steht der Springer hier unvertreibbar und leistet ausgezeichnete Dienste.

15.	....	Ta8 : a2
16.	Dc2—b1	Ta2—a8
17.	Sf3—g5	

Droht 18. L:f6 nebst Matt.

17.	....	h7—h6

Nach 17..., g6 würde die Aktivität des Lb2 stark zunehmen.

18.	Lb2 : f6	h6 : g5
19.	Lf6—e5	Dd8—c8

Es drohte 20. Lc7 mit Bauerngewinn.

20. Db1—b2

Weiß behauptet die Führung mit fester Hand.

20. .... d5 : c4

Er spielt mit dem Feuer. Richtig war 20..., f6; Weiß hätte dann seinen Vorteil zwar mit 21. Ld6 behaupten, aber nicht vergrössern können.

21. Le2 : c4

Nicht 21. L:g7 wegen 21..., Dc6 mit Eroberung des Sb5.

21. .... Dc8—c6
22. f2—f3 Lb7—a6?

Nun war es aber höchste Zeit für f7—f6.

23. Sb5—d4 Dc6—b7
24. Lc4 : a6 Ta8 : a6
25. Le5 : g7 !

Stellung nach 25. Le5:g7!

Dieses entscheidende Opfer hat Schwarz mit seinen letzten Zügen geradezu erzwungen.

25. .... Tf8—a8

Auf 25..., K:g7? folgt 26. Sf5† Kg6 27. Dg7† nebst 28. g4 matt.

26. Lg7—e5 Sc5—d7
27. Le5—g3 Ta6—a2
28. Db2—b1 Le7—f6
29. Sd4 : e6 !

Dieses zweite Opfer bricht jeglichen Widerstand.

29. .... f7 : e6
30. Db1—g6† Kg8—h8

Nach 30..., Lg7 31. D:e6† geht der Sd7 verloren.

31. Td1 : d7 Db7 : d7
32. Dg6 : f6† Kh8—h7

Auf 32..., Dg7 folgt 33. D:e6 mit der Drohung 34. Le5.

33. Df6 : g5 Ta2—d2
34. Dg5—h5† Kh7—g8
35. Dh5—g6† Kg8—f8
36. Lg3—e1

Nun muß Schwarz die Qualität zurückgeben, denn spielt er den angegriffenen Turm, so entscheidet 37. Lb4†.

36. .... Ta8—a2
37. Dg6—f6† Kf8—e8
38. Le1 : d2 Dd7 : d2
39. Df6 : e6† Ke8—d8
40. De6 : b6† Kd8—c8
41. Db6—c5†

Schwarz gibt auf.

Partie Nr. 48

Flohr — **Christoffel**

Anti-Meraner

1.	d2—d4	d7—d5
2.	c2—c4	c7—c6
3.	Sg1—f3	Sg8—f6
4.	Sb1—c3	e7—e6
5.	Lc1—g5	d5 : c4
6.	e2—e4	b7—b5
7.	e4—e5	h7—h6

8. Lg5—h4 g7—g5
9. Sf3 : g5 h6 : g5
10. Lh4 : g5

Eine schwierige Variante, die seit der Radiopartie Denker—Botwinnik (September 1945) besonders aktuell ist.

In der genannten Partie erzielte Schwarz einen raschen und überzeugenden Sieg, und auch in einer später gespielten Partie (1946) war das Ergebnis derselben Eröffnung durchaus befriedigend für Schwarz.

Die vorliegende Partie wirft aber auf die ganze Variante ein neues Licht. Der Anziehende befleissigt sich einer Taktik, die, wie es scheint, zwangsläufig erheblichen Vorteil ergibt.

10. .... Sb8—d7
11. g2—g3

In der Partie Denker—Botwinnik geschah schwächer 11. e:f6, worauf 11..., Db6! folgte.

11. .... Dd8—a5
12. e5 : f6 b5—b4
13. Sc3—e4 Lc8—a6
14. Dd1—f3 0—0—0

Es geht hart auf hart, aber Weiß besitzt die stärkeren Trümpfe.

15. Lf1—g2 Sd7—b6

Nach 15..., c3 16. S:c3!, b:c3 17. D:c6†, Kb8 18. b:c3 hätte Weiß bei starker Stellung vier Bauern für die Figur.

16. 0—0

In der Partie Denker—Christoffel geschah schwächer 16. Sc5, worauf sich 16. ., Lb5! als genügende Antwort erwies.

16. .... Td8 : d4

Dieses Nehmen öffnet neue Linien, woraus nur der Angreifer Nutzen zieht.

17. Lg5—e3 Td4—d7
18. Tf1—c1 Da5—e5
19. b2—b3 !

Stellung nach 19. b2—b3!

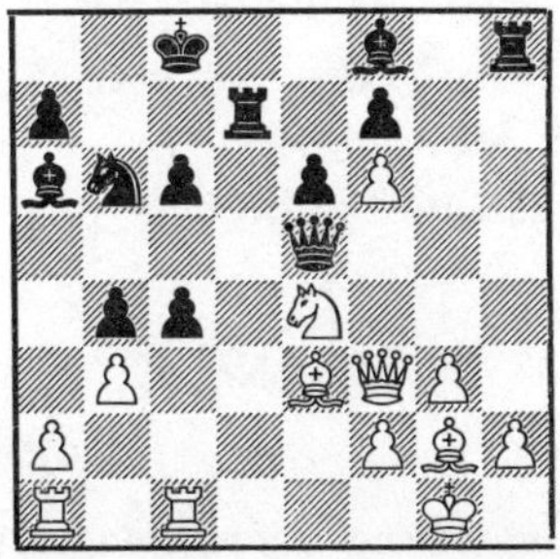

Eine Kombination und eigentlich auch schon die Entscheidung.

19. .... c4—c3
20. Le3 : b6 a7 : b6
21. Se4 : c3 !

Die Pointe.

21. .... Td7—c7

Nach 21..., d:c3 gewinnt Weiß die geopferte Figur mittels 22. D:c6† nebst Da8† bezw. D:b6† zurück.

22. Sc3—e4 De5—h5
23. h2—h4 La6—e2

Schwarz hat einen Bauern weniger und seine Stellung weist allerlei Schwächen auf, daher ist das Endspiel für ihn gewiß nicht verlockend.

24. Df3—e3

Weiß sucht die Entscheidung lieber im Mittelspiel.

24. .... Lf8—h6

Selbstverständlich. Es war nicht anzunehmen, daß Weiß dieses Wertopfer unterlassen würde.

25. De3 : b6 ! Lh6 : c1
26. Ta1 : c1 Dh5—d5
27. Se4—c3 ! b4 : c3

Auf andere Züge entscheidet der Tausch auf e2 nebst L:c6.

28. Lg2 : d5 c6 : d5
29. Db6—e3 !

Schwarz gibt auf.

Partie Nr. 49

Tartacover **Kottnauer**

Katalonisches Damenbauerspiel

1. d2—d4 d7—d5
2. Sg1—f3 Sg8—f6
3. g2—g3

Katalonisch mit verspätetem oder überhaupt ohne c2—c4, das heißt also: Katalonisches Damenbauerspiel. Diese von Tartacover bevorzugte Eröffnung entsteht gewöhnlich mit 1. Sf3.

3. .... Lc8—f5
4. Lf1—g2 e7—e6
5. c2—c4 c7—c6
6. Sb1—c3 h7—h6

Schwarz steht befriedigend.

7. 0—0 Sb8—d7
8. b2—b3 Dd8—a5
9. Lc1—b2 Lf8—b4
10. Dd1—c1 Sf6—e4
11. Sc3—b1 !

Fein gespielt, und jedenfalls stärker als der Tausch auf e4. Weiß will das Feld e4 gewinnen, dazu hat er aber beide Springer nötig. Er entzieht also den Sc3 dem allfälligen Abtausch gegen den Lb4, um erst den Läufer mittels a2—a3 zu vertreiben und sich dann erst der Eroberung des Feldes e4 zu widmen.

Der mit dem Textzug verbundene Zeitverlust wird dadurch aufgewogen, daß auch Schwarz zu zeitraubenden Zügen gezwungen wird, nämlich mit dem Lb4 und dem Se4.

11. .... Lb4—e7

Schwarz zieht den Läufer freiwillig zurück, um Weiß keine Gelegenheit zu geben, nach a2—a3 auch noch mit Tempogewinn b3-b4 zu spielen.

12. Sf3—d2 !

Auf 12. Sbd2 könnte 12.., Sdf6 folgen. Daher der Textzug, womit sich Weiß auch die Möglichkeit f2—f3 vorbehält.

12. .... 0—0

Von zweifelhaftem Wert, da der nun folgende Tausch zu einer Schwächung der schwarzen Bauernstellung führt. Besser war 12..., S:d2 13. S:d2, 0—0 mit ungefähr gleichen Aussichten (14. e4, d:e4 15. S:e4, Tad8).

13. Sd2 : e4 Lf5 : e4
14. Lg2 : e4 d5 : e4
15. Sb1—c3 Da5—f5?

Das macht die Schwächung der schwarzen Bauernstellung viel ärger. Geboten war 15..., f5 (16. f3, e5!) mit wohl noch genügendem Gegenspiel.

16. Dc1—c2 ! Sd7—f6
17. f2—f3 !

Stellung nach 17. f2—f3!

Erzwingt den Uebergang zu einem Endspiel, in welchem Weiß praktisch einen Mehrbauern besitzt.

17.	....	e4 : f3
18.	Dc2 : f5	e6 : f5
19.	e2 : f3	

Weiß besitzt auf dem Damenflügel einen gesunden Mehrbauern, während der Mehrbauer des Gegners auf dem Königsflügel an Verdopplung leidet.

19.	....	Tf8—e8
20.	Tf1—e1	Le7—d6
21.	Kg1—f2	h6—h5
22.	Te1 : e8†	Ta8 : e8
23.	Sc3—e2	Sf6—d7
24.	Ta1—d1	f7—f6
25.	d4—d5	Ld6—c5†

Mehr Aussichten auf Remis bot 25..., c5, um die Stellung auf dem Damenflügel geschlossen zu halten. Es wäre da dem Weissen nicht leicht gefallen, den gedeckten Freibauern zur Geltung zu bringen, ohne dem Gegner die Auflösung des Doppelbauern zu gestatten.

26.	Lb2—d4	c6 : d5
27.	Ld4 : c5	Sd7 : c5
28.	Td1 : d5	Te8—e5
29.	Td5—d8†	Kg8—f7
30.	b3—b4	Kf7—e7
31.	Td8—d2	Sc5—e6
32.	Se2—c3	Se6—c7

Es drohte 33. f4.

33.	c4—c5	g7—g5
34.	f3—f4	Te5—e6
35.	b4—b5	

Weiß nutzt seine Chancen ebenso geschickt wie kraftvoll aus.

35.	....	Ke7—f7
36.	a2—a4	Te6—e7
37.	c5—c6	b7 : c6
38.	b5 : c6	Kf7—e8
39.	Sc3—b5	

Droht sowohl 40. S:a7 wie 40. Sd6† nebst 41. S:f5.

39.	....	Sc7 : b5
40.	a4 : b5	Ke8—f7
41.	f4 : g5	f6 : g5
42.	Td2—d6	Kf7—e8
43.	h2—h4	g5 : h4
44.	g3 : h4	

Da nun der schwarze Turm die siebente Linie wegen c6—c7 nicht verlassen darf, gewinnt Weiß leicht durch das Eingreifen seines Königs.

Schwarz gibt auf.

Partie Nr. 50

Kotow — **Yanofsky**

Nimzo-Indisch

1.	d2—d4	Sg8—f6
2.	c2—c4	e7—e6
3.	Sb1—c3	Lf8—b4
4.	a2—a3	Lb4 : c3†
5.	b2 : c3	c7—c5
6.	e2—e3	

Botwinniks Behandlung der Sämisch-Variante. Diese ruhige (zumindest scheinbar ruhige) Fortsetzung ist stärker als das scharfe 6. f3.

6. .... **0—0**
7. Lf1—d3 **d7—d5**

Die jüngsten Erfahrungen mit dem d5-System sind nicht sehr ermutigend für Schwarz. Vielleicht ist das d6-System unter diesen Umständen doch besser. Mit 7..., b6! kann sich Schwarz die Wahl zwischen diesen beiden Systemen jedenfalls noch vorbehalten.

8. c4 : d5 **Dd8 : d5**

Mit dieser von Reshevsky stammenden Fortsetzung (Bogoljubow—Reshevsky, Nottingham 1936) vermeidet Schwarz die zweifelhafte Aufstellung, welche sich nach dem gebräuchlichen 8..., e:d5 ergibt (siehe Nr. 103 und Nr. 113).
Indessen ist auch der Wert des Textzuges zweifelhaft.

9. Sg1—f3

Bogoljubow setzte mit 9. Df3 fort, was sich als ganz gut erwies. Aber der einfache Textzug gefällt uns doch besser.

9. .... **c5 : d4**
10. e3 : d4

Das ist unternehmender und stellt den Nachziehenden vor schwierigere Aufgaben als 10. c:d4.

10. .... **Sb8—d7**
11. c3—c4 **Dd5—a5†**
12. Lc1—d2 **Da5—c7**
13. 0—0 **e6—e5?**

Ein Fehler, der große Schwierigkeiten nach sich zieht. Geboten war 13. b6.

14. Sf3 : e5 **Sd7 : e5**
15. Ld2—f4 !

Darauf war Schwarz offenbar nicht vorbereitet.

15. .... **Sf6—g4**
16. d4 : e5 **f7—f6**

Stellung nach 16. ..., f7—f6

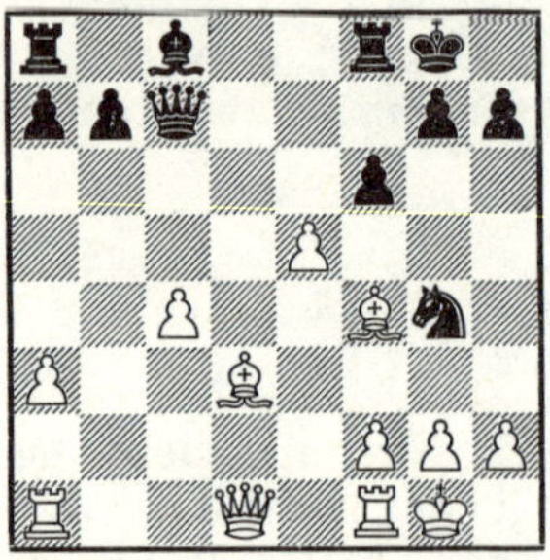

Das Einzige, denn nach 16...., S:e5? 17. Dh5, f5 18. De2! würde Weiß eine Figur gewinnen, es drohte aber 17. h3.

17. Dd1—c2 **h7—h6**
18. Dc2—e2 **f6 : e5**

Nicht 18..., S:e5? wegen 19. De4!.

19. Lf4—g3 **Tf8—e8**
20. Tf1—e1 **Dc7—c5**
21. Ta1—d1?

Mit 21. Tab1, drohend Tb5, hätte Weiß seinen Vorteil vergrössern können. Auch 21. Lg6 oder 21. De4 wäre sehr stark gewesen. Der Textzug kostet ein wichtiges Tempo, wie die Folge lehrt.

21. .... **Sg4—f6**

Mit der Drohung 22..., Lg4.

22. De2—c2	Lc8—g4
23. Td1—c1	e5—e4?

Schwarz hat es nicht nötig, einen Bauern zu opfern, er konnte seine Stellung mit 23..., Te7 konsolidieren. Yanofsky sündigt auf die ungleichen Läufer hin.

24. Ld3 : e4	Sf6 : e4
25. Te1 : e4	Lg4—f5
26. Te4 : e8†	Ta8 : e8
27. Dc2—b3	b7—b6
28. h2—h3	Te8—c8
29. Lg3—f4	Lf5—e4
30. Lf4—e3	

Das verführerische 30. Dg3 würde mit 30..., Tc6, drohend 31.., Tg6 beantwortet werden.

30.	Dc5—f5
31. f2—f3	Le4—b7

Nicht 31..., L:f3? wegen 32.Tf1.

32. Le3—f2	Tc8—e8
33. Tc1—d1	Df5—f7
34. Db3—a4	Df7—g6
35. c4—c5 !	

Eine mittelbare Deckung des Bauern f3, zugleich ein Angriff auf die Bauern b6, hervorgehend aus der Drohung 36. Td6.
Weiß kommt jetzt in entscheidenden Vorteil.

35.	b6 : c5
36. Da4—b3†	Dg6—f7
37. Db3 : f7†	Kg8 : f7
38. Td1—d7†?	

Damit gibt Weiß den Gewinn aus der Hand. Richtig war 38. L:c5. Das hätte infolge der Drohung 39. Td7† ebenfalls zur Eroberung des Bauern a7 geführt, jedoch ohne Turmtausch, und dieser letztere Umstand hätte den Gewinn verbürgt.

38.	Te8—e7
39. Td7 : e7†	Kf7 : e7
40. Lf2 : c5†	Ke7—e8
41. Lc5 : a7	

Dieses Endspiel ist nicht zu gewinnen, da Weiß hinsichtlich des a-Bauern den verkehrten Läufer besitzt. Schwarz braucht nur mit dem König nach a8 zu ziehen und dafür zu sorgen, daß er seinen Läufer für den letzten weißen Bauern auf dem Königsflügel opfern kann. Ein bemerkenswerter Unterschied mit dem Endspiel in Partie Nr. 8.

41.	h6—h5
42. Kg1—f2	Ke8—d7
43. Kf2—g3	Lb7—a6
44. Kg3—h4	g7—g6
45. g2—g3	La6—e2
46. f3—f4	Le2—d3
47. Kh4—g5	Ld3—f5
48. h3—h4	Lf5—d3
49. Kg5—f6	Kd7—c8
50. a3—a4	Kc8—b7
51. La7—d4	Kb7—a6
52. Ld4—e3	Ld3—c2

Remis.

RUHETAG

SONNTAG, 18. AUGUST 1946

Alle Komitees von allen Schachturnieren haben dieselbe Meinung in bezug auf freie Tage: es muß etwas unternommen werden für die Schachmeister, zum Beispiel ein Schiffsausflug nach Delfzijl. Die Mehrzahl der Schachmeister erweist sich aber in derartigen Fällen als undankbar und macht nicht mit.

Die Meister haben nämlich andere Sorgen. Die ganze Woche haben sie kein Stündchen wirklich freie Zeit gehabt. Sie haben gespielt und analysiert und geschwitzt und in beständiger unbestimmter Furcht gelegt. „Wissen Sie, wie ich mich fühle, wenn ich weiß, daß ich abends gegen Tartacover spielen muß?" frug Najdorf. „Dann sehe ich beim Frühstück die Springer von Tartacover in meinem Thee schwimmen. Es macht mich verrückt. Ich kann an nichts anderes denken als an meine Partie."

Es ist daher normal, daß der Schachmeister während eines Turniers nicht einmal Zeit findet, um ruhig zu essen. Er verliert an Gewicht, schläft schlecht, wird bleich und fühlt sich außerstande, einen Brief zu schreiben, obwohl zehn Zeitungen auf seine Berichte warten, von der eventuellen Gattin ganz zu schweigen.

Und dann kommt endlich einmal ein freier Tag. Wie herrlich, sich einmal gut auszuschlafen, essen zu können, ohne fortwährend auf die Uhr zu schauen, ob es nicht schon Zeit sei, etwas Post zu erledigen, gemütlich mit einem Kollegen zu plaudern, als wäre man ein Mensch wie jeder andere, und dann abends ein wenig auszugehen, ganz bescheiden natürlich, vielleicht in ein Dancing oder so...

Und dann wird er plötzlich mit ausgesuchter Liebenswürdigkeit und in einem Tone, als ob man ihm schon den ersten Preis überreichen wollte, ersucht, am freien Tag ein Stündchen früher aufzustehen als gewöhnlich, zwecks Teilnahme an der Besichtigung der weltberühmten Holzschuhfabrik so-und-so aus dem siebzehnten Jahrhundert. Es ist zum Selbstmattverüben.

Der Wettstreit in Groningen bildete aber, wie in manch anderer Hinsicht, so auch in diesem Punkte eine angenehme Ausnahme. Der Montag war für die Erledigung der Hängepartien bestimmt, sodass die meisten Teilnehmer zwei aufeinanderfolgende, völlig freie Tage vor sich hatten. Dadurch empfanden die meisten den Schiffsausflug nach Delfzyl als angenehme Abwechslung und nahmen gerne daran teil. Aufgeräumt kehrte die Gesellschaft am späten Nachmittag zurück, mit Kottnauer als dem Helden des Tages. „Unser tschechischer Freund", schreibt Herr Eggink in der Zeitschrift des Königlich Niederländischen Schachbundes, „ist ein Athlet erster Klasse. Er sprang über Bord und teilte wie ein mythischer Stromgott mit mächtigen Schlägen die Fluten der Emsmündung."

In der Lounge des Hotels herrschte an diesem Abend ein besonders reges Treiben. Es wurden ungezählte Robbers gespielt und noch viel mehr Schnellpartien. „Bei diesen Schnellpartien", schreibt Herr Eggink in der Zeitschrift, „geht es in der Regel laut her. Humoristische Schimpfkanonaden und Bonmots schwirren durch die Luft, wobei Najdorf und Steiner das große Wort führen. Das schallende Lachen des letzteren und das etwas hysterische des anderen machen die Vorbeigänger auf der Straße zu vergnügten Zuhörern."

Bei den Schnellpartien betrug der Mindestumsatz einen Gulden. Man spielte meistens mit Kontra und mit Zählen bis sechs. Die sogenannten Fünf-Minuten-Partien mit Uhr waren weniger beliebt. Najdorf, Steiner, Tartacover und Vidmar waren stets dabei, oft auch Denker. Euwe und die Russen mit Ausnahme von Weresow, hielten sich fern. Najdorf war der stärkste und bildete den Mittelpunkt der Gesellschaft. Er pflegte seine eigenen Züge zumindest mit dem Schlachtruf „Come in!" zu begleiten, und die seines Gegners mit der in einer Art deutsch gestellten Frage: „Hat er gut gesprungen?" Als er zwei Monate später in Prag den ersten Preis gewann, erhielt er von Bernstein ein Glückwunschtelegramm, das lautete: „Gut gesprungen".

Auch das Komitee von Groningen hat gut gesprungen, indem es diesen ungemein gemütlichen, echten Erholungstag ermöglicht hatte.

HÄNGEPARTIEN

MONTAG, 19. AUGUST 1946

7.	Bernstein—Kottnauer	0—1
10.	Flohr—Tartacover	½—½
26.	Bernstein—Guimard	½—½
45.	Bernstein—Szabo	½—½

Es wurde bereits gesagt, wie es zu diesen Ergebnissen kam.

Die Beendigung der Hängepartien hätte lange dauern können, da Bernstein nicht weniger als drei hatte. Aber es ging wider Erwarten schnell, sehr zur Befriedigung der Turnierleitung. Es war nicht einmal nötig, die zweite Sitzung in Anspruch zu nehmen, hauptsächlich, weil Bernstein gegen Kottnauer rasch verlor statt — wie man erwartet hatte — langsam zu gewinnen. Der Doktor war darüber sehr böse auf sich selbst und bekundete in scharfen Aeusserungen ein Uebermaß an Selbstkritik. Des Abends hatte er aber die Schläge längst wieder vergessen. Da saß er wieder vergnügt in der Lounge, inmitten von all den schreienden und wiehernden Blitzspielern, und demonstrierte wie gewöhnlich seine Partien gegen den verewigten Schlechter.

6. RUNDE

DIENSTAG, 20. AUGUST 1946

51. Vidmar—Yanofsky	0—1
52. Kottnauer—Kotow	1—0
53. Christoffel—Tartacover	½—½
54. Guimard—Flohr	0—1
55. Najdorf—Stoltz	½—½
56. Szabo—Euwe	0—1
57. Lundin—Bernstein	0—1
58. Smisloff—O'Kelly	½—½
59. Steiner—Boleslawski	0—1
60. Botwinnik—Denker	½—½

Die zwei vorangegangenen Ruhetage haben den Matadoren sichtlich gut getan. Es wurde heute besonders frisch und ausdauernd gekämpft. Diese Runde zeichnet sich aus durch schwierige, fesselnde und lange Partien; sie gingen zwar alle am selben Tag zu Ende, doch lagen bis zur Pause nur vier Resultate vor. Es gab im ganzen nur drei Remisen, und gerade in diesen drei Partien verlief der Kampf besonders hartnäckig.

Botwinnik und Euwe stehen wieder gleich. Der gewaltige Botwinnik mußte den ersten halben Zähler abgeben und befand sich zeitweise sogar in Gefahr, einen ganzen zu verlieren, obwohl er den Anzug hatte. Sein Gegner, der gewaltige Denker, spielte nämlich ungemein großzügig, stets auf Gegenangriff bedacht, und erreichte nach scharfen Verwicklungen ein Endspiel, worin er völligen Ersatz hatte für einen geopferten Bauern; sein Turm auf der c-Linie eingedrungen, und es sah aus, als müsse Weiß sehr zufrieden sein mit der noch immerhin möglichen, zwangsläufigen Zugswiederholung. Aber damit war Botwinnik nicht einverstanden; er unternahm unter Rückgabe des Bauern einen mutigen Gewinnversuch; dabei beging er ein Versehen, verlor einen wichtigen Bauern und stand kritisch; aber er fand schließlich ein rettendes Manöver.

Mehr Vergnügen, ein Vergnügen verschiedener Art hatte Euwe an seiner Partie. Erstens das Vergnügen, Sieger zu bleiben. Zweitens das Vergnügen, Sieger zu bleiben im Kampfe gegen Szabo, der schließlich ein Meister ersten Ranges ist (obwohl man ihn seinem gegenwärtigen Stande nach irgendwo im Stehparterre suchen muß). Drittens das Vergnügen, Revanche zu nehmen für die einzige Niederlage im Turnier zu Zaandam, Juni 1946. Und viertens, weil der Ton die Musik macht: Weiß wurde derart in den Sand geschmettert,

A. S. DENKER

M. EUWE

S. FLOHR

C. GUIMARD

daß sein armer König von h1 bis nach b8 rollte. Ein Reporter äußerte seine Besorgnis, ob der weiße König nach dieser Gewalttour wohl in der Lage sein werde, am nächsten Tag wieder mitzuspielen. Uebrigens mochte es Euwe bei dieser Partie auch ein Vergnügen bereitet haben, sich seiner letzten Matchpartie gegen Keres zu erinnern; auch damals hatte er Schwarz, und auch damals erlangte er mit derselben Variante des angenommenen Damengambits einen siegreichen Königsangriff.

Außer Euwe haben noch Boleslawski, Flohr und Smisloff vor der Pause gewonnen.

Boleslawski hatte wieder das Vergnügen des Nachzugs, und es war ihm außerdem gegönnt, die Hauptvariante der Königsindischen Verteidigung zu erreichen. Das genügte bereits, um Steiner zu entwaffnen. Der Amerikaner machte zwar fortwährend die besten Züge, aber die besten Fortsetzungen ließ er sich an zumindest zwei Stellen entgehen, wodurch sein Lager bald von feindlichen Streitkräften überschwemmt wurde. Boleslawski behandelte die Partie durchgehends in seinem feinen, reizvollen Stil.

Smisloff hatte mit O'Kelly nicht viel Mühe. Das Drama spielte sich ungefähr wie folgt ab: Schwarz konnte seinen Damenläufer und Damenturm nicht entwickeln, da der Lg2 auf b7 drückte, und Weiß machte sich das zunutze, indem er alle entwickelten Figuren seines Gegners tauschte; nachdem dies geschehen war, konnte Schwarz materiellen Verlust nicht verhindern. Uebrigens auch eine gute Partie.

In der Partie Guimard—Flohr spielte sich ein Nervenkrieg ab. Es ereignete sich geraume Zeit nichts von Belang, die Aussichten blieben im Gleichgewicht; aber die Stellung erforderte von beiden Kämpen ständige Bereitschaft. Diese anhaltende Spannung konnte der temperamentvolle Argentinier auf die Dauer nicht ertragen, er ließ sich dazu hinreißen, den ersten Schuß abzufeuern. Damit hatte er jedoch die Ruhe und Ordnung freventlich gestört, und Flohr rechnete mit dem Aggressor ab.

Kottnauer gewann zweimal gegen Kotow. Es war eine rechte Meraner, die einzige im ganzen Turnier. Weiß kam auf dem Damenflügel in Vorteil und rückte da mit zwei verbundenen Freibauern vor, bis diese ungefähr auf den Verwandlungsfeldern standen. In dieser Lage verzichtete aber der Tscheche großmütig auf seinen Vorteil, er machte beim Abbrechen vor der Pause einen Zug, wodurch sich die Spiele ungefähr ausglichen. Nun mußte Kottnauer aufs neue schwer arbeiten, aber erst ein späterer Fehler seines Gegners brachte ihm dann den gewünschten Erfolg.

Bernstein gewann mit Schwarz gegen Lundin. Das war eine, mit taktischen Witzen durchsetzte Positionspartie, sicherlich eine der besten, die der Doktor seit dem Jahre 1914, als er sich freiwillig in den Ruhestand zurückzog, geliefert hat.

Vidmar verlor langsam, aber sicher gegen Yanofsky; er hatte Weiß und begann sofort ums Remis zu kämpfen, wodurch er es aber nur soweit brachte, daß er wirklich ums Remis kämpfen mußte. Und das war dann schon zu schwer für ihn.

Auch Najdorf geriet mit Weiß in Schwierigkeiten, und zwar, weil er das angenommene Damengambit nicht gut behandelt hatte. Im Mittelspiel verteidigte er sich aber meisterhaft, sodaß Stoltz, obwohl im Mehrbesitze eines Bauern, dem Remis infolge ungleicher Läufer nicht entgehen konnte.

Auch Christoffel spielte anfangs meisterhaft. Mit kraftvollen Schlägen zertrümmerte er Tartacover's Königsflügel und erlangte eine klare Gewinnstellung. Dann aber machte er einen oberflächlichen Zug, es dem Gegner ermöglichend, ein gleichstehendes Endspiel herbeizuführen. Dieses Endspiel wurde dann bis zum letzten Hauch fortgesetzt.

Stand nach der 6. Runde: Botwinnik, Euwe je 5½; Denker, Smisloff, Stoltz je 4½; Flohr, Tartacover je 4; Najdorf 3½; Kotow 3; Bernstein, Boleslawski, Kottnauer, Szabo, Yanofsky je 2½; O'Kelly, Lundin 2; Christoffel, Guimard je 1½; Vidmar 1; Steiner ½.

Partie Nr. 51

Vidmar — **Yanofsky**

Damen-Indisch

1.	**d2—d4**	**Sg8—f6**
2.	c2—c4	e7—e6
3.	**Sg1—f3**	**b7—b6**
4.	**g2—g3**	**Lc8—b7**
5.	**Lf1—g2**	**Lf8—e7**
6.	**0—0**	**0—0**
7.	**b2—b3**	

Diese Variante bereitet dem Nachziehenden keine Schwierigkeiten.

7.	....	**d7—d5**
8.	**Sf3—e5**	**Dd8—c8**
9.	**c4 : d5**	**Lb7 : d5**
10.	**Lg2 : d5**	

Sehr friedliebend gespielt; unternehmender war jedenfalls 10. f3 nebst 11. e4.

10.	....	**Sf6 : d5**
11.	**Lc1—b2**	c7—c5
12.	**d4 : c5**	**Le7 : c5**
13.	**Sb1—d2**	**Sb8—c6**
14.	**Sd2—e4**	**Sc6 : e5**
15.	**Lb2 : e5**	**Tf8—d8**
16.	**Dd1—c1**	

Jetzt hätte er schon weiter tauschen sollen: 16. S:c5, D:c5 17. Dc1 war vorzuziehen. Dabei ist zu bemerken, daß Weiß die Fortsetzung 16. S:c5, S:e3 nicht zu fürchten hatte: 17. De1, Sc2 (17..., S:f1? 18. Sd3!) 18. Dc3, S:a1 19. L:g7, D:c5 20. D:a1, und Weiß steht ganz schön.

16.	....	**Lc5—f8**

Jetzt ist die Stellung für Weiß unbehaglich.

17. Dc1 : c8?

Nach diesem leichtfertigen Tausch häufen sich die Schwierigkeiten. Richtig war 17. Tfd1.

17.	....	**Ta8 : c8**
18.	**Tf1—d1**	

Auch nach 18. Tac1, La3! 19. T:c8, T:c8 dringt der schwarze Turm auf c2 ein.

18. .... f7—f6
19. Le5—f4

Oder 19. Lb2, Tc2 20. Td2, Tdc8 21. Tad1, Lb4! usw.

19. .... Sd5 : f4
20. g3 : f4 h7—h6

Bereitet das Eindringen auf c2 vor. Sofortiges 20..., T:d1† 21. T:d1, Tc2 wäre wirkungslos wegen 22. Td2, und auf sofortiges 20..., f5 würde der Gegenangriff 21. Sg5 folgen.

21. Kg1—g2 Td8 : d1
22. Ta1 : d1 f6—f5
23. Se4—g3 Tc8—c2

Schwarz hat nun klaren Vorteil erreicht.

24. a2—a4 Tc2—c3
25. Td1—b1 a7—a5
26. e2—e3 Lf8—c5
27. Kg2—f3 Kg8—f7
28. h2—h4

Dieser und der nächste Zug des Weißen erleichtern nur die Aufgabe des Gegners.

28. .... g7—g6
29. h4—h5 g6 : h5
30. Sg3 : h5

Nun ist der Bauer h6 frei geworden — ein wertvolles Geschenk für Schwarz. Der Anziehende träumt jedoch von einem Gegenangriff auf dem Königsflügel.

30. .... Lc5—a3
31. Tb1—g1

(Siehe Diagramm)

Das hatte Weiß mit seinen letzten Zügen vorbereitet. Diese Ge-

Stellung nach 31. Tb1—g1

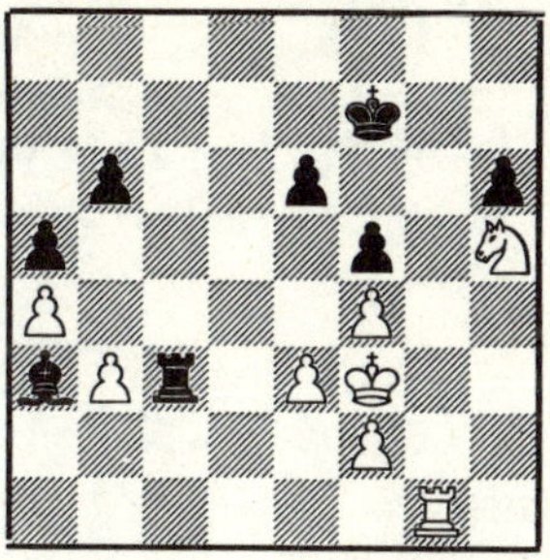

genaktion sieht auf den ersten Blick ganz gut aus, sie hat jedoch keine Kraft und verpufft wirkungslos.

31. .... Tc3 : b3
32. Tg1—g7† Kf7—f8
33. Tg7—g6 Kf8—e7
34. Tg6 : h6 La3—b2
35. Th6—h7† Ke7—d6
36. Sh5—g7

Sonst bleibt der Springer ausser Spiel. Der Textzug führt jedoch zu einem Turmendspiel, das für Weiß glatt verloren ist.

36. .... Lb2 : g7
37. Th7 : g7 Tb3—b4
38. Tg7—b7 Tb4—b2
39. Tb7—b8 Kd6—c5
40. Tb8—b7

Auch 40. Te8, Kb4 41. T:e6, K:a4 ist für Weiß hoffnungslos.

40. .... Tb2—b4
41. Tb7—e7 Tb4 : a4
42. Te7 : e6 b6—b5
43. Te6—e5† Kc5—c4
44. Te5 : f5 b5—b4
45. Tf5—h5

Oder 45. Tf8, b3 46. Tb8, Tb3 usw.

45. .... b4—b3
46. Th5—h1 b3—b2

47. Th1—b1	Ta4—b4
48. f4—f5	a5—a4
49. f5—f6	a4—a3
50. f6—f7	Tb4—b8

Droht 51..., Tf8! nebst 52...., a2. Weiß gibt auf.

Partie Nr. 52

Kottnauer — **Kotow**

Meraner Verteidigung

1. d2—d4	d7—d5
2. c2—c4	e7—e6
3. Sb1—c3	c7—c6
4. Sg1—f3	Sg8—f6
5. e2—e3	Sb8—d7
6. Lf1—d3	d5 : c4

Man reibt sich die Augen: hier wird eine richtiggehende Meraner gespielt, noch dazu mit der Hauptvariante (9. e4 = Blumenfeld). Es war das einzige Mal in diesem Turnier; Anti-Meraner Systeme waren in Groningen die große Mode.

7. Ld3 : c4	b7—b5
8. Lc4—d3	a7—a6
9. e3—e4	c6—c5
10. e4—e5	c5 : d4
11. Sc3 : b5	a6 : b5

Von der Fortsetzung 11..., S:e5 12. S:e5, a:b5 ist man seit einiger Zeit abgekommen, wahrscheinlich wegen des starken Zuges 13. Df3 (Stahlberg).

12. e5 : f6	Dd8—b6
13. f6 : g7	Lf8 : g7
14. 0—0	0—0
15. Dd1—e2	Lc8—b7

In einer früheren Partie zwischen denselben Gegnern, wobei Kottnauer ebenfalls den Anzug hatte (Prag 1946), folgte hier 15....., Sc5? 16. L:h7†!, mit siegreichem Angriff für Weiß.

16. Tf1—d1

Auch 16. L:b5 ist gut, z. B. 16.., Sc5 17. S:d4! usw. (Keres-Piazzini, Buenos Aires 1939).

16.	e6—e5
17. Ld3 : b5	Db6—d6

17..., L:f3 18. g:f3 ist günstig für Weiß.

18. Lc1—d2 Sd7—b6

Stärker war 18..., f5. Die Fortsetzung 19. Lb4, D:b4 20. L:d7 braucht Schwarz sicher nicht zu fürchten.

19. a2—a4!

Weiß nützt den Vorteil der verbundenen Freibauern ungesäumt aus.

Der Textzug beruht auf der Widerlegung des anscheinend starken 19..., e4? mittels 20. S:d4!, D:d4 (20..., L:d4 21. Le3!) 21. Lc3, Dc5 22. Dg4, f6 23. De6†, Tf7 24. Ld4, Dg5 25. Le3! nebst 26. D:b6.

19.	Sb6—d5
20. Td1—e1	Sd5—c7?

Eine fehlerhafte Kombination. Richtig war 20...., f6.

21. Lb5—d3

Weiß läßt die günstige Gelegenheit vorbeigehen; mit 21. S:e5 konnte er einen zweiten Bauern gewinnen, da 21..., S:b5 22. D:b5, La6 mit 23. Lb4! beantwortet werden konnte. Allerdings ist auch der Textzug stark genug.

21. .... Tf8—e8

Etwas besser war 21.., Tae8.

22. Sf3—g5	h7—h6
23. Ld3—h7†	Kg8—f8

24. Sg5—e4 Dd6—e7
25. De2—h5 Ta8—a6

Es ist dem Nachziehenden gelungen, sich auf dem Königsflügel gerade noch zu behaupten, aber auf dem Damenflügel sieht die Sache für ihn traurig aus.

26. Ta1—a3 Lb7 : e4
27. Lh7 : e4 Te8—b8
28. b2—b4 Sc7—b5
29. Ta3—g3 Sb5—c3
30. Le4—d3 Ta6—e6

30..., T:a4 ging nicht wegen 31. L:h6.

31. Dh5—g4 De7—f6
32. Ld3—c4 Te6—e7
33. b4—b5 e5—e4

Schwarz kämpft einen aussichtslosen Kampf. Aber es geschehen noch Zeichen und Wunder.

34. a4—a5 Te7—c7
35. Lc4—f1 Tc7—c5
36. a5—a6 h6—h5
37. a6—a7

Gewinnt auch, aber 37. D : g7† wäre wohl einfacher gewesen.

37. .... Tb8—a8
38. Dg4—d7 Tc5—d5
39. Dd7—b7 Df6—d8
40. b5—b6 Td5—d7
41. Db7—a6 Td7—d6
42. Da6—a3 e4—e3

Stellung naeh 42..., e4—e3

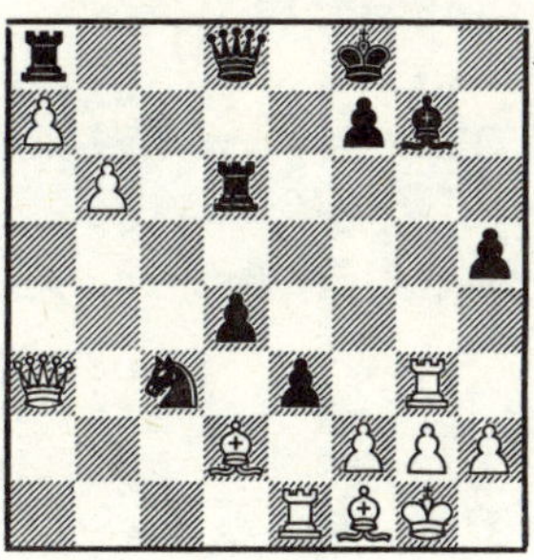

Ein letzter Versuch.

43. f2 : e3?

Und siehe da, er glückt: Weiß vergibt den Gewinn. Kottnauer hat diesen Zug bei der Pause nach reiflicher Ueberlegung abgegeben. Er konnte statt dessen auf zwei Arten einen leichten und schnellen Sieg davontragen: 43. b7! usw. oder 43. L:e3!, d:e3 44. Tg:e3 usw.

43. .... Dd8 : b6
44. Te1—a1

Nach 44. e:d4, L:d4† 45. Kh1, T:a7 46. Dc1 hätte Weiß wenigstens noch das bessere Spiel gehabt.

44. .... Sc3—e4
45. Ld2—b4 Lg7—e5
46. Tg3—f3 d4 : e3
47. Lf1—e2 Le5 : a1
48. Da3 : a1 Db6 : b4?

Dadurch geht die Partie doch noch für den Nachziehenden verloren. Richtig war 48..., Kg8! 49. L:d6, D:d6, wonach Schwarz zumindest Remis gehabt hätte. In Betracht kam auch 48...,T:a7, um nach 49. Dh8†, Ke7 50. De5†, Kd8 51. D:e4 mit 51..., Td1† fortzusetzen, z. B. 52. Tf1, T:f1† 53. K:f1, Ta1† 54. Le1, Df6† 55. Df3 (nicht 55. Lf3?? wegen 55..., T:e1† 56. K:e1, Dc3† nebst Matt in drei Zügen) 55..., Dc3 56. Dg3, Df6† 57. Df3, Dc3 usw. mit Remis. Diese hübsche Variante ist jedoch nicht klar, da Weiß mittels 56. Da8† oder 57. Lf3 abweichen kann.

49. Da1—h8† Kf8—e7
50. Dh8 : a8 Td6—f6
51. Tf3 : f6 Ke7 : f6
52. Da8—h8† !

Dieses Schach hatte Schwarz nicht rechtzeitig gesehen. Jetzt hat er keine Rettung mehr.

52.	....	Kf6—e6
53.	Dh8—a1	Se4—c3
54.	a7—a8D	Sc3 : e2†
55.	Kg1—h1	

Schwarz gibt auf.

Partie Nr. 53

Christoffel — **Tartacover**

Aljechin-Verteidigung

1.	e2—e4	Sg8—f6
2.	e4—e5	Sf6—d5
3.	d2—d4	d7—d6
4.	Sg1—f3	g7—g6

Sicherer ist die gebräuchliche Fortsetzung 4...., Lg4.

5. c2—c4

Auch 5. Sg5, mit der Drohung 6. S:f7, kam in Betracht.

5.	....	Sd5—b6
6.	Sb1—c3	Lf8—g7
7.	Lc1—e3	Sb8—c6

Nach diesem Zuge erlangt Weiß einen sehr starken Angriff. Den Vorzug verdiente 7..., Lg4.

8. e5—e6 !

Eine aus ähnlichen Stellungen bekannte Wendung.

8. .... f7 : e6

Nicht 8..., L:e6? wegen 9. d5.

9. h2—h4

Während die Hauptmacht des Schwarzen auf dem Damenflügel zur Untätigkeit verurteilt ist, eröffnet Weiß auf dem Königsflügel einen scharfen Angriff. Wie soll Schwarz sich dagegen wehren, wo er nur zwei Figuren für die Verteidigung bereit hat? Es entspinnt sich ein ungleicher Kampf.

9. .... e6—e5

Die Mobilisierung des Lc8 war tatsächlich die dringendste Aufgabe.

10. d4—d5 Sc6—b8?

Danach wird die Lage des Nachziehenden schon ziemlich hoffnungslos. Unerläßlich war das Gegenopfer 10..., e4 (11. S:e4, Se5).

11.	h4—h5	Lc8—f5
12.	Sf3—g5 !	

Wieder ein Keulenschlag. Es droht 13. g4, wonach Schwarz seinen Damenläufer völlig zurückziehen müßte.

12. .... Dd8—c8

Auf 12..., h6 folgt elegant 13. h:g6!, h:g5 (13..., L:g6 14. Se6!) 14. T:h8†, L:h8 15. Dh5 mit siegreichem Angriff, z. B.:

1.) 15..., Kd7 16. D:g5, e6 17. g7!, D:g5 18. g:h8D usw.

2.) 15..., Lg7 16. g4, Ld7 17. Dh7, Kf8 18. L:g5, mit der tödlichen Drohung 19. Lh6.

13.	h5 : g6	h7 : g6
14.	Th1 : h8†	Lg7 : h8
15.	Lf1—e2	

Abermals mit der Drohung g2—g4.

15.	....	Lh8—f6
16.	g2—g4	Lf6 : g5
17.	Le3 : g5	Lf5—d7
18.	Dd1—d3	Ke8—f7

19. Dd3—f3† Kf7—g8
20. Lg5 : e7

Stellung nach 2 . Lg5:e7

Weiß hat seinen Bauern zurück und steht weit überlegen; wohl ein schlagender Beweis für die Richtigkeit seiner Strategie.

20. .... Dc8—e8
21. Le7—f6 De8—f8
22. 0—0—0?

Mit diesem plumpen Uebersehen gibt Weiß seinen Vorteil aus der Hand. Schade. Nach 22. Se4! war Schwarz erledigt; auch 22. g5 hätte genügt.

22. .... Ld7 : g4 !

Unverhofft kommt oft.

23. Df3 : g4

Nicht der Verlust des Bauern, sondern der erzwungene mittelbare Abtausch des Lf6 ist es, wodurch Weiß seines Vorteils verlustig geht.

23. .... Df8 : f6
24. Td1—g1 Sb8—d7

Der Bauer g6 muß zwar fallen; aber Schwarz erreicht ein gleichstehendes Endspiel.

25. Le2—d3 Df6—f4†
26. Dg4 : f4 e5 : f4
27. Ld3 : g6 Kg8—h8
28. b2—b3 Sd7—e5
29. Lg6—e4 Sb6—d7
30. Kc1—d1 Sd7—c5
31. Le4—c2 a7—a6
32. Tg1—g5 b7—b5

Durch dieses vorübergehende Bauernopfer erlangt der schwarze Turm große Wirksamkeit. Es ergeben sich aber lediglich weitere Abtauschmöglichkeiten.

33. c4 : b5 a6 : b5
34. Sc3 : b5 Ta8 : a2
35. Tg5—h5† Kh8—g8
36. Sb5 : c7 Sc5—d3
37. Sc7—e8 Sd3 : f2†

Im Heuschreckenstil wird alles weggeputzt.

38. Kd1—d2 Se5—f7
39. Th5—f5 Sf2—e4†
40. Kd2—d3 Se4—f2†
41. Kd3—c3 Sf2—h3
42. Tf5—h5 Sh3—g1
43. Th5—h2

Das Spiel ist remis; daran kann keine Behandlung etwas ändern. Nur Mißhandlung könnte zu einem andern, allerdings negativen Ergebnis führen.

43. .... Kg8—f8
44. Se8—c7 f4—f3
45. Sc7—e6† Kf8—e7
46. Se6—d4 Sf7—g5
47. b3—b4 Ta2—a3†
48. Kc3—b2 Ta3—a8
49. Sd4—f5† Ke7—f6
50. Sf5 : d6 Ta8—b8
51. Kb2—b3 Kf6—e5
52. Th2—h5 Ke5 : d6
53. Th5 : g5 Sg1—e2
54 . Lc2—e4 f3—f2
55. Le4—g2 Se2—f4
56. Lg2—f1 Sf4 : d5

57.	Tg5—f5	Tb8 : b4†
58.	Kb3—a3	Tb4—f4
59.	Tf5 : f4	Sd4 : f4
60.	Ka3—b3	Kd6—e5
61.	Kb3—c3	Ke5—e4
62.	Kc3—d2	Ke4—f3
63.	Lf1—a6	Sf4—d5
64.	La6—f1	Sd5—f6
65.	Lf1—d3	Kf3—g2
66.	Kd2—e3	Sf6—d5†
67.	Ke3—d2	f2—f1D
68.	Ld3 : f1†	

Remis.

Partie Nr. 54

Guimard — **Flohr**

Angenommenes Slawisch

1.	d2—d4	d7—d5
2.	Sg1—f3	Sg8—f6
3.	c2—c4	c7—c6
4.	Sb1—c3	d5 : c4
5.	e2—e3	

Gewöhnlich geschieht hier 5. a4. In Groningen zeigte sich aber, daß auch der Textzug allerlei Aussichten bietet, trotzdem er schon vor langer Zeit abgelegt wurde. (Siehe Nr. 143 und 156.)

5.	....	b7—b5
6.	a2—a4	b5—b4
7.	Sc3—a2	e7—e6
8.	Lf1 : c4	Lc8—b7
9.	0—0	Lf8—e7
10.	Dd1—e2	Sb8—d7
11.	Lc4—a6	Dd8—b6

Etwas genauer war 11..., L:a6 12. D:a6, Db6!.

12.	La6 : b7	Db6 : b7
13.	a4—a5 !	

Weiss vergrössert seinen Aufmarschraum, der ihm sonst wohl etwas zu eng werden könnte.

13.	....	c6—c5
14.	Lc1—d2	0—0
15.	Tf1—d1	Tf8—c8
16.	Ld2—e1	Ta8—b8
17.	d4 : c5	b4—b3
18.	Sa2—c3	Sd7 : c5
19.	Sf3—d4	

Beide Parteien können sozusagen nur Innenpolitik betreiben, keine auswärtige. Das kennzeichnet diese Variante.

19.	....	a7—a6
20.	f2—f3	Tc8—d8
21.	e3—e4	Tb8—c8
22.	Le1—f2	g7—g6
23.	De2—e3	Td8—d7
24.	Sd4—e2	Tc8—d8
25.	Td1 : d7	Db7 : d7
26.	e4—e5?	

Stellung nach 26. e4—e5?

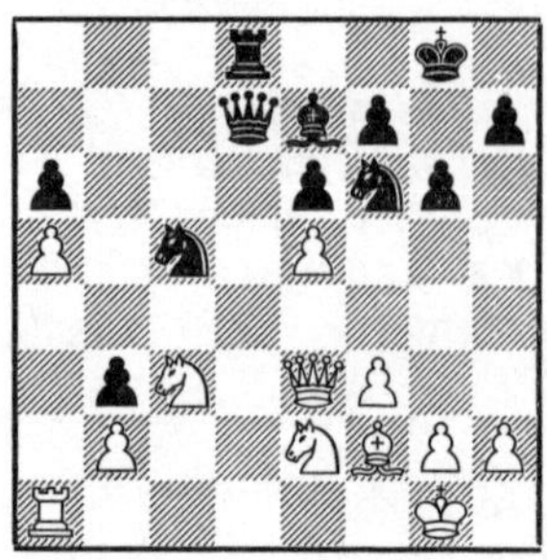

Weiss stand befriedigend, aber jetzt begehrt er zu viel und gerät dadurch in große Schwierigkeiten.

Der Textzug bringt drei schwerwiegende Nachteile mit sich, und zwar die Preisgabe des Feldes d5, die Blockade des eigenen Läufers und die Schutzbedürftigkeit des e-Bauern.

26.	....	Sf6—d5
27.	Sc3 : d5	Dd7 : d5
28.	Se2—d4	Td8—b8

29. De3—c3	Le7—f8

Nicht 29..., D:e5? wegen 30. Sc6! mit Figurengewinn.

30. g2—g3

Das ist gewiß kein guter Zug, denn nun kann der Bauer e5 genommen werden, da Lf2-g3 nicht mehr möglich ist.

Betrachtet man aber die Stellung näher, dann zeigt sich, dass Weiss überhaupt keinen guten Zug mehr hatte. Er stand bereits auf Verlust.

30.	Dd5 : e5
31. Dc3—c4	De5—d6
32. f3—f4	Dd6—d7
33. Ta1—a3	Sc5—e4 !

Entscheidend, wie Weiß auch spielt. Es droht u. a. 34..., Tc8 nebst S:f2 und Lc5.

Der folgende Gegenzug des Weissen kostet sofort eine Figur.

34. Ta3—a4	Tb8—c8

Weiss gibt auf.

Partie Nr. 55

Najdorf — **Stoltz**

Angenommenes Damengambit

1. d2—d4	d7—d5
2. c2—c4	d5 : c4
3. Sg1—f3	a7—a6
4. e2—e3	Lc8—g4
5. Lf1 : c4	e7—e6
6. Dd1—b3	Lg4 : f3
7. g2 : f3	b7—b5
8. Lc4—e2	c7—c5
9. d4 : c5	

Richtig, oder zumindest besser als dieses Nehmen, ist die übliche Fortsetzung 9. a4 (siehe Nr. 23.)

Der Textzug erweist sich auf überraschende Weise als mangelhaft.

9.	Sb8—d7 !

Nun kommt nämlich statt des Läufers der Springer nach c5, was für Weiß recht lästig ist, zumal da 10. a4? an Sd7:c5:a4 scheitern würde.

Nach 10. c6, Sc5 usw. gewinnt Schwarz den Bauern bequem und ohne Zeitverlust zurück.

10. Sb1—c3	Sd7 : c5
11. Db3—c2	Ta8—c8
12. Lc1—d2	Lf8—d6
13. Sc3—e4	Sc5 : e4
14. Dc2 : e4	Sg8—f6
15. De4—d4	Tc8—c5 !

Verhindert 16. 0—0, worauf 16..., Td5 17. Dc3, T:d2 eine Figur gewinnen würde (18. D:d2?, L:h2†!).

16. Ta1—d1

Auf 16. e4 folgt sehr stark 16..., Dc7 (17. f4, e5!).

16.	Tc5—d5
17. Dd4—c3	0—0
18. Dc3—b3	Ld6—c7
19. Ld2—c3	

Weiß empfindet deutliche Schwierigkeiten bei der Entwicklung seiner Streitkräfte; er zeigt jedoch große Umsicht und Sorgfalt.

19.	Td5 : d1†
20. Db3 : d1	Sf6—d5
21. Lc3—d4	Lc7—a5†
22. Ke1—f1	Dd8—h4
23. Th1—g1	Dh4—h3†
24. Tg1—g2	Tf8—d8
25. f3—f4 !	

Stellung nach 25. f3—f4!

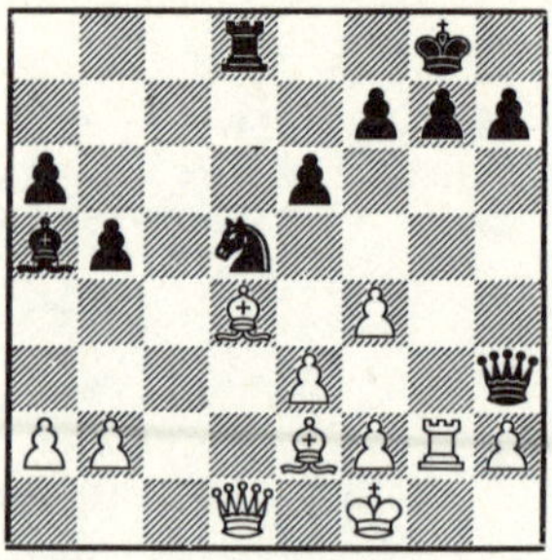

Nun droht Weiß seine Entwicklung rasch zu vollenden, und dann könnte sein Läuferpaar noch zu Wort kommen. Daher fühlt sich Schwarz veranlaßt zu der nun folgenden Abwicklung; er gewinnt dabei zwar einen Bauern, erreicht aber nur eine Remisstellung.

25.	....	Sd5 : f4
26.	e3 : f4	La5—b6
27.	Le2—g4	

Nach 27. L:b6, T:d1† 28. L : d1, Dd3† 29. Ke1 (29. Le2?, Db1†!) 29..., De4† 30. Kf1 hat Schwarz das Remis durch Zugwiederholung in der Hand, aber er könnte auch mit 30..., Dc4† 31. Ke1, Db4† einen Gewinnversuch unternehmen.

27.	....	Td8 : d4
28.	Dd1 : d4	Dh3 : g2†
29.	Kf1 : g2	Lb6 : d4
30.	b2—b3	b5—b4

Eine typische Remisstellung mit ungleichen Läufern.

31.	f4—f5	e6—e5
32.	Lg4—e2	a6—a5
33.	Kg2—f3	Kg8—f8
34.	Kf3—e4	Kf8—e7
35.	f2—f4	Ke7—f6
36.	Le2—c4	Ld4—b2
37.	f4 : e5†	Lb2 : e5
38.	h2—h3	Le5—c7
39.	Le4—d5	g7—g6
40.	f5 : g6	h7 : g6
41.	Ld5—c4	Kf6—e7
42.	Ke4—f3	f7—f5
43.	Lc4—b5	Ke7—f6
44.	Lb5—e8	g6—g5
45.	Le8—d7	Kf6—e5
46.	Ld7—c8	Lc7—b6
47.	Lc8—d7	Lb6—d4
48.	Ld7—c8	Ld4—b2
49.	Lc8—d7	Lb2—c1
50.	Ld7—c8	f5—f4
51.	Lc8—d7	Ke5—d4
52.	Ld7—e8	Kd4—c3
53.	Le8—a4	

Schwarz hat aus der Stellung geholt, was herauszuholen war. Er kann jetzt einen zweiten Bauern einheimsen, aber dann geht die Sache auf keinen Fall weiter: 53..., Kb2 54. Kg4, K:a2 55. h4, g:h4 56. K:h4, Kb2 57. Kg4, Kc3 58. Kf3.

Remis.

Partie Nr. 56

Szabo — **Euwe**

Angenommenes Damengambit

1.	d2—d4	d7—d5
2.	c2—c4	d5 : c4
3.	Sg1—f3	a7—a6

Nicht um die Aljechin-Variante zu spielen (siehe Nr. 23 und 55), sondern um der Mannheimer-Variante (4. Da4†) auszuweichen.

4.	e2—e3	Sg8—f6
5.	Lf1 : c4	e7—e6
6.	0—0	c7—c5
7.	Dd1—e2	Sb8—c6

8. **Tf1—d1**

Nach den letzten Erfahrungen (siehe Nr. 112 und 164) ist 8. Sc3 stärker.

8. .... b7—b5
9. Lc4—b3 c5—c4
10. Lb3—c2 Sc6—b4
11. Sb1—c3 Sb4 : c2
12. De2 : c2

Alles die sogenannte Hauptvariante des angenommenen Damengambits.

12. .... Lc8—b7
13. e3—e4?

Ein schwerer Fehler, durch den Weiß zwangsläufig in eine Verluststellung gerät.

Richtig war das bekannte 13.d5!, e:d5 14. e4!.

13. .... b5—b4
14. e4—e5

Infolge seines vorigen Zuges hat Weiß keine Wahl. Die Kombination 14. d5, b:c3 15. d:e6 scheitert an 15..., Da5, womit das gefährliche 16. Da4† verhindert ist.

14. .... b4 : c3
15. e5 : f6 g7 : f6

Auch 15..., L:f3 16. g:f3, g:f6 wäre für Schwarz günstig, aber nicht günstig genug, um den Tausch des starken Läufers zu rechtfertigen.

Der Textzug ist stärker.

16. Dc2—a4† Dd8—d7
17. Da4 : c4 Ta8—c8
18. Dc4—e2 Th8—g8
19. Sf3—e1 Dd7—d5
20. f2—f3 Lf8—d6 !

Der Angriff des Schwarzen ist bereits unwiderstehlich.

21. Kg1—h1

Es drohte 21..., Dh5 mit sofortiger Entscheidung.

21. .... Dd5—h5
22. h2—h3 Tg8—g3

Stellung nach 22. ..., Tg8—g3

Genügt zum Gewinn.

Aber 22..., c2! hätte viel rascher entschieden, man prüfe:

1.) 23. S:c2?, T:c2! 24. D:c2, D:f3! u. s. w. (25. Dc8†, Ke7!);

2.) 23. Td2?, Dh4 24. T:c2, T:c2 25. S:c2, Dg3 usw.;

3.) 23.Td3, Dh4 24. f4, L:f4, ebenfalls mit raschem Gewinn, denn nach 25. L:f4, D:f4 ist die Verwandlungsdrohung 26..., c1D tödlich.

23. Lc1—e3 Ke8—e7
24. De2—f1 Tc8—g8

Mit der nicht zu parierenden Drohung T:g2.

25. b2 : c3 Tg3 : g2
26. Df1 : g2

Auf 26. S:g2 entscheidet 26..., D:h3† usw.

26. .... Tg8 : g2
27. Kh1 : g2

Zwei Türme gegen die Dame bei übrigens gleichem Material —

das sieht nicht übel aus für Weiß Aber die schlechte Stellung des weißen Königs fällt schwer ins Gewicht. Schwarz behauptet einen starken Angriff.

27.	**....**	**Dh5—g6†**
28.	**Kg2—f2**	**Ld6—g3†**
29.	**Kf2—e2**	**Lg3 : e1**

Es war wichtig, den verteidigenden Springer unschädlich zu machen, zumal da die Herbeiführung ungleicher Läufer nur dem Angriff des Nachziehenden zugute kommt.

30.	**Td1 : e1**	**Dg6—g2†**
31.	**Ke2—d3**	**Lb7 : f3**
32.	**a2—a4**	**Lf3—e4†**
33.	**Kd3—c4**	**Dg2—c2**
34.	**d4—d5 !**	

Weiß verteidigt sich so gut wie möglich; mit diesem Bauernopfer erhöht er die Wirksamkeit seines Läufers, wodurch es für Schwarz schwieriger wird, ein Mattnetz zu konstruieren.

34.	**....**	**Le4 : d5†**
35.	**Kc4—b4**	**Ke7—d7**
36.	**c3—c4**	

Er opfert todesmutig einen zweiten Bauern, um die c-Linie zu öffnen und solcherart den friedlichen König von der Teilnahme am Angriff abzuhalten.

36.	**....**	**Dc2 : c4†**
37.	**Kb4—a5**	**Dc4—c3†**

Es gilt, keine Zeit zu verlieren, denn sonst könnte Weiss nach etwa Tab1 wirklich noch eine starke Verteidigungsstellung erreichen.

38.	**Ka5 : a6**	**Ld5—c4†**
39.	**Ka6—b7**	**Dc3—b3†**
40.	**Le3—b6**	

Auf 40. Ka7 entscheidet 40...., Kc7.

40.	**....**	**Db3—f3†**
41.	**Kb7—b8**	

Oder 41. Ka7, Kc8 usw.

41.	**....**	**Lc4—a6**
42.	**Te1—d1†**	**Kd7—e8**

Jetzt ist das drohende Matt nicht mehr zu parieren (43. Kc7, Db7† 44. Kd6, D:b6 matt).

Weiss gibt auf.

Partie Nr. 57

Lundin — **Bernstein**

Katalonisch

1.	c2—c4	e7—e6
2.	Sg1—f3	d7—d5
3.	g2—g3	Sg8—f6
4.	Lf1—g2	Lf8—e7
5.	0—0	0—0
6.	d2—d4	Sb8—d7
7.	Dd1—c2	d5 : c4
8.	Sb1—d2	c7—c5
9.	d4 : c5?	

Führt auf eigentümliche Art zu Schwierigkeiten. Richtig war 9. S:c4.

9.	....	c4—c3 !

Fein gespielt. Die weiße Dame wird nach c3 getrieben, wo sie Angriffen ausgesetzt ist, und das Feld d1 verliert seine Deckung. Die Bedeutung dieser Umstände tritt sofort zu Tage.

10.	**Dc2 : c3**	**Sd7 : c5**
11.	**Sd2—c4**	

Nach 11. Td1 würde der Sd2 gefesselt sein.

11. .... b7—b6!

Das darf sich Schwarz nur dank dem Zuge 9..., c3! erlauben.

12. Sf3—e5 Sf6—d5

Mit Tempogewinn, sodaß Weiß keine Zeit findet für 13. Sc6.

13. Dc3—c2 Lc8—b7
14. Lc1—d2 Ta8—c8

Schwarz steht völlig befriedigend.

15. Ta1—c1 Dd8—e8
16. Dc2—b1 De8—b5
17. b2—b3 Sd5—f6
18. Lg2 : b7 Sc5 : b7
19. Tf1—d1 Tf8—d8
20. Ld2—c3 Td8—d5!

Eine Finesse, die sich in der Folge wiederholt und dem Nachziehenden jedesmal Raumgewinn gewährleistet. Weiß darf nämlich auf d5 nicht tauschen. An dieser Stelle würde 21. T:d5? nach 21..., e:d5! zum Verlust des Bauern e2 führen.

21. Se5—d3 Tc8—d8
22. Sd3—f4 Td5 : d1†
23. Tc1 : d1 Sf6—d5!

Wieder darf Weiß auf d5 nicht tauschen, weil der Bauer e2 verloren ginge.

24. Lc3—d2 h7—h6
25. Sf4—d3 Sd5—f6
26. Ld2—c3 Sf6—e4
27. Lc3—e1 Le7—f6
28. Db1—c1 Db5—c6
29. Sd3—e5 Td8 : d1
30. Dc1 : d1 Dc6—d5!

(Siehe Diagramm)

Zum drittenmal. Jetzt hätte der Tausch auf d5 sogar Figurenverlust zur Folge.

Stellung nach 30. .... Dc6—d5!

Schwarz hat langsam aber sicher Fortschritte gemacht und befindet sich nun entschieden im Vorteil.

31. Se5—d3 Sb7—c5
32. Sc4—e3 Dd5—d4
33. Sd3—b4 Se4—c3!

Darauf darf Weiß die Damen nicht tauschen wegen 34...., S:e2†! usw.

34. Le1 : c3 Dd4 : c3
35. Sb4—d3 Sc5 : d3
36. e2 : d3 Lf6—d4
37. Se3—c2 Ld4—f6
38. Sc2—e3 Lf6—d4
39. Se3—c2 Ld4—f6
40. Sc2—e3 Lf6—g5
41. Dd1—e2 b6—b5
42. h2—h4 Lg5 : e3
43. f2 : e3 a7—a5
44. d3—d4 a5—a4
45. De2 : b5?

Das führt zwangsläufig zu einer ausgesprochenen Verluststellung; geboten war 45. b:a4. Freilich hätte Weiß auch dann noch schwer zu kämpfen gehabt, um die Partie zu retten.

45. .... Dc3 : e3†
46. Kg1—g2 De3—e4†
47. Kg2—h2 De4—c2†
48. Kh2—h3 a4—a3

Jetzt muß der Bauer a2 fallen und somit der Bauer a3 frei werden. Das entscheidet.

49. Db5—e8† Kg8—h7
50. De8 : f7 Dc2 : a2
51. d4—d5 Da2—b1

Aber nicht 51..., e:d5, wegen 52. Df5† mit Remis durch ewiges Schach.

52. d5 : e6 Db1—h1†
53. Kh3—g4 Dh1—e4†

Erzwingt Matt in einigen Zügen, z. B. 54. Kh5, De2† 55. g4, De5† 56. Df5†, g6 matt; oder 54. Kh3, a2 55. e7, a1D 56. e8D, Dah1 matt.

Weiß gibt auf.

Partie Nr. 58

Smisloff — **O'Kelly**

Katalonisch

1. d2—d4 Sg8—f6
2. c2—c4 e7—e6
3. g2—g3 d7—d5
4. Lf1—g2 d5 : c4
5. Dd1—a4† Sb8—d7
6. Da4 : c4 c7—c5
7. Sg1—f3 a7—a6
8. Dc4—c2!

Die von Aljechin empfohlene, aber noch wenig erprobte Behandlungsweise. Weiß zieht seine Dame freiwillig zurück, um auf b7-b5 mit entweder a2-a4 oder Sf3-e5 fortfahren zu können. Es ist noch eine offene Frage, ob Schwarz nach dem Textzug Ausgleich erzielen kann.

8. .... c5 : d4
9. Sf3 : d4 Dd8—b6

Das ist jedenfalls keine Lösung des Problems der Stellung; Schw. gelangt nicht zur Entwicklung seines Damenflügels und behält ein gedrücktes Spiel.

Er hätte trotz allem 8..., b5 ziehen sollen (9. Se5, Sd5).

10. Sd4—b3 Lf8—b4†
11. Lc1—d2 Sd7—c5
12. 0—0 Sc5 : b3
13. Dc2 : b3 Lb4—c5
14. Db3 : b6 Lc5 : b6

Die Vereinfachung bringt dem Nachziehenden keine Erleichterung, denn der lästige Druck auf b7 bleibt aufrecht.

15. Sb1—a3 Sf6—d5
16. e2—e4 Sd5—e7

Schwarz hat e2-e4 und damit die Schließung der Diagonale nach provoziert, aber das ist nur ein sehr vorübergehender Erfolg.

17. Ld2—c3 0—0
18. Sa3—c4 Lb6—c7
19. Tf1—d1 Se7—c6

Auf 19..., b5 würde sehr stark 20. e5! folgen, oder auch 20. Sd6.

20. e4—e5!

Stellung nach 20. e4—e5!

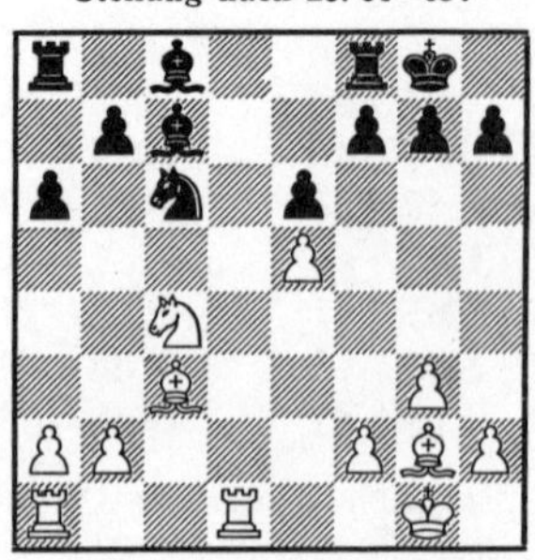

Jetzt ist die Diagonale nach b7 wieder offen, und das wirkt sich noch stärker aus als zuvor, da Weiß inzwischen seine Entwicklung vollendet hat, während Schwarz keinen Schritt vorwärts gekommen ist.

20.	....	f7—f6
21.	f2—f4	Ta8—b8
22.	Ta1—c1	f6 : e5
23.	Sc4 : e5	Sc6 : e5
24.	Lc3 : e5	Lc7 : e5
25.	f4 : e5	b7—b5

Endlich! Aber es ist bereits zu spät.

26.	Tc1—c7	b5—b4
27.	Lg2—h3	

Hält den Lc8 fest.

27.	....	h7—h6
28.	Td1—f1 !	

Es ist bemerkenswert, daß Weiß seine Stellung fortwährend verstärkt, indem er einfach tauscht und tauscht. Die fehlende Mitwirkung von Ta8 und Lc8 drückt sich nach jedem Schlagfall stärker aus.

Der Textzug ist viel besser als der mittels 28. T:c8 usw. mögliche Bauerngewinn.

28.	....	Tf8 : f1†
29.	Kg1 : f1	Kg8—f8

Es drohte 30. T:c8† mit Figurgewinn.

30.	Kf1—f2	a6—a5
31.	Tc7—a7	Tb8—b6
32.	Lh3—g2	Lc8—a6
33.	b2—b3	a5—a4

Ein letzter Versuch. Schw. bringt seinen Läufer in Aktion, muß jedoch dem Anziehenden einen starken Freibauern zugestehen.

Es gab freilich schon keine vernünftige Fortsetzung; weder der Turm noch der Läufer durfte ziehen, während Weiß mittels Kf2-e3-d4-c5 die Entscheidung herbeizuführen drohte.

34.	b3 : a4	La6—c4
35.	a4—a5	

Dieser Freibauer ist nur noch im Opferwege aufzuhalten.

35.	....	Tb6—b5
36.	Ta7—c7	Lc4 : a2
37.	a5—a6	Tb5—a5
38.	a6—a7	b4—b3
39.	a7—a8D†	Ta5 : a8
40.	Lg2 : a8	b3—b2
41.	La8—e4	

Schwarz gibt auf.

Partie Nr. 59

Steiner **Boleslawski**

Königsindisch

1.	d2—d4	Sg8—f6
2.	c2—c4	g7—g6
3.	Sb1—c3	Lf8—g7
4.	g2—g3	0—0
5.	Lf1—g2	d7—d6
6.	Sg1—f3	Sb8—d7
7.	0—0	e7—e5
8.	e2—e4	c7—c6
9.	h2—h3	Tf8—e8
10.	Tf1—e1	

Stärker ist 10. Le3, wie in Nr. 4 geschah.

10.	....	e5 : d4
11.	Sf3 : d4	Sd7—c5
12.	Sd4—c2	

Die Schattenseiten vom 10. Te1 treten bereits zu Tage; Weiß kann nicht 12. Dc2 ziehen wegen

12..., Sf:e4, mit Angriff auf den ungedeckten Sd4.

Mit dem Textzug entschließt sich Weiß zu einer Aufstellung, die in Verbindung mit 9. h3, womit ja Le3 vorbereitet wurde, nicht folgerichtig ist.

12. .... Lc8—e6
13. Sc2—e3

Dieser Springer steht gut, aber dafür hat jetzt der Lc1 kein gutes Feld.

13. .... Dd8—d7
14. Kg1—h2 Dd7—c7
15. Dd1—c2 h7—h5
16. h3—h4 a7—a5

Charakteristisch für die Art, wie Boleslawski diese Verteidigung zu behandeln pflegt: passiv im Zentrum, aber aktiv auf beiden Flügeln.

17. f2—f4?

Ein verhältnismäßig leichter Fehler, der jedoch zu schnellem Untergang führt, da er auf e4 und g4 unheilbare Schwächen verursacht. Geboten war 17. f3.

17. .... Le6—d7
18. Lc1—d2 Te8—e7
19. Kh2—h1 Ta8—e8
20. Se3—f1 Sf6—g4
21. Sc3—d1 f7—f5!

Entscheidend. Schwarz erobert auf jeden Fall einen Bauern.

22. e4—e5 d6 : e5
23. f4 : e5 Te7 : e5!

Weit stärker als das näherliegende 23..., L:e5.

24. Ld2—f4

Ein nur scheinbarer Wertgewinn.

24. .... Te5 : e1!

Stellung nach 24. ..., Te5:e1!

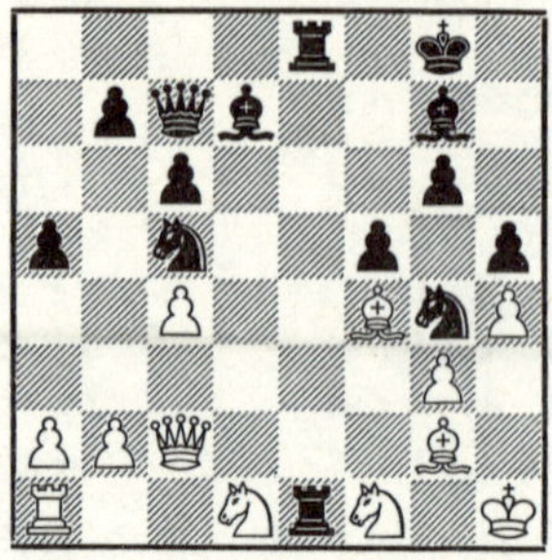

Ein schönes, übrigens auch nur scheinbares Opfer der Dame.

25. Lf4 : c7 Te8—e2

Nun geht auch die weiße Dame verloren; sie hat kein Fluchtfeld.

26. Dc2 : e2 Te1 : e2
27. Lc7 : a5 Sc5—d3

Schwarz steht auf Gewinn, da seine Streitkräfte eine gewaltige Wirksamkeit entfalten.

Der Textzug ist stärker als sofortiges 27..., L:b2.

28. Ta1—b1 f5—f4
29. g3 : f4 Sd3 : f4
30. Lg2—f3 Ld7—f5!

Droht Turmgewinn, denn der schwarze Turm kann wegen Le4† nebst Sh3 matt nicht genommen werden.

31. Tb1—a1 Lg7 : b2

Noch immer darf der schwarze Turm aus dem genannten Grunde nicht geschlagen werden

32. Sd1 : b2 Te2 : b2
33. La5—d2 Sf4—d3
34. Kh1—g1 Sg4—e5
35. Lf3—e2 Se5 : c4

Dieser Bauerngewinn ist endgültig.

Ein zweiter Bauer; nun ist die weiße Partie reif zum Aufgeben.

36.	Le2 : d3	Lf5 : d3
37.	Ld2—c3	Tb2—c2
38.	Lc3—f6	Ld3—e4
39.	Ta1—e1	Tc2—g2†
40.	Kg1—h1	Tg2—e2†

Weiß gibt auf.

Partie Nr. 60

Botwinnik **Denker**

Spanisch

1.	e2—e4	e7—e5
2.	Sg1—f3	Sb8—c6
3.	Lf1—b5	a7—a6
4.	Lb5—a4	Sg8—f6
5.	0—0	Sf6 : e4
6.	d2—d4	b7—b5
7.	La4—b3	d7—d5
8.	d4 : e5	Lc8—e6
9.	c2—c3	Lf8—e7
10.	Sb1—d2	0—0
11.	Dd1—e2	Se4—c5
12.	Sf3—d4	

Dieses System hat Botwinnik u. a. auch in Leningrad 1934 gegen Euwe angewendet. (Siehe auch Nr. 66).

12. .... Sc6 : d4

Besser ist 12..., S:b3 13. S2:b3, Dd7. Nach dem Textzug wird der schwarze c-Bauer rückständig.

13.	c3 : d4	Sc5 : b3
14.	Sd2 : b3	Ta8—c8
15.	Lc1—e3	

Stärker war 15. Ld2.

15. .... c7—c5

Sehr unternehmend gespielt.

16. d4 : c5

Den Vorzug verdiente 16. S:c5, L:c5 17. d:c5 (17..., d4 18. Tfd1) mit Gewinnaussichten für Weiß. trotz der ungleichen Läufer.

16.	....	d5—d4
17.	Sb3 : d4	

Nach 17. Td1 18. L:b3, a:b3 19. L:c5 läßt die schwarze Stellung nichts zu wünschen übrig.

17.	....	Le6—c4
18.	De2—g4	h7—h5 !

Stellung nach 18. ..., h7—h5!

Ein wichtiger Zwischenzug. Nach sofortigem 18..., L:f1 19. Lh6, g6 20. L:f8 bliebe Weiß im Vorteil, da seine Dame den Tc8 angreift und gleichzeitig den Sd4 deckt.

19. Dg4—g3

Auf 19. D:h5 folgt 19..., L:f1 20. T:f1, T:c5 mit guten Aussichten für Schwarz.

19.	....	Lc4 : f1
20.	Ta1 : f1	Le7 : c5
21.	Le3—h6	g7—g6
22.	Lh6 : f8	

Das anscheinend sehr starke 22. Se6 würde an 22..., h4! 23. Dg4, Dd7 scheitern.

22. .... Lc5 : d4
23. Lf8—d6 Dd8—d7

Schwarz beeilt sich nicht mit dem Rückgewinn des Bauern, und er tut gut daran, denn auf 23..., L:b2 könnte nicht nur sofort 24. e6 folgen, sondern auch 24. Td1 mit den Drohungen 25. e6 und 25. Db3. Das wäre für Weiß günstig.

Uebrigens kam statt des Textzuges auch 23..., Tc2 in Betracht, aber es wäre verfehlt gewesen wegen 24. Dd3!.

24. b2—b3 Dd7—f5
25. Dg3—f3 Tc8—c2

Auch 25..., D:f3 nebst Tc2 wäre nicht übel gewesen.

26. Df3 : f5 g6 : f5
27. a2—a3 Tc2—c3
28. Tf1—b1 Tc3—c2
29. Tb1—f1 Tc2—c3
30. g2—g3

Botwinnik will sich nicht mit Remis begnügen, aber zu Unrecht, wie die Folge lehrt. Schwarz erlangt almählich die besseren Aussichten, da sein Turm grössere Wirksamkeit entfaltet als der weiße.

30. .... Tc3 : b3

Auch 30..., f4 war zu erwägen.

31. Tf1—d1 Ld4—b6
32. Td1—d2 f5—f4 !
33. g3 : f4 h5—h4
34. h2—h3

Weiß darf die Einschliessung seines Königs mittels 34..., h3 nicht zulassen.

34. .... Tb3 : h3
35. Kg1—g2 Th3—c3
36. Ld6—e7 h4—h3†
37. Kg2—h2 Tc3—f3
38. Le7—h4 Tf3 : f4
39. Kh2 : h3 Tf4—a4
40. Td2—d6?

In Zeitnot eine schwache Fortsetzung.

40. .... Lb6—c7

Noch stärker war 40..., Lc5.

41. Td6—d5 Ta4 : a3†

Richtig war 41..., Kf8 nebst wenn geboten Ke8.

Nach dem Textzug führt Weiß auf überraschende Art eine Remisstellung herbei.

42. Kh3—g4 b5—b4
43. Lh4—d8 !

Ergibt ein Turmendspiel, das für Schwarz nicht zu gewinnen ist.

43. .... Ta3—c3
44. Ld8 : c7 Tc3 : c7
54. Td6—d8† Kg8—g7
46. Td8—b8 a6—a5
47. f2—f4

Seltsamerweise kann Schwarz in dieser Stellung mit seinen verbundenen Freibauern nichts ausrichten, hauptsächlich weil sein Turm an die siebente Reihe gebunden ist. Auf 47..., Tc3 folgt nämlich 48. Tb7, mit der gewaltigen Drohung 49. e6.

Remis.

Eine ungewöhnlich reichhaltige Partie. Botwinniks erstes Unentschieden.

7. RUNDE

MITTWOCH, 21. AUGUST 1946

61.	Denker—Vidmar	½—½
62.	Boleslawski—Botwinnik	0—1
63.	O'Kelly—Steiner	0—1
64.	Bernstein—Smisloff	½—½
65.	Euwe—Lundin	½—½
66.	Stoltz—Szabo	0—1
67.	Flohr—Najdorf	½—½
68.	Tartacover—Guimard	1—0
69.	Kotow—Christoffel	0—1
70.	Yanofsky—Kottnauer	0—1

Wieder ein schwarzer Tag für die Weißen, die aus den sechs entschiedenen Partien nur einen einzigen Zähler herausholten, und auch den auf eine nicht gerade imponierende Art.

Als erster gewann Botwinnik, dessen Gegner Boleslawski sich benahm, als ob er unter Beweis stellen wollte, daß er sich geradezu entscheidend benachteiligt fühle, sobald er gezwungen sei, mit Weiß zu spielen. Wie konnte es anders geschehen, daß er in der geschlossenen Variante der Spanischen Partie schon wenige Züge nach der Eröffnung Schwierigkeiten empfand mit der Deckung seines Königsbauern? Diese Dinge sehen natürlich ganz anders aus, wenn man sie hinterher betrachtet; während des Spiels, einem Gegner gegenüber, der jedes winzige Fehlerchen zu entdecken und unerbittlich zu bestrafen versteht, kann man leicht ins Gedränge kömmen, ohne daß man es merkt. Aber trotz alledem kann man nicht behaupten, Boleslawski habe diese Partie stark gespielt. Bei seinen Versuchen, den schon tödlich schwachen e-Bauern zu retten, verlor er scließlich eine Figur.

Euwe hatte längere Zeit einen schweren Stand gegen Lundin, woran übrigens auch der weiße e-Bauer die Schuld trug. Weiß hatte in der Eröffnung einen kleinen Fehler begangen, wodurch der Schwede zwei Tempi gewann und einen äußerst gefährlichen Königsangriff erlangte. Dieser Angriff drang aber nicht durch, und im Endspiel besaß sogar Weiß einen kleinen Vorteil, der schließlich zu Bauerngewinn führte. Ungleiche Läufer machten aber Euwes weitere Anstrengungen nutzlos; spät am Abend wurde diese Partie remis gegeben, wodurch Botwinnik wieder allein zur Führung gelangte.

Eine sehr gute Partie lieferte Szabo. Er verschaffte sich gegen Stoltz zwei kleine Endspielvorteile, nämlich die Mehrheit auf dem Damenflügel und das Läuferpaar, die er durch kraftvolles Spiel zur Geltung brachte; er erzielte mit einem vorübergehenden Bauernopfer starken Angriff und eroberte schließlich eine Qualität.

Yanofsky verlor gegen Kottnauer, weil er in ungefähr gleicher Stellung auf Königsangriff spielte, statt ruhig abzuwarten. Der voreilige Angriff verursachte Schwächen in der weißen Stellung und führte nach einer lebhaften Verwicklung zu einem Turmendspiel mit zwei verbundenen Freibauern auf Seite Kottnauers.

Steiner erzielte seinen ersten Gewinnpunkt, indem er O'Kelly aufs Haupt schlug. Bildlich gesprochen! Das sei hinzugefügt, weil der Leser sonst auf die Vermutung kommen könnte, Steiner habe zu einem äußersten Mittel gegriffen, um seinen beklagenswerten Turnierstand zu verbessern. O'Kelly hatte anfangs Angriffsaussichten auf dem Königsflügel, aber es gelang ihm nicht, daraus Nutzen zu ziehen.

Christoffel bemühte sich ehrlich, seine Leistung von gestern zu wiederholen: durch eine hübsche Wendung kam er auf dem Königsflügel in Vorteil, eroberte einen Bauern, widerlegte danach eine gegnerische Kombination, wickelte geschickt ab und führte ein Endspiel herbei, das für ihn dank dem Uebergewicht von Turm, Läufer und Springer gegen zwei Türme glatt und leicht zu gewinnen war. Aber dann begann Christoffel nachzulassen und nachzulassen, so lang nachzulassen, bis der Gewinn wirklich verscherzt war. Erst nach einem neuerlichen Fehler Kotows gewann der Schweizer Meister die Partie, dann allerdings auf feine Weise.

Tartacover rettete die Ehre der Anziehenden, indem er gegen Guimard tapfer ausharrte, bis dieser seine eigene Stellung mittels eines Gewinnversuchs demolierte.

Von den vier Remispartien war nur eine kurz und ruhig: Denker—Vidmar, 30 Züge, übrigens die kürzeste Partie dieser Runde. Bezüglich der drei anderen Remisen deutet schon die Zügezahl auf hartnäckige Kämpfe: Flohr—Najdorf 54, Bernstein—Smisloff 61, Euwe—Lundin 63. Diese letztere Partie wurde bereits eingangs besprochen. Flohr bemühte sich vergeblich, den Vorteil des Läuferpaares im Endspiel auszunützen. Bernsteins Partie verlief recht eigenartig: Weiss verstand sich zu einem Endspiel, das für ihn nach den Regeln der Strategie nicht sehr günstig war; er erlangte jedoch bald das bessere Spiel; dann aber packte ihn die Zeitnot und er geriet in Verluststellung; mit zwei Bauern weniger im Turmendspiel versuchte er es noch mit einer einfachen Pattfalle, und siehe, es geschah, daß der fischblütige Smislofff hitzig hineinlief. Eine pikante Sensation, worüber viel gelacht wurde.

Stand nach der 7. Runde: Botwinnik 6½; Euwe 6; Denker, Smisloff, Tartacover je 5; Flohr, Stoltz je 4½; Najdorf 4; Kottnauer, Szabo je 3½; Bernstein, Kotow je 3; Boleslawski, Christoffel, Lundin, Yanofsky je 2½; O'Kelly 2; Guimard, Steiner, Vidmar je 1½.

Partie Nr. 61

Denker — **Vidmar**

Damengambit

1.	d2—d4	d7—d5
2.	c2—c4	e7—e6
3.	Sb1—c3	Sg8—f6
4.	Sg1—f3	Lf8—e7
5.	Lc1—g5	0—0
6.	e2—e3	h7—h6
7.	Lg5—h4	Sf6—e4

Die Lasker-Variante, eine der besten Verteidigungen gegen das Damengambit.

8.	Lh4 : e7	Dd8 : e7
9.	Dd1—c2	Se4 : e3
10.	Dc2 : c3	c7—c6
11.	Lf1—e2	d5 : c4

Sehr richtig. Nach 11..., Sd7 kann Weiß mittels 12. c:d5 eine Abart der Klassischen Abtauschvariante herbeiführen, die ihm mehr Spiel gewährt als die Lasker-Variante.

12.	Le2 : e4	Sb8—d7
13.	0—0	b7—b6
14.	e3—e4	Lc8—b7
15.	Ta1—d1	c6—c5
16.	d4—d5	

Dieser Vorstoß ergibt wie gewöhnlich keinerlei Vorteile.

Aber es ist nun einmal außerordentlich schwierig für Weiß, in dieser Variante so etwas wie Führung zu erlangen.

16.	....	e6 : d5
17.	e4 : d5	De7—d6
18.	Sf3—h4	Sd7—e5
19.	Sh4—f5	Dd6—f6
20.	Sf5—e3	Ta8—d8
21.	Lc4—e2	a7—a6
22.	a2—a4	Se5—d7
23.	Td1—d2	Tf8—e8
24.	Tf1—d1	Df6—f4
25.	b2—b3	Sd7—f6
26.	Le2—f3	Sf6—d7
27.	Lf3—e2	

Der weiße Freibauer muß natürlich sorgfältig bewacht werden. In Betracht kam 27. Sc4.

Das Spiel steht jedoch auf alle Fälle gleich.

27.	....	Sd7—f6
28.	Le2—f3	Sf6—d7
29.	Lf3—e2	Sd7—f6
30.	Le2—f3	

Remis.

Partie Nr. 62

Boleslawski — **Botwinnik**

Spanisch

1.	e2—e4	e7—e5
2.	Sg1—f3	Sb8—c6
3.	Lf1—b5	a7—a6
4.	Lb5—a4	Sg8—f6
5.	0—0	Lf8—e7
6.	Tf1—e1	b7—b5
7.	La4—b3	d7—d6
8.	c2—c3	0—0
9.	h2—h3	Sf6—d7

Ein von Tschigorin stammendes Manöver. Schwarz bringt auch seinen zweiten Springer nach dem Damenflügel, wo seinen Leichtfiguren in dieser Variante ein weites Betätigungsfeld offen steht. Gleichzeitig gelangt der Le7 zu einer besseren Verwendung.

10.	d2—d3	Le7—f6
11.	Sb1—d2	Sd7—b6
12.	Sd2—f1	Lc8—e6

13. Sf1—e3 Dd8—d7
14. d3—d4

Eine kleine Ungenauigkeit, wodurch Schwarz Gelegenheit erhält, sich im Zentrum der Führung zu bemächtigen.

Den Vorzug verdiente 14. Sh2.

14. .... e5 : d4 !
15. Sf3 : d4

Nach 15. c:d4, L:b3 16. a : b3, d5 steht Schwarz ebenfalls etwas besser.

15. .... Le6 : b3
16. a2 : b3 Tf8—e8

Nun hat Weiß Unannehmlichkeiten mit der Deckung seines Königsbauern.

17. Sd4 : c6 Dd7 : c6
18. Se3—g4 Sb6—d7
19. Dd1—f3?

Danach geht der Bauer e4 ziemlich zwangsläufig verloren. Nötig, obwohl alles andere denn schön, war 19. f3.

19. .... Te8—e6
20. Lc1—f4 Ta8—e8
21. b3—b4

Weiß bereitet sich darauf vor, nach dem unvermeidlichen Verlust des Bauern e4 Trost zu suchen in Angriffen auf den rückständigen Bauer a6.

21. .... Lf6—d8
22. Te1—e3?

Ein Bock. Geboten war 22. Ld2, das Feld e1 deckend, sodaß 22..., T:e4 ein Schlag ins Wasser gewesen wäre wegen 23. T:e4, T:e4 24. T:a6! (24. Te1† 25. L:e1).

22. .... h7—h5 !

Stellung nach 22. ..., h7—h5!

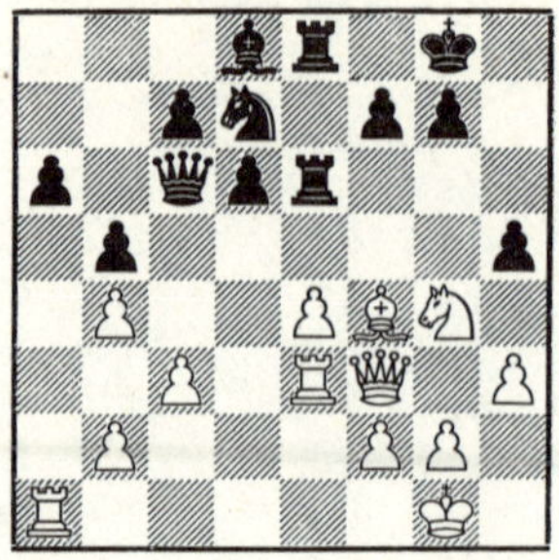

Gewinnt bei hellichtem Tage eine Figur; auf 23..., Sh2 folgt nämlich 23..., g5 24. Lg3 (24. Dg3, Tg6) 24..., h4. Eine gewöhnliche Wendung, aber in ungewöhnlicher Ausführung. So etwas kann man leicht übersehen, besonders wenn man den Kopf voller Sorgen hat.

23. Sg4—h6†

Es ist gleichgültig, was Weiß noch spielt.

23. .... g7 : h6
24. Df3 : h5 Te6—g6
25. Dh5—d5 Dc6 : d5
26. e4 : d5 Te8 : e3
27. Lf4 : e3 Sd7—f6
28. Ta1 : a6 Kg8—f8
29. Ta6—a8 Kf8—e8
30. f2—f4 Sf6 : d5
31. f4—f5 Tg6—f6
32. Le3—d2 Sd5—b6
33. Ta8—a1 Sb6—c4

Weiß gibt auf.

Partie Nr. 63

O'Kelly — Steiner

Spanisch

1. e2—e4 e7—e5
2. Sg1—f3 Sb8—c6

3.	Lf1—b5	a7—a6
4.	Lb5—a4	Sg8—f6
5.	0—0	Lf8—e7
6.	Tf1—e1	b7—b5
7.	La4—b3	0—0
8.	c2—c3	d7—d6
9.	h2—h3	Sc6—a5
10.	Lb3—c2	c7—c5
11.	d2—d4	Dd8—c7
12.	Sb1—d2	Lc8—d7
13.	d4 : c5	d6 : c5
14.	Sd2—f1	Sa5—c4
15.	Sf1—g3	

In Partie Nr. 43 folgte hier 15. b3, Sb6 16. a4.

15.	....	Ta8—d8
16.	Dd1—e2	Tf8—e8
17.	b2—b3	Sc4—b6
18.	a2—a4	

Nun würden sich nach 18..., c4 ähnliche Verwicklungen ergeben wie in Nr. 43. Aber Steiner denkt: nur die Ruhe kanns machen.

18.	....	Le7—f8
19.	Lc1—g5	Dc7—c6
20.	a4—a5	Sb6—c8
21.	Sg3—f5	Dc6—e6
22.	Sf3—h2	h7—h6
23.	Lg5—h4	Sc8—e7
24.	De2—f3	

Weiß hat auf dem Königsflügel eine ganz nette Angriffsstellung aufgebaut und droht jetzt mittels 25. S:h6† einen Bauern zu gewinnen. Der folgende Gegenzug ist daher praktisch erzwungen.

24.	....	g7—g5
25.	Lh4—g3	Se7—g6
26.	h3—h4?	

Ein schwacher Zug, der die Lage verändert.

Nach 26. Sg4! hätte Weiß ein gutes Spiel gehabt.

26.	....	Ld7—c6
27.	Sh2—f1	Sg6—f4!

Schwarz hat bereits die Führung an sich gerissen.

Es droht recht unangenehm 28..., D:f5.

28.	h4 : g5	h6 : g5
29.	Lg3 : f4	e5 : f4
30.	Df3—h3	De6—e5
31.	Sf1—h2	Lc6—d7
32.	Te1—d1	

Auch auf 32. Sf3 wäre 32..., L:f5 gefolgt.

32.	....	Ld7 : f5
33.	e4 : f5	Td8 : d1†
34.	Ta1 : d1	De5—e2
35.	Dh3—d3	c5—c4!

Stellung nach 35. ..., c5—c4!

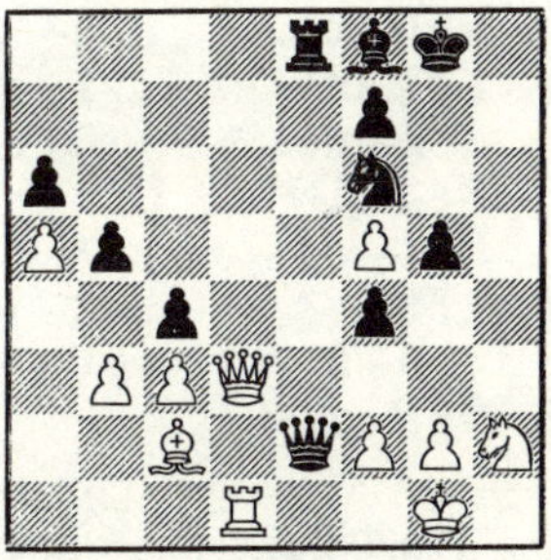

Schwarz behandelt diesen Teil der Partie ausgezeichnet; er befindet sich bereits klar im Voteil.

36.	b3 : c4	b5 : c4
37.	Dd3 : e2	Te8 : e2
38.	Lc2—b1	Lf8—c5
39.	Sh2—f3	

Es gibt keine genügende Verteidigung mehr; auf 39. Tf1 entscheidet nämlich 39..., g4 mit der gleichzeitigen Drohung 40.., g3.

39.	....	Te2 : f2
40.	Sf3—d4	Sf6—g4
41.	Lb1—e4	Tf2—b2
42.	Td1—e1	Kg8—g7
43.	Kg1—f1	Tb2—f2†
44.	Kf1—g1	Tf2—d2

Schwarz macht nun seinen c-Bauern frei und gewinnt rasch.

45.	Le4—b7	Lc5 : d4†
46.	c3 : d4	c4—c3
47.	Te1—c1	c3—c2
48.	Lb7—f3	Sg4—e3

Weiß gibt auf.

Partie Nr. 64

Bernstein — **Smisloff**

Sizilianisch

1.	e2—e4	c7—c5
2.	Sb1—c3	Sb8—c6
3.	Sg1—e2	g7—g6
4.	d2—d4	c5 : d4
5.	Se2 : d4	Lf8—g7
6.	Lc1—e3	d7—d6
7.	Lf1—e2	Sg8—f6
8.	0—0	0—0
9.	Dd1—d2	

Eine gute Art, die Drachenvariante zu bekämpfen; Weiß überläßt dem Gegner das Läuferpaar und spielt auf Behauptung eines starken Zentrums.

9.	....	Sf6—g4
10.	Le2 : g4	Lc8 : g4
11.	h2—h3	Lg4—d7

In Betracht kommt 11..., Le6, wie Botwinnik in ähnlicher Stellung gegen Bernstein spielte. (Siehe Nr. 83.)

12. Sd4 : c6

Dieser Tausch, weit davon entfernt, irgendwelche Vorteile zu bieten, fördert nur das Spiel des Nachziehenden.

12.	....	b7 : c6
13.	Le3—d4	Lg7 : d4
14.	Dd2 : d4	Dd8—b6
15.	Dd4 : b6	a7 : b6

In dieser Lage ist der Läufer etwas stärker als der Springer, und da Schwarz außerdem das zahlenmäßige Uebergewicht im Zentrum besitzt, sieht die Lage für ihn recht gut aus.
Die Folge lehrt jedoch, daß sich die genannten Vorteile keineswegs auf einfache Art zur Geltung bringen lassen.

16. a2—a4

Verhindert den mittels b6—b5 drohenden Ausbau der schwarzen Bauernstellung.

16.	....	f7—f5
17.	e4 : f5	Tf8 : f5

Besser war 17..., g:f5 zwecks weiterer Verstärkung der Bauernmitte.

18.	Tf1—e1	Kg8—f7
19.	Te1—e2	d6—d5

Kaum zu vermeiden, jedoch das Feld e5 schwächend, wodurch Weiß die Oberhand gewinnt.

20.	Ta1—e1	e7—e6

Ein Läufer an der Seite läuferfeldrig aufgestellter Bauern — das ist kein gutes Zeichen. Jedenfalls ist jetzt schon der Springer der Stärkere.

21.	b2—b3	Kf7—e7
22.	Sc3—d1	b6—b5
23.	a4 : b5	c6 : b5

24.	Sd1—b2	d5—d4
25.	Sb2—d3	Tf5—d5
26.	Sd3—b4	

Besser war 26. Se5.

26.	....	Td5—d6
27.	Te2—d2	Ld7—e8
28.	Te1—d1	Ta8—d8
29.	h3—h4	h7—h6
30.	Sb4—d3	g6—g5
31.	h4 : g5	h6 : g5
32.	Sd3—e5	Td6—d5
33.	Td1—e1	Td8—c8

Nur mit Mühe erwehrt sich Schwarz der fortwährenden Bedrohungen seiner Bauern.

Aber Bernstein hatte bereits hier allen Grund, mit Besorgnis auf seine Uhr zu blicken.

34.	Se5—f3	Tc8—d8
35.	Sf3—e5	Td8—c8
36.	Se5—f3	Tc8—d8
37.	Td2—e2	Td8—d6
38.	Sf3—e5	Td5—c5
39.	Te2—d2	Ke7—f6
40.	Se5—f3	

Mit all dem Herumspielen in Zeitnot hat Weiß die Herrschaft über das Feld e5 und damit seinen Vorteil verloren.

40.	....	Le8—g6
41.	Td2 : d4	Td6 : d4
42.	Sf3 : d4	e6—e5
43.	Sd4—f3	b5—b4
44.	Te1—a1	

Der Bauer c2 pfeift aus dem letzten Loch, und der Bauer b3 aus dem vorletzten.

Jetzt muß Weiß das Remis suchen.

44.	....	Lg6 : c2
45.	Ta1—a6†	

Er sollte 45. Ta4 ziehen, womit Remis zu erreichen war.

45.	....	Kf6—f5
46.	Sf3—d2	

Besser war 46. Ta4.

46.	....	Lc2—d3
47.	Ta6—d6?	

Nun aber war Ta4 unbedingt erforderlich. Damit konnte Weiß, wenn auch mit großer Mühe, den halben Zähler noch aus dem Feuer schleppen, z. B. 47. Ta4, Tc2 48. Sf3, g4 49. Sh4†, Kg5 50. g3, Tc1† 51. Kh2, Le4 52. Sg2.

47.	....	e5—e4
48.	f2—f3	e4—e3 !

Um nach 49. T:d3 mit 49...,Tc1† nebst 50..., e2 zu gewinnen.

49.	g2—g4†	Kf5—f4
50.	Td6—d4†	Kf4—g3
51.	Td4 : d3	e3 : d2
52.	f3—f4†	Kg3 : g4
53.	Td3 : d2	g5 : f4

Der Tag ist entschieden. Schwarz hat einen Bauern erobert und steht auf Gewinn.

54.	Td2—d8	Tc5—c3
55.	Kg1—f2	Tc3 : b3
56.	Td8—g8†	Kg4—f5
57.	Tg8—e8	Tb3—h3

Damit folgt Schwarz einem Irrlicht.

58.	Kf2—e2	b4—b3

Stellung nach 58. ..., b4—b3

Schwarz gedenkt, seinen Gegner zu foppen, aber er läuft selbst in die Falle.

Es verleiht der nun folgenden, an sich nicht ungewöhnlichen Wendung einen besonderen Reiz, daß Bernstein einige Tage zuvor seinem Gegner von heute ein Beispiel zeigte, welches auf dieselbe Kombination hinauslief.

59. Te8—b8 b3—b2?
60. Tb8 : b2! Kf5—g4

Nach 60..., Th2† 61. Kf3, T:b2 steht Weiß patt.

61. Ke2—f1

Remis.

Partie Nr. 65

Euwe **Lundin**

Damengambit

1.	c2—c4	e7—e6
2.	d2—d4	d7—d5
3.	Sg1—f3	c7—c5
4.	c4 : d5	e6 : d5
5.	g2—g3	Sb8—c6
6.	Lf1—g2	Sg8—f6
7.	0—0	Lf8—e7
8.	d4 : c5	Le7 : c5
9.	Sb1—d2	

Damit entsteht die Halbklassische Tarrasch-Verteidigung.

Einfacher ist in dieser Stellung 9. Sc3, was zum Hauptspiel der besser bekannten Klassischen Tarrasch-Verteidigung führt.

Uebrigens kommt auch 9. Se1 stark in Betracht (siehe Nr. 86)

9.	....	0—0
10.	Sd2—b3	Lc5—b6
11.	Sf3—d4	Tf8—e8

Droht nach Tausch auf d4 den Bauern e2 zu gewinnen.

12. Tf1—e1?

Richtig war 12. e3.
Nach dem Textzug muß Weiß einen starken Angriff über sich ergehen lassen.

12.	....	Sf6—g4
13.	e2—e3	

Jetzt unerläßlich, denn es drohte 13..., S:f2! usw.

13.	....	Dd8—f6
14.	Te1—f1	Sc6—e7
15.	Lc1—d2	Lc8—d7
16.	Ld2—c3	Df6—h6
17.	Sd4—f3	Se7—f5

Mit Opferdrohungen auf e3. Der schwarze Angriff ist sehr gefährlich.

18.	Lc3—d4	Sf5 : d4
19.	Sb3 : d4	Ta8—c8
20.	Dd1—d3	Dh6—d6

Stellung nach 20. ..., Dh6—d6

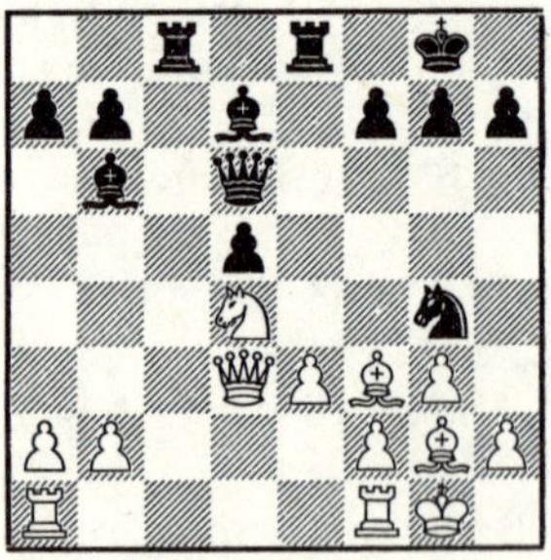

Hier konnte 20..., S:e3 geschehen: 21. f:e3, T : e3 22. Dd1, T:f3 23. D:f3, L : d4† 24. Kh1, und Schwarz hat zwei Bauern für die Qualität; allerdings muß dahingestellt bleiben, ob das unter den gegebenen Umständen als Vorteil anzusehen ist.

Nach dem Textzuge ist es jedenfalls mit dem Angriff des Schwarzen zu Ende.

21.	a2—a3	Sg4—f6
22.	Ta1—c1	g7—g6

Danach gerät Schwarz sogar in Schwierigkeiten, wenn auch nicht in entscheidendem Maße. Er sollte 22..., a6 ziehen.

23.	Sd4—b5	Ld7 : b5
24.	Dd3 : b5	Tc8—c5
25.	Tc1 : c5	Dd6 : c5
26.	Db5 : c5	Lb6 : c5

In diesem Endspiel steht Weiß etwas besser, da der Bauer d5 schwach ist.

Aber die ungleichen Läufer wirken beschwichtigend.

27.	Tf1—d1	Te8—d8
28.	Sf3—e5	Lc5—b6
29.	Kg1—f1	Kg8—f8
30.	Kf1—e2	Kf8—e7
31.	Se5—d3	Td8—d7
32.	Sd3—b4	d5—d4
33.	e3 : d4	Td7 : d4

Sogar nach dem Abtausch des schwachen Bauern steht Weiß etwas besser.

34.	Td1—c1	Td4—d7
35.	Tc1—c8	a7—a5
36.	Sb4—d3	Td7—c7

Ein mutiger Entschluß. Schwarz gibt einen Bauern, um sich nicht bedrängen zu lassen.

37.	Tc8 : c7†	Lb6 : c7
38.	Lg2 : b7	Ke7—d6
39.	f2—f4	Sf6—d7
40.	Lb7—f3	

Dieses Endspiel muß bei richtiger Behandlung unentschieden bleiben, trotzdem es noch Springer auf dem Brett gibt. Der Einfluß der ungleichen Läufer ist zu stark.

40.	....	f7—f6
41.	Sd3—f2	f6—f5
42.	Sf2—d1	Kd6—c5
43.	Ke2—d3	Sd7—f6
44.	Sd1—c3	h7—h6
45.	Sc3—e2	Lc7—b6
46.	Se2—d4	Kc5—d6
47.	Kd3—c4	Sf6—e8
48.	Lf3—d5	Kd6—e7

Schwarz zieht sich rechtzeitig zurück. Es ist bemerkenswert, wie wenig Weiß auf dem Damenflügel ausrichten kann.

49.	Ld5—c6	Se8—c7
50.	Sd4—f3	Lb6—e3
51.	b2—b4	a5 : b4
52.	a3 : b4	g6—g5

Jeder Bauerntausch ein Schritt näher zum Remis.

53.	Sf3—d4	Ke7—f6
54.	Sd4—e2	h6—h5
55.	Lc6—f3	g5 : f4
56.	Se2 : f4	h5—h4
57.	Sf4—g2	Le3—g1
58.	g3 : h4	Lg1 : h2
59.	Kc4—c5	Sc7—e6†
60.	Kc5—b6	Se6—d4
61.	Lf3—d5	f5—f4
62.	Kb6—c5	Lh2—g1
63.	Sg2 : f4	

Remis.

Partie Nr. 66

Stoltz **Szabo**

Spanisch

1.	e2—e4	e7—e5
2.	Sg1—f3	Sb8—c6
3.	Lf1—b5	a7—a6
4.	Lb5—a4	Sg8—f6
5.	0—0	Sf6 : e4

6. d2—d4 b7—b5
7. La4—b3 d7—d5
8. d4 : e5 Lc8—e6
9. Dd1—e2

Eine nicht so ganz unschuldige Abweichung von der üblichen Zugfolge, denn jetzt ist 9..., Lc5 so gut wie verhindert mit Rücksicht auf 10. Sbd2. Das würde nämlich den lästigen Se4 zum Tausch zwingen und dem Weissen ein sehr gutes Spiel verschaffen.

9. .... Lf8—e7
10. Sb1—d2 Se4—c5
11. c2—c3 Sc5 : b3
12. Sd2 : b3 0—0
13. Sf3—d4 Dd8—d7
14. Sd4 : c6 Dd7 : c6
15. Lc1—e3

Auf Umwegen ist jetzt eine bekannte Variante entstanden.

15. .... Dc6—c4

In einer Partie Botwinnik-Euwe (Leningrad 1934) folgte hier 15..., Lf5 16. f3, a5 mit gleichen Aussichten.

16. De2—c2

Mit 16. D:c4, b:c4 17. Lc5 hätte Weiß praktisch Remis erzwingen können, aber solche Wendungen können Stoltz nicht reizen.

16. .... Dc4—g4
17. Sb3—d4?

Die Ursache der kommenden Schwierigkeiten. Statt c5 gedeckt zu halten, um c7—c5 zu verhindern, fordert Weiß gerade diesen starken Vorstoß heraus.

Geboten war 17. f3 oder 17. f4.

17. .... Tf8—c8

Nicht sofort 17..., c5? wegen 18. Sc6.

Nach dem Textzug würde 18. Sc6 einfach mit 18..., Lf8 beantwortet werden.

18. f2—f4 c7—c5

Jetzt verdient das schwarze Spiel den Vorzug.

19. h2—h3 Dg4—h5
20. Dc2—e2 Dh5 : e2
21. Sd4 : e2 f7—f5

Das Läuferpaar und eine bewegliche Bauernmehrheit auf dem Damenflügel — damit kann man als Nachziehender wirklich sehr zufrieden sein.

22. a2—a4

In der Hoffnung das Feld d4 zu erobern, aber das läßt Schw. nicht zu.

22. .... b5—b4 !
23. c3 : b4 d5—d4 !

Lieber einen Bauern geopfert, als das Schlüsselfeld preisgegeben! Nach 23..., c:b4 24. Sd4 stünde das Spiel klar auf Remis.

24. Le3—d2 Le6—c4
25. Kg1—f2 Ta8—b8

Verhindert 26. b:c5, worauf nun sehr stark 26..., T:b2 folgen würde.

26. Tf1—c1

26. Tab1, um b:c5 vorzubereiten, würde mit 26...., Ld3 beantwortet werden.

26. .... Lc4—d5
27. g2—g3 Ld5—e4

Stellung nach 27. ..., Ld5—e4

Jetzt steht Schwarz bereit zu 28..., d3 29. Sg1, c4 nebst Rückgewinn des Bauern.

28. b4 : c5

Mehr oder weniger erzwungen.

28.	....	Tb8 : b2
29.	Kf2—e1	d4—d3
30.	Se2—d4	Tc8 : c5

Nun hat Schwarz den Bauern zurück und steht überlegen.

31. Sd4—e6

Zu versuchen war noch 31. g4.

31. .... Tc5—c2!

Erobert in wenigen Zügen die Qualität.

32.	Tc1 : c2	d3 : c2
33.	Ta1—c1	Tb2—b1
34.	Se6—d4	Le7—a3
35.	Sd4—e2	La3 : c1
36.	Se2 : c1	

Es folgen noch einige galvanische Zuckungen.

36.	....	Kg8—f7
37.	a4—a5	Kf7—e6
38.	Ke1—f2	Ke6—d5
39.	Kf2—e2	Tb1—a1
40.	h3—h4	Kd5—c6
41.	Ke2—f1	Ta1—a3
42.	Ld2—e1	Le4—d3†
43.	Kf1—f2	Ld3—c4

Weiß gibt auf.

Partie Nr. 67

Flohr — **Najdorf**

Nimzo-Indisch

1.	d2—d4	Sg8—f6
2.	c2—c4	e7—e6
3.	Sb1—c3	Lf8—b4
4.	Dd1—c2	d7—d5
5.	c4 : d5	Dd8 : d5
6.	Sg1—f3	c7—c5
7.	Lc1—d2	Lb4 : c3
8.	Ld2 : c3	Sb8—c6
9.	d4 : c5	Dd5 : c5

Eines der bekanntesten Abspiele dieser Eörffnung. Weiß besitzt das Läuferpaar, kann sich aber darauf nicht viel einbilden.

10.	Ta1—c1	Lc8—d7
11.	e2—e3	0—0
12.	a2—a3	Sf6—d5
13.	Lf1—d3	g7—g6

Nicht 13..., S:c3? wegen 14. L:h7†, Kh8 15. Ld3; Weiß bekäme die Figur zurück und hätte einen Bauern gewonnen.

14.	Lc3—d2	Dc5 : c2
15.	Tc1 : c2	Tf8—c8
16.	0—0	Sc6—e7
17.	Tf1—c1	

Im Endspiel hat das Läuferpaar erhöhte Bedeutung, sodaß Weiß nun tatsächlich besser steht. Aber er hätte trachten müssen, wenigstens einen Turm zu behalten. Stärker als der Textzug war deshalb 17. Td1.

17.	....	Tc8 : c2
18.	Tc1 : c2	Ta8—c8
19.	Tc2—c8†	Se7 : c8
20.	Kg1—f1	

Stellung nach 20. Kg1—f1

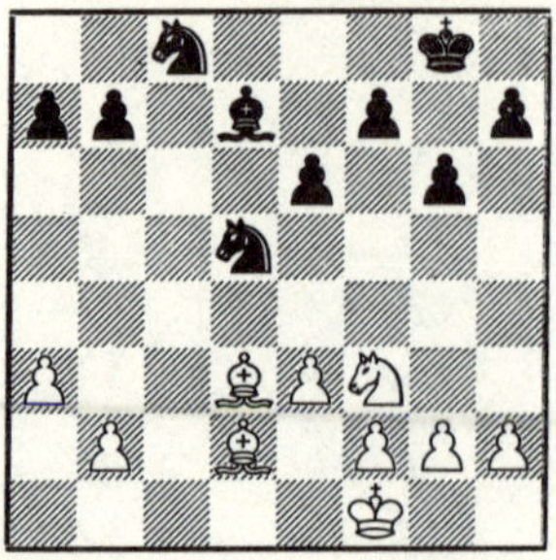

Nun beginnt Flohr mit großer Geduld auf Gewinn zu spielen. Seine Aussichten auf entscheidende Verwertung des Läuferpaars sind jedoch sehr gering.

20.	....	Sc8—d6
21.	Kf1—e1	Ld7—b5
22.	Ld3—c2	Sd6—c4
23.	Ld2—c1	f7—f6
24.	e3—e4	Sd5—c7
25.	b2—b3	Sc4—d6
26.	e4—e5	

Nur um das Spiel mit Rücksicht auf die Läufer offen zu halten. Die Isolierung des schwarzen e-Bauern, welche sich aus dem Textzug ergibt, ist unter den gegebenen Umständen an sich bedeutungslos.

26.	....	f6 : e5
27.	Sf3 : e5	Sc7—d5
28.	g2—g3	Sd6—f7
29.	Se5—f3	Lb5—d7
30.	Lc1—b2	Sd5—e7
31.	Sf3—d2	Sf7—d6
32.	f2—f3	Ld7—c6
33.	Ke1—f2	Lc6—d5
34.	Sd2—f1	Ld5—c6
35.	Sf1—e3	Se7—d5
36.	Se3—g4	Sd6—f7
37.	Lb2—d4	a7—a6
38.	h2—h4	Kg8—f8
39.	Sg4—h2	Kf8—g8
40.	Sh2—g4	Kg8—f8
41.	Kf2—e2	Kf8—g8
42.	f3—f4	

Nach der Partie bezeichnete Flohr das Manöver 42. Sh2 nebst g3-g4-g5 und Sg4 als einzig erfolgversprechende Fortsetzung.
Jetzt folgt nur noch eine Ehrenrunde.

42.	....	Kg8—f8
43.	Ke2—d2	Kf8—g8
44.	Lc2—e4	Kg8—f8
45.	Le4—d3	Kf8—g8
46.	Ld3—e2	h7—h5
47.	Sg4—e5	Sf7 : e5
48.	Ld4 : e5	Kg8—f7
49.	g3—g4	h5 : g4
50.	Le2 : g4	Sd5—f6
51.	Lg4—d1	Sf6—e4†
52.	Kd2—e3	Se4—g3
53.	Ke3—f2	Sg3—f5
54.	h4—h5	h6—h5

Remis.

Partie Nr. 68

Tartacover — **Guimard**

Französisch

1.	e2—e4	e7—e6
2.	d2—d4	d7—d5
3.	Sb1—d2	Sb8—c6

Eine ungewöhnliche, von Guimard bevorzugte Fortsetzung (siehe auch Nr. 89).

4. Sg1—f3

Mit 4. c3 ist nichts zu erreichen, denn es folgt 4..., e5 mit durchaus befriedigendem Spiel für Schwarz.

4.	....	Sg8—f6

5. e4—e5 Sf6—d7
6. c2—c3

Das Spiel ähnelt jetzt der Marsch-Variante (3. e5), weist aber auf beiden Seiten einigermaßen störende Merkmale auf: der Sc6 erschwert c7-c5, und die Aufstellung Sd2-Sf3 ist nicht glücklich. Bezüglich 6. Sb3 siehe Nr. 89.

6. .... f7—f6

In Verbindung mit diesem sofortigen Angriff auf die weiße Mitte läßt sich die Stellung des Sc6 immerhin rechtfertigen.

7. e5 : f6 Dd8 : f6
8. Lf1—b5

Gegen e6-e5 gerichtet. Es zeigt sich jedoch bald, daß Weiß nicht die Mittel besitzt, diesen Vorstoß dauernd zu verhindern.

8. .... Lf8—d6
9. Sd2—f1

Auch nach 9. 0—0, e5 stünde Schwarz gut.

Es ist dem Anziehenden nicht gelungen, den Vorteil des Anzuges zu behaupten.

9. .... a7—a6
10. Lb5—a4 e6—e5 !

Ein Bauernopfer, dessen Annahme für Weiß äußerst gefährlich wäre.

11. Lc1—g5

Nach 11. d:e5, Sd:e5 12. D:d5, Le6 stünde Schwarz dank seinem grossen Entwicklungsvorsprung ausgezeichnet.

11. .... Df6—f7
12. Sf1—e3 e5 : d4

Auch 12..., e4 wäre sehr stark gewesen.

13. Sf3 : d4 0—0
14. 0—0 Sc6 : d4
15. Dd1 : d4 c7—c6
16. La4—c2 Sd7—c5

Schwarz besitzt das freiere Spiel, man kann aber noch nicht von Vorteil sprechen.

17. Lg5—h4 Df7—h5
18. Lh4—g3 Sc5—e6
19. Dd4—d1 Dh5 : d1
20. Ta1 : d1 Se6—f4
21. Tf1—e1 Ld6—c5

Schwarz behauptet die in der Eröffnung erlangte Führung auch im Endspiel. Er steht weiterhin gut, kann aber nichts Entscheidendes unternehmen.

22. Td1—d2 a6—a5
23. Lc2—d1 Lc8—d7
24. Se3—c2 Ta8—e8
25. Te1 : e8 Ld7 : e8
26. Sc2—d4 Le8—g6
27. h2—h4 Lc5—b6

Guimard manövriert sehr geschickt, aber Tartacover nicht weniger.

28. Ld1—f3 h7—h6
29. Td2—d1 Sf4—d3
30. Td1—d2 Tf8—e8
31. h4—h5 Lg6—h7
32. Lf3—g4 Sd3—c5
33. f2—f3 Sc5—d3
34. Kg1—h2 c6—c5?

In seinem Bestreben, durchaus etwas zu erreichen, verliert Weiß seine eigene Sicherheit aus dem Auge und gerät in eine Verluststellung. Remis konnte er bequem haben, am einfachsten mittels 34..., L:d4.

35. Sd4—f5 c5—c4
36. Sf5—d6

Stellung nach 36. Sf5—d6

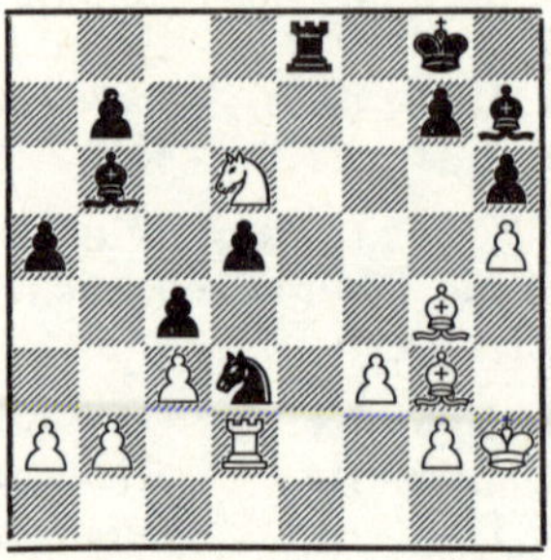

Wie schnell kann sich doch alles ändern! Soeben noch schimmernd im Sonnenschein der Hoffnungen, steht jetzt das Haus des Nachziehenden plötzlich an allen Seiten in Brand: der Turm Te8 ist bedroht, nach 36..., Te7 37. Sc8 bezw. 36..., Tb8 37. S:c4 würde die Qualität verloren gehen, und zum Ueberfluß hängen die Bauern b7, d5 (und damit auch c4) in der Luft.

36.	....	Te8—f8
37.	Lg4—e6†	Kg8—h8
38.	Sd6—f7†	Kh8—g8
39.	Sf7 : h6†	Kg8—h8

Alles erzwungen.

40.	Sh6—f7†	Kh8—g8
41.	Sf7—g5†	Kg8—h8
42.	Sg5 : h7	La6—e3

Auch 42..., K:h7 43. L:d5 ist für Schwarz aussichtslos.
Der Textzug kostet eine Figur.

43. Td2—e2

Schwarz gibt auf.

Partie Nr. 69

Kotow — **Christoffel**

Katalonisch

1.	d2—d4	d7—d5
2.	c2—c4	c7—c6
3.	Sg1—f3	e7—e6
4.	Dd1—c2	Sb8—d7
5.	g2—g3	Sg8—f6
6.	Lf1—g2	Lf8—d6
7.	Sb1—d2	0—0
8.	0—0	Tf8—e8
9.	b2—b3	e6—e5

Mit einer ungewöhnlichen Zugfolge, auf dem Umweg über das Slawische Damengambit, ist es zu einer Katalonischen Aufstellung gekommen.

Schwarz nimmt nun die Isolierung seines Damenbauern in Kauf, weil er sonst Schwierigkeiten hätte mit der Entwicklung seines Damenflügels.

10.	c4 : d5	c6 : d5

Nicht 10. S:d5? wegen 11. Sc4.

11.	d4 : e5	Sd7 : e5
12.	Lc1—b2	Lc8—g4
13.	Lb2—c3	

Zweimal tauschen auf e5, um dann auf den Bauer d5 zu drükken, wäre hier ein vernünftiger Plan gewesen.

Statt dessen beginnt Weiss höchst absonderlich zu manövrieren.

13.	....	Dd8—e7
14.	Ta1—e1	Ta8—c8
15.	Dc2—b2	Se5—d7
16.	Lc3—d4	b7—b6
17.	Ld4—e3?	

Richtig war 17. e3. Der Läufer steht auf e3 ganz unglücklich.

17.	....	Lg4—f5
18.	Sf3—h4	Lf5—e6
19.	Db2—b1?	

Es wäre höchste Zeit, mittels 19 Ld4 auf den guten Weg zurückzukehren.

Nach dem Textzug geht mindestens ein Bauer verloren.

19. .... Sf6—g4 !

Stellung nach 19. ..., Sf6—g4!

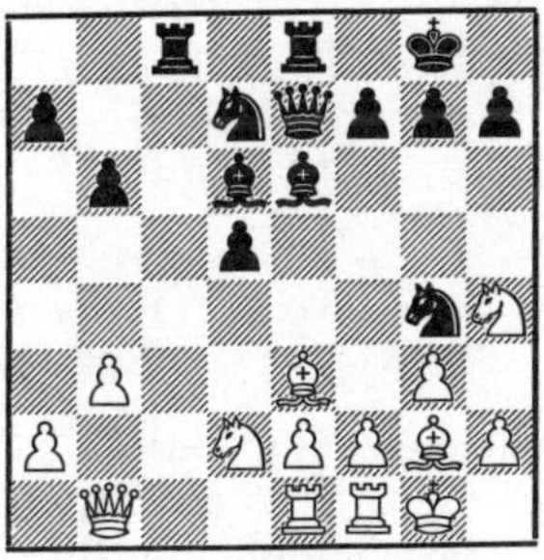

Mit der Doppeldrohung 20...., S:e3 sowie 20. S:h2! nebst D:h4†.

20. Sd2—f3 Sg4 : e3
21. f2 : e3 Le6—g4

Der Bauer e3 ist offensichtlich todgeweiht.

22. Sh4—f5 Lg4 : f5
23. Db1 : f5 Sd7—f6

Das Nehmen des Bauern hat Zeit.

24. Kg1—h1 Tc8—c3
25. Sf3—d4 Tc3 : e3
26. Lg2 : d5

Ein kleiner Schwindel, der aber mißglückt.

26. .... Te3—e5
27. Sd4—c6 De7—b7 !

Die Widerlegung.

28. Sc6 : e5 Db7 : d5†
29. e2—e4 Dd5 : e5
30. Df5 : e5 Ld6 : e5

Jetzt hat Schwarz in guter Stellung zwei kleine Offiziere für einen Turm und damit ein leicht gewonnenes Spiel.

Aber Christoffel revanchiert sich für die verschiedenen schwachen Züge seines Gegners und beginnt nun seinerseits saft- und kraftlos zu spielen.

31. Kh1—g2 Kg8—f8
32. Kg2—f3 Kf8—e7
33. g3—g4 Le5 : h2

Das führt lediglich zum Abtausch der beiden h-Bauern, womit Schwarz in keiner Weise gedient ist.

Ein starker Zug war z. B. 33..., g5!.

34. Tf1—h1 Lh2—e5
35. g4—g5 Sf6—d7
36. Th1 : h7 Te8—c8
37. Th7—h3 Tc8—c2
38. Te1—e2 Tc2 : e2

In einem Endspiel, wie dieses, freiwillig den Turm zu tauschen, ist für den stärkeren Teil bekanntlich nicht ratsam.

Schwarz behält aber auch nach dem Textzug gewonnenes Spiel.

39. Kf3 : e2 Le5—f4
40. g5—g6 f7 : g6
41. b3—b4 g6—g5
42. Th3—a3

Weiß wehrt sich nach Kräften; er besitzt jetzt die Möglichkeit, seinem turmlosen Gegner verschiedene Schwierigkeiten zu bereiten.

42. .... Lf4—b8
43. Ta3—c3 Lb8—d6
44. a2—a3 Ld6—e5
45. Tc3—c8 Le5—b2
46. a3—a4 Lb2—a3
47. Tc8—g8 Ke7—f7
48. Tg8—d8 Kf7—e7

Besser war 48..., Se5.

49.	**Td8—g8**	**La3 : b4**
50.	**Tg8 : g7†**	**Ke7—e6**
51.	**Tg7 : g5**	**Sd7—c5**

Je weiter sich die Anzahl der Bauern verringert, desto schwerer wird der Gewinn.

52.	**Tg5—g7**	**a7—a5**
53.	**Tg7—g6†**	**Ke6—e5**
54.	**Tg6 : b6**	**Sc5 : a4?**

Richtig war 54..., K:e4, um dann mit dem König nach b3 zu laufen. Auf diese Weise konnte Schwarz noch immer gewinnen.

55.	**Tb6—h6**	**Ke5 : e4**
56.	**Th6—h4†**	**Ke4—d5**

Jetzt zeigt sich der Nachteil von 54..., S:a4?; der schwarze König wird von der vierten Reihe abgeschnitten, und es entsteht dadurch eine Remisstellung.

57.	**Ke2—d3**	**Sa4—c5†**
58.	**Kd3—c2**	**Kd5—c6**
59.	**Kc2—b2**	**Kc6—b5**
60.	**Kb2—a2**	**Sc5—a4**
61.	**Th4—h5†**	**Lb4—c5**
62.	**Ka2—b3**	**Sa4—b6**
63.	**Kb3—c3**	**Sb6—c4**
64.	**Th5—g5?**	

Das verliert, da Schwarz nun die Gelegenheit erhält, seinem König die so sehr begehrte Ueberschreitung der vierten Reihe mittels eines genialen Manövers zu ermöglichen.

Geboten war 64. Kb3! (46..., a4† 65. Kc3).

64.	....	**Sc4—d6 !**

Mit der taktischen Drohung 65.., Se4†, und der darauf beruhenden strategischen Drohung 65.., Ka4!.

65.	**Tg5—d5**	

Es gibt keine Möglichkeit mehr, dem schwarzen König das Betreten der vierten Reihe zu verwehren; auf 65. Kb3 folgt einfach 65..., a4† (66. Kc3, Se4†), und 65. Tg4, die wichtigste Verteidigung, hilft auch nicht wegen 65..., Lb4† 66. Kb3, Sb7! nebst 67..., Sc5† und 68.., Ka4.

65.	....	**Kb5—a4**
66.	**Kc3—b2**	**Ka4—b4**
67.	**Td5—h5**	**Sd6—b5**

Auf die reizende Entscheidungsphase folgt nun ein leicht verständlicher Schluß.

68.	**Kb2—c2**	**a5—a4**
69.	**Th5—h4†**	**Lc5—d4**
70.	**Kc2—b1**	**Kb4—b3**
71.	**Th4—h3†**	**Ld4—c3**
72.	**Th3—g3**	**Sb5—a3†**
73.	**Kb1—c1**	**Sa3—c4**
74.	**Tg3—g8**	**Lc3—d2†**
75.	**Kc1—d1**	**a4—a3**
76.	**Tg8—a8**	**Ld2—a5**
77.	**Ta8—b8†**	**Sc4—b6**

Weiß gibt auf.

Partie Nr. 70

Yanofsky — **Kottnauer**

Sizilianisch

1.	**e2—e4**	**c7—c5**
2.	**Sg1—f3**	**d7—d6**
3.	**d2—d4**	**c5 : d4**
4.	**Sf3 : d4**	**Sg8—f6**
5.	**Sb1—c3**	**a7—a6**

Mit der klaren Absicht, die Scheveninger Variante zu wählen — sonst hätte nämlich der Textzug keinen rechten Sinn.

6.	**g2—g3**	

Eine der besten Aufstellungen gegen die Scheveninger Variante.

6. .... Sb8—c6
7. Lf1—g2 Lc8—d7
8. 0—0 e7—e6
9. h2—h3 Lf8—e7
10. Sc3—e2

Ein kraftloser Zug. Indem Weiß jedes Gegenspiel auf der c-Linie im vorhinein zu verhindern trachtet, erleichtert er den wichtigen Vorstoß d6—d5.

10. .... Ta8—c8
11. c2—c3

Auf 11. c4 (was Weiß vielleicht beabsichtigt hatte) folgt 11..., S:d4 12. D:d4, b5, mit gutem Spiel für Schwarz.

11. .... 0—0
12. Kg1—h1 d6—d5

Auf diese Weise erzielt Schwarz ein völlig befriedigendes Spiel.

13. Sd4 : c6

In Verbindung mit dem folgenden Zuge des Weißen ein Versuch, dennoch Angriff zu erlangen.

13. .... Ld7 : c6
14. e4—e5 Sf6—d7
15. f2—f4 Lc6—b5

Das Beste was Schwarz mit diesem sonst schwer verwendbaren Läufer tun kann: Abtausch gegen den Se2, der sonst das starke Feld d4 besetzen würde.

16. Lc1—e3 Le7—c5
17. Tf1—f3 Lb5 : e2
18. Dd1 : e2 Dd8—b6
19. Ta1—d1 Tf8—d8
20. Le3—d4 Lc5 : d4
21. Td1 : d4

Die Spiele stehen gleich.
Weiß wollte auf Angriff spielen, da aber Schwarz rasch zwei leichte Figuren abtauschte, bietet dieser Plan nun keine Aussicht auf Erfolg.

21. .... Tc8—c6
22. Tf3—e3 Db6—c7
23. f4—f5?

Er bleibt bei seinem Plan, schwächt aber durch diesen Vorstoß nur seine Bauernstellung.

Vorläufig abwarten wäre das Richtige gewesen.

23. .... b7—b5
24. Td4—f4

Droht f5—f6.

24. .... Tc6—c4

Verhindert f5—f6, worauf jetzt einfach 25..., g:f6 folgen würde.

25. f5 : e6 f7 : e6
26. De2—g4 Td8—e8

In dieser Stellung ist der Bauer e5 schwächer als der Bauer e6. Schwarz steht besser.

27. Lg2—f1 Tc4 : f4

Auf 27..., S:e5 würde 28. De2! folgen.

28. g3 : f4

Nun hat sich die Schwäche des Bauern e5 auf den Bauer f4 verpflanzt.

28. .... Sd7—c5
29. Lf1—g2 Dc7—f7

Stellung nach 29. ..., Dc7—f7

Schwarz hat nun endgültig die Führung übernommen.

30.	h3—h4	Te8—f8
31.	Te3—g3	g7—g6
32.	b2—b4	Sc5—e4 !

Nach 32...., Sd7 33. Lh3! würde Weiß nette Gegenchancen erlangen.

33.	Lg2 : e4	d5 : e4
34.	h4—h5	Df7 : f4
35.	Dg : e6†?	

Das erweist sich als entscheidender Zeitverlust.
Einzig 35. D:f4, T:f4 36. h:g6 hätte noch Aussicht auf Rettung geboten.

35.	....	Kg8—g7
36.	De6—h3	

Die Dame muß unverweilt zurückkehren, denn es drohte ausser 36.., D:g3 auch 36..., Dt1† 37. Tg1, Df3† 38. Tg2, D:h5† usw.

36.	....	Df4 : e5

Nun besitzt Schwarz einen starken freien Mehrbauern und steht auf Gewinn.

37.	h5—h6†	

Auch 37. h:g6 hatte seine Schattenseiten, und zwar im Hinblick auf die offene h-Linie. Aber es hätte in praktischer Beziehung bessere Aussichten geboten.

37.	....	Kg7—g8
38.	Dh3—d7	De5—h5†
39.	Kh1—g1	Dh5 : h6

Nun hat Schwarz sogar zwei verbundene Freibauern erlangt.

40.	Dd7—e6†	Kg8—h8
41.	De6—e5†	Kh8—g8
42.	De5—e6†	Tf8—f7
43.	De6—e8†	Dh6—f8
44.	De8 : e4	Tf7—f1†
45.	Kg1—g2	Df8—f2†
46.	Kg2—h3	Df2—f5†
47.	De4 : f5	Tf1 : f5

Das Endspiel ist für Schwarz leicht gewonnen.

48.	Tg3—d3	Tf5—f2
49.	Td3—d8†	Kg8—g7
50.	Td8—d7†	Kg7—h6
51.	Td7—c7	Tf2 : a2
52.	Kh3—g4	Ta2—e2
53.	Kg4—f3	Te2—e6
54.	Kf3—f4	g6—g5†
55.	Kf4—f5	Te6—g6
56.	Kf5—g4	Tg6—f6
57.	Kg4—g3	Kh6—g6

Jetzt können die Freibauern laufen und damit ist es auch aus.

58.	Tc7—c8	h7—h5
59.	c3—c4	h5—h4†
60.	Kg3—g2	b5 : c4
61.	Tc8 : c4	Kg6—h5

Weiß gibt auf.

8. RUNDE

DONNERSTAG, 22. AUGUST 1946

71.	Vidmar—Kottnauer	½—½
72.	Christoffel—Yanofsky	½—½
73.	Guimard—Kotow	0—1
74.	Najdorf—Tartacover	½—½
75.	Szabo—Flohr	½—½
76.	Lundin—Stoltz	½—½
77.	Smisloff—Euwe	1—0
78.	Steiner—Bernstein (abgebrochen)	½—½
79.	Botwinnik—O'Kelly	1—0
80.	Denker—Boleslawski	0—1

Botwinnik gewinnt, Euwe verliert! Diese zwei Resultate überschatten alle anderen Ereignisse der 8. Runde. Der Sowjetmeister liegt nun mit einem Vorsprung von anderthalb Punkten in der Führung, nur einen halben Zähler hat er bisher auf seinem Siegeswege liegen lassen, einen halben Zähler nach acht Partien. Es ist kaum noch ein Zweifel möglich, daß er das Turnier gewinnen wird; wahrscheinlich wird er sogar die anderen Konkurrenten weit hinter sich lassen. „Ich bin fest davon überzeugt", erklärte Flohr aufs neue, „daß Botwinnik als sicherer Sieger durchs Ziel gehen wird, ohne eine Partie verloren zu haben. Es ist der beste Spieler der Welt."

Der kühle Beobachter darf sich aber trotz des blendenden Standes von Botwinnik nicht soweit hinreißen lassen, seine Augen zu schließen vor dem Wunder, das den besten Spieler der Welt heute vor einer Niederlage gegen O'Kelly bewahrte. So miserabel war die Stellung des Russen, daß es einem grauste, sie anzuschauen. Keine Rochade. Keine Möglichkeit, auch nur das Geringste zu unternehmen. Und die Bauernstellung zerschlagen wie die Armada, die einst England hätte bezwingen sollen: der Herr blies, und sie waren alle isoliert. Najdorf hatte nur ein einziges Wort dafür: nebbich. Aber das Glück ist nun einmal mit dem Starken. O'Kelly geriet in Zeitnot, fand zwei unerhört schlechte Züge, und stürzte dadurch in den Abgrund eines verlorenen Endspiels.

Einen viel logischeren Verlauf weist die Partie Smisloff—Euwe auf. Weiß hatte in der Spanischen Partie den ruhigen Steinitz-Angriff gewählt, wodurch sich Schwarz berechtigt fühlte, frühzeitig eine energische Gegenaktion auf dem Königsflügel einzuleiten. Indessen behandelte Euwe diesen Abschnitt der Partie etwas zerstreut, wodurch Weiß die Gelegenheit erhielt, ein Endspiel herbeizuführen, in welchem Schwarz hauptsächlich wegen seines schlechten Läufers im

Nachteil war. Dieser Läufer hätte Euwe später allerdings tauschen können; er ließ aber die Gelegenheit dazu merkwürdigerweise unbenützt, wodurch seine Lage hoffnungslos wurde. Durch diesen Sieg erreichte Smisloff gleichen Stand mit Euwe. Aber das sollte nicht von langer Dauer sein.

Noch ein zweiter Matador hat in dieser Runde seine erste Niederlage erlitten: Denker. Auch er wurde von einem Russen zu Fall gebracht, nämlich Boleslawski. Dieser Bolelá (so spricht Guimard das Wort Boleslawski aus) ist wirklich schrecklich mit seinem Königsindisch. Er kümmerte sich nicht darum, daß Denker in der ersten Runde ein prächtiges Beispiel geliefert hat, wie diese Verteidigung erfolgreich zu bekämpfen ist. Tatsächlich geriet Denker diesmal in Nachteil; er wich von seiner Musterpartie gegen Najdorf ab — warum, das konnte er selbst nicht beantworten.

Der vierte und letzte Gewinnzähler dieser Runde wurde von Kotow erzielt, der in gutem Stil Guimard besiegte. Somit haben heute alle Russen gewonnen; und zwar nur die Russen. Es war ein Russentag. Flohr hat allerdings nur remisiert; aber der ist auch kein waschechter Russe.

Von den sechs Remispartien verlief nur das Duell Vidmar—Kottnauer salonmäßig.

Das nationale Treffen Lundin—Stoltz verlief hartnäckig. Weiß war die längste Zeit im Angriff, vermochte aber nichts Entscheidendes zu erreichen.

Die Königsindische Partie Christoffel—Yanofsky schien eine Zeit lang günstig für Schwarz zu stehen, aber das war eben nur Schein; nach längerem Lavieren mußte Yanofsky einsehen, daß seine Stellung nicht weiter zu verstärken sei.

Die Partie Steiner—Bernstein, übrigens die einzige, welche zum Abbruch gelangte, wurde erst im Stadium des Bauernendspiels interessant, aber dann in hohem Maße. Bernstein beging einen Fehler, und es sah aus, als ob er rasch verlieren müßte. Er entdeckte jedoch eine feine Verteidigung und erreichte dadurch ein Damenendspiel. Allerdings ein Damenendspiel, das er auf die Dauer hätte verlieren müssen, aber wo Leben ist, ist Hoffnung. Tatsächlich versäumte Steiner am Hängetag die entscheidende Fortsetzung und erzielte nur Remis.

Die Partie Szabö—Flohr verlief ungemein scharf. Weiß spielte auf Königsangriff, wurde aber durch ein Bauernopfer des Gegners in die Verteidigung gedrängt. Flohr hätte eine Zugswiederholung erzwingen können; er spielte aber auf Gewinn, opferte einen zweiten Bauern und schließlich einen Springer, wodurch er die Dame gegen Turm Läufer eroberte. Aber damit erreichte er nur dasselbe Endspiel, welches in der ersten Runde Tartacover gegen ihn erreicht hatte; auch diesmal mußte sich Schwarz angesichts des bedrohlichen weißen Freibauern auf der c-Linie mit ewigem Schach begnügen.

Die schwierigste und aufregendste Partie dieser Runde bildete aber die Begegnung Najdorf—Tartacover. Der Franzose hatte die holländische Verteidigung gewählt und spielte auf Königsangriff, während der Argentinier auf dem Damenflügel einen Peonczyk eroberte. Der Kampf gestaltete sich ungemein wild, als Tartacover noch einen zweiten Bauern opferte und darnach längere Zeit hindurch allerlei Figurenopfer anbot, die Weiß nicht gut annehmen konnte. Es war ein Kampf auf Tod und Leben; beide Gegner wollten gewinnen, aber beide sahen sich schließlich genötigt, die Züge zu wiederholen.

Stand nach der 8. Runde: Botwinnik 7½; Euwe, Smisloff je je 6; Tartacover 5½; Denker, Flohr, Stoltz je 5; Najdorf 4½; Kotow, Kottnauer, Szabo je 4; Bernstein, Boleslawski je 3½; Christoffel, Lundin, Yanofsky je 3; O'Kelly, Steiner, Vidmar je 2; Guimard 1½.

Partie Nr. 71

Vidmar — **Kottnauer**

Beschleunigte Meraner

1.	d2—d4	Sg8—f6
2.	c2—c4	e7—e6
3.	Sg1—f3	d7—d5
4.	Sb1—c3	c7—c6
5.	e2—e3	a7—a6
6.	Dd1—c2	

Analog der Anti-Meraner von Stoltz: 5..., Sbd7 6. Dc2 (siehe z. B. Nr. 9).

Im Gegensatz zur gewöhnlichen Meraner Verteidigung bilden die verschiedenen Anti-Meraner-Methoden (Vermeidung von 6. Ld3) bei der Beschleunigten Meraner die wichtigste Frage für Weiß. Die übliche Fortsetzung ist 6. c5, aber damit läßt sich nach 6..., g6 nicht viel erreichen.

6.	....	Sb8—d7
7.	b2—b3	Lf8—d6
8.	Lc1—b2	Dd8—e7

Das beste Feld für die Dame, im Hinblick auf die entstehenden Möglichkeiten e6-e5 und Ld6-a3.

9.	Ta1—d1	b7—b6

Sogar das romantische 9..., b5 (um 5..., a6 zu rechtfertigen) kam in Betracht.

10.	Lf1—e2	Lc8—b7
11.	0—0	0—0
12.	e3—e4	d5 : e4
13.	Sc3 : e4	Ld6—a3

Auf diese Weise hält Schwarz das Gleichgewicht mühelos aufrecht.

14.	Lb2—a1	c6—c5
15.	Se4 : f6†	Sd7 : f6
16.	d4 : c5	La3 : c5
17.	Sf3—g5	e6—e5

(Siehe Diagramm)

Die beste Abwehr gegen die Drohung 18. L:f6 usw. Allerdings ließe sich auch das schwächende 17..., g6 nicht direkt widerlegen, denn Schwarz behielte nach 18.

Stellung nach 17. ..., e6—e5

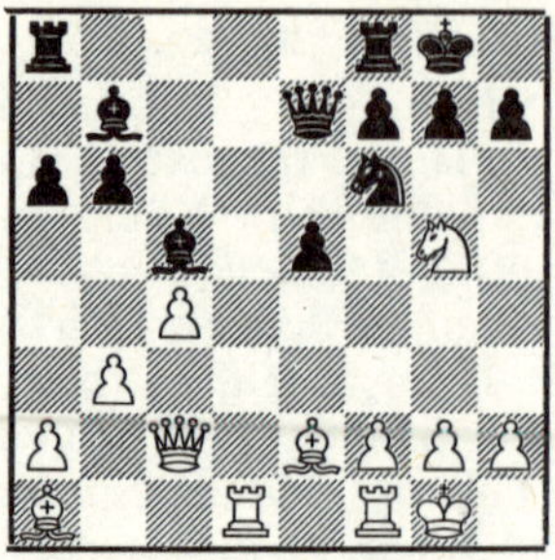

Dc3, e5 19. D:e5, D:e5 20. L:e5, Tfe8 oder Tae8 genügendes Gegenspiel.

18. Le2—f3 Tf8—e8
19. Tf1—e1 Lb7 : f3
20. Sg5 : f3 Sf6—g4

Mit diesem Gegenangriff gewinnt Schwarz das Tempo für den konsolidierenden Zug f7—f6.

21. Te1—e2 f7—f6
22. Dc2—e4 Sg4—h6
23. Te2—d2 Ta8—d8

Die Türme erscheinen auf der einzigen offenen Linie. Das ist das Zeichen für eine allgemeine Schlachtung, die zu einem Entkräftungsremis führt.

24. La1—c3 Td8 : d2
25. Td1 : d2 Te8—d8
26. Td2—d5 Sh6—f7
27. Sf3—e1 Sf7—g5
28. De4—d3 Sg5—e6
29. Td5 : d8† De7 : d8
30. Dd3 : d8† Se6 : d8
31. Se1—d3 Kg8—f7

Remis.

Partie Nr. 72

Christoffel **Yanofsky**

Königsindisch

1. d2—d4 Sg8—f6
2. c2—c4 g7—g6
3. Sb1—c3 Lf8—g7
4. g2—g3 0—0
5. Lf1—g2 d7—d6
6. e2—e4 Sb8—d7
7. Sg1—e2

Es macht nicht viel aus, ob Weiß seinen Königsspringer nach e2 entwickelt; die Aussicht auf ein erfolgreiches f2-f4 ist nämlich auf jeden Fall gering.

7. .... e7—e5
8. 0—0 Tf8—e8
9. d4—d5

Die geschlossene Behandlung dieser Eröffnung galt lange Zeit als das beste Rezept für Weiß, sie ist aber gegenwärtig minder beliebt — vielleicht mit Recht. Am stärksten dürfte sein 9. h3 nebst 10. Le3 (siehe Nr. 4).

9. .... a7—a5
10. h2—h3 Sd7—c5
11. Lc1—e3 b7—b6
12. a2—a3 Lc8—a6
13. b2—b4

Das rasche Durchsetzen dieses Vormarsches stellt einen bedeutenden Teilerfolg für Weiß dar, nicht nur weil der lästige feindliche Springer vertrieben wird, sondern vor allem weil nun der strategische Durchbruch c4—c5, der den Kern des weißen Aufbaus bildet, in die Nähe rückt.

13. .... Sc5—d7
14. Dd1—b3 Dd8—e7
15. Sc3—b5

Aber dieser Zug paßt nicht zu der Aufstellung des Weißen; er verpflichtet den Bauern c4 zur Deckung des Sb5 und erschwert dadurch c4—c5.

15. .... Te8—c8
16. b4 : a5?

Und dieser Zug ist entschieden schwach.

16. .... La6 : b5 !
17. c4 : b5 Ta8 : a5

Die Lage hat sich vollkommen verändert. Jetzt besitzt Schwarz die besseren Aussichten auf dem Damenflügel; er gelangt zur Wiederbesetzung des starken Feldes c5, während der weiße a-Bauer eine Schwäche bildet.

18. a3—a4 Sd7—c5
19. Db3—c2

Nach 19. L:c5?: d:c5 würde Schwarz einen gedeckten Freibauern besitzen, während seinem Springer das schöne Feld d6 zu Gebote stünde. Ueberdies müßte Weiß seinen tätigen Läufer entbehren, und das wäre für ihn noch das Aergste.

19. .... Tc8—a8
20. Ta1—a2 !

Stellung nach 20. Ta1—a2!

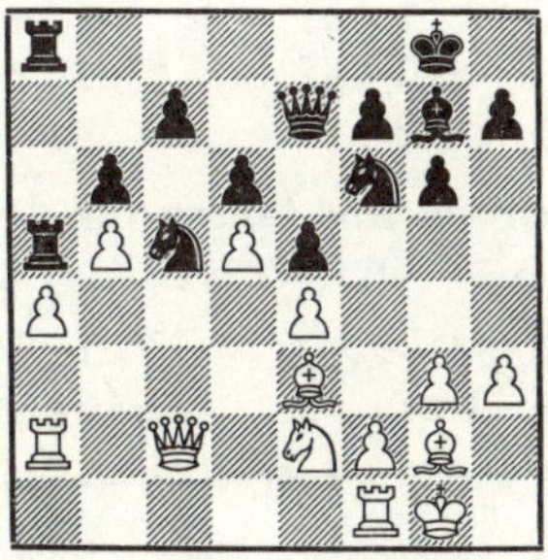

Gut abgewehrt. Der Bauer a4 ist in diesem Augenblick nicht zu nehmen, und Weiß gewinnt Zeit zur Verdopplung seiner Türme.

20. .... Sf6—d7

Nach 20..., T:a4? 21. T:a4 gewinnt Weiß eine Figur (21..., T:a4 22. L:c5 bezw. 21..., S:a4 22. Ta1!), und nach 20.., S:a4? 21. Ld2! die Qualität (denn 21..., T5a7? würde nach 22. Tfa1! eine Figur kosten).

21. Tf1—a1 De7—f8

Mit der positionellen Drohung 22..., Lh6!, wonach sich Weiß entweder zum Tausch seines tätigen Läufers oder zu dem schwächenden f2—f4 verstehen müßte.

22. Le3—d2 Ta5—a7
23. g3—g4

Um 23..., Lh6 mit 24. g5 zu parieren.

23. .... Sc5—b7

Um a4—a5 zu verhindern, womit Weiß sonst ein gutes Spiel erlangen würde.

24. Se2—c1

Auf 24. D:c7?? folgt 24..., Sbc5 25. Dc6, Tc8 mit Damengewinn.

24. .... Sd7—c5
25. Sc1—e2 Sb7—a5
26. Ta2—a3 Df8—e7

Schwarz steht auf dem Damenflügel etwas besser, aber damit allein ist nicht viel anzufangen. Er versucht deshalb, auch auf dem Königsflügel Vorteil zu erreichen. Mit zwei vereinigten, wenn auch geringen Vorteilen würde er wirklich Gewinnaussichten besitzen.

27. Se2—g3 Lg7—f6
28. Ld2—b4 Lf6—h4
29. Kg1—h2 Sa5—b7
30. Lb4—d2 Lh4—g5
31. Ld2—c3 !

Der gute Läufer entzieht sich dem Abtausch.

31.	....	De7—f6
32.	Kh2—g1	Lg5—f4
33.	Sg3—e2	g6—g5

Schwarz sieht keine Möglichkeit mehr, seine Stellung auf dem Königsflügel zu verstärken.
Mit dem Textzug verzichtet er endgültig auf f7—f5 oder h7—h5 und führt dadurch eine tote Remisstellung herbei.

34.	Lc3—b4	Df6—g6
35.	Lg2—f3	

Verhindert h7—h5.

35.	....	Kg8—g7
36.	Kg1—g2	Sb7—a5
37.	Se2—c3	Sa5—c4
38.	Lb4 : c5	

Jetzt kann sich Weiß auch den Abtausch seines guten Läufers gefahrlos erlauben.

38.	....	d6 : c5
39.	Ta3—a2	Sc4—a5

Auf 39..., Sd6 folgt Sc3—d1—b2—c4. Auch nach dem Textzug kann Weiß auf diese Art die leichten Figuren bis auf ungleiche Läufer beseitigen.

40.	Sc3—d1	Dg6—d6

Remis.

Partie Nr. 73

Guimard — **Kotow**

Anti-Meraner

1.	d2—d4	Sg8—f6
2.	c2—c4	e7—e6
3.	Sg1—f3	d7—d5
4.	Sb1—c3	c7—c6
5.	e2—e3	Sb8—d7
6.	b2—b3	

Eine schwache Form der Anti-Meraner (siehe auch Denker—Ekström, Hastings 1945/46). Besser ist 6. Dc2 (Stoltz) oder 6. Se5 (Rubinstein), ganz abgesehen von 6. Ld3, obzwar Schwarz dann die eigentliche Meraner Verteidigung wählen kann.

6.	....	Lf8—b4
7.	Lc1—d2	Dd8—e7
8.	Lf1—e2	0—0
9.	0—0	Lb4—d6
10.	Dd1—c2	d5 : c4
11.	b3 : c4	e6—e5

Somit hat Schwarz mühelos eine vortreffliche Stellung aufgebaut. Tauscht Weiß auf e5, dann bildet der vereinzelte Bauer c4 eine Schwäche seines Spiels; tauscht er nicht, dann muß er e5—e4 zulassen und setzt sich einem gefährlichen Königsangriff aus.

12.	Ld2—c1	Tf8—e8
13.	Tf1—e1	e5—e4
14.	Sf3—d2	Sd7—f8
15.	f2—f4	

Das öffnet nur Linien für den Angriff des Gegners.

15.	....	e4 : f3 e.p.
16.	Le2 : f3	Sf6—g4

Nicht 16..., L:h2†? wegen 17. K:h2, Sg4† 18. L:g4, Dh4† 19. Lh3, L:h3 20. Sf3! usw.

17.	Lf3 : g4	Lc8 : g4
18.	Sd2—f1	Sf8—e6

Der Kampf dreht sich jetzt um den Vormarsch e3—e4.

19. Lc1—b2 Lg4—h5
20. Dc2—f2 Lh5—g6
21. c4—c5

Sofortiges 21. e4? scheitert an 21..., S:d4! (22. D:d4?, Lc5). Der Textzug ermöglicht zwar e3—e4, schwächt aber gleichzeitig die weiße Bauernfront.

21. .... Ld6—c7
22. e3—e4 Ta8—d8
23. Ta1—d1 f7—f6
24. Sf1—e3 !

Ein geistreicher kombinativer Versuch, die Partie ins Gleichgewicht zu bringen — zwar ungenügend, aber den Umständen angemessen, ausgezeichnet. Weiß steht schlecht, da sein Zentrum schwach ist und der Gegner die Läufer besitzt; er wollte recht tatenlos abwarten.

24. .... Se6 : d4
25. Sc3—d5 ! c6 : d5
26. Se3 : d5 De7—e5 !
27. Sd5 : c7 Sd4—e2† !

Durch diesen feinen Zwischenzug gewinnt Schwarz endgültig einen Bauern.

28. Df2 : e2 De5 : c5†
29. De2—f2 Dc5 : c7
30. Td1 : d8 Dc7 : d8
31. Df2 : a7

Zu erwägen war 31. e5. Allerdings hätte Schwarz den einen Freibauern erhalten (entweder auf der e-Linie oder — nach Vorbereitung — auf dem Damenflügel).

31. .... Lg6 : e4

Schwarz befindet sich noch immer im Vorteil, trotz der ungleichen Läufer. Denn er besitzt einen Mehrbauern und kann — zumindest im Mittelspiel — durch Druck auf g2 eine starke Initiative behaupten. Weiß dagegen kann nichts unternehmen, da sein Läufer auf Granit beißt.

32. Da7—d4 Dd8—e7
33. Te1—e3 De7—e6
34. a2—a3 h7—h6
35. h2—h3 Kg8—h7
36. Lb2—c3 De6—f5
37. Lc3—d2 Df5—g6
38. Te3—e2 Le4—c6

Die Initiative des Nachziehenden ist allmählich zu einem starken Angriff angewachsen.

39. Dd4—f2?

Stellung nach 39. Dd4—f2?

Das führt sofort zu einem glatt verlorenen Spiel. Geboten war 39. Tf2.

39. .... Lc6 : g2 !

Entscheidend, da 40. D:g2 an 40..., T:e2 scheitert.

Es ist kurios, daß diese Kombination in beinahe derselben Stellung schon vorgekommen ist, und zwar in der Partie Kotow—Botwinnik, Vorkämpferschaft der USSR 1939. Damals hatte sich die folgende Stellung ergeben: Weiß = Kh1, Df2, Te2, Ld4, Bf4, g2, h3; Schwarz = Kh7, Dg6, Te8, Lc6, Bb7, f6, g7, h5. Es folgte: 37..., D:g2†! 38. D:g2, T:e2 und Kotow gab auf. Man beachte, daß sogar die Zugnummer fast völlig übereinstimmt.

40.	**Te2 : e8**	**Lg2—e4†**
41.	**Kg1—h2**	**Dg6 : e8**

Jetzt ist die Aufgabe des Nachziehenden leicht, hauptsächlich weil der Gewinn auch nach Damentausch gesichert wäre.

42.	**Ld2—b4**	**De8—e5†**
43.	**Df2—g3**	**De5—b2†**
44.	**Kh2—g1**	**Db2—b1†**
45.	**Dg3—e1**	**Db1—d3**
46.	**De1—c3**	**Dd3—e2**
47.	**Dc3—g3**	**De2—d1†**
48.	**Lb4—e1**	**Le4—c6**

In dieser Stellung wurde die Partie bei der Pause abgebrochen, und bei der Wiederaufnahme zeigte sich, daß Weiß den Zug 49. P4T abgegeben hatte, was sowohl 49. a4 als 49. h4 bedeuten konnte. Darauf aufmerksam gemacht, zog Guimard sofort die Konsequenzen.

Weiß gibt auf.

Partie Nr. 74

Najdorf — **Tartacover**

Holländisch

1.	**d2—d4**	**e7—e6**
2.	**c2—c4**	**f7—f5**
3.	**g2—g3**	**Sg8—f6**
4.	**Lf1—g2**	**Lf8—b4†**
5.	**Lc1—d2**	**Lb4—e7**
6.	**Sb1—c3**	**0—0**

Derselbe Fall wie in Nr. 40. Besser ist 6..., d5.

7. Dd1—b3 !

Jetzt ist d7—d5 verhindert. Schwarz gelangt nicht mehr zum Stonewall und empfindet dadurch ansehnliche Schwierigkeiten.

7.	**....**	**c7—c5**
8.	**d4—d5**	**e6—e5**
9.	**e2—e4**	**d7—d6**
10.	**e4 : f5**	**Lc8 : f5**

Auf 10..., b6 würde 11. Dc2 folgen.

Durch Preisgeben des Bauern b7 erlangt Schwarz guten Angriff.

11.	**Db3 : b7**	**Sb8—d7**
12.	**Db7—a6**	**Lf5—d3**
13.	**Sg1—e2**	**Dd8—e8**
14.	**b2—b3**	**De8—f7**
15.	**0—0**	**Df7—h5**
16.	**f2—f3**	**g7—g5**
17.	**Ta1—e1**	**e5—e4**

Mit diesem zweiten Bauernopfer verschafft Schwarz seinen Springern die Felder e5 und g4, wodurch sein Angriff sehr stark wird.

Das Spiel gestaltet sich nun ausserordentlich verwickelt und spannend.

18.	**f3 : e4**	**Sf6—g4**
19.	**h2—h3**	**Sd7—e5**
20.	**Da6—b7**	

Nicht 20. h:g4?, weil der Angriff des Schwarzen nach 20..., S:g4 21. Tf5, Dh2† 22. Kf1, D:g3 unwiderstehlich werden würde.

20.	**....**	**Le7—f6**
21.	**Tf1—f5**	**Sg4—h6**

Stellung nach 21. ..., Sg4—h6

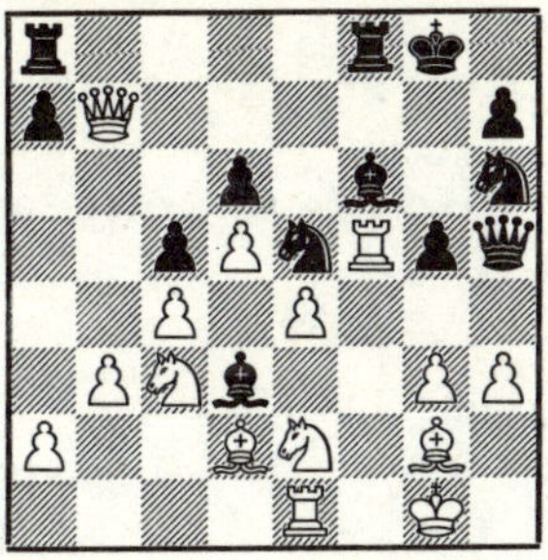

Schwarz arbeitet fortwährend mit allerlei Opferwendungen. Der Kampf hat seinen Höhepunkt erreicht.

22. Tf5 : f6

Das sieht sehr gut aus, führt aber nur zum Remis.

Nach der Partie wurde allgemein angenommen, dass Weiss mit 22. Sf4 gewinnen konnte. Indessen ist auch diese Fortsetzung nicht überzeugend, man prüfe:

1.) 22..., Df7? 23. D:f7, T:f7 24. T:e5, g:f4 25. Th5, Ld4† 26. Kh1, f3 27. Lf1 und Weiß muß auf die Dauer gewinnen.

2.) 22..., De8! 23. T:e5

2a) 23..., L:e5? 24. S:d3, mit entscheidendem Vorteil für Weiß.

2b) 23..., D:e5! 24. S:d3, D:g3, und die Lage bleibt unklar 25. Te3, Ld4).

22.	**...**	**Tf8 : f6**
23.	**Db7 : a8†**	**Tf6—f8**
24.	**Da8 : a7**	**Se5—f3†**
25.	**Kg1—h1**	

Nach 25. L:f3?, D:f3 würde Schw. gewinnen.

25.	**...**	**Sf3 : e1**
26.	**Ld2 : e1**	**Ld3 : e2**
27.	**Sc3 : e2**	**Dh5 : e2**
28.	**Le1—c3**	

Jetzt sieht es düster aus für Schwarz.

28.	**...**	**Sh6—f7**
29.	**Da7—e7**	**De2—e3 !**

Aber nach diesem starken Zuge darf sich Weiß nichts erlauben.

30.	**De7—f6**	**Sf7—e5**
31.	**Df6—e6†**	**Se5—f7**

Auch Schwarz hat keine Wahl. Nach 31..., Kg7? 32. L:e5† usw. würde Weiß dank seinen vielen Freibauern leicht gewinnen.

32.	**De6—f6**	**Sf7—e5**
33.	**Df6—e6†**	**Se5—f7**
34.	**De6—f6**	

Remis.

Man gewinnt den Eindruck, daß sich irgendwo eine Verstärkung für Weiß verbirgt.

Partie Nr. 75

Szabo **Flohr**

Caro-Kann

1.	**e2—e4**	**c7—c6**
2.	**d2—d4**	**d7—d5**
3.	**Sb1—c3**	**d5 : e4**
4.	**Sc3 : e4**	**Sg8—f6**
5.	**Se4 : f6†**	**e7 : f6**

Das ist unternehmender als 5..., g:f6 (siehe Nr. 159), hat aber den bekannten Nachteil, dass Weiß auf dem Damenflügel eine reine Bauernmehrheit erlangt, während die des Nachziehenden auf dem Königsflügel durch den Doppelbauern entwertet ist.

6. c2—c3

Weiß wählt einen auf Königsangriff abzielenden Aufbau.

Wollte er sich darauf verlegen, seinen Vorteil auf dem Damenflügel auszunützen, so täte er gut daran, sich den Zug c2—c4 vorzubehalten (siehe Nr. 157).

6. ... Lf8—d6
7. Lf1—d3 0—0
8. Dd1—c2 g7—g6

Vorsichtiger (obwohl positionell nicht recht befriedigend) ist 8..., h6.

Nach dem Textzug wird der Angriff des Weißen sehr gefährlich.

9. Sg1—e2 Tf8—e8
10. h2—h4

Da kommt schon der nächtliche Graus!

10. .... Sb8—d7
11. h4—h5 Sd7—f8
12. h5 : g6 f7 : g6
13. Dc2—b3† Lc8—e6 !

Dieses Bauernopfer ist zwar so gut wie erzwungen, denn auf 13.., Kh8 würde sehr stark 14. Lh6! folgen; es gewährleistet aber zugleich ein treffliches Gegenspiel

14. Db3 : b7 Le6—d5
15. Ke1—f1

Will Weiß seinen Mehrbauern behalten — und warum sollte er nicht? — dann muß er die Rochade aufgeben.

15. .... Te8—e7

Schwarz verschmäht das Remis durch Zugswiederholung, das er mittels 15..., a6 erzwingen konnte: 16. c4, Tb8 17. D:a6, Ta8 usw.

Der Textzug ist aber gewiss nicht schlecht, denn Schwarz erlangt nun einen gewaltigen Gegenangriff.

16. Db7—a6 Dd8—d7
17. Ld3—c4 Ta8—e8
18. Lc4 : d5†

Eine kleine Erleichterung.

18. .... c6 : d5
19. Lc1—e3 Sf8—e6
20. Da6—d3 Se6—g5
21. c3—c4

In der Absicht mit Sc3 fortzufahren.

21. .... Sg5—e4

Jetzt droht 22..., S:f2.

22. Th1—h3

Die richtige Abwehr.

22. .... Dd7—b7
23. c4—c5 Ld6—c7
24. Dd3—b3 Db7—a6

Schwarz opfert einen zweiten Bauern, um seinen Angriff noch zu verstärken.

25. Db3 : d5† Kg8—h8
26. Ta1—d1 !

Um 26..., Sd2† zu verhindern.

26. .... f6—f5
27. Dd5—b3 ! f5—f4
28. Db3—d3 !

Stellung nach 28. Db3—d3!

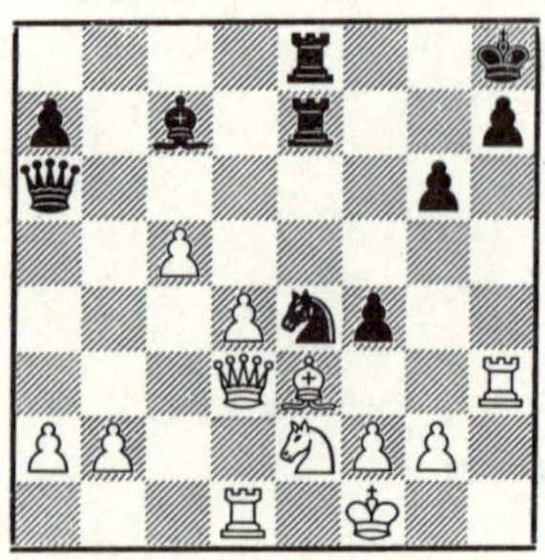

Weiß verteidigt sich sehr fein.

28.	....	Da6—b7

Nach 28..., D:d3 29. T:d3, f:e3 30. Th:e3 hätte Weiß gewiß ausreichenden Ersatz für die Figur. Schwarz hält daher mit dem Textzug die Spannung aufrecht und bereitet gleichzeitig eine Kombination vor.

29.	Se2 : f4	Lc7 : f4
30.	Le3 : f4	Se4 : f2!

Auf diese Kombination hat Schw. gespielt; er gewinnt das geopferte Material zurück.

31.	Kf1 : f2	Te7—e2†
32.	Dd3 : e2	Te8 : e2†
33.	Kf2 : e2	Db7 : g2†
34.	Ke2—d3	Dg2 : h3†
35.	Lf4—e3	Dh3—e6

Die Lage ist für beide Teile gefährlich.

Gelänge es dem Weißen, einen seiner Freibauern weit vorzuschieben, so wäre die schwarze Dame gebunden, und das könnte die Entscheidung bringen.

Anderseits muss Weiss seinen Gegner fortwährend beschäftigen, sonst könnten die schw. Bauern des Königsflügels zu Wort kommen.

36.	Td1—c1	De6—c6
37.	d4—d5!	

Weiß opfert einen seiner besten Bauern, um den freien c-Bauer einen Schritt weiterzubringen.

37.	....	Dc6 : d5†
38.	Le3—d4†	Kh8—g8
39.	c5—c6	Dd5—f3†
40.	Ld4—e3	Df3—d5†

Schwarz ist wohl genötigt, sich mit ewigem Schach zu begnügen.

41.	Kd3—e2	Dd5—g2†
42.	Ke2—d3	Dg2—d5†

Remis.

Partie Nr. 76

Lundin — **Stoltz**

Damen-Indisch

1.	d2—d4	Sg8—f6
2.	c2—c4	e7—e6
3.	Sg1—f3	b7—b6
4.	g2—g3	Lc8—b7
5.	Lf1—g2	Lf8—b4†
6.	Lc1—d2	Lb4—e7

Das bekannte „Tempoverlust-Manöver".

7.	Sb1—c3	Sf6—e4

Gediegener ist 7..., d5 (siehe Nr. 19).

8.	Dd1—c2	Se4 : d2

Das in der Hauptvariante der Damen-Indischen Verteidigung übliche 8..., S:c3 würde hier nach 9. L:c3 Vorteil für Weiß ergeben.

9.	Dc2 : d2	d7—d6

Im Gegensatz zum weissen Damenläufer hätte der schwarze Königsspringer im Zentrum wertvolle Dienste leisten können. Da nun diese beiden Figuren getauscht sind, erlangt Weiß auf jeden Fall ein Uebergewicht im Zentralabschnitt.

10.	0—0	0—0
11.	e2—e4	Sb8—d7
12.	Ta1—d1	a7—a6
13.	Tf1—e1	Tf8—e8
14.	Dd2—c2	Le7—f8
15.	e4—e5	

Weiß geht zum Angriff über. Dabei zeigt sich jedoch, daß die schwarze Stellung ein grosses Widerstandsvermögen besitzt.

15.	....	g7—g6
16.	h2—h4	Lf8—g7
17.	Sf3—g5	Lb7 : g2
18.	Kg1 : g2	Dd8—c8
19.	f2—f4	

Stellung nach 19. f2—f4

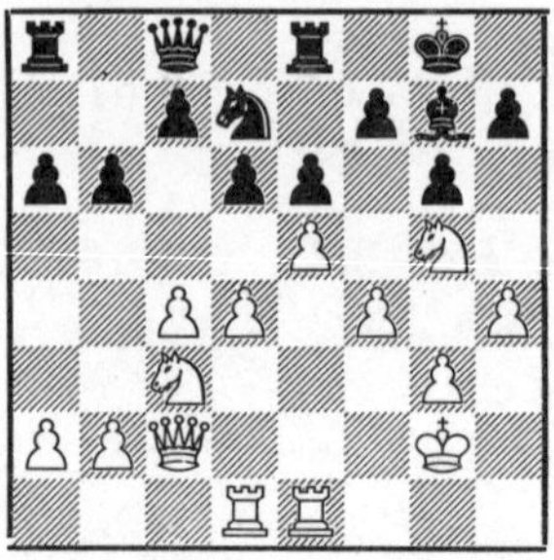

Das sieht alles sehr gut aus, aber die Aussichten des Anziehenden sind dennoch gering. Die schwarze Stellung weist nämlich keine schwachen Punkte auf.

19.	....	d6 : e5
20.	d4 : e5	Dc8—b7†
21.	Dc2—e4	

Ein Versuch, aus dem Raumvorteil im Endspiel Nutzen zu ziehen.

21.	....	Db7 : e4†
22.	Te1 : e4	Sd7—c5
23.	Te4—d4	f7—f6

Sehr gewagt, wie die Folge lehrt. Mit 23..., a5 (24. Sb5, Tec8) hätte Schwarz auf ziemlich einfache Art Remis erzielen können.

24.	Sg5—f3	f6 : e5
25.	Sf3 : e5	Lg7 : e5
26.	f4 : e5	a6—a5
27.	Sc3—b5	Te8—e7
28.	b2—b3	

Auch sofortiges 28. Td8† kam in Betracht.

28.	....	Ta8—f8
29.	Td4—d8	Te7—f7
30.	Td8 : f8†	Tf7 : f8

Oder 30..., K:f8 31. Td8†, Kg7 32. Tc8 ebenfalls mit Aussichten für Weiß.

31.	Sb5 : c7	Tf8—f5
32.	Td1—d8†	

Nach 32. Te1 wäre die Sache für Schwarz schwieriger gewesen, denn 32..., Sd3 ging dann nicht wegen 33. Te3 (33..., Tf2† 34. Kg1 usw., bezw. 33..., S:e5 34. S: e6). Aber 32..., Kf7! wäre gegangen, denn nach 33. Sb5, Sd3 34. Sd6†, Kf8! erreicht Schw. gerade noch Remis (35. S:f5, S:e1† 36. Kf1, Ke7 usw.).

32.	....	Kg8—f7
33.	Sc7—a8	Tf5 : e5
34.	Td8—d2	Te5—e3
35.	Td2—f2†	Kf7—e7

Um nach 36. S:b6 mit 36..., Se4 fortzusetzen.

Remis.

Partie Nr. 77

Smisloff **Euwe**

Spanisch

1.	e2—e4	e7—e5
2.	Sg1—f3	Sb8—c6
3.	Lf1—b5	a7—a6
4.	Lb5—a4	Sg8—f6
5.	d2—d3	

Eine zahme Variante, die Smisloff nur wählt, um der offenen Verteidigung (5. 0—0, S:e4) auszuweichen.

5.	....	d7—d6
6.	c2—c3	g7—g6

Besser ist wohl 6..., Ld7.

7.	0—0	Lf8—g7
8.	Tf1—e1	b7—b5
9.	La4—c2	0—0
10.	Lc1—g5	h7—h6

Sehr in Betracht kam 10..., d5. Schwarz hat aber einen anderen Plan, er hofft Königsangriff zu erlangen.

11.	Lg5—h4	Dd8—e8
12.	Sb1—d2	Sf6—h5
13.	Sd2—f1	g6—g5
14.	Lh4—g3	Sc6—e7

Vorzuziehen war das folgerichtige 14..., Sf4 oder auch 14..., f5.

15. a2—a4 !

Durch diesen feinen Zug kommt Weiß in Vorteil. Es droht 16. a:b5, wonach Schwarz zu dem anti-positionellen 16..., D: b5 genötigt wäre. Diese Drohung ist nicht einfach zu parieren, da sowohl 15..., Ld7? (wegen 16. S:e5 usw.) als 15..., Le6? (wegen 16. S:g5, S:g3 17. S : e6 usw.) einen Bauern kosten würde.

15.	....	Sh5 : g3
16.	h2 : g3	

Wieder sehr gut. Weiß schöpft mit diesem Zuge die Möglichkeit, sich mittels g3—g4 die Herrschaft über das Feld f5 zu sichern.

16.	....	Lc8—e6
17.	d3—d4	f7—f6
18.	Lc2—b3	

Gediegenes Stellungsspiel. Weiß wählt eine ruhige Abwicklung, die ihm treffliche Gewinnaussichten im Endspiel bietet, da der tätige Läufer des Gegners getauscht wird und der untätige eingeschlossen bleibt.

18.	....	Le6 : b3
19.	Dd1 : b3†	De8—f7
20.	Db3 : f7†	Kg8 : f7
21.	Sf1—e3	Tf8—b8
22.	a4 : b5	a6 : b5
23.	d4—d5	h6—h5
24.	Kg1—f1	g5—g4

Schwarz will nicht warten, bis sein Läufer mittels g3—g4 völlig eingeschlossen wird.

25.	Sf3—h4	Lg7—h6
26.	Se3—f5	Se7—g8
27.	Kf1—e2	Ta8—a4

Sieht gut aus, führt aber zu nichts.

28.	Ta1 : a4	b5 : a4
29.	Te1—b1	Tb8—b3

Sofortiges 29..., a3 wäre schlecht wegen 30. b4.

30.	Ke2—d3	a4—a3
31.	Kd3—c2	Tb3 : b2†
32.	Tb1 : b2	a3 : b2
33.	Kc2 : b2	Lh6—d2?

Stellung nach 33. ..., Lh6—d2?

Mit 33..., Lg5 nebst L:h4 hätte Schwarz gerade noch Remis erzielen können.

34. Kb2—c2 Ld2—e1?

Auch hier mußte 34..., Lg5 geschehen.

35. f2—f3

Jetzt ist der Vorteil des Anziehenden entscheidend.

35. .... Sg8—e7

Erst tauschen auf f3, ändert nichts an der Lage, abwarten ebensowenig. Denn Weiß droht ja c3—c4 zu spielen und mit dem König nach c6 zu wandern.

36.	**Sf5 : e7**	**Kf7 : e7**
37.	**f3 : g4**	**h5 : g4**
38.	**Sh4—f5†**	**Ke7—f7**
39.	**c3—c4**	**Kf7—g6**
40.	**Kc2—b3**	**Kg6—g5**
41.	**Kb3—a4**	**Le1 : g3**

Ein letzter Versuch.

42.	**Sf5 : g3**	**Kg5—f4**
43.	**Sg3—h5†**	**Kf4 : e4**
44.	**Sh5 : f6†**	**Ke4—f5**
45.	**Sf6—e8**	**e5—e4**
46.	**Se8 : c7**	**e4—e3**
47.	**Sc7—b5 !**	

Mit diesem Aufhalten des schw. Freibauern ist der Kampf erledigt.

47.	**....**	**Kf5—f4**
48.	**Sb5—c3**	**Kf4—g3**
49.	**c4—c5**	

Schwarz gibt auf.

Partie Nr. 78

Steiner — **Bernstein**

Halb-Slawisch

1.	d2—d4	d7—d5
2.	c2—c4	e7—e6
3.	**Sb1—c3**	**c7—c6**

Also Halb-Slawisch. Diese Fortsetzung führt meistens zu anderen Formen der Slawischen Verteidigung.

4. e2—e4

Damit bleibt das Spiel im Rahmen der Halb-Slawischen Verteidigung. Jedoch ist der Wert des Textzuges zweifelhaft.

Nach 4. Sf3 führt 4..., d:c4 zur Halb-slawischen Hauptvariante (Noteboom), nur 4..., Sf6 zu allerlei Uebergängen.

Am sichersten ist 4. e3.

4.	**....**	**d5 : e4**
5.	**Sc3 : e4**	**Sg8—f6**

Eine solide aber aussichtslose Fortsetzung.

Als stärker gilt 5..., Lb4†; das Bauernopfer 6. Ld2 ist nämlich ungenügend (6..., D:d4!), und auf 6. Sc3 ist 6.., c5! für Weiß lästig.

6.	**Se4 : f6†**	**Dd8 : f6**
7.	**Sg1—f3**	**Lf8—b4†**
8.	**Lc1—d2**	**Lb4 : d2†**
9.	**Dd1 : d2**	**Sb8—d7**
10.	**Lf1—d3**	**c6—c5**

Damit erreicht Schwarz gerade noch Ausgleich.

11.	**Ld3—c2**	**c5 : d4**
12.	**Dd2 : d4**	

Vorzuziehen war 12. S:d4. Nach dem Damentausch wird die Stellung ganz inhaltslos.

12.	**....**	**Df6 : d4**
13.	**Sf3 : d4**	**Sd7—e5**
14.	**b2—b3**	**Lc8—d7**
15.	**Lc2—e4**	**0—0—0**
16.	**0—0—0**	**Se5—g4**
17.	**Td1—d2**	**Sg4—f6**

18.	Th1—e1	e6—e5
19.	Sd4—f5	

Ein kleines Abenteuer, das gut abläuft.

19.	....	Sf6 : e4
20.	Sf5—e7†	Kc8—b8
21.	Te1 : e4	f7—f6
22.	Te4—e1	Ld7—e6
23.	Te1—d1	

Jetzt bildet d5 ein sicheres Feld für den Springer.

23.	....	Td8 : d2
24.	Td1 : d2	Th8—e8
25.	Se7—d5	Te8—d8
26.	Sd5—e3	Kb8—c7
27.	Td2 : d8	Kc7 : d8
28.	Kc1—d2	Kd8—e7
29.	Kd2—c3	Ke7—d6

Das Spiel steht völlig gleich. Man würde nicht erwarten, daß aus dieser einfachen Stellung noch so große Verwicklungen entstehen.

30.	Se3—f1	Le6—d7
31.	Sf1—g3	f6—f5
32.	Sg3—e2	Ld7—c6
33.	f2—f3	g7—g5
34.	a2—a3	f5—f4
35.	Kc3—d3	Lc6—e8
36.	Se2—c3	Le8—g6†
37.	Sc3—e4†	Kd6—c6
38.	Kd3—c3	Lg6 : e4

Schwarz ergreift gern die Gelegenheit, seine Bauernmehrheit auf dem Königsflügel mehr nach dem Rand zu verschieben. Merkwürdigerweise ist damit kein Vorteil verbunden; ja in gewissem Sinne sogar eine Gefahr.

39.	f3 : e4	b7—b5
40.	b3—b4	b5 : c4
41.	Kc3 : c4	h7—h5
42.	a3—a4	h5—h4?

Stellung nach 42. ..., h5—h4?

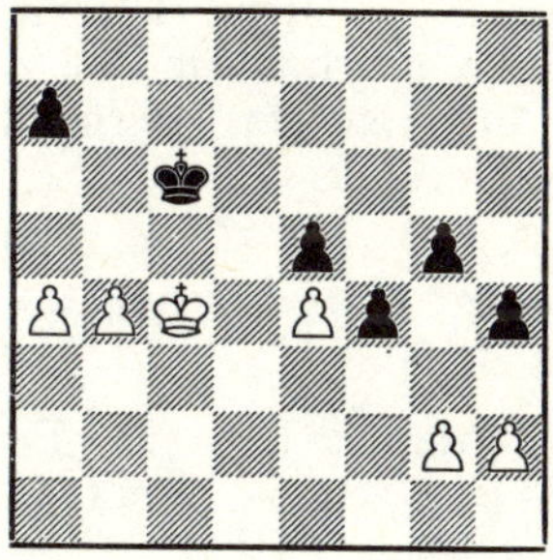

Droht mittels 43..., g4 nebst 44. f3 45. g:f3, g3 46. h:g3, h3 usw. zu gewinnen. Diese Drohung läßt sich aber nicht verwirklichen, da der weiße König ins Quadrat des h-Bauern gelangt, und führt nur zu einer verhängnisvollen Schwächung der schwarzen Bauernstellung.

Die Stellung war sonst remis. Schwarz konnte am einfachsten 42..., g4 ziehen, ebenfalls mit Gewinndrohung (43.., h4 usw.). Nach der erzwungenen Antwort 43. Kd3 hätte er jedoch passiv bleiben müssen, denn 43..., h4? würde zur Partiefortsetzung geführt haben.

43.	Kc4—d3	g5—g4
44.	Kd3—e2	Kc6—b6
45.	h2—h3 !	g4 : h3

Die zwei anderen Fortsetzungen führen rasch zum Verlust: 45.., g3 wegen 46. Kf3 nebst Kf3-g4:h4, und 45..., f3†? 46. g:f3, g3 wegen 47. f4!, e:f4 48. e5, Kc6 49. b5† usw.

46.	g2 : h3	a7—a5
47.	b4—b5	Kb6—c7

Hier dachte man allgemein, daß

Schwarz glatt verloren wäre im Hinblick auf Ke2-f3-g4:h4. Aber so arg ist es nicht. Die Stellung enthält nämlich noch eine verborgene Feinheit, und Bernstein hat sie entdeckt.

48.	**Ke2—f3**	**Kc7—d6**
49.	**Kf3—g4**	**Kd6—c5**
50.	**Kg4—f3**	

Auch Steiner hat die Feinheit gesehen. Nach 50. K:h4, Kd4 ist der schwarze f-Bauer ebensowenig aufzuhalten wie der weiße b-Bauer.

50.	**....**	**Kc5—b6**
51.	**Kf3—e2**	**Kb6—b7**
52.	**Ke2—f2**	**Kb7—c7**

Nicht 52..., Kb6? wegen 53. Kf3, Kc5 54. Kg4 und gewinnt, da 54.., Kd4 an 55. b6! scheitert, während Schwarz bei 54..., Kb6 55. K:h4, Kc5 56. Kg4 zu spät käme.

53.	**Kf2—g2**	**Kc7—b7**

Der schwarze König darf das Feld b6 erst betreten, sobald der weisse auf f3 steht.

Ein hübsches, praktisches Beispiel von Opposition auf verwandten Feldern.

54.	**Kg2—g1**	**Kb7—c7**
55.	**Kg1—h1**	

Steiner hofft, seinen Gegner zu bezaubern, aber der große Ossip Samoilowitsch läßt sich weder ziehen, noch zum Hinsinken bewegen.

55.	**....**	**Kc7—b7**
56.	**Kh1—h2**	**Kb7—c7**
57.	**Kh2—g2**	**Kc7—b7**
58.	**Kg2—f3**	**Kb7—b6 !**

Da ist er wieder. Dieselbe Stellung war bereits nach dem 50. Zuge von Schwarz entstanden.

Weiß sieht nun ein, daß er mit Verführungskünsten nicht weiter kommt und entschließt sich daher zur Hauptvariante, wobei sich ein Damenendspiel ergibt.

59.	**Kf3—g4**	**Kb6—c5**
60.	**Kg4 : h4**	**Kc5—d4**
61.	**b5—b6**	**f4—f3**
62.	**Kh4—g3**	**Kd4—e3**
63.	**b6—b7**	**f3—f2**
64.	**b7—b8D**	**f2—f1D**
65.	**Db8 : e5**	

Nun zeigt sich, daß Schwarz nur dem unmittelbaren Verlust entgangen, aber noch keineswegs gerettet ist. Denn mit zwei Mehrbauern steht Weiß noch immer überlegen.

65.	**....**	**Df1—e1†**
66.	**Kg3—g4**	**De1—d1†**
67.	**Kg4—g5**	**Dd1 : a4**
68.	**De5—g3†**	

In Betracht kam 68. Df4† nebst 69. h4. Aber auch der Textzug ist stark; er bezweckt die rasche Geltendmachung des e-Bauern.

68.	**....**	**Ke3—e2**
69.	**e4—e5**	**Da4—e8**
70.	**Dg3—g4†**	**Ke2—f2**
71.	**Dg4—f5†**	**Kf2—g2**
72.	**e5—e6**	**a5—a4**
73.	**Df5—f7**	**De8—b5†**
74.	**Kg5—h6**	**Db5—c4**
75.	**Df7—g6†**	**Kg2—h2**
76.	**Dg6—f5?**	

Hier versäumt Weiß den Gewinn, den er mit 76. e7! erzwingen konnte, z. B. 76..., Df4† 77. Kg7, Dc7 78. Df7, De5† 79. Kh7, De4† 80. Kg8 usw.

Nach dem schwächeren Textzug wird auch der schwarze Bauer gefährlich, wodurch das Spiel unentschieden bleibt.

76. .... D c4—e2
77. Kh6—g6 a4—a3
78. Kg6—f7 a3—a2
79. Df5—f6 De2—a6
80. Df6—a1 Da6—b7†
81. e6—e7 Db7—d5†
82. Kf7—f8 Dd5—f5†
83. Kf8—g7 Df5—g5†
84. Kg7—f7

Remis.

Partie Nr. 79

Botwinnik **O'Kelly**

Nimzo-Indisch

1. c2—c4 Sg8—f6
2. d2—d4 e7—e6
3. Sb1—c3 Lf8—b4
4. e2—e3 b7—b6
5. Sg1—e2 Lc8—b7
6. a2—a3 Lb4—e7
7. d4—d5 0—0
8. Se2—g3

Einfacher ist 8. e4 (siehe Nr. 122).

8. .... b6—b5

Mit diesem hübschen Bauernopfer reißt Schwarz die Initiative an sich.

9. d5 : e6 f7 : e6
10. Sc3 : b5 c7—c5
11. Sb5—d6?

Ein schwerer Zeitverlust, wie sich sofort zeigt.
Richtig war 11. f3 nebst Le2 und 0—0.

11. .... Lb7—c6
12. e3—e4 Dd8—c7

Zwingt den Springer zum Rückzug, denn auf 13. e5 würde 13..., Se8! folgen, mit günstigem Rückgewinn des Bauern (14. S:e8, D:e5†).

13. Sd6—b5 Dc7—b7
14. e4—e5

Auf 14. f3 folgt 14..., d5, mit starkem Spiel für Schwarz.

14. .... Sf6—e4
15. Lc1—e3

Danach gewinnt Schwarz den Bauern mit großem Vorteil zurück. Es drängt sich daher die Frage auf, weshalb Weiß nicht mit 15. S:e4, L:e4 16. f3 fortsetzt oder auch sofort mit 15. f3. Die Antwort lautet: 16..., Tf3!! bezw. 15..., S:g3 16. h:g3, T : f3!!. Auf diese Weise würde Schwarz einen kaum zu parierenden Angriff erlangen.

15. .... a7—a6
16. Sb5—c3 Se4 : c3
17. b2 : c3 Lc6 : g2

Schwarz hat den Bauern zurückgewonnen und steht überlegen.

18. Ta1—b1 Db7—c6
19. Th1—g1 Lg2 : f1
20. Ke1 : f1 Tf8—f7
21. Dd1—h5 Dc6—a4
22. Dh5—g4 Sb8—c6
23. Dg4—e4 Ta8—f8

Stellung nach 23. ..., Ta8—f8

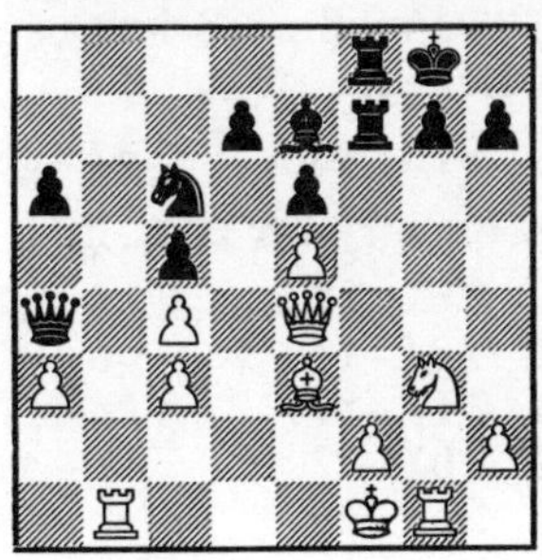

O'Kelly hat durch ausgezeichnetes Spiel eine Gewinnstellung erlangt. Jetzt geht alles wie geschmiert. Schwarz steht vollkommen sicher und kann die Bauern des weißen Damenflügels nach Belieben pflücken.

24.	Sf3—h5	Kg8—h8
25.	Tg1—g4	Sc6—a5
26.	Kf1—g2	Da4—c6?

Unbegreiflich.

Mit 26..., D:a3 konnte Schwarz bequem gewinnen, da der Gegner überhaupt nichts drohte.

Indessen verdirbt der Textzug noch nicht viel, denn das Endspiel nach 27. D:c6, S:c6 wäre durchaus vorteilhaft für Schwarz.

27.	Sh5—g3	Sa5 : c4??

Das aber ist besonders schlecht. Statt seinen Fehler mit 28..., Da4! auszubessern, erzwingt Schwarz mit diesem Bauerngewinn (wenn man es so nennen will) den Uebergang zu einem Endspiel, das dem Weißen entscheidende Vorteile bietet.

O'Kelly befand sich in drückender Zeitnot.

28.	De4 : c6	Sc4 : e3†
29.	f2 : e3	d7 : c6

Nach 29..., Tf2† 30. Kg1, d:c6 31. Tb7 müßte Schwarz 31..., T2f7 ziehen.

30.	Sg3—e4 !	g7—g6

Etwas besser war 30..., g5.

31.	Tb1—b7	Kh8—g7
32.	Tg4—f4	g6—g5
33.	Tf4 : f7†	Tf8 : f7
34.	Tb7—c7	a6—a5
35.	Se4—d6 !	Le7 : d6
36.	e5 : d6	

Mit Turmgewinn, denn die Drohung d6—d7—d8 ist nicht zu parieren, z. B. 36.., Kf6 37. d7, Ke7 38. d8D† usw. 37..., Tf8 38. Te8 usw.

Schwarz gibt auf.

Partie Nr. 80

Denker — **Boleslawski**

Königsindisch

1.	d2—d4	Sg8—f6
2.	c2—c4	g7—g6
3.	g2—g3	Lf8—g7
4.	Lf1—g2	d7—d6
5.	Sg1—f3	Sb8—d7
6.	Sb1—c3	0—0
7.	0—0	e7—e5
8.	e2—e4	c7—c6
9.	b2—b3	

Mit Unrecht weicht Denker ab von seiner Partie gegen Najdorf, in der er mit 9. h3! fortsetzte (siehe Nr. 4).

Der Damenläufer steht auf dem Flügel lange nicht so gut wie im Zentrum.

9.	....	Tf8—e8
10.	Lc1—b2	e5 : d4
11.	Sf3 : d4	Sd7—c5
12.	Dd1—c2	a7—a5
13.	Ta1—d1	

Die weiße Stellung sieht jetzt sehr gut, beinahe ideal aus. Bei näherer Untersuchung erkennt man jedoch, daß Weiß nichts Rechtes unternehmen kann, während Schwarz auf beiden Flügeln allerlei Chancen besitzt.

13.	....	Dd8—b6

14. h2—h3 a5—a4

Die bekannte Gegenaktion (möglich geworden, weil Weiß sich mit Lb2 entwickelte statt mit Le3!).

15. b3 : a4

Sonst müßte Weiß fortwährend mit a4:b3 oder a4—a3 rechnen. Mit dem Textzug schwächt er zwar seinen Damenflügel, aber Schwarz wird mit dem Rückgewinn der Bauern noch Zeit verlieren müssen.

15. .... Db6—c7

Die Fortsetzung 15..., Db4 sieht zwar zu abenteuerlich aus, aber sie wäre doch stark gewesen, z. B. 16. a3, D:c4 17. Tfe1 (droht Lf1 mit Damengewinn) 17..., Sa4 18. Lf1, Dc5 19. Sb3, Dh5 20. T:d6, S:b2 mit Vorteil für Schwarz.

16. Kg1—h2 h7—h5
17. Kh2—h1

Um 17..., h4 mit 18. g4 beantworten zu können. Da Schwarz seinem Springer das Feld h5 genommen hat, kann der Textzug unbedenklich geschehen.

17. .... Lc8—d7
18. f2—f4 Sf6—h7
19. Sd4—b3?

Ein Fehler, wodurch Weiß in schweren Nachteil gerät.
Richtig war 19. Tfe1.

19. .... Ld7—e6 !
20. e4—e5

Weiß besitzt keine genügende Deckung für den Bauern c4; nach 20. S:c5, d:c5 21. De2, L:c3 22. L:c3, T:a4 hätte er ebenfalls das Nachsehen.

Stellung nach 20. e4—e5

20. .... Le6—f5 !
21. Sc3—e4 Sc5 : e4
22. Lg2 : e4 Lf5 : e4
23. Dc2 : e4 f7—f5 !

Nicht 23..., d:e5 wegen 24. f5, mit Angriffsaussichten für Weiß.

24. De4—d3 d6 : e5
25. Dd3—d7 Dc7—b6 !

Mit allerlei starken Drohungen 26..., Sf6 26..., Sf8, 26..., Tad8 oder 26..., De3.

26. Dd7—d6 Sh7—f8
27. Lb2 : e5 Lg7 : e5
28. f4 : e5 Db6—e3
29. Dd6—d3 De3 : d3
30. Td1 : d3 Ta8 : a4

Nun hat Schwarz den geopferten Bauern zurück und er bekommt noch einen dazu.

31. Tf1—e1 Ta4 : c4
32. Sb3—a5

Auf diese Weise erlangt Weiß etwas Gegenspiel.

32. .... Tc4—e4
33. Te1 : e4 f5 : e4
34. Td3—e3 Te8 : e5
35. Sa5 : b7 Sf8—d7
36. a2—a4 Sd7—b6

37.	**Sb7—d6**	**Sb6 : a4**
38.	**Te3 : e4**	**Te5 : e4**
39.	**Sd6 : e4**	

Weiß hat sich ausgezeichnet verteidigt; das nun entstandene Springerendspiel kann er schwerlich verlieren.

39.	....	**Kg8—f7**
40.	**Kh1—g2**	**Kf7—e6**
41.	**Kg2—f3**	**Ke6—e5**
42.	**Kf3—e3**	**c6—c5**
43.	**Se4—d2?**	

Der entscheidende Fehler. Mit 43. g4! hätte Weiß Remis erzielen können, z. B.

1.) 43..., h4 44. Sd2 usw. (44..., g5 45. Se4!);

2.) 43..., h:g4 44. h:g4 usw. (44..., Kd5 45. Sf6†, Kc4 46. Kf4!).

43.	....	**Sa4—b6**
44.	**g3—g4**	

Zu spät, denn nun erhält Weiß keine Gelegenheit mehr für die allfällige Gegenaktion mit Ke3-f4-g5.

44.	....	**h5 : g4**
45.	**h3 : g4**	**Sb6—d5†**
46.	**Ke3—d3**	**Sd5—f6**
47.	**g4—g5**	**Sf6—d7**
48.	**Kd3—c4**	**Ke5—f4**
49.	**Kc4—d5**	**Kf4 : g5**
50.	**Kd5—d6**	

Eine letzte Anstrengung, wobei aber Weiß mit einem Tempo zu kurz kommt.

50.	....	**Kg5—f4!**
51.	**Kd6 : d7**	**g6—g5**
52.	**Sd2—b3**	

Oder 52. Kd6, g4 53. Kd5, g3 54. Se4, g2 55. Sf2, Kg3 und Schwarz gewinnt.

52.	....	**c5—c4**
53.	**Sb3—d4**	**Kf4—e4**
54.	**Sd4—c2**	**g5—g4**
55.	**Kd7—d6**	**g4—g3**
56.	**Sc2—e1**	**c4—c3**

Weiß gibt auf.

9. RUNDE

FREITAG, 23. AUGUST 1946

81.	Boleslawski—Vidmar	½—½
82.	O'Kelly—Denker (abgebrochen)	0—1
83.	Bernstein—Botwinnik	0—1
84.	Euwe—Steiner	1—0
85.	Stoltz—Smisloff	½—½
86.	Flohr—Lundin	½—½
87.	Tartacover—Szabo	½—½
88.	Kotow—Najdorf	½—½
89.	Yanofsky—Guimard	1—0
90.	Kottnauer—Christoffel	1—0

Smisloff konnte seinen schönen Stand nicht behaupten; er erzielte nur Remis und fiel dadurch auf den dritten Platz zurück. Botwinnik und Euwe haben ihre Partien leicht gewonnen, der Russe durch überlegenes Stellungsspiel gegen Bernstein, der Holländer in glänzendem Stil gegen Steiner, nachdem er dessen Rochadestellung durch eine effektvolle Opferkombination entscheidend geschwächt hatte. Damit haben sich die beiden Führenden endgültig von der Menge distanziert. Fortan sollten sie keine Einmischung mehr dulden in ihren Kampf um die zwei ersten Plätze.

Das Kaliber der Partien war heute im allgemeinen weniger schwer als gestern.

Kottnauer schlug Christoffel in 26 Zügen. Der Schweizer versuchte es einmal mit Koomen's Fortsetzung in der Noteboom-Variante, kam aber in große Verlegenheit, als der Gegner darauf verzichtete, dem Gambitbauern nachzujagen. Dieser Bauer wirkte sich wie ein Bleigewicht an den Beinen des in diesem Falle wirklich Nachziehenden aus, und das mußte für einen freien Bürger des Landes von Wilhelm Tell ganz besonders unbehaglich sein. Christoffel strauchelte dann auch bald und erlitt dabei schwere materielle Einbußen.

Beinahe ebenso schnell, in 28 Zügen, gewann Yanofsky gegen Guimard. Letzterer erzwang den Zug f2:g3, in der theoretisch richtigen Meinung, damit die weiße Bauernstellung geschwächt zu haben, sah sich jedoch bitter enttäuscht, als sich bald herausstellte, daß die Oeffnung der f-Linie unter den gegebenen Umständen viel schwerer ins Gewicht fiel. Weiß erlangte einen entscheidenden Angriff.

Die Partie O'Kelly—Denker, die erst am Hängetag beendet wurde, zeichnet sich durch das Endspiel aus, in welchem sich der Läufer stärker erweist als der Springer. Bekanntlich kommt in der Praxis der umgekehrte Fall viel häufiger vor. O'Kelly hätte nichts dagegen gehabt, wenn es sich auch diesmal um so einen umgekehrten Fall gehandelt hätte.

Drei der Remispartien verliefen sehr ruhig, nämlich Tartacover—Szabo, Kotow—Najdorf und Stoltz—Smisloff. Die letztgenannte Partie ist in theoretischer Beziehung bemerkenswert, da es dem Nachziehenden gelang, im Slawischen Fianchetto auf ziemlich einfache Art befriedigendes Spiel zu erlangen. Ferner wäre zu erwähnen, daß Kotow beim 40. Zuge Zeitüberschreitung reklamierte, aber zu Unrecht, denn er hatte seinen 17. Zug nicht aufgeschrieben. Najdorf war dies nicht entgangen und er wußte sofort, wie die Sache stand, trotz seiner drückenden Zeitnot.

Flohr hätte gegen Lundin gewinnen müssen. Das war ein Kampf zwischen zwei Schachweltanschauungen, wobei Flohr jene des Propheten Akiba vertrat: der isolierte Damenbauer ist ein Nachteil, und Lundin jene des Propheten Siegbert: der isolierte Damenbauer ist kein Nachteil. Beide Spieler operierten mit großem Geschick, aber allmählich neigte sich die Wagschale zugunsten von Weiß. Nur übersah Flohr im entscheidenden Augenblick eine geistreiche positionelle Falle seines Gegners; er tauschte die Damen, weil er meinte, im Springer-Läufer-Endspiel leicht zu gewinnen, aber Lundin opferte daraufhin einen Bauern und erzwang auf diese Weise das rettende Eingreifen seines Königs.

Auch Boleslawski erreichte durch feines Spiel eine Gewinnstellung. Er verschaffte sich, nachdem sein Gegner Vidmar in der geschlossenen Variante der Spanischen Partie extemporiert hatte, erst schöne Angriffsaussichten auf dem Königsflügel, wickelte dann auf überraschende Weise ab und eroberte auf dem Damenflügel einen Bauern. Ein Augenblick des Zögerns brachte ihn aber um die Früchte seines guten Spiels. Die Partie wurde abgebrochen, aber später ohne weiteres remis gegeben.

Stand nach der 9. Runde: Botwinnik 8½; Euwe 7; Smisloff 6½; Denker, Tartacover je 6; Flohr, Stoltz je 5½; Kottnauer, Najdorf je 5; Kotow, Szabo je 4½; Boleslawski, Yanofsky je 4; Bernstein, Lundin je 3½; Christoffel 3; Vidmar 2½; O'Kelly, Steiner je 2; Guimard 1½.

Partie Nr. 81

Boleslawski — **Vidmar**

Spanisch

1.	e2—e4	e7—e5
2.	Sg1—f3	Sb8—c6
3.	Lf1—b5	a7—a6
4.	Lb5—a4	Sg8—f6
5.	0—0	Lf8—e7
6.	Tf1—e1	b7—b5
7.	La4—b3	d7—d6
8.	c2—c3	0—0
9.	h2—h3	Lc8—e6

Eine jener Abweichungen vom Gewöhnlichen, die ohne gerade fehlerhaft zu sein, doch Sorgen verursachen.

10.	d2—d4	Le6 : b3
11.	Dd1 : b3	e5 : d4
12.	Sf3 : d4	Sc6 : d4
13.	c3 : d4	c7—c5

Damit verschafft sich Schwarz die Mehrheit auf dem Damenflügel, räumt aber dem Gegner Angriffsaussichten auf dem Königsflügel ein. Der relative Wert dieser beiden Vorteile bestimmt auch auch den des gewählten Systems. Nach dem Verlauf der Partie zu urteilen, befindet sich Weiß im Vorteil.

14.	d4 : c5	d6 : c5
15.	e4—e5	Sf6—d7
16.	a2—a4	

In Betracht kam auch sofortiges 16. Dg3.

16.	....	c5—c4
17.	Db3—g3	Sd7—c5
18.	Lc1—h6	Sc5—e6
19.	Sb1—c3	Kg8—h8
20.	Te1—d1	Dd8—e8
21.	Lh6—e3	De8—c6
22.	f2—f4	

Es geht alles wie von selbst. Zwar ist Weiß mit seinem direkten Angriff auf dem Königsflügel nicht durchgedrungen, aber er hat seine Bauernmehrheit auf diesem Flügel zu einer Macht erhoben und gleichzeitig die Mehrheit des Gegners auf dem Damenflügel im Zaum gehalten.

22.	....	Ta8—d8
23.	a4 : b5	a6 : b5
24.	Dg3—f3	

Ein merkwürdiger Entschluß. Weiß versteht sich nicht nur zum Damentausch, sondern auch zu einem Doppelbauern auf seinem Mehrheitsflügel.

Trotzdem ist der Textzug gut durchdacht. Es stellt sich nämlich heraus, daß die schwarzen Damenflügelbauern schwach sind.

24.	....	Dc6 : f3
25.	g2 : f3	Td8 : d1†
26.	Ta1 : d1	b5—b4
27.	Sc3—e4	Tf8—d8
28.	Td1—c1	Se6—d4

Der Textzug führt zu einem für Weiß vorteilhaften Bauerntausch.

29.	Tc1 : c4	Sd4 : f3†
30.	Kg1—f2	Sf3—h4
31.	Le3—b6	Td8—a8
32.	Se4—d6	

Sehr unangenehm für Schwarz, der durch diesen Zug seinen letzten Bauern auf dem Damenflügel verliert.

32.	....	f7—f6
33.	Tc4 : b4	f6 : e5
34.	f4 : e5	Ta8—f8†
35.	Kf2—e2	Sh4—g6
36.	Lb6—d4	Sg6—f4†
37.	Ke2—d1	Kh8—g8

Schwarz braucht sich mit dem Schlagen des h-Bauern nicht zu beeilen, denn der kann seinem Schicksal doch nicht entrinnen.

38.	Tb4—b7	Le7—h4
39.	b2—b4	Sf4—e6

Der weiße Freibauer ist zu gefährlich. Schwarz ist genötigt, seinen Springer zurückzurufen, die Eroberung des h-Bauern dem Turm überlassend.

40.	Ld4—c3	h7—h5

41. b4—b5 Tf8—f1†
42. Kd1—e2 Tf1—f2†
43. Ke2—e3 Tf2—h2
44. Tb7—b8† Kg8—h7
45. Ke3—e4?

Stellung nach 45. Ke3—e4?

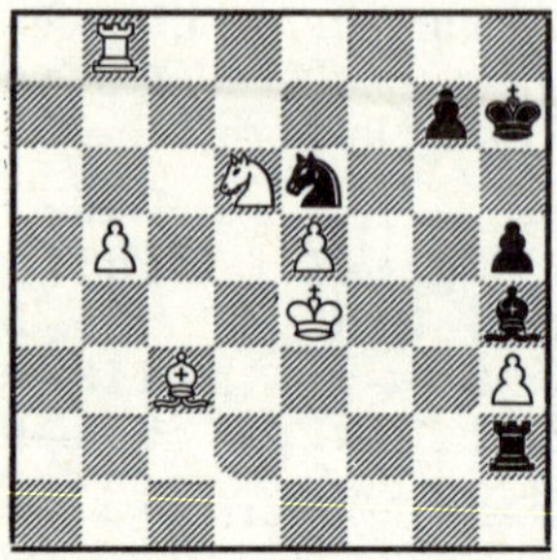

Mit 45. b6, T:h3† 46. Kd2 konnte Weiß die Partie zu seinen Gunsten entscheiden.

45. .... Th2 : h3
46. Ke4—d5 Se6—c7†
47. Kd5—c4 Lh4—f2
48. Sd6—e4 Th3—h4
49. Kc4—d3 Th4—h3†
50. Kd3—c2 Th3—h2
51. Kc2—b3 Sc7—d5
52. Tb8—d8

Der richtige Augenblick für b5-b6 ist nun einmal versäumt und Weiß erhält keine Gelegenheit mehr, diesen Bauern über die sechste Reihe zu bringen.

52. .... Sd5 : c3
53. Kb3 : c3 Lf2—e1†
54. Kc3—d3 Th2—b2
55. e5—e6 Le1—h4
56. Td8—d5 Kh7—g6
57. Kd3—c3 Tb2—b1
58. Kc3—c4 Tb1—c1†

Hier wurde das Spiel abgebrochen und es kam zu keiner Wiederaufnahme des Kampfes.

Remis.

Partie Nr. 82

O'Kelly — **Denker**

Sizilianisch

1. e2—e4 c7—c5
2. Sg1—e2 d7—d6
3. g2—g3 d6—d5!

Sehr richtig. Würde Schwarz schablonenhaft mit 3..., Sc6 und 4..., Sf6 fortsetzen, so erhielte Weiß mittels Lg2 nebst c3 und d4 ein prächtiges Spiel (das Capablanca-System!).

4. Lf1—g2 d5 : e4
5. Lg2 : e4 Sg8—f6
6. Le4—g2 Sb8—c6
7. d2—d3 e7—e6
8. Sb1—d2 Lc8—d7
9. Sd2—b3 Lf8—e7
10. 0—0 0—0
11. Lc1—e3 b7—b6
12. d3—d4 c5 : d4
13. Se2 : d4 Sc6 : d4
14. Sb3 : d4

14. L:a8? würde wegen 14...., S:b3 eine Figur kosten.

14. .... Ta8—c8

Die Spiele stehen gleich.

15. Dd1—e2

Kraftlos gespielt. Ein guter Zug wäre 15. a4 gewesen.

15. .... e6—e5

Damit erlangt Schwarz etwas Führung.

16. Sd4—f3 Dd8—c7
17. c2—c3 Ld7—e6
18. Tf1—d1 Le6—c4
19. De2—e1 Sf6—g4
20. b2—b3

Auf 20. Lh3 wäre 20..., f5 die starke Antwort.

20. .... Lc4—a6
21. c3—c4 Tc8—e8
22. De1—e2

Der weiße Läufer kann sich dem Abtausch noch stets nicht gut entziehen, denn Schwarz käme dadurch zu Lc5.

22. .... Sg4 : e3
23. f2 : e3

Das schwächt die weiße Stellung. Besser war 23. D:e3, obwohl Schwarz auch in diesem Falle Vorteil behauptet hätte.

23. .... f7—f5
24. Sf3—d2 Te8—d8

Aussichtsvoller war 24..., f4.

25. Sd2—f1 La6—b7
26. Td1 : d8 Tf8 : d8
27. Lg2 : b7 Dc7 : b7
28. Ta1—d1 Db7—a8
29. Td1 : d8† Da8 : d8

Im Hinblick auf den vereinzelten Bauern des Weißen besitzt der Nachziehende noch stets ein kleines Stellungsübergewicht, aber das sollte keineswegs zum Gewinn genügen.

30. De2—d2?

Der Damentausch treibt die Aussichten des Nachziehenden schwunghaft in die Höhe. Es ist sogar sehr die Frage, ob Weiß das Spiel nun überhaupt noch retten kann.

30. .... Dd8 : d2
31. Sf1 : d2 e5—e4 !
32. Kg1—f2

Der Springer ist eingeschlossen und kann auch über b1 nicht ins Freie gelangen, man prüfe: 32. Sb1, Lb4 33. a3, Lc5 34. Kf2, a5, und Weiß ist keinen Schritt weiter gekommen.

32. .... a7—a5
33. Kf2—e2 Kg8—f7
34. h2—h3 Kf7—e6
35. g3—g4

Weiß hätte besser daran getan, auf dem Königsflügel in Untätigkeit zu verharren, denn nun wird sein h-Bauer allmählich sehr schwach.

35. .... g7—g6
36. g4 : f5† g6 : f5
37. Sd2—b1 Le7—b4
38. Sb1—d2 h7—h5
39. Sd2—f1 h5—h4 !

Also wieder nichts. Dem Springer geht es wie jemand, der unbedingt ein Visum fürs Ausland braucht.

40. Sf1—d2 Ke6—d6
41. Sd2—f1 Kd6—e5
42. Sf1—h2

Es bleibt dem Weissen nichts anderes übrig, als die Hände in den Schoß zu legen und abzuwarten, wo Schwarz durchbrechen wird.

42. .... Lb4—c5
43. Ke2—d2 f5—f4
44. Sh2—g4† Ke5—f5
45. Kd2—e2 f4 : e3
46. Sg4 : e3† Kf5—f4
47. Se3—f1 Lc5—d4

Schwarz hat das Richtige noch nicht gefunden. Mit 47..., e3! hätte er bereits hier die Diagrammstellung herbeiführen können.

48. Sf1—d2 Ld4—b2
49. Sd2—f1 Lb2—c1
50. Ke2—f2 Lc1—a3

51. Kf2—e2 La3—c5
52. Sf1—d2 Lc5—d4
53. Sd2—f1 Ld4—g1
54. Sf1—d2 Lg1—c5
55. Sd2—f1 e4—e3!

Stellung nach 55. .., e4—e3!

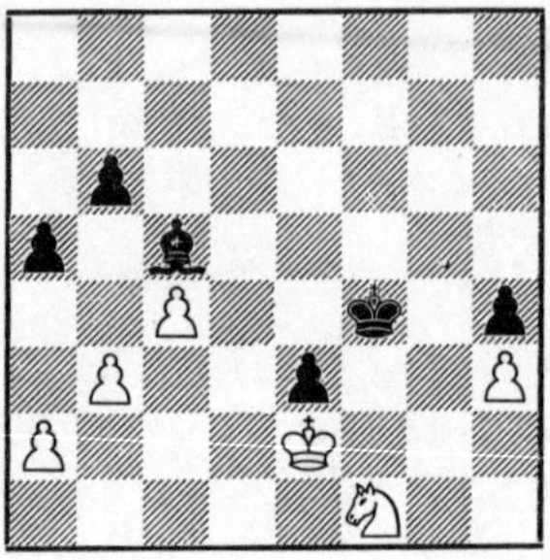

Der Gewinnzug.

56. a2—a3

Weiß kann Bauernverlust nicht vermeiden.

56. .... Lc5 : a3
57. Sf1 : e3 Kf4—g3
58. Se3—f5† Kg3 : h3
59. Ke2—f3 La3—c1
60. Sf5—d6 Lc1—g5
61. Sd6—f5 Lg5—d8
62. Sf5—e3 Kh3—h2
63. Se3—d5 Kh2—g1

Nach 63..., h3 64. Sf4, Lg5 65. Se2 würde Schwarz Mühe haben, seinen abgesperrten König wieder zu befreien.

64. Kf3—g4 Kg1—g2
65. Sd5—f4† Kg2—f1
66. Sf4—d5 Kf1—e1

Der schwarze König ist im Begriff, b3 und c4 zu erobern.

Weiß gibt auf.

Partie Nr. 83

Bernstein — **Botwinnik**

Sizilianisch

1. e2—e4 c7—c5
2. Sg1—f3 d7—d6
3. d2—d4 c5 : d4
4. Sf3 : d4 Sg8—f6
5. Sb1—c3 g7—g6
6. Lf1—e2 Lf8—g7
7. Lc1—e3 Sb8—c6
8. 0—0 0—0
9. Dd1—d2 Sf6—g4
10. Le2 : g4 Lc8 : g4
11. f2—f3

Gegen Smisloff setzte Bernstein mit 11. h3 fort (siehe Nr. 64).

11. .... Lg4—e6

Das scheint stärker zu sein als das gebräuchliche 11..., Ld7.

12. Sd4 : c6

Eine unnötige Verstärkung des feindlichen Zentrums, umso weniger zu empfehlen, als Schwarz das Läuferpaar behält.

12. .... b7 : c6
13. Le3—d4 f7—f6!

Mit gutem Recht vermeidet Schwarz den Läufertausch (eine bessere Taktik als Nr. 64 zeigt).

14. b2—b3

Besser war 14. Se2, um den folgenden Ausfall der schw. Dame zu verhindern.

14. .... Dd8—a5
15. Sc3—b1 Da5 : d2
16. Sb1 : d2 Lg7—h6
17. Ta1—d1 c6—c5
18. Ld4—f2 a7—a5

Stellung nach 18. ..., a7—a5!

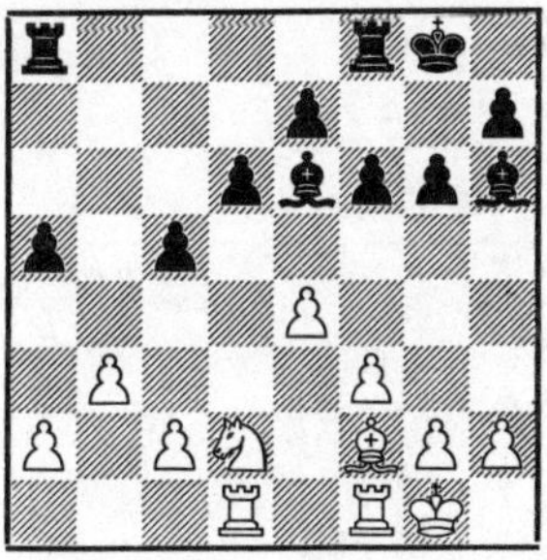

Schwarz hat bereits einen starken Positionsangriff erlangt.

19. a2—a4 Tf8—c8

Weiß hat zwar den Durchbruch auf a4 verhindert, aber den auf c4 muß er zulassen. Auf 20. c4 würde nämlich 20..., Tcb8! folgen, mit der nicht zu parierenden Drohung 21..., L:d2 nebst 22.., T:b3.

20. Tf1—e1 c5—c4!
21. Lf2—e3 Lh6—g7
22. b3 : c4 Le6 : c4
23. Sd2—b3 Lc4—f7
24. Te1—e2 Tc8—c4
25. Td1—d4

Weiß steht schlecht, obwohl es ihm gelungen ist, Bauernverlust gerade noch zu verhindern.

25. .... Tc4—c3
26. Td4—d2 Tc3—c4
27. Td2—d4 f6—f5!
28. Td4 : c4 Lf7 : c4
29. Te2—e1 f5 : e4
30. Le3—d2?

Geboten war einfach 30. f:e4. Nach dem Textzug gestaltet sich die Lage des Anziehenden hoffnungslos.

30. .... e4 : f3
31. Te1 : e7 f3 : g2
32. Sb3 : a5 Lc4—d5
33. c2—c4 Ld5—f3
34. Kg1—f2 Ta8—f8

Man begreift wirklich nicht, wozu Weiß den Bauer geopfert hat. Jetzt verliert er auch noch eine Figur.

35. Ld2—e3 Lg7—c3
36. Te7—a7 Lf3—c6†
37. Kf2—g3 Lc3 : a5
38. Ta7 : a5 Tf8—f3†
39. Kg3 : g2 Tf3 : e3†
40. Kg2—g1 Te3—c3
41. Ta5—a7 Tc3 : c4
42. Ta7—c7 Tc4—c1†
43. Kg1—f2 Tc1—c2†

Weiß gibt auf.

Partie Nr. 84

Euwe — **Steiner**

Nimzo-Indisch

1. d2—d4 Sg8—f6
2. c2—c4 e7—e6
3. Sb1—c3 Lf8—b4
4. e2—e3 0—0
5. Lf1—d3 d7—d5
6. a2—a3 Lb4 : c3†
7. b2 : c3 Sb8—d7?

Vielleicht um die üblichen Varianten (siehe Nr. 103 und Nr. 113) zu vermeiden, wählt Schw. diese Abweichung, die jedoch seine Aufgabe nur erschwert. Denn Weiß gelangt noch bequemer zu der idealen Zentrumaufstellung d4—e4, und der Textzug paßt zu keinem Plan, der geeignet wäre, dieses Zentrum zu bekämpfen.

8. c4 : d5 e6 : d5
9. Sg1—e2 Tf8—e8

10. **0—0** **Sd7—f8**
11. **f2—f3** **c7—c5**
12. **Se2—g3** **c5 : d4**

Dieser Tausch ist für Weiß angenehm, denn nun kann ein eventuelles Dd2 nicht mehr mit Da5 beantwortet werden.

13. **c3 : d4** **a7—a6**

Um den Läufer nach b5 zu bringen.

14. **Dd1—d2** **Lc8—d7**
15. **e3—e4**

Einfacher war 15. Lb2 nebst 16. Tac1. Indessen sind die nun folgenden Verwicklungen nicht unvorteilhaft für Weiß.

15. **....** **d5 : e4**
16. **f3 : e4** **Ld7—c6**

Um den weißen Damenbauern vorzulocken, wodurch die Diagonale b6—g1 geöffnet, und das Feld e5 für die schwarzen Figuren zugänglich wird. Schön gedacht. Der Nachziehende erhält jedoch keine Gelegenheit, aus den genannten Umständen Nutzen zu ziehen.

17. **d4—d5** **Lc6—b5**

Auf 17..., Sg4 hätte Weiß die folgende günstige Fortsetzung zur Verfügung: 18. d : c6, Dd4† 19. Kh1, D:a1 20. Lb2, Da2 21. c:b7, Tad8 22. Dc3, Se5 23. L:a6. Wenn nun 23..., De6 geschieht, so verschafft sich Weiß mittels 24. D:e5 usw. ein gewonnenes Endspiel.

18. **Lc1—b2 !**

Ein Figurenopfer.

18. **....** **Dd8—b6†**
19. **Kg1—h1**

Nicht 19. Tf2? wegen 19..., Sg4.

19. **....** **Lb5 : d3**
20. **Tf1 : f6 !**

Stellung nach 20. Tf1 : f6!

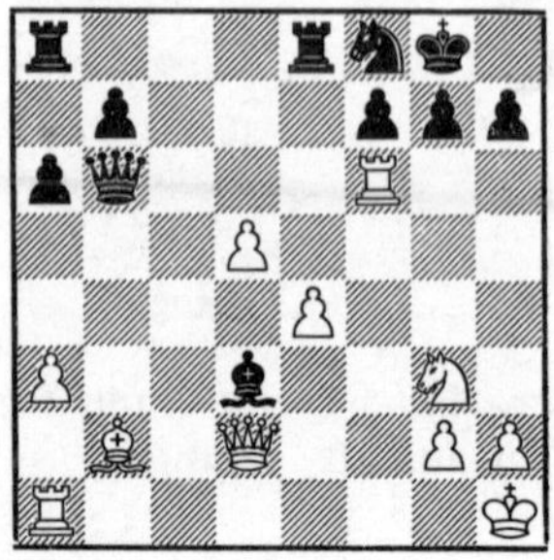

Der Witz des 18. Zuges von Weiß.

20. **....** **g7 : f6**

Erzwungen. Nach z. B. 20..., Db5 würde Schwarz eine Figur verlieren: 21. a4!, Db3 22. Tf3 usw., oder 21..., Dc4 22. Tc1 usw.

21. **Sg3—h5** **Te8—e5**

Ebenfalls erzwungen; es drohte sowohl 22. Dh6 als 22. S:f6†.

22. **Lb2 : e5** **f6 : e5**
23. **Dd2 : d3**

Nun stehen die Spiele wieder materiell gleich, aber Weiß ist offenkundig stark im Vorteil; er besitzt auf dem Königsflügel schöne Angriffsaussichten, und im Zentrum einen mächtigen, gedeckten Freibauern.

23. **....** **Db6—h6**

Besser 23..., Tc8, um wenigstens die offene Linie zu besetzen.

24. **Dd3—h3 !**

Deckt den Springer und verhindert zugleich Tc8.

A. A. KOTOW

C. KOTTNAUER

E. LUNDIN

M. M. NAJDORF

24. .... Ta8—d8
25. Ta1—f1

Droht 26. Sf6†, Kg7 27. Se8†, T:e8 28. T : f7† mit Damengewinn.

25. .... Dh6—g5

Nicht 25.., Dg6 wegen 26. Tf3.

26. Dh3—f3 Dg5—g6
27. Sh5—g3 Td8—d7
28. Df3—c3 Dg6—d6
29. Sg3—f5 Dd6—c7

Auf 29..., Tc7? würde ein schöner Schluß folgen: 30. Dg3†, Dg6 31. d6!, D:g3 32. d : c7!, und nun entweder 32..., Dd3 33. Tc1!, oder 32..., Dc3 33. c8D!.

30. Dc3—g3† Sf8—g6
31. Dg3—g5

Schwächer wäre 31. h4 wegen der kräftigen Antwort 31.., Dc4.

31. .... Dc7—d8

Oder 31.., Dc4 32. Tc1, f6 33. Dh6 und Weiß gewinnt.

32. Sf5—h6† Kg8—g7
33. Tf1—f6

Aber nicht 33.T:f7†?, wegen 33..., T:f7 (droht Matt) 34. S : f7, Da5 usw.

Stärker als der Textzug, mit dem Weiß die Entscheidung im Mittelspiel anstrebt, war jedoch 33. S:f7!, D : g5 34. S : g5, Sf8 35. mit leichtem Gewinn im Endspiel.

33. .... Dd8—a5 !

Zwingt den weißen Turm zum Rückzug. Nehmen durfte ihn Schwarz natürlich nicht (33..., D:f6? 34. Sf5†).

34. Tf6—f1 Da5 : a3?

Das verliert rascher als 34..., Dd8, wonach sich Weiß doch für das Endspiel hätte entscheiden müssen: 35. S : f7 usw.

35 Sh6—f5† Kg7—g8

Oder 35..., Kf8 36. Tc1! und Weiß gewinnt.

36. Dg5—f6 Da3—f8

Jetzt scheitern 36..., Kf8 an 37. d6, Ke8 38. Dg7, Sf8 39. Dg8 usw.

37. Tf1—c1

Droht 38. Tc8.

37. .... Td7—d8
38. Tc1—c7

Mit der unabwendbaren Drohung 39. T:f7! usw.

Schwarz gibt auf.

Partie Nr. 85

Stoltz — **Smisloff**

Slawisches Fianchetto

1. d2—d4 Sg8—f6
2. c2—c4 g7—g6
3. Sb1—c3 d7—d5
4. Sg1—f3 Lf8—g7
5. Dd1—b3

Eine der besten Angriffsweisen in dieser Eröffnung.

5. .... d5 : c4
6. Db3 : c4 Sb8—d7

Gegen Botwinnik setzte Smisloff mit 6..., Lg4 fort (siehe Nr. 22). Hier aber macht er es besser.

7. e2—e4 Sd7—b6
8. Dc4—b3 c7—c6
9. h2—h3

Um alle Verwicklungen, die sich aus Lg4 ergeben könnten, zu vermeiden.

9. .... 0—0
10. Lf1—e2 Lc8—e6
11. Db3—c2 Le6—c4

Dieses gute Manöver, bekannt aus der Partie Rubinstein—Rabinowitsch, Baden-Baden 1925, ist in den Fianchetto-Formen der Slawischen Verteidigung häufig anwendbar.

12. 0—0 Lc4 : e2
13. Dc2 : e2 Sf6—e8
14. Lc1—f4 Se8—c7

Es ist klar, daß Schwarz hier und in der Folge nicht mit Erfolg auf Eroberung des Bauern d4 spielen kann.

15. Ta1—d1 Sc7—e6
16. Lf4—g3

Weiß besitzt ein schönes Zentrum, kann aber damit nicht viel beginnen.

16. .... Lg7—h6
17. d4—d5

Dieser Vormarsch führt zu nichts. Es ist jedoch sehr zu bezweifeln, ob Weiß mehr erzielen konnte, wenn er sich abwartend verhielt.

17. .... c6 : d5
18. Sc3 : d5 Sb6 : d5
19. Td1 : d5 Dd8—c8
20. De2—b5 Tf8—d8
21. Td5 : d8† Se6 : d8
22. Db5—e8† Lh6—f8

Die weiße Stellung macht zwar einen guten Eindruck, aber sie läßt sich nicht verstärken; der Angriff stockt.

Stellung nach 22. ..., Lh6—f8

23. Tf1—d1

Auf Se5 folgt 23.., f6 nebst 24..., Se6 (nicht 23.., De6? wegen 24. Sd7!).

23. .... Sd8—e6
24. De8—a4 a7—a6
25. Lg3—e5 b7—b5
26. Da4—b3 Dc8—c6
27. Db3—e3 Ta8—c8
28. Le5—c3 Dc6—c5
29. De3—d2 Tc8—d8
30. Dd2—e1 Td8 : d1
31. De1 : d1

Remis.

Partie Nr. 86

Flohr **Lundin**

Umgekehrtes Damengambit

1. d2—d4 d7—d5
2. Sg1—f3 c7—c5

Das Umgekehrte Damengambit.

3. d4 : c5 Sg8—f6
4. c2—c4 e7—e6
5. c4 : d5 e6 : d5
6. g2—g3 Lf8 : c5
7. Lf1—g2 0—0

Diese Stellung kann sich auch aus der Tarrasch - Verteidigung ergeben, aber dann hat Schwarz in der Regel ein Tempo weniger (infolge von Lf8—e7:c5; siehe Nr. 65).

8.	0—0	Sb8—c6
9.	Sf3—e1	Tf8—e8
10.	Se1—d3	Lc5—b6
11.	Sd3—f4	d5—d4
12.	Sb1—d2	

Das Merkmal der Halb-Klassischen Tarrasch-Verteidigung (siehe Nr. 65).

12.	....	Lc8—f5
13.	Sd2—c4	Lb6—c7
14.	Sf4—d3	

Weiß arbeitet mit seinen Springern sehr geschickt. Schon ist es ihm gelungen, d5—d4 zu provozieren (wo dieser Bauer nicht so gut steht wie auf d5) und seinen Gegner zu einer völlig passiven Haltung zu nötigen. Das alles ist umso bemerkenswerter, als dem Anziehenden im Vergleich zur halbklassischen Tarrasch-Verteidigung (Nr. 65!) ein Tempo fehlt.

14.	....	Lf5—e6
15.	Sc4—d2	Le6—d5
16.	Sd2—f3	Lc7—b6
17.	Lc1—g5	h7—h6
18.	Lg5 : f6	Dd8 : f6
19.	a2—a3	Ta8—d8
20.	Ta1—c1	Df6—e7
21.	Tf1—e1	Td8—c8
22.	Sf3—d2	Ld5 : g2
23.	Kg1 : g2	De7—d7
24.	Sd2—f3	Dd7—d5
25.	Kg2—g1	Tc8—c7
26.	Sd3—f4	

In der Behandlung derartiger Stellungen ist Flohr nicht zu übertreffen. Hier sehen wir ihn Schritt um Schritt Raum gewinnen, ohne daß das Spiel des Gegners getadelt werden könnte.

26.	....	Dd5—d8
27.	b2—b4	Tc7—d7
28.	Dd1—b3	Sc6—e5
29.	Sf3 : e5	Te8 : e5
30.	Db3—f3	

Das Spiel entwickelt sich allmählich zu einem Kampf zwischen einem Springer und einem untätigen Läufer.

30.	....	Te5—e8
31.	Sf4—d3	Dd8—g5
32.	Tc1—c2	Td7—e7
33.	a3—a4	a7—a5

Notwendig, obwohl dadurch der relative Wert des Läufers weiter sinkt.

34.	b4—b5	Dg5—g6
35.	Te1—c1	Dg6—d6
36.	Tc2—c8	Te8 : c8
37.	Tc1 : c8†	Kg8—h7
38.	Sd3—f4	Dd6—d7
39.	Tc8—c2	Te7—e5
40.	Df3—d3†	g7—g6
41.	Dd3—f3	Kh7—g7
42.	Kg1—g2	h6—h5
43.	h2—h4	Te5—c5
44.	Tc2 : c5	Lb6 : c5
45.	Df3—e4	Dd7—e7

Stellung nach 45. ..., Dd7—e7

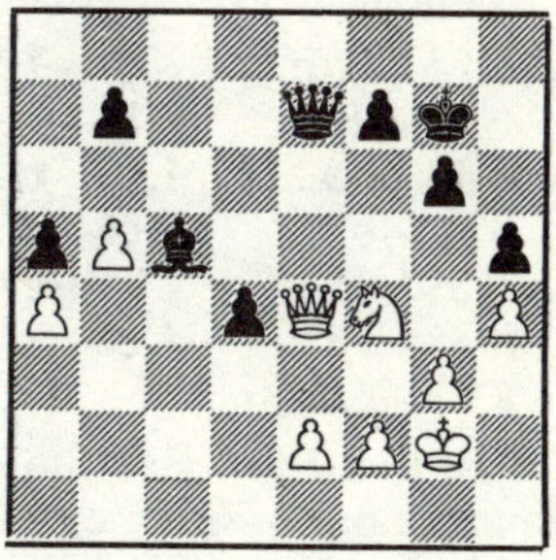

Der kritische Augenblick.

Warum will Lundin die Damen tauschen? Er muß doch wissen, daß das reine Endspiel von Springer gegen schlechten Läufer für die Läuferpartei verloren ist!

So stark können allgemeine strategische Weisheiten des Spielers Blick für das Taktische trüben, daß sogar der bedachtsame Flohr die schlaue Bedeutung des Textzuges nicht durchschaut.

46. De4 : e7?

Weiß geht in die Falle.

Nach 46. Kf3! hätte er die Partie vermutlich gewonnen. Jedenfalls wäre dann die Lage des Nachziehenden angesichts der Gewinndrohung 47. D:e7 nebst 48. Ke4 außerordentlich schwierig gewesen; er hätte weder 46..., D:e4† ziehen dürfen noch 46..., f5 (wegen 47. De6!), mußte den Bauer b7 gedeckt halten, und durfte auch die Möglichkeit De4-e5† : c5 nicht aus dem Auge verlieren.

46.	**....**	**Lc5 : e7**
47.	**Kg2—f3**	**f7—f5 !**

Das ist die feine Pointe von 45..., De7; Schwarz verliert zwar einen Bauern, aber sein König kommt sehr stark ins Spiel, während der weiße König abgeschnitten bleibt.

48.	**Sf4—e6†**	**Kg7—f6**
49.	**Se6 : d4**	**Kf6—e5**
50.	**Sd4—b3**	**Le7—b4**
51.	**Kf3—e3**	**Ke5—d5**
52.	**Sb3—d2**	**Lb4—c5†**
53.	**Ke3—f3**	**Lc5—b4**
54.	**Kf3—e3**	

Weiß kann nicht auf Gewinn spielen; denn sein Springer darf sich nicht rühren im Hinblick auf Kd5-c4-b3: a4.

54.	**....**	**Lb4—c5†**
55.	**Ke3—f3**	

Remis.

Partie Nr. 87

Tartacover — **Szabo**

Zweispringerspiel

1.	**e2—e4**	**e7—e5**
2.	**Sg1—f3**	**Sb8—c6**
3.	**Lf1—c4**	**Sg8—f6**
4.	**Sb1—c3**	

Mit dieser Fortsetzung hat Tartacover in seiner zweiten Jugend einige bemerkenswerte Erfolge erzielt (Siege über Réti, Wien 1920, und Bogoljubow, Piestany 1922).

4.	**....**	**Sf6 : e4**
5.	**Sc3 : e4**	**d7—d5**
6.	**Lc4—d3**	**d5 : e4**
7.	**Ld3 : e4**	**Lf8—d6**
8.	**d2—d4**	**Sc6 : d4**

Vorsichtig gespielt. Schwarz vermeidet die Fortsetzung 8..., e:d4 9. L:c6†, b : c6 10. D : d4, die zu einem schwierigen Kampf führt zwischen der besseren Bauernstellung einerseits und dem Läuferpaar anderseits. Dies ist die Variante, welche Tartacover bevorzugt. Man beachte, daß Weiß sie nicht zwangsläufig erreichen kann; auf 8. L:c6† (statt 8. d4) 8..., b:c6 9. d4 steht nämlich dem Nachziehenden der Zug 9..., e4! zur Verfügung, der stärker ist als 9..., e:d4.

Der Textzug führt zu einem Spiel mit völlig gleichen Aussichten — oder besser gesagt: ohne Aussichten für einen der beiden Teile.

9. Sf3 : d4 — e5 : d4
10. Dd1 : d4 — 0—0
11. Lc1—e3

Nicht 11. 0—0?? wegen 11..., L:h2†.

11. .... — Dd8—e7
12. 0—0—0 — Ld6—e5
13. Dd4—c4 — De7—f6
14. Le3—d4 — Lc8—e6
15. Dc4—c3 — Le5 : d4
16. Dc3 : d4 — Df6—g5†
17. Kc1—b1 — Ta8—d8
18. Dd4—c3 — c7—c6
19. g2—g3 — Dg5—b5
20. b2—b3 — a7—a5

Stellung nach 20. ..., a7—a5

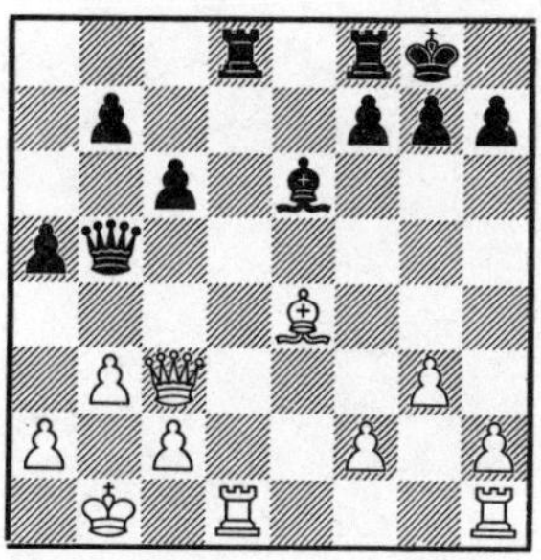

Das Herumschieben hat keinerlei Erfolge gezeitigt, und auch dieser Scheinangriff vermag die Lage nicht zu beleben.

21. a2—a4 — Db5—b6
22. f2—f4 — Le6—g4
23. Le4—f3 — Lg4 : f3
24. Dc3 : f3 — Db6—b4
25. Td1 : d8 — Tf8 : d8
26. Th1—d1 — Td8—e8

Wollte Schwarz etwa dem Remis ausweichen? Die e-Linie ist gewiß nicht wertvoller als die d-Linie, und es wäre einfacher gewesen, die Türme zu tauschen.

27. Kb1—b2 — Db4—e7
28. Df3—c3 — De7—c7
29. Dc3—d3 — h7—h6
30. Dd3—d7 — Dc7—b8
31. Td1—d6 — Te8—f8
32. Td6—d4 — Tf8—e8
33. Dd7—f5 — Te8—d8

Jetzt pfeift Schwarz schon aus einem anderen Loch.

34. Td4—d7 — Td8 : d7
35. Df5 : d7 — g7—g6

Remis.

Partie Nr. 88

Kotow — Najdorf

Damengambit

1. d2—d4 — Sg8—f6
2. c2—c4 — e7—e6
3. Sb1—c3 — d7—d5
4. Lc1—g5 — Lf8—e7
5. e2—e3 — 0—0
6. Sg1—f3 — h7—h6
7. Lg5—h4 — Sf6—e4
8. Lh4 : e7 — Dd8 : e7
9. Ta1—c1 — Se4—f6

Auch 9..., S:c3 nebst 10..., c6 gibt Schwarz ein befriedigendes Spiel.

10. Lf1—d3 — Sb8—d7
11. 0—0 — d5 : c4
12. Ld3 : c4 — c7—c5
13. d4 : c5

Mit 13. De2 konnte Weiß das Spiel voller gestalten. Der Textzug führt bald zu einer völlig ausgeglichenen Stellung.

13. .... — Sd7 : c5
14. Sf3—e5 — Sc5—d7 !
15. Dd1—d4 — Sd7 : e5
16. Dd4 : e5 — Lc8—d7

Najdorf weiss, worauf es ankommt.

17. Sc3—d5

Auf 17. Dc7 folgt 17. Tab8 nebst 18..., Tfc8.

17.	**....**	**Sf6 : d5**
18.	**Lc4 : d5**	**Ld7—b5**
19.	**Tf1—d1**	**Ta8—c8**
20.	**Ld5—f3**	**Lb5—a6**

Stellung nach 20. ..., Lb5—a6

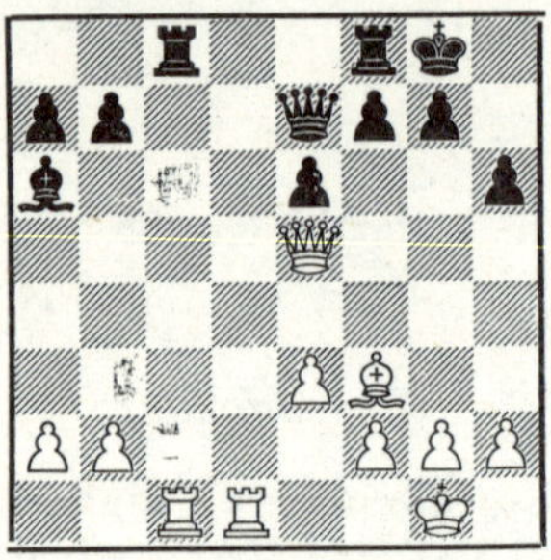

Die Eröffnung ist beendet, das Spiel steht gleich. Schwarz hat sich seiner Aufgabe mit grossem Geschick entledigt.

21. h2—h3

Auf 21. Dd4 könnte folgen 21.., e5 22. D:a7, Db4! mit schönen Gegenchancen (es droht 23..., Ta8).

21.	**....**	**b7—b6**
22.	**Tc1 : c8**	**Tf8 : c8**
23.	**Td1—d4**	**Tc8—c1†**
24.	**Kg1—h2**	**De7—c7**
25.	**De5 : c7**	**Tc1 : c7**

Der Rest bietet nichts bemerkenswertes. Weiß bemüht sich vergeblich, irgendwie Vorteil herauszuschlagen.

26.	**Kh2—g3**	**Kg8—f8**
27.	**Td4—d8†**	**Kf8—e7**
28.	**Td8—a8**	**La6—d3**
29.	**b2—b3**	**Ke7—f6**
30.	**Ta8—d8**	**Ld3—b1**
31.	**Td8—d2**	**Tc7—c3**
32.	**Lf3—e2**	**Tc3—c2**
33.	**Td2 : c2**	**Lb1 : c2**
34.	**f2—f4**	**Kf6—e7**
35.	**b3—b4**	**Lc2—e4**
36.	**Le2—f3**	**Le4—c2**
37.	**e3—e4**	**f7—f6**
38.	**e4—e5**	**a7—a5**
39.	**a2—a3**	**a5 : b4**
40.	**a3 : b4**	**Lc2—b3**
41.	**Kg3—f2**	**g7—g5**
42.	**Kf2—e3**	**Lb3—a2**
43.	**f4 : g5**	**f6 : g5**
44.	**Ke3—d4**	**La2—b3**
45.	**g2—g3**	**Lb3—a4**
46.	**h3—h4**	**g5 : h4**
47.	**g3 : h4**	**La4—b5**

Remis.

Partie Nr. 89

Yanofsky — **Guimard**

Französisch

1.	**e2—e4**	**e7—e6**
2.	**d2—d4**	**d7—d5**
3.	**Sb1—d2**	**Sb8—c6**

Siehe auch Nr. 68.

4.	**Sg1—f3**	**Sg8—f6**
5.	**e4—e5**	**Sf6—d7**
6.	**Sd2—b3**	

So spielte auch Botwinnik in einer Partie gegen Boleslawski (Vorkämpferschaft USSR 1944). Der Textzug gewährleistet eine bequeme Entwicklung des Lc1 und ist stärker als 6. c3, was in Nr. 68 geschah.

6.	**....**	**f7—f6**
7.	**e5 : f6**	

Aber das ist nicht folgerichtig. Botwinnik setzte erst nach 7. Lb5, Le7 8. Lf4, 0—0 mit 9. e:f6 fort. Das verschafft dem Anziehenden ein besseres Spiel als der Textzug, u. a. weil Schwarz nicht zu Lf8—d6 gelangt.

7. .... Sd7 : f6

Auch nach 7..., D:f6 (analog Nr. 68) käme Schwarz nicht leicht zu e6—e5, weil er erst dafür sorgen müßte, daß der Bauer d5 nicht hängt.

8.	**Lf1—b5**	**Lf8—d6**
9.	**0—0**	**0—0**
10.	**Lc1—g5**	**Dd8—e8**
11.	**Lg5—h4**	**De8—h5**
12.	**Lh4—g3**	**Ld6 : g3?**

Das hat schweren Nachteil zur Folge. Mit 12..., Se4 hätte Schw. wohl bald ungefähren Ausgleich erzielt.

13. f2 : g3 !

Erzwungen, denn nach 13. h:g3? Sg4! (droht T:f3) 14. Te1, Ld7 würde Schwarz einen unwiderstehlichen Angriff besitzen.

Der Textzug ist aber gleichzeitig auch sehr stark, da Weiß durch die Beherrschung zweier Turmlinien ein prächtiges Figurenspiel erlangt. Für Guimard eine peinliche Ueberraschung. Der Argentinier gestand nach der Partie, daß er die Folge des Textzuges überhaupt nicht berücksichtigt habe.

13. .... Sf6—g4

Droht sowohl 13.., T:f3 als 13..., Se3, aber das ist bequem zu parieren.

14. Dd1—d2 !

Deckt alles (14..., T:f3? 15. g:f3).

14. .... Sc6—d8

Es drohte u. a. 15. L:c6, b:c6 16. Sc5. Der Textzug ist nicht schön, aber Schwarz hatte keine wirklich befriedigende Fortsetzung.

15.	**h2—h3**	**Sg4—f6**
16.	**g3—g4**	**Dh5—f7**
17.	**Lb5—d3**	**Df7—e7**
18.	**Ta1—e1**	**g7—g6**
19.	**Dd2—e3**	**b7—b6**
20.	**Sf3—e5**	

Droht Entscheidung durch 21. L:g6!, h:g6 22. S:g6, nebst 23. S:f8 und 24. g5.

20.	**....**	**Sf6—d7**
21.	**Tf1 : f8†**	**Sd7 : f8**
22.	**c2—c4**	

Der Zug c2—c3 (siehe Nr. 68) ist also überhaupt nicht nötig gewesen.

22.	**....**	**Lc8—d7**
23.	**Te1—f1**	**Ld7—e8**
24.	**g4—g5 !**	

Stellung nach 24. g4—g5!

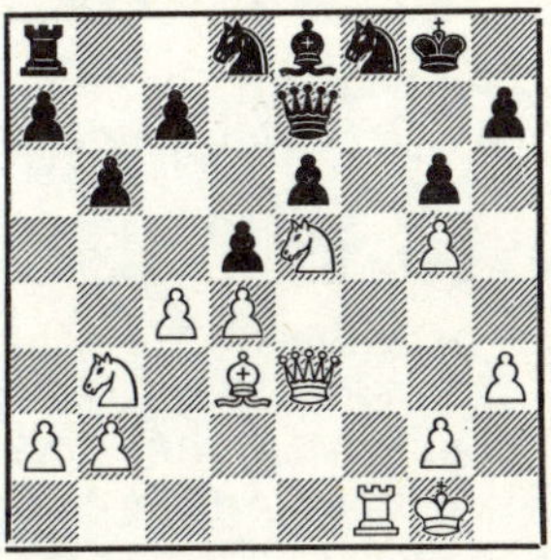

Mit der Drohung Se5-g4-f6(†). Der Angriff des Weißen ist unwiderstehlich.

24.	**....**	**d5 : c4**
25.	**Ld3 : c4**	**Sd8—f7**

In der Hoffnung, auf diese Weise Se5—g4—f6(†) zu verhindern, da der Bauer g5 hängt.

26. Se5—g4!

Die Hoffnung von Schwarz war also eitel.

26. .... De7 : g5

Kostet eine Figur, aber das schw. Spiel war doch nicht mehr zu retten.

27. Sg4—f6† Kg8—h8
28. De3—f3!

Greift den Turm an und droht außerdem 29. S:e8 nebst 30. D:f7.

Schwarz gibt auf.

Partie Nr. 90

Kottnauer — **Christoffel**

Halb-Slawisch

1.	**d2—d4**	**d7—d5**
2.	**c2—c4**	**e7—e6**
3.	**Sb1—c3**	**c7—c6**
4.	**Sg1—f3**	**d5 : c4**
5.	**a2—a4**	**Lf8—b4**

Die Hauptvariante der Halb-Slawischen Verteidigung (Noteboom!).

6. Lc1—d2 Dd8—e7

Dieser beachtenswerte Zug, gemeint als eine Verstärkung der Noteboom-Variante (6..., b5 usw.) rührt von dem Amsterdamer W. Koomen her.

7. e2—e3 b7—b5
8. Lf1—e2

Koomen's Absicht lautet: 8. a:b5, L:c3 9. L:c3, c:b5 10. b3?, b4! usw. Der wichtige Zug b2-b3 wird also verhindert.

Mit dem Textzug verzichtet Weiß auf jeden Versuch, den Bauern sofort zurückzugewinnen und spielt also ein echtes Gambit. Die Folge gibt ihm Recht.

8.	....	**Sg8—f6**
9.	**0—0**	**Sb8—d7**
10.	**Dd1—c2**	

Jetzt droht sehr stark 11. a:b5, L:c3 12. D:c3, c:b5 13. b3!, oder auch 12. b:c6 usw.

10. .... Sd7—b6

Schwarz befindet sich bereits in großen Schwierigkeiten; 10..., Lb7 pariert die Drohung nicht, und 10..., L:c3 11. b:c3! ist sehr günstig für Weiß.

11. Sf3—e5! Lb4 : c3

Nur aus Verlegenheit entschließt sich Schwarz zur „Eroberung“ des a-Bauern. Denn 11..., Lb7 ging nicht wegen 12. a5 (droht auch 13. a6 usw.) 12.., L:c3 13. b:c3, S:a4 14. S:c4 mit grossem Vorteil für Weiß.

12.	**Ld2 : c3**	**Sb6 : a4**
13.	**Lc3—a5**	**Lc8—b7**
14.	**Se5 : c4**	

Diesen Bauern konnte Schwarz auf keinen Fall behaupten.

14.	....	**Sf6—d7**
15.	**Dc2—d2**	**0—0**
16.	**Le2—f3**	

Nun droht 17. Lb4. Sofortiges Lb4 wäre nicht so gut gewesen wegen 16..., c5.

16. .... Sd7—b6

Deckt den Lb7, nimmt aber dem Sa4 das einzige Rückzugsfeld.

17. Sc4—e5

Droht in erster Linie 18. b3.

17. .... f7—f6

Kostet die Qualität. Schwarz hätte nur noch 17..., Sc8 versuchen können.

18. La5—b4 !

Stellung nach 18. La5—b4!

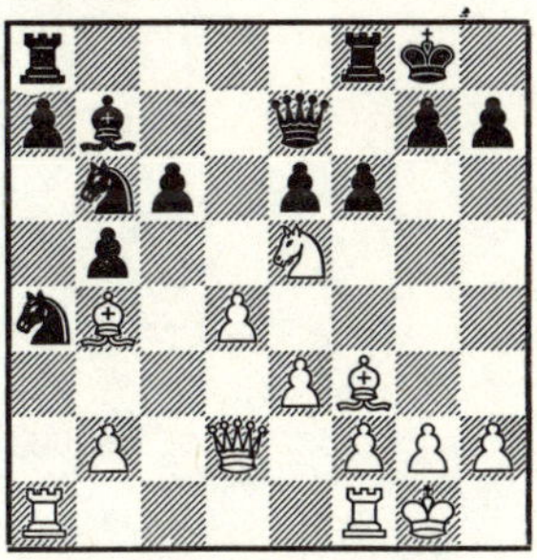

18. ... c6—c5

19. d4 : c5 a7—a5

Oder 19..., L:f3 20. c:b6 usw., bezw. 19..., S:c5 20. L:b7, D:b7 21. L:c5, Tfd8 22. Sd3! usw.

20. Lf3 : b7 Ta8—d8

Auch nach 20..., D:b7 21. c6 war die Partie für Schwarz verloren. Nach dem Textzug ist es aber sofort aus.

21.	**Se5—c6**	**De7 : b7**
22.	**Sc6 : d8**	**Db7—c8**
23.	**c5 : b6**	**a5 : b4**
24.	**Tf1—c1**	**Dc8 : d8**
25.	**Dd2 : d8**	**Tf8 : d8**
26.	**b6—b7**	

Schwarz gibt auf.

10. RUNDE

SAMSTAG, 24. AUGUST 1946

91.	Vidmar—Christoffel	0—1
92.	Guimard—Kottnauer	1—0
93.	Najdorf—Yanofsky	1—0
94.	Szabo—Kotow	1—0
95.	Lundin—Tartacover	1—0
96.	Smisloff—Flohr	½—½
97.	Steiner—Stoltz	½—½
98.	Botwinnik—Euwe	½—½
99.	Denker—Bernstein	1—0
100.	Boleslawski—O'Kelly	1—0

Es war Samstag Nachmittag, und die Partie Botwinnik—Euwe stand auf dem Programm, die Begegnung der zwei Besten von den Besten. Das führte zu einem Rekordbesuch. Schon wenige Minuten nach Beginn war der Saal mit etwa zweitausend Zuschauern so voll, daß man mit der Notwendigkeit einer Einlaßsperre zu rechnen begann. Es gab Besucher aus allen Teilen des Landes. Welch ein prächtiger Anblick! Welch eine Genugtuung sowohl für die Veranstalter wie für die Spieler! Mit so einem Publikum wird ein Schachturnier zu einem Fest.

Die Meister zeigten sich dankbar für die gewaltige Teilnahme und sorgten für einen reichhaltigen Strauß anziehender Darbietungen.

Die zwei Führenden machten remis, aber was für ein Remis! Euwe hatte Schwarz, verteidigte sich mit der Annahme des Damengambits und geriet zunächst in Schwierigkeiten, aber das dürfte den meisten Zuschauern entgangen sein. Denn die sahen wohl kaum, daß Botwinnik an einer bestimmten Stelle viel stärker spielen konnte, seinen Gegner zu einem fragwürdigen Bauernopfer zwingend. Was sie alle sahen, war eine Abwicklung, die zu einem Turmendspiel führte, in welchem Euwe einen klaren Vorteil besaß: den entfernteren Freibauern, mit dem eigenen Turm dahinter. Wird Botwinnik das halten können? Alle Sachverständigen hielten das für ausgeschlossen. Flohr und Smisloff, um nur zwei zu nennen, dachten bei der Pause, die Sache sei erledigt, und Botwinnik gestand später, daß er seine Stellung ebenfalls für verloren gehalten habe. Aber kaum war er nach Hause gekommen, kaum hatte er die Abbruchstellung aufgestellt, um sie zu untersuchen, da sah er auch schon die Rettung, welche darauf beruhte, daß Weiß den Uebergang zum Bauernendspiel nicht zu fürchten hatte. Der Eindruck, daß Botwinnik verloren sei, war zum Teil auf ein berühmtes Vorbild zurückzuführen: Lasker—Rubinstein, Leningrad 1914. Dort hatte sich mit vertauschten Farben fast dieselbe Lage ergeben, und Lasker gewann leicht. Wir kennen jetzt den entscheidenden Unterschied: im Falle Lasker waren beide Randlinien offen, im Falle Euwe war es nur eine Randlinie. Nach Beendigung der heutigen Partie tauchte die Meinung auf, Euwe hätte dennoch gewinnen können, wenn er einige Züge vor dem Abbrechen anders gespielt hätte. Nach Beendigung des Turniers stellte sich jedoch heraus, daß auch die vermeintliche Verstärkung nicht zum Gewinn ausgereicht hätte.

Botwinnik liegt also noch stets mit anderthalb Zählern in der Führung, und da er auch schon seinen Erzrivalen Euwe hinter sich hat, ist sein endgültiger Sieg im Turnier so gut wie sicher.

Es gab heute noch zwei Remispartien, eine kurze (Smisloff—Flohr) in der sich nichts von Bedeutung ereignete, und eine lange (Steiner—Stoltz), in der Weiß seinen mühselig erworbenen Vorteil zeitnotgedrungen vergab.

Die schönste Partie des Tages lieferte Denker; er brachte ein gefälliges Figurenopfer, das Schwarz nicht annehmen durfte, und eroberte auf diese Weise einen Bauern. Als Bernstein diesen Bauern im Endspiel zurückzugewinnen drohte, opferte Denker nochmals, diesmal die Qualität, und gewann danach die Partie auf Grund zweier verbundener Freibauern.

Eine wertvolle Partie, gespickt mit belangreichen Feinheiten sowohl in der Eröffnung wie im Mittelspiel und mit einem wirklichen Matt am Ende, lieferte Lundin. Es war Tartacovers erste Niederlage in Groningen.

Aber auch ein erster Sieg wurde heute errungen. Für einen solchen gab es nur zwei Anwärter: Guimard und Vidmar. Guimard wurde das Glück zuteil, er schlug Kottnauer in einer hübschen Partie. Vidmar muß noch warten, es geht offenbar alphabetisch. Vorläufig mußte er wieder einen schweren Schlag hinnehmen, den ihm das Schicksal durch Christoffel zugedacht hatte. Der Schweizer hat schließlich auch Punkte nötig.

Szabo und Kotow lieferten eine Partie für die Galerie, wobei der Russe die undankbare Rolle des Watschenmanns spielte. Er übersah eine elementare, aber furchtbare Drohung und mußte danach riesige Opfer bringen, um wenigstens sofortiges Matt abzuwenden. Szabo brauchte in der Folge nur die Aufgabe eines Holzhackers zu erfüllen, was ihm offenbar ausnehmend gefiel, sodaß er sich aus lauter Begeisterung auch eine seiner eigenen Figuren weghackte. Er opferte sie für nichts und wieder nichts, hatte aber die Genugtuung, schön gespielt zu haben. Es blieb ihm in Gestalt einer Qualität und eines Mehrbauern noch genug Vorteil übrig, um die Partie bequem zu gewinnen.

Auch Boleslawski gewann leicht, diesmal ohne eine besondere Leistung zu vollbringen, denn er brauchte nur einige kleine Ungenauigkeiten seines Gegners O'Kelly auszunützen. Dennoch ist diese Partie in gewissem Sinne sensationell: Boleslawski hat nämlich **mit** Weiß gewonnen!! Das sollte ihm in diesem Turnier nur noch einmal glücken.

Stand nach der 10. Runde: Botwinnik 9; Euwe 7½; Denker, Smisloff je 7; Flohr, Najdorf, Stoltz, Tartacover je 6; Szabo 5½; Boleslawski, Kottnauer je 5; Kotow, Lundin je 4½; Christoffel, Yanofsky je 4; Bernstein 3½; Guimard, Steiner, Vidmar je 2½; O'Kelly 2.

Partie Nr. 91

Vidmar — **Christoffel**

Königsindisch

1.	**d2—d4**	**Sg8—f6**
2.	**c2—c4**	**g7—g6**
3.	**Sg1—f3**	**Lf8—g7**
4.	**Sb1—c3**	**0—0**
5.	**e2—e4**	**d7—d6**
6.	**Lf1—e2**	**Sb8—d7**
7.	**0—0**	**e7—e5**
8.	**Tf1—e1**	**c7—c6**

Boleslawski tauscht gewöhnlich erst auf d4 (siehe Nr. 38).

9.	**Le2—f1**	**Tf8—e8**
10.	**d4—d5**	**Dd8—e7**

Partie Nr. 186 geht mit 10...., c5 weiter. Das macht wenig Unterschied.

11.	**b2—b3**	**c6—c5**
12.	**a2—a3**	**Te8—f8**
13.	**b3—b4**	

Vorläufig nur eine Demonstration, denn solange der schwarze Springer auf d7 steht, kommt b4:c5 wegen Sd7:c5 nicht in Betracht.

13.	**....**	**Sf6—e8**

Damit beginnt Schwarz mit der Drohung f7-f5 zu arbeiten, und es kommt Leben in den Kampf. Weiß besitzt etwas mehr Bewegungsfreiheit, aber die beiderseitigen Aussichten sind trotzdem etwa gleich.

14.	**Ta1—a2**	**h7—h6**

Sofortiges 14..., f5 wäre wegen 15. Sg5 bedenklich.

15.	**g2—g3**	**Kg8—h7**
16.	**Sf3—h4**	

Um Schwarz das Durchsetzen von f7—f5 weniger schmackhaft zu machen.

16.	**....**	**b7—b6**
17.	**b4—b5**	**Lg7—f6**
18.	**Sh4—g2**	**Lf6—g5**

Eigentümlich! Es ist als würde Schwarz seinen Gegner um f2—f4 bitten, einen Zug, der nach älteren Auffassungen für Weiß vorteilhaft sein müßte. So ändern sich die Zeiten.

19.	**Lf1—d3**	

Auf 19. f4 würde natürlich 19..., Lf6 folgen. Aber es ist keineswegs sicher, daß Weiß dabei schlecht gefahren wäre.

19.	**....**	**Se8—g7**

20. h2—h4 Lg5 : c1
21. Dd1 : c1 f7—f5

Endlich. Aber selbst hier noch erweist sich dieser Vorstoß als nicht ganz unbedenklich.

22. e4 : f5 Sg7 : f5

Nicht 22..., g:f5 wegen 23. f4!, was nach 23..., e4 an 24. S:e4, f:e4 25. T:e4 scheitert.

23. h4—h5 !

Der Beginn eines aussichtsvollen Angriffs.

23. .... Kh7—g7

Auf 23..., g:h5 24. Sh4!, Sb8 folgt z. B. 25. Dc2, Df6 26. S:f5, L:f5 27. L:f5†, D:f5 28. D:f5†, T : f5 29. Se4, mit Eroberung des Bauern d6.

24. h5 : g6 Sf5—d4
25. Sg2—h4 De7—g5

Ein Tempoverlust, der sich allerdings als unschädlich erweist.

Schwarz steht im Grunde genommen gar nicht so übel, u. a. weil der Bauer g6 nach dem Abtausch einiger leichter Figuren fallen muß.

26. Sc3—e4 Dg5—e7

Nach dem Damentausch würde der Bauer d6 fallen.

27. Kg1—g2 Sd7—f6
28. Te1—h1 Sf6 : e4
29. Ld3 : e4 De7—g5 !

(Siehe Diagramm)

Schwarz kann sich der verschiedenen Angriffe gerade noch erwehren und erlangt zugleich ein gutes Gegenspiel.

30. Dc1 : g5

Besser war 30. De3!. Schwarz hätte dann mit 30. D:e3 31. f:e3, Lf5! auf Remis spielen müssen.

Stellung nach 29. ..., De7—g5!

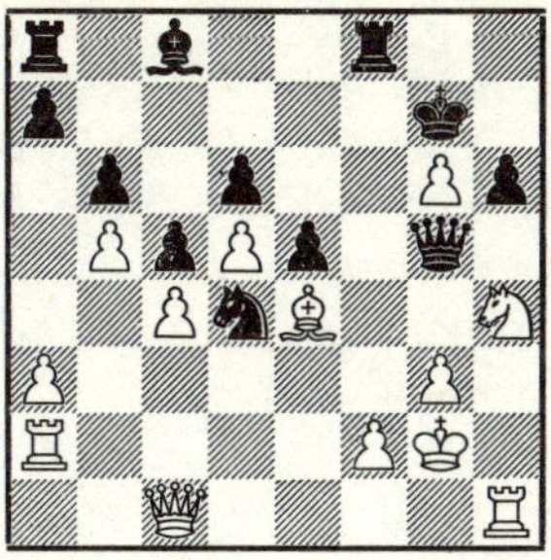

30. .... h6 : g5
31. Sh4—f3 Sd4 : f3
32. Th1—h7†

So schön das alles aussieht, es bringt nichts ein.

32. .... Kg7—g8
33. Le4 : f3 Lc8—f5
34. Th7—h5 g5—g4
35. Lf3—e2 Kg8—g7
36. Th5—h4 Tf8—h8 !

Wieder zur rechten Zeit.

37. Th4 : h8?

Dadurch gerät Weiß in schweren Nachteil. Mit 37. Ta1! hätte er mühelos Remis erzielen können.

37. .... Ta8 : h8
38. a3—a4 Kg7 : g6
39. Ta2—a3 Lf5—e4†
40. f2—f3 g4 : f3†
41. Le2 : f3 Kg6—f5 !

Nun befindet sich Weiß in grosser Gefahr.

42. a4—a5 b6 : a5
43. Ta3 : a5 Th8—h7
44. Ta5—a6 Le4—d3
45. b5—b6?

45. T:d6 bot noch Remisaussichten.

Nach dem Textzug ist Weiß verloren.

45. .... a7 : b6

46.	Ta6 : b6	Th7—d7
47.	Kg2—f2	e5—e4
48.	Lf3—g2	Kf5—e5
49.	Tb6—b8	Ke5—d4
50.	Tb8—e8	Td7—f7†
51.	Kf2—g1	

Auf 51. Ke1 gewinnt 51.., e3 mit der Drohung Ta7.

51.	....	e4—e3
52.	Te8—e6	e3—e2

Droht 53..., Tf1†, und das ist nicht zu parieren.

Weiß gibt auf.

Partie Nr. 92

Guimard — **Kottnauer**

Königsindisch

1.	d2—d4	Sg8—f6
2.	c2—c4	c7—c5

In der Benoniverteidigung geschieht dieser Zug in Verbindung mit Sg8-e7. Hier hat er stärkere Schattenseiten.

3.	d4—d5	d7—d6
4.	Sb1—c3	g7—g6
5.	e2—e4	Lf8—g7
6.	f2—f3	

Dies ist nun das Dreibauernspiel der Königsindischen Verteidigung (1. d4, Sf6 2. c4, g6 3. f3), jedoch mit der schwächeren Fortsetzung c7-c5 an Stelle von e7-e5.

6.	....	0—0
7.	Lc1—e3	a7—a6
8.	Dd1—d2	Tf8—e8
9.	Le3—h6	Lg7—h8
10.	h2—h4	

Droht bereits mittels 11. h5 die h-Linie zu öffnen (11..., S:h5 12. T:h5!).

10.	....	e7—e6

Verhindert 11. h5, denn nach 11..., S:h5 wäre das Feld g5 gedeckt.

11.	Lh6—g5 !	

Droht aufs Neue h4—h5 und richtet sich gleichzeitig gegen e6:d5 (da Weiß im letzteren Fall auf d5 einen Springer behaupten kann).

11.	....	Dd8—a5
12.	Sg1—e2	e6 : d5
13.	Lg5 : f6 !	Lh8 : f6
14.	Sc3 : d5	Da5 : d2†
15.	Ke1 : d2	Lf6—d8

Schwarz hat zwar den direkten Königsangriff abgewehrt, aber dieses Endspiel steht sehr schlecht für ihn. Denn der Springer auf d5 beherrscht die Stellung, und h4—h5 bedeutet noch stets eine Gefahr.

16.	Se2—c3	Sb8—c6
17.	h4—h5 !	Lc8—e6
18.	Lf1—d3	Kg8—g7
19.	Th1—h2	Ld8—a5

Um den Sd5 zu eliminieren. Schwarz verschafft dadurch seinem König die Fluchtfelder f6 und e7.

20.	Ta1—h1	La5 : c3†
21.	b2 : c3 !	Le6 : d5

Die ärgste Gefahr ist beschworen, aber Weiß steht noch immer überlegen.

22.	c4 : d5	Sc6—e5
23.	h5 : g6	h7 : g6
24.	Th2—h7†	Kg7—f6
25.	f3—f4	Se5 : d3

Tauschen oder nicht tauschen — das kommt auf eins hinaus.

26.	Kd2 : d3	b7—b5
27.	g2—g4	Te8—g8

Es drohte 28. g5†, Ke7 29. e5 usw. mit rascher Entscheidung. Schwarz hätte das Unheil nur mit 27..., Tad8 ein wenig hinausschieben können.

Nach dem Textzug gewinnt Weiß auf noch hübschere Art.

28. e4—e5† !

Stellung nach 28. e4—e5†!

Dieser kombinative Zug ist noch stärker als 28. g5†. Der Unterschied besteht darin, daß nun auf 28..., Ke7 sofort 29. e6 folgen könnte.

28. .... d6 : e5
29. g4—g5† Kf6—e7

Auf 29..., Kf5 folgt 30. T:f7†, Kg4 31. Tg1† und Matt durch 32. Th7 oder 32. f:e5

30. f4 : e5

Da nun der d-Bauer freigeworden ist, gewinnt Weiß spielend. Es droht in erster Linie Th1-f1-f6.

30. .... Ke7—f8
31. Kd3—e4 Tg8—g7
32. Th7—h8† Tg7—g8
33. d5—d6 ! b5—b4
34. c3—c4 a6—a5
35. Ke4—d5 a5—a4
36. Th8 : g8† Kf8 : g8
37. d6—d7 b4—b3
38. a2 : b3 a4 : b3
39. Kd5—d6 Ta8—a6†
40. Kd6—c7

Schwarz gibt auf.

Partie Nr. 93

Najdorf — Yanofsky

Tarrasch-Verteidigung

1. d2—d4 d7—d5
2. c2—c4 e7—e6
3. Sb1—c3 c7—c5
4. c4 : d5 e6 : d5
5. Sg1—f3 Sb8—c6
6. g2—g3

Die Hauptvariante der Tarrasch-Verteidigung. Sie stammt von Schlechter (Prag 1908) und wird meistens Rubinstein - Variante oder Schlechter - Rubinstein - Variante genannt. Unseres Erachtens ist die Bezeichnung „Prager Variante“ einfacher.

6. .... Sg8—f6

Schwieriger für Weiß gestaltet sich das Spiel in der Schwedischen Variante: 6..., c4 7. Lg2, Lb4 8. 0—0, Sge7. Dieses Abspiel gilt im allgemeinen als die beste Fortsetzung für Schwarz.

7. Lf1—g2 Lf8—e7
8. 0—0 0—0
9. Lc1—g5

Nach 9. d:c5 bietet die Gambitfortsetzung 9..., d4 gute Aussichten.

9. .... Lc8—f5

Besser ist der theoretische Zug 9. Le6.

10. Ta1—c1 h7—h6?

Geboten war 10..., c4. Dank dem 9. Zuge von Schwarz hätte dann 11. Se5 allerdings etwas mehr Wirkung gehabt als normal.

11. Lg5 : f6 Le7 : f6
12. d4 : c5 d5—d4

Jetzt, das heisst, mit einem Tempo weniger, bietet die Gambitfortsetzung keine nennenswerten Aussichten. Aber Schwarz hatte schon nichts Besseres.

13. Sc3—b5 Dd8—d7
14. Sb5—d6 Lf5—e6
15. Dd1—a4

Stellung nach 15. Dd1—a4

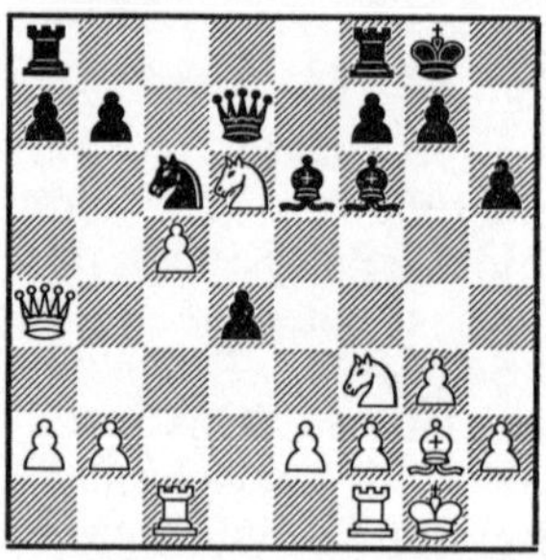

Nun besitzt Weiß in guter Stellung einen gesunden Mehrbauern. Er steht bereits praktisch auf Gewinn.

15. .... Ta8—b8
16. b2—b3 Le6—d5
17. Tf1—e1

Bereitet e2—e4 vor.

17. .... b7—b5

Schwarz gibt noch einen Bauern preis, um wenigstens seinem Damenturm etwas Wirksamkeit zu verschaffen. Eine verzweifelte Taktik.

18. Sd6 : b5 a7—a6
19. Sb5—d6 Dd7—c7
20. e2—e4 d4 : e3 e. p.
21. Te1 : e3 a6—a5

Es ist richtig, daß Schwarz für seine Figuren etwas Spielraum erhalten hat. Aber von einem Ersatz für die geopferten Bauern kann keine Rede sein.

22. Da4—g4 Sc6—e7
23. Sf3—e5 Ld5—e6
24. Dg4—e2 Se7—d5
25. Te3—d3 Sd5—b4
26. Td3—d2 Tf8—d8
27. De2—e3 a5—a4
28. a2—a3 !

Der Beginn vom Ende.

28. .... Lf6 : e5
29. De3 : e5 Sb4—c6
30. Lg2 : c6 Dc7 : c6
31. b3—b4 Le6—h3

Die erste und letzte Drohung des Nachziehenden.

32. f2—f4 Dc6—f3
33. De5—c3 Df3—c6
34. b4—b5 Dc6—d7
35. c5—c6 Dd7—a7†
36. Dc3—c5 Da7—c7
37. f4—f5 h6—h5
38. Tc1—b1 Tb8—b6
39. Tb1—e1 Tb6—b8
40. Td2—d4 Dc7—a5
41. Td4—b4 Da5—c7
42. b5—b6

Um nach 42..., D:d6 43. D:d6, T:d6 mit 44. c7 zu entscheiden. Schwarz gibt auf.

Partie Nr. 94

Szabo **Kotow**

Damengambit

1. d2—d4 Sg8—f6
2. c2—c4 e7—e6
3. Sg1—f3 d7—d5
4. Sb1—c3 c7—c5
5. e2—e3 Sb8—c6

Die geschlossene Behandlung des Damengambits (Tarrasch pflegte diese Aufstellung „Normalvariante" zu nennen) bietet zahlreiche Gelegenheiten zu allerlei Uebergängen. Es wäre der Mühe wert, diese Möglichkeiten an Hand des gegenwärtigen Standes der Theorie näher zu untersuchen.

6.	a2—a3	Lf8—e7
7.	d4 : c5	

Jetzt spielt Weiß ein Angenommenes Damengambit, jedoch in der Vorhand und — dank dem letzten Zuge von Schwarz — mit zwei Zügen mehr.

7.	....	Le7 : c5
8.	b2—b4	Lc5—b6
9.	Lc1—b2	0—0
10.	Lf1—e2	d5 : c4
11.	Le2 : c4	Dd8—e7
12.	0—0	a7—a6
13.	Dd1—c2	Lb6—c7
14.	Sf3—g5	

Eine Kombination, und nicht ein gewöhnlicher Fehler, wie Schw. zu glauben scheint

Es droht 17. Sd5!, e:d5 18. L:f6 mit sofortiger Entscheidung.

14.	....	Lc7 : h2†

Schwarz will den Fehler widerlegen. In Wirklichkeit nimmt er mit dem Textzug nur ein Bauernopfer an, das dem Anziehenden gute Angriffsaussichten bietet.

Vorzuziehen war 14..., Se5 15. Lb2, h6, mit etwa gleichwertigem Spiel.

15. Kg1—h1 !

Aber nicht 15. K:h2? wegen 15..., Sg4† usw.

Stellung nach 15. Kg1—h1 !

Mit dem Textzug hält Weiß seine Drohung aufrecht: 16. Sd5! usw.

15.	....	h7—h6??

Ein gewaltiger Bock; Schwarz sieht die Drohung nicht.

Ungenügend war auch 15..., g6? wegen 16. g3 (16..., Sg4 17. Sce4, f5? 18. Dc3!).

Richtig war 15..., Le5! 16. f4, L:c3 17. L:c3, g6; Weiß hätte dann gewiß ein sehr gutes Spiel gehabt; aber die Korrektheit seines Bauernopfers hätte er immerhin noch beweisen müssen.

16.	Sc3—d5 !	e6 : d5
17.	Lb2 : f6	Lc8—f5

Helle Verzweiflung.

18.	Dc2 : f5	g7—g6
19.	Df5 : g6†?	

Damit gibt Weiß einen großen Teil seines Vorteils wieder zurück, nur um ein Schach bieten zu können. Er gewinnt mit dem Textzug schließlich eine Qualität und einen Bauern, aber mit dem einfachen 19. L:e7, g:f5 20. L:f8 hätte er mindestens eine Figur und zwei Bauern erbeuten können (20..., Le5 21. L:h6, L:a1 22. L:d5 usw.).

19.	f7 : g6
20. Lc4 : d5†	Tf8—f7
21. Lf6 : e7	h6 : g5
22. Kh1 : h2	Sc6 : e7
23. Ld5 : f7†	Kg8 : f7
24. Ta1—c1	Se7—c6
25. Tf1—d1	Kf7—e6
26. Tc1—c5	Ta8—h8†
27. Kh2—g3	Th8—h5
28. Td1—d5	Sc6—e7
29. Td5 : g5	Th5—h1
30. Tg5—e5†	

Schwarz gibt auf.

Partie Nr. 95

Lundin — **Tartacover**

Holländisch Zukertort

1. Sg1—f3 f7—f5

Diese Fortsetzung ist bei keiner der wichtigsten Eröffnungsgruppen, die sich aus 1. Sf3 ergeben, unterzubringen; sie gehört nicht zum Indisch in der Vorhand (1. Sf3, d5) und auch nicht zum Doppelindisch wie das Réti-System (1. Sf3, Sf6). Hier bilden die Züge 1. Sf3 und 1..., f5 das gemeinsame Merkmal. Falls Weiß bald d2—d4 zieht, kann es eine gewöhnliche Holländische Partie werden.

2. g2—g3	Sg8—f6
3. Lf1—g2	e7—e6
4. 0—0	Lf8—e7
5. b2—b3	c7—c5

Besser 5..., d6.

6. Lc1—b2	0—0
7. c2—c4	Sb8—c6
8. Sb1—c3	e6—e5
9. e2—e3	d7—d6
10. d2—d4	

Also doch d2—d4, aber jetzt kann keine Rede mehr sein von einem Uebergang zur gewöhnlichen Holländischen Partie. Die Eröffnung hat ihre Selbständigkeit bewahrt, sie ist als eine Abzweigung der Zukertort-Eröffnung zu betrachten. Wohl mit holländischem Einschlag, aber Weiß hat u. a. den Stonewall vermieden; denn der — sonst die beste Aufstellung für Schwarz — kätte keinen Sinn, solange Weiß noch d2-d3 ziehen kann.

10.	e5—e4
11. Sf3—e1	Dd8—e8
12. Sc3—d5	Le7—d8
13. d4 : c5	d6 : c5
14. f2—f3 !	

Das ist stärker als auf Eroberung von c5 zu spielen. (14. S:f6†, L:f6 15. L:f6, T:f6 16. Dd5† usw.). Weiß will Angriffslinien öffnen und plant zu diesem Zwecke sogar ein Bauernopfer.

14. .... Sf6 : d5

Der weiße Vorposten war zu lästig. Aber nun erhält Weiß einen starken Freibauern.

15. c4 : d5 !

Auf 15. D:d5†, Le6 16. D:c5 würde jetzt 16.., Lb6 nebst L·e3†, mit gutem Spiel für Schw. folgen.

15.	e4 : f3
16. Se1 : f3	Sc6—b4

Das Nehmen des Bauern e3 wäre äußerst gefährlich gewesen, z. B. 16..., D:e3† 17. Kh1, Sb4 18. Te1, Dh6 19. a3, Sa6 20. d6, Le6 21. Sg1!, mit der doppelten Drohung 22. T:e6! und 22. L:b7.

Allerdings hat Schwarz auch von der Textfortsetzung nicht viel zu erwarten. Er steht schlecht.

17.	Dd1—d2	Ld8—f6
18.	Lb2 : f6	Tf8 : f6
18.	Lb2 : f6	Tf8 : f6
19.	a2—a3	Sb4—a6
20.	Ta1—e1	Lc8—d7
21.	e3—e4 !	

Diese weitere Linienöffnung verleiht dem Angriff des Anziehenden entscheidende Kraft.

21.	....	f5 : e4

Auf 21..., Lb5? würde 22. e5! gewinnen (22.., L:f1 23. e:f6).

22.	Sf3—g5	Tf6 : f1†
23.	Lg2 : f1	De8—g6
24.	d5—d6	

Mit drei starken Drohungen: 25. L:a6, b:a6 26. Dd5† usw.; oder 25. Dd5† nebst 26. D:b7 usw.; oder endlich 25. Lc4† usw.

24.	....	Ta8—f8
25.	Lf1—c4†	Kg8—h8
26.	Dd2—d5 !	

Stellung nach 26. Dd2—d5!

Entscheidend. Schwarz besitzt keine genügende Verteidigung gegen die Drohung 27. Sf7† usw. Auf 26..., Lc6 würde folgen 27. Sf7†, Kh8 28. Se5†!, L:d5 29. L:d5†, Kh8 30. S:g6†, h:g6 31. T:e4 und Weiß gewinnt.

26.	....	h7—h6
27.	Sg5—f7†	Kh8—h7
28.	Sf7—e5	Dg6—e8
29.	Dd5 : e4†	Ld7—f5
30.	De4 : b7	Sa6—b8

Schwarz macht fortwährend erzwungene Züge.

31.	Lc4—f7	De8—d8
32.	Db7—f3	Dd8—f6
33.	g3—g4	Lf5—b1

Der Läufer darf die Schräge b1—h7 nicht verlassen wegen 34. De4†.

34.	Df3—d1 !	

Nun hat der Läufer kein Feld mehr auf der kritischen Schräge. Das Stück ist aus.

34.	....	Tf8 : f7
35.	Dd1 : b1†	Kh7—g8
36.	Se5 : f7	Df6—d4†
37.	Kg1—h1	Kg8 : f7
38.	Db1—f5†	Kf7—g8
39.	Te1—e8†	matt.

Partie Nr. 96

Smisloff — **Flohr**

Angenommenes Slawisch

1.	c2—c4	Sg8—f6
2.	d2—d4	c7—c6
3.	Sb1—c3	d7—d5
4.	Sg1—f3	d5 : c4
5.	a2—a4	Lc8—f5
6.	e2—e3	e7—e6
7.	Lf1 : c4	Lf8—b4
8.	0—0	0—0
9.	Dd1—e2	Lf5—g4
10.	h2—h3	Lg4—h5
11.	Tf1—d1	Sb8—d7

12.	e3—e4	Dd8—e7
13.	Sc3—a2	

Etwas Neues, aber keine Verstärkung für Weiß, denn der feindliche Läufer wird nur auf bessere Felder getrieben.

Die übliche Fortsetzung lautet 13. e5, Sd5 14. Se4 (siehe Nr. 29).

13.	....	Lb4—a5
14.	b2—b4	La5—c7
15.	b4—b5	e6—e5

Damit erlangt Schwarz ein sehr befriedigendes Spiel.

16.	b5 : c6	b7 : c6
17.	d4—d5	c6 : d5
18.	Lc4 : d5	Sf6 : d5
19.	Td1 : d5	Sd7—b6
20.	Td5—d3	Tf8—d8
21.	Lc1—a3	Lc7—d6
22.	La3—b2	Ld6—c7

Die schwarze Stellung war noch ganz gut zu spielen, aber Flohr entschließt sich, die Züge zu wiederholen.

23.	Lb2—a3	Lc7—d6

Remis.

Partie Nr. 97

Steiner — **Stoltz**

Sizilianisch

1.	e2—e4	c7—c5
2.	Sg1—f3	Sb8—c6
3.	d2—d4	c5 : d4
4.	Sf3 : d4	g7—g6(?)
5.	Sd4 : c6?	b7 : c6
6.	Lf1—d3	

In Nr. 13 folgte 6. Dd4, und in Nr. 118 6. Le2.

6.	....	Lf8—g7
7.	0—0	Sg8—f6
8.	c2—c4	

Weiß bemüht sich, eine gediegene Zentrumsstellung aufzubauen, um auszubessern, was er mit 5. S:c6? verdorben hat. Er kann zwar d7—d5 nicht verhindern, wohl aber die Folgen dieses Vorstoßes abschwächen.

8.	....	0—0
9.	Sb1—c3	d7—d5
10.	h2—h3	Ta8—b8
11.	Dd1—e2	d5 : e4

Stoltz bevorzugt offene Stellungen. Er tauscht hier auf e4, um seine Mehrheit auf dem Königsflügel zur Grundlage eines Angriffs zu machen. Aus dem weiteren Verlauf der Partie erhellt jedoch, daß Stoltz die Folgen des Textzuges nicht richtig eingeschätzt hat, denn die Führung geht bald auf Weiß über.

Stärker wäre 11..., d4 gewesen.

12.	Sc3 : e4	Sf6 : e4
13.	Ld3 : e4	Dd8—c7
14.	Ta1—b1	f7—f5
15.	Le4—c2	c6—c5
16.	Lc1—g5 !	

Sehr gut gespielt. Dank der starken Stellung dieses Läufers gelangt Weiß zur Beherrschung der d-Linie.

16.	....	e7—e5
17.	De2—d2	Lc8—e6
18.	b2—b3	Tf8—f7
19.	Tb1—d1	Lg7—f8

Mit 19..., Td7 wäre nichts geleistet, denn es folgt 20. Dc1, drohend 21. T:d7 nebst 22. Td1. Die Unzugänglichkeit des Feldes d8 für seine schweren Figuren ist sehr lästig für Schwarz.

20. Tf1—e1 Tb8—e8
21. Lg5—d8

Der Läufer tritt eine Rundreise an, die ihn auf ein noch besseres Feld bringt.

21. .... Dc7—b8
22. Ld8—a5 Le6—c8
23. La5—c3

Der Angriff auf den Bauern e5 ist jetzt wichtiger als das Beherrschen des Feldes d8. Weiss bleibt übrigens im Besitz der d-Linie.

23. .... Lc8—b7
24. f2—f3 Db8—c7
25. Te1—e2 Lb7—c6
26. Dd2—e1 Tf7—e7
27. De1—f2 Te7—e6
28. Df2—g3 Lf8—g7
29. Td1—e1

Weiß laviert, er hat noch nicht den rechten Plan.

29. .... Dc7—f7

Ein kleiner Witz, um die Zuversicht des Weißen etwas zu dämpfen: 30. L:e5? würde wegen 30. f4! eine Figur kosten (31 Dg5, h6).

30. Dg3—f2 Df7—e7
31. a2—a3!

Endlich die richtige Idee: Weiß muß seine Bauernmehrheit auf dem Damenflügel in die Wagschale werfen. Das verspricht auch eine würdige Verwendung des weißen Königsläufers, der bisher wenig geleistet hat.

31. .... e5—e4

Schwarz erkennt die Gefahr und führt rasch entschlossen einen Gegenschlag. Er riskiert zwar, daß sein e-Bauer schließlich verloren geht, aber ruhig abwarten, wäre jedenfalls noch riskanter gewesen.

32. Lc3:g7 e4—e3

Die Pointe des vorigen Zuges Zuges von Schwarz.

33. Df2—g3 De7:g7
34. Kg1—h2 Dg7—f6
35. f3—f4 h7—h5

Stellung naeh 35..., h7—h5

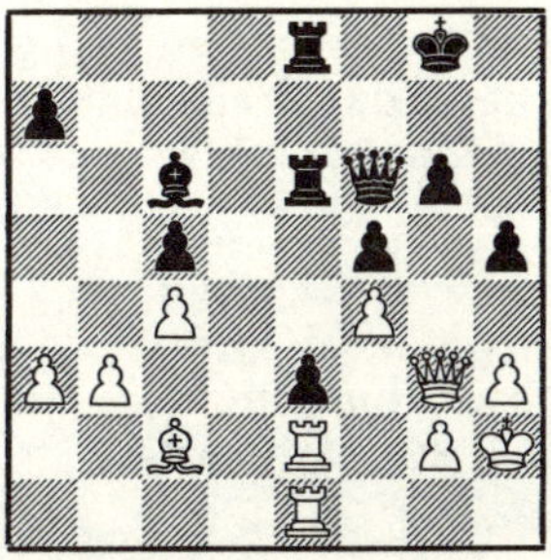

Damit deckt Schwarz auf mittelbare Weise seinen e-Bauern; auf 36..., T:e3? würde nämlich 36..., h4 37. Df2, Dd4! usw. folgen.

Man beachte, daß die unmittelbare Deckung des e-Bauern mittels 35..., Dd4? an 36. L:f5! scheitern würde.

36. h3—h4! Te8—d8

Schwarz kann Bauernverlust nicht länger vermeiden und sieht sein Heil in weiteren Verwicklungen.

37. b3—b4

Auf 37..., T:e3 folgt 38. D:e3 (38. T:e3?, Td2!) 38..., D:h4†.

37. .... Kg8—f7
38. b4:c5?

In Zeitnot versäumt Weiß die vielversprechende Fortsetzung 38. b5!, Lb7 39. T:e3, T:e3 40. D:e3 D:h4† 41. Kg1, Df6 42. D:c5 usw. (Der vorbereitende Zug 38. Kg1 wäre schwächer wegen 38.., Td2!.)

38.	....	Td8—d4
39.	Te2 : e3	Te6 : e3
40.	Dg3 : e3	

Nicht 40. T:e3? wegen 40..., Td2.

40.	....	Df6 : h4†
41.	Kh2—g1	Dh4—f6

Jetzt sind die Partien völlig ausgeglichen, da Weiß mit seinem Doppelbauer nichts ausrichten kann.

Man erkennt deutlich, daß Weiß besser gefahren wäre, wenn er die Abwicklung mit 38. b5! eingeleitet hätte statt mit 38. b:c5?.

42.	Lc2—d3	Td4—d8
43.	Ld3—f1	Td8—e8
44.	De3—d2	Te8 : e1
45.	Dd2 : e1	Df6—d4†
46.	De1—f2	Dd4—c3
47.	Kg1—h2	Dc3 : a3
48.	Df2—d4	h5—h4

Nun muß Weiß allmählich an ewiges Schach denken.

49.	Dd4—e5	Da3—g3†
50.	Kh2—g1	Lc6—e4
51.	De5—c7†	Kf7—g8
52.	Dc7—d8†	

Remis.

Partie Nr. 98

Botwinnik **Euwe**

Angenommenes Damengambit

1.	d2—d4	d7—d5
2.	Sg1—f3	Sg8—f6
3.	c2—c4	d5 : c4
4.	e2—e3	e7—e6
5.	Lf1 : c4	c7—c5
6.	0—0	a7—a6
7.	a2—a4	Sb8—c6
8.	Dd1—e2	Lf8—e7

Laut Theorie führt hier 8..., c:d4 9. Td1, d3 zu einem Spiel mit gleichen Aussichten.

9.	Tf1—d1	Dd8—c7
10.	Sb1—c3	0—0
11.	b2—b3	

In einer Partie Eliskases—Reshevsky (Semmering-Baden 1937) folgte: 11. h3, b6 12. d5, e:d5 13. L:d5, Lb7 14. e4, Tad8 mit gleichem Spiel.

Der Textzug ist zweifelsohne aussichtsvoller.

11.	....	Lc8—d7

Es frägt sich, ob Schwarz gut daran tut, die Spannung aufrechtzuhalten, statt sie mit 11..., Sa5, oder mit 11..., c:d4 aufzuheben. Sowohl nach 11..., Sa5 12. d5, e:d5 13. S:d5, S:d5 14. L:d5, Lg4, als nach 11..., c:d4 12. e:d4, Sa5 13. d5, S:c4 14. b:c4, e:d5 15. S:d5, S:d5 16. e:d5, Lg4 hat Schwarz kein übles Spiel.

12.	Lc1—b2	Ta8—c8

Keres spielte in ähnlicher Stellung gegen Botwinnik 12..., Tfd8 nebst 13..., Le8.

13.	d4—d5	e6 : d5
14.	Sc3 : d5	Sf6 : d5
15.	Lc4 : d5	Ld7—g4
16.	De2—c4	Lg4—h5
17.	Ld5 : c6 !	

Sehr stark. Mit Kennerblick sieht Botwinnik, daß die nun folgenden Verwicklungen für Weiss günstig sind, trotz dem gegnerischen Läuferpaar.

17.	**....**	**Dc7 : c6**
18.	**Sf3—e5**	**Dc6—e8**
19.	**Td1—d5**	**Tc8—d8**

19..., b5 20. Dc3 macht die Sache nicht besser für Schwarz. Der Textzug bildet eine Abwehr gegen 20. Sd7.

20. Se5—d7?

Stellung nach 20. Se5—d7?

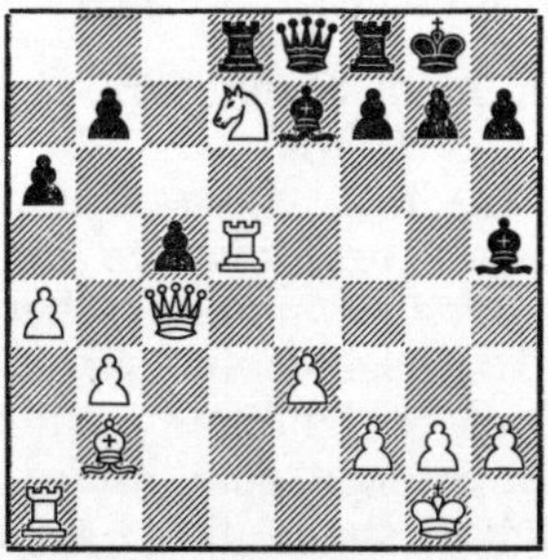

Ein fast unerklärlicher Mißgriff. Warum verzichtet Botwinnik darauf, seinen Angriff mit 20. g4! zu verstärken? Nach 20...., Lg6 (direkt 20..., b5 ist schwächer) 21. f4 stünde er vortrefflich. Nur die folgende Fortsetzung wäre noch geeignet, dem Nachziehenden eine leise Hoffnung zu lassen: 21..., b5 22. a:b5, a:b5 23. T:d8, D:d8 24. D:b5, Le4.

20.	**....**	**Td8 : d7**
21.	**Td5 : h5**	

Droht zu gewinnen durch 22. L:g7 (22..., K:g7 23. Dg4†, Kh8 24. Df5, Kg7 25. D:h7†, Kf6 26. Dh6 matt). Diese bestechende Drohung dürfte Botwinnik vom rechten Wege abgelenkt haben.

21. .... De8—d8

Damit ist der Angriff des Weißen abgeschlagen. Von hier an hat Schwarz das bessere Spiel.

22.	**Ta1—f1**	**g7—g6**
23.	**Th5—h3**	

Auf 23. Dc3 würde 23..., Lf6 folgen.

23.	**....**	**Td7—d1**
24.	**g2—g4**	**Td1 : f1†**
25.	**Kg1 : f1**	**b7—b5**
26.	**a4 : b5**	**a6 : b5**
27.	**Dc4—f4**	

Oder 27. D:b5, Dd1† 28. Kg2, D:g4† mit Chancen für Schwarz.

27.	**....**	**f7—f6**
28.	**e3—e4**	**Dd8—d1†**
29.	**Kf1—g2**	**Le7—d6**

Etwas stärker war 29..., Dc2; Weiß hätte dann 30 Lc1 ziehen müssen.

30.	**Df4—f3**	**Dd1 : f3†**
31.	**Th3 : f3**	**Ld6—e5**
32.	**Lb2 : e5**	**f6 : e5**

Auch das Endspiel ist für Schwarz günstig, aber der Vorteil reicht zum Gewinn aus.

33.	**Tf3—c3**	**Tf8—c8**
34.	**Kg2—f3**	**Kg8—f7**
35.	**Kf3—e3**	**Kf7—e6**
36.	**f2—f4**	

Weiß entledigt sich bei der ersten Gelegenheit seines rückständigen f-Bauern. Das ist sehr gut, obwohl er dem schwarzen König das starke Feld e5 einräumt.

36.	**....**	**e5 : f4†**
37.	**Ke3 : f4**	**c5—c4**
38.	**b3 : c4**	**b5 : c4**

Schwarz besitzt eine klare Gewinnchance: Aufopferung des entfernteren Freibauern mit gleichzeitigem Turmtausch und Geltendmachung der besseren Königsstellung in dem resultierenden Bauernendspiel.

39. h2—h4 !

Die einzig richtige Verteidigung. Es droht 40. h5; nach Abtausch des schwarzen g-Bauern wäre die Verlustgefahr für Weiß bebeseitigt.

39. .... h7—h6

Diese Abwehr der gegnerischen Drohung führt nicht zum Gewinn, wodurch später die Meinung auftauchte, daß Schwarz 39..., Tc5 hätte ziehen müssen. Aber auch 39...., Tc5 gewinnt nicht, wie sich bei näherer Untersuchung herausstellte. Die Hauptvariante lautet: 40. e5!,Tc8 (40..., Kd5 41. Te3!) 41. h5, Kd5 42. h:g6, h:g6 43. Kg5, Tc6 44. Te3, Te6 45. Kf4, Kd4 46.Te1, c3 47. Td1†, Kc4 48. Ke4, c2 49. Tc1, Kc3 50. Kd5, Te8 51. e6, Kb2 52. Th1, c1D 53. T:c1, K:c1 54. Ke5, Kd2 55. Kf6, Ke3 56. K:g6! (56. Kf7?, T:e6!) 56..., T:e6† 57. Kf5!, und Weiß macht remis.

40. g4—g5 h6—h5
41. Kf4—e3 Ke6—e5

Stellung nach 41. .... Ke6—e5

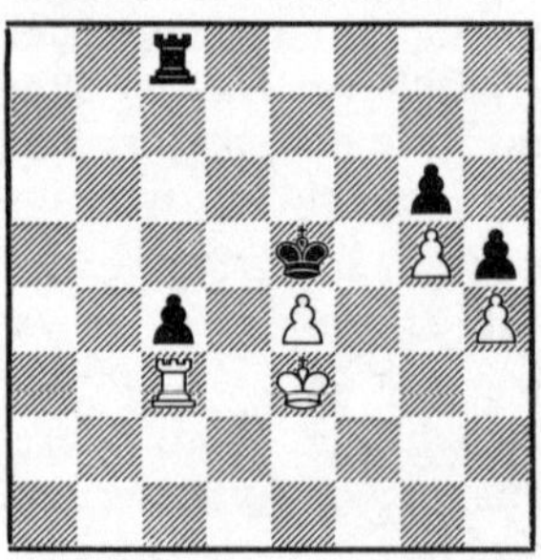

Hier wurde das Spiel bei der Pause unterbrochen. Weiß ist anscheinend verloren, denn die Erfahrung lehrt, daß in derartigen Fällen der entferntere Freibauer stets entscheidet. Es bedeutete daher für alle Teilnehmer eine große Ueberraschung, als sich herausstellte, dass diese Stellung für Schwarz nicht zu gewinnen ist.

42. Tc3—c2 ! c4—c3
43. Ke3—d3 Tc8—d8†

Gemäß dem Grundsatz, der für derartige Stellungen gilt, hätte Schwarz hier einen Tempozug mit dem Turm machen müssen, da ja der Gewinn im Uebergang zum Bauernendspiel zu suchen ist. Dieser Uebergang führt jedoch hier nicht zum Ziel, hauptsächlich deshalb nicht, weil der weiße g-Bauer schon zu weit vorgerückt ist. Man prüfe: 43..., Tc7 44. T:c3!, T:c3† 45. K:c3, K:e4 46. Kc4, Kf4 47. Kd4, Kg4 48. Ke5, K:h4 49. Kf6!, und Weiß kommt gerade noch zur rechten Zeit.

44. Kd3—e3

Nach 44. K:c3, K:e4 wäre die Sache etwas schwieriger.

44. .... Td8—d4
45. Tc2 : c3 Td4 : e4†
46. Ke3—f3 Te4 : h4
47. Tc3—c6 Th4—f4†

Oder 47..., Kf5 48. Tc5† usw.

48. Kf3—e3 Tf4—e4†
49. Ke3—f3 Ke5—f5
50. Tc6—f6† Kf5 : g5
51. Tf6 : g6† !

Alles klappt bis ins Kleinste.

Remis.

Partie Nr. 99

Denker — **Bernstein**

Flanken-Orthodox

1. c2—c4 Sg8—f6
2. Sg1—f3 e7—e6
3. g2—g3 Lf8—e7
4. Lf1—g2 0—0
5. b2—b3 d7—d5

Eine der vielen Eröffnungen, die sich nach 1. Sf3 ergeben können. Wir nennen sie Flanken-Orthodox, da Schwarz dieselbe Aufstellung wählt wie beim Orthodoxen Damengambit. (Bemerkt sei, daß wir unter der Bezeichnung „Flankenspiele" jene Eröffnungen verstehen, die weder mit 1. e4 noch mit 1. d4 beginnen.)

Das Flanken-Orthodox unterscheidet sich vom Katalonisch durch Aufschiebung oder gänzliche Unterlassung von d2—d4.

6. Lc1—b2 Sf6—e4

Schwarz bemüht sich auf zeitraubende Weise, d2—d4 zu provozieren, ohne zu bedenken, daß dies ein guter Zug ist.

Besser war 6..., c5, drohend 7..., d4; das hätte beinahe zwangsläufig zu der Abwicklung 7. c:d5, S:d5 geführt.

7. 0—0

Auf 7. d3 folgt ebenfalls 7.., Lf6.

7. .... Le7—f6
8. d2—d4 b7—b6
9. Sf3—d2! Se4 : d2
10. Sb1 : d2

Nun ist es doch eine Art Katalonisch geworden, aber mit einem zusätzlichen Entwicklungsvorsprung für Weiß.

10. .... Lc8—b7
11. e2—e4! d5 : c4
12. Sd2 : c4

Weiß befindet sich klar im Vorteil. Auf 12.., c5 kann einfach 13. d:c5 folgen, da der Lb2 gedeckt steht.

12. .... Sb8—c6
13. e4—e5!

Sehr stark, da Weiß jedenfalls zu d4—d5 gelangt.

13. .... Lf6—e7
14. Sc4—e3 Ta8—b8

Nun droht Schwarz mittels 15.., Sb4 das Feld d5 zu gewinnen.

15. d4—d5! e6 : d5
16. Se3 : d5 Sc6—b4
17. Sd5—f6†!

Stellung nach 17. Sd5—f6†!

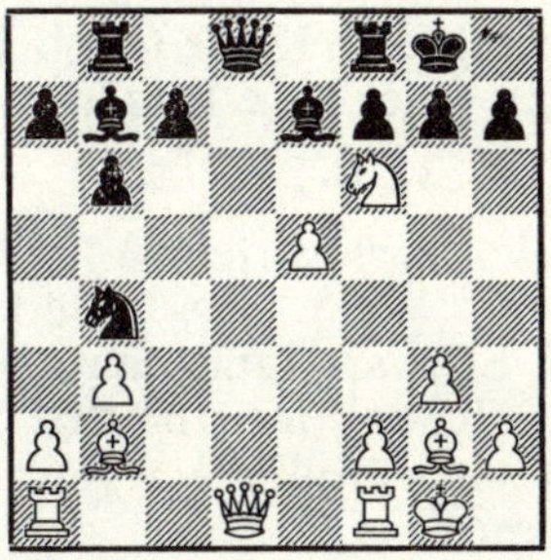

Ein schönes Opfer, das Schwarz nicht annehmen darf.

17. .... Le7 : f6

Das Einzige. Nach 17..., g:f6? 18. Dg4†, Kh8 19. e:f6, L:f6 20. Tad1 müßte Schwarz die Dame opfern (20..., L:b2 21. T:d8, Tf:d8 22. D:b4), da 20..., De7 an 21. Dg5 scheitert.

18. e5 : f6 Dd8 : d1

19. Tf1 : d1 Lb7 : g2
20. Kg1 : g2

Das ist noch stärker als 20. f:g7; Weiss gewinnt ein wichtiges Tempo, denn g7 bleibt hängen, während f6 nicht genommen werden darf.

20. .... Tf8—d8

Auf 20..., g:f6 gewinnt 21. Td4! usw.

Schwarz gibt den Bauern g7 auf, da er nach 20..., g6 21. Td7, Tbc8 (oder Tfc8) 22. a3, Sa6 (22..., Sc6 23. Tc1!) 23. b4 in ein hoffnungslos passive Stellung geraten würde.

21. f6 : g7 Sb4—d3
22. Lb2—c3 Td8—d6
23. Td1—d2 Tb8—d8
24. Ta1—d1 f7—f6

Schwarz hat sich bestmöglich verteidigt und steht nun im Begriff, mittels 25...., K:g7 ein befriedigendes Spiel zu erlangen.

25. Lc3 : f6 !

Mit diesem neuerlichen Opfer behauptet Weiß das überlegene Spiel. Schwarz muß nun die Qualität nehmen, denn bei 25..., T:f6 26. T:d3 würde Weiß ganz leicht gewinnen.

25. .... Sd3—f4†
26. g3 : f4 Td6 : d2
27. Td1—e1 Td8—c8
28. Te1—e7 Td2 : a2

Weiß besitzt zwei verbundene Freibauern für die Qualität, aber seine Aufgabe ist trotzdem noch nicht einfach, da Schwarz auf dem Damenflügel etwas Gegenspiel erlangt hat.

29. Lf6—e5 Ta2—a5

Verhindert 30. f5, worauf 30..., T:e5! folgen würde.

30. Kg2—f3 Ta5—b5
31. Kf3—e4 Tb5—b4†
32. Ke4—d5 Tb4 : b3
33. f4—f5 Tb3—b5†

Auch das bessere 33..., Tf3 war nicht gut genug, um die Partie zu retten; es könnte folgen: 34. Ke6, c5 35. Kd7! (nicht 35. f6? wegen 35..., Tc6† mit Remis) 35..., Ta8 36. f6, T:f2 37. Ke6, c4 38. f7†, T:f7 39. T:f7, Te8† 40. Kf6, Td8 41. Lc7, Tc8 42. Ld6 und Weiß gewinnt.

34. Kd5—e6 Tb5 : e5†
35. Ke6 : e5 c7—c5
36. Ke5—e6

Genauer war 36. Kd6.

36. .... c5—c4

Falls 36..., Tc6†, dann folgt 37. Kd5!, Tc8 (37..., Tf6 38. Ke5 und 39. f6) 38. Kd6! usw.

37. Ke6—d7 Tc8—c5

Auf 37..., Ta8 entscheidet 38. f6 nebst 39. Te8†.

38. f5—f6 Tc5—d5†
39. Kd7—e8 Td5—f5
40. f6—f7† Tf5 : f7
41. Te7 : f7

Schwarz gibt auf.

Eine lebhafte und schöne Partie.

Partie Nr. 100

Boleslawski — O'Kelly

Spanisch

1. e2—e4 e7—e5
2. Sg1—f3 Sb8—c6
3. Lf1—b5 a7—a6
4. Lb5—a4 Sg8—f6

5. d2—d3 d7—d6
6. c2—c3 Lf8—e7
7. Sb1—d2 0—0
8. h2—h3 Sf6—d7

Die Eröffnung weist nur einen geringfügigen Unterschied mit Nr. 62 auf. Jetzt steht Schwarz im Begriff, dasselbe (von Tschigorin herrührende) Manöver auszuführen wie dort.

9. 0—0 Sd7—b6

Damit weicht Schwarz von Nr. 62 ab; er führt das in Rede stehende Manöver aus, ohne den Zug b7—b5 einzuschalten. Offenbar will er Weiß keine Gelegenheit für den Angriffszug a2-a4 geben, den besonders Boleslawski nie unterläßt.

Objektiv betrachtet, halten sich die Vor- und Nachteile des Textzuges die Waage. Die ziemlich passive Steinitz-Variante (5. d3) läßt dem Nachziehenden viel Wahl.

10. La4—c2 Le7—f6
11. Sd2—b3 a6—a5

Folgerichtiger und besser war sofort 11..., d5, wonach 12. Le3 mit 12.., d:e4 13. d:e4 (13. L:b6, e:f3!) 13.., Sc4 beantwortet werden konnte.

12. Lc1—e3 d6—d5

Jetzt hat dieser Vorstoß eine kleine Schattenseite, aber er genügt trotzdem zu ungefährem Ausgleich.

Bei der Fortsetzung 12..., a4 13. Sbd2, a3 14. b4 hätte Weiß bessere Aussichten als nach dem Textzug.

13. Le3 : b6 c7 : b6

Der kleine Nachteil des verspäteten d6—d5 besteht darin, daß c7—c6 nicht mehr möglich ist, und Schwarz daher nicht die Möglichkeit besitzt, dem Gegner das Feld d5 streitig zu machen.

14. a2—a4

Boleslawski hat glücklich wieder a2—a4 gespielt; das kann er sich nie versagen.

Man muß unwillkürlich lächeln, wenn man bedenkt, daß der Zug, den Schwarz entkräften wollte, jetzt sogar etwas mehr Wirkung hat als normal, denn er blockiert den schwarzen Damenflügel.

14. .... d5 : e4
15. d3 : e4 Dd8—c7

Richtig war 15..., D:d1. Im Mittelspiel hat Schwarz mehr Schwierigkeiten.

16. Sb3—d2 Sc6—e7
17. Lc2—b3 Se7—g6
18. Sd2—c4 Tf8—d8
19. Dd1—c2 Sg6—f4

Ein schönes Feld für den Springer. Aber d5, wo bald ein weißer Springer erscheint, ist noch schöner.

20. Sc4—e3 Lf6—e7

Den Vorzug verdiente 20..., Ld7, um später womöglich mit b6—b5 fortzufahren.

21. h3—h4

Bereitet g2—g3 vor.

21. .... Le7—c5
22. Ta1—d1 Td8—e8

Bessere Fortsetzungen waren 22.., Le6 oder 22..., Tf8. Dagegen wäre 22..., L:e3 23. f:e3 sehr günstig für Weiß.

23. Sf3—g5 Te8—f8

24. Se3—d5 !

Stellung nach 24. Se3—d5!

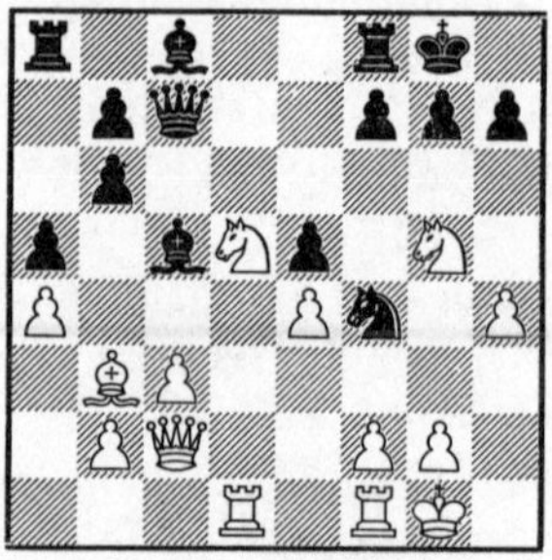

Damit erlangt Weiß die überlegene Stellung.

24. .... Sf4 : d5

Erzwungen. Auf 24..., Dc6 25. S:f4, e:f4 26. e5, Dg6 (26..., g6 27. Ld5!) folgt 27. D:g6, h:g6 28. S:f7, T:f7 29. Td8†, Lf8 30. Tfd1! (30. e6?, L:e6!), und Schwarz kann entscheidenden Nachteil nicht abwenden.

25. e4 : d5 g7—g6
26. Dc2—e2

Die Kombination 26. d6, L:d6 27. L:f7†, T:f7 28. Db3 ist wegen 28..., Lf8 nicht klar.

26. .... h7—h5?

Verliert sofort. Schwarz hätte 26..., Ld6 ziehen müssen.

27. d5—d6 ! Dc7—c6

Auf 27..., L:d6 gewinnt 28. Dd3, mit der doppelten Drohung 29. D:g6† und 29. D:d6.

28. De2 : e5 Lc8—f5
29. De5—f6 Dc6—d7
30. Tf1—e1

Schwarz gibt auf.

RUHETAG

SONNTAG, 25. AUGUST 1946

Dieser Tag verlief auf dieselbe gemütliche Art wie der vorige Sonntag (18. August), nur gab es diesmal keinen Schiffsausflug, wodurch die Anzahl der Blitzpartien ins Ungemessene stieg.

HÄNGEPARTIEN

MONTAG, 26. AUGUST 1946

78. Steiner—Bernstein	½—½
82. O'Kelly—Denker	0—1

Nur ein kleiner Teil der festgesetzten Spielzeit, nicht viel mehr als eine Stunde, war nötig, um die zwei abgebrochenen Partien zu erledigen. Steiner versäumte den Gewinn, und O'Kelly war bereits verloren.

So hatten praktisch alle Teilnehmer einen zweiten freien Tag. Diese Hängetage erweisen sich als beinahe überflüssig, ein Zeichen, daß das Spieltempo und die Spielstunden gut gewählt wurden.

11. RUNDE

DIENSTAG, 27. AUGUST 1946

101.	O'Kelly—Vidmar	½—½
102.	Bernstein—Boleslawski	½—½
103.	Euwe—Denker	1—0
104.	Stoltz—Botwinnik	0—1
105.	Flohr—Steiner	½—½
106.	Tartacover—Smisloff	½—½
107.	Kotow—Lundin	½—½
108.	Yanofsky—Szabo	0—1
109.	Kottnauer—Najdorf (abgebrochen)	1—0
110.	Christoffel—Guimard	0—1

Die zwei Führenden haben wieder gewonnen, nur muß man anerkennen, daß Botwinnik eine bessere Leistung zeigte als Euwe.

Stoltz war auf den Gedanken gekommen, den russischen Vorkämpfer mit einer russischen Waffe zu Leibe zu gehen, nämlich der Tschigorin-Variante der französischen Verteidigung. Man weiß, dass Tschigorin mit dieser Variante mehrere Matchpartien gegen Tarrasch gewann, auch ist bekannt, daß letzterer den Erfolg dieser Variante teilweise auf Wodka zurückführte. Offenbar eignet sich diese Variante ganz besonders für einen Wodkaliebhaber im Kampfe gegen einen Abstinenzler. In Anbetracht dieser Umstände durfte sich Stoltz, als er Dd1—e2 gespielt hatte, den rosigsten Hoffnungen hingeben. Es kam jedoch ganz anders, als es laut Theorie hätte kommen müssen, schrecklich anders. Weiß geriet schon nach wenigen Zügen in Schwierigkeiten und stand bald zum Aufgeben, zerschmettert durch eine Reihe genialer Opfer seines Gegners und obendrein gepeinigt wie Tantalus durch die Tatsache, daß er keines dieser Opfer annehmen durfte. (Hinterher betrachtet, hätte er es freilich tun können, denn für solche Fälle gilt die medizinische Regel, daß ein Geschwollener alles essen dürfe.) Dieser Verlauf der Dinge ist schwer zu erklären. Mag sein, daß der Wodka in Groningen nicht ganz echt war. Auch weiß man natürlich nicht, was Botwinnik macht, sobald er allein in seinem Zimmer sitzt. Aber wie dem auch sei, wir haben uns damit abzufinden, daß sich Botwinnik als der stärkere erwies, und es geziemt uns nur, seinen glanzvollen Sieg zu bewundern.

Weniger glanzvoll war der Sieg Euwes. „I made the greatest blunder in my life" schrie abends Denker ins Telephon, als er mit seiner Gattin in New York sprach. Das gibt mir freilich Anlaß, ihn zu beglückwünschen, denn es gibt Spieler, die sich noch ganz andere

Fehler vorwerfen können („tierische Blödsinne“ würde Vidmar sagen, aber wir verwerfen diesen Ausdruck als unfein). Was hätte dann erst Kotow ins Telephon schreien müssen nach seiner gestrigen „Blindpartie“ gegen Szabo? Es ist nicht auszudenken. Schließlich war die Falle, wodurch Euwe heute eine Figur eroberte, recht witzig und ungewöhnlich. Gewiß brauchte Denker diese Partie nicht zu verlieren, zumindest nicht, nachdem Euwe erst seine Gewinnaussichten aus der Hand gegeben, danach Remis verschmäht und schließlich einen Fehler begangen hatte, nach welchem Schwarz bei gesichertem ewigen Schach bequem Gewinnversuche unternehmen konnte. Ohne den größten Fehler seines Lebens hätte Denker einen kleinen, zum Gewinn allerdings nicht ausreichenden Vorteil gehabt.

Der bekannte Vers „Verliert er, macht er ein Geseires, daß man es hört bis Buenos Aires“ wurde nicht für Najdorf geschrieben, und er paßt auch nicht auf ihn. Im Gegenteil: Najdorf hat noch nie so wenig Geseires gemacht wie gerade heute, da auch ihn das schwarze Los traf. Er verlor gegen Kottnauer. Das heißt, er verlor nicht einmal, sondern er brach die Partie ab und gab sie erst am nächsten Hängetag auf, nachdem er noch einen weiteren Zug ausgeführt hatte. Es handelt sich um eine jener Formalitäten, die geeignet sind, den schweren Beruf eines Schachmeisters erträglicher zu gestalten. Kottnauer hatte diese langwierige, aber gute Stellungspartie jederzeit in der Hand; es war eine schöne Leistung von ihm.

Jetzt ist Botwinnik der einzige Ungeschlagene im Turnier.

Yanofsky hat sich auch heute nicht ausgezeichnet, er spielte kraft- und saftlos. Sein Gegner Szabo hat damit aus den letzten fünf Runden vier Punkte herausgeholt; er ist zu den ersten sieben vorgerückt und beginnt die Aufmerksamkeit auf sich zu ziehen.

Auch Christoffel spielte matt, wohl wegen seiner Erkältung. Wie bereits an anderer Stelle gemeldet, ersuchte er beim ersten Abbruch um Befreiung von der Teilnahme an der Abendsitzung, wozu aber nach Ansicht des Komiteearztes keine hinreichenden Gründe vorlagen. Dadurch mußte Christoffel um halb neun wieder erscheinen, freilich nur zur Exekution; denn seine Stellung war bereits hoffnungslos. Guimard erzielte damit aufeinanderfolgend seinen zweiten Sieg.

Die fünf Remispartien verliefen ruhig. Da Smisloff nicht gewonnen hat, steht er jetzt einen vollen Punkt hinter Euwe.

Stand nach der 11. Runde: Botwinnik 10; Euwe 8½; Smisloff 7½; Denker 7; Flohr, Szabo, Tartacover je 6½; Kottnauer, Najdorf, Stoltz je 6; Boleslawski 5½; Kotow, Lundin je 5; Bernstein, Christoffel, Yanofsky je 4; Guimard 3½; Steiner, Vidmar je 3; O'Kelly 2½.

Partie Nr. 101

O'Kelly — **Vidmar**

Schottisches Vierspringerspiel

1.	e2—e4	e7—e5
2.	Sg1—f3	Sb8—c6
3.	Sb1—c3	Sg8—f6
4.	d2—d4	e5 : d4
5.	Sf3 : d4	Lf8—b4
6.	Sd4 : c6	b7 : c6
7.	Lf1—d3	d7—d5
8.	e4 : d5	Dd8—e7†

Ein Witz aus den Zwanziger Jahren. Schwarz erreicht auf diese Weise mühelos ein gleiches Endspiel.

9.	Dd1—e2	c6 : d5
10.	Ld3—b5†	

Der Anziehende beeilt sich, mitzuwirken.

10.	....	Lc8—d7
11.	Lb5 : d7†	Sf6 : d7
12.	De2 : e7†	Ke8 : e7
13.	Lc1—d2	Lb4 : c3
14.	Ld2 : c3	f7—f6

Stellung nach 14. ..., f7—f6

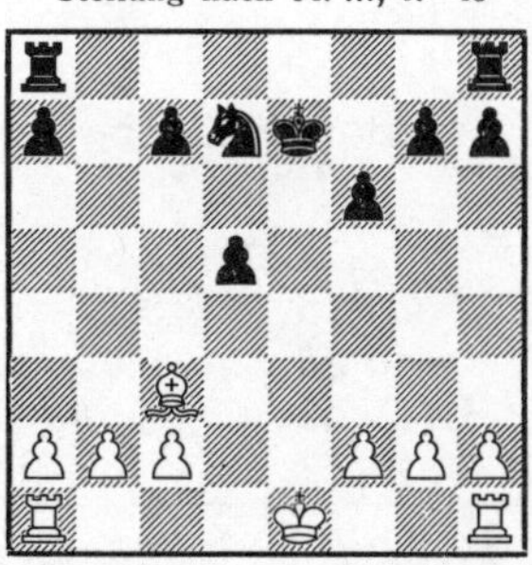

Die Stellung ist bereits von solcher Art, daß keiner der beiden Teile ohne großes Risiko Gewinnversuche unternehmen kann.

15.	0—0—0	Ke7—d6
16.	Td1—d2	Sd7—b6
17.	Th1—d1	Ta8—d8
18.	Lc3—a5	Kd6—e6
18.	Lc3—a5	Kd6—e6
19.	La5—b4	Td8—d7
20.	Lb4—c5	Sb6—a4
21.	Lc5—a3	

Weiß hat es gesehen: 21. L:a7?, c5! 22. b3, Ta8! (22..., Sc3 23. L:c5!) 23. b:a4, Ta:a7, wäre für Schwarz vorteilhaft.

Der objektive Leser — wie übrigens auch der Glossator — erwartet nun 21..., Sb6 22. Lc5, Sa4 23. La3 mit Remis durch Zugswiederholung. Es kommt indessen „ganz anders".

21.	....	Th8—d8
22.	Td2—d4	Sa4—b6
23.	La3—c5	c7—c6
24.	b2—b3	Td8—b8
25.	c2—c4	Tb8—d8
26.	Kc1—b2	d5 : c4
27.	Lc5 : b6	a7 : b6
28.	Td4 : d7	Td8 : d7
29.	Td1 : d7	Ke6 : d7
30.	b3 : c4	Kd7—d6

Remis.

Partie Nr. 102

Bernstein — **Boleslawski**

Königsindisches Springerspiel

1.	d2—d4	Sg8—f6
2.	Sg1—f3	g7—g6
3.	g2—g3	Lf8—g7
4.	Lf1—g2	0—0
5.	0—0	d7—d6
6.	Sb1—c3	

Königsindisch mit Sg1—f3 aber ohne c2—c4. Das nennen wir Königsindisches Springerspiel.

Mit 6. c4 hätte Weiß zu der starken Aufstellung von Partie Nr. 4 gelangen können.

Aber Bernstein hat keine Lust, sich in die Höhle des Boleslawski zu begeben.

6. .... Sb8—d7
7. e2—e4 e7—e5
8. d4 : e5

Da Weiß c2—c4 unterlassen hatte, ist dieser Tausch nicht so übel, denn Feld d4 kann nicht schwach werden.

8. .... d6 : e5
9. b2—b3 Tf8—e8
10. Lc1—a3 c7—c6
11. Dd1—d2

Um Dd8—a5 im vornherein zu entkräften.

11. .... Dd8—a5
12. Sc3—a4 Da5 : d2
13. Sf3 : d2

Weiß besitzt eine gesunde Stellung, er hat nichts zu fürchten, allerdings auch nichts zu hoffen. Die Spiele stehen gleich.

13. .... Lg7—f8
14. La3 : f8 Kg8 : f8
15. Sa4—b2

Dieses Tempo muß Weiß opfern, denn 15. Sc4? scheitert an 15.., b5.

15. .... Sd7—c5
16. Sb2—c4 b7—b5
17. Sc4—a5

Nicht 17. Sd6? wegen 17..., Td8 18 S:c8, T:d2!, mit Figurengewinn für Schwarz.

17. .... Lc8—d7
18. Tf1—d1 Sc5—e6
19. Sd2—f3 Se6—c5
20. Sf3—d2 Sc5—e6

Stellung nach 20..., Sc5—e6

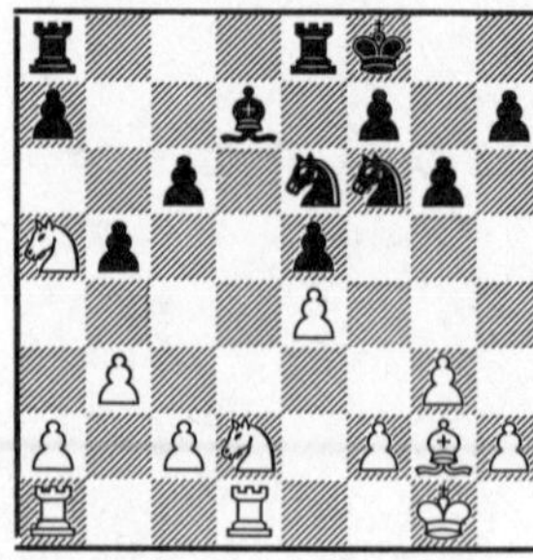

Also Zugswiederholung. Tatsächlich kann keiner der beiden Teile etwas unternehmen.

21. Sd2—f3 Se6—c5
22. Sf3—d2

Remis.

Partie Nr. 103

Euwe — Denker

Nimzo-Indisch

1. d2—d4 Sg8—f6
2. c2—c4 e7—e6
3. Sb1—c3 Lf8—b4
4. e2—e3 d7—d5
5. a2—a3

Das von Botwinnik bevorzugte System.

5. .... Lb4 : c3†
6. b2 : c3 c7—c5
7. c4 : d5 e6 : d5
8. Lf1—d3 0—0
9. Sg1—e2 b7—b6

Diese Stellung ist bereits bekannt aus der Partie Botwinnik—Capablanca, AVRO 1938.

10. a3—a4 Lc8—a6
11. Lc1—a3 La6 : d3
12. Dd1 : d3 c5—c4
13. Dd3—c2 Tf8—e8

14. 0—0 Sb8—c6
15. Se2—g3 Dd8—d7
16. Ta1—e1 Sc6—a5
17. f2—f3 Sa5—b3
18. e3—e4 Dd7 : a4
19. Dc2—b2

Soweit folgten beide Gegner der Partie Botwinnik — Alexander, Radiomatch GB — USSR (Juni 1946).

19. .... g7—g6

Mit dieser Abweichung im Köcher folgte Denker dem sonst wenig verlockenden Beispiel von Alexander.

Letzterer zog hier 19..., a5 und geriet nach 20. e5 in eine hoffnungslose Lage.

Indessen erweist sich auch der Textzug als unbefriedigend für Schwarz.

20. e4—e5 Sf6—d7
21. f3—f4 f7—f5

Die Pointe von Denkers Verteidigung.

22. e5 : f6 Sd7 : f6
23. f4—f5

Viel stärker war 23. Le7!, z. B. 23..., Kf7 24. L:f6, T:e1 25. T:e1, K:f6 26. f5 usw.; oder 23.., Dc6 24. f5, Se4 25. T:e4, d:e4 26. f6 usw. Weiß behauptet in beiden Fällen einen aussichtsvollen Angriff.

23. .... Te8 : e1
24. Tf1 : e1 Ta8—e8

Schwarz besitzt einen Mehrbauern und trachtet daher, soviel wie möglich zu vereinfachen.

25. Te1—e6 Te8 : e6

Danach erhält Weiß einen starken Freibauern, der in der Folge allerlei Angriffswendungen möglich macht. In Betracht kam 25..., Kf7; nach der ungefähr erzwungenen Antwort 26. De2 hätte Schwarz dann die folgende Wahl gehabt:

1.) 26..., D:a3 27. T:f6†, K:f6 28. D:e8, Dc1† 29. Sf1, g:f5. Diese Variante führt zum Remis.

2.) 26..., Dd7 27. Te5, Sa5 nebst 28..., Sc6. Diese Variante bietet Schwarz gute Aussichten fürs Endspiel.

26. f5 : e6 Sb3—d2

Damit gelangt dieser Springer wieder gut ins Spiel.

27. Db2—c1 Sd2—e4
28. Sg3 : e4 Sf6 : e4

Stellung nach 28. ..., Sf6 : e4

Auch 28.., d:e4 bietet keine Gewinnaussichten; es folgt 29. Df1, D:a3 30. D:f6, Dc1† 31. Kf2, e3† 32. Kg3, De1† 33. Kh3, Df2 34. Dd8†, Kg7 35. e7, e2 36. e8D, e1D, wonach keine der beiden Parteien etwas Wesentliches unternehmen kann.

29. h2—h3

Es ist bemerkenswert, daß hier so ungefähr alle Wege nach Rom (is) führen, z. B. 29. Df1, D:a3 30. Df7†, Kh8 31. h3, h5! 32. e7, Sd6 usw.

29. .... Kg8—g7
30. e6—e7

Weiß spielt auf Gewinn, statt sich für eine der zwei folgenden Remismöglichkeiten zu entscheiden:

1.) 30. Df1, D:a3 31. Df7†, Kh6! 32. e7, Dc1† 33. Kh2, De3 34. e8D, Dg3† 35. Kg1, De3†! usw.

2.) 30. Lf8†, K:f8 31. Df4†, Ke7! 32. Df7†, Kd6 33. e7, Dd1† 34. Kh2, De1 35. e8D, (35. e8S† bringt Verlustgefahr mit sich) 35..., Dg3† usw.

30. .... Se4—f6
31. La3—d6 Da4—d7
32. Dc1—f4 Kg7—f7
33. g2—g4?

Richtig war 33. La3.

33. .... g6—g5!

Damit bereitet Schwarz dem gegnerischen Angriff ein Ende und übernimmt selbst die Führung. Er besitzt nun treffliche Gewinnaussichten.

34. Df4—g3

Bitterer Zwang.

34. .... a7—a5?

Aber nach diesem voreiligen Zug scheint der Gewinn für Schwarz nicht mehr möglich zu sein.

Richtig war 34..., Da4!, um 35. La3 zu verhindern, und gleichzeitig 35..., Dd1† zu drohen. Die beste Antwort von Weiß wäre 35. De1 gewesen.

35. Ld6—a3! Dd7—a4
36. Dg3—d6 Da4—d1†

Schwarz verfügt über viele gefährliche Schachs, aber Weiß besitzt in seinem starken Freibauern ein gerade noch genügendes Gegengewicht.

37. Kg1—g2 Dd1—e2†
38. Kg2—g1 De2—e3†
39. Kg1—g2 De3—e4†
40. Kg2—g1 b6—b5
41. Dd6—d8 b5—b4

Auf 41..., Se8 würde 42. D:a5 folgen.

42. Dd8—f8† Kf7—g6
43. c3 : b4 De4 : d4†
44. Kg1—g2 Dd4—e4†
45. Kg2—g1 a5 : b4

Nach 45..., Db1† 46. Kg2, Da2† 47. Kg1, D:a3 48. e8D† hat Weiß ewiges Schach.

46. La3 : b4 d5—d4
47. Lb4—a5 c4—c3
48. La5—d8

Ein kleiner Schwindel im letzten Augenblick.

48. .... c3—c2?

Schwarz fällt darauf herein. Er berücksichtigt nur 49. e8D†?, S:e8 50. Dg8†, Sg7, wonach Weiss allerdings aufgeben könnte.

Richtig war 48..., De3† 49. Kg2, und nun erst, da die schwarze Dame gedeckt steht, 49.., c2. Indessen hätte auch diese Fortsetzung nicht gewonnen; es folgt nämlich 50. D:f6†, K:f6 51. e8D†, Kg7 52. Dd7†, Kf8 53. Le7†, D:e7 54. nebst 55..., D:c2, und

Weiß kann das Endspiel gerade noch halten.

49. Df8 : f6†

Brrr!

Jetzt, wo die schwarze Dame ungedeckt steht, erobert Weiss mit dieser Wendung eine Figur.

49.	....	**Kg6 : f6**
50.	**e7—e8D†**	**Kf6—g7**
51.	**De8 : e4**	**c2—c1D†**
52.	**Kg1—f2**	**Dc1—d2†**

Hier wurde die Partie abgebrochen und später nicht mehr fortgesetzt.

Schwarz gibt auf.

Partie Nr. 104

Stoltz **Botwinnik**

Französisch

1.	**e2—e4**	**e7—e6**
2.	**Dd1—e2**	

Mit dieser Fortsetzung pflegte Tschigorin den theoretischen Varianten der französischen Verteidigung aus dem Wege zu gehen. Heutzutage kann man damit vielleicht einen Tabellenfex irreführen, nicht aber einen Spieler vom Format Botwinniks.

2.	....	**c7—c5**
3.	**g2—g3**	**Sb8—c6**
4.	**Lf1—g2**	**Sg8—e7**
5.	**Sb1—c3**	**g7—g6**
6.	**d2—d3**	**Lf8—g7**

Jetzt ist die Mieses-Variante der Sizilianischen (2. Sc3) entstanden, aber mit dem ungewöhnlichen Zug De2, der mit Rücksicht auf den zu erwartenden Springerzug nach d4, unmöglich gut sein kann.

7. Lc1—e3?

Um sowohl 7..., Sd4 zu entkräften, denn darauf kann jetzt einfach 8. Dd2 folgen, wie durch Angriff auf c5 den Vorstoss 7..., d5 zu verhindern. So hat sich zumindest Stoltz die Sache vorgestellt.

7.	....	**d7—d5 !**

Nun zeigt sich, dass Weiss schlecht gerechnet hatte, denn er darf nicht 8. L:c5? ziehen wegen 8..., Da5!. Somit hat 7. Le3? den Vorstoß 7..., d5 nicht nur nicht verhindert, sondern noch seine Kraft erhöht, denn jetzt droht natürlich 8..., d4.

8. e4 : d5?

Dieses Aufgeben des Zentrums macht die Sache nur noch ärger. Weiß hätte 8. Ld2 ziehen sollen.

8.	....	**Sc6—d4 !**
9.	**De2—d2**	**e6 : d5**
10.	**Sc3—e2**	**h7—h6 !**

Verhindert 11. S:d4?, worauf 11..., c:d4 12. Lf4, g5 mit Figurgewinn folgen würde. Daher der nächste Zug des Weißen.

11.	**Dd2—c1**	**Lc8—f5**
12.	**c2—c3?**	

Ein schwerer Fehler, der regelrecht zum Verlust führt — freilich nur infolge des ungewöhnlich scharfen und genialen Gegenspiels von Botwinnik.

Geboten war 12. S:d4, c:d4 13. Ld2, mit noch leidlichem Spiel für Weiß.

12.	....	**Sd4 : e2**
13.	**Sg1 : e2**	**d5—d4 !**

Viel stärker als 13..., L:d3, worauf Weiß mittels 14. L:c5 das wichtige Feld d4 gewinnen würde.

14. Le3—d2 Lf5 : d3
15. Lg2 : b7 0—0 !

Stellung nach 15. ..., 0—0!

Mitten in der Brandung. Sowohl nach 16. L:a8, D:a8, wie nach 16. L:h6, L:h6 17. D:h6, Sf5! 18. Dd2, L:e2 würde Schwarz rasch gewinnen.

16. Lb7—f3

Um rochieren zu können.

16. .... g6—g5
17. 0—0 Se7—g6 !

Man kommt in Ausrufzeichen zu kurz. Jetzt scheitert 18. L:a8 an 18..., D:a8 19. Te1, Se5 usw.

18. Tf1—e1 Sg6—e5
19. Lf3—g2 Ld3—a6

Der Laie muß den Eindruck gewinnen, ein Turm sei keineswegs stärker als ein Läufer.

20. Dc1—d1 Se5—d3
21. Dd1—a4

Und jetzt ist es Stoltz, der die Qualität loswerden will.

21. .... Dd8—f6
22. f2—f4 Ta8—e8

Entscheidend; Weiß kann schweren Materialverlust nicht mehr verhindern.

23. Lg2—c6

Sehr merkwürdig. Der Turm stand lange Zeit auf a8 ein, aber kaum hat er sich in Sicherheit begeben, da bereut Weiß seine Selbstbeherrschung und schreitet nun daran, das Versäumte nachzuholen. Er stand allerdings bereits zum Auslöschen.

23. .... Sd3 : e1
24. Lc6 : e8 Se1—f3†
25. Kg1—f2 Sf3 : d2

Weiß wird jetzt gerädert und geschunden. Durch das Aufgeben der Partie hätte er sich dieser schmerzhaften Behandlung entziehen können.

26. Le8—c6 La6 : e2
27. Kf2 : e2 d4 : c3
28. b2 : c3 Df6 : c3
29. Ta1—d1 Tf8—d8
30. Lc6—e4 g5 : f4
31. g3 : f4 Dc3—h3
32. Td1—g1 Dh3—h5†
33. Ke2—e3 Dh5—h3†
34. Ke3—e2 Dh3 : h2†
35. Tg1—g2 Dh2—h5†
36. Ke2—e3 Dh5—h3†
37. Ke3—e2 Dh3—e6

Weiß gibt auf.

Partie Nr. 105

Flohr — **Steiner**

Damengambit

1. d2—d4 d7—d5
2. c2—c4 e7—e6
3. Sb1—c3 Sg8—f6
4. Lc1—g5 Lf8—e7
5. e2—e3 Sb8—d7
6. Sg1—f3 0—0
7. Dd1—c2

Für diese sonst wenig gebräuchliche Fortsetzung zeigt Flohr große Vorliebe. Es liegt ihm nämlich besonders gut, gegen einen vereinzelten Damenbauern zu operieren (siehe Nr. 86), und dazu bietet die vorliegende Variante eine gute Gelegenheit.

7. .... c7—c5

Das Beste, obwohl es zur Isolierung des Bauern d5 führt.

8. c4 : d5 e6 : d5

Empfehlenswerter ist die weitere Vereinfachung: 8..., S:d5 9. S:d5, e:d5 10. L:e7, D:e7 11. Ld3, g6 12. d:c5, S:c5 13. Tc1, S:d3† 14. D:d3, Lf5!, mit gleichem Spiel (Aljechin-Capablanca, 10. Matchpartie).

9. Lf1—e2 Dd8—a5
10. 0—0 Tf8—d8
11. Tf1—d1 Sd7—f8

Nach 11..., c4 würde Weiß schöne Aussichten auf dem Königsflügel erlangen.

12. d4 : c5 Da5 : c5
13. Ta1—c1 Lc8—e6
14. Sf3—d4 Ta8—c8
15. Lg5 : f6

Die Einleitung zu einer hübschen Abwicklung.

15. .... Le7 : f6
16. Sc3—e4 !

Stellung nach 16. Sc3—e4!

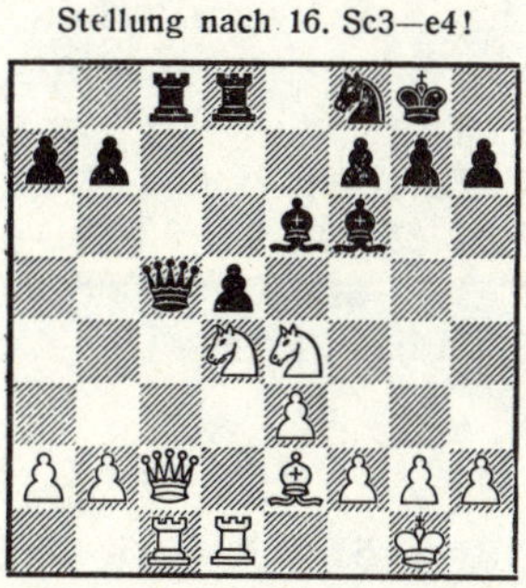

16. .... Dc5—e7
17. Se4 : f6† De7 : f6
18. Dc2—a4

Durch den mittelbaren Tausch der schwarzfeldrigen Läufer ist Weiß einen Schritt weitergekommen. Die schwarze Stellung weist nun zwei kleine Schwächen auf: den vereinzelten Bauern und den schlechten Läufer.

18. .... a7—a6
19. Da4—b4 Tc8 : c1
20. Td1 : c1 Td8—c8
21. Tc1—d1

Weiß besitzt alles in allem nur einen geringen Vorteil; er hofft durch Vermeidung des Turmtausches mehr zu erreichen. Aber fünf Züge später gibt er diese Hoffnung auf.

21. .... Tc8—c7
22. Le2—f3 Sf8—d7
23. h2—h3 g7—g6
24. Lf3—e2 Df6—e5
25. Db4—d2 Sd7—f6
26. Td1—c1 Sf6—e4
27. Dd2—e1 De5—d6
28. Le2—d3 Le6—d7
29. Ld3—c2 Dd6—b6
30. Lc2—b3 Se4—c5
31. De1—d1 Sc5 : b3
32. Sd4 : b3 Tc7 : c1
33. Dd1 : c1 Db6—c6
34. Dc1 : c6 Ld7 : c6
35. Sb3—d4

Es ist dem Anziehenden nicht gelungen, seinen Vorteil im Mittelspiel zu vergrößerrn. In dem nun entstandenen Endspiel von Springer gegen schlechten Läufer steht er zwar noch immer besser, aber zum Gewinn reicht es nicht. Diese Erfahrung machte Flohr bereits in seiner Partie gegen Capablanca, im Turnier zu Moskau

1936. Damals hatte sich fast dieselbe Stellung ergeben. Steiner zeigt sich in der Behandlung dieses Endspiels nicht minder gewandt als der kubanische Virtuos.

35.	....	Kg8—f8
36.	b2—b4	Kf8—e7
37.	f2—f4	Ke7—d6
38.	Kg1—f2	Lc6—d7
39.	Kf2—f3	Ld7—f5

Diesen Ausfall kann sich Schwarz erlauben, da sein König nahe genug bei den feindlichen Bauern des Damenflügels steht.

40.	a2—a3	Lf5—e4†

Nun kann man das Remis bereits als vollendete Tatsache betrachten.

41.	Kf3—f2	h7—h6
42.	g2—g4	b7—b6
43.	h3—h4	Kd6—d7
44.	g4—g5	h6—h5
45.	Kf2—e2	Le4—f5
46.	Ke2—d2	

Auch nach 46. S:f5, g:f5 47. Kd3, b5 48. Kd4, Kd6 stünde das Spiel hoffnungslos gleich.

46.	....	Lf5—g4
47.	Sd4—b3	Kd7—d6
48.	Sb3—d4	Kd6—c7
49.	Kd2—d3	Lg4—d1
50.	Kd3—d2	Ld1—g4
51.	Kd2—c3	Lg4—d1
52.	Kc3—d2	Ld1—g4
53.	Kd2—c2	Kc7—d6
54.	Kc2—d3	Lg4—d1
55.	f4—f5	Kd6—e5
56.	f5—f6	Ke5—d6
57.	e3—e4	d5 : e4†
58.	Kd3 : e4	Ld1—g4

Nun könnten weitere Gewinnversuche des Anziehenden ein schlechtes Ende nehmen.

Remis.

Partie Nr. 106

Tartacover — Smisloff

Umgekehrtes Grünfeld-Indisch

1.	Sg1—f3	Sg8—f6
2.	g2—g3	d7—d5
3.	Lf1—g2	Lc8—f5
4.	0—0	e7—e6
5.	b2—b3	c7—c5
6.	d2—d4	Sb8—c6

Damit ist eine bekannte Stellung aus der Grünfeld-Indischen Verteidigung erreicht, nur mit vertauschten Farben und dem zusätzlichen Zug b2—b3 auf Seite des Weißen.

7.	Lc1—b2	Dd8—b6

Schwarz steht völlig befriedigend.

8.	e2—e3	c5 : d4
9.	Sf3 : d4	Lf5—e4
10.	Sb1—d2	Le4 : g2
11.	Kg1 : g2	Sc6 : d4

Vorsichtiger war 11...., Le7. Schwarz hat jedoch richtig erkannt, daß er die Verdopplung seines f-Bauern ohne Nachteil zulassen darf.

12.	Lb2 : d4	Lf8—c5

Das hatte Schwarz schon beim vorigen Zuge beabsichtigt.

13.	Ld4 : f6	g7 : f6
14.	Dd1—f3	Lc5—e7
15.	c2—c4	Ta8—d8
16.	c4 : d5	Td8 : d5
17.	Sd2—c4	Db6—c7
18.	e3—e4	

(Siehe Diagramm)

Nur 18. Tad1 bot noch Aussicht auf etwas Führung, z. B. 18..., T:d1 19. T:d1, 0—0 20. Td4 usw.;

Stellung nach 18. e3—e4

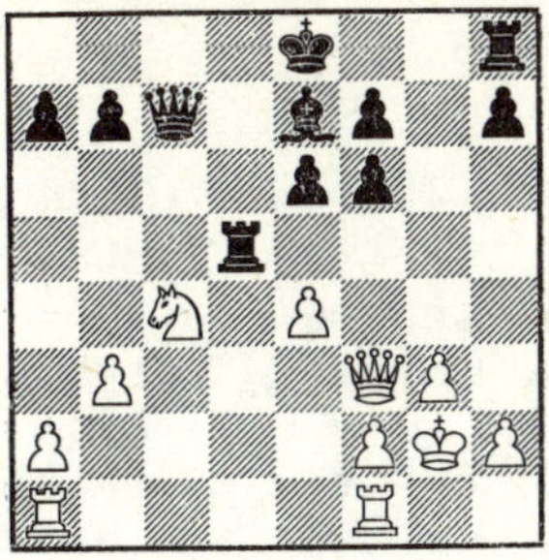

oder 18.., Tf5 19. De4, 0—0 20. Td4, Td8 21. Tfd1, T:d4 22.T:d4 usw.

18.	....	Td5—c5
19.	Ta1—d1	0—0
20.	Td1—d3	Tf8—d8
21.	Tf1—d1	Td8 : d3
22.	Td1 : d3	b7—b5
23.	Sc4—e3	Dc7—c6
24.	Se3—d1	

Auf 24. Sg4 folgt 24..., Kg7, und Weiß darf nicht 25. Df4? ziehen wegen 25..., f5!.

24.	....	a7—a6
25.	Td3—c3	Tc5 : c3
26.	Sd1 : c3	Dc6—c5
27.	Df3—d3	Le7—d6
28.	Sc3—e2	Kg8—f8
29.	f2—f4	Kf8—e7
30.	Se2—d4	Ld6—c7

Remis.

Partie Nr. 107

Kotow — **Lundin**

Damengambit

1.	d2—d4	d7—d5
2.	c2—c4	e7—e6
3.	Sb1—c3	c7—c5
4.	e2—e3	Sg8—f6
5.	Sg1—f3	Sb8—c6
6.	a2—a3	a7—a6
7.	d4 : c5	Lf8 : c5

Derselbe Fall wie in Nr. 94: Angenommenes Damengambit in der Vorhand. Nur hat Schwarz durch Vermeidung von Lf8-e7: c5 den Zug a7—a6 gewonnen.

8.	b2—b4	Lc5—d6
9.	Lc1—b2	0—0
10.	c4 : d5	e6 : d5
11.	Lf1—e2	Lc8—e6
12.	0—0	Ta8—c8
13.	b4—b5	

Den Vorzug verdiente 13. Tc1.

Der Textzug sieht gut aus, denn falls Schwarz schlägt (und was sollte er anderes tun?) kommt der weiße Damenspringer sehr gut in Aktion. Aber...

13.	....	Sc6—e5 !

Stellung nach 13. ..., Sc6—e5!

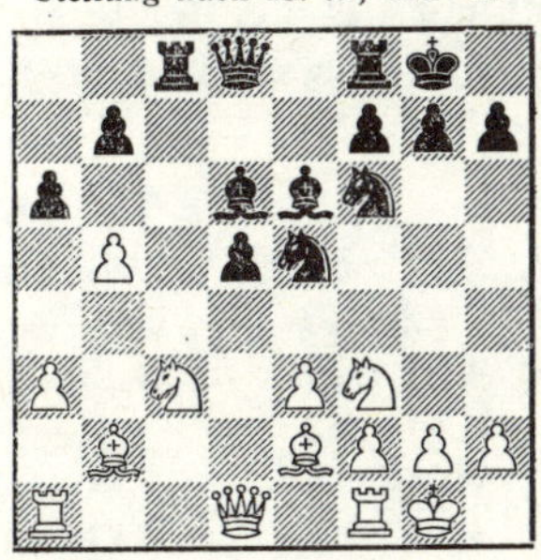

Schwarz hat also doch etwas anderes gefunden, einen sehr guten kombinatorischen Zug. Er deckt den Bauern a6 auf mittelbare Art und verhindert dadurch Sc3:b5-d4.

14.	b5 : a6	b7 : a6
15.	Sf3 : e5	

Auf 15. L:a6? folgt 15..., S:f3† 16. g:f3 erzwungen, denn 16.

D:f3? kostet nach 16..., Lg4 die Dame) 16..., L:h2† 17. K:h2, Dd6† nebst 18..., D:a6, mit günstigem Rückgewinn des Bauern.

15.	....	Ld6 : e5
16.	Sc3—a4	Le5 : b2
17.	Sa4 : b2	Dd8—a5
18.	Dd1—e1	Da5—b6

Einfacher war 18..., D:e1.

19.	Sb2—a4	Db6—d6
20.	De1—a5	Tc8—c6
21.	h2—h3	Tf8—b8
22.	Ta1—b1	

Nach der Partie erzählte Kotow, er habe bei diesem Zuge eine Sinnestäuschung gehabt. Es schien ihm 22..., T:b1 nicht angängig wegen 23. Dd8†, Se8 24. D:e8 matt. Dann bemerkte er, daß es doch kein Matt sei, ja nicht einmal Figurgewinn für Weiß wegen 23..., Df8. Und schließlich fiel der letzte Schleier von seinen Augen, sodaß er auch die Parade sah.

22.	....	Tb8 : b1
23.	Tf1 : b1	Dd6 : a3
24.	Le2 : a6	Tc6—c1†
25.	Tb1 : c1	Da3 : c1†
26.	Kg1—h2	g7—g6
27.	Sa4—c5	Le6—f5
28.	La6—b7	Dc1—b2!

Nach 28..., Kg7? 29. Dc7!, drohend 30. Se6†, würde Schwarz noch Schwierigkeiten haben, denn auf 29..., Db2 könnte dann 30. Df4 nebst eventuell 31. g4 folgen.

29.	Kh2—g1	Db2—b1†
30.	Kg1—h2	Db1—b2

Remis.

Partie Nr. 108

Yanofsky — **Szabo**

Spanisch

1.	e2—e4	e7—e5
2.	Sg1—f3	Sb8—c6
3.	Lf1—b5	a7—a6
4.	Lb5—a4	Sg8—f6
5.	0—0	Lf8—e7
6.	Tf1—e1	b7—b5
7.	La4—b3	d7—d6
8.	h2—h3?	

So unschuldig, daß Weiß den Zug c2—c3 ungestraft vergessen dürfte, ist die geschlossene Verteidigung denn doch nicht.

8.	....	Sc6—a5
9.	c2—c3	Sa5 : b3
10.	Dd1 : b3	Lc8—b7
11.	d2—d3	0—0
12.	Sb1—d2	Sf6—d7
13.	d3—d4	c7—c5
14.	d4 : e5	d6 : e5
15.	c3—c4	Dd8—c7

Von der Kraft des Spaniers ist nichts übrig geblieben; Schwarz besitzt das Läuferpaar und einen Vorsprung in der Entwicklung. Jetzt handelt es sich darum, diese Vorteile in Angriff umzusetzen, und Szabo bedient sich zu diesem Zwecke eines zweischneidigen Mittels; er opfert einen Bauern ohne klaren Ersatz

16. Db3—c2

Weiß hätte das Opfer jedenfalls annehmen sollen. Nach 16. c:b5, a:b5 17. D:b5, La6 18. Db3, c4 konnte er sowohl mit 19. Dc2 fortsetzen, da 19..., Sc5 nicht ging wegen 20. S:c4, als mit 19. Dc3, Tfb8 20. a3; er wäre dann gewiß nicht auf Rosen gebettet gewesen, hätte aber jedenfalls bessere Aussichten gehabt als nach dem passiven Textzug.

16. .... Sd7—b8!
17. b2—b3 Sb8—c6

Man sollte nicht glauben, daß dies der schwarze Königsspringer sei.

18. Lc1—b2 Sc6—d4
19. Sf3 : d4 c5 : d4

Dank seinem gedeckten Freibauern und aktiven Läuferpaar steht Schwarz bereits so gut wie gewonnen.

20. a2—a3 Tf8—c8
21. Dc2—d3 Le7—g5
22. Ta1—c1 Dc7—a5
23. Te1—e2 Tc8—c7
24. Tc1—c2

Endlich ist der Sd2 entfesselt, aber spielen kann er noch immer nicht.

24. .... Ta8—c8

Stellung nach 24. ..., Ta8—c8

Jetzt muß der Bauer c4 über kurz oder lang fallen. Nur muß Schw. vorsichtig zu Werk gehen, denn die Eroberung von c4 erfordert den Tausch auf d2 und führt auf diese Weise zu ungleichen Läufern.

25. c4—c5?

Weiß will die Aufstellung b4-c5 erreichen. Er hat gesehen, daß 25. b4? nicht ging wegen 25..., b:c4! 26. S:c4, Db5 und will es daher anders anstellen. Nun droht er 26. b4, was nach 25..., T:c5? sogar einen Turm gewinnen würde.

Die folgende Antwort lehrt jedoch, daß der Textzug verfehlt ist, denn Schwarz erobert nun den c-Bauern, ohne sich zu ungleichen Läufern verstehen zu müssen.

Weiß hätte 25. Lc1 ziehen sollen.

25. .... b5—b4!
26. Sd2—c4 Da5 : c5
27. a3 : b4 Dc5 : b4
28. Lb2—a3 Db4—b5
29. Dd3—f3

Entfesselt den Sc4, sodaß nun Sd6 droht.

29. .... Tc8—d8
30. Sc4—d6

Infolge der starken Stellung dieses Springers kann Weiß noch etwas Widerstand leisten.

30. .... Db5—d7
31. Tc2—c4 Tc7 : c4
32. b3 : c4 Lb7—c6
33. Te2—b2?

Aber nun begeht er mit dieser Kombination einen Fehler, der den Verlust beschleunigt.

33. .... Lg5—c1
34. Tb2—b6 Lc1 : a3
35. Df3 : a3

Jetzt würde 35..., D:d6? an 36. 36. D:d6, T:d6 37. Tb8† scheitern. Anscheinend kommt also Weiß in die Lage, die Stellung seines Springers mittels c4—c5 zu befestigen. Aber wie heißt es doch im Liede ...? „Das Schach', das ist ein schweres Spiel, bummelebumm, **bummelebumm.“**

35.	**....**	**Dd7—c7 !**

Bummelebumm.

Schwarz gewinnt nun wenigstens die Qualität, da 36. c5 an 36.., T:d6! scheitert.

36.	**Dc3—c5**	**Td8 : d6**
37.	**Tb6 : a6**	**h7—h6**
38.	**Dc5 : e5**	**d4—d3**
39.	**Ta6—a7**	**Dc7—d8**

Weiß gibt auf.

Partie Nr. 109

Kottnauer **Najdorf**

Königsindisch

1.	**c2—c4**	**Sg8—f6**
2.	**Sg1—f3**	**g7—g6**
3.	**g2—g3**	**Lf8—g7**
4.	**Lf1—g2**	**0—0**
5.	**0—0**	**d7—d6**
6.	**d2—d4**	**Sb8—d7**
7.	**Sb1—c3**	**e7—e5**
8.	**e2—e4**	**Tf8—e8**
9.	**d4—d5**	

Gegenwärtig ist es gebräuchlicher, die Spannung aufrechtzuhalten, zu welchem Zwecke Weiß sehr gut 9. h3 ziehen konnte (siehe Nr. 4).

Indessen ist in dieser Stellung auch die Abschließung gut, da sich dadurch 8..., Te8 als Zeitverlust erweist.

9.	**....**	**Sd7—c5**
10.	**Sf3—e1**	**a7—a5**
11.	**b2—b3**	**Te8—f8**
12.	**Lc1—b2**	**Lc8—g4**

Mit zwei Tempi weniger (siehe Tf8-e8-f8) wäre es tatsächlich gewagt, mittels Sf6—e8 und f7—f5 den üblichen Weg zu gehen

13.	**f2—f3**	**Lg4—d7**
14.	**Se1—d3**	**b7—b6**
15.	**a2—a3 !**	**Dd8—e8**

Schwarz bereitet ein Gegenspiel auf dem Damenflügel vor

16.	**b3—b4 !**	**Sc5—a4**
17.	**Sc3 : a4**	**Ld7 : a4**
18.	**Dd1—d2**	**b6—b5**

Die Pointe des Gegenspiels. Es mußte etwas geschehen gegen 19. b5, und Schwarz wollte nicht auch noch mit 18..., Ld7 Zeit verlieren.

19.	**c4—c5**	**a5 : b4**
20.	**c5 : d6**	**c7 : d6**
21.	**Dd2 : b4**	**De8—b8**

Der Wert des schwarzen Vorpostens auf a4 ist problematisch;der Läufer starrt in die weiße Stellung, leistet aber weiter nichts.

22.	**Ta1—c1**	**Db8—b6†**
23.	**Kg1—h1**	**Tf8—c8**
24.	**Tc1 : c8†**	**Ta8 : c8**
25.	**Tf1—c1**	

Ein happy-end? Keineswegs; Weiß steht besser und hält seinen Vorteil auch nach dem Abtausch der Türme fest.

25.	**....**	**Tc8 : c1†**
26.	**Lb2 : c1**	**Db6—c7**
27.	**Lg2—f1**	**Lg7—f8**
28.	**Lc1—e3**	**Dc7—c2**
29.	**Db4—b2**	**Dc2—c7**

Vermutlich hatte Schwarz ursprünglich beabsichtigt, wie folgt Remis zu erzwingen: 29..., D:b2

30. S:b2, Sd7 31. S:a4, b:a4 32. Lb5, Sc5 33. L:c5, d:c5 34. L:a4, c4! nebst 35.., L:a3.

Jetzt aber sieht er, daß diese Variante nicht stimmt. Weiss spielt nämlich nicht 33. L:c5? sondern bringt einfach seinen König nach b4, und dagegen wäre Schwarz hilflos.

30. Sd3—b4 Sf6—d7
31. Sb4—c6 Sd7—c5
32. Db2—b4

Nicht 32. L:b5? wegen 32..., Db6.

32. .... Sc5—a6
33. Db4—c3 Sa6—c5
34. Dc3—b4 Sc5—a6
35. Db4—b1 Dc7—b7

Schwarz spekuliert auf 36. Sa7, b4! 37. L:a6?, D:a6 38. a:b4 (38. D:b4, Df1† 39. Lg1, D:f3 matt) 38..., De2! mit siegreichem Angriff.

36. Kh1—g2! Sa6—c5
37. Db1—b4 f7—f5

Letzten Endes muß es Schwarz mit diesem Vorstoß versuchen; aber gerade in diesem Augenblick schwächt er damit seine Stellung.

38. e4 : f5 g6 : f5
39. Db4—b1 Db7—f7
40. Sc6—b4 e5—e4
41. Lf1—e2 Df7—f6
42. Db1—c1 Lf8—g7
43. f3 : e4 Sc5 : e4?

Darauf wirkt das folgende Eindringen der weißen Dame entscheidend.

Schwarz mußte 43..., f:e4 ziehen (44. L:c5, d:c5 45. D:c5, Db2).

Stellung nach 43. ..., Sc5 : e4?

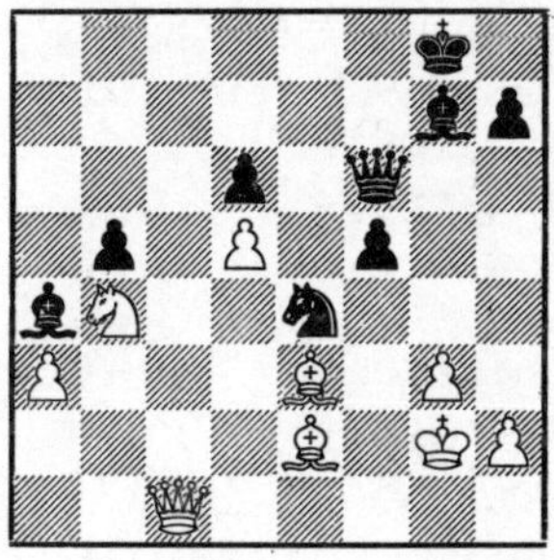

44. Dc1—c8†! Lg7—f8

Auch nach 44..., Df8 45. De6† stünde Weiß auf Gewinn; falls dann 45..., Df7 geschieht, so entscheidet bereits 46. Lh5!, D:e6 d:e6 (47..., Kf8 48. Sd5, bezw. 47..., Sf6 48. e7).

45. Sb4—c6 Se4—c5

Auf 45..., Db2 gewinnt 46. Se7† usw.

46. Le3—d4 Df6—f7
47. Le2—f3

Droht, mittels 48. L:c5, d:c5 49. d6 usw. rasch zu gewinnen.

47. .... Df7—d7
48. Dc8—b8 Sc5—a6
49. Db8—a8 Sa6—c5
50. Lf3—h5!

Nachdem Kottnauer die ganze Partie einfach und stark behandelt hat, macht er nun kurzen Prozess.

50. .... La4—b3
51. Sc6—d8!

Deckt den Bauern d5 und droht ein tödliches Schach auf f7.

51. .... h7—h6
52. Lh5—f7† Kg8—h7
53. Sd8—e6! Sc5 : e6

Oder 53..., D:f7 54. S:f8†, Kg8 55. Se6†, Kh7 56. Dh8†, Kg6 57. Sf4†, Kg5 58. Lf6†!, D:f6 59. Dg8†! nebst Matt.

54.	**Lf7 : e6**	**Dd7—e7**
55.	**Le6 : f5†**	**Kh7—g8**
56.	**Lf5—e6†**	**Kg8—h7**
57.	**Da8—c8**	**Lb3—d1**
58.	**Dc8—c1**	

Nun kann Weiß den Generalabtausch erzwingen: 58..., Lh5 59. Db1†, Lg6 60. Lg8†, K:g8 61. D:g6†, Lg7 62. D:g7† usw. Schwarz gibt auf.

Partie Nr. 110

Christoffel — **Guimard**

Französisch

1.	**e2—e4**	**e7—e6**
2.	**d2—d4**	**d7—d5**
3.	**Sb1—c3**	**Sg8—f6**
4.	**Lc1—g5**	**Lf8—e7**
5.	**e4—e5**	**Sf6—d7**
6.	**h2—h4**	**c7—c5**

Eine der besten Verteidigungen gegen den Chatard-Aljechin-Angriff. Sie wurde seinerzeit von Breyer untersucht.

7. Lg5 : e7 Dd8 : e7

Dieser Zug ist gelinde gesagt von zweifelhaftem Wert und daher ungebräuchlich.

Das Nehmen mit dem König ist keineswegs schlecht.

8. Sc3—b5 ! 0—0

So gut wie erzwungen, denn 8..., Kd8 ergibt eine elende Stellung ohne jede Gegenchance.

9.	**Sb5—c7**	**c5 : d4**
10.	**Sc7 : a8**	

Dieser Springer kommt nicht mehr in Sicherheit, sodaß Schw. nur die Qualität geopfert hat, und für die erhält er mancherlei Ersatz. Trotzdem ist diese ganze Opfervariante kaum korrekt.

10. .... De7—b4†

Hier wurden noch zwei andere Fortsetzungen versucht: 10..., f6 11. Sc7, f:e5 12. Sb5, a6 13. S:d4, e:d4 14. D:d4, Sc6 15. Dd2 (Gilg-Petrow, Ostrawa 1933), und 10..., S:c5 11. D:d4, Sc6 12. Dd2 (Rjumin—Lilienthal, Moskau 1935). In beiden Fällen bilden die Angriffsaussichten von Schwarz keinen vollwertigen Ersatz für das geopferte Material.

11.	**Dd1—d2**	**Db4 : b2**
12.	**Ta1—d1**	

Zu erwägen war 12. Tc1; Weiß hätte dann mit der Drohung c2-c3 arbeiten können

12.	**....**	**Sb8—c6**
13.	**Sg1—f3**	**Sd7—c5**

Droht 14..., Se4 nebst 15.., Db4†. Daher wäre 14. Sc7? schlecht.

14.	**Lf1—d3**	**Lc8—d7**
15.	**Sa8—c7**	**Tf8—c8**

Eine kleine Finesse.

16. Sc7—b5

Er übersieht die Finesse.

Viel stärker war 16. S:d5!, e:d5 17. 0—0, z. B. 17..., Lg4 18. Tb1, D:a2 10. Sg5 mit Vorteil für Weiß.

16.	**....**	**Sc5 : d3†**
17.	**c2 : d3**	

Dann hat also 16. Sb5 keinen Sinn gehabt. Aber 17. D:d3? wegen 17..., Sb4! (18. De2, L:b5!).

17. .... Db2 : b5

Mit zwei Bauern für die Qualität bei guter Entwicklung steht

Schwarz durchaus befriedigend. Zum Glück für Weiß sind es keine starken Bauern, sodaß die Aussichten ungefähr gleich sind.

18. 0—0 Db5—a4
19. Td1—c1 Tc8—f8
20. Tc1—c5 Ld7—c8
21. Tf1—c1 Lc8—d7

Schwarz hat also zwei Tempi verloren. Das war seinem Spiel nicht förderlich, aber es hat auch nichts verdorben.

22. Dd2—b2 b7—b6
23. Tc5—c2 Sc6—b4
24. Tc2—d2 Sb4—c6
25. Db2—b3 Da4 : b3

Der Damentausch ist für Schwarz angenehm. Trotzdem bleiben die Aussichten ungefähr im Gleichgewicht.

26. a2 : b3 a7—a5
27. Kg1—f1 Tf8—b8
28. Kf1—e2 b6—b5
29. Td2—c2 Tb8—b6
30. b3—b4?

Stellung nach 30. b3—b4?

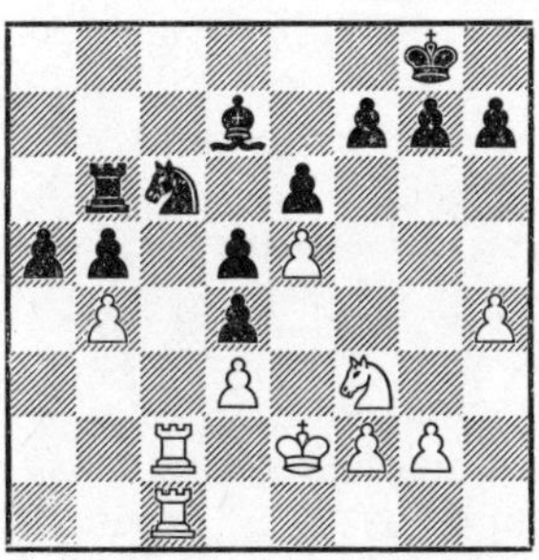

Nicht zu begreifen. Weiß schenkt seinem Gegner einen gedeckten Freibauern und macht außerdem seinen eigenen b-Bauern zu einer Schwäche. Also faule Fische und schlechte Fische.

Ohne diesen Bock (im Anschluß an die Fische vielleicht als Bockfisch zu bezeichnen) war die weiße Partie schwer zu verlieren.

30. .... a5—a4
31. Ke2—d2 f7—f6

Greift e5 an und droht auch S:b4, da der schwarze König nun ein Fluchtfeld besitzt.

32. e5 : f6 g7 : f6
33. Tc2—b2 Kg8—f7
34. Sf3—e1 e6—e5
35. Se1—c2 e5—e4
36. Sc2—a3 Sc6—e5 !
37. d3 : e4 d5 : e4

Da nun der Doppelbauer aufgelöst ist, besitzt Schwarz zwei gesunde Bauern für die Qualität, und das bei einem erheblichen Stellungsübergewicht. Er steht auf Gewinn.

38. Tc1—c7 Kf7—e6
39. Tb2—b1 f6—f5
40. Sa3—c2 Tb6—d6
41. g2—g3 Se5—c4†

Schwarz hat es nun leicht; das Vorrücken seiner Freibauern muß bald die Entscheidung bringen.

42. Kd2—e1 h7—h6
43. Tb1—d1 Sc4—e5

Eine mittelbare Deckung von d4 (44. S:d4, T:d4!).

44. Ke1—f1 d4—d3
45. Sc2—e3 Td6—d4
46. Td1—b1 Se5—f3
47. Tb1—d1 Ke6—d6

Auf sofortiges 47..., T:b4 könnte noch 48. S:f5 folgen.

48. Tc7—a7 Ld7—e6
49. Ta7—h7 Td4 : b4
50. Th7 : h6 a4—a3
51. Se3 : f5† Kd6—e5
52. g3—g4 a3—a2
53. Sf5—e3 Tb4—b1
54. Th6—h5† Ke5—d6

Weiß gibt auf.

12. RUNDE

MITTWOCH, 28. AUGUST 1946

111.	Vidmar—Guimard	0—1
112.	Najdorf—Christoffel	1—0
113.	Szabo—Kottnauer	1—0
114.	Lundin—Yanofsky	1—0
115.	Smisloff—Kotow	½—½
116.	Steiner—Tartacover	½—½
117.	Botwinnik—Flohr	½—½
118.	Denker—Stoltz	0—1
119.	Boleslawski—Euwe	0—1
120.	O'Kelly—Bernstein (abgebrochen)	1—0

Groningen feierte heute das Fest seiner Befreiung von der spanischen Herrschaft im Jahre 1672. Dadurch war der Turniersaal nur für eine Sitzung verfügbar, und die mußte obendrein schon um 10 Uhr morgens beginnen.

Vormittags spielen? Das war für Botwinnik ein Schreckgespenst. Die russischen Spieler sind das nicht gewöhnt, und waren es offenbar nie. Denn auch Tschigorin liebte es nicht, früher zu beginnen als um ungefähr 3 Uhr nachmittags; das war für ihn gerade nach dem Frühstück.

Aber heute gab es keine Wahl, es mußte sein, das stand schon im Programm. Botwinnik erlebte tatsächlich bange Augenblicke. Er spielte scharf auf Königsangriff, aber Flohr verteidigte sich meisterhaft, sodaß Weiß schließlich gezwungen wurde, eine Kombination auszuführen, die auf ewiges Schach hinauslief. Botwinnik sah diese Kombination, aber er sah in Zeitnot nicht ein, daß sie nötig war, und geriet dadurch in eine Verluststellung. Aber das währte nicht lange. Flohr befand sich ebenfalls in Zeitnot, machte zwei schwache Züge und verlor eine Figur; sein Vorteil war aber bereits so groß gewesen, daß sich dieser Verlust nicht als entscheidend erwies. Schwarz verfügte noch über starke Gegendrohungen und erreichte dadurch ein gerade noch haltbares Endspiel (Turm gegen Läufer und Springer). Die Partie wurde zwar abgebrochen, aber später kampflos remis gegeben.

Boleslawski war sich wohl nicht klar darüber, was der 28. August für Groningen und ganz Holland bedeutete, er verfiel daher auf den vermessenen Gedanken, gerade heute und gerade gegen den Holländer Spanisch zu spielen. Diese Herausforderung konnte natürlich kein gutes Ende nehmen. Während er ahnungslos das Beste zu spielen wähnte, fiel er in einen teuflischen Hinterhalt und verlor seinen ganzen Damenflügel. Euwe machte danach nicht viel Federlesens mit seinem Gegner; er ordnete seine Truppen zum Königsangriff und erzwang mit einigen Festzügen Damengewinn oder Matt.

Während sich solcherart der Abstand zwischen Botwinnik und Euwe um einen halben Punkt verminderte, wurde jener zwischen Euwe und Smisloff um einen halben Zähler größer. Denn der Letztgenannte hatte zwar anfänglich eine vielversprechende Stellung, aber es gelang ihm nicht, wirklichen Vorteil zu erreichen, da sein Gegner Kotow die Gefahr mit kubanischem Weitblick erkannte und mittels einer genau durchgeführten Abwicklung zu bannen verstand.

Szabo machte wieder einen großen Sprung nach vorne; jetzt steht er schon auf dem vierten Platz. Eine großartige Leistung nach so schlechtem Beginn. Er kommt stets mehr in Schwung. Heute gewann er seine Partie, als spielte er ohne Gegner, obwohl deutlich zu sehen war, daß Kottnauer, schließlich jemand, der sich rühmen konnte, soeben erst Najdorf besiegt zu haben, auf der anderen Seite des Tisches saß. Das war allerdings ein anderer Kottnauer als gestern, ein Scheinkottnauer, der nur pro forma Schachsteine bewegte.

Auch Denker war diesmal nicht zu erkennen. Er opferte gleich zu Beginn im Hurrastil zwei Bauern, die Stoltz mit eiserner Ruhe verspeiste, ohne daß sich bei ihm Verdauungsbeschwerden einstellten. Es war zu sehen, daß Denker seiner Enttäuschung von gestern noch nicht Herr geworden war. Unmöglich vorauszusehen war jedoch, daß diese Verstimmung in seinem Nervensystem bis zum Ende des Turniers anhalten sollte.

Najdorf schlug Christoffel in 21 Zügen und bereicherte zugleich die Theorie des Angenommenen Damengambits mit einer neuen wertvollen Variante. Das wird wohl die „Groninger Variante" werden.

Tartacover behauptete seinen guten Stand auf nicht gerade eindrucksvolle Weise; er erzielte gegen Steiner gerade noch ein Remis.

Lundin gewann eine gute Partie gegen Yanofsky und tauchte damit zum erstenmal in der oberen Hälfte auf. Stoltz hat schon längst vorausgesagt, daß Lundin glücklich enden werde; vielleicht behält er Recht.

Guimard, derselbe Guimard, welcher nach neun Runden nirgends zu finden war, beginnt sich als ein Riese zu entpuppen; nun gewinnt er schon die dritte Partie in ununterbrochener Reihenfolge. Seine heutige Partie war ganz hübsch, obwohl man sie in bezug auf das Spiel Vidmars kein Kunstwerk nennen kann.

Schließlich hat auch O'Kelly gewonnen, jawohl O'Kelly, und zwar gegen Bernstein, der erst einen Bauern verlor und sich dann vergeblich bemühte, diesen Verlust mit einem Bauernopfer gutzumachen. Da der Belgier ein Matt in drei Zügen versäumte, wurde die Partie noch abgebrochen, allerdings in einer für Bernstein hoffnungslosen Lage.

Stand nach der 12. Runde: Botwinnik 10½; Euwe 9½; Smisloff 8; Szabo 7½; Denker, Flohr, Najdorf, Stoltz, Tartacover 7; Kottnauer, Lundin je 6; Boleslawski, Kotow je 5½; Guimard 4½; Bernstein, Christoffel, Yanofsky je 4; O'Kelly, Steiner je 3½; Vidmar 3.

Partie Nr. 111

Vidmar — **Guimard**

Holländisch

1.	**d2—d4**	**e7—e6**
2.	**c2—c4**	**f7—f5**
3.	**Sb1—c3**	**Sg8—f6**
4.	**g2—g3**	**Lf8—e7**
5.	**Lf1—g2**	**0—0**
6.	**Dd1—b3**	

Vergleiche Nr. 74.

6. .... **Kg8—h8**

Nach 6..., c5 7. d5, e5 8. e4, d6 9. e:f5, L:f5 10. D:b7, Sbd7 würde sich der Unterschied mit Nr. 74 in einer für Weiß günstigen Weise bemerkbar machen; es könnte nämlich 11. Db3, Tb8 12. Dd1 folgen, da b2 gedeckt ist.

7. **Sg1—h3**

Das Schlagen auf b7 wäre schon deshalb schwach, weil Schwarz nach 7. L:b7, L:b7 8. D:b7, Sc6 9. Sf3, Sb4 10. 0—0, die Wiederholung der Züge erzwingen kann: 10..., Tb8 11. D:a7, Ta8 usw.

Aber Bauerngewinn ist auch nicht der eigentliche Zweck von 6. Db3; Weiß will ja d7—d5 verhindern und eventuell d4—d5 durchsetzen. Tatsächlich wäre 7. d5 (7..., e5 8. e4) stark gewesen. Aber auch der Textzug ist gut.

7. .... **d7—d5**

Ueberraschend und sehr interessant, aber keineswegs besonders stark.

8.	**c4 : d5**	**e6 : d5**
9.	**Lg2 : d5**	

Weiß legt es auf Bauerngewinn an statt auf ein günstiges Spiel. Den Vorzug verdiente 9. S:d5, S:d5 (9..., Le6? 10. Shf4!) 10. D:d5, D:d5 11. L:d5, Td8 12. Lb3!, T:d4 13. Lf4 usw.

9. .... **Sb8—c6**

Jetzt führt 9..., c6 nicht zum Rückgewinn des Bauern, denn es würde 10. Le6! folgen.

10. **Ld5 : c6**

Auch kein guter Zug. Da Schw. ein Gambit spielt, bedeutet das Oeffnen von Linien nur Wasser auf seine Mühle. Geboten war 10. e3.

10.	....	**b7 : c6**
11.	**Db3—c4**	**Dd8—e8**
12.	**Sh3—f4**	**Ta8—b8**

Verhindert 13. Se6, worauf nun 13..., Tb4 eine Figur gewinnen würde.

13.	**a2—a3**	**Le7—d6**
14.	**b2—b4**	

Die Rochade war gewiß sehr gefährlich, aber sie mußte endlich doch geschehen. Der Textzug ist schwach.

14.	....	**Sf6—d5 !**
15.	**Sc3 : d5**	**c6 : d5**

Diesen Bauern darf Weiß nicht nehmen: 16. D:d5?, Lb7! bezw. 16. S:d5?, Le6!.

16. Dc4—c2 g7—g5!
17. Sf4—d3 f5—f4

Schwarz steht vortrefflich.

18. Sd3—e5 De8—h5

Droht 19..., f:g3 20. f:g3, Lf5 nebst 21. Le4.

19. g3:f4 g5:f4
20. Lc1—b2 Lc8—e6
21. Dc2—c3 f4—f3!

Guimard behandelt die ganze Partie stark und erfinderisch.

22. e2:f3

Oder 22. Se:f3, Lg4 23. Lc1, Tbe8 24. Le3, L:f3 25. e:f3, D:f3 und Schwarz gewinnt, z. B. 26. Kd2, T:e3! 27. f:e3, Dg2†! 28. Kd3, Tf2 usw., bezw. 26. Tf1, Lf4 27. Kd2, L:e3† 28. f:e3, Dg2† usw.

22. .... Ld6:e5
23. d4:e5 Tf8:f3
24. Dc3—c6

Stellung nach 24. Dc3—c6

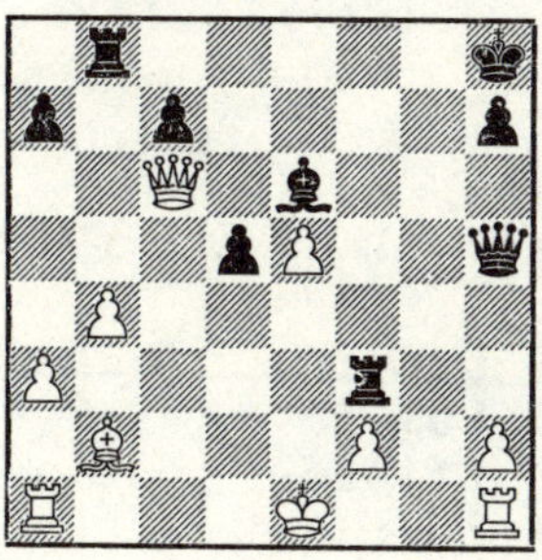

Darauf folgt eine schöne Schlußkombination. Der schwarze Angriff war allerdings bereits unwiderstehlich, z. B. 24. D:c7, Tc8 nebst 25..., Tc2 usw.; oder 24. Dd4, c5! 25. b:c5 (25. D:c5, Tc8 usw.) 25. Tfb3 26. Tb1 (sonst gewinnt 26..., Df3, nebst eventuell 27..., Td3) 26..., Dg4 mit Figurgewinn.

24. .... Tf3:f2!

Nun geht alles mit Zwang und Klang.

25. Ke1:f2 Tb8—f8†
26. Kf2—e1 Dh5—f3
27. Ke1—d2

Oder 27. D:e6, D:h1† 28. Kd2, Tf2† 29. Kc3, Df3† 30. Kd4, Dc4† nebst Matt.

27. .... Df3—g2†
28. Kd2—c1

Oder 28. Kc3, Tf3† 29. Kd4, Df2 matt.

28. .... Dg2:h1†
29. Kc1—c2 Dh1:h2†
30. Kc2—b1

Auf 30. Kb3 gewinnt 30..., Dh3† (31. Ka2, d4† bezw. 31. Ka4, Ld7).

30. .... Dh2—h3
31. Dc6—c5 Tf8—f1†
32. Kb1—c2 Le6—f5†

Nun würde ein einzügiges Matt folgen.

Weiß gibt auf.

Partie Nr. 112

Najdorf — Christoffel

Angenommenes Damengambit

1.	**d2—d4**	**d7—d5**
2.	**c2—c4**	**e7—e6**
3.	**Sb1—c3**	**c7—c6**
4.	**Sg1—f3**	**Sg8—f6**
5.	**e2—e3**	**a7—a6**

6. Lf1—d3 d5 : c4
7. Ld3 : c4 b7—b5
8. Lc4—b3 c6—c5
9. 0—0 Lc8—b7
10. Dd1—e2 Sb8—c6

Folgerichtiger und besser ist 10..., Sbd7, womit eine Variante der Beschleunigten Meraner entsteht.

Mit dem Textzug entsteht eine wichtige Variante des Angenommenen Damengambits, die aber nach den in Groningen gemachten Erfahrungen (siehe auch Nr. 164) ungünstig für Schwarz zu sein scheint.

11. Tf1—d1 Dd8—c7
12. d4—d5 e6 : d5

Besser ist das von Aljechin in ähnlicher Stellung (mit Db6 statt Dc7) empfohlene 12..., Sa5.

13. e3—e4 !

Stellung nach 19. e3—e4!

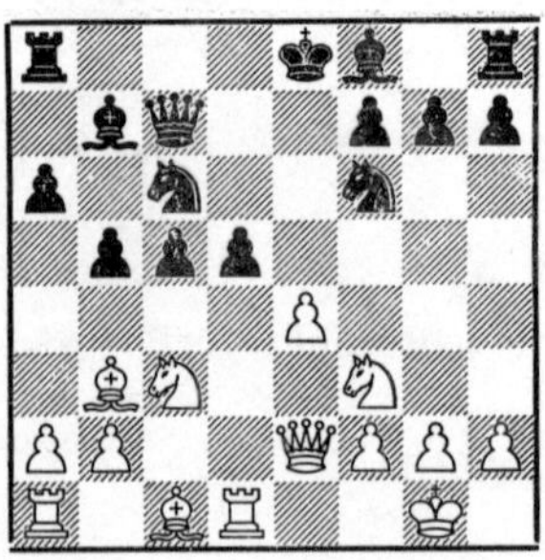

Dieser Durchbruch ist bekannt aus der Partie Reshevsky—Vidmar, Nottingham 1936, wo allerdings Dd8—b6 geschehen war statt Dd8—c7. Seither wurde angenommen, daß der Textzug gewinnt, falls die schwarze Dame auf b6 steht, jedoch ungefährlich ist im Falle von Dc7. Diese letztere Annahme wurde aber in Groningen widerlegt, denn es stellte sich heraus, daß der Durchbruch im Zentrum auch bei der Damenstellung auf c7 seine Kraft behält. In diesem Lichte stellt sich der Textzug als eine wertvolle Neuerung dar.

Wir nehmen dies zum Anlaß, um die beiden analogen Abspiele zu taufen. Erst die übliche Reihenfolge der Züge: 1. d4, d5 2. c4, d:c4 3. Sf3, Sf6 4. e3, e6 5. L:c4, c5 6. 0—0, a6 7. De2, Sc6 8. Sc3, b5 9. Lb3, Lb7 10. Td1. Und nun die Abzweigung: a) 10.., Db6 11. d5, e:d5 12. e4! = Nottingham-Variante; b) 10..., Dc7 11. d5, e:d5 12. e4! = Groningen-Variante.

Zu bemerken wäre noch, daß an Stelle des Textzuges weder 13. S:d5 noch 13. L:d5 Vorteil für Weiß ergibt.

13. .... d5 : e4?

Nur 13..., 0—0—0 bietet noch Aussicht auf Rettung (Stumpers-van Steenis, Leiden, Okt. 1946).

14. Sc3 : e4 Sf6 : e4
15. De2 : e4† Lf8—e7

Auf 15..., Se7 entscheidet 16. L:f7†, K:f7 17. Sg5†, Ke8 18. De6 usw.

Bezüglich 15..., De7 siehe Nr. 164.

16. Lc1—f4 Dc7—c8
17. Lb3—d5 Sc6—d8
18. Lf4—d6 Dc8—d7
19. Ld6 : c5

Weiß konnte bereits eine Figur gewinnen: 19. L:e7, D:e7 20. L:b7, S:b7 21. Dc6†, Kf8 22.Td7. Aber der Textzug ist noch stärker.

19.	....	Ta8—b8
20.	Ld5 : f7†	Sd8 : f7
21.	Td1 : d7	

Schwarz gibt auf.

Partie Nr. 113

Szabo — **Kottnauer**

Nimzo-Indisch

1.	d2—d4	Sg8—f6
2.	c2—c4	e7—e6
3.	Sb1—c3	Lf8—b4
4.	a2—a3	Lb4 : c3†
5.	b2 : c3	0—0
6.	f2—f3	d7—d5
7.	e2—e3	c7—c5
8.	c4 : d5	e6 : d5
9.	Lf1—d3	b7—b6
10.	Sg1—e2	Lc8—a6
11.	Ld3 : a6	Sb8 : a6
12.	0—0	Tf8—e8
13.	Dd1—d3	c5—c4
14.	Dd3—c2	Sa6—b8
15.	Se2—g3	Sb8—c6
16.	Lc1—d2	

Hier führt 16. a4, Dd7 17. La3, Sa5 18. Tac1, Sb3 zu derselben Stellung, welche sich in Nr. 103 nach dem 17. Zuge von Schwarz ergab. Dort war es Denker darum zu tun, im 19. Zuge eine Neuerung zu erproben, und man muß annehmen, daß sich Kottnauer in der vorliegenden Partie mit ähnlichen Absichten herumgetragen habe. Sonst wäre es von Seite des Nachziehenden Verwegenheit, diesen Aufbau zu wählen.

Indessen ist es nun Weiß, der mit dem Textzuge von den bekannten Vorbildern abweicht, und es zeigt sich bald, daß auch diese Fortsetzung vortrefflich ist. Wie soll sich Schwarz gegen das drohende e3—e4 mit all seinen Folgen ausreichend verteidigen? Man findet keine Antwort auf diese Frage.

Wie es scheint, ist es in dieser Variante durchaus notwendig, daß Schwarz e6:d5 oder zumindest c5—c4 unterläßt.

16.	....	Sc6—a5
17.	e3—e4	Sa5—b3
18.	Ta1—e1	Sb3 : d2
19.	Dc2 : d2	Dd8—e7?

Sehr schlecht gespielt. Schwarz hätte wohl oder übel 19.., g6 ziehen müssen.

20. Sg3—f5 !

Stellung nach 20. Sg3—f5!

Ein gewaltiger Tempogewinn. Schwarz darf nicht auf a3 nehmen wegen 21. Dg5!

20.	....	De7—e6
21.	Dd2—g5	g7—g6
22.	g2—g4 !	

Nach dieser zusätzlichen Dekkung des Springers droht 23. e5.

22.	....	d5 : e4
23.	f3 : e4	Sf6 : e4

Schwarz darf sich bereits eine Henkersmahlzeit erlauben.

24. **Sf5—h6†** **Kg8—g7**

Auf 24..., Kh8 folgt dieselbe Antwort.

25. **Te1 : e4** **f7—f6**

Auf 25..., D:e4 folgt Matt in zwei Zügen.

26. **Te4 : e6** **f6 : g5**
27. **Te6 : e8** **Ta8 : e8**
28. **Sh6—f7** **Te8—e3**
29. **Sf7 : g5** **Te3 : c3**
30. **Sg5—e6†** **Kg7—h6**
31. **d4—d5**

Schwarz gibt auf.

Partie Nr. 114

Lundin **Yanofsky**

Damen-Indisch

1. **Sg1—f3** **Sg8—f6**
2. **g2—g3** **b7—b6**
3. **Lf1—g2** **Lc8—b7**
4. **d2—d4** **e7—e6**
5. **0—0** **Lf8—e7**
6. **c2—c4** **0—0**
7. **Sb1—c3** **Sf6—e4**
8. **Dd1—c2** **Se4 : c3**
9. **Dc2 : c3** **d7—d6**

Dieselbe zweifelhafte Fortsetzung wie in Nr. 18. Besser ist 9..., Le4. Auch 9..., f5, 9..., d5 und 9..., Dc8 sind brauchbare Fortsetzungen.

10. **Dc3—d3** **Sb8—c6**
11. **Tf1—d1** **a7—a5**
12. **e2—e4**

Dieser Vorstoß stellt in der Damen-Indischen Verteidigung im allgemeinen einen Erfolg für Weiß dar. Das ist auch hier der Fall.

12. .... **e6—e5**

Damit verschafft sich Schwarz einen Halt im Zentrum. Aber die Formation c7-d6-e5 paßt nicht gut zum Damenfianchetto.

13. **Lc1—e3** **Dd8—c8**
14. **a2—a3**

Jetzt droht Weiß mittels d4-d5 zum Angriff überzugehen, den er dann entweder auf den Damenflügel verlegen könnte (b2—b4 usw.) oder auf den Königsflügel (f2—f4 usw.)

14. .... **e5 : d4**

Es ist begreiflich, daß Schwarz d4—d5 lieber nicht abwartet, zumal er — wie die Folge lehrt — eine Gelegenheit sieht, das Spiel weitreichend zu vereinfachen.

Trotzdem wäre es besser gewesen, abzuwarten und etwa 14..., a4 ziehen.

Die Vereinfachung führt zu keinem befriedigenden Ergebnis.

15. **Sf3 : d4** **Sc6 : d4**
16. **Le3 : d4** **f7—f5**
17. **f2—f4 !**

Nach 17. e:f5, L:g2 18. K:g2, D:f5 wären die Spiele völlig ausgeglichen.

17. .... **Lb7 : e4**

Die folgerichtige Fortsetzung. Zu erwägen war jedoch das konsolidierende 17..., Dd7 (18. Lh3, f:e4!).

18. **Lg2 : e4** **f5 : e4**
19. **Dd3 : e4** **Le7—f6**
20. **Ld4 : f6** **Tf8 : f6**

Man würde nicht glauben, daß Schwarz hier noch gefährdet ist.

21. Td1—e1 Tf6—f7?

Das führt schon zu entscheidendem Nachteil.
Der einzige gute Zug war 21..., c6, um Weiß das wichtige Feld d5 zu nehmen (z. B. De7, Df5).

22. De4—d5 Dc8—f8
23. Te1—e6 Ta8—e8
24. Ta1—e1 Te8 : e6
25. Te1 : e6

Stellung nach 25. Te1:e6

„Nun haben wir unseren Ochs im Salz" kann Lundin befriedigt mit Vondel ausrufen (dem holländischen Klassiker).

Es gibt kein Entrinnen mehr. Schon droht sofortige Entscheidung mittels 26. De4.

25. .... Df8—d8
26. Dd5—e4 Dd8—d7

Oder 26..., Tf8 27. Te7 usw.

27. Te6—e8† Tf7—f8
28. Te8—e7 Dd7—f5

Auf 28..., Dd8 entscheidet 29. f5, drohend 30. f6.

29. De4 : f5 Tf8 : f5

Ein verlorenes Turmendspiel — das ist alles, was Schwarz noch herausschlagen konnte.

30. Te7 : c7 b6—b5

Mit 30..., d5 hätte Schwarz länger Widerstand leisten können.

31. g3—g4 !

Schön gespielt. Nach 31.., T:f4 32. c:b5 läuft der freie b-Bauer durch.

Schwarz kann sich nur noch eine Weile durchbetteln.

31. .... Tf5—f6
32. c4 : b5 d6—d5
33. f4—f5 Tf6—d6
34. Tc7—c6 Td6—d8
35. b5—b6 Kg8—f7
36. Kg1—f2 g7—g6
37. f5 : g6† h7 : g6
38. b6—b7 Td8—b8
39. Tc6—b6 Kf7—e7
40. Tb6 : g6

Schwarz gibt auf.

Partie Nr. 115

Smisloff Kotow

Caro-Kann

1. e2—e4 c7—c6
2. Sb1—c3 d7—d5
3. Sg1—f3 d5 : e4
4. Sc3 : e4 Sb8—d7
5. d2—d4 Sg8—f6
6. Se4—g3 e7—e6

Eine gediegene Fortsetzung. Sie verleiht dem Spiel die Merkmale der französischen Rubinstein-Variante.

7. Lf1—c4 Sd7—b6
8. Lc4—b3 c6—c5
9. c2—c3 c5 : d4
10. Sf3 : d4 Lf8—e7
11. 0—0 0—0
12. Dd1—e2 Lc8—d7
13. Tf1—e1 Sb6—d5

14. Lc1—g5 **Tf8—e8**
15. Ta1—d1

Weiß hat seine Streitkräfte schön zentralisiert und steht sehr gut

15. .... **Dd8—a5**
16. Lg5—d2

Das sieht recht gefährlich für Schwarz aus

16. .... **Ld7—a4 !**

Stellung nach 16. ..., Ld7—a4!

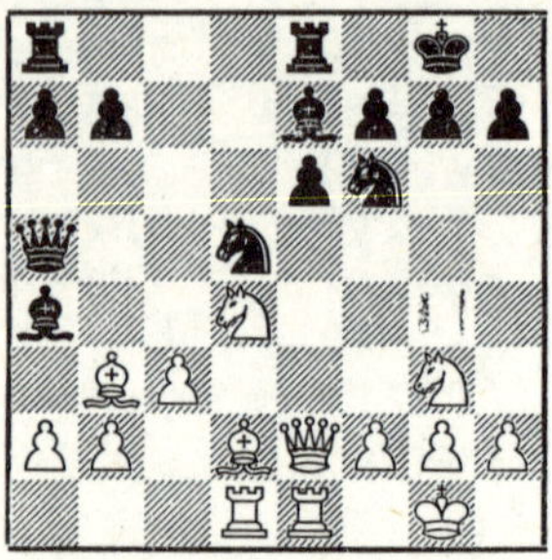

Kotow fürchtet sich nicht vor Gespenstern.

Nach 17. c4, Sb4 18. a3, L:b3 19. S:b3 (19 a:b4?, L:d1!) 19..., Da4! wäre weiter nichts los

17. Lb3 : a4 **Da5 : a4**
18. b2—b3 **Da4—a5**

Das Nehmen auf a2 würde eine Figur kosten: 18..., D:a2? 19. Ta1, Db2 20. Teb1, S:c3 21. T:b2 usw.

19. c3—c4 **Sd5—b4**
20. Sd4—c2 **Da5—b6**
21. Sc2 : b4 **Le7 : b4**
22. Ld2 : b4 **Db6 : b4**
23. Td1—d3 **b7—b5 !**

Beseitigt alle Gefahr, die sich aus dem gegnerischen Uebergewicht auf dem Damenflügel ergeben könnte.

24. c4 : b5 **Db4 : b5**

Jetzt besitzt Weiß auf dem Damenflügel nur die Mehrheit von 2:1, und die hat nichts zu bedeuten, da sie die Bewegungsfreiheit des Nachziehenden in keiner Weise berührt.

Die Stellung ist völlig ausgeglichen.

Die Art, wie Kotow sein Spiel durch Vereinfachung sicherte, erinnert an Capablanca.

25. Sg3—e4 **Sf6 : e4**
26. De2 : e4 **Ta8—d8**
27. Te1—d1 **Td8 : d3**
28. De4 : d3 **Db5—b6**
29. Dd3—d7 **Kg8—f8**
30. g2—g3 **g7—g6**
31. Td1—d4 **e6—e5**
32. Td4—d6 **Db6—a5**
33. Td6—d2

Remis.

Partie Nr. 116

Steiner **Tartacover**

Französisch

1. e2—e4 **e7—e6**
2. d2—d4 **d7—d5**
3. Sb1—c3 **d5 : e4**

Die Rubinstein-Variante.

4. Sc3 : e4 **Sg8—f6**

Die übliche Fortsetzung ist 4..., Sd7.

Tartacover, der die Rubinstein-Variante gerne anwendet, bevorzugt jedoch die Textfortsetzung.

5. Se4 : f6† **g7 : f6**
6. Sg1—f3 **b7—b6**
7. Lc1—f4 **Lc8—b7**

8.	Lf1—b5†	c7—c6
9.	Lb5—d3	Lf8—d6
10.	Lf4—g3	Dd8—c7
11.	Dd1—e2	Sb8—d7
12.	0—0—0	0—0—0

Diese Art Stellungen ist sehr bekannt. Auf Seite des Nachziehenden sind zwei geringfügige Nachteile festzustellen: der Doppelbauer und die beschränkte Bewegungsfreiheit. Daher ist baldiges c6—c5 geboten.

13.	Kc1—b1	h7—h5?

Eine unbegründete Schwächung.

14.	Th1—e1	Kc8—b8
15.	c2—c3	Td8—g8
16.	Lg3 : d6	Dc7 : d6
17.	g2—g3	Dd6—c7
18.	h2—h4	

Um Schwarz die Gelegenheit zu nehmen, den schwachen h-Bauer mittels h5—h4 abzutauschen. Nur muß Weiß in der Folge daraufachten, daß Schwarz nicht zu f6-f5-f4 gelangt; das würde nämlich die Bauern des rechten Flügels von Weiß zersplittern.

18.	....	Tg8—d8
19.	Ld3—c2	Td8—e8
20.	Lc2—b3	Te8—d8

Keiner der beiden Spieler weiß so recht, was er eigentlich will.

21.	Kb1—a1	Sd7—f8
22.	Lb3—c2	Td8—e8
23.	Sf3—g1	Sf8—g6
24.	Lc2—e4	

Nun will Weiß f6-f5-f4 herausfordern, und nicht mit Unrecht, wie die Folge lehrt. Der Vorstoß f5—f4 verliert nämlich durch den Zwischenzug L:g6 seine zerstörende Kraft.

24.	....	f6—f5
25.	Le4—c2	Lb7—c8

Auf 25.., f4 würde 26. L:g6, f:g6 27. g4!, mit klarem Vorteil für Weiß folgen.

26.	De2—d2	Te8—d8
27.	Dd2—g5	f5—f4

Schwarz entschließt sich doch zu diesem Vormarsch, weil er auf den folgenden taktischen Witz vertraut.

28.	Lc2 : g6	f4 : g3

Das war es; Weiß kann die Figur nicht behaupten, denn es droht 29..., g:f2.

Indessen ist die nun folgende Abwicklung für Weiß günstig.

29.	Dg5 : g3	De7 : g3
30.	f2 : g3	f7 : g6
31.	Sg1—f3	

Stellung nach 31. Sg1—f3

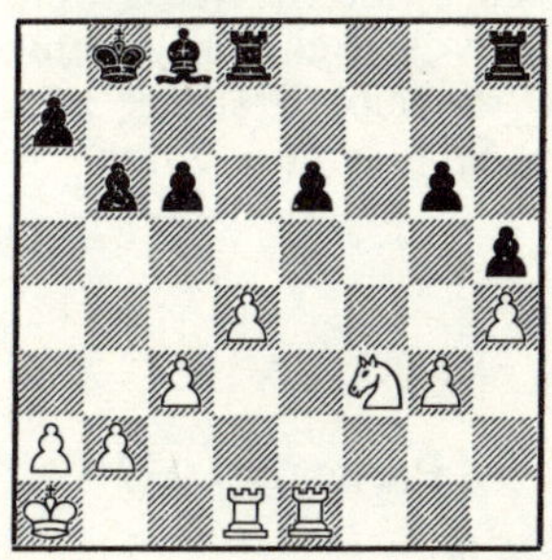

In dieser Stellung ist der Springer viel stärker als der Läufer. Dieser Vorteil wird jedoch durch einen solchen auf der Gegenseite zum Teil aufgewogen. Schwarz verfügt nämlich auf der f-Linie über den guten Stützpunkt f5 für seine Türme, während Weiß auf dieser Linie keinen derartigen Stützpunkt besitzt. Daher ist das

Stellungsübergewicht des Anziehenden alles in allem nicht groß. Die noch folgenden Züge haben geringe Bedeutung, da sich beide Spieler in drückender Zeitnot befanden.

31.	....	Kb8—c7
32.	Sf3—e5	Th8—g8
33.	Te1—f1	Td8—f8
34.	Se5—f7	Tg8—g7
35.	Sf7—g5	Tf8—f5
36.	Td1—e1	Kc7—d6
37.	b2—b3	Tg7—e7
38.	Sg5—e4†	

Besser 38. Kb2.

38.	....	Kd6—c7
39.	Se4—g5	

Um Tef7 zu verhindern.

39.	....	Kc7—d6
40.	Sg5—e4†	Kd6—c7
41.	Se4—g5	

Dadurch entsteht (nach dem Gegenzug von Schwarz) zum drittenmal dieselbe Stellung mit demselben Spieler am Zuge.

41.	....	Kc7—d6

Remis.

Partie Nr. 117

Botwinnik **Flohr**

Damengambit

1.	d2—d4	d7—d5
2.	Sg1—f3	Sg8—f6
3.	c2—c4	e7—e6
4.	Sb1—c3	c7—c5
5.	c4 : d5	Sf6 : d5
6.	e2—e3	Sb8—c6
7.	Lf1—d3	

Botwinnik war offenbar mit dem Ergebnis von 7. Lc4 (siehe Nr.3) nicht zufrieden.

7.	....	c5 : d4
8.	e3 : d4	Lf8—e7
9.	0—0	0—0
10.	Tf1—e1	Sc6—b4

Schwarz setzt in feiner Weise die Entwicklung seines Damenflügels durch.

11.	Ld3—e4	

Ein merkwürdiger Zeitverlust; Schwarz wollte ohnehin 11.., Sf6 ziehen.

Geboten war sofort 11. Lb1.

11.	....	Sd5—f6
12.	Le4—b1	b7—b6
13.	Sf3—e5	Lc8—b7
14.	Te1—e3	Sb4—d5
15.	Te3—h3	g7—g6
16.	Lc1—h6	Tf8—e8

In dieser Stellung bildet der vereinzelte Damenbauer des Weißen das tragende Merkmal, und beide Teile haben die dementsprechende charakteristische Aufstellung gewählt. Vom positionellen Standpunkt betrachtet, befindet sich Schwarz durch den Besitz des Stoppfeldes d5 im Vorteil, aber dafür besitzt Weiß starke Angriffsaussichten auf dem Königsflügel.

Angriff und Verteidigung halten sich ungefähr die Waage.

17.	Dd1—d2	Ta8—c8
18.	Lb1—d3	a7—a6
19.	Ta1—e1	b6—b5

Der Angriff auf dem Königsflügel und das Gegenspiel auf der Damenseite schreiten im gleichen Tempo fort.

20. Th3—g3

Jetzt droht Weiß, die Partie mittels 21. S:g6 nebst 22. L:g6 zu entscheiden.

20.	**....**	**Sf6—h5**
21.	**Tg3—h3**	**Sh5—f6**
22.	**Ld3—b1**	

Ein Remis durch Zugwiederholung ist Botwinnik nicht genug.

22.	**....**	**Tc8—c7**
23.	**Th3—g3**	**Sf6—h5**
24.	**Tg3—h3**	**Sh5—f6**
25.	**Dd2—e2**	

Nochmals bricht Weiß die Zugwiederholung ab.

Schwarz muß nun die Möglichkeit Se5:f7 nebst De2:e6 im Auge behalten.

25.	**....**	**Sd5 : c3**
26.	**b2 : c3**	**b5—b4**

Danach wäre 27. S:f7? ein Fehler wegen 27..., Dd5!, mit Mattdrohung und gleichzeitiger Deckung von e6; Schwarz würde dann mittels 28..., K:f7 eine Figur gewinnen.

27. Th3—g3

Deckt g2 und droht nun wirklich auf f7 zu opfern.

27.	**....**	**Tc7 : c3**

Schwarz hat erkannt, daß er das Opfer nicht zu fürchten habe.

28. Se5 : f7 !

(Siehe Diagramm)

Der Höhepunkt des Kampfes. Diese Kombination ist jetzt zwar korrekt und bildet sogar die beste Fortsetzung für Weiß, aber sie führt nicht zum Gewinn.

Stellung nach 28. Se5:f7!

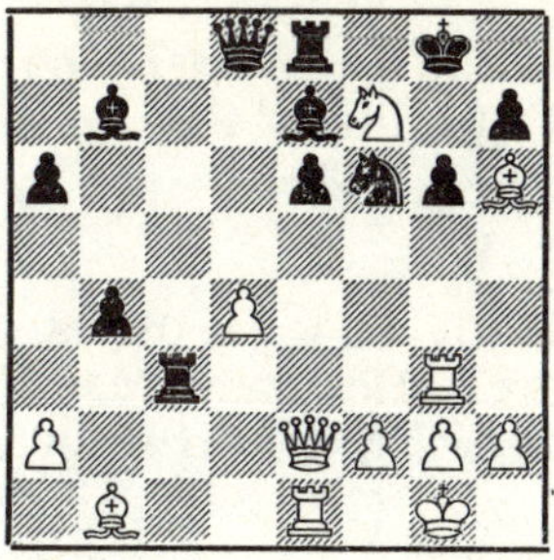

28.	**....**	**Dd8—d5 !**
29.	**Sf7—e5?**	

Zum drittenmal geht Botwinnik dem Remis aus dem Wege, aber diesmal gerät er dadurch in schweren Nachteil.

Richtig war 29. Tg5!, Dc4! 30. L:g6!, h:g6 31. T:g6†, K:f7! 32. Tg7†, Kf8 33. Tg6† usw. mit Dauerschach.

29.	**....**	**Tc3 : g3**
30.	**f2 : g3**	**Dd5 : d4†**
31.	**Kg1—h1**	**Le7—d6**

Nicht das Beste. Mit 31..., Ld5! hätte Schwarz seinen Vorteil behaupten können.

32.	**Lh6—f4**	**Sf6—h5?**

Offenbar schon aus Gewohnheit geht dieser Springer wieder einmal nach h5, aber jetzt ist das ein ernster Fehler.

Richtig war 32.., Sd5.

Zieht man in Betracht, daß Schw. nach dem Textzug eine Figur verliert, aber trotzdem in der Lage ist, die Partie zu halten, so kommt man zu dem Schluß, daß er nach 32..., Sd5 auf Gewinn gestanden wäre.

33.	**Te1—d1**	**Sh5 : f4**

34. g3 : f4 Dd4 : f4

Nach 34..., Dc5? oder Db6? würde Weiß mit 35. Sd7! gewinnen.

35. Td1 : d6 Lb7—d5
36. Lb1—c2

Der einzige Zug. Es drohte nicht nur 36..., Dc1† mit Matt bezw. Figurgewinn, sondern auch 36.., Tc8.

36. .... Te8—f8

Nun bliebe 36..., Tc8 wirkungslos wegen 37. Ld1. Dagegen kam sowohl hier wie im nächsten Zuge der kühne Gewinnversuch Ld5: a2 in Betracht.

37. h2—h3 Df4—f1†
38. De2 : f1 Tf8 : f1†
39. Kh1—h2 Tf1—f2
40. Td6 : d5

Erzwungen, aber gleichzeitig auch stark.

40. .... e6 : d5

Mit einem Seufzer der Erleichterung, denn beide Gegner hatten sich in großer Zeitnot befunden. Jetzt läßt sich der Schaden überblicken. Weiß steht etwas besser.

41. Lc2—b3 Kg8—g7

Hier wurde die Partie abgebrochen.

Bei der Analyse kam Botwinnik zu der Ueberzeugung, daß sein Vorteil nach 42. Sd3, Td2, 43. S:b4, a5 44. S:d5, a4 45. Lc4, Td4 46. Sb6, Kf6 zum Gewinn nicht ausreiche.

Remis.

Eine inhaltsreiche Partie.

Partie Nr. 118

Denker — **Stoltz**

Sizilianisch

1. e2—e4 c7—c5
2. Sg1—f3 Sb8—c6
3. d2—d4 c5 : d4
4. Sf3 : d4 g7—g6?
5. Sd4 : c6? b7 : c6
6. Lf1—e2

Bezüglich der Eröffnung siehe auch Nr. 13 (wo 6. Dd4 geschah). Auch nach dem Textzug steht steht Schwarz gut.

6. .... Lf8—g7
7. 0—0 Dd8—b6
8. Sb1—a3 Sg8—f6
9. Lc1—e3?

Ein keckes Bauernopfer, das wenig Aussicht auf Ersatz bietet, hauptsächlich, weil der schw. b-Bauer fehlt und Weiß daher auf dieser Linie keinen Druck ausüben kann.

9. .... Db6 : b2
10. Sa3—c4 Db2—b8
11. Ta1—b1 Db8—c7
12. e4—e5

Weiß schickt sich an, einen zweiten Bauern zu opfern, ebenfalls ohne rechten Ersatz. Das ist nun schon stilgerecht.

12. .... Sf6—d5
13. Le3—d2 Lg7 : e5
14. Ld2—a5 Sd5—b6
15. Sc4 : e5

So tauscht er wenigstens den feindlichen Fianchetto-Läufer. Auf b6 zu schlagen, um einen der geopferten Bauern zurückzugewinnen, hätte überhaupt keinen Sinn.

15.	....	Dc7 : e5
16.	Dd1—d2	0—0
17.	La5—c3	De5—d5
18.	Dd2—e3	Dd5—e6

Nicht 18..., e6? wegen 19. Tfd1 (19..., Df5?? 20. g4! mit Damengewinn).

19.	De3—h6	f7—f6
20.	Le2—d3	De6—f7
21.	Tf1—e1	e7—e5

Das weisse Läuferpaar kommt nicht zur Geltung, da der feindliche Bauernwall im Zentrum alle wichtigen Läuferlinien absperrt.

22.	Lc3—b4	Tf8—e8
23.	f2—f4	

23. Ld6 führt zu nichts wegen 23..., Te6.

23.	....	d7—d5
24.	f4 : e5	f6 : e5
25.	Dh6—g5	e5—e4
26.	Lb4—c3	Lc8—f5

Nicht 26.., e:d3? wegen 27.T:e8†, D:e8 28. Df6 usw.

27.	Ld3—a6	c6—c5
28.	g2—g4	Lf5—d7
29.	La6—b7	

Stellung nach 29. La6—b7

Endlich ein Lichtstrahl: auf 29..., Tab8? würde folgen 30. T:b6!, a:b6 31. L:d5!, D:d5 32. Df6 und Weiß gewinnt.

29.	....	d5—d4 !

Mit zwei starken Mehrbauern im Zentrum kann Schwarz sich den Luxus eines Qualitätsopfers leicht erlauben.

30.	Lb7 : a8	Te8 : a8
31.	Lc3—a1	

Oder 31. T:e4, d:c3 32. Te7, Df3! und Schwarz gewinnt.

31.	....	Df7—e6
32.	h2—h3	

Auf 32. D:c5, D:g4† 33. Kh1, Df3† 34. Kg1 entscheidet 34..., e3!, z. B. 35. D:d4, Df2† usw., bezw. 35. Tf1, Dg4† 36. Kh1, De4† 37. Kg1, Lc6 usw.

32.	....	De6—d6
33.	Dg5—h4	

Besser war jedenfalls 33. Dd2.

33.	....	e4—e3
34.	Te1—f1	

Verliert sofort. Nur mit 34. Te2 hätte sich Weiß noch ein Weilchen behaupten können.

34.	....	Ld7—c6
35.	Tf1—f7	

Schön, aber unglücklich.

35.	....	Kg8 : f7
36.	Dh4 : h7†	Kf7—e8
37.	Dh7—g8†	Ke8—d7
38.	Dg8—f7†	Kd7—c8
39.	Df7—g8†	Kc8—b7
40.	Dg8—f7†	Dd6—c7
41.	Df7 : c7†	Kb7 : c7

Weiß gibt auf.

Partie Nr. 119

Boleslawski — **Euwe**

Spanisch

1.	e2—e4	e7—e5
2.	Sg1—f3	Sb8—c6

3.	Lf1—b5	a7—a6
4.	Lb5—a4	Sg8—f6
5.	0—0	Sf6 : e4
6.	d2—d4	b7—b5
7.	La4—b3	d7—d5
8.	d4 : e5	Lc8—e6
9.	c2—c3	Lf8—e7

Die Fortsetzung 9..., Lc5 war nicht ratsam im Hinblick auf das, was Boleslawski in seiner Partie gegen Szabo (Nr. 24) gezeigt hat.

10.	Sb1—d2	0—0
11.	Lb3—c2	f7—f5
12.	e5 : f6 e. p.	Se4 : f6
13.	Sd2—b3	

Soweit alles Theorie. Der Textzug scheint neu zu sein; er ist übrigens nicht so unschuldig, wie er auf den ersten Blick aussieht.

13.	....	Le6—g4
14.	Dd1—d3	Lg4—h5

Schwarz muß auf allerlei Drohungen achten wie 14. Lg5, 14. Sbd4 oder 14. Sfd4.

15.	Sb3—d4	Sc6 : d4
16.	Sf3 : d4	Lh5—g6
17.	Dd3—e2	Lg6 : c2
18.	Sd4—c6	

Nach 18. Se6?, Dd6 19. S:f8, Lf5 würde Weiß zwei Figuren für einen Turm verlieren, da sein Springer keinen Rückzug hätte

18.	....	Dd8—e8

Der einzige Zug; nach 18..., Dd6? 19. S:e7†, Kh8 würde Weiß mit 20. S:d5 einen Bauern gewinnen.

19.	Sc6 : e7†	Kg8—h8
20.	De2 : c2	De8 : e7

Die Spiele stehen etwa gleich; Schwarz besitzt das Uebergewicht auf dem Damenflügel, aber Weiß kann sich dank seinem gut verwendbaren Läufer besser rühren.

21.	Lc1—f4	Ta8—e8
22.	a2—a4	c7—c5
23.	a4 : b5	a6 : b5
24.	Dc2—d3	c5—c4

Ziemlich erzwungen, denn 24..., Db7? würde wegen 25. Ld6 zu Bauernverlust führen.

25.	Dd3—d4	De7—e2
26.	Lf4—e3	De2 : b2
27.	Tf1—b1?	

Ein schwerer Fehler, wodurch Weiß die Partie regelrecht verliert.

Geboten war 27. Tab1. Die Folge konnte sein: 27..., De2 28. T:b5, Sg4, mit interessanten Verwicklungen.

27.	....	Te8—a8!

Stellung nach 27. ..., Te8—a8!

Damit erobert Schwarz wenigstens zwei Bauern.

28.	Dd4—d1	Ta8 : a1
29.	Tb1 : a1	Db2 : c3
30.	Le3—d4	Dc3—b4
31.	Ta1—b1	Db4—a4
32.	Dd1—d2	

Dank der starken Stellung des Ld4 kann Weiß noch einigen Widerstand bieten.

32.	....	Da4—a6

33.	f2—f3	h7—h6
34.	g2—g4	

Dieser Angriffszug beschleunigt den Verlust, denn er schwächt die weiße Königsstellung und versetzt Schwarz in die Lage, den Spieß sofort umzukehren.

34.	....	Da6—e6
35.	h2—h3	

Es drohte 35..., S:g4.

35.	....	Sf6—h7

Und nun droht 36..., Sg5.

Schwarz braucht sich um die Bauern seines Damenflügels nicht zu kümmern, da sein Angriff auf dem Königsflügel den Sieg gewährleistet.

36.	Dd2—c3	De6—g6
37.	Tb1 : b5	Sh7—g5
38.	Tb5 : d5	Sg5 : f3†
39.	Kg1—g2	Dg6—f7
40.	Dc3 : c4	Sf3 : d4
41.	Dc4 : d4	Df7—f1†

Erzwingt Damengewinn oder Matt in drei Zügen: 42. Kh2, Tf2† usw.

Weiß gibt auf.

Partie Nr. 120

O'Kelly — **Bernstein**

Spanisch

1.	e2—e4	e7—e5
2.	Sg1—f3	Sb8—c6
3.	Lf1—b5	a7—a6
4.	Lb5—a4	d7—d6
5.	c2—c4	

Die Duras-Variante, welche namentlich durch Keres aufs Neue in die Praxis eingeführt wurde.

5.	....	Lc8—g4

Das betrachtet man im allgemeinen als die beste Antwort.

6.	h2—h3	Lg4—h5

Aber das ist nicht folgerichtig. Viel besser war 6..., L:f3.

7.	Sb1—c3	Sg8—f6
8.	d2—d3	Lf8—e7
9.	Lc1—e3	Lh5 : f3

Auf 9..., 0—0 wäre 10. g4 sehr stark.

Schwarz sieht nun, daß der Läufer auf h5 schlecht steht und tauscht nun doch auf f3, aber jetzt unter Zeitverlust.

10.	g2 : f3 !	Sf6—h5

Um 11. f4 zu verhindern.

11.	Sc3—e2	Le7—g5?

In seinem Bestreben, f3-f4 durchaus hintanzuhalten, begeht Schw. einen Fehler und verliert einen Bauern. Er mußte rochieren.

12.	La4 : c6†	b7 : c6
13.	Dd1—a4 !	

Erobert den Bauern c6. Schwarz könnte diesen Bauern nur mit 13..., Kd7 decken, und das wäre natürlich polizeiwidrig.

13.	....	0—0
14.	Da4 : c6	Ta8—b8
15.	b2—b3	Lg5 : e3
16.	f2 : e3	Tb8—b6
17.	Dc6—a4	d6—d5?

Dieses gewaltsame Bauernopfer ist am wenigsten geeignet, den vorangegangenen Bauernverlust gutzumachen.

Mittels 17..., f5 konnte Schwarz noch etwas wie Ersatz für seinen materiellen Nachteil erlangen. Nach dem Textzug dagegen wird seine Sache hoffnungslos.

Stellung nach 17. ..., d6—d5?

18. e4 : d5 c7—c6
19. c4—c5 Tb6—b5
20. d5 : c6 Tb5 : c5
21. Ta1—c1 Tc5 : c1†
22. Se2 : c1 Dd8—g5
23. Sc1—e2 Dg5 : e3
24. Da4—e4 De3—b6
25. De4 : e5 Sh5—f6
26. c6—c7 Sf6—d7
27. De5—c3 Tf8—c8
28. Th1—g1 Sd7—f6
29. Dc3—d4 Db6—e6

Auf 29..., D:c7 gewinnt 30. D:f6.

30. Dd4—d8† Sf6—e8
31. Tg1—g4 f7—f5
32. Tg4—c4 Kg8—f7
33. Ke1—d2 a6—a5
34. Se2—f4 De6—a6
35. Dd8—d5† Kf7—e7
36. Tc4—c6

Nun erhält Weiß Mattangriff.

36. .... Da6—a8
37. Dd5—e6† Ke7—f8
38. Sf4—d5 g7—g6
39. De6—e7† Kf8—g8
40. Tc6—f6 !

Und nun ist es ganz aus.

40. .... Se8 : c7
41. Sd5 : c7?

Quälerei. Weiß konnte Matt in drei Zügen ankündigen: 41.T:g6† usw.

41. .... Da8 : f3

Die Unterlassung des Anziehenden rächt sich. Bernstein nimmt offenbar an, sein Gegner werde noch andere Dinge übersehen, und gibt die Partie noch lange nicht auf.

42. De7—e6† Kg8—g7
43. Tf6—f7† Kg7—h6
44. De7—e3†

Aber nicht 44. D:c8?, worauf ewiges Schach folgen würde.

44. .... Df3 : e3†
45. Kd2 : e3 g6—g5
46. d3—d4 Kh6—g6
47. Tf7—d7 h7—h5
48. Td7—d6† Kg6—f7
49. Td6—c6 h5—h4
50. Tc6—c5 g5—g4
51. Tc5 : f5† Kf7—g6
52. Sc7—d5 Tc8—e8†
53. Tf5—e5 g4 : h3
54. Sd5—f4† Kg6—f6
55. Te5 : e8 h3—h2
56. Te8—f8† Kf6—g5
57. Sf4—h3†

Jetzt ist nicht mehr zu sehen, was Weiß noch übersehen könnte.

Schwarz gibt auf.

13. RUNDE

DONNERSTAG, 29. AUGUST 1946

121.	Bernstein—Vidmar	½—½
122.	Euwe—O'Kelly	1—0
123.	Stoltz—Boleslawski	0—1
124.	Flohr—Denker	½—½
125.	Tartacover—Botwinnik	0—1
126.	Kotow—Steiner (abgebrochen)	0—1
127.	Yanofsky—Smisloff	½—½
128.	Kottnauer—Lundin	1—0
129.	Christoffel—Szabo	0—1
130.	Guimard—Najdorf	½—½

Botwinnik gewann ein studienartiges Endspiel gegen Tartacover (der sich schon nach wenigen Eröffnungszügen in zu romantische Gedankengänge verstrickte, dann aber prachtvollen Widerstand leistete), und Euwe schlug O'Kelly (der lange Zeit sehr gut spielte, aber beim Herannahen der Zeitkontrolle zwei Fehler beging). Die beiden Führenden haben also ihre Positionen behauptet.

Auf dem dritten Platz kam es zu einer bemerkenswerten Veränderung, indem Szabo gleichen Stand mit Smisloff erreichte; der Ungar gewann leicht und flott gegen Christoffel, der Russe dagegen mußte sich dazu bequemen, den Zähler mit Yanofsky zu teilen. „Wenn ich heute wieder verliere, wird man mich zuhause totschießen" hatte der Canadier vor der Partie erklärt, und er kämpfte denn auch wie um sein Leben, das jedoch an diesem Tage niemals ernstlich in Gefahr war.

Najdorf hatte viel durchzustehen gegen seinen zukünftigen Landsmann Guimard (womit jedoch nicht gesagt sein soll, daß letzterer die Absicht habe, Pole zu werden). Der Urargentinier fühlte sich offenbar verpflichtet, die Reihe seiner Siege zu verlängern, und machte aus seinem Vorhaben, diese Pflicht zu erfüllen, durchaus kein Hehl. Er sträubte sich, Fehler zu begehen, sehr zum Verdruß von Najdorf der es lieber gesehen hätte, daß sich Guimard gegen ihn benähme wie gewöhnlich in argentinischen Veranstaltungen. Indessen führte das hübsche Figurenopfer nur zu ewigem Schach.

Die zwei Schweden erlebten ein Poltawa. Stoltz wurde von Boleslawski auf eine besonders eigenartige und bestechende Weise in der Luft zerrissen. Solche Partien versteht nur Boleslawski zu gewinnen; die sind nicht zu beschreiben, man muß sie nachspielen. Lundin ist einer der wenigen Meister, die es verstehen, dem vereinzelten Damenbauer auch seine guten Seiten abzugewinnen, aber heute sündigte er auf diese Fähigkeit. Er strengte sich riesig an, um die Isolierung seines Damenbauern zu erzwingen, und erreichte schließlich sein Ziel, sogar schöner, als er es geträumt haben mag, denn nun besaß er auf der d-Linie einen isolierten Zwilling, der auf d5 und d4 stand. Aber es war ein Pyrrhussieg. Kottnauer kam inzwischen auf der geöffneten c-Linie in Vorteil und eroberte die Qualität. Bereits nach 21 Zügen war die Schlacht entschieden.

Flohr—Denker gingen frühzeitig ins Endspiel über und gelangten nach einigem Lavieren zu einer unverwüstlichen Remisstellung: Weiß besaß auf dem Damenflügel den Vorteil eines starken Springers gegen einen schlechten Läufer, dafür besaß Schwarz auf dem Königsflügel den Gegenvorteil eines starken Läufers gegen einen schlechten Springer.

Vidmar schlug Bernstein in einer Remisstellung Remis vor, erhielt jedoch zur Antwort, diese Partie werde durchgespielt bis zum letzten Bauern. Bernstein hielt Wort — mehr war nicht zu erreichen.

Eine Partie wurde abgebrochen: Kotow—Steiner. Der Russe spielte offensichtlich auf Gewinn, aber die Züge, welche er machte, paßten nur mangelhaft zu seinem Vorhaben. So kam es, daß Schwarz allmählich in Vorteil kam und schließlich mit Dame und drei Bauern ein gewonnenes Endspiel erreichte, das er auch ganz hübsch gewann.

Stand nach der 13. Runde: Botwinnik 11½; Euwe 10½; Smisloff, Szabo je 8½; Denker, Flohr, Najdorf je 7½; Kottnauer, Stoltz, Tartacover je 7; Boleslawski 6½; Lundin 6; Kotow 5½; Guimard 5; Bernstein, Steiner, Yanofsky je 4½; Christoffel 4; O'Kelly, Vidmar je 3½.

Partie Nr. 121

Bernstein — **Vidmar**

Zweispringerspiel

1.	**e2—e4**	**e7—e5**
2.	**Sg1—f3**	**Sb8—c6**
3.	**d2—d4**	**e5 : d4**
4.	**Lf1—c4**	

Das Schottische Gambit.

4.	....	**Sg8—f6**

Diese Variante kann auch aus dem Zweispringerspiel im Nachzuge hervorgehen und wird in den Büchern sogar als ein Teil dieser Eröffnung behandelt. Das erklärt sich aus der Auffassung vieler Theoretiker, die nach 1. e4, e5 2. Sf3, Sc6 3. Lc4, Sf6 den Zug 4. d4 als das Stärkste für Weiß betrachten.

5.	**0—0**	**Sf6 : e4**
6.	**Tf1—e1**	**d7—d5**
7.	**Lc4 : d5**	**Dd8 : d5**
8.	**Sb1—c3**	**Dd5—a5**
9.	**Sc3 : e4**	**Lc8—e6**
10.	**Se4—g5**	**0—0—0**
11.	**Sg5 : e6**	**f7 : e6**
12.	**Te1 : e6**	**Lf8—e7**

Alles bekannt und bis in die fernsten Ausläufer untersucht.

Im 12. Zuge stehen dem Nachziehenden verschiedene Fortsetzungen zur Verfügung; gut ist z. B. 12..., Dd5 13. De2, Ld6.

A. O'KELLY DE GALWAY

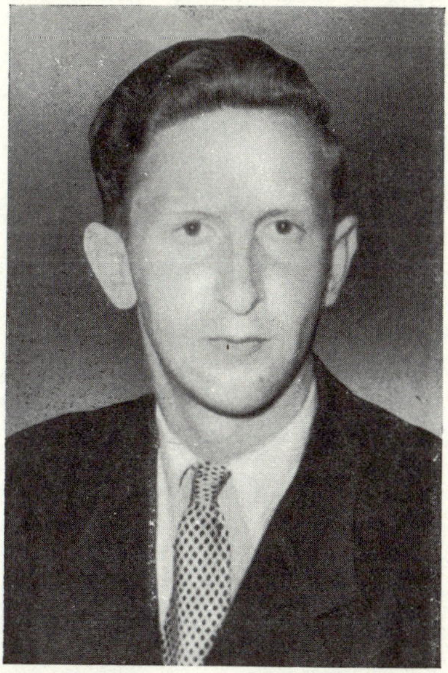

W. SMISLOFF

H. STEINER

G. STOLTZ

13.	Sf3—e5	Sc6 : e5
14.	Te6 : e7	Td8—d7
15.	Te7 : d7	Se5 : d7

Die Partien stehen ungefähr gleich; im Hinblick auf die ungleiche Bauernverteilung ist der Läufer etwas stärker als der Springer, aber dafür besitzt Schwarz etwas mehr Bewegungsfreiheit.

16.	Lc1—f4	Th8—e8
17.	h2—h3	Da5—b4
18.	b2—b3	Sd7—f6
19.	Dd1—d3	g7—g6
20.	Lf4—d2	Db4—c5

Stellung nach 20. ..., Db4—c5

Ein fesselnder Kampf: auf der einen Seite Bernstein, der am liebsten weiterspielt bis zum letzten Bauern, auf der anderen der weniger blutdürstige Vidmar, dem die Vorschrift „Kein Remis vor dem dreißigsten Zuge“ ein Dorn im Auge ist.

Der Verlauf dieser Partie spricht für die Auffassung Vidmars, wonach es besser sei, gleiche Stellungen gleich remis zu geben. „Wozu haben wir die Frösche gegessen?“ frug der Professor nach Beendigung der Partie seinen Gegner. Für den Fall, dass sich ein Leser finden sollte, der bei dieser Frage nicht verständnisvoll schmunzelt, sei erwähnt, dass Vidmar auf die bekannte Wette anspielte: jemand gewinnt sie, indem er einen lebenden Frosch verzehrt, verliert aber die Gegenwette, weil der andere ebenfalls die Kraft aufbringt, einen Frosch zu verschlingen. Nachdem beide ihr Geld zurückerobert hatten, folgt dann die obenerwähnte Frage.

21.	Ta1—e1	Te8 : e1†
22.	Ld2 : e1	Dc5—e5
23.	Kg1—f1	Sf6—d5
24.	Le1—d2	b7—b6
25.	Dd3—f3	h7—h5
26.	g2—g4	Kc8—b7
27.	g4 : h5	g6 : h5

Weiß besitzt nun einen Freibauern, aber der kommt nicht in die Lage, weit vorzurücken.

28.	h3—h4	Kb7—b8
29.	Ld2—g5	Sd5—c3
30.	a2—a4	De5—d5
31.	Kf1—g2	Kb8—c8
32.	Lg5—d2	Sc3—e4
33.	Ld2—g5	Se4—c3
34.	Df3 : d5	

Das reine Läufer-Springer-Endspiel bietet Weiß tatsächlich noch am ehesten Aussicht auf Geltendmachung des Freibauern.

34.	....	Sc3 : d5
35.	Lg5—d2	Kc8—d7
36.	Kg2—f3	c7—c5
37.	Kf3—e4	Kd7—e6
38.	Ke4—d3	a7—a6
39.	a4—a5	

Damit sprengt Weiß die feindliche Bauernkette. Jetzt wird der Kampf doch ein wenig spannend.

39.	....	b6—b5

40.	b3—b4	Ke6—d6
41.	b4 : c5†	Kd6 : c5
42.	f2—f4	

Die Entscheidung?

42.	....	**Sd5—f6**
43.	**c2—c3**	**Kc5—d5!**

Nein. Schwarz verteidigt sich vortrefflich, indem er ruhig seinen d-Bauern opfert; er darf sich das leisten, denn nach 44. c:d4, Ke6 nebst 45.., Kf5 stünde Weiß völlig blockiert und würde sogar in Verlustgefahr geraten.

44.	f4—f5	

Weiß entschließt sich lieber zu einer Fortsetzung, die auf eine vollständige Abholzung hinausläuft.

44.	....	Kd5—e5
45.	**c3—c4**	**b5 : c4†**
46.	**Kd3 : c4**	**Sf6—d7**
47.	**Ld2—h6**	Ke5—e4
48.	**Lh6—g5**	**Sd7—e5†**
49.	**Kc4—c5**	**Ke4 : f5**
50.	**Kc5—b6**	**Se5—c4†**
51.	**Kb6 : a6**	**d4—d3**
52.	Ka6—b5	**Sc4 : a5**
53.	**Kb5 : a5**	**Kf5—g4**

Damit erzwingt Schwarz den Abtausch des letzten weißen Bauern: 54..., d2 55. L:d2, K:h4.

Remis.

Partie Nr. 122

Euwe — **O'Kelly**

Nimzo-Indisch

1.	**d2—d4**	**Sg8—f6**
2.	c2—c4	e7—e6
3.	**Sb1—c3**	**Lf8—b4**
4.	e2—e3	b7—b6
5.	**Sg1—e2**	**Lc8—b7**
6.	a2—a3	**Lb4—e7**
7.	**d4—d5**	**0—0**
8.	e3—e4	

Das ist stärker als 8. g3 (siehe Nr. 79).

8.	....	**d7—d6**
9.	**g2—g3**	c7—c6
10.	**d5 : e6**	**f7 : e6**
11.	**Se2—d4**	**Lb7—c8**
12.	**Lf1—g2**	

Nicht das Beste; Schwarz erzielt nun ohne viel Mühe ein gleiches Spiel.

Mit 12. Lh3, e5 13. L:c8, D:c8 14. Sf5 konnte Weiß ein kleines Stellungsübergewicht behaupten.

12.	....	**e6—e5**
13.	**Sd4—f5**	**Sb8—a6**

Er hat ganz Recht, daß er den Sf5 ruhig stehen läßt; nach 13..., L:f5 14. e:f5 würde nämlich der Lg2 große Wirksamkeit erlangen.

14.	**0—0**	**Sa6—c5**
15.	**Lc1—e3**	**Kg8—h8**

Wieder gut gespielt. Das näherliegende 15.., Se6, um 16..., c5 und 17..., Sd4 folgen zu lassen, würde an 16. f4, c5 17. Sd5! usw. scheitern.

16.	**Le3 : c5**	

Sonst hätte Schwarz nun doch mit 16..., Se6 nebst c5 und Sd4 fortsetzen können.

16.	**....**	**b6 : c5**
17.	**b2—b4**	

Weiß muß rasch handeln, um zu verhindern, daß der übrig gebliebene friedliche Springer eines schönen Tages auf d4 erscheint.

17. .... c5 : b4
18. a3 : b4 Lc8—e6
19. Sf5—e3

Weiß übt wohl etwas Druck aus auf die feindliche Stellung, aber Schwarz besitzt das Läuferpaar und die f-Linie, sodaß die Aussichten gleich sind.

19. .... a7—a6
20. Dd1—d3 Sf6—g4
21. Se3 : g4 Le6 : g4
22. Sc3—a4 Dd8—b8
23. Dd3—c3 Db8—a7
24. Ta1—a2 Lg4—e6?

Richtig war 24..., Dd4, womit Schwarz das Gleichgewicht aufrechthalten konnte.
Nach dem Textzug kommt Weiß in Vorteil.

25. Ta2—d2 Ta8—d8
26. c4—c5 !

Stellung nach 26. c4—c5!

Dieser Durchbruch schafft empfindliche Schwächen in der schw. Bauernstellung und muß auf die Dauer zu Bauerngewinn führen. Denn Schwarz bleibt mit drei vereinzelten Bauern zurück (ausser a6 auch c6 und e5).

26. .... Da7—c7

Auf 26..., d:c5 setzt Weiß mit 27. T:d8, L:d8 (27..., T:d8 28. D:e5!) 28. D:c5 fort.

27. c5 : d6 Le7 : d6
28. Sa4—c5 Ld6 : c5
29. Dc3 : c5 Td8 : d2

Schwarz versucht, Gegenangriff zu erhalten.

30. Dc5 : f8† Le6—g8
31. Tf1—a1 Dc7—b6
32. Lg2—f1 Td2—b2?

Ein Bock, der eine Figur kostet. Geboten war 32.., Td4. Allerdings hätte dann Weiß nach 33. T:a6, D:b4 34. D:b4, T:b4 35. f3 entweder den c-Bauern oder den e-Bauern erobert.

33. Lf1—c4 Db6 : f2†
34. Df8 : f2 Tb2 : f2
35. Lc4 : g8

Schwarz gibt auf.

Partie Nr. 123

Stoltz **Boleslawski**

Sizilianisch

1. e2—e4 c7—c5
2. Sg1—f3 Sb8—c6
3. d2—d4 c5 : d4
4. Sf3 : d4 Sg8—f6
5. Sb1—c3 d7—d6
6. Lf1—e2 e7—e5

Diese Fortsetzung ist auch in der Partie Znosko-Borowsky—Kramer, Zaandam 1946 vorgekommen, und Kottnauer macht dazu im Turnierbuch die folgende Anmerkung: „Eine Lieblingsfortsetzung von Opocensky, die übrigens auch von Botwinnik mehrmals angewendet wurde. Sie ist jedoch von zweifelhaftem Wert."

Es macht einen großen Unterschied, ob e7—e5 im 5. oder 6. Zuge erfolgt. Im 5. Zuge wurde es früher hin und wieder versucht (z. B. Tarrasch—Janowski, Wien 1898, oder Schlechter—Lasker, 9. Matchpartie 1910), doch waren die Ergebnisse nicht ermutigend für Schwarz; in diesem Falle geht nämlich 6. Sdb5 mit der Drohung 7. Sd6† einher, wodurch Schwarz nicht in der Lage ist, den Springer mittels a7—a6 sofort weiter anzugreifen. Nach dem Textzug dagegen wäre 7. Sdb5? sinnlos, denn d6 ist genügend gedeckt, sodaß Schwarz sofort 7..., a6 ziehen könnte.

7. Sd4—f3

Was 7. Sb3 anbelangt, siehe Nr. 158 und Nr. 165.

7.	**h7—h6**

Zur Verstärkung des wichtigen Feldes d5; Schwarz verhindert Lc1—g5:f6.

8. Le2—c4?

Dadurch kommt Weiß rasch in Verlegenheit. Viel besser ist die Fortsetzung, welche Znosko-Borowski gegen Kramer wählte: 8. 0—0, Le6 9. b3!; danach wäre nämlich 9..., d5 zumindest zweifelhaft wegen 10. Lb5!, während das vorbereitende 9..., a6 seinen Zweck nicht erfüllt, denn es folgt 10. Lb2, worauf 10..., d5? den Verlust des Bauern e5 nach sich ziehen würde.

8.	**Lf8—e7**
9. Dd1—e2	**0—0**
10. h2—h3	**Lc8—e6**
11. 0—0	**Ta8—c8**
12. Lc4—b3	**Sc6—a5**
13. Tf1—d1	**Dd8—c7**
14. g2—g4	

Weiß besitzt eine unbehagliche, passive Stellung, und gerade das kann Stoltz am wenigsten ertragen. Er macht daher einen Angriffszug ins Blitzblaue, erreicht aber weiter nichts als eine Schwächung seiner Stellung.

14.	**Sa5 : b3**
15. a2 : b3	**a7—a6**
16. Kg1—h1	**b7—b5 !**

Droht 17..., b4 mit Eroberung von c2.

17. b3—b4	**Dc7—c4**
18. De2 : c4	

Etwas besser war 18. De1.

18.	**Tc8 : c4**
19. Td1—e1?	

Nur mit 19. Sd2, T:b4 20. T:a6 konnte Weiß noch ernsthaft versuchen, die Partie zu retten.

19.	**Le6—c8**

Stellung nach 19. ..., Le6—c8

Nun steht Schwarz auf Gewinn; er besitzt das Läuferpaar und die weißen Bauern auf b4 und e4 sind sehr schwach.

Boleslawski hat eine strategische Meisterleistung vollbracht.

20.	g4—g5	h6 : g5
21.	Lc1 : g5	Lc8—b7
22.	Kh1—h2	Tc4 : b4

Die Ernte beginnt.

23.	b2—b3	Tf8—c8
24.	Te1—e3	Tb4—d4 !
25.	Ta1—g1	Kg8—f8
26.	Lg5 : f6	

Weiß muß fortwährend Zugeständnisse machen, um weitere materielle Einbußen zu verhüten.

26.	....	Le7 : f6
27.	Tg1—g4	b5—b4
28.	Sc3—a4	Tc8 : c2

Ein Qualitätsopfer für drei (!) Bauern.

29.	Sf3 : d4	e5 : d4
30.	Te3—e1	Tc2 : f2†
31.	Tg4—g2	Tf2—f3
32.	Tg2—c2	d4—d3

Wie Butter!

33.	Tc2—c7	Lf6—e5†
34.	Kh2—g1	d3—d2
35.	Te1—d1	Le5—d4†
36.	Kg1—h2	Tf3—f2†
37.	Kh2—g3	Lb7 : e4
38.	Tc7—c4	Tf2—f3†
39.	Kg3—h2	Ld4—e5†
40.	Kh2—g1	d6—d5
41.	Tc4—c8†	Kf8—e7
42.	Td1 : d2	

Der stärkste schwarze Freibauer ist unschädlich gemacht. Das wäre ein kleiner Erfolg für Weiß, wenn der Gegner nicht „zufällig" einen vernichtenden Mattangriff behalten hätte.

42.	....	Le5—f4
43.	Td2—b2	Lf4—e3†
44.	Kg1—h2	Tf3—f1
45.	Kh2—g3	Tf1—g1†
46.	Kg3—h2	Tg1—g6

Weiß gibt auf.

Partie Nr. 124

Flohr — **Denker**

Damengambit

1.	d2—d4	d7—d5
2.	c2—c4	e7—e6
3.	Sb1—c3	Sg8—f6
4.	Lc1—g5	Lf8—e7
5.	e2—e3	h7—h6
6.	Lg5—h4	Sf6—e4

Meistens wird der Lasker-Sprung erst nach der Rochade ausgeführt: 6..., 0—0 7. Sf3, Se4.

7.	Lh4 : e7	Dd8 : e7
8.	c4 : d5	Se4 : c3
9.	b2 : c3	e6 : d5
10.	Dd1—b3	De7—d6

Der Zug von Bernstein, womit Schwarz auf ziemlich einfache Art Ausgleich erreicht.

11.	c3—c4	d5 : c4
12.	Lf1 : c4	0—0
13.	Sg1—f3	

Mit 13. Se2 könnte Weiß den Versuch unternehmen, Nutzen zu ziehen aus dem Umstand, dass Schwarz bereits im 6. Zuge Se4 gezogen hat. Es ist jedoch unwahrscheinlich, daß dieser Versuch zu einem merklichen Erfolg geführt hätte.

13. .... Sb8—d7

Ein schwächlicher Zug. Richtig

ist 13..., Sc6 nebst 14..., Sa5 oder 14..., Lg4.

14.	0—0	Sd7—b6
15.	Tf1—c1	Sb6 : c4
16.	Db3 : c4	

Infolge von Sb8—d7—b6: c4 statt Sb8—c6—a5: c4 hat Weiß den Zug Tf1—c1, der überdies mit Tempogewinn geschieht, zum Geschenk erhalten, denn er mußte nicht zweimal mit der Dame ziehen. Dadurch besitzt er jetzt einen kleinen Stellungsvorteil.

16.	....	c7—c6
17.	a2—a4	Lc8—e6
18.	Dc4—c5	Dd6 : c5
19.	d4 : c5	Ta8—d8
20.	a4—a5	a7—a6

Stellung nach 20. ..., a7—a6

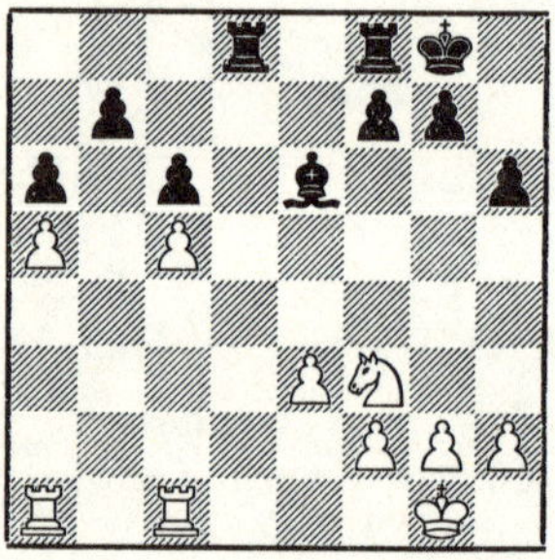

Jetzt besitzt Weiß praktisch einen Mehrbauern. Und da er außerdem über den Vorteil von Springer gegen schlechten Läufer verfügt, darf er berechtigte Gewinnhoffnungen hegen.

21.	Sf3—d4	Le6—c8
22.	Ta1—a4?	

Als Vorbereitung zu e3—e4 gedacht, jedoch schwach wie sich sofort zeigt.

Weiß hätte 22. f4! ziehen müssen.

22.	....	Tf8—e8!

Verhindert sowohl e3—e4 wie f2—f4.

23.	Tc1—c3	g7—g5

Schwarz weiß sehr gut, um was es sich handelt.

24.	Kg1—f1	Te8—e5
25.	h2—h3	Td8—d5

Dieser doppelte Angriff auf den Bauern c5 ist nur möglich geworden, weil Weiß die Gelegenheit zu f2—f4 versäumte.

Jetzt ist Weiß an Händen und Füßen gebunden und kann keine ernstlichen Gewinnversuche mehr unternehmen.

26.	Ta4—c4	Kg8—g7
27.	Kf1—e1	f7—f5
28.	Sd4—f3	Te5—e7
29.	Tc4—d4	Lc8—e6
30.	Td4 : d5	Le6 : d5
31.	Sf3—d4	Kg7—f6
32.	f2—f3	h6—h5
33.	Ke1—f2	h5—h4
34.	Tc3—c1	Te7—d7
35.	Kf2—e2	Ld5—g8
36.	Tc1—c3	Kf6—e5
37.	Sd4—c2	f5—f4

Revanche für die Blockade des Damenflügels!

38.	e3—e4	Lg8—e6
39.	Ke2—e1	Le6—g8

Remis.

Partie Nr. 125

Tartacover — **Botwinnik**

Französisch

1.	e2—e4	e7—e6
2.	d2—d4	d7—d5
3.	e4 : d5	e6 : d5

Prophezeien ist schwierig, allezeit und insonderheit auch im Schachspiel.

Wer würde auf die Vermutung kommen, daß sich aus dieser unschuldigen Einleitung ein wahrer Räuberroman entwickelt?

4.	**Sg1—f3**	**Lf8—d6**
5.	**c2—c4**	**Sg8—f6**
6.	**c4—c5**	

Nun kann man schon etwas wittern.

Der Textzug ist zwar unternehmend, aber nicht stark, da Schw. den feindlichen Vorposten mühelos und unter Verbesserung der eigenen Stellung aus dem Weg räumen kann.

6.	....	**Ld6—e7**
7.	**Lf1—d3**	

In Betracht kam 7. Le2, um die bald folgende lästige Fesselung zu vermeiden.

7.	....	**b7—b6**
8.	**c5 : b6**	**a7 : b6**
9.	**0—0**	**0—0**
10.	**Sb1—c3**	**Lc8—g4**
11.	**h2—h3**	**Lg4—h5**
12.	**g2—g4**	

Wieder ein Zug, der mehr energisch als gesund ist.

12.	....	**Lh5—g6**
13.	**Sf3—e5**	**Lg6 : d3**
14.	**Dd1 : d3**	**c7—c6**
15.	**Lc1—g5?**	

Das gibt Schwarz die Gelegenheit, mittels einer hübschen Vereinfachungskombination beträchtlichen Vorteil zu erreichen.

15.	....	**Sf6 : g4 !**
16.	**Se5 : c6**	

Die einzige Möglichkeit, Bauernverlust zu vermeiden; nach 16. L:e7, S:e5 zöge Weiß jedenfalls den kürzeren, z. B. 17. L:d8, S:d3 18. L:b6, S:b2, oder 17. D:h7†, K:h7 18. L:d8, Sc4 19. Lc7, Sa6.

16.	....	**Sb8 : c6**
17.	**Lg5 : e7**	**Sc6 : e7**
18.	**h3 : g4**	**f7—f5**

Es ist wohl klar, daß Schwarz bei der vorangegangenen Verwicklung Garn gesponnen hat. Der weiße Königsflügel ist zum Umfallen schwach.

19.	**Ta1—e1**	

Ein nur vorübergehendes Bauernopfer; Weiß hält sich bald an d5 schadlos.

19.	....	**f5 : g4**
20.	**Te1—e5**	**Tf8—f3**
21.	**Dd3—b5**	**Se7—g6**
22.	**Te5 : d5**	**Dd8—f6**
23.	**Td5—g5**	**Ta8—f8**
24.	**Sc3—e4**	**Df6—f4**

Der schwarze Angriff wird mit jedem Zug stärker. Jetzt ist der Springer angegriffen, und außerdem droht 25..., Th3.

25.	**Db5—d5†**	**Kg8—h8**
26.	**Tg5—h5**	**Tf3—h3 !**

Mit feinem Stellungsgefühl gespielt; Schwarz erhält auf h3 einen Bauern, der anscheinend schwach ist, sich jedoch in der Folge als außerordentlich stark erweist.

27.	**Th5 : h3**	**g4 : h3**
28.	**Se4—g3**	**Sg6—h4**
29.	**Dd5—e4**	

Tartacover hat wieder einmal seine großartige Gewandtheit in der Verteidigung entfaltet, und es ist ihm tatsächlich gelungen, den Zusammenbruch zu vermeiden.

29. .... Sh4—f3†
30. Kg1—h1 Df4 : e4
31. Sg3 : e4 Tf8—f4
32. Tf1—c1 h7—h6
33. Tc1—c3

Eine mittelbare Deckung des Springers.

33. .... g7—g5
34. d4—d5 g5—g4 !

Das Mattnetz ist dicht gezogen. Der weiße König ist von der Teilnahme am Kampf ausgeschlossen, und der Ausgang der Partie hängt nur noch von der Frage ab, ob, die weißen Bauern des Damenflügels stark genug sein werden, um die feindlichen Figuren genügend zu beschäftigen.

Beide Gegner befanden sich hier in großer Zeitnot.

35. Tc3—e3 Tf4—f5
36. Se4—c3 Tf5—f6
37. Te3—e6 Kh8—g7
38. Te6 : f6 Kg7 : f6
39. d5—d6

Genauer war 39. Se4† nebst 40. d6.

Die einzige Hoffnung des Anziehenden besteht in der Aufhebung der Pattstellung seines Königs. Dieses Ziel konnte er erreichen, indem er seinen d-Bauern mit dem Springer gedeckt hielt und dann mit dem a- und b-Bauer vorstiess. Schwarz hätte dann schließlich mit seinem Springer ziehen müssen.

39. .... Kf6—e6
40. Sc3—d5?

Danach hat Weiß keine Chance mehr. Geboten war 40. Se4.

40. .... Ke6 : d6
41. Sd5 : b6

Jetzt ist Weiß nur auf seine zwei verbundenen Freibauern angewiesen, aber die haben noch einen zu langen Weg nach Tipperary, sie können den Gang der Ereignisse nicht ändern.

41. .... h6—h5!

Stellung nach 41. ..., h6—h5!

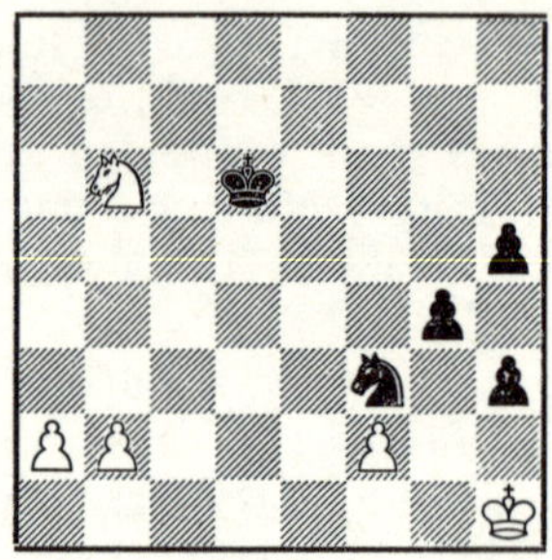

Mit der Drohung h5—g4 nebst g4—g3—g2 matt.

42. Sb6—c4†

Der weiße Springer eilt zur Stätte des Unheils.

42. .... Kd6—d5
43. Sc4—e3† Kd5—e4
44. a2—a4 Ke4—d3

Wieder mit einer gewaltigen Drohung, nämlich Kd3—e2: f2 nebst g4—g3—g2 matt.

45. Se3—d5

Wenn Weiß mit dem a-Bauern läuft, kommt er gerade einen Zug zu spät: 45. a5, Ke2 46. a6, K: f2 47. a7, g3 48. Sd1†, Ke2 49. Sc3†, Kd3 50. a8D, g2 matt.

45. .... Kd3—e2
46. Sd5—f4† Ke2 : f2
47. Sf4 : h3†

Fast könnte man glauben, daß Weiß doch noch ein Remis herausholt.

47.	....	Kf2—f1!

Nach diesem Zuge bleibt das Matt auf g2 in der Stellung. Weiß steht nun dem Vormarsch des feindlichen g-Bauern machtlos gegenüber.

48.	Sh3—f4	g4—g3
49.	Sf4—g2	

Nichts hilft mehr. Auf 49. a5 folgt 49..., h4 50. a6, h3 usw.

49.	....	Kf1—f2
50.	a4—a5	h5—h4
51.	Sg2—f4	Kf2—f1
52.	Sf4—g2	h4—h3
53.	Sg2—e3†	Kf1—f2
54.	Se3—g4†	Kf2—e2

Nun folgt Matt in zwei Zügen: 55. Se3, K:e3 usw.

Weiß gibt auf.

Ein fesselndes Endspiel.

Partie Nr. 126

Kotow — **Steiner**

Damengambit

1.	d2—d4	d7—d5
2.	c2—c4	e7—e6
3.	Sb1—c3	Sg8—f6
4.	Sg1—f3	c7—c5
5.	c4 : d5	Sf6 : d5
6.	e2—e3	Sb8—c6
7.	Lf1—d3	c5 : d4
8.	e3 : d4	Lf8—e7
9.	0—0	0—0
10.	Tf1—e1	Sc6—b4
11.	Ld3—b1	

Das ist genauer als 11. Le4 (siehe Nr. 117).

11.	....	b7—b6
12.	a2—a3	Sd5 : c3
13.	b2 : c3	Sb4—d5
14.	Dd1—d3	g7—g6

Eine schwer zu beurteilende Stellung. Weiß steht wohl besser; denn der Nachteil seines hängenden Zentrums wird durch Angriffsaussichten wettgemacht.

15.	Sf3—e5	

Sieht gut aus, ist aber in Wirklichkeit die Ursache der bald auftauchenden Schwierigkeiten des Anziehenden.

Richtig war 15. Lc2!; danach ging 15..., Lb7? nicht wegen 16. Lh6, Te8 17. La4 mit Qualitätsgewinn, und auch 15..., Ld7 wäre nicht befriedigend gewesen wegen 16. c4 nebst 17. Lb2 und 18. Tad1, mit guten Aussichten für Weiß.

15.	....	Le7—g5!

Aber nicht 15..., Lb7, wegen 16. Lh6, Te8 17. Df3, mit starkem Spiel für Weiß.

16.	Lb1—a2	Lg5 : c1
17.	Ta1 : c1	Lc8—b7
18.	Dd3—g3	Sd5—f6
19.	Te1—e3	Kg8—g7
20.	f2—f4?	

Indem Weiß von seinem Angriff zu viel erwartet, schwächt er seine Stellung.

Er sollte 20. f3 ziehen und womöglich mit Td3, c4, Df2 fortsetzen. Diese Aufstellung wäre sowohl für den Angriff wie für die Verteidigung geeignet gewesen.

20.	....	Ta8—c8
21.	Dg3—e1	Dd8—d6

22. a3—a4 Dd6—a3
23. La2—c4

Weiß ist gerade noch im Stande, Bauernverlust zu verhüten; auf 23..., D:a4 folgt 24. Ta1 und 25. T:a7.

23. .... Tc8—c7
24. a4—a5

Einfacher und stärker war 24. Ta1.

24. .... Tf8—c8
25. Tc1—a1 Da3—d6
26. Lc4—b3

Weiß hatte sich erst auf die folgende Fortsetzung verlassen: 26. a:b6, T:c4 27. S:c4, T:c4 28. b:a7. Jetzt bemerkt er jedoch, daß Schwarz nach 28..., La8 ausgezeichnete Angriffsaussichten behalten würde und dadurch entscheidend im Vorteil wäre. Damit verurteilt sich der 24. Zug des Weißen von selbst.

26. .... b6—b5

Nun ist der weiße c-Bauer sehr schwach.

27. Ta1—d1 Sf6—d5
28. Lb3 : d5 Dd6 : d5
29. Se5—f3 a7—a6
30. De1—d2 Dd5—b3
31. Td1—c1 Lb7 : f3

Noch stärker war 31..., Da4 mit Eroberung des Bauern a5.

32. Te3 : f3 b5—b4!

Stellung nach 32...., b5—b4!

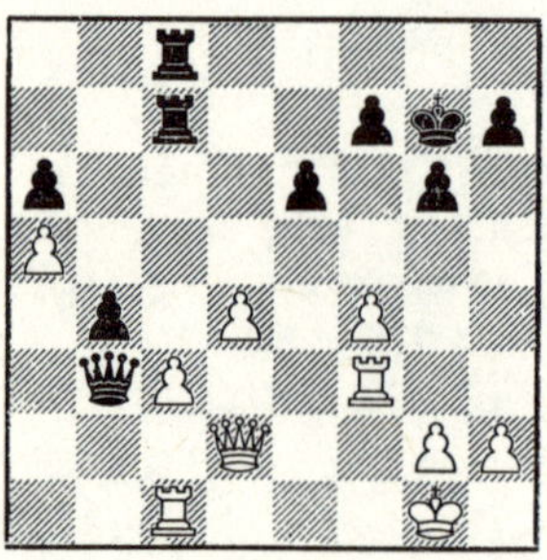

Sehr stark; auf 33. c4 würde 33..., T:c4! folgen (34. T:b3, T:c1† 35. Kf2, T8c2 usw., mit einem Mehrbauern und außerdem Stellungsvorteil im Turmendspiel).

33. f4—f5 e6 : f5
34. Tf3—h3

Endlich der lang erwartete Angriff.

34. .... Kg7—g8
35. Dd2—h6 f7—f6
36. c3—c4 Db3—b2
37. Dh6—e3?

Besser 37. Td1.

37. .... Kg8—g7?

In Zeitnot läßt sich Schwarz die Gelegenheit zu einer entscheidenden Abwicklung entgehen: 37..., Te7! (38. D:e7, D:c1† 39. Kf2, Dc2†! 40. Ke1, De4† 41. D:e4, f:e4 42. c5, Td8!).

38. c4—c5 Tc8—e8
39. De3—h6† Kg7—g8
40. Tc1—d1 Tc7—e7

40..., Te2 41. Tg3, Tce7 führt zu nichts wegen 42. h4!.

41. Dh6—d2

Auch 41. Dc1 ist ungenügend: 41..., D:c1 42. T:c1, Te1† 43. T:e1, T:e1† 44. Kf2, Td1 (45. Ke3?, b3!).

41. .... Te7—e1†!

Eine hübsche Abwicklung.

42. Td1 : e1 Db2 : d2
43. Te1 : e8† Kg8—f7
44. Th3—e3 Dd2 : d4

Der d-Bauer ist gefallen, und bald kommt auch der c-Bauer an die Reihe; das ist die Pointe der Abwicklung. Zunächst drohte 45..., f4.

45.	Te8—e7†	Kf7—f8
46.	Te7—e8†	Kf8—g7
47.	Kg1—h1	f5—f4
48.	Te3—e7†	Kg7—h6
49.	c5—c6	Dd4—c5 !
50.	h2—h4	Dc5 : c6

Mit dem Fall dieses Bauern hat sich die Lage geklärt: unterstützt durch die Bauern, ist die Dame viel stärker als die zwei Türme. Weiß ist verloren, zumal, da auch sein König unsicher steht.
Es ist verdienstlich von Kotow, daß er in der Folge noch zähen Widerstand zu leisten versteht.

51.	Te8—h8	Kh6—h5
52.	Th8 : h7†	Kh5—g4
53.	Te7—c7	Dc6—e4
54.	Th7—e7	De4—b1†
55.	Kh1—h2	Db1—d3
56.	Tc7—b7	b4—b3
57.	Tb7—b4	

Weiß manövriert sehr geschickt, aber er kämpft gegen Windmühlen.

57.	....	Dd3—g3†
58.	Kh2—g1	Kg4—f5
59.	Te7—e2	Dg3—c3
60.	Tb4—b6	Kf5—g4
61.	Kg1—h2	Dc3—g3†
62.	Kh2—h1	Dg3—c3
63.	Kh1—h2	Kg4 : h4
64.	Te2—f2	g6—g5
65.	Tf2—f3	Dc3—e5 !

Gut kombiniert. Auf 66. Tb:b3 folgt 66..., g4! 67. T:f4, Kg5!! (67..., D:f4†? 68. g3†!) 68. g3, De2† 69. Kg1, Dd1† mit Turmgewinn.

66.	Tb6—b4	g5—g4 !
67.	Tf3 : f4	Kh4—g5
68.	g2—g3	De5—e2†
69.	Kh2—g1	b3—b2
70.	Tf4—f1	De2—e3†
71.	Kg1—h1	De3—c1
72.	Kh1—h2	

Die letzte Hoffnung: 72..., D:f1! 14. T:g4†, K:g4? patt.

72.	....	Dc1—d2†

Weiß gibt auf.

Partie Nr. 127

Yanofsky — **Smisloff**

Spanisch

1.	e2—e4	e7—e5
2.	Sg1—f3	Sb8—c6
3.	Lf1—b5	a7—a6
4.	Lb5—a4	Sg8—f6
5.	0—0	Lf8—e7
6.	Tf1—e1	b7—b5
7.	La4—b3	d7—d6
8.	c2—c3	0—0
9.	h2—h3	Sf6—d7
10.	d2—d4	

Das ist stärker als 10. d3, was in Nr. 62 geschah.

10.	....	Le7—f6
11.	Lb3—d5	

Mit diesem und seinem nächsten Zuge verzichtet Weiß auf jeden Versuch, Eröffnungsvorteil zu erlangen.

Die geschlossene Verteidigung der Spanischen Partie hat in Groningen nur ihre guten Seiten gezeigt, da sie im allgemeinen mit wenig Ehrgeiz bekämpft wurde (in Nr. 43 allerdings mit zu viel Ehrgeiz).

11.	....	Lc8—b7
12.	d4 : e5	d6 : e5

Das Spiel steht gleich.

13.	Lc1—e3	Sc6—a5
14.	Ld5 : b7	Sa5 : b7
15.	Dd1—c2	Sd7—c5
16.	Te1—d1	Dd8—e7
17.	Sb1—d2	Tf8—d8
18.	Sd2—f1	a6—a5

Der Nachziehende zeigt sich ehrgeiziger als sein Gegner; er erlangt auf dem Damenflügel eine leichte Initiative.

19.	Le3 : c5	De7 : c5
20.	Sf1—e3	g7—g6
21.	Td1—d5	Td8 : d5
22.	Se3 : d5	Lf6—g7
23.	a2—a4	

Weiß möchte gerne b5—b4 sehen, worauf er mit c3—c4 antworten würde; dann hätte Schw. keinen Angriff mehr, wohl aber einen entwerteten Läufer.

23.	....	c7—c6
24.	Sd5—e3	Ta8—b8
25.	Ta1—d1	b5 : a4

Es bleibt auf die Dauer nichts anderes übrig.

26.	Dc2 : a4	Sb7—d6
27.	Da4—c2	h7—h5
28.	Sf3—d2?	

Stellung nach 28. Sf3—d2?

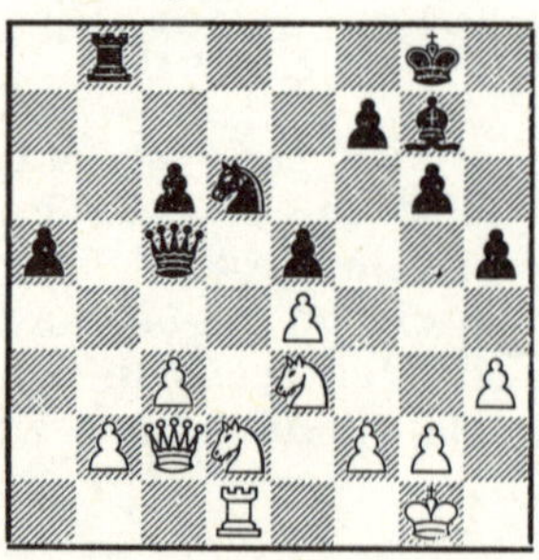

Danach wird Weiß in die Verteidigung gedrängt.

Richtig war 28. Ta1; dann hätte der Angriff auf a5 den Druck gegen b2 aufgewogen, ganz abgesehen davon, daß b2 mittels Sd1 bequem zu decken gewesen wäre.

28.	....	Dc5—b5
29.	Td1—b1	Db5—e2
30.	Dc2—d1	De2 : d1†
31.	Se3 : d1	Lg7—h6
32.	Sd1—e3	

Weiß muß Zugeständnisse machen, aber glücklicherweise keine, die den Rahmen des Erträglichen überschreiten.

32.	....	Lh6 : e3
33.	f2 : e3	

Dieser Doppelbauer hat auch eine gute Seite: das Feld d4 bleibt gut gedeckt.

33.	....	f7—f6
34.	Kg1—f2	Kg8—f7
35.	Kf2—e2	Kf7—e6
36.	b2—b3	Sd6—b5
37.	Tb1—c1	c6—c5
38.	c3—c4	Sb5—a7
39.	Tc1—a1	Sa7—c6

Schwarz hat sein Uebergewicht behauptet, aber es ist klein, sehr klein.

40.	Ta1—a3	h5—h4
41.	Sd2—f3	Tb8—h8
42.	Sf3—d2	f6—f5

Er sieht keine Möglichkeit mehr, seine Stellung ruhig zu verstärken, und versucht es daher mit einer schärferen Unternehmung auf dem Königsflügel. Dabei muß er aber den gegnerischen Doppelbauern wieder auflösen.

43.	Ta3—a1	f5—f4
44.	Sd2—f3	f4 : e3

45. Ke2 : e3 — Th8—b8
46. Sf3—d2 — g6—g5
47. Ta1—a2 — Ke6—f6
48. Ta2—a1 — Kf6—g6
49. Ta1—a3 — g5—g4
50. Ta3—a1 — g4 : h3

Schwarz muß abwickeln, denn auf 50..., Kg5 würde 51. Tf1 folgen, mit der Drohung 52. Tf5†.
Die Möglichkeiten der Stellung sind schon so ziemlich erschöpft.

51. g2 : h3 — Kg6—f6
52. Ta1—f1† — Kf6—e6
53. Tf1—g1 — Sc6—d4
54. Tg1—g4 — Sd4 : b3
55. Tg4 : h4 — a5—a4
56. Th4—h6† — Ke6—e7
57. Th6—a6 — Tb8—h8
58. Sd2 : b3 — a4 : b3
59. Ta6—b6 — Th8 : h3†
60. Ke3—d2

Hier wurde die Partie abgebrochen und nicht mehr fortgesetzt. Der Mehrbauer des Nachziehenden hat keinen Wert, und die Abwicklung 60..., b2 61. T:b2, Th2† 62. Kc3, T:b2 63. K:b2 führt zu nichts: 63..., Kf6 64. Kb3, Kg5 65. Ka4 usw.; der weiße König kommt gerade noch zur rechten Zeit.

Remis.

Partie Nr. 128

Kottnauer — **Lundin**

Katalonisch

1. c2—c4 — e7—e6
2. Sg1—f3 — d7—d5
3. g2—g3 — Sg8—f6
4. Lf1—g2 — Lf8—e7
5. 0—0 — 0—0
6. d2—d4 — c7—c5

Lundin möchte gerne zur Tarrasch-Verteidigung gelangen, die er besonders gut kennt. (Siehe Nr. 65 und Nr. 86).

7. Dd1—c2

Aber Kottnauer zeigt keine Lust, zu einem Ritt auf dem Steckenpferd des Schweden.

7. .... — b7—b6
8. Sb1—c3 — Lc8—b7
9. Tf1—d1 — Dd8—c8
10. c4 : d5 — e6 : d5

Man sollte meinen, Schwarz habe seinen Willen durchgesetzt. Aber Lundin ist noch nicht zufrieden.

11. Lc1—f4 — Sb8—c6
12. Ta1—c1 — Sc6 : d4?

Offenbar, um die Isolierung des Bauern d5 zu vervollständigen. Aber damit versucht Schwarz wirklich die Götter.
Besser war jedenfalls 12...., c4.

13. Sf3 : d4 — c5 : d4
14. Sc3—b5 !

Stellung nach 14. Sc3—b5!

Weiß wird unangenehm.

14. .... — Dc8 : c2

Er konnte eher 14..., Dd7 versuchen z. B. 15. Dc7, D:b5 16. D:e7, La6.

15. Tc1 : c2 Tf8—c8?

Hier mußte 15.., Tac8 geschehen; zwar hätte sich Schwarz nach 16. Tdc1 in keiner angenehmen Lage befunden (16..., a6 17.Tc7!), aber er konnte jedenfalls noch kämpfen.

16. Sb5—c7 !

Droht Wertgewinn, natürlich nicht durch 17. S:a8, sondern durch 17. Lh3!.

16. .... Le7—d8?

Er übersieht die Drohung. Allerdings wäre seine Stellung nach 16..., Tab8 17. Lh3, Td8 18. Sb5 Ta8 19. Tc7, La6 20. S:d4 schon sehr schlecht gewesen.

17.	**Lg2—h3**	**Sf6—e8**
18.	**Lh3 : c8**	**Ta8 : c8**
19.	**Td1—c1**	**Se8 : c7**
20.	**Lf4 : c7**	**Ld8—f6**
21.	**Lc7 : b6 !**	

Elegant gespielt. Auf 21..., T:c2 22. T:c2, a:b6 23. Tc7, La6 24. Ta7, Lc8 25. Ta8.

Schwarz gibt auf.

Partie Nr. 129

Christoffel **Szabo**

Spanisch

1.	**e2—e4**	**e7—e5**
2.	**Sg1—f3**	**Sb8—c6**
3.	**Lf1—b5**	**a7—a6**
4.	**Lb5—a4**	**b7—b5**

Eine ungebräuchliche, wenig empfehlenswerte Fortsetzung.

5.	**La4—b3**	**Sg8—f6**
6.	**Dd1—e2**	

Schwach gespielt.

Zu scharf wäre allerdings 6. Sg5, denn das würde nach 6..., d5 7. e:d5, Sd4 zu einer für Schwarz günstigen Abart des Zweispringergambits führen.

Viel stärker als der Textzug war jedoch 6. d4! (6..., S:d4? 7. Lf7†, K:f7 8. S:e5† usw.; oder 6..., S:e4 7. d:e5 usw.; oder 6..., e:d4 7. e5 usw.).

6. .... d7—d6

Unschuldige Entwicklung, aber gewürzt mit einer Falle.

7. c2—c3

Nach 7. Sg5? würde Schwarz mit 7..., Sd4! in Vorteil kommen; Weiß mußte nämlich 8. Dd1 ziehen, denn das Schlagen auf f7 würde eine Figur kosten (8. S:f7?, De7 usw.; oder 8. L:f7†?, Ke7 9. Dd1, h6 usw.).

7.	**....**	**Sc6—a5**
8.	**Lb3—c2**	**c7—c5**
9.	**0—0**	**Lf8—e7**
10.	**h2—h3**	**0—0**
11.	**d2—d4**	**Dd8—c7**
12.	**d4—d5**	

Hier tritt ein gewisser Nachteil von Dd1—e2 zutage; Weiß kann seine Entwicklung nicht auf die übliche Art mit 12. Sbd2 fortsetzen, denn das würde den Lc2 der Deckung berauben, sodass Schwarz mittels 12.., c:d4 einen Bauern gewinnen würde.

12.	**....**	**Lc8—d7**
13.	**Sf3—h2**	

Offenbar als Vorbereitung zu f2-f4 gedacht. Dieser Vorstoß ist zwar ein wenig antipositionell, er bietet aber praktische Aussichten.

13. .... Tf8—b8
14. Sb1—d2

Inkonsequent. Nach 14. f4, e:f4 15. L:f4, Sc4 16. Sf3! (16..., S:b2 17. e5!) hätte Weiß ein aussichtsreiches Spiel gehabt.

14. .... c5—c4
15. Sd2—f3?

Jetzt hätte 15. f4 allerdings Bedenken gehabt, denn nach 15..., e:f4 16. T:f4 müßte Weiß erst noch mit 17. Tf2 ein Tempo verlieren, ehe er die Aktion auf dem Königsflügel fortsetzt, aber trotzdem war f2—f4 dem sehr passiven Textzug vorzuziehen.

15. .... b5—b4
16. Lc2—d1?

Um den Stoß 16..., b3 aufzufangen, aber im übrigen ein schwerer Zeitverlust. Geboten war 16. Le3 (16..., b3 17. a:b3, S:b3 18. Ta2 bezw. 17..., c:b3 18. Ld3, Lb5 19. Sd2).

16. .... b4 : c3
17. b2 : c3 Sa5—b7
18. Sf3—h4?

Jetzt gibt Weiß gar einen Bauern für nichts und wieder nichts. Er stand allerdings schon miserabel. Ein neuer Erfolg der geschlossenen Verteidigung der Spanischen Partie (siehe auch Nr. 43, 62, 108 und 127).

18. .... Sb7—c5

Er nimmt den Bauern gar nicht (18..., S:d5 19. e:d5, L:h4). Allerdings ist der Textzug womöglich noch stärker; die ungedeckte Stellung des Sh4 kommt nämlich trotzdem bald zur Geltung.

19. Ld1—c2

Auf 19. D:c4? gewinnt 19..., Lb5.

19. .... Ld7—a4

19..., S:d5? würde jetzt an 20. e:d5, L:h4 21. Dh5 scheitern.

20. Lc2—b1 Tb8 : b1 !

Stellung nach 20. ..., Tb8: b1 !

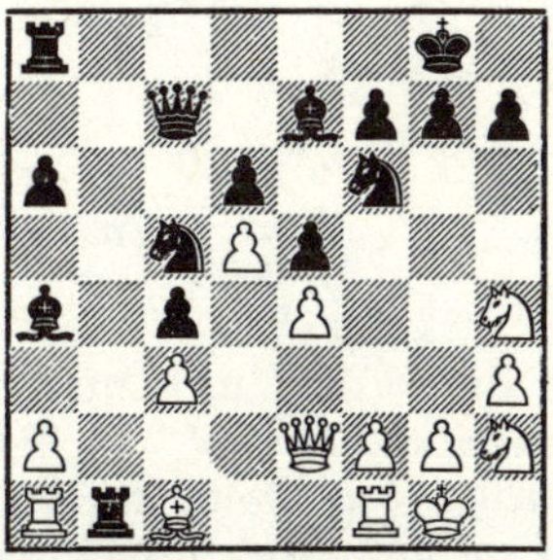

Eine schöne Entscheidung. Schw. erhält drei Bauern für die Qualität.

21. Ta1 : b1 Sf6 : e4

Mit Angriff auf den Sh4.

22. Sh4—f5 Se4 : c3
23. De2—g4 Le7—f8
24. Tb1—b4

Etwas besser war 24. Ta1.

24. .... Sc3 : d5

Der dritte Bauer!

25. Tb4—b1

Oder 25. T:c4, Lb5 usw.

25. .... La4—c2
26. Tb1—b2 Lc2 : f5
27. Dg4 : f5 Sc5—d3
28. Tb2—c2 Sd5—b4
29. Tc2—c3 Dc7—c8
30. Df5 : c8 Ta8 : c8
31. Tf1—d1 d6—d5

Gegen eine solche Lawine weiß sogar ein Schweizer keinen Rat.

Weiß gibt auf.

Partie Nr. 130

Guimard — **Najdorf**

Angenommenes Slawisch

1.	d2—d4	d7—d5
2.	c2—c4	c7—c6
3.	Sg1—f3	Sg8—f6
4.	Sb1—c3	d5 : c4
5.	a2—a4	Lc8—f5
6.	Sf3—e5	

Gegenwärtig zieht man 6. e3 vor.

6.	....	Sb8—d7

Stärker ist 6..., e6.

Nach dem Textzug entsteht eine Variante, die u. a. bekannt geworden ist, weil sie in den Wettkämpfen Aljechin—Euwe oft angewendet wurde.

7.	Se5 : c4	Dd8—c7
8.	g2—g3	e7—e5
9.	d4 : e5	Sd7 : e5
10.	Lc1—f4	Sf6—d7
11.	Lf1—g2	Lf5—e6

Gewöhnlich spielt man hier 11..., Td8.

12.	Sc4 : e5	Sd7 : e5
13.	0—0	Lf8—e7
14.	Dd1—c1	

Es ist nicht klar, warum Weiß 14. Dc2! unterläßt, z. B. 14..., Da5 15. Se4, 0—0 16. b4! (erste Matchpartie Aljechin-Euwe 1935). Nach dem Textzug ist diese Möglichkeit verfallen.

14.	....	Dc7—a5
15.	Sc3—b5	

Die Einleitung zu einer hübschen Kombination (die allerdings auch nach 14. Dc2! möglich gewesen wäre).

15.	....	f7—f6
16.	Lf4 : e5	f6 : e5
17.	Lg2 : c6†	

Stellung nach 17. Lg2:c6†

Ein flottes Opfer, das den Nachziehenden vor schwierige Aufgaben stellt. Es führt jedoch nicht zum Gewinn.

17.	....	b7 : c6
18.	Dc1 : c6†	Ke8—f7
19.	Sb5—c7	Da5—b6
20.	Dc6—f3†	Le7—f6

Beiderseits eine Reihe erzwungener Züge.

21.	Sc7 : a8	Db6—b8
22.	Ta1—c1	Db8 : a8
23.	Df3—h5†	Kf7—e7
24.	Tc1—c7†	Ke7—d6 !

Schwarz darf seinen König nicht auf den Rand treiben lassen.

25.	Tf1—c1	Da8—e4

Die Einleitung zu einem Gegenangriff, womit Schwarz Remis erzwingt.

26.	Tc7 : a7	

Auf 26. f3? gewinnt 26..., De3† 27. Kf1, g6! (28. T1c6†, Kd5 29. Tc5†, Kd4 30. Tc4†, L:c4 31. Dg4†, e4!).

26. .... Le6—d5
27. Ta7—a6† Kd6—e7
28. Ta6—a7† Ke7—d6

Nach 28..., Kd8? 29. Df3, D:f3 30. e:f3 usw., mit dem schwarzen König in der Randstellung, wäre das Endspiel für Weiß vorteilhaft. Nach dem Textzug dagegen wäre diese Abwicklung eher für Schwarz günstig.

29. Ta7—a6† Kd6—e7
30. Ta6—a7† Ke7—d6

Remis.

14. RUNDE

FREITAG, 30. AUGUST 1946

131.	Vidmar—Najdorf (abgebrochen)	½—½
132.	Szabo—Guimard	1—0
133.	Lundin—Christoffel	1—0
134.	Smisloff—Kottnauer	1—0
135.	Steiner—Yanofsky	0—1
136.	Botwinnik—Kotow	0—1
137.	Denker—Tartacover	½—½
138.	Boleslawski—Flohr	½—½
139.	O'Kelly—Stoltz	0—1
140.	Bernstein—Euwe	0—1

Heute ereignete sich die größte Sensation der ersten drei Wochen: Botwinnik verlor. Er verlor rasch, nach nur 24 Zügen und dreistündiger Spielzeit, wovon er selbst zwei Stunden verbraucht hatte. Und solches konnte sich ereignen, obwohl Botwinnik Weiß hatte und die Sämisch-Variante der Nimzo-Indischen Verteidigung spielte, welche er besonders gut kennt und sogar zu einem eigenen System ausgearbeitet hatte. Gewiß hat Botwinnik irgendetwas Schreckliches übersehen, irgendeinen groben Bock geschossen? Stimmts? Nein, es stimmt nicht. Der russische Vorkämpfer spielte diese Partie, als wäre er nur ein ganz kleines Meisterlein, einem Riesen wie Kotow in keiner Weise gewachsen. Er spielte einfach schwach und wurde nach allen Regeln der Kunst abgemurkst. Er war nicht imstande, klar zu denken, seine Logik spielen zu lassen, seine Phantasie zu entfalten. Der ganze Mechanismus, genannt Botwinnik, funktionierte nicht; es muß sich irgendwo ein Schräubchen losgelöst haben, vielleicht im Magen oder im linken Bein, das weiß man nicht. Sicher ist nur eins: häuslicher Zwist, die sattsam bekannte Ursache von so vielen bitteren Enttäuschungen auf dem Schachbrett, kann es keineswegs gewesen sein; denn das ist in der Familie Botwinnik ausgeschlossen. Sicher ist des weiteren, daß auch Kotow zu dieser Sensation das Erforderliche beigetragen hat; er widerlegte alle Fehler seines Gegners in vorbildlicher Art, und das ist schließlich die Formel für Höchstleistungen auf dem Schachbrett. Im Anfang muß der Fehler sein, denn aus dem Nichts kann man keine Vorteile schöpfen.

Auch Euwe war nicht imstande, aus dem Nichts Vorteil zu ziehen, und so erreichte er schließlich nur ein Remisendspiel mit einem Läufer gegen einen Springer. Botwinnik konnte bereits mit Sicherheit annehmen, daß er trotz seiner Niederlage mit einem halben Punkt die Führung behalten werde; doch er hatte auch in dieser Beziehung einen schlechten Tag. Bernstein verwandelte sich nämlich plötzlich in einen anti-Kotow und machte einen unheimlich schlechten Zug, der seine Stellung sofort hoffnungslos machte und zugleich eine neue Lage schuf in der gesamten Schachwelt: Botwinnik und Euwe hatten gleichen Stand erreicht. Die Geschichte wiederholt sich: auch in seinem ersten Weltmeisterschaftsmatch gegen Aljechin erreichte Euwe zum erstenmal gleichen Stand, indem er die 14. Partie gewann, und zwar in Groningen.

Smisloff und Szabo sind nun gar schon auf den zweiten Platz vorgerückt. Beide gewannen ihre Partien, der Russe gegen Kottnauer, auf besonders effektvolle Weise in nur 21 Zügen, der Ungar durch zähe Belagerungsarbeit gegen Guimard, diesen daran erinnernd, daß niemand unüberwindlich sei.

Auf dem dritten Platz steht nun ein Konsortium von vier Mann.

Denker und Stoltz haben diesen Stand bequem erreicht durch ruhige Remispartien gegen Tartacover bezw. Boleslawski.

Najdorf und Stoltz dagegen mußten ihre Position mit Schweiß und Glück erkämpfen.

Der Schwede geriet gegen O'Kelly schon nach wenigen Zügen in eine wenig beneidenswerte Lage und mußte einen wichtigen Bauern preisgeben. Seltsamerweise verzichtete jedoch O'Kelly auf diese Beute und wurde dafür exemplarisch bestraft. Derselbe Bauer, es war ursprünglich der schwarze h-Bauer, gelangte nämlich später bis g2 und entschied die Partie.

Vidmar hatte sich gegen Najdorf verkombiniert und verlor zunächst einen Bauern. Die Stellung blieb jedoch schwierig, Najdorf spielte ohne klaren Plan, und dadurch wurde der freie Königsbauer des Weißen allmählich sehr gefährlich, bis Schwarz schließlich gezwungen war, ihn unter Aufopferung eines Läufers unschädlich zu machen. Aber das konnte nur den sofortigen Untergang abwehren, nicht die Partie retten. Mit Turm, Springer und drei Bauern gegen Turm und fünf Bauern hatte Vidmar ein gewonnenes Endspiel; er gewann es jedoch nicht, weil er infolge eines übervorsichtigen Zuges den Generalabtausch seiner Bauern nicht recht verhindern konnte. Beim ersten Abtausch vor der Pause war die Lage noch nicht geklärt, beide Spieler hofften noch zu gewinnen, aber beide waren zugleich bang vor einer Niederlage. Remis anbieten? Nein, das wollte keiner von beiden, denn wo blieben dann die Gewinnaussichten, ganz abgesehen davon, daß es ein Zeichen von Schwäche gewesen gewesen wäre. Anderseits fühlte keiner von beiden den Mut, ein allfälliges Remisangebot des Gegners abzulehnen, und sie versuchten gegenseitig sich zu einem solchen Angebot zu animieren. Es entspann sich ein Gespräch, in dem fortwährend Wendungen vorkamen wie diese: „Haben Sie vielleicht etwas anzubieten, Professor?" Oder: „Na sprich doch dich aus, kleiner Moritz, du kannst versichert sein, daß ich deine Vorschläge sorgfältig prüfen werde."

Lundin gewann gegen Christoffel, weil dieser in ungefähr gleicher Stellung eine taktische Feinheit übersah.

Yanofsky schlug Steiner auf dieselbe Art, wie er Flohr beinahe geschlagen hätte, nämlich durch Widerlegung des Harakirizuges g2—g4. Es war übrigens auch dieselbe Eröffnungsvariante: Angenommenes Slawisch.

Stand nach der 14. Runde: Botwinnik, Euwe je 11½; Smis-Smisloff, Szabo je 9½; Denker, Flohr, Najdorf, Stoltz je 8; Tartacover 7½; Boleslawski, Kottnauer, Lundin je 7; Kotow 6½; Yanofsky 5½; Guimard 5; Bernstein, Steiner je 4½; Christoffel, Vidmar je 4; O'Kelly 3½.

Partie Nr. 131

Vidmar — **Najdorf**

Königsindisch

1.	**d2—d4**	**Sg8—f6**
2.	**c2—c4**	**g7—g6**
3.	**Sg1—f3**	**Lf8—g7**
4.	**Sb1—c3**	**0—0**
5.	**e2—e4**	**d7—d6**
6.	**Lf1—e2**	**Sb8—d7**
7.	**0—0**	**e7—e5**
8.	**Tf1—e1**	**Tf8—e8**
9.	**Le2—f1**	**e5 : d4**
10.	**Sf3 : d4**	**c7—c6**

Das System von Boleslawski, welches auf der Annahme beruht, daß der Bauer d6 keine Schwäche bildet, zumindest keine Schwäche von Bedeutung.

11. Sd4—b3

In Nr. 38 geschah 11. Lg5.

11. .... Dd8—c7

Der Textzug ist besser, da der Bauer d6 sofort angegriffen wird und zugleich Sd7—c5 entkräftet.

12.	**Lc1—f4**	**Sd7—e5**
13.	**h2—h3**	**Lc8—e6**
14.	**Sb3—d2**	**Sf6—d7**
15.	**Ta1—c1**	**Sd7—c5**
16.	**Dd1—c2**	**a7—a5**
17.	**Sd2—b3**	**b7—b6**

Das Schlagen auf c4 würde eine Figur kosten.

18. Sb3 : c5 d6 : c5
19. Lf4—h2

Weiß hat einen kleinen Vorteil erlangt; denn seine Mehrheit auf dem Königsflügel ist gesund, die des Schwarzen auf dem Damenflügel dagegen von wenig Wert im Hinblick auf den Doppelbauern.

Mit dem Textzug bereitet Weiß das Vorrücken seines f-Bauern vor. Es droht Figurgewinn durch f2—f4—f5.

19. .... f7—f5

Eine gut berechnete Abwehr.

20. f2—f4 Se5—f7
21. g2—g4

Subjektiv ein Irrtum, objektiv ein aussichtsreiches Bauernopfer.

21. .... f5 : g4

Vidmar dachte, daß dieser Zug überhaupt nicht ging wegen 22. f5 mit Figurgewinn, nun aber sieht er, daß diese Kombination an 22..., g3! scheitern würde; Weiß würde nicht nur einen Bauern einbüssen; sondern auch in eine sehr schlechte Stellung geraten.

22. h3 : g4

Auf diese Weise verliert Weiß den Bauern bei guter Stellung

22.	....	Le6 : g4
23.	Dc2—g2	h7—h5

Dadurch schwächt Schwarz seinen Rochadeflügel. Besser war 23..., Ld7 (24. f5?, Le5).

24.	Lf1—e2	Sf7—h6
25.	e4—e5	Ta8—d8
26.	Sc3—e4	Kg8—h8
27.	Lh2—g3	Te8—f8
28.	Le2 : g4	Sh6 : g4
29.	Se4—g5	

Nun hat Weiß das bessere Spiel; denn sein Freibauer ist sehr stark geworden und sein Springer kommt vorzüglich ins Treffen.

29.	....	Dc7—c8
30.	e5—e6	

Droht Turmgewinn (31. e7), ausserdem Qualitätsgewinn (31. Sf7†), und die Parade 30..., Tde8 wäre ungenügend wegen 31. Sf7†, Kg8 32. Sd6.

30.	....	Td8—d3
31.	Tc1—d1	Lg7—d4†
32.	Kg1—h1	Td3 : g3

Diese Vereinfachung ändert wenig an der allgemeinen Lage.

33.	Dg2 : g3	Sg4—f2†
34.	Kh1—g2	Sf2 : d1
35.	Te1 : d1	Dc8—c7
36.	Td1—e1	Dc7—e7
37.	b2—b3	Kh8—g7
38.	Te1—e2	Ld4—f6

Zu erwägen war 38.., Tf5 und dann erst Lf6. Allerdings wäre diese Schwächung der 8. Reihe gefährlich gewesen im Hinblick auf allfällige Promotionswendungen.

39.	Sg5—h3	Lf6—d4
40.	Dg3—f3	De7—d6
41.	Sh3—g5	Ld4—f6
42.	Sg5—f7	Dd6—d1
43.	f4—f5!	

Stellung nach 43. f4—f5!

Das bringt Schwarz in eine sehr schwierige Lage.

43. .... Dd1—d4?

Geboten war 43..., Tg8!.

44.	Te2—e4	Dd4—d2†
45.	Kg2—h3	Tf8—g8

Schwarz kann entscheidenden Nachteil nicht mehr abwenden.

46.	f5 : g6	Kg7 : g6
47.	Te4—e2	Dd2—c3

Um die weiße Dame zu fesseln, denn sonst würde 48. Tg2† unmittelbar entscheiden.

48.	Df3 : c3	Lf6 : c3
49.	Sf7—d6!	

Damit wird der Freibauer unwiderstehlich. Weiß erobert eine Figur.

49.	....	Lc3—f6
50.	e6—e7	Lf6 : e7
51.	Te2 : e7	Kg6—f6

52. Te7—e1?

Zu behäbig; 52. Tc7! hätte gewonnen, z. B. 52..., Ke6 53.T:c6, Kd7 54. T:b6, und nun 54...,Tg6 55. Sc8! usw., oder 54..., Kc7 55. Ta6, Tg6? 56. Sb5†! usw. (übrigens auch 56. T:a5 usw.).

52.	....	Tg8—d8
53.	Sd6—e4†	Kf6—f5
54.	Se4—g3†	Kf5—g5
55.	Te1—e5†	Kg5—f4
56.	Te5—e6	

Auch 56. T:h5, a4 bietet keine nennenswerten Gewinnaussichten mehr. Schwarz droht alle Bauern abzutauschen.

56.	....	Td8—d3
57.	Te6—f6†	Kf4—g5
58.	Tf6—f5†	Kg5—g6
59.	Tf5—f2	a5—a4 !

Ein Volltreffer.

60.	b3 : a4	Td3—c3
61.	Tf2—b2	h5—h4 !

Damit ist das Remis gesichert.

62. Tb2 : b6

Auch die Preisgabe des Springers ändert nichts an der (für Vidmar wohl sehr peinlichen) Tatsache.

Die Fortsetzung 62. K:h4, T:c4† 63. Kh3, T:a4 64. Se2, b5 usw. hätte ebensowenig Gewinnaussichten geboten.

62.	....	h4 : g3
63.	Tb6 : c6†	Kg6—f7
64.	Tc6 : c5	Kf7—e6
65.	a4—a5	Ke6—d6
66.	Tc5—d5†	Kd6—c6
67.	a5—a6	g3—g2†
68.	Kh3 : g2	Tc3 : c4

Remis.

Partie Nr. 132

Szabo — **Guimard**

Katalonisch

1.	d2—d4	d7—d5
2.	c2—c4	e7—e6
3.	Sg1—f3	Sg8—f6
4.	g2—g3	c7—c5
5.	c4 : d5	Sf6 : d5

Nach 5..., e:d5 entsteht die Hauptvariante der Tarrasch-Verteidigung.

6.	Lf1—g2	Sb8—c6
7.	0—0	Lf8—e7

Kostet Zeit, jedoch ist auch 7..., Sf6 (anscheinend mit Tempogewinn) nicht befriedigend für Schwarz wegen 8. Se5! (Keres—Klein, Radiomatch USSR — GB 1946).

Die ganze Variante ist für Schw. sehr schwierig.

8.	d4 : c5	Le7 : c5
9.	Dd1—c2	

Szabo dürfte sich noch erinnert haben, daß diese Stellung für Weiß günstig ist. Er hat es am eigenen Leibe empfunden in seiner 5. Matchpartie gegen S. Landau, Amsterdam 1939. Damals hatte er Schwarz und setzte mit 9..., Db6 fort, aber es gelang ihm nicht, ein befriedigendes Spiel zu erlangen.

9.	....	Lc5—e7
10.	Tf1—d1	Lc8—d7
11.	e2—e4	Sd5—b6
12.	Sb1—c3	0—0
13.	Lc1—f4	

Weiß ist besser entwickelt und beherrscht demzufolge viel mehr Terrain.

13.	**....**	**Sc6—b4**
14.	**Dc2—e2**	**Dd8—e8**
15.	**Sf3—e5**	**Ta8—d8**
16.	**a2—a4 !**	**a7—a6**

Sonst würde der weiße a-Bauer bis a6 laufen.

Man beachte, daß Schwarz den Bauern a4 nicht nehmen darf: 16..., S:a4? 17. S:d7, S:c3 18. b:c3, und Weiß gewinnt eine Figur; oder 16.., L:a4? 17. T:d8, L:d8 18. S:a4, S:a4 19. Dd2!, und Weiß gewinnt die Qualität (19..., a5 20. Sd7!).

17.	**Lf4—e3**	**Sb6—c8**
18.	**Se5 : d7**	**Td8 : d7**
19.	**e4—e5**	

Weiß hat seinen Vorteil allmählich vergrössert, er steht überlegen.

19.	**....**	**Sb4—c6**
20.	**f2—f4**	

Schwach wäre 20. L:c6? wegen 20..., T:d1†! nebst 21..., D:c6.

20.	**....**	**Le7—b4**
21.	**Sc3—e4**	**Sc8—e7**
22.	**Se4—c5**	**Td7 : d1†**
23.	**Ta1 : d1**	**De8—c8**
24.	**Td1—c1**	**Tf8—d8**
25.	**Sc5—d3 !**	**Dc8—d7**

Schwarz muß auch seinen zweiten Läufer tauschen lassen, denn auf 25..., La5? würde 26. b4! gewinnen (26..., Dd7 27. Sc5! usw., bezw. 26..., Lc7 27. b5 usw.).

26.	**Sd3 : b4**	**Sc6 : b4**
27.	**Le3—b6**	**Td8—c8**
28.	**Tc1 : c8†**	**Dd7 : c8**
29.	**Lg2—e4**	**g7—g6**

Es ist dem Nachziehenden gelungen, einige Figuren abzutauschen, aber er empfindet trotzdem große Schwierigkeiten, da die Läufer das Brett beherrschen.

30.	**Kg1—g2**	**Sb4—d5**
31.	**Lb6—f2**	**b7—b6?**

Eine Schwächung, wodurch die Aufgabe des Nachziehenden noch schwieriger wird.

32.	**De2—c2**	**Dc8—d7**

Die weiße Dame steht zu stark, Schwarz hätte tauschen müssen; nach 32..., D:c2 33. L:c2, Sb4 34. Le4, Sed5 konnte er besser Widerstand leisten als jetzt.

33.	**Dc2—c4**	**b6—b5**

Schwarz muß sich zu einer weiteren Schwächung seines Damenflügels verstehen. Jedoch wäre 33..., a5 das kleinere Uebel gewesen.

34.	**a4 : b5**	**a6 : b5**
35.	**Dc4—c5**	**b5—b4**
36.	**Kg2—h3**	

Um den König späteren Schachs zu entziehen.

36.	**....**	**Kg8—g7**
37.	**Dc5—d6 !**	

Stellung nach 37. Dc5—d6!

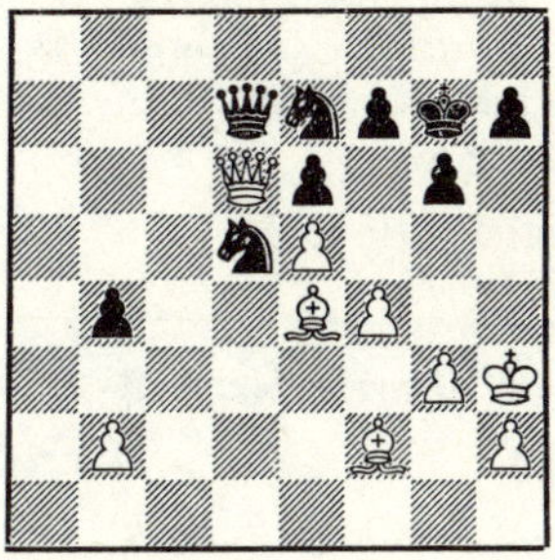

Der Beginn des entscheidenden Angriffs. Schwarz darf jetzt die Damen nicht tauschen.

37. .... Dd7—b5
38. Le4 : d5 !

Darin besteht einer größten Vorteile des Läuferpaars: daß die Läuferpartei den Augenblick des Tausches bestimmen kann.

38. .... Se7 : d5
39. Lf2—c5

Droht Matt und greift zugleich den b-Bauern an.

39. .... Db5—f1†

Verliert auf der Stelle.
Aussichtslos war auch 39..., Kh6 wegen 40. Kh4 (wieder mit Mattdrohung) 40..., g5† 41. f:g5†, Kg6 42. Df8, Dc4† 43. g4.

Mit 39..., De8 hätte Schwarz noch eine Zeit lang Widerstand leisten können. Weiß hätte dann im Damenendspiel gewinnen müssen: 40. L:b4 usw.

40. Kh3—h4

Jetzt kann Schwarz das Feld f8 nicht decken.

40. .... g6—g5†
41. Kh4 : g5 h7—h6†

Bei diesem Stande wurde die Partie abgebrochen, aber dann nicht mehr fortgesetzt. Weiß erobert mindestens einige Bauern: 42. Kh4, Kg6 43. Df8, Kf5 44. D:f7† usw.

Schwarz gibt auf.

Partie Nr. 133

Lundin **Christoffel**

Königsindisch

1. Sg1—f3 Sg8—f6
2. g2—g3 d7—d6
3. d2—d4 g7—g6
4. Lf1—g2 Lf8—g7
5. c2—c4 0—0
6. Sb1—c3 Sb8—d7
7. 0—0 e7—e5
8. h2—h3 Tf8—e8
9. Lc1—e3

Ein ungewöhnlicher Aufbau: ohne e2—e4. Viel ist damit nicht zu erreichen, u. a. weil sich Schwarz auf d6—d5 einstellen kann.

9. .... c7—c6
10. Dd1—b3 e5 : d4
11. Sf3 : d4 Sd7—c5

Schärfer war 11..., Sb6, 12. Tad1, d5 13. c:d5, Sf:d5 14. S:d5, S:d5, z. B. 15. L:d5, c:d5 oder 15. Sc2, Le6 16. D:b7, Da5!, in beiden Fällen mit aussichtsreichem Spiel für Schwarz.

Aber auch der Textzug ist nicht schlecht.

12. Db3—c2 Dd8—e7
13. Ta1—d1 Sf6—e4
14. Sc3 : e4 Sc5 : e4
15. Le3—f4 Lc8—d7

Wie so oft in der Königsindischen Partie sehen wir Schwarz auch hier in direkter Deckung des Bauern d6 arbeiten. Es ist klar, daß Weiß diesen Bauern nicht arbeiten lassen kann, ohne vorher auf e4 abzuwickeln.

16. Tf1—e1 Ta8—d8
17. Sd4—b3 h7—h6?

Ein grober Fehler; Schwarz übersieht, dass die Schwäche des Bauern d6 in diesem Augenblick zufolge eines Nebenumstandes verhängnisvoll ist.

Nach 1..., Lc8 hätte Schwarz ein befriedigendes Spiel gehabt.

Stellung nach 17. ..., h7—h6?

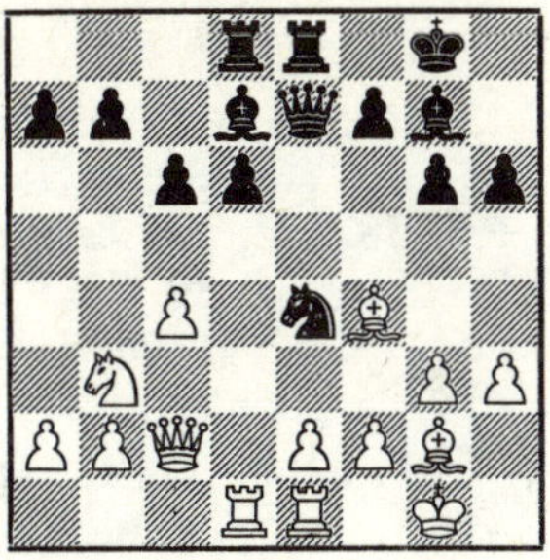

18. **Lg2 : e4 !** **De7 : e4**
19. **Dc2 : e4** **Te8 : e4**
20. **Td1 : d6**

Der verhängnisvolle Nebenumstand besteht in der Fesselung des Ld7; es droht 21. Ted1 nebst 22. Sc5.

Weiss erobert wenigstens zwei Bauern.

20. **....** **Kg8—f8**
21. **Te1—d1** **Kf8—e8**

Sofortiges 21..., Te7 ergibt nur Zugumstellung.

Der Textzug ist mit einer kleinen Falle verbunden. Wenn Weiß nämlich mit 22. T:d7?, T:d7 23. T:d7 sofort auf Figurgewinn spielt (23..., K:d7? 24. Sc5†!), weckt ihn 23..., T:f4! aus seinen Träumen. Das Spiel würde dann ungefähr gleich stehen: 24. T:b7, T:c4 usw., oder 25. g:f4, K:d7 26. Sa5, Kc7 usw.

22. **Sb3—c5 !** **Te4—e7**
23. **Sc5 : b7** **Td8—a8**

Oder 23..., Tb8 24. T:d7, T:d7 (24..., T:b7 25. Td8 matt) 25. T:d7, K:d7 26. L:b8, Kc8 27. L:a7, K:b7 28. Le3, L:b2 29. L:h6 und Weiß hat drei Bauern erobert.

24. **Td6—d2** **g6—g5**
25. **Lf4—d6**

Gewinnt noch die Qualität, da 25..., Te4 an 25. Sc5, T:c4 26. S:d7, K:d7 27. Le5† mit Figurgewinn scheitert.

25. **....** **Ld7 : h3**
26. **Ld6 : e7** **Ke8 : e7**
27. **Td2—d8** **Ta8 : d8**
28. **Td1 : d8** **Lg7 : b2**
29. **Td8—a8** **Lh3—e6**
30. **Ta8 : a7** **Ke7—f6**
31. **Ta7—a6** **Le6 : c4**
32. **Ta6 : c6†** **Lc4—e6**
33. **Sb7—c5**

Schwarz gibt auf.

Partie Nr. 134

Smisloff **Kottnauer**

Sizilianisch

1. **e2—e4** **c7—c5**
2. **Sg1—f3** **d7—d6**
3. **d2—d4** **c5 : d4**
4. **Sf3 : d4** **Sg8—f6**
5. **Sb1—c3** **a7—a6**
6. **Lf1—e2** **e7—e6**
7. **0—0** **b7—b5**

Dieses rasche Entwickeln des Damenflügels unter Hinausschiebung der Rochade wird auch Haager System genannt. Ein gewagter Aufbau, dessen Schattenseiten in dieser Partie deutlich hervortreten.

8. **Le2—f3**

Verhindert 8..., Lb7, worauf 9. e5! gewinnen würde, z. B. 9..., d:e5 10. L:b7, Ta7 11. Sc6, S:c6 (11..., D:d1 12. T:d1, T:b7 13. Td8 matt) 12. L:c6†, Sd7 13.

Le3, Tc7 14. Lb6 usw.; oder 9..., Sd5 10. S:d5, e:d5 11. Te1 usw.

8. .... Ta8—a7
9. Dd1—e2 Ta7—c7?

Kein guter Zug.

Schwarz hatte zwei bessere Fortsetzungen und zwar 9..., b4 (worauf 10. Sd1 folgt) und 9.., Td7 (worauf Weiß am besten 10. Ld2 zieht, denn 10. e5 führt zu nichts wegen 10..., d:e5 11. Se6, Dc7 12. S:e5, Td8).

Kottnauer erzählte nach der Partie, er habe 9. De2 nicht erwartet. Seiner Meinung nach hat Schwarz danach überhaupt keine befriedigende Fortsetzung mehr.

10. Tf1—d1 Sb8—d7
11. a2—a4!

Damit erzielt Weiß klaren Vorteil. Schwarz muß nehmen, denn 11..., b4? scheitert an 12. Sa2, a5 13. Sb5 (13..., Tc6 14. e5).

11. .... b5 : a4
12. Sc3 : a4 Lc8—b7?

Das gibt Weiß Gelegenheit zur Einleitung eines entscheidenden Angriffs.

Geboten war 12.., Le7.

13. e4—e5!

Stellung nach 13. e4—e5!

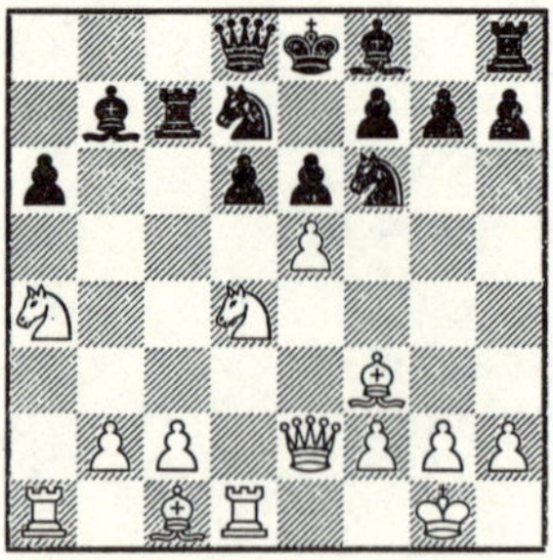

Ein Durchbruch im großen Stil.

13. .... Sd7 : e5

Oder 13..., d:e5 14. L:b7, e:d4 15. L:a6, Lc5 16. S:c5, S:c5 17. Lb5†, Ke7 18. Lf4, mit Eroberung von d4 (18.., Tc8 10. Le5 bezw. 18..., Tb7 19. Dc4) und siegreichem Angriff.

14. Lf3 : b7 Tc7 : b7
15. De2 : a6 Dd8—b8
16. Sd4—c6 Se5 : c6
17. Da6 : c6† Sf6—d7
18. Sa4—c5!

Eine meisterhafte Schlußkombination.

18. .... d6 : c5

Auf 18..., Tc7 gewinnt S:d7 usw.

19. Lc1—f4!

Der Witz des ersten Opfers.

19. .... Lf8—d6

Oder 19..., D:f4 20. Dc8†, Ke7 21. D:b7, Kf6 22. T:d7, Kg6 23. g3, Df5 24. Ta7 und gewinnt.

20. Lf4 : d6 Tb7—b6
21. Dc6 : d7†

Erobert eine Figur: 21..., K:d7 22. L:b8†.

Schwarz gibt auf.

Partie Nr. 135

Steiner — Yanofsky

Angenommenes Slawisch

1.	d2—d4	d7—d5
2.	c2—c4	c7—c6
3.	Sg1—f3	Sg8—f6
4.	Sb1—c3	d5 : c4
5.	a2—a4	Lc8—f5
6.	e2—e3	e7—e6
7.	Lf1 : c4	Lf8—b4

8. 0—0 0—0
9. Dd1—e2 Lf5—g4
10. Tf1—d1 Dd8—e7
11. e3—e4 Sb8—d7
12. h2—h3 Lg4—h5
13. e4—e5 Sf6—d5
14. Sc3—e4 h7—h6

Diese Stellung wurde auch in Nr. 29 erreicht.

15. Se4—g3

Besser als das wilde 15..., g4, das in Nr. 29 geschah.

15. .... Lh5—g6

Obwohl diese ganze Variante nur etwa zehn Jahre alt ist, mutet sie infolge vielfacher Anwendung schon wie ein guter alter Bekannter an (wenn nicht gar wie ein alter Witz).

Weiß besitzt die grössere Bewegungsfreiheit, aber Schwarz verfügt über starke Felder (b4, d5), sowie wichtige Linien (g6-b1 und b4-e1).

16. Lc1—d2 a7—a5
17. Ta1—c1 Sd7—b6
18. Lc4—b3 Lb4 : d2
19. Td1 : d2 Ta8—d8
20. De2—d1 Sd5—b4
21. Kg1—h2 Sb6—d5
22. Lb3—c4 Td8—c8

Die Stellungen sind ziemlich festgerannt; keiner der beiden Gegner kann viel unternehmen.

23. Dd1—e1 Sd5—b6
24. b2—b3 Sb6 : c4
25. Tc1 : c4

Nicht 25. b:c4? wegen 25..., Sd3 mit Qualitätsgewinn.

25. .... Tc8—d8
26. Sg3—e4 Lg6 : e4
27. De1 : e4 Td8—d5
28. Td2—e2 Tf8—d8

Der rückständige Bauer d4 bildet unter den gegebenen Umständen keine Schwäche. Das Spiel steht gleich.

29. Tc4—c1 b7—b6
30. g2—g4?

Eine böse Schwächung und ausserdem ein taktischer Fehler. Es sieht aus, als wollte Weiss einen Schlag gegen die feindliche Königsstellung führen. Da jedoch Steiner gleichzeitig Remis anbot, muß man annehmen, er habe g2-g4 gespielt, um den feindlichen Springer davon abzuhalten, von f5 aus den Bauern d4 anzugreifen. Dabei hat aber Weiß übersehen, daß zwei Umstände dem nun folgenden Durchbruch entscheidende Kraft verleihen: erstens die ungeschickte Stellung des Tc1 (taktisch), und zweitens die Schwäche des weißen Königsflügels (strategisch).

Geboten war 30. Tc3.

30. .... c6—c5 !
31. d4 : c5 Sb4—d3 !
32. Tc1—g1

Jetzt möchte Weiß aus der Not eine Tugend machen und g4—g5 spielen.

32. .... Sd3 : c5
33. De4—f4 g7—g5 !

(Siehe Diagramm)

Die Götterdämmerung. Nun ist g4—g5 verhindert, die weiße Dame muß zurück, und das ganze weiße Spiel bricht unter den vernichtenden Schlägen des Gegenangriffs rasch zusammen.

Stellung nach 33. ..., g7—g5!

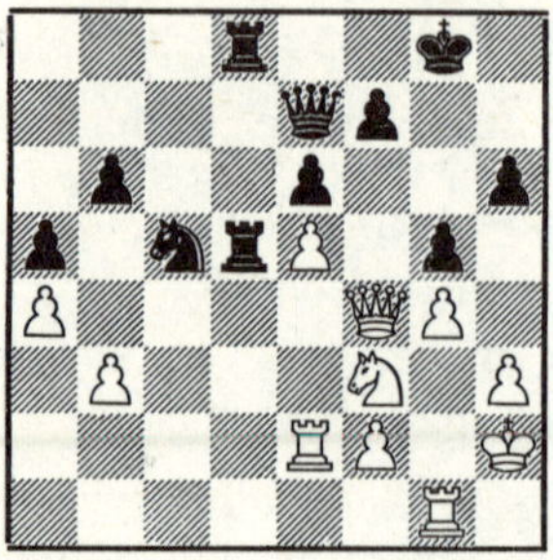

34.	Df4—c4	Td5—d3
35.	Te2—e3	Td3 : e3
36.	f2 : e3	De7—b7

Welches Unheil hat doch der Zug 30. g4? angerichtet!

37.	Dc4—f1	Db7—e4
38.	Tg1—g3	De4 : e3
39.	h3—h4	Sc5—e4
40.	Tg3—g2	Td8—d3
41.	Sf3—g1	De3—f4†

Am einfachsten.

42.	Df1 : f4	g5 : f4
43.	Tg2—e2	Se4—c5

Erobert bei überlegener Stellung einen zweiten Bauern.

Weiß gibt auf.

Partie Nr. 136

Botwinnik — **Kotow**

Nimzo-Indisch

1.	d2—d4	Sg8—f6
2.	c2—c4	e7—e6
3.	Sb1—c3	Lf8—b4
4.	a2—a3	Lb4 : c3†
5.	b2 : c3	d7—d5
6.	c4 : d5	e6 : d5
7.	Lc1—g5	

Botwinnik weicht ab von seinem System (7. e3 usw.; siehe z. B. Nr. 113), aber der Textzug erweist sich nichts weniger denn eine Verstärkung.

7. .... c7—c5

Die natürliche Reaktion auf den Läuferzug des Weißen. Es droht bereits 8..., Da5.

8. f2—f3

Zu erwägen war 8. e3, Da5 9. Se2, Se4 10. Lf4, wonach 10..., S:c3? an 11. Dd2 scheitern würde. Aber Schwarz könnte in dieser Variante mittels 10..., c:d4 11. e:d4, 0—0 ein gutes Spiel erhalten.

8.	....	h7—h6!
9.	Lg5 : f6?	

Der schwächste der vier Züge, die hier in Betracht kamen.

Besser war 9. Lh4, obwohl Schw. nach 9..., Da5 10. Dd2, Sc6 11. L:f6, g:f6 ganz gut stünde, trotz der Schwächung seines Königsflügels.

Am besten, wenn auch nicht gerade ehrenvoll, war aber der reumütige Rückzug nach d2 oder gar nach c1; auf diese Weise konnte Botwinnik versuchen, doch noch zu seinem System zu gelangen.

9.	....	Df8 : f6
10.	e2—e3	0—0
11.	Sg1—e2	Tf8—e8
12.	Ke1—f2	

Bereits im 12. Zuge muß der König heran, um bei der Verteidigung mitzuwirken. Man kann die Aufstellung des Weißen wirklich nicht bewundern.

12. .... Df6—e7
13. Dd1—d2 Sb8—d7
14. Se2—f4?

Der Springer soll in derartigen Stellungen auf g3 stehen — das weiß niemand besser als Botwinnik selbst.

14. .... Sd7—f6
15. Lf1—d3 Lc8—d7
16. h2—h3?

Alles merkwürdig gekünstelt. Geboten war 16. The1, um Kg1 vorzubereiten, z. B. 16..., b6 17. Se2! usw. (17. Kg1?, g5!).

16. .... De7—d6
17. Th1—b1 b7—b6
18. Ld3—f1 Te8—e7
19. a3—a4

Ein Gegenangriff? Dann aber jedenfalls ein Gegenangriff mit unzulänglichen Mitteln. Richtig war 19. Te1 (aber nicht 19. Sd3 wegen 19..., Lf5!).

19. .... Ta8—e8
20. Tb1—e1 c5—c4!

Stellung nach 20. .., c5—c4!

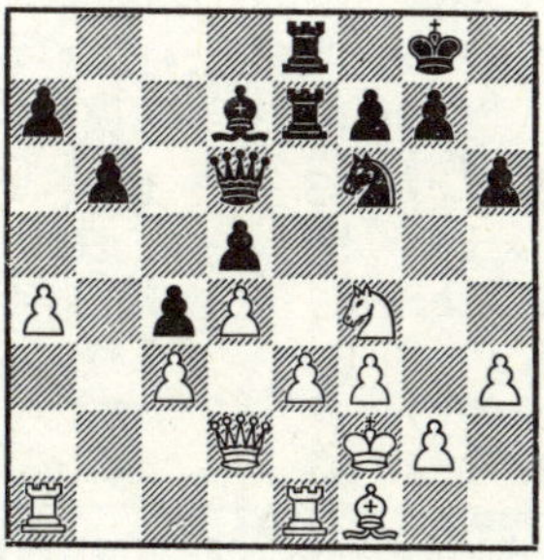

Seine Stellung Zug um Zug verstärkend, hat Schwarz nun alle Vorbereitungen getroffen, um zum Angriff überzugehen. Es droht 21..., g5, mit Eroberung des Bauern e3.

Weiß ist bereits verloren.

21. g2—g4

Auf 21. g3 folgt 21..., g5 22. Sg2, Sh5! usw.

21. .... g7—g5
22. Sf4—e2

Auch mit 22. Sg2 ist der Bauer e3 nicht zu retten; es folgt nämlich 22..., Dh2 (droht D:h3) 23. Le2 (verhindert 23..., D:h3, wegen 24. Th1 mit Damengewinn) 23..., T:e3! und gewinnt.

22. .... Te7 : e3!

Gut berechnet. Mit dem Fall dieses Bauern kracht die weiße Stellung zusammen.

23. Se2—g3

Oder 23. Sg1, Se4†! 24. f:e4, Dg3 matt.

Die einzige Möglichkeit, den Widerstand zu verlängern, bestand in 23. D:e3, Dh2†! 24. Lg2,T:e3 25. K:e3, D:g2 26. Th1, drohend 27. Tag1 mit Damengewinn. Aber darauf wäre die Pointe von 22..., T:e3! gefolgt, nämlich 26.., Se4! 27. f:e4, D:e4† usw. mit leichtem Gewinn für Schwarz.

Der Textzug kostet eine Figur.

23. .... Dd6 : g3†!
24. Kf2 : g3 Sf6—e4†

Weiß gibt auf.

Botwinnik ist in dieser Partie nicht zu erkennen.

Partie Nr. 137

Denker — **Tartacover**

Damen-Indisches Springerspiel

1. d2—d4 Sg8—f6
2. Sg1—f3 b7—b6
3. g2—g3 Lc8—b7

4. **Lf1—g2**

Dies ist das Damen-Indische Springerspiel; es unterscheidet sich vom gewöhnlichen Damen-Indisch durch Unterlassung oder zumindest Aufschub von c2—c4.

4. .... **c7—c5**

Diesen Zug kann Schwarz im gewöhnlichen Damen-Indisch nicht spielen, ohne sich den unangenehmen Folgen von d4—d5 auszusetzen.

5.	**0—0**	**g7—g6**
6.	**b2—b3**	

Auch nach 6. c4, c:d4 7. S:d4, L:g2 8. K:g2, Lg7 9. Sc3, Dc8 10. b3, Db7† 11. f3, d5 steht Schwarz völlig befriedigend (Capablanca—Botwinnik, Nottingham 1936).

6.	....	**c5 : d4**
7.	**Lc1—b2**	**Lf8—g7**
8.	**Sf3 : d4**	**Lb7 : g2**
9.	**Kg1 : g2**	**0—0**
10.	**c2—c4**	**d7—d5 !**

Damit hat Schwarz klaren Ausgleich erreicht.

11.	**Sb1—d2**	**Dd8—d7**
12.	**e2—e3**	**Sb8—c6**
13.	**Sd4 : c6**	**Dd7 : c6**
14.	**Dd1—f3**	**Ta8—c8**
15.	**Ta1—c1**	**d5 : c4**

Stellung nach 15. ..., d5:c4!

Und schon beginnt die allgemeine Abwicklung.

16.	**Tc1 : c4**	**Dc6 : f3†**
17.	**Kg2 : f3**	**Tc8 : c4**
18.	**Sd2 : c4**	**Tf8—d8**
19.	**Lb2—d4**	**Sf6—d7**
20.	**Ld4 : g7**	**Kg8 : g7**
21.	**Tf1—c1**	**Sd7—c5**
22.	**Kf3—e2**	**Sc5—e4**
23.	**Ke2—f3**	**Se4—d2†**
24.	**Kf3—e2**	**Sd2—e4**

Nichts, das mich verdroß, nichts, das mich freute, nieder rinnt ein wesenloses Heute.

25. **Ke2—f3** **Se4—d2†**

Remis.

Partie Nr. 138

Boleslawski — **Flohr**

Spanisch

1. **e2—e4** **e7—e5**

Es berührt jedesmal ein wenig eigenartig, wenn man sieht, daß Flohr, der große Vorbeter der halb-offenen Spiele, sich zu einem offenen Spiel herbeiläßt.

2.	**Sg1—f3**	**Sb8—c6**
3.	**Lf1—b5**	**a7—a6**
4.	**Lb5—a4**	**Sg8—f6**
5.	**0—0**	**Lf8—e7**
6.	**Tf1—e1**	**b7—b5**
7.	**La4—b3**	**d7—d6**

Aber nun ist Flohr doch in sein Fahrwasser gelangt, denn die geschlossene Verteidigung der Spanischen Partie unterscheidet sich ihrem Wesen nach nur wenig von den halb-offenen Spielen.

8. **c2—c3** **0—0**

9. h2—h3 Sf6—d7
10. d2—d4

In seiner Partie gegen Botwinnik setzte Boleslawski mit 10. d3 fort (siehe Nr. 62).

10. .... Le7—f6
11. Lc1—e3

Unternehmender als 11. Ld5 (siehe Nr. 127).

11. .... Sd7—b6
12. Sb1—d2 Sc6—a5
13. Lb3—c2 Sa5—c4
14. Sd2 : c4 Sb6 : c4
15. Le3—c1 Tf8—e8
16. b2—b3 Sc4—b6
17. d4 : e5

Stellung nach 17. d4:e5

Weiß ist offenbar nicht in der Stimmung, sich in einem schwierigen Mittelspiel herumzuschlagen, und wählt lieber eine friedliche Abwicklung.

17. .... d6 : e5
18. Dd1 : d8 Te8 : d8
19. Lc1—e3 h7—h6
20. Te1—d1 Lc8—e6
21. Td1 : d8†

Im Tauschrausch!

21. .... Ta8 : d8
22. Ta1—d1 Td8 : d1†
23. Lc2 : d1 Sb6—d7
24. Kg1—f1 Kg8—f8
25. Kf1—g1 Kf8—g8
26. Kg1—f1 Kg8—f8

Es würde schwer fallen, die Notwendigkeit dieser Königsoszillation zu beweisen, ohne in Betracht zu ziehen, daß ein freiwilliges Remis vor dem 30. Zuge untersagt war.

27. Kf1—g1

Remis.

Partie Nr. 139

O'Kelly — **Stoltz**

Sizilianisch

1. e2—e4 c7—c5
2. Sg1—f3 e7—e6
3. d2—d4 c5 : d4
4. Sf3 : d4 Sg8—f6
5. Sb1—c3 d7—d6
6. g2—g4

O'Kellys Lieblingsangriff (siehe auch Nr. 6).

6. .... h7—h6

Christoffel spielte 6..., e5 (Nr. 6).

7. Lf1—g2 a7—a6

Schwarz stellt sich die Sache etwas zu einfach vor und gerät bald in Schwierigkeiten.

8. h2—h4 h6—h5
9. g4—g5 Sf6—g4
10. Dd1—e2 Dd8—c7
11. f2—f3 Sg4—e5
12. f3—f4 Se5—g4

Auch nach anderen Zügen stünde Weiß überlegen.

13. Lg2—f3!

Erobert einen Bauern.

13. .... b7—b5
14. a2—a3 Lc8—b7
15. g5—g6

Das einfache 15. L:g4 war entschieden vorzuziehen; Weiß hätte dann bei vorzüglicher Stellung einen Bauern mehr gehabt.

Mit dem Textzug spielt Weiss auf Verwicklung — mit Unrecht, denn diese Taktik kann nur der schlechtstehenden Partei zu Nutz und Frommen gereichen, hier also dem Nachziehenden.

15. .... Sb8—c6
16. g6 : f7† Dc7 : f7
17. Sd4 : c6 Lb7 : c6
18. a3—a4?

Noch stets bildete das Nehmen auf g4 die richtige Fortsetzung, obschon 18. L:g4, h:g4 19. D:g4, d5 20. e:d5, e:d5 21. Se2, d4 22. Th2 weit weniger Vorteil ergeben hätte, als das versäumte 15. L:g4.

Bei der gewählten Fortsetzung erobert Weiß auf dem Damenflügel ebenfalls einen Bauern, aber der ist vergiftet, wie die Folge lehrt.

18. .... b5—b4
19. De2—c4 Lc6—b7
20. Dc4 : b4 d6—d5

Ein wertvoller Tempogewinn, wodurch Schwarz plötzlich zu einer günstigen Entwicklung gelangt.

21. Db4—b6 Ta8—c8
22. Lf3 : g4

Erzwungen, mit Rücksicht auf Drohung 22..., Lc5.

22. .... h5 : g4

Dieser Bauer, den Schwarz so bequem hätte erbeuten können, gewinnt schließlich die Partie.

23. Lc1—e3 Tc8—c6
24. Db6—b3 Tc6—c4
25. 0—0—0 Lf8—b4

Nun hat Schwarz ein sehr gutes Spiel.

26. Td1—d4 Lb4—c5
27. Td4—d3

Erzwungen, denn 26. T:c4? würde eine Figur kosten.

27. .... Lc5 : e3†
28. Td3 : e3 0—0

Aber nicht 28..., D:f4? wegen 29. Se2, Df7 30. e:d5, mit Vorteil für Weiß.

Nach dem Textzug geht der Bauer f4 trotzdem verloren, denn es droht auch 29..., Dc7, mit der weiteren Drohung 30..., d4.

29. f4—f5

Die einzige Möglichkeit, dem Aergsten vorläufig zu entgehen. Weiß spekuliert auf Wendungen wie 29..., Dc7 30. f:e6, d4 31. Td3, d:c3 32. e7, Te8 33. Td4 usw. Aber Schwarz läßt sich nicht beirren.

29. .... e6 : f5
30. e4 : d5 Tc4—c7

Der Bauer d5 läuft nicht weg. Bei 30..., L:d5 31. Td1, Lf3 32. Td7 oder 31. S:d5, D:d5 32.Td1 würde Weiß etwas Gegenspiel erlangen.

31. Th1—f1 Tc7—d7
32. Db3—c4 Lb7 : d5
33. Dc4—f4 Ld5—f3

Die Spiele stehen nun wieder materiell gleich. Aber es ist klar, daß Weiß im Hinblick auf die verbundenen Freibauern des Gegners vor einer höchst undankbaren Aufgabe steht.

34. Tf1—e1 Df7—f6
35. Te3—e8 Kg8—h7
36. Te8 : f8 Df6 : f8
37. Te1—e5 Df8—d6 !

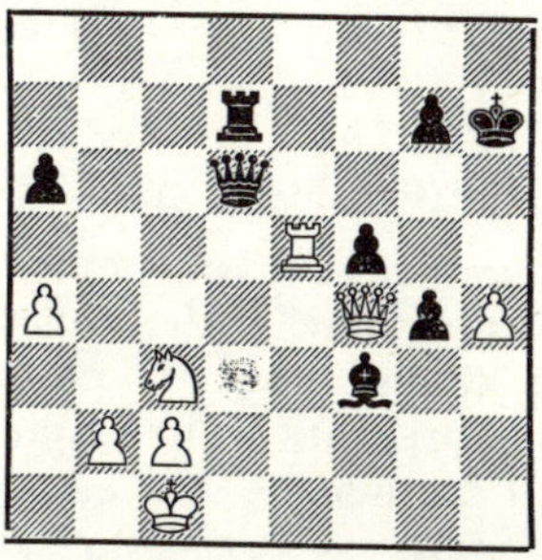

Stellung nach 37. ..., Df8—d6!

Stoltz ist ein Spezialist in kleinen taktischen Wendungen; nach 38. D:f5†, g6 39. Dd3 (erzwungen) 39..., D:e5 (stärker als 39.., D:d3) 40. D:d7†, Kh6 41. Dd2†, Kh5 würde der freie g-Bauer bald die Entscheidung bringen.

38. Kc1—b1 Td7—f7
39. b2—b3 Dd6—h6 !

Das Stoppfeld f4 ist der Schlüssel der Stellung.

40. Df4—c4 Dh6—f6
41. Te5—e8 Tf7—e7

Schwarz will ganz sicher gehen; nach 41..., g3 42. Dc8, g2 43. Th8†, Kg6 44. Dc5 hätte der Gegner noch allerlei Chancen (44..., f4?? 45. h5† und matt).

42. Te8 : e7 Df6 : e7
43. Dc4—f4

Die Züge, womit Weiß die feindlichen Freibauern noch aufhalten kann, sind gezählt.

43. .... De7—f6
44. Kb1—b2

Auch nach 44. Sa2, a5 45. Sc1, Le4 (droht 46..., D:h4) 46. h5, Dh6 ist Weiß verloren.

44. .... a6—a5
45. h4—h5 Lf3—e4
46. Df4—g3 Kh7—h6

Nun befindet sich Weiß im Zugzwang.

47. Kb2—c1 Le4—f3
48. Sc3—b1 Df6—d4
49. Dg3—c7 f5—f4

Die Entscheidung.

50. Dc7 : a5 g4—g3
51. Da5—f5 Lf3 : h5
52. Df5—h3 Dd4—g1†
53. Kc1—b2 g3—g2

Und diesen Bauern hatte Weiß verschmäht!

54. Dh3—e6† g7—g6

Weiß gibt auf.

Partie Nr. 140

Bernstein — **Euwe**

Sizilianisch

1. e2—e4 c7—c5
2. Sg1—e2 Sb8—c6
3. d2—d4 c5 : d4
4. Se2 : d4 Sg8—f6
5. Sb1—c3 d7—d6
6. Sd4 : c6

Bernstein hat für diesen Tausch eine Vorliebe (siehe auch Nr. 64 und Nr. 83); anscheinend will er den verzwickten theoretischen

Varianten aus dem Wege gehen. Indessen bietet diese Fortsetzung nur Aussichten auf gleiches Spiel.

6.	....	b7 : c6
7.	Lf1—c4	e7—e6

Nicht 7..., g6 wegen 8. e5! (8..., d:e5?? 9. L:f7†!).

8.	0—0	Lf8—e7

Stärker war hier oder im folgenden Zuge d6—d5.

9.	Lc1—f4	0—0
10.	e4—e5!	

Mit dieser weiteren Abwicklung erlangt Weiss ein anständiges Spiel, sogar mit etwas Angriffsaussichten auf dem Damenflügel.

10.	....	Sf6—d5
11.	e5 : d6	Le7 : d6
12.	Lf4 : d6	Dd8 : d6
13.	b2—b3	

Pariert Drohungen wie 13..., Db4.

13.	....	Dd6—e7
14.	Dd1—d4	Sd5—b4
15.	Dd4—e4	Lc8—b7
16.	Sc3—a4	c6—c5

Da es Schwarz gelungen ist, diesen äusserst wichtigen Vorstoß durchzusetzen, steht er vollkommen befriedigend.

17.	De4—e5	Ta8—c8
18.	c2—c3	Sb4—d5
19.	Lc4 : d5	Lb7 : d5
20.	Tf1—e1	De7—b7
21.	f2—f3	Db7—a6
22.	De5—e3	Da6—a5
23.	c3—c4	

Auf 23. Sb2 würde Schwarz mit 23..., c4 fortsetzen.

Der Textzug führt zu einem gleichstehenden Endspiel.

23.	....	Ld5 : c4
24.	Te1—c1	Lc4—d5
25.	Tc1 : c5	Tc8 : c5
26.	De3 : c5	Da5 : c5
27.	Sa4 : c5	Tf8—c8

Weiß besitzt zwar die Mehrheit auf dem Damenflügel, aber dafür ist der zentral postierte Läufer sehr stark.

28.	Ta1—c1	a7—a5
29.	Tc1—c3	f7—f6
30.	Sc5—a4	Tc8 : c3
31.	Sa4 : c3	Ld5—b7

Noch immer sind die Spiele völlig ausgeglichen; der schwarze König kommt zurecht, um etwaige Gefahren auf dem Damenflügel zu bannen.

32.	Kg1—f2	Kg8—f7
33.	Kf2—e3	e6—e5
34.	Sc3—a4	Lb7—c6
35.	Sa4—b2	Lc6—b5
36.	Sb2—d3	Kf7—e6
37.	a2—a4??	

Stellung nach 37. a2—a4??

Eine Halluzination, wodurch Weiss die Partie zwangsläufig verliert.

Jeder neutrale Zug würde zum Remis geführt haben.

37.	....	Lb5 : d3
38.	Ke3 : d3	Ke6—d5

Dank der Rückständigkeit des Bauern b3 steht Schwarz nun glatt auf Gewinn.

39. b3—b4

Mit diesem Durchbruch vor Augen hatte Weiß 37. a4?? gespielt. Auf 39. Kc3 gewinnt 39..., Kc5; Schwarz besitzt ja praktisch einen Mehrbauern.

39.	**....**	**a5 : b4**
40.	**a4—a5**	**f6—f5**

Jetzt zeigt sich, daß der weiße Freibauer ganz harmlos ist, weil der schwarze König im Quadrat steht.

Der Textzug ist einfacher als 40..., Kc5, was ebenfalls gewonnen hätte.

Weiß bekundet in der Folge einen ungewöhnlich weitgehenden Lebenswillen.

41.	**a5—a6**	**e5—e4†**
42.	**f3 : e4†**	**f5 : e4†**
43.	**Kd3—e3**	**Kd5—c6**
44.	**Ke3 : e4**	**Kc6—b6**
45.	**Ke4—d3**	**Kb6 : a6**
46.	**Kd3—c2**	**Ka6—b5**
47.	**Kc2—b3**	**Kb5—c5**
48.	**h2—h4**	**h7—h5**
49.	**Kb3—b2**	**Kc5—c4**
50.	**Kb2—c2**	**b4—b3†**
51.	**Kc2—b2**	**Kc4—b4**
52.	**Kb2—b1**	**Kb4—c3**
53.	**Kb1—c1**	**b3—b2†**
54.	**Kc1—b1**	**Kc3—b3**
55.	**g2—g3**	**g7—g6**
56.	**g3—g4**	**h5 : g4**
57.	**h4—h5**	**g4—g3**
58.	**h5 : g6**	**g3—g2**
59.	**g6—g7**	**g2—g1D** matt.

HÄNGEPARTIEN

SAMSTAG, 31. AUGUST 1946

109.	Kottnauer—Najdorf	1—0
120.	O'Kelly—Bernstein	1—0
126.	Kotow—Steiner	0—1
131.	Vidmar—Najdorf	½—½

Kottnauer und O'Kelly standen bereits klar auf Gewinn; diese beiden Partien dauerten nur einige Minuten. Steiner mußte noch ein wenig arbeiten, und Vidmar machte noch einige aussichtslose Gewinnversuche.

Noch vor der Lunchzeit war alles erledigt. Das war besonders angenehm, denn man hätte sonst nachmittags im Hotel spielen müssen. Holland feierte nämlich an diesem Tag den Geburtstag der Königin.

RUHETAG

SONNTAG, 1. SEPTEMBER 1946

Drei Wochen hat der Kampf nun gedauert; nur noch fünf Runden stehen den Spielern bevor. In der kommenden Woche wird jede Partie besonders wichtig werden, denn jeder halbe Zähler kann den Stand endgültig ändern. Welchen Spielern werden die Preise zufallen? Darüber gibt der Stand nach der 14. Runde deutliche Anweisungen: Botwinnik, Euwe, Smisloff, Szabo, Denker, Flohr, Najdorf und Stoltz können bereits als sichere Preisträger betrachtet werden; unsichere Preisträger sind Tartacover, Boleslawski, Kottnauer, Lundin und Kotow; beinahe sichere Nichtpreisträger sind O'Kelly, Christoffel, Vidmar, Bernstein, Steiner, Guimard und Yanofsky.

Im Mittelpunkt des Interesses steht natürlich die Frage, wer wohl das Turnier gewinnen werde. Botwinnik? Der führte nach der ersten Woche mit einem halben Zähler, nach der zweiten Woche mit anderthalb Zählern, steht aber nach der dritten Woche mit Euwe gleich. Viele Schachfreunde sehen darin ein Zeichen, daß der Wind umgeschlagen habe, und erwarten den Sieg Euwes. Aber die Auguren sind vorsichtiger, sie rechnen, sie sehen nach, welche Gegner die zwei Führenden noch zu passieren haben, und dann kommen sie auf Botwinnik. Denn der hat entschieden die schwächeren Gegner: nur einen der sicheren Preisträger, Najdorf, nur einen der unsicheren. Kottnauer, und drei Nichtpreisträger, nämlich Christoffel, Guimard und Yanfosky. Man erwartet, daß er noch wenigstens vier Punkte erzielen werde; sein Endstand wird auf 15½ bis 16 geschätzt, zumal da er gerade seine schwerste Partie (mit Schwarz gegen Najdorf) erst in der letzten Runde zu spielen hat, wenn er schon sieht, wie der Hase läuft. Euwe hat es viel schwieriger: zwei von den sicheren Preisträger, Flohr und Stoltz, zwei von den unsicheren, Kotow und Tartacover, und nun einen der vermutlichen Nichtpreisträger, nämlich Vidmar. Er wird wohl kaum mehr als 3½ Punkte erzielen können, sein Endstand dürfte also 15 sein oder 15½.

Mit derartigen Berechnungen, auch in Bezug auf die anderen Preiskonkurrenten, waren die Meister heute stark beschäftigt, freilich ohne ihre geliebten Blitzpartien zu vernachlässigen. Im allgemeinen war aber die Fröhlichkeit heute ein wenig gedämpft durch den Gedanken an die morgige Runde. Einige Teilnehmer, die es erst gerne gesehen hätten, daß der Hängetag dem Ruhetag stets voranging und nicht folgte, mit der Begründung, daß der Ruhetag erst dann ein völliges Ausruhen gewährleistete, wenn er nicht durch den Gedanken an eine Hängepartie getrübt werden könne, kamen jetzt zu der überraschenden Entdeckung, daß die Gewißheit, morgen eine neue Partie spielen zu müssen, keineswegs beruhigender wirkt als die eventuelle Belastung mit dem Gedanken an eine Hängepartie.

15. RUNDE

MONTAG, 2. SEPTEMBER 1946

141.	Euwe—Vidmar	1—0
142.	Stoltz—Bernstein	1—0
143.	Flohr—O'Kelly	1—0
144.	Tartacover—Boleslawski (abgebrochen)	0—1
145.	Kotow—Denker	1—0
146.	Yanofsky—Botwinnik	1—0
147.	Kottnauer—Steiner	½—½
148.	Christoffel—Smisloff	0—1
149.	Guimard—Lundin	½—½
150.	Najdorf—Szabo	1—0

Botwinnik hat abermals verloren. Das war keine Ueberraschung mehr, das war eine Bombe. Er verlor eine gutstehende Partie gegen Yanofsky, weil er ein Bäuerlein nahm, das er nicht hätte nehmen dürfen. Der Canadier widerlegte diesen Bauernraub mit einer Reihe bemerkenswert feiner Züge und eroberte die Qualität. Als sich Botwinnik bemühte, Gegenspiel zu erlangen, wurde er sogar noch mattgesetzt; das heißt, er gab die Partie auf in einer Stellung, wo Weiß das Matt hätte ankündigen können. Yanofsky war selig. Hatte er doch vor dem Turnier erklärt, nur einen Wunsch zu besitzen, und zwar Botwinnik zu schlagen. Es war mehr ein Traum als ein Wunsch, und nun hatte sich dieser Traum erfüllt. Da stand nun der jüngste der Teilnehmer plötzlich im Brennpunkt der Begeisterung; die Augen der gesamten Schachwelt waren auf ihn gerichtet. Er empfing Stöße von Telegrammen, mußte eine Million Unterschriften geben und viele Interviews. Was seine weiteren Pläne wären? Für die Fragesteller stand es fest, daß Yanofsky den Russen durchaus planmäßig besiegt hatte.

Nachdem Botwinnik die Partie aufgegeben hatte, erhob sich ein stürmischer Applaus. Das ist zwar unzulässig, denn es stört die anderen Spieler, es wird aber bei ungewöhnlichen Anlässen dennoch getan, besonders auch in der Sowjetunion. Man ist schließlich nur ein Mensch. und es gibt Augenblicke im Leben, wo man seine innere Bewegung unbedingt zum Ausdruck bringen muß, was immer die Folgen sein mögen. Man gibt zum Beispiel seiner Sekretärin einen Kuß, weil gerade die Sonne scheint (applaudieren bildet in diesen Fällen einen seltener vorkommenden Gefühlsausbruch). Man ist aber hingerissen von dem phänomenalen Geschehen und im höheren Sinne wehrlos. Dagegen ist nichts zu machen; wo das Blut nicht hinläuft, da kriecht es hin.

Euwe anderseits hat abermals gewonnen und damit, zum erstenmal in diesem Turnier, allein die Führung übernommen. Seine heutige Leistung entsprach aber nicht ganz dem Erfolg. Im Gegensatz zu Botwinnik hätte er ein Bauernopfer seines Gegners annehmen müssen. Als er das unterließ, erlangte Vidmar ein gutes Spiel und hätte durch eine spätere Unvorsichtigkeit Euwe's sogar in Vorteil kommen können. Vidmar ließ jedoch diese Gelegenheit unbenützt und machte in der Folge seinerseits einen unvorsichtigen Zug, wonach Weiß die Partie mit einem eleganten Durchbruch zu seinen Gunsten entschied.

Die Partie Christoffel—Smisloff stand gleich, als Weiß plötzlich ganz unbegründet zwei leichte Figuren für einen Turm opferte, wonach der Russe einen mühelosen Sieg davontrug. Nachdem Weiß geopfert hatte, erkundigte sich ein Zuschauer ganz aufgeregt, wie denn die Partie Christof—Smisloffel eigentlich stehe.

Szabo hatte fünf Partien hintereinander gewonnen, das konnte so nicht weitergehen. Heute erhielt er einen Dämpfer aufgesetzt, er verlor gegen Najdorf. Letzterer hatte die ganze Partie sehr stark behandelt; trotzdem fiel die Entscheidung nur dadurch, daß der Nachziehende in noch keineswegs hoffnungsloser Stellung einen groben Fehler beging. Der Ungar liegt noch immer sehr gut im Rennen: er steht allein an vierter Stelle.

Stoltz schlug Bernstein in einem zähen Endspielkampf, und Flohr gewann gegen O'Kelly, da letzterer in ungefähr gleicher Stellung auf Bauernverlust spielte. Kotow lieferte eine gute Positionspartie gegen Denker. Tartacover verlor durch gekünsteltes Spiel gegen Boleslawski, nachdem er erst einen Bauern gewonnen und eine aussichtsreiche Stellung erlangt hatte; diese Partie wurde in einer glatten Gewinnstellung für Schwarz abgebrochen. Abgebrochen, aber später ohne weiteres remis gegeben, wurde auch die besonders langweilige Lavierpartie Kottnauer—Steiner. Lundin sah sich von Guimard scharf bedroht, erzielte aber schließlich ein Remis.

Stand nach der 15. Runde: Euwe 12½; Botwinnik 11½; Smisloff 10½; Szabo 9½; Flohr, Najdorf, Stoltz je 9; Boleslawski, Denker je 8; Kotow, Kottnauer, Lundin, Tartacover je 7½; Yanofsky 6½; Guimard 5½; Steiner 5; Bernstein 4½; Christoffel, Vidmar je 4; O'Kelly 3½.

Partie Nr. 141

Euwe — **Vidmar**

Spanisch

1.	e2—e4	e7—e5
2.	**Sg1—f3**	**Sb8—c6**
3.	**Lf1—b5**	a7—a6
4.	**Lb5—a4**	**Sg8—f6**
5.	0—0	**Lf8—e7**
6.	**La4 : c6**	

Eine wenig gespielte Variante, die aber nicht schlecht ist für Weiß.

6.	....	d7 : c6
7.	**Sb1—c3**	**Lc8—g4**
8.	h2—h3	**Lg4 : f3**

In einer Partie Keres—Klein (Radiomatch USSR—GB, Juni 1946) folgte 8..., Lh5 9. g4, Lg6 10. De2, Sd7 11. d4, mit Vorteil für Weiß.

9.	**Dd1 : f3**	**Dd8—d6 !**

Weiß steht gewiß etwas besser im Hinblick auf seine makellose Bauernstellung, aber die Bedeutung dieses Vorteils wird durch die lange Rochade von Schwarz auf ein Mindestmaß herabgedrückt.

Nach 9..., 0—0 würde Weiß mit 10. d3 nebst Sc3—e2—g3 Angriffsaussichten erhalten haben.

10.	d2—d3	0—0—0
11.	**Df3—f5†**	**Sf6—d7**

Keck gespielt. Schwarz wollte die Folge von 11..., Kb8 12. f4 vermeiden.

12.	f2—f4	

Besser war 12. D:f7, Tfd8 13. Dh5. Schwarz hätte dann zwar etwas Angriff für den Bauern erhalten, aber wie die Dinge sich jetzt gestalten, gelangt er ohne Bauernopfer ebenfalls zum Angriff.

12.	....	f7—f6
13.	f4 : e5	f6 : e5
14.	**Lc1—e3**	**Kc8—b8**
15.	**Df5—g4**	

Nur Zeitvergeudung; besser war sofort 15. a3 und 16. Se2.

15.	....	**Le7—f6**
16.	a2—a3	h7—h5
17.	**Dg4—f5**	**Td8—g8**
18.	**Sc3—e2**	g7—g6
19.	**Df5—f2**	g6—g5
20.	**Le3—a7†**	

Der Beginn eines Manövers, wodurch sich die Lage des Anziehenden nur verschlimmert. Richtig war 20. g3, um sich gegen einen Durchbruch auf dem Königsflügel zu wappnen.

20.	....	**Kb8—a8**
21.	**La7—c5**	**Dd6—e6**
22.	**Df2—f5**	

Das sieht alles ganz nett aus, jedoch bringt die Schwebestellung des Lc5 ein zu großes Risiko für Weiß mit sich.

22.	....	**De6—e8**
23.	g2—g3	**Lf6—d8?**

Richtig war 23..., g4!, wonach 24. h4 nicht ging wegen 24...., L:h4! 25. g:h4, S:c5. Weiß hätte daher mit 24. Le3, g:h3 25. Kh2 einen Versuch machen müssen, die Partie aus dem Feuer zu schleppen.

24.	**Df5—f2**	**De8—e6**

Es kommt nun ungefähr darauf hinaus, daß beide Gegner ihre letzten Züge zurückgenommen haben.

25.	Kg1—h2	Tg8—g7
26.	Lc5—e3	Th8—g8

Schwarz möchte nun durchführen, was er mit seinem 23. Zuge versäumt hat: er will g5—g4 ziehen, und nach h3—h4 das Läuferopfer auf h4 bringen. Weiss kann aber diese Kombination gerade noch verhindern.

27.	Df2—g2	Ld8—f6
28.	Tf1—f5	De6—e7
29.	Ta1—f1	Tg7—g6
30.	Kh2—g1	c6—c5?

Stellung nach 30. ..., c6—c5?

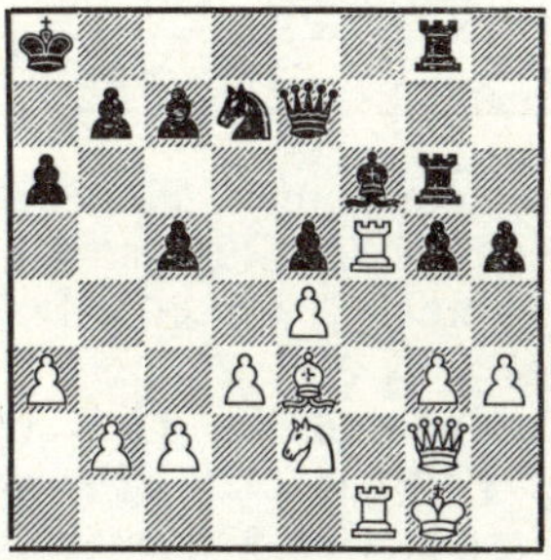

Statt sich weiterhin auf abwartende Züge zu verlegen, begeht Schwarz mit dem Textzug einen schweren Fehler; er schwächt seinen Rochadeflügel und geht dadurch rasch zu Grunde.

31.	Dg2—f2	b7—b6
32.	Se2—c3	c7—c6

Alles praktisch erzwungen.

33. Sc3—a4

Droht 34. S:b6†, S:c6 35. L:c5 usw. (eventuell auch 35. T:f6).

33.	....	Ka8—b7
34.	b2—b4 !	

Bricht allen Widerstand.

34.	....	g5—g4
35.	h3—h4	c5 : b4
36.	Sa4 : b6	Sd7 : b6
37.	Lc3 : b6	De7—e6
38.	Lb6—a5	Lf6—d8
39.	Tf5—f7†	Kb7—c8
40.	Df2—a7	

Schwarz gibt auf.

Partie Nr. 142

Stoltz — **Bernstein**

Anti-Meraner

1.	d2—d4	d7—d5
2.	Sg1—f3	Sg8—f6
3.	c2—c4	e7—e6
4.	Sb1—c3	c7—c6
5.	e2—e3	Sb8—d7
6.	Dd1—c2	Lf8—d6
7.	e3—e4	d5 : e4
8.	Sc3 : e4	Sf6 : e4
9.	Dc2 : e4	Ld6—b4†

Eine minder gute Methode. Stärker ist 9..., c5, mit ungefähr gleichen Aussichten (siehe auch Nr. 9, 28, 44).

10.	Lc1—d2	Lb4 : d2†
11.	Sf3 : d2	0—0
12.	0—0—0 !!	

Ohne diese sehr energische Fortsetzung würde Schwarz bald zur Befreiung gelangen.

12.	....	Dd8—a5
13.	Lf1—d3 !	

Wieder sehr energisch und stark gespielt. Vorsichtige Naturen hätten sich wohl mit 13. Kb1 begnügt.

13.	....	Sd7—f6
14.	De4—h4	Tf8—d8

Nicht 14..., D:a2? wegen 15. g4, h6 16. g5, mit siegreichem Angriff für Weiß.

15. Th1—e1 Da5—h5
16. Dh4 : h5 Sf6 : h5

Indem Schwarz den Damentausch herbeiführte, hat er den drohenden Königsangriff abgeschlagen; aber es zeigt sich bald, daß auch das Endspiel für ihn schwierig ist. Die Ursache davon ist in der Einsperrung seines Läufers zu suchen.

17. Sd2—b3 Sh5—f6
18. Sb3—c5 Kg8—f8
19. Ld3—c2 b7—b6

Diese Schwächung wollte Weiß hervorrufen. Es ist nicht viel, aber es ist doch etwas.

20. Sc5—e4 Sf6—e8
21. f2—f4 Lc8—a6
22. b2—b3 Se8—d6
23. Kc1—b2 La6—b7
24. g2—g3 h7—h6
25. Kb2—c3 Kf8—e7

Vorsichtiger war erst 25..., g6.

26. Se4 : d6 Td8 : d6

Die Aussichten stehen noch stets in demselben Verhältnis wie der gute Läufer zum schlechten.

27. f4—f5 Ta8—d8
28. f5 : e6 Td6 : e6
29. Lc2—f5 Te6 : e1
30. Td1 : e1† Ke7—f6
31. Lf5—e4 g7—g6

Besser war 31..., Te8.

32. Le4—f3 h6—h5
33. h2—h4 Td8—d6
34. b3—b4 Td6—d7
35. a2—a4 Td7—e7?

Diese vereinfachende Fortsetzung führt bald zu Bauernverlust.

36. Te1 : e7 Kf6 : e7
37. b4—b5 Ke7—d6
38. Kc3—d3 a7—a6
39. Kd3—e3 a6—a5

Schwarz hätte jedenfalls 39.., Kc7 versuchen sollen.

40. Ke3—f4 Lb7—c8

Stellung nach 40. ..., Lb7—c8

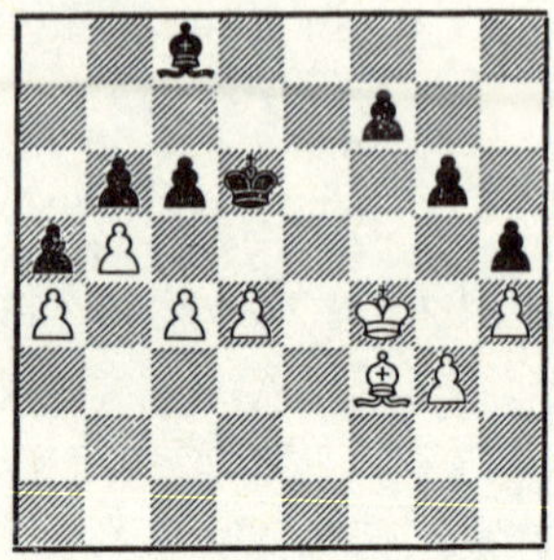

Schwarz kann nicht länger standhalten; auf 40..., f6, um 41. Kg5 zu verhindern, wäre 41. Le4 gefolgt.

41. b5 : c6 Lc8—f5
42. Lf3—e4 Lf5—g4

Das Endspiel nach 42..., L:e4 43. K:e4, K:c6 44. Ke5 ist leicht gewonnen für Weiß.

43. Le4—d5 Lg4—d1
44. Ld5 : f7 Ld1 : a4
45. Lf7 : g6 La4—d1

Noch eine nicht zu verachtende Gegenchance für Schwarz: der freie a-Bauer.
Aber Stoltz ist ein Meister im Zählen.

46. d4—d5 a5—a4
47. Lg6—b1 Ld1—e2

Auf 47.., Lb3 gewinnt 48. g4!, L:c4 (oder 48..., h:g4 49. h5! bezw. 48..., a3 49. g:h5!) 49. g:h5, L:d5 50. h6, Lg8 51. h7, L:h7 52. L:h7 usw.

48. Lb1—a2 Le2—g4

49.	Kf4—e4	Lg4—e2
50.	Ke4—d4	Le2—g4
51.	Kd4—c3	Kd6—c5
52.	Kc3—b2	b6—b5
53.	c4 : b5	Kc5 : b5
54.	Kb2—a3	Lg4—f3
55.	c6—c7	Lf3—g4

Hier wartete Bernstein den Gegenzug nicht ab. Es würde folgen 56. d6, Kc6 57. Lf7, K:d6 58. L:h5, Lc8 59. Lg6, K:c7 60. h5 usw.

Schwarz gibt auf.

Partie Nr. 143

Flohr — **O'Kelly**

Angenommenes Slawisch

1.	d2—d4	d7—d5
2.	c2—c4	c7—c6
3.	Sg1—f3	Sg8—f6
4.	Sb1—c3	d5 : c4
5.	e2—e3	

Um das ausgeleierte 5. a4 zu vermeiden (siehe auch Nr. 54).

Uebrigens ist die Auffassung, daß der Textzug schwächlich wäre, überholt. Weiß erlangt ungefähr dieselben Aussichten auf Initiative wie in den üblichen Varianten des Damengambits.

5.	....	b7—b5
6.	a2—a4	b5—b4
7.	Sc3—a2	e7—e6
8.	Lf1 : c4	Lc8—b7
9.	0—0	c6—c5

Besser ist laut Theorie 9..., Le7 10. De2, 0—0 11. Td1, c5! 12. d:c5, Da5.

10.	Dd1—e2	Sb8—d7
11.	Tf1—d1	Dd8—b6
12.	b2—b3	c5 : d4
13.	Sf3 : d4	Lf8—e7
14.	Lc1—b2	0—0
15.	Sa2—c1	a7—a5
16.	Sc1—d3	Ta8—c8
17.	Ta1—c1	Sd7—c5

Allmählich hat sich auf den Mittelfeldern ein bauernloses Treffen großen Ausmaßes entwickelt.

18.	Sd3—e5	Tf8—d8
19.	Sd4—b5	Lb7—d5
20.	Lb2—d4	

Stellung naeh 20. Lb2—d4

Die Spannung ist auf das höchste gestiegen.

20.	....	Db6—b7
21.	Lc4 : d5	Td8 : d5
22.	Ld4 : c5	Le7 : c5
23.	Se5—c4	

Ein kleiner Erfolg für Weiß: er hat die Felder b5 und c4 endgültig erobert. Schwarz muß genau spielen, um nicht in Nachteil zu geraten.

23.	....	Db7—a6
24.	e3—e4	Td5 : d1†
25.	Tc1 : d1	Da6—a8
26.	Td1—e1	h7—h6
27	g2—g3	Tc8—d8
28.	Kg1—g2	Lc5—d4?

Ein schwacher Zug. Geboten war 28..., Td7.

29.	f2—f3	e6—e5?

Und das kostet einen wichtigen Bauern; nötig war 29..., Lc5. Allerdings wäre dann Weiß nach 30. Td1 bereits im Vorteil gewesen.

30.	Te1—d1 !	Td8—d7
31.	Sb5 : d4	Td7 : d4

Erzwungen, denn 31..., e:d4 würde wegen 32. Sb6 die Qualität kosten.

32.	Sc4 : e5	Td4 : d1
33.	De2 : d1	g7—g5

Mit der Absicht 34..., g4 zu spielen. Dieser gewalttätige Versuch, sich Gegenchancen zu verschaffen, schwächt jedoch die schw. Königsstellung und beschleunigt dadurch den Untergang.

34.	Dd1—d6 !	Kg8—g7
35.	Dd6—e7	Da8—g8
36.	h2—h3	Sf6—h7
37.	Se5—c4	Sh7—f8
38.	Sc4—d6	

Weiß hat trotz der geringen Mittel einen siegreichen Königsangriff erlangt.

38.	....	Sf8—e6
39.	Sd6—e8†	Kg7—h8
40.	De7—f6†	Kh8—h7
41.	Df6 : e6 !	

Eine hübsche Abwicklung. Auf 41..., f:e6 gewinnt 42. Sf6† usw. Schwarz gibt auf.

Partie Nr. 144

Tartacover — **Boleslawski**

Sizilianisch

1.	e2—e4	c7—c5
2.	Sg1—f3	Sb8—c6
3.	Lf1—b5	

Hinter diesem anscheinend bizarren Zug verbirgt sich ein tiefer Gedanke.

3.	....	g7—g6
4.	0—0	Lf8—g7
5.	c2—c3 !	

Das war der Zweck: Weiss will die klassische Zentrumsformation d4—e4 erreichen, die dem Nachziehenden unter den gegebenen Umständen recht unangenehm werden könnte.

5.	....	d7—d5

Das bekannte Mittel gegen alle Träume von einem klassischen Zentrum. Aber hier verfehlt es seine Wirkung, da Tartacover noch eine besondere Feinheit auf Lager hat.

6.	Dd1—a4 !	

Die heimtückische Pointe. Schw. ist jetzt gezwungen, einen Bauern zu opfern, denn bei 6..., Dd7? 7. e:d5, D:d5 8. d4 würde er sehr schlecht stehen.

6.	....	d5 : e4
7.	Lb5 : c6†	b7 : c6
8.	Da4 : c6†	Lc8—d7
9.	Dc6 : e4	Sg8—f6
10.	De4—h4	0—0
11.	Sb1—a3?	

Es ist sehr zu begreifen, warum Weiss in dieser nicht gerade leichten Stellung eine so gekünstelte Fortsetzung wählt. Das naheliegende 11. d4 hätte ihm ein befriedigendes Spiel mit Gewinnaussichten gewährt.

11.	....	Ld7—c6
12.	Sf3—e5	Lc6—b7
13.	d2—d4	Dd8—d5
14.	Se5—f3	c5 : d4

15. c3 : d4 Dd5—f5

Schwarz hat eine starke Initiative erlangt. Dazu kommt noch, dass der weiße Damenbauer schwach ist.

16. Dh4—f4 Df5—h5
17. Sf3—e5 Ta8—d8
18. Lc1—e3 Sf6—d5
19. Df4—f3 Dh5—h4
20. Ta1—c1

Auf 20. Tfe1 folgt 20. S:e3 mit der Pointe 21. D:b7, L:e5 22. d:e5, Sg4!.

20. .... Sd5 : e3

Nun hängt der Tf1, sodaß 21. D:b7 nicht in Betracht kommt.

21. Df3 : e3 Dh4 : d4
22. De3 : d4 Td8 : d4

Schwarz hat den Bauern zurückgewonnen und steht überlegen. Zwei Läufer gegen zwei Springer — das ist besonders günstig für die Läuferpartei.

23. Se5—c4 Lb7—a6
24. b2—b3 Tf8—d8
25. Sa3—c2 Td4—e4
26. Sc2—b4 La6—b5
27. a2—a4 Lb5 : c4

Die Aussicht auf Herbeiführung günstiger Abwicklung gehört zu den größten Vorteilen, die das Läuferpaar bietet. (Siehe auch Nr. 132).

Durch den Textzug wird die weiße Bauernstellung derart geschwächt, daß Schwarz mit baldigem Bauerngewinn rechnen kann.

28. b3 : c4 Td8—c8
29. Sb4—d5 Tc8 : c4
30. Sd5 : e7† Kg8—f8
31. Se7—d5 Tc4 : c1
32. Tf1 : c1 Lg7—b2

Hier beweist Schwarz einen Mangel an Humor. Die Fortsetzung 32..., T:a4 33. Tc8 matt wäre gewiß erheiternd gewesen.

33. Tc1—c8† Kf8—g7
34. Kg1—f1 Te4 : a4

Stellung naeh 34. ..., Te4: a4

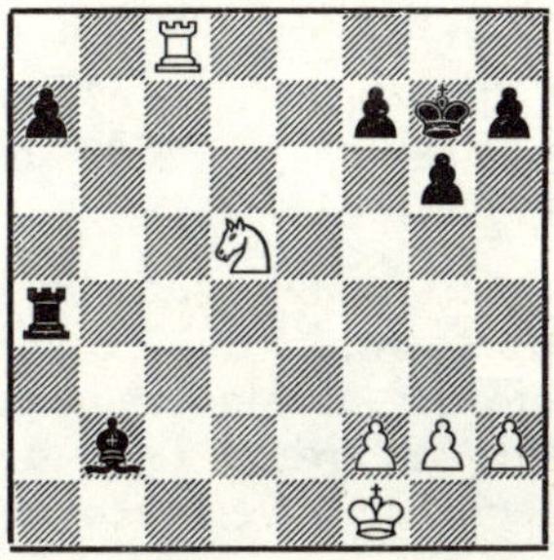

Damit ist der Kampf erledigt. Schwarz steht glatt auf Gewinn, da er einen starken Mehrbauern besitzt und dazu einen Läufer, der in diesem Zusammenhang dem Springer überlegen ist.

Der nun folgende technische Teil der Partie dauert noch lange, ist aber ganz anziehend und lehrreich. Schwarz hält den Freibauern vorläufig zurück und trachtet erst auf dem anderen Flügel Vorteile zu erlangen. Dadurch erhält er schließlich die Gelegenheit, die Entscheidung auf diesem Flügel zu erzwingen.

35. Sd5—e3 Lb2—d4
36. Se3—c2 Ld4—b6
37. f2—f3 Kg7—f6
38. Kf1—e2 Kf6—e6
39. Ke2—d3 Ke6—d7
40. Tc8—f8 Kd7—e7
41. Tf8—b8 h7—h5

42.	g2—g3	Lb6—g1
43.	h2—h3	Lg1—b6
44.	g3—g4	h5—h4
45.	Tb8—h8	g6—g5
46.	Th8—g8	f7—f6

Schwarz hat seine Bauern läuferfeldrig aufgestellt, aber das hat hier untergeordnete Bedeutung. Die Bauern auf f3 und h3 bilden jetzt dankbare Angriffsziele für den schwarzen Turm.

47.	Tg8—c8	Ke7—d6
48.	Tc8—e8	Kd6—d5
49.	Sc2—e3†	

Weiß hat keinen anderen Zug. Er muß sowohl Kd5—c4 wie Kd5—e5—f4 zu verhindern trachten und darf außerdem Ta4—f4 nicht aus dem Auge verlieren.

49.	....	Lb6 : e3
50.	Kd3 : e3	a7—a5

Endlich rückt dieser Bauer vor. Er hat die Aufgabe, den feindlichen König nach dem Damenflügel zu locken.

51.	Te8—d8†	Kd5—c6
52.	Td8—c8†	Kc6—b7
53.	Tc8—e8	Ta4—f4
54.	Ke3—e2	Kb7—b6
55.	Te8—e3	Kb6—b5
56.	Ke2—d2	a5—a4
57.	Kd2—c3	Tf4—b4
58.	Kc3—c2	Kb5—c5

Jetzt, wo der weiße König auf dem Damenflügel steht, begibt sich der schwarze nach dem Königsflügel.

Man beachte, daß der weiße König in diesem Augenblick nicht ziehen darf wegen 59.., Tb3(†).

59.	Te3—e6	Tb4—b6
60.	Te6—e4	Tb6—b3 !

Diese Schwenkung nach dem Königsflügel ist das Ende. Auf 61. f4 würde 61..., Tb4! entscheiden.

61.	Te4 : a4	Tb3 : f3
62.	Ta4—a6	Kc5—d4
63.	Kc2—d2	Kd4—e5
64.	Kd2—e2	Tf3 : h3
65.	Ke2—f2	Th3—d3
66.	Ta6—a5†	Td3—d5
67.	Ta5—a3	Td5—d4
68.	Ta3—a5†	Ke5—e6
69.	Ta5—a6†	Ke6—f7

Weiß gibt auf.

Partie Nr. 145

Kotow — **Denker**

Nimzo-Indisch

1.	d2—d4	Sg8—f6
2.	c2—c4	e7—e6
3.	Sb1—c3	Lf8—b4
4.	Dd1—c2	Sb8—c6
5.	Sg1—f3	d7—d6
6.	a2—a3	Lb4 : c3†
7.	Dc2 : c3	0—0
8.	g2—g3	e6—e5

Ein bekanntes Bauernopfer. Aber Weiß nimmt keine Notiz davon.

9.	Lf1—g2	Tf8—e8
10.	d4—d5	Sc6—b8
11.	Sf3—d2	a7—a5
12.	b2—b3	c7—c6?

Sehr schwach gespielt. Weiß erhält dadurch Gelegenheit, seine Stellung bedeutend zu verstärken.

13.	d5 : c6	b7 : c6

Jetzt arbeitet der weiße Königsläufer, dessen Wirksamkeit infolge von 10. d5 stark gelitten hatte, wieder mit voller Kraft.

Außerdem hat die ganze Stellung ein offenes Gepräge erhalten, wodurch auch das Läuferpaar ein wichtiger Faktor geworden ist.

14.	0—0	Lc8—b7
15.	Lc1—b2	Sb8—d7
16.	b3—b4	Sd7—b6
17.	Dc3—c2	Dd8—e7

Es wäre besser gewesen, auf b4 zu tauschen.

18. b4 : a5 !

Die Einleitung zu einem schönen Durchbruch.

18.	....	Ta8 : a5
19.	Sd2—b3	Ta5—a4
20.	c4—c5 !	

Mit Tempogewinn, sodaß der Abtausch des Bauern d6 verbürgt ist, und Weiß das starke Figurenfeld c5 gewinnt.

20. .... d6 : c5

Auf 20..., Tc4 folgt 21. Db1 mit indirekter Bedrohung des Sb6; die Fortsetzung könnte sein: 21.., d:c5 22. Sa5, Ta4 23. S:c6, Dc7 S:e5 usw.

21.	Dc2 : c5	Sf6—d7
22.	Dc5 : e7	Te8 : e7
23.	Tf1—d1	

Droht 24. Sc5.

23.	....	f7—f6
24.	Ta1—c1	Sb6—d5

(Siehe Diagramm)

Kostet die Qualität, aber Schwarz hatte keinen guten Zug mehr. Auf z. B. 24..., Sc4 folgt 25. Lc3, drohend 26. T:d7, T:d7 27. Sc5 usw. (25..., T:a3 26. Lb4).

25. Lg2 : d5† ! c6 : d5

Stellung nach 24. ..., Sb6—d5

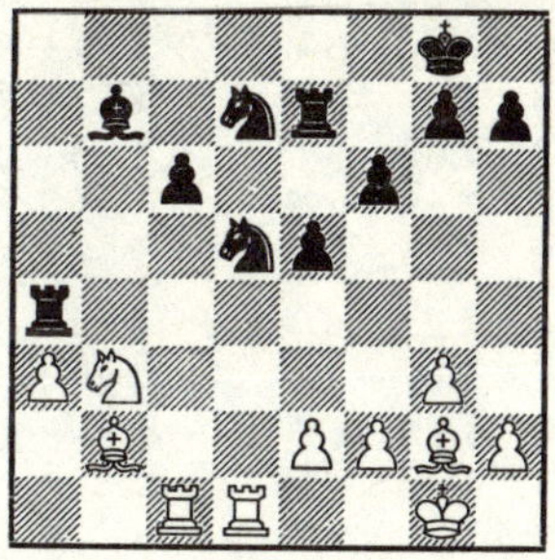

26.	Tc1—c7	Lb7—a8
27.	Sb3—c5	Sd7 : c5

Alles erzwungen.

28.	Tc7 : e7	Kg8—f8
29.	Te7—c7	Sc5—e6
30.	Tc7—c8†	Kf8—f7
31.	Td1—c1	d5—d4

Sonst hätte der Läufer keine Wirksamkeit, aber der Textzug hat wieder den Nachteil, daß das Feld c4 freigegeben wird. Es hat nicht viel Sinn, die verschiedenen Möglichkeiten zu untersuchen, denn dieses Endspiel ist auf jeden Fall für Weiß gewonnen, wenn auch Schwarz noch eine Zeit lang Widerstand leisten kann.

32.	Tc1—c4	Ta4—a6
33.	Tc4—b4	h7—h5
34.	h2—h4	La8—e4
35.	Lb2—c1	Ta6—d6
36.	Lc1—d2	Td6—d7
37.	f2—f3	Le4—b7
38.	Tc8—b8	Lb7—a6
39.	Kg1—f2	Se6—c5
40.	Kf2—e1	e5—e4
41.	f3 : e4	Td7—e7

Oder 41..., S:e4 42. Lf4, g5 43. h:g5, f:g5 44. Le5 usw.

42.	Tb4 : d4	Sc5 : e4
43.	Ld2—b4	Te7—e6
44.	Td4—d7†	Kf7—g6
45.	Tb8—g8	Te6—c6
46.	Tg8 : g7†	Kg6—f5
47.	Td7—c7	Tc6 : c7
48.	Tg7 : c7	Se4 : g3
49.	Tc7—c6	La6 : e2
50.	Tc6—c3 !	Kf5—g4
51.	Tc3 : g3†	

Schwarz gibt auf.

Partie Nr. 146

Dritter Schönheitspreis

Yanofsky **Botwinnik**

Spanisch

1.	e2—e4	e7—e5
2.	Sg1—f3	Sb8—c6
3.	Lf1—b5	a7—a6
4.	Lb5—a4	Sg8—f6
5.	0—0	Lf8—e7
6.	Tf1—e1	b7—b5
7.	La4—b3	d7—d6
8.	c2—c3	0—0
9.	h2—h3	Sc6—a5
10.	Lb3—c2	c7—c5
11.	d2—d4	Dd8—c7
12.	Sb1—d2	c5 : d4
13.	c3 : d4	Sa5—c6

Ein sehr bekanntes Abspiel.

14. d4—d5

Auch sehr gebräuchlich. Indessen verdient 14. Sb3 den Vorzug.

14.	....	Sc6—b4
15.	Lc2—b1	a6—a5
16.	Sd2—f1	

Russische Analytiker haben hier seinerzeit die romantische Fortsetzung 16. a3, Sa6 17. b4 empfohlen.

16. .... Lc8—d7

Hier wird meistens 16..., Sa6 gespielt (z. B. Rabinowitsch-Flohr, Leningrad-Moskau 1939).

17. Lc1—d2 Tf8—c8

Schwarz darf die Verdopplung seines b-Bauern ruhig zulassen; er erhält dafür einen reichlichen Ersatz in Form der offenen a-Linie und des Läuferpaares.

18.	Ld2 : b4	a5 : b4
19.	Lb1—d3	Le7—d8
20.	Dd1—d2	Dc7—a5
21.	Sf1—e3	b4—b3

Schwarz macht sich die offene a-Linie zu Nutzen und löst seinen Doppelbauern auf. Nach 22. D:a5 L:a5 wäre er im Vorteil.
Es folgen hübsche Verwicklungen.

22.	a2—a3	Da5—a4
23.	Se3—d1	b5—b4
24.	Sd1—e3	b4 : a3
25.	Ta1 : a3	Sf6 : e4 !

Die belangreiche Pointe der von Schwarz unternommenen Aktion auf dem Damenflügel: der vordere b-Bauer ist unheilbar schwach geworden, aber er wird mittelbar abgetauscht gegen den weißen Königsbauern.

26.	Dd2—d1	Da4—b4
27.	Ta3 : b3	Db4—a4
28.	Ld3—c2	Se4—c5

Schwarz kann mit dem Ergebnis der ersten Verwicklungen recht zufrieden sein, denn er besitzt nun das Läuferpaar und steht im Zentrum besser.

29. Tb3—c3 Da4—b4
30. Dd1—b1

Weiß bereitet unter Tempogewinn das Vorrücken seines b-Bauern vor.

30. .... g7—g6
31. Tc3—c4 Db4—b7
32. b2—b4

Weiß hat erkannt, daß er etwas unternehmen muß, und es ist sehr lobenswert, daß er die kombinativen Folgen des Textzuges sehr richtig zu beurteilen verstand.

Aber ob Weiß hier gut steht, ist eine andere Frage; der b-Bauer sowie der d-Bauer bilden jedenfalls zwei Schwächen seiner Stellung.

32. .... Sc5—a6
33. Tc4 : c8 Ta8 : c8

Wie kann Weiß nun dem unmittelbaren Verlust seines b-Bauern entgehen?

34. Lc2—d3 !

Durch diese schöne Kombination. Der b-Bauer möge schwach sein — ihn sofort zu nehmen, führt nicht zu materiellem Vorteil.

34. .... Sa6 : b4

Stellung nach 34. ..., Sa6 : b4

So verborgen ist die Schlange unter den Rosen, daß sogar Botwinnik ahnungslos in das Verderben rennt.

Nach 34..., Tb8 oder 34..., Lb5 hätte Schwarz das bessere Spiel gehabt.

35. Te1—e2 !

Seltsamerweise findet Schwarz jetzt keine genügende Verteidigung gegen die drohende Eroberung seines gefesselten Springers. Am besten wäre es noch gewesen, sofort den Bauern zurückzugeben: 35..., e4! 36. L:e4; damit hätte Schwarz die Partie retten können.

35. .... Ld8—a5?

Nach den neueren Untersuchungen ist erst dieser Zug der entscheidende Fehler.

36. Te2—b2 Tc8—b8
37. Sf3—d2 ! Db7—a7
38. Sd2—c4 Da7—c5
39. Sc4 : a5 Dc5 : a5
40. Se3—c2 ! Sb4 : d3

Jetzt erzwungen, denn sonst geht eine Figur verloren.

41. Tb2 : b8† Kg8—g7
42. Sc2—e3 Da5—d2
43. Db1—f1 Sd3—c5
44. Df1—d1 Dd2—c3

Schwarz ist verloren, hauptsächlich wegen der Schwäche des Bauern d6. Seine beste Chance wäre noch 44..., D:d1† gewesen.

45. Tb8—b6 Ld7—a4
46. Dd1—f3

Droht 47. Sf5† mit Damengewinn.

46. .... Dc3—e1†

47. Kg1—h2 f7—f5

Schwächt die Königsstellung und beschleunigt dadurch den bereits unvermeidlichen Verlust.

48. Tb6 : d6

Das ist natürlich gut.

Indessen konnte Weiß hier auch mit 48. S:f5†, g:f5 49. Dg3†, Kf7 50. Dh4 rasch gewinnen.

48. .... f5—f4
49. Se3—f5† !

Jetzt ist dieses Opfer noch stärker. Auf 49..., g:f5 würde 50. Dh5 usw. folgen.

49. .... Kg7—f7
50. Df3—g4 Sc5—e4

Auf 50..., De4 entscheidet ebenfalls 51. Dh4 (51..., D:f5 52. D:h7†, Ke8 53. T:g6, Sd7 54. Tg8†, Sf8 55. D:f5).

51. Dg4—h4 g6 : f5
52. Dh4 : h7† Kf7—e8
53. Dh7—g8†

Nun würde Matt in fünf Zügen folgen: 53..., Ke7 54. De6† usw.

Schwarz gibt auf.

Partie Nr. 147

Kottnauer **Steiner**

Englisches Dreispringerspiel

1.	c2—c4	e7—e5
2.	Sb1—c3	Sb8—c6
3.	Sg1—f3	f7—f5
4.	e2—e3	Sg8—f6
5.	d2—d4	e5—e4
6.	Sf3—g1	Lf8—b4
7.	Lc1—d2	0—0
8.	Sg1—e2	Kg8—h8
9.	Se2—f4	d7—d6
10.	h2—h4	a7—a5

Die Spiele halten sich die Waage.

11.	Lf1—e2	Sc6—e7
12.	Ta1—c1	Lb4 : c3
13.	Ld2 : c3	d6—d5
14.	Dd1—b3	c7—c6
15.	g2—g3	d5 : c4
16.	Le2 : c4	Se7—d5
17.	Lc3—d2	Sd5 : f4
18.	g3 : f4	Dd8—d6
19.	Lc4—e2	Lc8—e6
20.	Db3—c2	Le6—d5

Die Spiele halten sich die Waage.

21.	Th1—g1	Sf6—d7
22.	a2—a3	b7—b5
23.	Ld2—c3	Tf8—b8
24.	b2—b4	a5—a4
25.	Lc3—b2	Dd6—f6
26.	h4—h5	Tb8—g8
27.	Tg1—g5	Ta8—e8
28.	Ke1—d2	Te8—e6
29.	Tc1—h1	Df6—f7
30.	Dc2—c1	Te6—h6

Die Spiele halten sich die Waage.

31.	Dc1—f1	Sd7—f8
32.	Df1—h3	Th6—f6
33.	Th1—g1	h7—h6
34.	Tg5—g3	Tf6—d6
35.	Kd2—c1	Td6—d7
36.	Dh3—h4	Sf8—h7
37.	Tg3—g6	Sh7—f6
38.	Le2—d1	Sf6—e8
39.	Dh4—h3	Kh8—h7
40.	Ld1—c2	Se8—d6

Die Spiele halten sich die Waage.

41.	Kc1—b1	Kh7—h8
42.	Dh3—f1	Sd6—c4
43.	Df1—c1	Sc4—d6
44.	Lc2—d1	Kh8—h7
45.	Ld1—e2	Df7—e8
46.	Dc1—c5	De8—d8

47.	**Dc5—c1**	**Tg8—f8**
48.	**Dc1—f1**	**Sd6—e8**
49.	**Df1—g2**	**Kh7—h8**
50.	**Dg2—h3**	**Td7—e7**

Die Spiele halten sich die Waage.

51.	**Dh3—h4**	**Dd8—d7**
52.	**Dh4—h3**	**Se8—f6**
53.	**Dh3—g2**	**Tf8—f7**
54.	**Dg2—g3**	**Tf7—f8**
55.	**Dg3—g2**	**Kh8—h7**
56.	**Dg2—g3**	**Kh7—h8**
57.	**Dg3—g2**	

Und so könnten sich die Spiele bis zum Ueberdruß die Waage halten.

Dieses Ringen gleicht einer Billardpartie auf einem viel zu grossen Brett: keinem der Spieler ist es gelungen, ein Carambole zu machen, und so ist es auch dem Glossator nicht geglückt, eine verständige Anmerkung zu ersinnen.

Remis.

Partie Nr. 148

Christoffel — **Smisloff**

Italienisch

1.	**e2—e4**	**e7—e5**
2.	**Sg1—f3**	**Sb8—c6**
3.	**Lf1—c4**	**Lf8—c5**
4.	**c2—c3**	**Dd8—e7**

Eine der wenigen Varianten dieser Eröffnung, worin der Nachziehende vollkommen gleiche Aussichten besitzt.

5.	**d2—d4**	**Lc5—b6**
6.	**0—0**	**Sg8—f6**
7.	**a2—a4**	**a7—a6**
8.	**Tf1—e1**	**d7—d6**
9.	**h2—h3**	**0—0**
10.	**Lc1—e3**	

Stärker ist 10. b4. Nach dem Textzug hat es Schwarz leicht.

10.	**....**	**e5 : d4**

Aber nicht 10..., S:e4? wegen 11. d5!, Sa5 12. Lf1 mit Figurengewinn (es droht nämlich auch b4).

11.	**Le3 : d4**	

Auf 11. e:d4? würde 11..., D:e4 folgen (12. d5?, D:c4 bezw. 12. Lg5, Dg6).

11.	**....**	**Sc6 : d4**
12.	**c3 : d4**	**Lc8—e6**
13.	**Sb1—d2**	**Sf6—h5**
14.	**d4—d5**	**Le6—d7**
15.	**e4—e5**	

Weiß schickt sich an, abzuwikkeln.

15.	**....**	**Sh5—f4**
16.	**Sd2—e4**	

Ein vorübergehendes Bauernopfer.

16.	**....**	**d6 : e5**
17.	**d5—d6 !**	**c7 : d6**
18.	**Dd1 : d6**	**De7 : d6**
19.	**Se4 : d6**	**Ld7—e6**
20.	**Sf3 : e5**	**Ta8—d8**
21.	**Ta1—d1**	**Lb6—c7**
22.	**Se5 : f7?**	

Stellung nach 22. Se5 : f7?

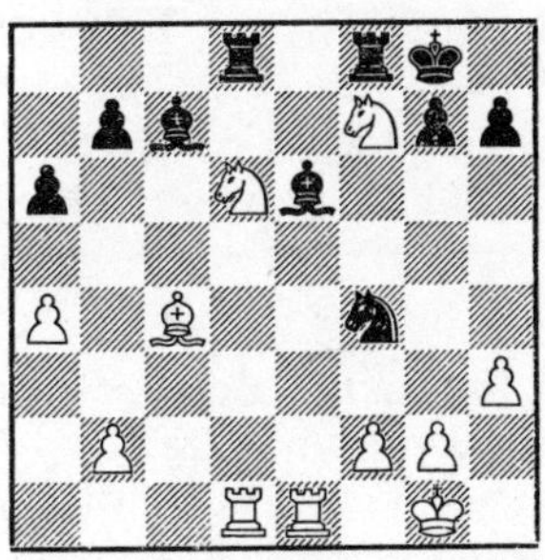

Bis hierher hat Weiß gut manövriert, aber jetzt, in gleicher

Stellung, reitet ihn der Teufel und er bringt ein verfehltes Opfer. Richtig war 22. L:e6.

22.	....	Tf8 : f7
23.	Sd6 : f7	Kg8 : f7

Auf 23..., L:f7?? folgt 24. T:d8†, L:d8 25. Te8 matt.

24.	Td1 : d8	Lc7 : d8
25.	Te1—e4	

Turm und Bauer gegen zwei leichte Offiziere; Weiß ist unter dem Maß geblieben.

25.	....	Ld8—c7
26.	g2—g3	Le6 : c4
27.	Te4 : c4	Sf4—e6
28.	Kg1—g2	Kf7—e7
29.	Tc4—h4	h7—h6
30.	Th4—b4	

Dieses nervöse Herumtanzen mit dem Turm ist am wenigsten geeignet, die Aussichten des Weissen zu verbessern.

30.	....	b7—b6
31.	f2—f4	a6—a5
32.	Tb4—e4	

Schon hat der Turm beängstigend wenig Bewegungsfreiheit — eine Folge der wenig durchdachten Vorgeschichte.

32.	....	Ke7—d6
33.	Kg2—f3	Kd6—d5
34.	Kf3—e3	b6—b5 !

Entscheidend; es droht 35.., Lb6† mit Qualitätsgewinn (36. Kf3, Sd4† usw.).

35.	b2—b4	

Weiß hat nichts Besseres als diese verzweifelte Parade. Er beabsichtigt 35..., Lb6† mit 36. Kd3 zu beantworten.

Aber Schwarz erhält nun auf dem Damenflügel einen Freibauern, wodurch er ebenfalls rasch gewinnt.

35.	....	b5 : a4
36.	b4 : a5	Se6—c5
37.	Te4—e7	Lc7 : a5
38.	Te7 : g7	a4—a3
39.	Tg7—a7	Sc5—b3
40.	Ta7—d7†	Kd5—e6
41.	Td7—d1	a3—a2

Weiß gibt auf.

Partie Nr. 149

Guimard — **Lundin**

Klassisches Damenbauernspiel

1.	d2—d4	d7—d5
2.	Sg1—f3	e7—e6

Anscheinend will sich Lundin den allfälligen Uebergang zur Schwedischen Variante der Tarraschverteidigung vorbehalten, wozu Sg8-e7 nötig ist. Er unterläßt daher 2..., Sf6, begibt sich aber damit der Möglichkeit, den Zug 3. e3 auf die bequemste Art zu beantworten, nämlich mit 3..., Lf5.

3.	e2—e3	Sg8—f6
4.	Lf1—d3	c7—c5
5.	0—0	Sb8—d7
6.	Sb1—d2	

Weiß will seine Karten noch nicht aufdecken; er behält sich die Wahl zwischen dem Colle-System (c2—c3) und dem Klassichen Damenbauerspiel (b2-b3) so lang wie möglich vor.

Aber der gewählte Zug hat immerhin eine Schattenseite.

6.	....	Lf8—e7

Schwarz rechnet mit dem Colle-System, gegen welches sich seine

Aufstellung sehr gut eignet; auf 7. c3 folgt nämlich 7..., b6!, wonach 8. e4 zu nichts führt wegen 8..., d:e4 9. S:e4, Lb7 usw.

Stärker war jedoch 6..., c4 1. Le2, b5. Der Zug c5—c4 ist meistens schlecht, wenn er ohne Tempogewinn geschieht, bezw. mit Ld3-c2 beantwortet werden kann, hingegen oft stark, wenn er den Anziehenden zu Ld3—e2 zwingt.

7. b2—b3 !

Damit hat Weiß den unterirdischen Kampf um die Variante gewonnen; die von Schwarz gewählte Aufstellung ist nicht die beste gegen das Klassische Damenbauernspiel.

7.	**....**	**0—0**
8.	**Lc1—b2**	**b7—b6**
9.	**Sf3—e5**	**Lc8—b7**
10.	**f2—f4**	

Weiß besitzt nun gute Angriffsaussichten.

10. .... Sf6—e4

Das beste Gegenspiel.

11.	**Dd1—e2**	**Ta8—c8**
12.	**Sd2 : e4**	**d5 : e4**
13.	**Ld3—b5**	**Sd7 : e5**
14.	**d4 : e5**	**Dd8—c7**
15.	**f4—f5 !**	

Eine feine Angriffskombination.

15.	**....**	**e6 : f5**
16.	**Lb5—c4 !**	

Dieses Bauernopfer bildet die Pointe. Mit 16. T:f5 würde Weiß nichts erreichen wegen 16.., Ld5!

16. .... Tc8—d8

Schwarz erkennt, daß die Annahme des Bauernopfers sehr gewagt wäre: 16..., g6 17. g4!, f:g4 18. D:g4 (droht 19. Df4) 18..., Tcd8 (droht 19..., Ld5) 19. Tad1!, und Weiß behauptet einen starken Angriff (19..., T:d1 20. D:d1, Dd8? 21. D:d8, L:d8 22. e6! und gewinnt).

17.	**Tf1 : f5**	**Lb7—d5**
18.	**Lc4 : d5**	**Td8 : d5**
19.	**De2—g4**	**g7—g6**
20.	**Tf5—f2**	**Dc7—c6**

Zwecks mittelbarer Deckung des Bauern e4 (21. D:e4??, Td1†).

21.	**Ta1—f1**	**Dc6—e6**
22.	**Dg4 : e4**	**f7—f6**
23.	**h2—h3**	**f6 : e5**
24.	**Tf2 : f8†**	**Le7 : f8**
25.	**c2—c4**	**Td5—d2**
26.	**Lb2—c3 !**	

Stellung nach 26. Lb2—c3!

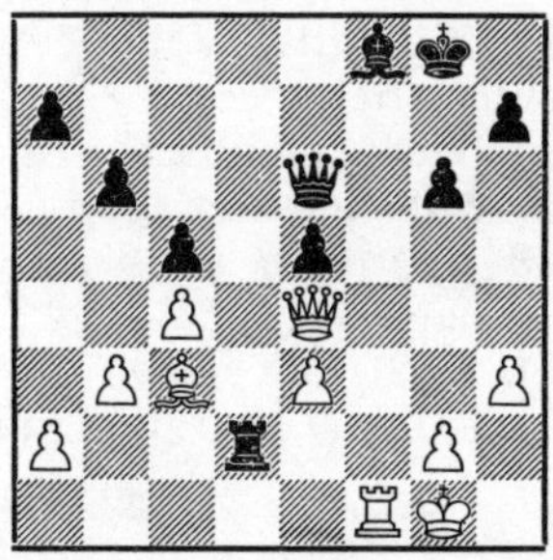

Damit gewinnt Weiß endgültig einen Bauern. Der feindliche Turm darf nämlich die Deckung des Feldes d5 nicht aufgeben und muß zurückweichen (auf 26..., T:a2? gewänne 27. Da8!, De7 28. Dd5† nebst 29. L:e5†).

26.	**....**	**Td2—d8**
27.	**De4 : e5**	**De6 : e5**
28.	**Lc3 : e5**	**Lf8—h6 !**

Die beste Verteidigung.

29.	**Le5—f4**	**Lh6 : f4**
30.	**e3 : f4**	**Td8—d2**

31. Tf1—f2 Td2—d1†
32. Kg1—h2 Td1—d3

Schwarz besitzt dank der starken Stellung seines Turmes sowie der Drohung a7—a5—a4 gute Remisaussichten. Wesentlich ist, daß Weiß seine Stellung nicht mit 33. Tf3 verstärken kann; darauf würde nämlich nicht 33..., Td2 folgen, wonach Weiß mit 34. a4 behalten würde, sondern 33...., T:f3!; das Bauernendspiel mit dem verdoppelten f-Bauern wäre nämlich nur remis.

33. g2—g3?

Das erleichtert die Aufgabe des Nachziehenden, denn nun wird dem weißen Turm der wichtige Stützpunkt f3 fehlen.

Mit 33. f5! hätte Weiß Gewinnaussichten behalten; er hätte nämlich nach Abtausch seines f-Bauern wohl mit der Möglichkeit Tf2—f3 operieren können, während er nach 33.., g5 34. g4 (oder erst 34. Te2) auf seinen gedeckten Freibauern vertrauen durfte.

33. .... a7—a5

Droht bereits 34..., a4 mit völliger Liquidierung des Damenflügels.

34. Tf2—b2 Kg8—f7
35. Kh2—g2 Kf7—f6
36. Tb2—f2 h7—h5

Hier wäre 36..., a4 zweifelhaft, da nach 37. b:a4, Ta3 38. Tb2 der Bauer b6 mit Schach fallen würde.

37. f4—f5

Eine letzte Anstrengung.

37. .... g6 : f5
38. g3—g4 h5 : g4
39. h3 : g4 f5—f4!
40. Tf2 : f4† Kf6—g5
41. Tf4—f3

Remis.

Partie Nr. 150

Najdorf **Szabo**

Angenommenes Damengambit

1. d2—d4 d7—d5
2. c2—c4 d5 : c4
3. Sg1—f3 Sg8—f6
4. e2—e3 a7—a6
5. Lf1 : c4 e7—e6
6. 0—0 c7—c5
7. Dd1—e2

Bezüglich 7. a4 siehe Nr. 98.

7. .... Sb8—c6
8. Sb1—c3

Die Vierspringer-Variante; sie ist nach Ansicht vieler Theoretiker stärker als die übliche Hauptvariante (8. Td1; siehe Nr. 56).

8. .... b7—b5
9. Lc4—b3 Lf8—e7

Das gilt als ungünstig für Schw. Da sich jedoch in Groningen herausstellte, daß auch die „richtige“ Fortsetzung 9..., Lb7 10.Td1, Dc7 von zweifelhaftem Wert ist (siehe Nr. 112 und Nr. 164), scheint 9..., c:d4 oder 9..., c4 notwendig zu sein. Allerdings gelten auch diese letztgenannten Züge nicht als vollwertig.

10. Tf1—d1

Noch stärker war 10. d:c5, L:c5 11. e4.

Der Textzug kostet ein Tempo.

10. .... 0—0

11. d4 : c5 Dd8—c7
12. e3—e4 Le7 : c5
13. h2—h3

Infolge von 10. Td1 muß Weiß dieses Tempo verlieren; denn es drohte 13..., Sg4. Er bleibt aber trotzdem im Vorteil.

13. .... Lc8—b7
14. e4—e5

Auf diese Weise verschafft sich Weiß ein ansehnliches Uebergewicht an Raumbeherrschung, mit Angriffsaussichten auf beiden Flügeln.

14. .... Sf6—d7
15. Lc1—f4 Lc5—e7
16. Sc3—e4 Sd7—c5
17. Se4 : c5 Le7 : c5
18. Ta1—c1 Lc5—e7
19. a2—a4! Tf8—c8

Diese zusätzliche Deckung des Sc6 bildet gleichzeitig eine mittelbare Deckung des Bauern b5.

20. a4 : b5 a6 : b5
21. Lb3—c2

Auf b5 zu schlagen, würde die Qualität kosten: 21. D:b5?, La6 22. Da4, Le2 usw.

21. .... g7—g6
22. Lc2—e4!

Stellung nach 22. Lc2—e4!

Weiß manövriert sehr fein und versteht es, seine Stellung ständig zu verstärken. Die Fesselung des Sc6 wird allmählich sehr lästig für Schwarz. Uebrigens ist nun auch der Bauer b5 bedroht. (Sofortiges 22. D:b5 wäre nicht gut gewesen wegen 22.., La6 23. Db3, Tab8).

22. .... Ta8—a4
23. b2—b3 Ta4—a5
24. Tc1—c2 b5—b4
25. De2—e3 Le7—f8

Schwarz steht beinahe patt.

26. Lf4—g5 Tc8—a8
27. Lg5—f6 Ta5—a1
28. Td1 : a1 Ta8 : a1†
29. Kg1—h2 Ta1—a8?

Ein schwerer Fehler, wodurch Schwarz eine Figur verliert.

Geboten war 29..., Ta6. Weiss hätte dann trachten müssen, seinen Angriff auf den Königsflügel zu verlegen, aber diese Aufgabe war nicht leicht zu lösen. So z. B. wäre die folgende hübsche Fortsetzung zumindest gewagt für Weiß: 30. Sd4, Dd7 31. S:c6, L:c6 32. L:c6, T:c6 33. Td2, Db7 34. Td8, Tc8 35. T:f8†?, K:f8 36. Dh6†, Ke8 37. D:h7, Dd5! 38. Dg8†, Kd7 39. D:f7†, Kc6, mit der lästigen Drohung 40..., D:b3.

30. Le4 : c6 Lb7 : c6
31. Sf3—d4 Ta8—a6
32. Dc3—c1! Lf8—e7
33. Tc2 : c6

Aber nicht 33. S:c6? wegen 33. ., L:f6.

Schwarz gibt auf.

16. RUNDE

DIENSTAG, 3. SEPTEMBER 1946

151. Vidmar—Szabo	½—½
152. Lundin—Najdorf	1—0
153. Smisloff—Guimard	½—½
154. Steiner—Christoffel	½—½
155. Botwinnik—Kottnauer	1—0
156. Denker—Yanofsky	½—½
157. Boleslawski—Kotow	1—0
158. O'Kelly—Tartacover	½—½
159. Bernstein—Flohr (abgebrochen)	½—½
160. Euwe—Stoltz	½—½

Heute gab es nur drei Entscheidungen, ein Rekord an Friedensliebe, wie er nur noch in der 18. Runde erreicht wurde. Die Friedensliebe kommt aber nur im Ergebnis zum Ausdruck, denn es kam auf allen Brettern zu schweren Kämpfen, die ebenso gut zu zehn Entscheidungen hätten führen können.

Euwe erzielte gegen Stoltz mit knapper Not ein Remis. Nachdem er im Mittelspiel eine Abwicklung vermied, die wohl rasch zu völligem Ausgleich geführt hätte, geriet er rasch in große Schwierigkeiten und konnte bald eine materielle Einbuße nicht mehr abwenden. Der Exweltmeister hielt aber seinen Kopf kühl und zeigte sich ungemein gewandt im Herbeiführen von Verwicklungen. Er vermied es, sich ohne Gegenspiel mit dem Verlust eines Bauern abzufinden, und opferte lieber eine Figur, schickte aber dafür seine Dame aus, um den feindlichen König zu beunruhigen und zwischendurch Holz einzusammeln im friedlichen Bauernwald. Diese Taktik führte zu dem gewünschten Erfolg. Als Stoltz seinen vorletzten Bauern dahingehen sah, versuchte er es noch mit einer Kombination; er gab die Figur zurück und spielte auf Königsangriff, erzielte aber nur ewiges Schach.

Botwinnik hat jedoch gewonnen und steht dadurch nur einen halben Punkt hinter Euwe. Er hatte es aber gegen Kottnauer keineswegs leicht. Der Prager machte seine verdächtigen Schwächen auf dem Damenflügel völlig wett mittels einer vortrefflich durchgeführten Aktion auf dem Königsflügel, die ihm einen mächtigen Freibauern auf h3 einbrachte. Botwinnik besaß in diesem Stadium des Endspiels keine Spur von Gewinnaussichten, da der schwarze Freibauer seine Streitkräfte in Schach hielt. Als jedoch Kottnauer knapp vor der Zeitkontrolle auf die ausgesucht unglückliche Idee kam, seinen Freibauern mittelbar abzutauschen, war sein Los besiegelt, da Weiß auf dem Damenflügel freie Hand erhielt.

Smisloff spielte sehr scharf, erzielte aber nur Remis, da sich Guimard ausgezeichnet verteidigte. Weiß hatte in der Eröffnung einen Bauern geopfert und schöne Angriffsaussichten erlangt; die Lage des schwarzen Königs wurde brenzlig, aber Guimard gab den Bauern im kritischen Augenblick zurück und wickelte mit solcher Energie ab, daß das Brett fast völlig leergefegt wurde.

Szabo geriet gegen Vidmar von der Eröffnung weg in eine schwierige Lage, rettete sich aber mit einem geschickt durchgeführten Gegenangriff; er opferte einen Bauern, postierte aber dafür im Endspiel zwei Türme auf die zweite Reihe, also gewissermaßen auf die Zehen von Vidmar, der sich dadurch bemüßigt fühlte, seine Gewinngedanken aufzugeben.

Bernstein beging gegen Flohr zwei grobe Fehler, wodurch er nur ein Remis erzielte. Der scharfsinnige Leser wird daraus ganz richtig entnehmen, daß Flohr erst zum Auslöschen gestanden haben muß. Nachdem Bernstein den Gewinn endgültig vergeben hatte, spielte er mit Turm, Springer und Bauer gegen Turm und Läufer verbissen auf Gewinn und machte sogar eine Hängepartie daraus, aber natürlich ohne Erfolg.

Lundin gewann erstaunlich leicht gegen Najdorf. Der sonst so sprechlustige Buenos-Airier hatte in der ganzen Partie nichts mitzureden und wurde dadurch ganz sprachlos.

Denker—Yanofsky war eine Partie aus — um einen Ausdruck Tartacovers zu gebrauchen — mehreren Güssen. Erst kam Weiß durch ein aussichtsreiches Bauernopfer nebst einem zweifelhaften Bauernopfer, die beide abgelehnt wurden, klar in Vorteil; er hätte nun einen Bauern gewinnen können, zog es aber vor, im Opferstile fortzufahren, und stand wenige Züge später glatt auf Verlust. Aber nun begann Schwarz zu kombinieren und eroberte schließlich eine Figur, jedoch zu dem schweren Preis von nicht weniger als fünf Bauern, was ihn natürlich vollständig ruinierte. Nun hätte Denker abwickeln und ein Endspiel erreichen können mit vier Bauern für die Qualität. Er tat es nicht, und dadurch erhielt Yanofsky die Gelegenheit, den einzigen Pfeil, welchen er noch im Köcher hatte, abzuschießen; er opferte einen Turm und erreichte ewiges Schach.

Kotow verlor nach einem langen, aber für ihn aussichtslosen Streit gegen Boleslawski. Er hatte in der Caro-Kann-Verteidigung e7:f6 gespielt, danach aber jeden Versuch unterlassen, für die Verschlechterung seiner Bauernstellung Ersatz zu erlangen.

Tartacover hatte anscheinend grossen Gefallen gefunden an der ungewöhnlich feierlichen Bestattung, die Boleslawski in der 13. Runde seinem Gegner Stoltz zuteil werden ließ. Jedenfalls bekundete er heute die deutliche Absicht, O'Kelly dieselbe Ehre zu erweisen. Aber die Absicht scheiterte, weil O'Kelly den kleinen Scherz durchaus nicht verstehen wollte und derart unmißverständliche Aeusserungen von Lebensfreude von sich gab, daß Tartacover schließlich froh sein mußte, nicht selbst zum Objekt der genannten Feierlichkeit zu werden.

Steiner erreicht mit einer flauen Variante ansehnlichen Vorteil gegen Christoffel, versäumte jedoch zwei günstige Gelegenheiten, wonach sich die Spiele völlig ausglichen.

Stand nach der 16. Runde: Euwe 13; Botwinnik 12½; Smisloff 11; Šzabo 10; Flohr, Stoltz je 9½; Boleslawski, Najdorf je 9; Denker, Lundin je 8½; Tartacover 8; Kotow, Kottnauer je 7½; Yanofsky 7; Guimard 6; Steiner 5½; Bernstein 5; Christoffel, Vidmar je 4½; O'Kelly 4.

Partie Nr. 151

Vidmar — **Szabo**

Grünfeld-Indisch

1.	**d2—d4**	**Sg8—f6**
2.	**c2—c4**	**g7—g6**
3.	**Sg1—f3**	**Lf8—g7**
4.	**g2—g3**	**0—0**
5.	**Lf1—g2**	**d7—d5**
6.	**c4 : d5**	**Sf6 : d5**
7.	**Sb1—c3**	

Damit entsteht eine Variante der Grünfeld-Indischen Verteidigung. Nach 7. e4 nebst 8. Sc3, was stärker ist, ergibt sich eine Variante der Königsindischen Verteidigung.

7.	....	c7—c5
8.	**0—0**	**c5 : d4**

Hier hat Schwarz zwei stärkere Fortsetzungen zu Gebote: 8..., S:c3 9. b:c3, Sc6 (z. B. Kashdan-Bogoljubow, Bled 1931) oder 8..., Sc6 (z. B. Zita—Najdorf, Prag 1946).

9.	**Sf3 : d4**	**Sd5 : c3**
10.	**b2 : c3**	

Stellung nach 10. b2 : c3

Eine interessante Stellung, die schon oft vorgekommen ist. Weiß besitzt vollen Ersatz für den vereinzelten Bauern, er droht einen konzentrischen Druck auf b7 zu erlangen.

Die mit dieser Stellung gemachten Erfahrungen sprechen stark zugunsten des Anziehenden. Nur ein einziges Vorbild weist darauf hin, daß Schwarz doch wohl Ausgleich erreichen kann. Danach behält Weiß ein ausgezeichnetes Spiel.

10.	....	**Sb8—d7?**

Das obenerwähnte gute Vorbild ist die Partie Capablanca-Petrow aus dem Länderturnier zu Buenos-Aires 1939: 10..., Sc6! 11. S:c6, b:c6 12. Le3 (12. Db3, Db6!) 12..., L:c3 13. Tc1, Da5 mit Ausgleich. Sollte Vidmar die Absicht gehabt haben, in dieser Variante eine Verstärkung zu erproben?

11. Lc1—a3

Das ist sicherlich eine gute Fortsetzung. Aber 11. Db3! z. B. Sämisch—Reti, Marianske Lazne 1925) ist wohl stärker.

11.	**....**	**Tf8—e8**
12.	**Ta1—b1**	**Sd7—b6**
13.	**Sd4—b5**	**Lc8—d7!**

Schwarz macht sich die günstige Gelegenheit, diesen Läufer zu entwickeln, zunutzen. Weiß darf nämlich nicht auf b7 schlagen: 14. L:b7?, Tb8 15. Ld5, e6 16. Lg2, Sc4 usw.; oder 15. La6, Sc4, mit vielen Drohungen.

14.	**La3—c5**	**Dd8—c8**
15.	**Lc5—d4**	**Ld7 : b5**
16.	**Tb1 : b5**	**Te8—d8**
17.	**Dd1—a1**	**Lg7 : d4**

Eine Kombination. Sonst wäre es natürlich schlecht, die weisse Bauernstellung auf diese Weise zu verbessern.

18.	**c3 : d4**	**Dc8—c4**
19.	**Tb5—e5**	**Td8 : d4**

Die Pointe; Schwarz verliert einen Bauern, erlangt aber eine starke Initiative.

20.	**Te5 : e7**	**Ta8—d8**
21.	**Te7 : b7**	**Dc4 : e2**
22.	**Tb7 : a7**	**Sb6—c4**
23.	**Da1—e1**	

Ja nicht 23. Te1? wegen 23.., Td1!

23.	**....**	**Td4—d2**

Den Damentausch zu vermeiden wäre schlecht wegen 24. De7; sobald Weiß Gegenspiel erhält, muß sein Mehrbauer entscheidend in die Waagschale fallen.

24.	**De1 : e2**	**Td2 : e2**
25.	**Tf1—c1**	

Schwarz besitzt tüchtigen Ersatz für den geopferten Bauern. Wollte Weiß gewaltsam versuchen, den Gewinn durch das Vorrücken mit dem a-Bauern zu erzwingen, so könnte er die Partie noch verlieren, z. B. 25. a4, Ta2 26. Te1, Se5 27. a5, Tdd2 28. Tf1, Sg4 29. a6, S:f2 30. T:f2, T:f2 31. Ld5, Tab2 32. Td7, Tfd2 und Schwarz gewinnt, denn auf 33. L:f7†, Kf8 34. T:d2, T:d2 35. a7 folgt 35..., Td1† nebst 36..., Ta1.

25.	**....**	**Sc4—e5**
26.	**Lg2—f1**	**Te2—b2**
27.	**Ta7—e7**	**Se5—g4**
28.	**Lf1—e2**	**Sg4—h6**
29.	**Le2—c4**	

Weiß hat sich listig gedreht und gewendet; jetzt greift sein Läufer f7 an und beschützt zugleich den wichtigen a-Bauern.

29.	**....**	**Td8—d2**
30.	**Tc1—f1**	**Kg8—f8**
31.	**Te7—a7**	**Kf8—g7**
32.	**Lc4—b3**	

Weiß konnte noch versuchen mit 32. a4, Td4 33. Lb5, Tdd2 (droht 34..., Sg4) 34. h3 weiterzukommen, denn nach 34..., Sf5 konnte er die Drohung 35..., S:g3 mittels 35. Lc6 parieren. Aber dieser Gewinnnversuch hätte wenig Aussichten auf Erfolg geboten und wäre überdies gewagt gewesen, umsomehr als sich Weiß in Zeitnot befand.

Vidmar entschliesst sich daher, nichts mehr zu unternehmen.

32.	....	Kg7—f6
33.	Ta7—c7	Kf6—g7
34.	Tc7—a7	Kg7—f6
35.	Ta7—c7	Kf6—g7

Remis.

Partie Nr. 152

Lundin — **Najdorf**

Schlechter-Slawisch

1.	Sg1—f3	d7—d5
2.	d2—d4	Sg8—f6
3.	c2—c4	c7—c6
4.	e2—e3	g7—g6
5.	Sb1—c3	Lf8—g7
6.	h2—h3	0—0
7.	Lf1—d3	b7—b6

Diese Najerung bewährt sich nicht.

Stärker ist 7..., c5 (siehe Nr. 169). Ohne diesen Vorstoß bleibt der Fianchetto-Läufer eingeschlossen.

8.	0—0	Lc8—b7
9.	Dd1—e2	Sb8—d7
10.	Tf1—d1	Dd8—c7
11.	c4 : d5	

Die richtige Taktik.

11.	....	c6 : d5

Vorzuziehen war 11..., S:d5.

12.	Lc1—d2	Ta8—d8

Der „mysteriöse Turmzug" (eine Erscheinung aus der Gedankenwelt von Nimzowitsch). Das weniger mysteriöse 12..., Tac8 wäre besser gewesen.

13.	a2—a4	Sf6—e4
14.	Sc3—b5	Dc7—b8
15.	Ld2—b4	

Weiß hat eine schöne Stellung erlangt; seine Läufer sind sehr wirksam, während die des Gegners so herumstehen.

15.	....	Lg7—f6
16.	Sf3—h2	Td8—c8?

Also zurück auf den guten Weg — aber der Augenblick ist schlecht gewählt. Wie konnte Schwarz 17. Sg4 nur zulassen? Richtig war 16..., h5; nach etwa 17. g4, h:g4 18. Sg4, Lh4 wäre dann dieser Läufer wenigstens vor dem Angriff g2—g3 gefeit.

17.	Sh2—g4	Lf6—g5?

Stellung nach 17. ..., Lf6—g5?

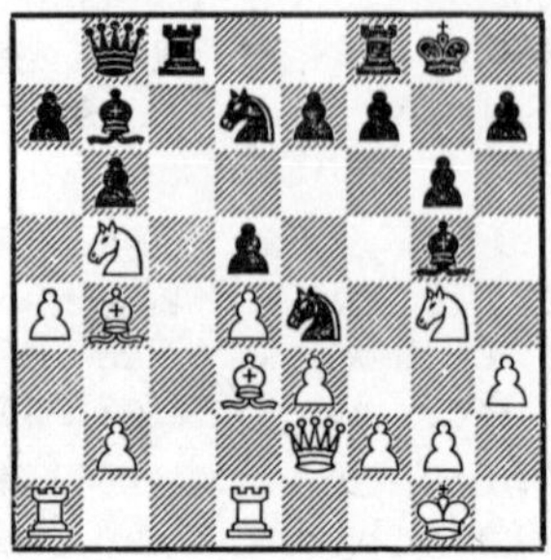

Führt zwangsläufig zu einer glatt verlorenen Stellung. Schwarz hätte 17..., Tfe8 ziehen müssen.

18.	f2—f4	Lg5—h4
19.	Ld3 : e4	d5 : e4
20.	g2—g3 !	

Unansehnlich aber riesig. Weiß erzwingt nun auf jeden Fall Materialgewinn.

20.	....	Lh4 : g3

Die materielle Einbusse hätte sich zwar einschränken lassen, entweder auf eine Qualität (20..., Lf6) oder auf einen Bauern (20..., f5), aber der Ausgang der Partie war damit nicht zu ändern.

21. Lb4 : e7 Tf8—e8
22. Le7—d6 Db8—a8
23. De2—g2 !

Erobert eine Figur.

23. .... Lg3—h4
24. Sg4—h6† Kg8—h8

Oder 24..., Kg7 25. Sf5† usw.

25. Dg2—g4

Mit Angriff auf Sd7 und Lh4.

25. .... Lh4—f2†

Und Kraut hat er zeitlebens so gern gegessen.

26. Kg1 : f2 Tc8—c2†
27. Kf2—g1 f7—f5
28. Dg4—g5

Schwarz gibt auf.

Partie Nr. 153

Smisloff — Guimard

Damen-Indisch

1. d2—d4 d7—d5
2. c2—c4 e7—e6
3. Sg1—f3 Sg8—f6
4. g2—g3 Lf8—e7
5. Lf1—g2 0—0
6. 0—0 b7—b6
7. Sb1—c3 Lc8—b7

Nach Katalonischem Beginn ist es zu einer bekannten Variante der Damen-Indischen Verteidigung gekommen.

8. Sf3—e5 c7—c6
9. e2—e4

Ein Bauernopfer. Vorsichtiger ist 9. b3.

9. .... d5 : c4
10. Se5 : c4 Lb7—a6
11. b2—b3 b6—b5
12. Sc4—e3 b5—b4
13. Sc3—e2 La6 : e2
14. Dd1 : e2 Dd8 : d4
15. Lc1—b2

Dies alles ist bekannt. Weiß besitzt schönen Ersatz für den geopferten Bauern: einen Vorsprung in der Entwicklung sowie begründete Aussichten, einen Druck auf der c-Linie zu erlangen.

15. .... Dd4—b6
16. Se3—c4 Db6—b5
17. Lb2 : f6 g7 : f6 !

Sehr richtig! Nach 17..., L:f6 18. e5 stünde Weiß dank der geöffneten Diagonale seines Läufers überlegen.

18. Ta1—d1 a7—a5
19. Tf1—e1 a5—a4
20. e4—e5 Ta8—a7

Es ist bemerkenswert, mit welcher Hartnäckigkeit Schwarz seinen Mehrbauern festhält, allen Gefahren, denen sein König dabei ausgesetzt ist, zum Trotz.

21. De2—f3

Vielleicht war mit 21. Td4, f5 22. g4! mehr zu erreichen.

21. .... f6—f5
22. g3—g4 f5 : g4
23. Df3 : g4† Kg8—h8
24. Kg1—h1 a4 : b3
25. a2 : b3 Db5—c5
26. Te1—e3 f7—f5 !

Jetzt, da der feindliche Angriff

übermächtig zu werden drohte, gibt Schwarz den Gambitbauern doch zurück. Ein weiser Entschluß.

Stellung nach 26. ..., f7—f5!

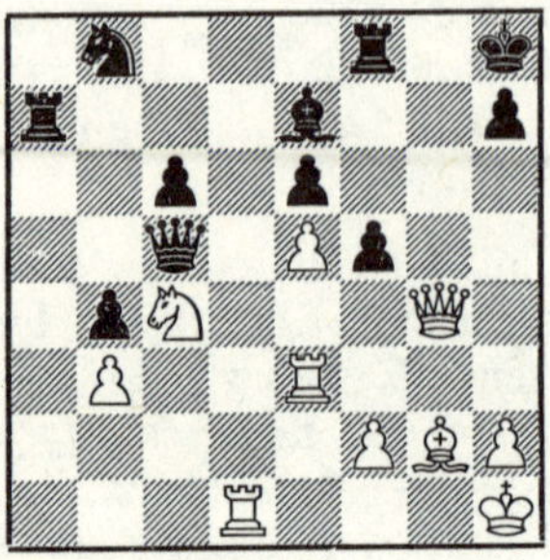

27. e5 : f6 e. p. Le7 : f6
28. Dg4 : e6 Ta7—e7
29. De6—d6 Dc5 : d6
30. Td1 : d6 Te7 : e3
31. f2 : e3 Kh8—g7

Die Spiele stehen gleich, obwohl Weiß noch einen unscheinbaren Rest seiner Initiative behalten hat.

32. Lg2—e4

Nimmt Weiß, den Bauern c6, so verliert er wie folgt den Bauern b3: 32. L:c6, Le7! 33. Te6, S:c6 34. T:c6, Tf1† 35. Kg2, Tb1, usw. (denn 36. Sd2? würde an 36..., Tb2! scheitern).

32. .... Tf8—d8
33. Kh1—g2 Td8 : d6
34. Sc4 : d6 c6—c5
35. Sd6—e8† Kg7—f7
36. Se8 : f6 Kf7 : f6
37. Le4 : h7

Ein kleiner moralischer Erfolg.

37. .... Sb8—c6
38. Kg2—f3

Gibt Schwarz die Möglichkeit, sofort Remis zu erzwingen. Nach 38. Lg8 hätte Weiß noch ein Weilchen spielen können.

38. .... c5—c4!

Nach diesem Tausch kann sich Schwarz darauf einstellen, seinen Springer für den e-Bauern zu opfern, da der übrigbleibende Randbauer in Verbindung mit dem verkehrten Läufer nichts ausrichtet.

39. b3 : c4 Sc6—e5†

Remis.

Partie Nr. 154

Steiner — **Christoffel**

Königsindisch

1. d2—d4 Sg8—f6
2. c2—c4 g7—g6
3. Sb1—c3 Lf8—g7
4. e2—e4 d7—d6
5. Sg1—f3 0—0
6. Lf1—e2 Sb8—d7
7. 0—0 e7—e5
8. d4 : e5

Die Tauschmethode ist nicht geeignet, dem Anziehenden irgendeinen Vorteil zu verschaffen; sie bringt sogar Verlustgefahr mit sich, da das Feld d4 schwach wird.

8. .... d6 : e5
9. Dd1—c2 c7—c6
10. Tf1—d1 Dd8—c7

Stärker ist 10..., De7.

11. b2—b3 Tf8—e8
12. Lc1—a3 Lg7—f8
13. La3—b2 a7—a5
14. Le2—f1 Sd7—c5
15. h2—h3 a5—a4

Schwarz sucht, wo nichts zu finden ist. In diesem Abspiel liegen seine Chancen im Zentrum und auf dem Königsflügel. Daher war 15..., Se6 angezeigt, um zunächst die Felder d4 und f4 unter Beobachtung zu stellen.

16.	b3—b4	a4—a3
17.	Lb2—c1	Sc5—a6
18.	b4—b5	Sa6—c5
19.	Lc1—g5	Lf8—g7

Mehr zu der Stellung passend war 19..., Sfd7 nebst 20..., f6.

20. Lg5—e3 c6 : b5?

Ein schwerwiegender Fehler: das Feld d5 hätte Schwarz unter keinen Umständen preisgeben dürfen. Geboten war noch stets 20..., Sfd7. Auch 20..., Se6 kam in Betracht, jedoch konnte darauf 21. c5 unangenehm werden.

21. Sc3—d5!

Die Widerlegung des letzten Zuges von Schwarz. Der Anziehhende kommt mit diesem vorübergehenden Bauernopfer mächtig in Vorteil.

21.	....	Sf6 : d5
22.	c4 : d5	b7—b6
23.	Lf1 : b5	

Zu engherzig gespielt. Mit 23. d6, Dc6 24. Tab1, La6 25. Td5 hätte Weiß seinen Vorteil entscheidend vergrössern können.

Nach dem Textzug hat Schwarz die Möglichkeit, sich einigermassen zu erholen.

23.	....	Lc8—d7
24.	Ta1—b1	Te8—c8
25.	Td1—c1	Dc7—d8
26.	Lb5 : d7	Sc5 : d7
27.	Dc2—e2	Lg7—f8
28.	Tc1—c6	Lf8—c5

Schwarz windet sich ohne Bauernverlust heraus, wenn auch nur mit knapper Not.

29.	Le3 : c5	Tc8 : c6
30.	d5 : c6	Sd7 : c5
31.	Sf3 : e5	

Keine Eroberung, sondern nur eine Anleihe.

31.	....	Dd8—c7
32.	Se5—c4	

Die Fortsetzung 32. f4, f6 33. Dc4†, Kg7 34. T:b6, D:b6 35. Df7†, Kh8 führt nur zu ewigem Schach: 36. D:f6†, Kg8 37. Df7† usw. (Weiß steht je selbst unter dem Abzugsbeil).

32.	....	Dc7 : c6
33.	e4—e5	Sc5—d7
34.	Tb1—d1	Ta8—a4
35.	Sc4—d6	

Weiß hat noch stets Angriff.

35.	....	Sd7—f8
36.	De2—e3	Ta4—a7
37.	Td1—c1	Dc6—d5
38.	De3 : b6	

Und nun hat er wirklich einen Bauern erobert, allerdings keinen besonders wertvollen.

38. .... Ta7—e7

Stellung nach 38. ..., Ta7—e7

Die Lage hat sich zugespitzt.

Schwarz befindet sich in arger Bedrängnis, da der Gegner nun die 8. Reihe besetzen kann.

39. Db6—d8

Dieser in Zeitnot geführte Keulenschlag geht daneben, dagegen hätte 39. Tc8! hart getroffen und schöne Aussichten geboten, z. B. 39..., D:a2? 40. T:f8†, K:f8 41. Dd8†, Kg7 42. D:e7 und gewinnt, denn der Mattangriff ist stärker als der a-Bauer; oder 39..., T:e5 40. Se8!, Te1† 41. Kh2, De5† 42. g3, De2 43. Sf6†, Kg7 44. Sg4!, mit siegreichem Angriff.

39.	....	**Te7 : e5**
40.	**Tc1—c8**	**Te5—e1†**
41.	**Kg1—h2**	**Dd5—e5†**
42.	**g2—g3**	**De5—e7**

Jetzt ist Schwarz ausser Gefahr, und die Remisglocken läuten bereits.

43.	**Dd8—b6**	**Te1—d1**
44.	**Tc8—d8**	**De7—e1**
45.	**Td8 : f8†**	**Kg8 : f8**
46.	**Db6—d8†**	**Kf8—g7**
47.	**Sd6—e8†**	**Kg7—f8**
48.	**Se8—d6†**	**Kf8—g7**

Remis.

Partie Nr. 155

Botwinnik **Kottnauer**

Damengambit

1.	d2—d4	d7—d5
2.	**Sg1—f3**	**Sg8—f6**
3.	c2—c4	e7—e6
4.	c4 : d5	

Die Beschleunigte Abtauschvariante — ein kahles System. Aber wer sich der Kraft bewußt ist, mit blossen Händen zu gewinnen, der darf auf komplizierte Waffen verzichten.

4.	....	**e6 : d5**
5.	**Sb1—c3**	**Lf8—d6**

Eine bequemere Entwicklung hätte 5..., c6 6. Lg5, Le7 (7. e3, h6 8. Lh4, Lf5) gewährleistet.

6.	**Lc1—g5**	**c7—c6**
7.	**Dd1—c2**	**0—0**
8.	**e2—e3**	**Tf8—e8**
9.	**Lf1—d3**	**h7—h6**
10.	**Lg5—h4**	**Lc8—e6**

Nach 10..., Lg4 11. h3, L:f3 (11..., Lh5? 12. g4!) 12. g:f3, Sbd7 13. 0—0—0 würde vor allem e3—e4 eine Gefahr für Schwarz bilden.

11.	**Sf3—e5**	**c6—c5**

Ein starker Zug, wodurch jedenfalls die lange Rochade des Weissen praktisch verhindert wird.

12.	**0—0**	**c5 : d4**
13.	**e3 : d4**	**Sb8—c6**

Von zweifelhaftem Wert; Schw. beseitigt zwar den Se5, nimmt aber eine Schwächung seines Damenflügels in Kauf.

Unbefriedigend war auch 13..., Sbd7 wegen 14. f4.

Aber 13..., Le7, um eventuell Db6 ziehen zu können, wäre gut gewesen.

14.	**Se5 : c6**	**b7 : c6**
15.	**Lh4—g3**	**Ld6 : g3**
16.	**h2 : g3**	**Sf6—g4**

Droht Dd8—g5—h5.

17.	**Dc2—d2**	**Ta8—b8**
18.	**b2—b3**	**Dd8—f6**
19.	**Dd2—f4**	

Botwinnik erkennt genau, wo

L. SZABO

X. TARTACOVER

M. VIDMAR

D. A. YANOFSKY

seine Aussichten liegen. Der rückständige Bauer c6, die Schwäche des Feldes c5, sowie der schlechte Läufer — diese Nachteile der schwarzen Stellung müssen sich im Endspiel rächen.

19. .... Df6 : f4
20. g3 : f4 Tb8—b4
21. Tf1—d1 Kg8—f8
22. Ld3—f1 Sg4—f6
23. Ta1—c1?

Hier versäumt Weiß die Gelegenheit, seinen Vorteil festzuhalten. Die richtige Fortsetzung bestand in 23. Sa4!. Schwarz hätte dann zwar mit 23..., Sh5! wenigstens einen der Nachteile seiner Stellung beseitigen können (Tausch des Bauern c6 gegen den Bauer f4, oder Tausch des schlechten Läufers) aber Weiss hätte trotzdem ein günstiges Spiel behalten, z. B. 24. g3, Lg4! 25. Td3 (25. Td2, Te4!) 25..., Le2 26. Td2, L:f1 27. K:f1 usw.; oder 24. Tc1, S:f4 25. T:c6 usw.

23. .... Le6—d7
24. f2—f3

Jetzt ging 24. Sa4 nicht wegen 24..., Te4!

24. .... Sf6—h5!
25. Sc3—e2

Erzwungen. Aber im Hinblick auf die Wichtigkeit von Sc3—a4—c5 stellt dieser Zug ein beträchtliches Zugeständnis dar.

25. .... a7—a5

Droht 26..., a4. Um das zu verhindern, muß Weiß seinen Königsflügel schwächen.

26. g2—g4 Sh5—f6
27. Se2—c3 h6—h5!

Ausgezeichnet. Weiß kann nun g4 nicht decken, er darf aber klarerweise auch nicht 28. g:h5 ziehen.

28. g4—g5 Sf6—g8
29. Sc3—a4

Stellung nach 29. Sc3—a4

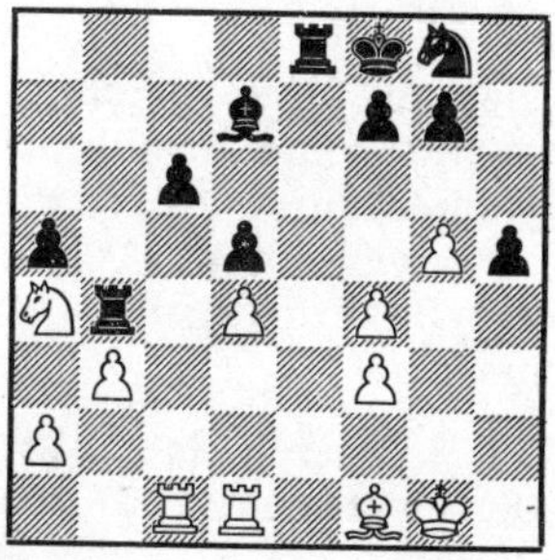

Endlich ist es so weit, aber jetzt genügt dieser Zug nur zur Aufrechterhaltung des Gleichgewichts. Schwarz hat nämlich in der Zwischenzeit zwei belangreiche Vorteile auf dem Königsflügel errungen; sein h-Bauer ist frei, und er beherrscht das starke Feld f5.

29. .... Sg8—e7
30. Sa4—c5 Ld7—c8
31. a2—a3 Tb4—b8
32. Lf1—d3 Se7—f5
33. Ld3 : f5 Lc8 : f5
34. Kg1—f2 h5—h4
35. Td1—h1 h4—h3

Dieser Bauer bildet nun eine ständige Bedrohung für Weiß.

36. Tc1—e1 f7—f6
37. g5—g6 Te8 : e1
38. Th1 : e1 Tb8—c8
39. Kf2—g3 Lf5 : g6?

Ein besonders ungünstiger Tausch. Wenn Schwarz die Deckung seines Freibauern aufrecht gehalten hätte, konnte er die Partie nie verlieren.

40. Kg3 : h3	**Lg6—f5†**
41. Kh3—g3	**Tc8—b8**
42. Te1—e2	**Kf8—f7**
43. Kg3—f2	**Lf5—c8**
44. Kf2—e1	**Tb8—a8**
45. Ke1—d2	

Jetzt hat es Weiß leicht. Er braucht nur seine Streitkräfte auf dem Damenflügel zu vereinigen und im geeigneten Augenblick seinen a-Bauern mittels b3--b4 freizumachen.

Schwarz besitzt keine Möglichkeit, diesen Plan zu durchkreuzen.

45.	**Ta8—a7**
46. Te2—e1	**Ta7—e7**
47. Te1—b1	**Te7—a7**
48. a3—a4	**Kf7—e7**

Danach kann Schwarz das Feld h8 nicht mehr decken. Weiss macht sich das sofort zunutze.

49. Tb1—h1 !	**Ke7—d6**
50. Th1—h8	**Lc8—f5**
51. Th8—e8	**Kd6—c7**
52. Kd2—c3	**Kc7—b6**
53. b3—b4 !	

Der geeignete Augenblick ist gekommen.

53.	**a5 : b4†**
54. Kc3 : b4	**Ta7—f7**
55. Te8—a8	

Jetzt droht 56. a5† usw. oder 56. Ta6† usw. mit Turmgewinn. Auf 55..., Lg6 gewinnt Weiß z. B. 56. f5, Lh5 57. a5†, Kc7 58. Ta7†, Kb8 59. T:f7, L:f7 60. Se6, g5 61. Kc5, Le8 Kb6 usw.

Schwarz gibt auf.

Partie Nr. 156

Denker — **Yanofsky**

Angenommenes Slawisch

1. d2—d4	**d7—d5**
2. c2—c4	**c7—c6**
3. Sb1—c3	**Sg8—f6**
4. Sg1—f3	**d5 : c4**
5. e2—e3	**b7—b5**
6. a2—a4	**b5—b4**
7. Sc3—a2	**e7—e6**
8. Lf1 : c4	**Sb8—d7**

Schwarz tut besser daran, die Entwicklung dieses Springers noch hinauszuschieben.

9. 0—0	**Lc8—b7**
10. Dd1—e2	**c6—c5**
11. Tf1—d1	**Dd8—c7**

In Nr. 143 geschah 11.., Db6, worauf Weiß ruhig mit 12. b3 fortsetzte.

Hier nimmt das Spiel einen ganz anderen Verlauf.

12. e3—e4

Ein hübsches unternehmendes Bauernopfer. Weiß trachtet den Umstand, daß der Gegner noch nicht bereit steht für die Rochade, kräftig auszunützen. Auf 12..., L:e4 oder 12..., S:e4 würde 13. d5 folgen, mit starkem Angriff.

12.	**Lf8—e7**
13. Lc1—g5	

Aber das ist übertrieben. Mit 13. d5! konnte Weiß gefahrlos ein schönes Spiel erlangen.

13.	**h7—h6**

Und das ist wieder zu ängstlich. Schwarz hätte dieses zweite Bauernopfer annehmen sollen: 13..., L:e4!

14. Lg5 : f6 Le7 : f6
15. e4—e5?

Weiß leitet eine fehlerhafte Kombination ein, statt mittels 15. d:c5! einfach einen Bauern zu erobern.

15. .... Lf6—e7
16. d4—d5 e6 : d5
17. e5—e6?

Die unglückselige Kombination.

17. .... f7 : e6
18. Lc4—b5 0—0—0!

Die Widerlegung der Kombination. Weiß hatte den Textzug völlig ausser Acht gelassen.

19. De2 : e6 Dc7—d6
20. De6—h3 Le7—f6

Nun besitzt Schwarz einen gesunden Mehrbauern und ein gewaltiges Uebergewicht im Zentrum. Er steht auf Gewinn.

21. Td1—d2 Kc8—b8
22. Sa2—c1 Sd7—e5
23. Sf3 : e5 Lf6 : e5
24. Sc1—d3 Le5—f6
25. Ta1—e1 Lb7—c8
26. Dh3—h5 g7—g6?

Schwarz revanchiert sich mit einer nicht minder fehlerhaften Kombination.

Nach 26..., c4! hätte Weiß die Partie schon so ungefähr aufgeben können.

27. Dh5 : g6 Td8—g8
28. Dg6—h5 Lc8—g4
29. Dh5—f7 Tg8—f8
30. Df7—g6 Th8—g8
31. Dg6 : h6 a7—a6

Erobert eine Figur, aber es wird ein teurer Spaß.

32. Lb5 : a6 Dd6 : a6
33. Dh6—f4† Kb8—a8
34. Sd3 : c5 Da6—c6
35. Df4 : b4

Welch eine Veränderung! Weiß hatte einen Bauern weniger und war verloren, jetzt, nachdem er fünf Bauern für einen Läufer erbeutete, steht er auf Gewinn.

35. .... Lg4—c8
36. Db4—a5† Ka8—b8
37. Td2—d3

Ja nicht 37. T:d5? (um nach 37..., D:d5? mit 38. Sa6† die Dame zu erobern) wegen 37..., T:g2†! usw.

37. .... Lf6—d8
38. Td3—b3† Lc8—b7

Stellung nach 38. .... Lc8—b7

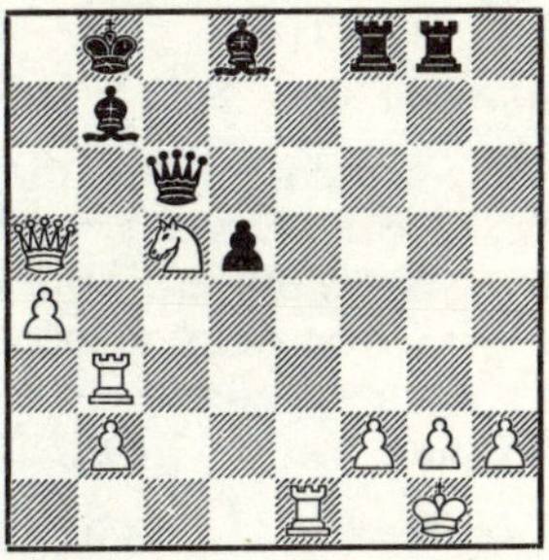

Eine bunte Stellung, aber sie ist für Schwarz hoffnungslos.

39. Sc5 : b7?

Einfach 39. T:b7†, D:b7 40. S:b7, L:a5 41. S:a5 hätte gewonnen, da dem Weissen vier Bauern geblieben wären für die Qualität.

39. .... Tg8 : g2†!

Eine unangenehme Ueberraschung für Weiß.

40. Kg1 : g2 d5—d4†
41. Kg2—f1

Hier überzeugten sich die Spieler während der Pause, daß nur noch ein ewiges Schach in der Stellung liegt: 41..., Dh1† 42. Ke2, De4† 43. Kf1 usw. (denn nach 43..., Dh1† 44. Ke2, Te8† 45. Kd1 könnte Schwarz noch in Nachteil geraten).

Remis.

Partie Nr. 157

Boleslawski — **Kotow**

Caro-Kann

1.	e2—e4	c7—c6
2.	**Sb1—c3**	**d7—d5**
3.	**Sg1—f3**	**d5 : e4**
4.	**Sc3 : e4**	**Sb8—d7**
5.	**Lf1—c4**	**Sg8—f6**
6.	**Se4 : f6†**	**e7 : f6**

Warum nicht 6..., S:f6 ...?

Das Zurücknehmen mit dem e-Bauern, eine u. a. auch von Flohr gerne angewandte Spielweise (siehe Nr. 75), mag allerlei taktische Chancen bieten — besonders gesund ist es gewiß nicht.

7.	**0—0**	**Lf8—e7**
8.	**d2—d4**	**Sd7—b6?**

Viel besser war 8..., b5 und dann erst 9.., Sb6. In dieser Variante ist energisches Auftreten besonders wichtig für Schwarz.

9.	**Lc4—b3**	**0—0**
10.	**h2—h3**	**Tf8—e8**
11.	**c2—c4**	

Da Weiß diese Aufstellung ungehindert erreichen konnte, steht er ausgezeichnet.

11.	....	**Lc8—e6**
12.	**Dd1—d3**	**g7—g6**

Auch ein schlechter Zug; Schw. versäumt die Gelegenheit, seinen Springer auf bessere Felder zu bringen. Geboten war 12..., Sd7, drohend 13..., Sc5; auf 13. Td1 konnte dann 13..., Ld6 folgen, während nach 13. Lc2 die Antwort 13..., g6 mit der kleinen Drohung 14..., Lf5 verbunden gewesen wäre.

13.	**Lc1—f4**	**Dd8—d7**
14.	**Ta1—d1**	**Ta8—d8**

Schwarz hat zwar alle Figuren entwickelt, aber unzweckmäßig entwickelt: der Springer leistet nichts, die Läufer versperren die e-Linie und stehen ausserdem derart, daß der weiße Damenbauer fortwährend unter Tempogewinn vorzurücken droht, und schließlich ist die Dame sozusagen den Unbilden der Witterung ausgesetzt.

15.	**Dd3—c3**	**Dd7—c8**
16.	**Td1—c1**	**Le7—d6**

Schwarz stand wohl schon auf Verlust, aber nach dem Textzug wird die Sache jedenfalls klar.

17.	**Lf4 : d6**	**Td8 : d6**
18.	**d4—d5 !**	

Nach 18. c5?, Sd5 wäre Schwarz im Vorteil.

18.	....	**Le6—d7**

Auf 18..., c:d5 würde nun 19. c5 eine Figur gewinnen (19..., d4 20. Dd2!).

19.	**Dc3—d2**	

Nun droht 20. c5 mit Qualitätsgewinn.

19.	....	c6—c5

Pariert die Drohung, führt jedoch zu einer hoffnungslos passiven Stellung, in welcher Schw. langsam totgedrückt wird.

Es wäre noch vernünftiger gewesen, mittels 19..., Te4 20. c5, T:d5 die Qualität zu opfern.

20. Dd2—f4 Dc8—b8
21. Tc1—e1

Nach 21. Tfe1 könnte Schwarz seine Aufgabe ein wenig durch Abtausch erleichtern: 21.., Tde6! usw.

21. .... Te8—d8
22. Sf3—d2

Droht 23. Se4.

22. .... f6—f5
23. Sd2—f3 f7—f6
24. h3—h4 Ld7—e8
25. a2—a4 !

Diesen Bauern darf Schwarz nicht nehmen, denn auf 25.., S:a4 gewinnt 26. T:e8†, und nach 25..., L:a4 26. L:a4, S:a4 entscheidet 27. Te7 mit der Drohung 28. Dh6, da Schwarz auf d7 nicht opponieren kann: 27..., T6d7 28. D:b8 usw., oder 28..., T8d7 29. T:d7 usw.

25. .... a7—a5
26. Te1—e7 Le8—f7
27. Tf1—e1 Sb6—c8
28. Te7—e3 Db8—c7
29. h4—h5 Td6—d7
30. Df4—h6 Dc7—d6
31. h5 : g6 h7 : g6
32. Sf3—d4 !

Diese kleine Kombination bringt dem Anziehenden einen Bauern ein. Der Springer darf nicht genommen werden, denn es droht 33. Th3 mit sofortiger Entscheidung.

Stellung nach 32. Sf3—d4!

32. .... Dd6—f8
33. Sd4 : f5 !

Die Pointe. Wieder darf der Springer nicht genommen werden.

33. .... Df8 : h6
34. Sf5 : h6† Kg8—g7
35. Sh6 : f7 Kg7 : f7

Der Pulverdampf hat sich verzogen; auf dem Schlachtfeld liegt ein Toter, der leicht zu identifizieren ist.

36. Lb3—c2 Td8—h8
37. g2—g3 Sc8—d6
38. b2—b3 Sd6—c8
39. Kg1—g2 Th8—g8
40. g3—g4 Tg8—h8
41. Kg2—g3 Td7—d8
42. Te3—e6 Td8—d6
43. Te6 : d6 Sc8 : d6
44. Te1—e6 Sd6—c8
45. g4—g5 !

Dadurch erobert Weiß zwei wichtige Felder: f6 für den Turm und e5 für den König.

Boleslawskis Gewinnführung entbehrt nicht eines gewissen Reizes. (Um es mit einer bekannten, einer gewissen Albernheit nicht entbehrenden Bewunderungsformel auszudrücken.)

45.	....	f6—f5
46.	Lc2—d1	Th8—e8
47.	Te6—f6†	Kf7—g7
48.	Ld1—f3	Te8—d8
49.	Kg3—f4	Sc8—d6
50.	Lf3—g2	

Sonst dürfte der weiße König nicht nach e6 gehen wegen Sf7: g5†:f3.

50.	....	Sd6—f7
51.	Tf6—b6	Sf7—d6
52.	Kf4—e5	Sd6—f7†
53.	Ke5—f4	Sf7—d6
54.	Kf4—e5	Sd6—f7†
55.	Ke5—e6	Td8—e8†
56.	Ke6—d7	Te8—e2
57.	d5—d6	

Abgebrochen und nicht fortgesetzt. Nach 57..., T:f2 58. Ld5 müßte sich bereits der Springer für den d-Bauern opfern.

Schwarz gibt auf.

Partie Nr. 158

O'Kelly — **Tartacover**

Sizilianisch

1.	e2—e4	c7—c5
2.	Sg1—f3	Sb8—c6
3.	d2—d4	c5 : d4
4.	Sf3 : d4	Sg8—f6
5.	Sb1—c3	d7—d6
6.	Lf1—e2	e7—e5
7.	Sd4—b3	

In Nr. 123 geschah 7. Sf3, aber der Textzug erscheint uns noch besser; denn er bietet den grossen Vorteil, daß Weiß bei entsprechender Gelegenheit ungesäumt f2—f4 ziehen kann.

In der 9. Matchpartie Schlechter-Lasker erwies sich Sd4—b3 als schwach, jedoch waren dort die Züge d7—d6 und Lf1—e2 unterblieben; die Zugfolge war 5..., e5 (statt 5..., d6) 6. Sb3, Lb4!. Dieser letztere Zug ist hier nicht möglich.

7.	....	a7—a5

Die Fortsetzung 7..., h6 (siehe Nr. 123) wäre hier im Hinblick auf f2—f4 bedenklich, z. B. 8. 0—0, Le7 9. Le3, 0—0 10. f4; in diesem Falle würde sich h7—h6 nur als Zeitverlust und Schwächung geltend machen.

8.	a2—a4	Lc8—e6
9.	Lc1—g5	Lf8—e7
10.	Lg5 : f6	Le7 : f6
11.	Sc3—d5	

Da Weiß dieses Feld erobert hat, steht er gut. Es zeigt sich allerdings, daß die schwarze Stellung genug Widerstandsvermögen besitzt.

11.	....	0—0

Ein Bauernopfer, das Weiß nicht annehmen darf.

12.	Le2—g4	

Auf 12. S:f6†? folgt nicht 12..., g:f6? sondern 12..., D:f6!, wonach 13. D:d6? an 13..., Tfd8 14. Dc5, L:b3 15. c:b3, Sd4 16. Ld1, Dg6 usw. scheitern würde.

12.	....	Lf6—g5
13.	c2—c3	Sc6—e7
14.	Sd5 : e7†	Dd8 : e7
15.	0—0	b7—b6
16.	Lg4 : e6	f7 : e6
17.	Dd1—d3	Tf8—d8
18.	Dd3—b5	d6—d5

Nach diesem Vorstoß kann Weiß nicht mehr viel unternehmen.

Es ist klar, daß 19. D:b6? eine Figur kosten würde: 19..., Tab8 usw.

Stellung nach 18. ..., d6—d5

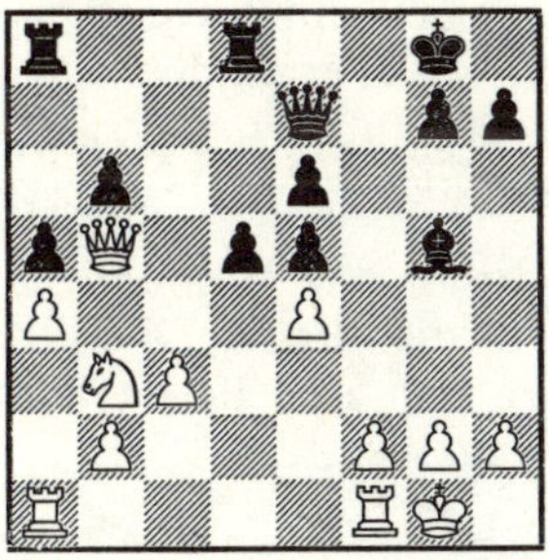

19.	Ta1—d1	De7—d7
20.	Db5 : d7	Td8 : d7
21.	Td1—d3	Ta8—c8
22.	e4 : d5	e6 : d5
23.	Tf1—e1	Lg5—f6

Nicht 23..., e4? wegen 24. T:e4.

24.	Sb3—d2	Td7—d8
25.	f2—f3	Kg8—f7
26.	Kg1—f2	g7—g6
27.	b2—b3	

Droht 28. c4. Sollte der Bauer d5 ziehen müssen, ohne daß der Bauer e5 von der Stelle weicht, dann wäre der Läufer entwertet, wodurch Weiß das überlegene Spiel hätte.

27.	....	e5—e4 !

Diese Auflösung ergibt eine klare Remisstellung.

28.	f3 : e4	Tc8 : c3
29.	Td3 : d5	Td8 : d5
30.	e4 : d5	Tc3—d3
31.	Kf2—e2	

31. Sc4, T:d5 ergibt nur Zugumstellung; Weiß darf nicht 32. S:b6? ziehen wegen 32..., Ld4†. Das ist der Witz der von Schw. herbeigeführten Abwicklung.

31.	....	Td3 : d5
32.	Sd2—c4	Lf6—d8
33.	h2—h3	Ld8—c7

Der Läufer ist zwar in Bezug auf den Damenflügel schlecht, aber das hat weiter keine Bedeutung, hauptsächlich weil Schwarz im Bedarfsfalle b6—b5 durchsetzen kann.

34.	Te1—d1	Td5 : d1
35.	Ke2 : d1	Kf7—e6
36.	Kd1—e2	Ke6—d5
37.	Ke2—d3	Kd5—c5
38.	Sc4—e3	

Remis.

Partie Nr. 159

Bernstein — **Flohr**

Caro-Kann

1.	e2—e4	c7—c6
2.	d2—d4	d7—d5
3.	Sb1—c3	d5 : e4
4.	Sc3 : e4	Sg8—f6
5.	Se4 : f6†	g7 : f6

Diese Art des Zurückschlagens ist nach Ansicht des Kenners Flohr noch schlechter als 5..., e:f6.

6.	c2—c3	e7—e6?

Richtig war 6..., Lf5.

7.	Sg1—e2	Sb8—d7
8.	Se2—g3	Sd7—b6
9.	Lf1—d3	Dd8—d5
10.	0—0	h7—h5?

Ein völlig unbegründetes Bauernopfer.

11.	Ld3—e4	Dd5—d8
12.	Sg3 : h5	f6—f5

13. Le4—f3 Lf8—d6
14. g2—g3

Der Angriff des Nachziehenden (vorausgesetzt, daß hier von einem solchen Angriff überhaupt gesprochen werden darf) ist gründlich abgeschlagen. Weiß besitzt einen Mehrbauern und ausserdem klaren Stellungsvorteil.

14. .... Lc8—d7
15. Tf1—e1 Ke8—f8

Notwendig, aber sehr betrübend.

16. Dd1—e2 Dd8—c7
17. Lc1—g5 Ld6—e7
18. De2—d2 Dc7—d8
19. Lg5 : e7† Dd8 : e7
20. b2—b3 Ta8—d8

Das schwarze Spiel ist aussichtslos.

21. c3—c4 Ld7—e8
22. Dd2—e3 Sb6—d7
23. d4—d5 !

Stellung nach 23. d4—d5!

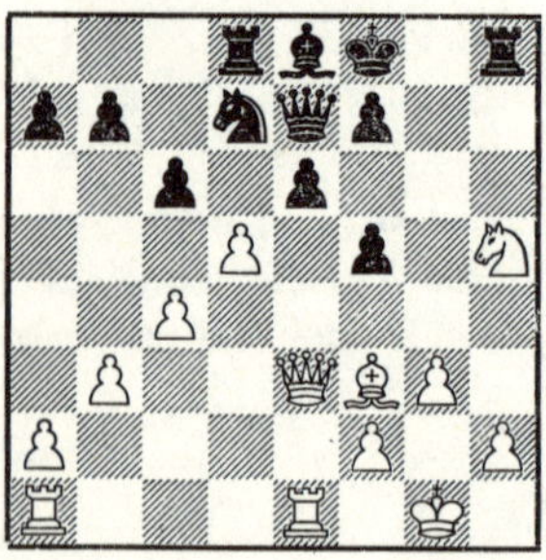

Der entscheidende Durchbruch.

23. .... c6 : d5
24. c4 : d5 f7—f6
25. De3 : e6?

25. Sf4 hätte einfach die Qualität gewonnen und die Partie (25..., Sc5 26. D:c5!).

25. .... De7 : e6
26. d5 : e6 Sd7—e5

Sehr unerfreulich für Weiß, der nun seinen zweiten Mehrbauern zurückgeben muß, um Figurenverlust zu vermeiden.

27. e6—e7† ! Kf8 : e7
28. Sh5—f4 b7—b6

Wie durch ein Wunder hat der Patient die Krise überstanden; er darf sich nun leisen Hoffnungen hingeben.

29. Lf3—g2 Le8—f7
30. Te1—e2 Ke7—f8
31. h2—h4 Kf8—g7
32. Lg2—h3 Td8—d6
33. Lh3 : f5?

Ein Bock, der die Qualität kostet.

33. .... Se5—f3†
34. Kg1—f1 Sf3—d4
35. Lf5—d3 Sd4 : e2
36. Kf1 : e2

Sogar jetzt noch steht Weiß etwas besser.

36. .... Th8—c8
37. g3—g4 a7—a5
38. g4—g5 f6 : g5
39. h4 : g5 a5—a4
40. g5—g6 Tc8—e8†
41. Ke2—f3 Td6 : d3† !

Mit diesem Rückopfer der Qualität führt Schwarz eine klare Remisstellung herbei. Es ereignen sich weiter keine Unglücks- oder Zwischenfälle.

42. Sf4 : d3 Lf7 : g6
43. Sd3—f4 Lg6—f7
44. Ta1—g1† Kg7—f6
45. b3 : a4 Te8—a8
46. Tg1—b1 Ta8 : a4
47. Tb1 : b6† Kf6—e7

48.	Kf3—g4	Ta4 : a2
49.	f2—f3	Ta2—a4
50.	Tb6—b5	Ke7—f6
51.	Tb5—f5†	Kf6—e7
52.	Kg4—g3	Ta4—a3
53.	Sf4—g2	Lf7—e6
54.	Tf5—b5	Le6—d7
55.	Tb5—b6	Ta3—c3
56.	Sg2—h4	Ld7—c6
57.	Sh4—f5†	

Remis.

Partie Nr. 160

Euwe — **Stoltz**

Sizilianisch

1.	e2—e4	c7—c5
2.	Sg1—f3	Sb8—c6
3.	d2—d4	c5 : d4
4.	Sf3 : d4	Sg8—f6
5.	Sb1—c3	d7—d6
6.	Lf1—e2	g7—g6
7.	0—0	Lf8—g7
8.	Sd4—b3	

Die einstweilige Unterlassung von Lc1—e3 bietet allerlei kleine Vorteile von grundsätzlicher Art.

8.	....	Lc8—e6
9.	f2—f4	Dd8—c8
10.	Le2—f3	Le6—c4
11.	Tf1—e1	0—0
12.	Sc3—d5	

Der Kern des weißen Aufbaues: rasche Besetzung des Feldes d5 mit dem Springer. Hier erweist sich dies aber nur als ein vorübergehender Erfolg.

12.	....	Tf8—d8
13.	c2—c3	e7—e6 !

Zwingt Weiß zur Abwicklung (es sei denn, daß sich dieser auf die unklaren Folgen von 14. Se3 einläßt).

14.	Sd5 : f6†	Lg7 : f6
15.	Lc1—e3	Lf6—g7

Das Spiel bietet ungefähr gleiche Aussichten.

16.	Sb3—d4	e6—e5

In Verbindung mit dem nächsten Zuge von Schwarz eine ideale Auflösung des Zentrums.

17.	Sd4—e2	d6—d5

Ein zeitweiliges Bauernopfer.

18.	e4 : d5	Sc6—e7
19.	f4 : e5	Lg7 : e5
20.	Le3—g5	

Der Beginn von Verwicklungen, die darauf zurückzuführen sind, daß sich der Anziehende bemüht, sein momentanes Uebergewicht irgendwie geltend zu machen, allerding ohne Erfolg.

20.	....	f7—f6
21.	Se2—d4	Se7 : d5
22.	Te1 : e5	f6 : e5
23.	Lg5 : d8	Dc8 : d8
24.	Sd4—c2	

Weiß hat nichts erreicht, denn der vereinzelte e-Bauer des Gegners ist gewiß nicht schwach. Es war daher angezeigt, auf Vereinfachung zu spielen: 24. L:d5† und 25. Sf3.

Infolge des Textzuges gerät Weiß in Schwierigkeiten.

24.	....	Dd8—b6†
25.	Kg1—h1	Sd5—f4
26.	Sc2—a3	Lc4—e6

Mittels 26..., Sd3 27. S:c4, Sf2† 28. Kg1, Sh3† usw. hätte Schwarz bereits ewiges Schach erzwingen können. Er trachtet jedoch mit

Fug und Recht, mehr zu erreichen.

27. Dd1—c2	**Ta8—d8**
28. Ta1—d1	

Die einzige Möglichkeit, um sich Luft zu verschaffen, sei es auch unter Materialverlust.

28.	**Td8 : d1†**
29. Dc2 : d1	**Db6 : b2**
30. Dd1—d8†	**Kg8—f7**
31. Dd8—c7†	**Kf7—e8**
32. h2—h3	

Stellung nach 32. h2—h3

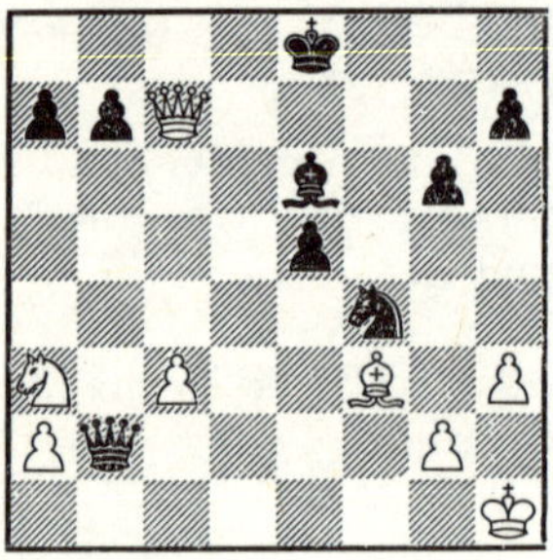

Weiß spielt lieber ein Endspiel mit einer Figur weniger, wobei aber die Damen auf dem Brett bleiben, und er fortwährend mit Drohungen arbeiten kann, als das Endspiel, welches nach 32. Db8†, Kd7 33. D:b7†, D:b7 34. L:b7 34. L:b7, L:a2 entstünde. In diesem letzteren Fall hätte Weiß nur einen Bauern weniger, jedoch keine Aussicht auf Verwicklungen.

32.	**Db2 : a3**
33. Dc7 : e5	**Da3—c1†**
34. Kh1—h2	**Dc1—d2**
35. Lf2 : b7	

Es ist noch genug Leben in der Bude.

35.	**Ke8—e7**

Auf 35..., Kf7 setzt Weiß mit 36. Dc7† fort.

36. De5—g7†	**Le6—f7**
37. Dg7 : h7	**Dd2 : c3?**

Hier versäumt Schwarz die starke Fortsetzung. 37..., Dd6!.

38. Dh7—h4†	**Dc3—f6**
39. Dh4—f2	**a7—a5**

Nach 39..., Db6 40. D:f4, D:b7 41. De5† hätte Schwarz wenig Aussicht, den Schachs zu entgehen, ohne den Bauern a7 im Stich zu lassen (was gleichbedeutend wäre mit Remis).

40. Df2—a7 !	

Erzwingt das Remis.

40.	**Df6—d6**
41. Lb7—d5†	**Ke7—f6**

Ein letzter Gewinnversuch: Nach 41.., Kd8 42. D:a5† hält Weiß remis durch ewiges Schach.

42. Da7 : f7†	**Kf6—g5**
43. h3—h4†	**Kg5—h6**
44. Lb7—f3	

Nach 44. Lb3? wegen 44..., Se2† 45. Kh1, Dc5! 46. Kh2, Dg1† 47. Kh3, Dh1† 48. Kg4, D:g2 matt.

Nach dem Textzug geht diese Variante nicht, da der Bauer g2 gedeckt ist.

44.	**Sf4—e2†**
45. Kh2—h1	**Dd6—d1†**
46. Kh1—h2	**Dd1—d6†**
47. Kh2—h1	

Remis.

17. RUNDE

MITTWOCH, 4. SEPTEMBER 1946

161. Stoltz—Vidmar	0—1
162. Flohr—Euwe	½—½
163. Tartacover—Bernstein (abgebrochen)	½—½
164. Kotow—O'Kelly	1—0
165. Yanofsky—Boleslawski	½—½
166. Kottnauer—Denker	1—0
167. Christoffel—Botwinnik	0—1
168. Guimard—Steiner	½—½
169. Najdorf—Smisloff (abgebrochen)	½—½
170. Szabo—Lundin	0—1

Es war Euwe nicht beschieden, sich der alleinigen Führung lange zu erfreuen, er steht nun wieder gleich mit Botwinnik. Der Exweltmeister hatte Schwarz gegen Flohr, das ist eine Partie, in der im allgemeinen für den Nachziehenden nichts zu holen ist, bestimmt nicht, wenn Flohr keine Gewaltstreiche ausführt, und dazu zeigte er heute nicht die mindeste Lust. Im Handumdrehen standen ungleiche Läufer auf dem Brett, und leise lächelnd spielten die beiden Gegner weiter bis zu dem obligaten dreißigsten Zug.

Botwinnik spielte auch mit Schwarz, aber gegen Christoffel, und hatte es daher viel leichter als Euwe. So sollte man meinen. Aber davon war keine Rede, im Gegenteil, der Schweizer konnte an einer Stelle sogar ausgezeichnetes Spiel erlangen. Er wollte indessen noch besser als gut spielen, wodurch Botwinnik die Gelegenheit erhielt, eine geniale Kombination auszuführen. Allerdings nicht, um zu gewinnen, sondern um die Verlustgefahr abzuwenden. Er führte ein Endspiel herbei, in welchem er für einen geopferten Bauern ausreichenden Ersatz hatte. Christoffel setzte gut fort und hatte noch einen Zug nötig, um seine Stellung zu konsolidieren, einen naheliegenden, selbstverständlichen Zug; aber er schoß statt dessen einen positionellen Bock, wodurch seine Stellung mit einem Schlag hoffnungslos wurde.

Die schönste Partie dieser Runde und zugleich — wie später offiziell festgestellt werden sollte — die schönste des ganzen Turniers lieferte Lundin. Nach bemerkenswert feiner Eröffnungsbehandlung erlangte er gegen Szabo ein günstiges Mittelspiel, widerlegte einen feindlichen Gewinnversuch mit einem glänzenden Qualitätsopfer und erlangte unwiderstehlichen Königsangriff, den er prächtig durchführte, damit zugleich einen prächtigen Turnierstand erlangend.

Weniger glänzend, um nicht zu sagen matt, war die Leistung des andern Schweden. Der hatte Weiß gegen Vidmar und verstand es bereits in der Eröffnung, in Verluststellung zu geraten. Ein gedeckter schwarzer Freibauer erschien auf c3, wirkte lähmend auf Stoltzens weitere Unternehmungen und brachte schließlich mittelbar die Entscheidung. So hat denn nun auch Vidmar einen Gewinnpunkt! Es war allerdings schon die höchste Zeit dazu.

Najdorf war sehr nahe daran, Smisloff zu besiegen. Der Russe war in Schwierigkeiten geraten und suchte sein Heil in wilden Verwicklungen, ungeachtet des Verlustes zweier Bauern. Dieses beherzte Auftreten wurde belohnt: Najdorf geriet in Zeitnot, versäumte an zwei Stellen eine günstige Abwicklung, und wurde schließlich zu neuer Abwicklung nach dem Wunsche seines Gegners genötigt, wobei sich eine öde Remisstellung ergab. Allerdings behielt Najdorf dabei einen Mehrbauern, und er nahm dies zum Anlaß, die Partie fortzusetzen und sogar abzubrechen. Das verschaffte ihm die Befriedigung, Smisloff wenn schon nicht geschlagen, so doch wenigstens geschleppt zu haben.

Kotow schlug O'Kelly mit derselben Variante des Angenommenen Damengambits, die in der 12. Runde den Kurzschluß Najdorf—Christoffel verursacht hatte. Die von O'Kelly gewählte Abweichung erwies sich als ebenso aussichtslos wie die von Christoffel gewählte Fortsetzung.

Denker spielte, wie er die meisten Partien seit seiner Niederlage gegen Euwe gespielt hatte: zwar unternehmungslustig, aber ohne rechte Konzentration. Dennoch gelang es ihm, den schwierigen Teil der Partie gut zu durchstehen. Im letzten Augenblick beging er jedoch einen schweren Positionsfehler, wodurch Kottnauer einen rasch entscheidenden Angriff erhielt. Der Amerikaner hatte es diesmal nicht nötig, nach New York zu telephonieren, denn Frau Denker befand sich im Saal; sie war vor zwei Tagen zusammen mit Fine in Groningen angekommen. Der in Moskau auszutragende Länderwettkampf USA—USSR steht vor der Tür, und drei der amerikanischen Kreuzritter, nämlich Denker, Fine und Steiner, werden sich via Groningen nach dem Schlachtfeld begeben.

Weil gerade von Kreuzrittern die Rede ist, drängt sich die Partie Guimard—Steiner auf. Der letztere dankt es nur der Schöngeistigkeit seines Gegners, daß er noch mit heiler Haut davongekommen ist. Guimard konnte es nicht unterlassen, schön zu spielen. Er brannte ein Feuerwerk nach dem andern ab und jagte den schwarzen König über das ganze Brett, erreichte aber damit nur ein Remisendspiel mit ungleichen Läufern; mit einfachem Spiel hätte er bequem entscheidenden Vorteil erlangen können.

Pech hatte auch Boleslawski. Er hatte gegen Yanofsky dieselbe Variante der Sizilianischen gewählt, mit welcher er in der 13. Runde gegen Stoltz gewonnen hatte, kam auch diesmal in Vorteil und hätte im Endspiel leicht gewinnen können. Nachdem er sich jedoch die entscheidende Fortsetzung entgehen ließ, glichen sich die Spiele völlig aus.

Auf eigenartige Weise geriet Tartacover in entscheidenden Nachteil. Er stand gut, als ihm ein böser Dämon plötzlich einredete, er habe einen groben Fehler begangen und müsse seinen wertvollsten Bauern verlieren. Das war ganz und gar unzutreffend, aber der gute Tartacover, leichtgläubig wie mißtrauische Menschen schon sind, schenkte der propagandistischen Einflüsterung Glauben und trat den Bauern ab. Nun stand er auf Verlust, aber sein Gegner Bernstein machte die Partie schließlich auf eine nicht minder merkwürdige Weise remis. Er führte eine Kombination aus, die an eine Reise Paris—London über New York erinnert. Solche Umwege sind nicht empfehlenswert, am wenigsten in Stellungen, wo der Gewinn in einem Zuge zu erzwingen ist. Bernstein übersah bei seiner Kombibination den (man muß zugeben: ungewöhnlich langen) Damenzug a8—g2 und erreichte dadurch nur ein völlig gleichstehendes Damenendspiel. Bernstein ließ es zum Abbruch kommen, vielleicht, weil ihm bekannt war, daß manche Dinge mit der Zeit besser werden, zum Beispiel Wein. Aber mit Schachstellungen ist dies nicht der Fall.

Stand nach der 17. Runde: Botwinnik, Euwe je 13½; Smisloff 11½; Flohr, Szabo je 10; Boleslawski, Lundin, Najdorf, Stoltz je 9½; Denker, Kotow, Kottnauer, Tartacover je 8½; Yanofsky 7½; Guimard 6½; Steiner 6; Bernstein, Vidmar je 5½; Christoffel 4½; O'Kelly 4.

Partie Nr. 161

Stoltz — **Vidmar**

Katalonisch

1.	d2—d4	Sg8—f6
2.	c2—c4	e7—e6
3.	**Sb1—c3**	**d7—d5**
4.	**Sg1—f3**	**Lf8—e7**
5.	**g2—g3**	

Eine weniger gangbare Form der Katalonischen; der weiße Damenspringer steht bereits auf c3, wodurch b7—b5—b4 sehr stark werden kann.

In dieser Eröffnung ist es empfehlenswert, mit der Entwicklung des Sb1 abzuwarten.

5.	....	**0—0**
6.	**Lf1—g2**	**d5 : c4**
7.	**Dd1—a4?**	

Unter den gegebenen Umständen ein schwacher Zug. Richtig war 7. Se5!, nach 7..., c5 würde dann Sb1—c3 positive Bedeutung erlangen, da Weiß mit 8. d5! fortfahren könnte.

7.	....	**a7—a6**

Droht 8..., b5 (9. S:b5?, Ld7!).

8.	**Da4 : c4**	**b7—b5**
9.	**Dc4—d3**	**Lc8—b7**
10.	**Lc1—g5**	**Sb8—d7**
11.	**0—0**	**c7—c5**

Schwarz hat bereits das bessere Spiel erlangt.

12. Ta1—d1

Nach 12. d:c5, S:c5 13. D:d8, Tf:d8 steht Weiß sehr unbehaglich mit Rücksicht auf die Drohung 14..., b4.

Der Zug Sb8—d7 bildet eine Verstärkung gegenüber der 8. Matchpartie Bogoljubow-Eliskases 1939, wo im übrigen dieselbe Stellung erreicht wurde.

12.	....	**h7—h6**
13.	**Lg5—c1**	

Weiß kann nicht 13. Lh4 ziehen wegen 13..., g5. Das beweist, daß der Zug Lc1—g5 wenig zur Katalonischen Eröffnung paßt.

13.	....	**b5—b4 !**
14.	**Sc3—a4**	**Lb7—e4**
15.	**Dd3—d2**	**Dd8—a5**
16.	**b2—b3**	

Nur 16. S:c5 bot noch einige Aussicht auf Konsolidierung.

16.	....	**c5—c4 !**
17.	**Sf3—e1**	**c4—c3**

Stellung nach 17. ..., c4—c3

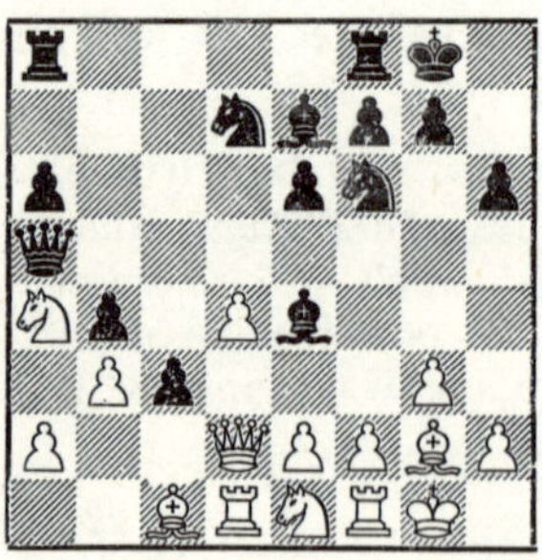

Nun hat Schwarz eine strategisch gewonnene Partie.

18.	**Dd2—f4**	**Le4 : g2**
19.	**Se1 : g2**	**Sf6—d5**
20.	**Df4—e4**	**Ta8—c8**
21.	**De4—c2**	**Le7—d8**

Der Läufer strebt nach dem guten Feld b6.

22. f2—f4

Die einzige Gegenchance des Anziehenden besteht in einem Bauernsturm auf den Königsflügel.

22.	....	**Sd5—b6**
23.	**Sa4 : b6**	**Ld8 : b6**
24.	**Sg2—e3**	**Da5—h5**
25.	**g3—g4**	**Dh5—h4**
26.	**Tf1—f3**	**Tf8—d8**
27.	**Tf3—g3**	**Sd7—f8**
28.	**Se3—g2**	**Dh4—e7**
29.	**e2—e3**	**Td8—d5**
30.	**Td1—f1**	**f7—f6**
31.	**h2—h4**	

Die Gegenaktion des Weissen ist im Rollen, aber sie bietet wenig Aussicht auf Erfolg, da der Nachziehende genügend Streitkräfte bei der Hand hat, um den Angriff aufzuhalten. Es kommt der Verteidigung zugute, daß der Bauer c3 die Bewegungsfreiheit mehrerer Figuren des Weißen stark einschränkt.

31.	....	**Dc7—d6**
32.	**Dc2—f2**	**Lb6—c7**
33.	**Sg2—e1**	**e6—e5**

Dieser Gegenstoß zwingt Weiß zu einem Bauernopfer.

34. Se1—d3

Die einzige Chance. Weiß muß die d-Linie geschlossen halten, sonst würde der Angriff sofort auf die Gegenpartei übergehen.

34.	....	c5 : d4
35.	e3—e4	Td5—a5
36.	g4—g5	h6 : g5
37.	e4—e5	Dd6—e7
38.	h4 : g5	

Das kostet lediglich einen zweiten Bauern und bietet überhaupt keine Aussichten.

Weiß mußte 38. e:f6 versuchen (38..., D:f6 39. h:g5).

38.	....	f6 : e5
39.	f4 : e5	Lc7 : e5
40.	Tg3—h3	Sf8—g6

Nun gewinnt Schwarz ohne jede Schwierigkeit, da seine Königsstellung vollkommen gesichert ist.

41.	Df2—e2	Tc8—f8
42.	Th3—f3	Le5—d6
43.	Tf3 : f8†	Sg6 : f8
44.	De2—g2	De7—e6
45.	Tf1—e1	De6—f5
46.	Te1—d1	Ta5 : a2 !

Schwarz wickelt ab und führt sich dabei noch einen dritten Bauern zu Gemüte.

47.	Dg2 : a2	Df5—g4†
48.	Kg1—f2	Dg4 : d1
49.	Da2 : a6	Dd1 : b3
50.	Da6 : d6	Db3—c2†
51.	Kf2—g1	Dc2 : d3
52.	Dd6—d5†	Kg8—h7
53.	Dd5—h1†	Kh7—g6
54.	Dh1—c6†	Kg6—h5
55.	Kg1—f2	Dd3—f5†
56.	Kf2—g3	Df5—g4†
57.	Kg3—f2	Sf8—g6
58.	Dc6—c7	Dg4—f5†

Stoltz wollte es lange nicht glauben, daß gerade er das Opfer werden sollte von Vidmars Erwachen. Aber jetzt ist weiterer Zweifel ausgeschlossen.

Weiß gibt auf.

Partie Nr. 162

Flohr — **Euwe**

Slawisch

1.	d2—d4	d7—d5
2.	c2—c4	c7—c6
3.	Sg1—f3	Sg8—f6
4.	c4 : d5	c6 : d5
5.	Sb1—c3	Sb8—c6
6.	Lc1—f4	Lc8—f5
7.	Dd1—b3	

Führt zu nichts; besser ist 7. e3.

7.	....	Sc6—a5
8.	Db3—a4†	Lf5—d7
9.	Da4—c2	e7—e6
10.	e2—e3	Ta8—c8
11.	Ta1—c1	Sf6—e4
12.	Lf1—d3	f7—f5

Schwarz hat etwas Führung erlangt, gerade genug, um völligen Ausgleich zu erreichen.

13.	0—0	Lf8—b4
14.	Ld3 : e4	f5 : e4
15.	Sf3—e5	Lb4 : c3

Sofortiges 15..., Lb5? scheitert an 16. Dd1!, mit den Drohungen 17. S:b5 und 17. Dh5†.

16.	b2 : c3	Ld7—b5
17.	Tf1—e1	0—0
18.	f2—f3	e4 : f3
19.	Se5 : f3	Lb5—e8

(Siehe Diagramm)

Das Remis ist bereits als eine vollendete Tatsache zu betrachten: gleiche Entwicklung, ein symmetrisches Zentrum, ungleiche Läufer und nirgends eine Schwäche (auch der rückständige Bauer c3 bildet keine solche, da er nicht angegriffen werden kann).

20.	Sf3—e5	Sa5—c4

Stellung nach 19. ..., Lb5—e8

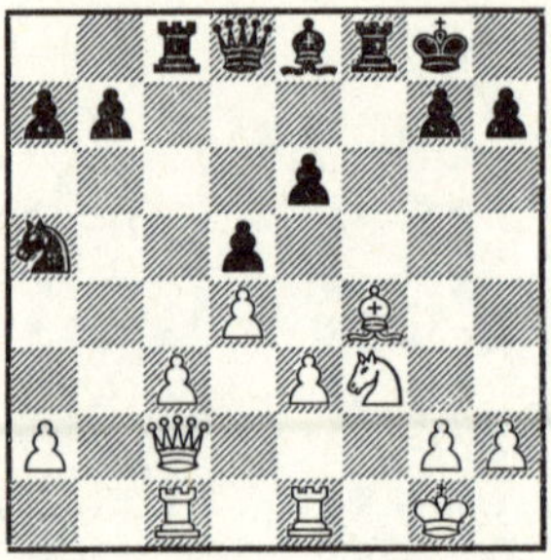

21.	Se5 : c4	Tc8 : c4
22.	Dc2—b2	Dd8—d7
23.	Lf4—g3	Dd7—b5
24.	Te1—e2	Db5 : b2
25.	Te2 : b2	Le8—c6
26.	Tb2—b4	Tc4 : b4
27.	c3 : b4	Tf8—c8
28.	b4—b5	Lc6—d7
29.	Tc1 : c8†	Ld7 : c8
30.	Lg3—b8	Lc8—d7

Remis.

Partie Nr. 163

Tartacover **Bernstein**

Anti-Meraner

1.	Sg1—f3	Sg8—f6
2.	c2—c4	e7—e6
3.	d2—d4	d7—d5
4.	Sb1—c3	c7—c6
5.	e2—e3	Sb8—d7
6.	a2—a3	

Diese Form der Anti-Meraner ist besser als 6. b3 (siehe Nr. 73), aber sie besitzt nicht den positiven Wert von 6. Se5 (Rubinstein!) oder 6. Dc2 (Stoltz!).

6.	...	Sf6—e4

Das begünstigt die Entwicklung des Gegners. Vorzuziehen war 6..., Le7.

7.	c4 : d5	Se4 : c3
8.	b2 : c3	c6 : d5
9.	c3—c4	d5 : c4
10.	Lf1 : c4	Lf8—e7
11.	0—0	0—0
12.	e3—e4	

Man kennt diese Art Stellungen. Weiß steht etwas besser, denn im Mittelspiel ist sein Uebergewicht im Zentrum wertvoller als das des Gegners auf dem Damenflügel.

12.	...	Sd7—b6

Bedenklich, da dieser Springer auf dem Damenflügel nichts leistet, während er auf dem Königsflügel fehlt.

13.	Lc4—d3	Lc8—d7
14.	a3—a4	Ta8—c8
15.	Dd1—b3	Ld7—c6
16.	Lc1—e3	Dd8—d6
17.	Tf1—b1	

Weiß hat eine vielversprechende Stellung aufgebaut. Es liegt eine leichte Ironie darin, daß er gerade durch den Zug 12..., Sb6 Aussichten auf dem Damenflügel erlangte.

17.	....	Tf8—d8
18.	Sf3—e5	Sb6—d7
19.	Se5 : c6	b7 : c6
20.	Db3—c2	

Droht 21. e5 mit Bauerngewinn. Weiß hat seine Stellung weiter verstärkt; er besitzt jetzt auch das Läuferpaar und kann ausserdem einigen Druck ausüben auf den Bauer c6 (obwohl dieser Bauer nicht ausgesprochen schwach ist).

20.	....	h7—h6
21.	Ld3—a6	

Stärker war 21. e5, Dc7 (nicht 21..., Dd5? wegen 22. Le4, Da5 23. Tb7, und auch nicht 21..., S:e5? wegen 22. Lh7† nebst 23. d:e5) 22. La6, Tb8 23. Tc1.

21. .... Tc8—b8
22. Tb1—c1

Das ist vielleicht nicht der stärkste Zug, aber anderseits auch kein Fehler.

22. .... c6—c5

Greift sowohl den La6 an wie den Bauern d4. Tartacover hatte diese Antwort nicht erwartet und erschrak derart, daß er meinte, einen Bauern verlieren zu müssen.

23. La6—b5?

Der Schreck sitzt ihm in den Gliedern, und er übersieht, daß 23. Dd3! (nicht 23. Dc4? wegen 23..., c:d4 24. L:d4, Tb4!) beide Drohungen pariert hätte.

23. .... c5 : d4
24. Tc1—d1 e6—e5

Nun steht Schwarz auf Gewinn; sein enorm starker Mehrbauer muß auf die Dauer die Entscheidung bringen.

25. Le3—d2 Le7—g5 !

Nun muß sich Weiß vom Läuferpaar trennen, denn nach 26. Le1 ginge er auf der c-Linie rasch zugrunde, da seinen Türmen das Feld c1 versagt wäre.

26. Ld2 : g5 h6 : g5
27. Ta1—c1 Sd7—f6
28. Dc2—e2 Td8—c8
29. h2—h3 Tc8—c7
30. De2—f3 Tb8—c8
31. Tc1 : c7 Tc8 : c7
32. Df3—e2 Tc7—c3
33. De2—b2 Dd6—e7

Es drohte 34. D:c3.

34. Lb5—d3 Sf6—d7
35. Db2—b5 g7—g6
36. g2—g3 Kg8—g7
37. Kg1—g2 Sd7—c5
38. Ld3—b1 a7—a6
39. Db5—e8 Sc5—e6

Schwarz manövriert sorgfältig und macht ständig Fortschritte.

40. De8—a8 Dc7—c6
41. Da8 : c6 Tc3 : c6
42. Lb1—a2 Kg7—f6
43. Td1—b1 Kf6—e7
44. La2—d5 Tc6—e5
45. Ld5 : c6

Vom allgemeinen Gesichtspunkt aus betrachtet, müßte der Abtausch der letzten Leichtfigur die Remisaussichten von Weiß erhöhen. Hier jedoch gibt es nichts zu erhöhen, denn der gedeckte Freibauer des Nachziehenden verbürgt auf alle Fälle den Sieg.

45. .... f7 : e6
46. Tb1—b7† Ke7—d6
47. Tb7—g7 Tc5—c1

Droht 48..., d3 usw.

48. Kg2—f3 Tc1—e1

Droht wiederum 48..., d3 usw. Der weiße Turm muß unverrichteter Sache zurückkehren.

49. Tg7—b7 Kd6—c5

Jetzt wäre 49..., d3 schwach wegen 50. Tb3!.

50. Tb7—d7 Kc5—c4
51. Td7—c7† Kc4—d3
52. Tc7—c6 Te1 : e4
53. Tc6 : a6 Te4—e2
54. Ta6 : e6 e5—e4†

55. Kf3—g2 e4—e3!
56. Te6—f6

Stellung nach 56. Te6—f6

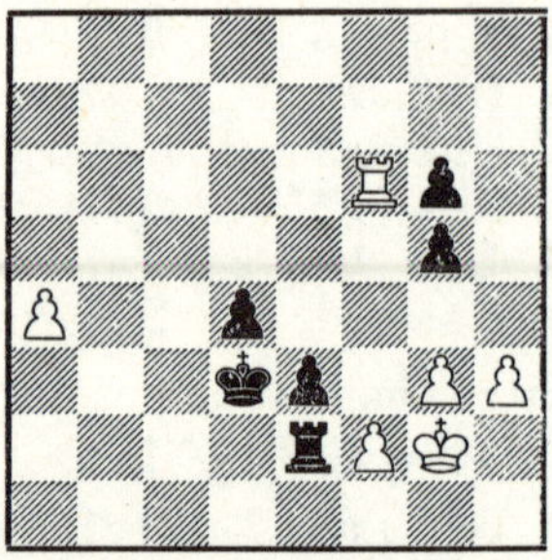

Schwarz hat das Endspiel tadellos behandelt; jetzt braucht er nur noch 56..., Ta2 zu ziehen (ein anderer Zug kommt praktisch überhaupt nicht in Frage), um seinen Gegner zu zwingen, die Partie aufzugeben.

56. .... Te2 : f2†?

Bernstein revanchiert sich für die Halluzination seines Gegners und bringt nun das Kunststück zuwege, diese Partie nicht zu gewinnen. Er unterläßt die einfache Gewinnfortsetzung und wählt statt dessen eine verzwick- Kombination, die nicht stimmt.

57. Tf6 : f2 e3—e2

Auch 57..., e:f2 58. K:f2, Kc2 führt zum Remis.

58. Tf2 : e2 Kd3 : e2
59. a4—a5 d4—d3
60. a5—a6 d3—d2
61. a6—a7 d2—d1D
62. a7—a8D Dd1—f1†
63. Kg2—h2 Df1—f2†
64. Da8—g2!

Diesen Zug hatte Bernstein nicht mitgerechnet; er berücksichtigte nur 64. Kh1?, worauf er mittels 64..., Df3† ein gewonnenes Bauernendspiel herbeiführen wollte. Nach dem Textzug ist nichts mehr zu holen.

64. .... Ke2—e3
65. Kh2—h1! Df2—e1†
66. Kh1—h2 De1—d1
67. Dg2—b7 Dd1—e2†
68. Db7—g2 De2—f3
69. Dg2—g1† Df3—f2†
70. Dg1—g2

Remis.

Partie Nr. 164

Kotow **O'Kelly**

Angenommenes Damengambit

1. d2—d4 d7—d5
2. c2—c4 d5 : c4
3. Sg1—f3 a7—a6
4. e2—e3 Sg8—f6
5. Lf1 : c4 e7—e6
6. 0—0 c7—c5
7. Dd1—e2 Sb8—c6
8. Sb1—c3 b7—b5
9. Lc4—b3 Lc8—b7
10. Tf1—d1 Dd8—c7
11. d4—d5 e6 : d5
12. e3—e4! d5 : e4
13. Sc3 : e4 Sf6 : e4
14. De2 : e4†

Diese Variante wurde bei Partie Nr. 112 besprochen. Dort entstand dieselbe Stellung nach dem 15. Zug von Weiß.

14. .... Dc7—e7

Ebenso genügend wie 14..., Le7 (Nr. 112).

15. De4—f4 Sc6—d8
16. Td1—e1 Sd8—e6
17. Df4—g4 c5—c4

Die lange Rochade scheitert an 18. L:e6†, f:e6 19. Lg5.

18. Lc1—g5 !

Entscheidend.

18. .... h7—h5

Stellung nach 18. ..., h7—h5

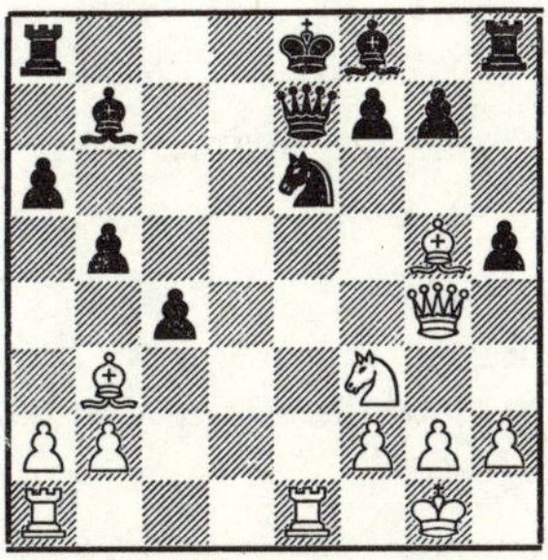

Auf 18..., Dc7 gewinnt 19. T:e6†, f:e6 20. D:e6†, Le7 21. Te1 und 18..., Dd6 ist ebenfalls aussichtslos wegen 19. Tad1, Dc6 20. Lc2 usw.

Schwarz versucht es noch mit verzweifelten Maßnahmen.

19. Dg4—f5 g7—g6
20. Df5—e5 De7—c5
21. De5 : h8 Lb7 : f3

An sich ganz hübsch.

22. Te1—e5 ! Dc5—c6
23. Lb3—c2 Lf3 : g2

Zwei Bauern für die Qualität — das wäre nicht übel. Aber der weisse Angriff bleibt unwiderstehlich.

24. Dh8—f6 Lg2—h1
25. f2—f3 Lh1 : f3

Schwarz kann nicht abwickeln, denn auf 25..., D:f3 gewinnt 26. T:e6†.

26. Lc2 : g6 !

Bricht allen Widerstand.

26. .... Lf8—c5†
27. Lg5—e3 Lc5 : e3†
28. Te5 : e3 Lf3—g4
29. Lg6 : f7† Ke8—d7
30. Lf7 : e6† Lg4 : e6
31. Ta1—d1†

Schwarz gibt auf.

Partie Nr. 165

Yanofsky Boleslawski

Sizilianisch

1. e2—e4 c7—c5
2. Sg1—f3 Sb8—c6
3. d2—d4 c5 : d4
4. Sf3 : d4 Sg8—f6
5. Sb1—c3 d7—d6
6. Lf1—e2 e7—e5
7. Sd4—b3 Lf8—e7
8. Lc1—g5 0—0
9. Dd1—d2?

Bezüglich der Eröffnung siehe Nr. 123 und Nr. 158.

Der Textzug ist schlapp. Besser war 9. L:f6, L:f6 10. Sd5 (siehe Nr. 158).

9. .... a7—a5
10. a2—a4 Sc6—b4 !

Es geht um das Feld d5.

Vor der Rochade wäre dieser Zug nicht gut wegen Le2—b5† (er ging also nicht in Nr. 158).

11. 0—0 h7—h6
12. Lg5—e3

Nach 12. L:f6, L:f6 13. Sd5, S:d5 14. D:d5, Dc7 nebst Le6 befindet sich Schwarz im Vorteil.

12. .... d6—d5 !

Auch jetzt hat Schwarz das bessere Spiel erlangt.

13. e4 : d5 Sf6 : d5
14. Sc3 : d5 Sb4 : d5
15. Le3—c5 Sd5—f4
16. Lc5 : e7

Zu erwägen war 16. Tfd1.

16. .... Dd8 : e7
17. Le2—f3 Lc8—f5
18. Tf1—e1 Tf8—e8
19. Kg1—h1

Auf 19. S:a5? gewinnt 19..., Dg5! (Droht Damengewinn) 20. Sb3, e4 usw.

19. .... Ta8—c8
20. Lf3—e4?

Führt rasch zu schwerem Nachteil. Aber Weiß befand sich bereits in einer schwierigen Lage.

20. .... Lf5 : e4
21. Te1 : e4 De7—g5
22. f2—f3 f7—f5
23. Te4—e1 e5—e4!

Stellung nach 23. ..., e5—e4!

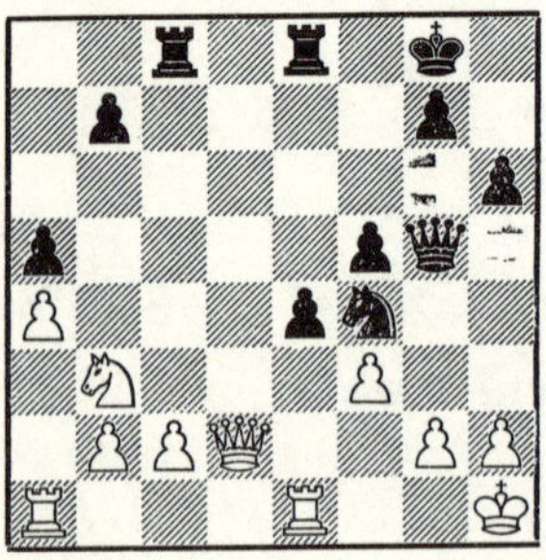

Droht 24..., e3 und verschafft sich dadurch ein sehr günstiges Endspiel. Weiß hat nämlich nichts Besseres als die nun folgende Abwicklung.

24. g2—g3 Sf4—h3
25. Dd2 : g5 Sh3 : g5
26. f3—f4

Erzwungen; denn auf 26. f:e4 gewinnt 26..., T:c2 (27. e:f5, T:e1† 28. T:e1, Sf3).

26. .... Sg5—f3
27. Te1—e2 b7—b6
28. Ta1—c1 Te8—d8
29. Kh1—g2 Tc8—c4
30. Tc1—a1 Kg8—f7

Etwas genauer war 30..., g5.

31. h2—h4 Td8—c8

Provoziert c2—c3 und erobert auf diese Weise das Feld d3. Schwarz kommt langsam aber sicher vorwärts.

32. c2—c3 Tc8—d8
33. Te2—f2 Td8—d3
34. Tf2—f1 Tc4—c6
35. Tf1—d1 Tc6—d6
36. Td1 : d3 Td6 : d3
37. Ta1—f1 Kf7—e6?

Es ist beinah unbegreiflich, daß ein Spieler von der Stärke Boleslawskis hier den so einfachen Gewinn nicht sieht.

Nach 37..., Sd2! 38. S:d2, T:d2† hätte Weiß die Partie aufgeben können. (39. Tf2, e3!)

38. Tf1—c1 g7—g6

Nun hätte Schwarz wenigstens das folgerichtige 38..., Kd5 wählen sollen.

39. Kg2—f2 Ke6—e7
40. Kf2—e2 Sf3—h2

Der Vorteil des Nachziehenden hat sich bereits stark verflüchtigt.

41. Tc1—g1 Sh2—f3

Nur 41..., Sg4 hätte noch schwache Aussichten geboten.

Nach dem Textzug erzwingt Weiß den Turmtausch und erreicht damit eine klare Remisstellung.

42.	Tg1—d1	Td3 : d1
43.	Ke2 : d1	Ke7—d6
44.	c3—c4	Sf3—h2

Remis.

Partie Nr. 166

Kottnauer — **Denker**

Damen-Indisch

1.	c2—c4	Sg8—f6
2.	Sg1—f3	e7—e6
3.	g2—g3	b7—b6
4.	Lf1—g2	Lc8—b7
5.	d2—d4	Lf8—e7
6.	0—0	0—0
7.	Sb1—c3	Sf6—e4
8.	Dd1—c2	Se4 : c3
9.	Dc2 : c3	d7—d6

Vergleiche Nr. 18 und Nr. **114.**

Denker betrachtet es offenbar — im Gegensatz zu der herrschenden Auffassung — nicht als einen Nachteil des Textzuges, daß Weiß nun e2—e4 durchsetzen kann.

10.	Dc3—c2	Dd8—c8
11.	e2—e4	Sb8—d7
12.	b2—b3	Le7—f6
13.	Lc1—b2	g7—g6
14.	Sf3—e1	e6—e5

Schwarz will mit diesem Vorstoß länger warten mit Rücksicht auf 15. f4.

Zu erwägen war aber 14..., c5.

15.	d4—d5	Dc8—e8
16.	f2—f4	

Weiß hatte hier die Wahl zwischen zwei Plänen: f2—f4, mit Angriff auf den Königsflügel, und b3—b4, mit Angriff auf dem Damenflügel. Er entschließt sich zu dem ersteren Plan. Das ist ausgezeichnet.

16.	....	Lb7—c8
17.	Se1—d3	Lf6—g7
18.	b3—b4	

Aber nun schreitet er auch auf dem Damenflügel zum Angriff und lädt sich damit zu viel auf. Besser war 18. f5, z. B. 18.., Sc5 19. Sf2! oder 18..., g:f5 19. T:f5, Sc5 20. Tf2, mit Verhinderung von f7—f5.

Falls Schwarz nach f4—f5 früher oder später g6—g5 gezogen hätte, konnte Weiß sehr gut zu einer Aktion auf dem Damenflügel übergehen.

18.	....	De8—e7
19.	Ta1—e1	a7—a5
20.	a2—a3	Lc8—b7
21.	Lg2—h3	

Droht 22. L:d7 mit Eroberung des Bauern e5.

21.	....	a5 : b4
22.	a3 : b4	Ta8—a2

Man kann nicht behaupten, daß Schwarz besonders gut stünde. Aber es ist auch nicht zu leugnen, daß er durch das etwas allzustürmische Vorgehen des Gegners allerlei Gegenchancen erhalten hat. Weiß muß auf der Hut sein.

23. Te1—a1

Nach 23. Db3, Tfa8 24. L:d7, Erzwungen, denn 16..., D:a7? D:d7 25. f:e5, d:e5 26. S:e5 (26. L:e5?, L:e5 27. S:e5, Dh3 und gewinnt) erhält Schwarz mittels 26..., Da4! ein starkes Gegenspiel. Zu demselben Ergebnis führt 23. L:d7, D:d7 24. f:e5, d:e5 25.Ta1, T:a1 nebst 26..., f5.

23.	**....**	**Ta2 : a1**
24.	**Tf1 : a1**	**e5 : f4**
25.	**Lb2 : g7**	**Kg8 : g7**
26.	**Lh3 : d7**	**De7 : d7**
27.	**Dc2—b2†**	**f7—f6?**

Stellung nach 27. ..., f7—f6?

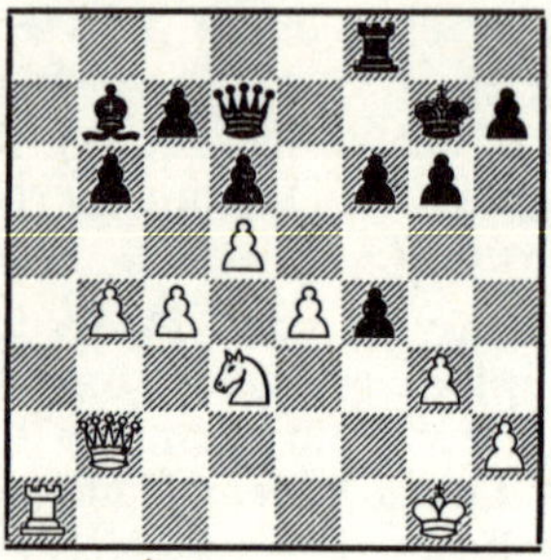

Ein grober Fehler; der Nachziehende hat die nun folgende Antwort völlig ausser Acht gelassen. Nach 27..., Kg8 28. g:f4 hätte Schwarz gute Gegenchancen behalten (allerdings nur im Mittelspiel; das Endspiel nach 28..., Dg4† 29. Dg2, D:g2† wäre sehr günstig für Weiß).

28. Sd3 : f4 !

Dieser an sich inkonsequente Zug hat infolge der durch 27..., f6? hervorgerufenen Schwächung des Feldes e6 eine tödliche Wirkung.

28. .... Tf8—e8

Auf 28..., Ta8 folgt 29. Se6†, Kf7 30. Tf1, De7 31. g4, mit siegreichem Angriff.

Schwarz hofft noch auf 29. Se6†, worauf er mittels 29.., T:e6 Gegenchancen erlangen würde.

29. Ta1—a7 ! Te8 : e4

Verzweiflung. Nach 29..., Lc8 30. Se6†, oder nach 29..., Tb8 30. Se6†, Kf7 31. g4 wäre Schwarz ebenfalls verloren.

30. Ta7 : b7 Te4 : c4

Oder 30..., T:f4 31. g:f4, Dg4† 32. Dg2, Dd1† 33. Df1, Dd4† 35. Kg2, De4† 35. Df3, Dc2† 36. Kg3, und Schwarz hat keine Schach mehr.

31.	**Sf4—e6†**	**Kg7—f7**
32.	**Tb7—b8**	

Schwarz gibt auf.

Partie Nr. 167

Christoffel — **Botwinnik**

Französisch

1.	e2—e4	e7—e6
2.	d2—d4	d7—d5
3.	Sb1—c3	Lf8—b4
4.	e4—e5	c7—c5
5.	Lc1—d2	Sb8—c6
6.	Sg1—f3	

Weiß stellt sich darauf ein, den Bauern d4 zu opfern. Seine Taktik bewährt sich sehr gut.

6.	....	c5 : d4
7.	Sc3—b5	Lb4—c5
8.	a2—a3	Sg8—e7
9.	b2—b4	Lc5—b6
10.	Lf1—d3	Se7—g6
11.	Dd1—e2	

Ruhig und zweckmässig setzt Christoffel seine Entwicklung fort. Er kann damit rechnen, daß er den Bauern d4 schließlich zurückgewinnen wird.

11.	....	Lb6—c7

12. Ld2—g5 Dd8—d7
13. Ld3 : g6 h7 : g6

Den Vorzug verdiente 13.., f:g6.

14. 0—0 0—0?

Erst 14..., Lb8 war unerläßlich.

15. Sb5 : c7 Dd7 : c7
16. Tf1—d1?

Einfach 16. b5 nebst 17. S:d4, und Weiß hätte ein prächtiges Spiel gehabt.

16. .... f7—f6!

Botwinnik erwacht; er sieht ein, daß er sich auf dem Königsflügel nicht passiv verhalten darf und leitet mit dem Textzug eine überraschende Befreiungskombination ein.

17. Lg5—f4 g6—g5
18. Lf4—g3 f6—f5!

Sehr raffiniert.

19. Sf3 : g5

In Betracht kam 19. b5, z. B. 19.., Se7 20. S:g5, f4 21. Dh5, Tf5 22. De8†!, Tf8 23. Dh5, mit Remis durch Zugwiederholung.

19. .... f5—f4
20. De2—h5 g7—g6!
21. Dh5 : g6† Dc7—g7
22. Dg6 : g7† Kg8 : g7
23. Lg3—h4 Sc6 : e5

Stellung nach 23..., Sc6 : e5

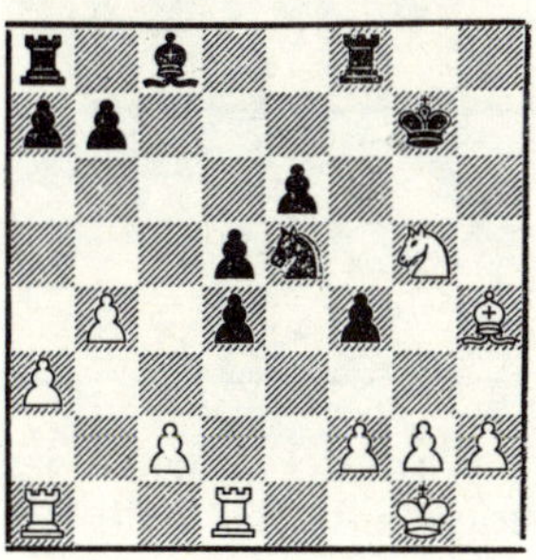

Jetzt zeigt sich die doppelte Bedeutung der Befreiungskombination des Nachziehenden: der Bauer e5 ist beseitigt, wodurch das schwarze Zentrum sehr stark zu werden droht, und die zwei leichten Offiziere des Weißen stehen sehr schlecht (es droht sowohl 24..., Sg6 als auch 24.., Th8).

24. f2—f3

Unternehmender war 24. T:d4, z. B. 24..., Th8 25. T:f4, Sg6 26. Tf7†, Kg8 27. g3! (27. Lg3?, Th5!) 27..., S:h4 28. g:h4, T:h4 29. Tf3, mit ungefähr gleichen Aussichten; oder 24.., Sg6 25. g3! (25. Sf3?, e5 26. T:d5, e4 mit Figurgewinn), und Weiß hat wohl genügend Gegenspiel, da er das feindliche Zentrum im Zaum hält. (25.., Ld7 26. c4!). Der Zug g2—g3 als Deckung für den Lh4 ist an sich zwar abscheulich; aber Weiß hatte sich diese Fortsetzung dank seinem Mehrbauern erlauben dürfen.

24. .... Tf8—f5
25. Sg5—h3

Noch stets hatte es Weiß in der Hand, den Zug g2-g3 zur Grundlage seiner Verteidigung zu machen: T:d4, Sg6 26. g3! usw. Christoffel will jedoch seine Figuren einfach vom Feind loslösen. Auch dieser Plan bietet Aussicht auf Rettung.

25. .... Se5—g6
26. Lh4—f2?

Durch diesen Fehler macht jedoch Weiß die Ausführung seines Planes unmöglich und geht ruhmlos zugrunde.

Das Feld f2 hätte frei bleiben müssen für den Springer: 26. Le1!, e5 27. c3!, Th5 28. Sf2, und Weiß steht noch keineswegs auf Verlust.

26. .... e6—e5
27. c2—c3 Tf5—h5!

Jetzt tödlich, da Weiß L:h3 zulassen muß.

28. c3 : d4 e5—e4!
29. f3 : e4 d5 : e4
30. Kg1—f1 Lc8 : h3
31. g2 : h3 e4—e3

Die verbundenen Freibauern des Nachziehenden verbürgen den Gewinn. Es folgt eine Abschlachtung.

32. Lf2—g1 Ta8—e8
33. Td1—d3 Th5 : h3
34. Ta1—a2 Te8—e7

Da nun dieser Turm gedeckt steht, droht 35..., e2†.

35. Ta2—e2 Kg7—f6
36. Kf1—e1 Sg6—h4
37. Ke1—f1 Th3—f3†
38. Kf1—e1 Te7—g7

Erobert den Läufer.

39. Lg1 : e3 f4 : e3

Dieser Bauer ist zweimal gedeckt (Sg2†).

40. Ke1—d1 Sh4—f5
41. d4—d5 Tg7—g1†
42. Kd1—c2 Tf3—f2

Weiß gibt auf.

Partie Nr. 168

Guimard **Steiner**

Umgekehrtes Damengambit

1. d2—d4 Sg8—f6
2. Sg1—f3 d7—d5
3. e2—e3 c7—c5
4. d4 : c5 Dd8—a5†

Die Mannheimer Variante des Angenommenen Damengambits, aber in der Vorhand.

5. Sb1—d2 Lc8—g4

Etwas keck. Schwarz benimmt sich, als hätte er den Anzug.

6. Lf1—e2 Sb8—d7
7. 0—0 Da5 : c5
8. a2—a3 Ta8—c8
9. c2—c4

Weiß hat bereits ein gutes Spiel erlangt.

9. .... d5 : c4
10. Sd2 : c4 Lg4 : f3

Kein ruhmreiches Ende dieses Läufers.

11. g2 : f3 g7—g6?

Danach erlangt Weiß durch den Gewinn mehrerer wichtiger Tempi ein überlegenes Spiel.

Notwendig (obwohl keinenfalls befriedigend) war 11..., e6.

12. e3—e4 Lf8—g7
13. Lc1—e3 Dc5—c7
14. Ta1—c1 Dc7—b8
15. e4—e5!

Stellung nach 15. e4—e5!

Damit wird der Vorteil des Anziehenden entscheidend. Schwarz darf nicht 15..., S:e5? ziehen wegen 16. S:e5 mit Figurgewinn. (16..., T:c1 17. D:c1, D:e5? 18. Dc8 matt).

15. .... Sf6—h5
16. Le3 : a7

Sehr schön, aber bei weitem nicht so stark wie der einfache und naheliegende Zug 16. f4!, wonach das schwarze Spiel hoffnungslos gewesen wäre, z. B. 16..., b5 17. Sa5, T:c1 18. D:c1, 0—0 19. Td1! usw.

16. .... Db8—a8

Erzwungen, denn 16...., D:a7? scheitert an 17. Sd6†, e:d6 18. T:c8†, Ke7 19. D:d6 matt.

17. e5—e6

Die eine Ueberraschung jagt die andere.

Es kam in Betracht 17. Ld4 zu ziehen, um den gewonnenen Bauern zu behaupten. Aber eine derart kleinbürgerliche Fortsetzung liegt nicht in dem feurigen Stile des Argentiniers. Zudem wäre darauf die Antwort 17.., Sf4 unangenehm gewesen.

17. .... f7 : e6
18. Dd1 : d7†!

Eine prächtige Abwicklung.

18. .... Ke8 : d7
19. Sc4—b6† Kd7—d6
20. Tc1—d1†

Nach 20. Tfd1†, Ke5 21. S:a8, T:c1 22. T:c1, T:a8 könnte Weiß nicht mit 23. Ld4† fortsetzen.

20. .... Kd6—e5
21. Sb6 : a8 Tc8 : a8
22. La7—d4† Ke5—f5
23. Le2—d3† Kf5—g5
24. Ld4—e3†?

Hier hätte Guimard sein Temperament zügeln und ruhig abwickkeln müssen: 24. L:g7!, S:g7 25. Le4. Dieses Endspiel wäre für Weiß sehr günstig gewesen.

24. .... Kg5—h4

Eine Sturmflut von Glanzzügen hat den schwarzen König quer übers Brett getrieben, bis in diesen sicheren Hafen.

25. Kg1—h1 e6—e5
26. Tf1—g1 Sh5—f4

Beseitigt weitere Gefahren.

27. Tg1—g4† Kh4—h5
28. Le3 : f4 e5 : f4
29. Tg4 : f4 Lg7 : b2

Ungleiche Läufer, gleiche Bauern — das Ergebnis unterliegt keinem Zweifel mehr.

30. a3—a4 Lb2—f6
31. Tf4—b4 b7—b6
32. Kh1—g2 Th8—d8

Ein Versehen, das glücklicherweise keine ernsten Folgen nach sich zieht, obwohl Schwarz einen Bauern einbüßt.

33. Tb4 : b6 Kh5—h6

Er bemerkt noch rechtzeitig, daß 33..., T:a4† an 34. L:g6† scheitern würde.

34. Ld3—e2 Td8—c8
35. Tb6—b4 Tc8—c2
36. Tb4—e4 Tc2—a2
37. Le2—b5 Ta8—c8
38. Td1—e1 Tc8—c5
39. Te1—e2 Ta2—a1

Schwarz spielt wahrhaftig noch auf Matt. Aber der Gegner ist auf der Hut.

40.	f3—f4	Tc5—c1
41.	Te4—e3	Tc1—g1†
42.	Kg2—h3	Kh6—g7
43.	Te3—g3	Tg1—b1
44.	Kh3—g2	

Remis.

Partie Nr. 169

Najdorf — **Smisloff**

Schlechter-Slawisch

1.	d2—d4	d7—d5
2.	c2—c4	c7—c6
3.	Sg1—f3	Sg8—f6
4.	e2—e3	g7—g6
5.	Sb1—c3	Lf8—g7
6.	h2—h3	0—0
7.	Lf1—d3	c6—c5

Das ist der richtige Zug, nicht 7..., b6 wie in Nr. 152 geschah. Da c6—c5 sogar gut ist, wenn von Seite des Weissen 6. Ld3 und 7. 0—0 geschah (siehe Nr. 172), ist es nach dem zeitraubenden 6. h3 erst recht angezeigt.

8.	0—0	c5 : d4
9.	e3 : d4	d5 : c4
10.	Ld3 : c4	

Das ist nun mit vertauschten Farben die Hauptvariante der Tarrasch-Verteidigung.

Es ist interessant, diese Stellung zu vergleichen mit den analogen Stellungen aus den Partien Euwe-Lundin (Nr. 65) und Flohr-Lundin (Nr. 86):

1) 10..., Sbd7 = Nr. 65, nur hat Weiß hier zwei Tempi mehr als dort Schwarz (denn er hat h2—h3 gespielt und ist ausserdem am Zuge);

2) 10..., Se8 = Nr. 86, mit nur einem zusätzlichen Tempo für Weiß (h2—h3).

10. .... a7—a6

Den Vorzug verdiente 10..., Se8.

11. a2—a4 Sb8—c6

Eine gewagte Fortsetzung.

12. d4—d5 ! Sc6—a5
13. Lc4—a2

Weiß steht nun sehr gut; es droht 14. b4.

13. .... b7—b5

Pariert die Drohung und droht selbst 14..., b4. Weiß darf nicht 14. a:b5, a:b5 15. S:b5? ziehen wegen 15..., La6.

14. Dd1—d4 !

Ein origineller Gedanke.

14. .... Lc8—b7?

Droht 15..., S:d5, ist jedoch ungünstig. Besser war 14..., Se8.

15. Dd4—b4 !

Stellung nach 15. Dd4—b4 !

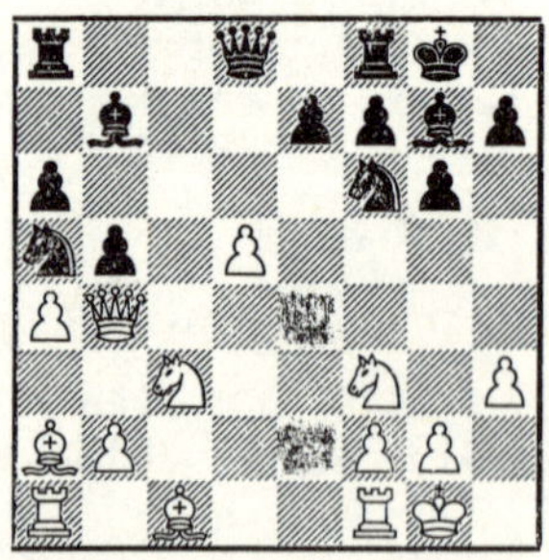

Sehr stark; es droht 16. Te1, wonach Weiß den Bauern b5 ohne Gefahr einheimsen könnte. Der eigentliche Witz des Textzuges besteht aber darin, daß 15..., b:a4 keinen Ausweg bildet wegen 16. Le3, Sd7 17. S:a4, Lc8 (das Einzige) 18. Sb6, Tb8 19. D:a5, S:b6 20. Sd4; Schwarz stünde in diesem Falle ausnehmend schlecht.

15. .... Lb7—c8 !

Die Gefahr zu bekämpfen, ist oft schwer, aber noch schwerer und jedenfalls wichtiger ist es, die Gefahr rechtzeitig zu erkennen.

Smisloff zeigt sich der Lage vollkommen gewachsen; er unternimmt unter Aufopferung von ein bis zwei Bauern einen kühnen Rettungsversuch und hat damit schließlich Erfolg.

16. Tf1—e1 Sa5—c4

Nach 16..., Te8 17. a:b5 usw. hätte Schwarz kein Gegenspiel.

17. Db4 : e7

In Betracht kam auch 17. L:c4, b:c4 18. D:c4; indessen wäre dann nach 18.., e6! das schwarze Läuferpaar stark zur Geltung gekommen.

17. .... Lc8—f5
18. De7 : d8 Tf8 : d8
19. a4 : b5 a6 : b5
20. Sc3 : b5

Der zweite Bauer. Aber jetzt setzt die Gegenaktion des Nachziehenden erst mit voller Kraft ein.

20. .... Sc4—d6

Nicht 20.., T:d5? wegen 21. Sc7, und auch nicht 20..., S:d5? wegen 21. Lg5!, Tdc8 22. L:c4, T:a1 23. T:a1, T:c4 24. Ta8† usw.

21. Sb5—d4

Einfacher war 21. S:d6, T:d6 22. Lf4, Tb6 23. Le5. Auf diese Weise konnte Weiß jedenfalls einen Mehrbauern behalten, und zwar in guter Stellung.

21. .... Lf5—e4
22. Lc1—f4 Sf6 : d5
23. Lf4 : d6 Le4 : f3
24. Sd4—b5?

Gibt Schwarz die Möglichkeit, eine Remisstellung zu erzwingen. Auch mit 24. Lc5 war nicht viel zu erreichen, und zwar wegen 24..., Tdc8.

Richtig war dagegen 24. Le5!; nach z. B. 24..., L:e5 25. T:e5, Sb4 26. S:f3, S:a2 27. Tb5 hätte der weiße Mehrbauer letzten Endes die Entscheidung bringen müssen.

24. .... Lg7 : b2 !
25. g2 : f3 Sd5—c3 !

Die Pointe; Schwarz gewinnt die Figur auf jeden Fall zurück.

26. Sb5 : c3 Lb2 : c3
27. La2 : f7†

Najdorf verfügte hier über etwa fünfzig Sekunden Bedenkzeit für vierzehn Züge; zu seinem Glück ist aber die Stellung bereits sehr einfach.

27. .... Kg8 : f7
28. Te1—e7† Kf7—g8
29. Ta1 : a8

Hier bot Smisloff Remis an, aber Najdorf lehnte trotz seiner hochgradigen Zeitnot ab! Ein Beispiel unbeschränkten Selbstvertrauens. Die Fortsetzung des Kampfes hat freilich nicht viel Sinn, denn unter halbwegs normalen Umständen ist ein Gewinn für Weiß ausgeschlossen.

Vielleicht hätte Najdorf bei jedem Zuge eine Zauberformel in den Bart murmeln müssen. Nach dem Vorbild der Tibetaner, die bekanntlich solcher Gepflogenheit ihren Wohlstand verdanken, wäre zum Beispiel „Om money padme hum“ sehr geeignet gewesen. In dieser veredelten Form hätte der asiatische Zauberspruch gewiß auch den amerikanischen Göttern geschmeichelt, möglicherweise mit dem gewünschten Erfolg. Was den Bart anbelangt, der wäre Najdorf bei dieser Gewinnführung zweifelsohne gewachsen.

29.	....	Td8 : a8
30.	Ld6—c5	Ta8—c8
31.	Lc5—e3	Lc3—g7
32.	Kg1—g2	Lg7—f8
33.	Te7—b7	Lf8—g7
34.	f3—f4	Tc8—f8
35.	Kg2—f3	Tf8—f7
36.	Tb7—b8†	Tf7—f8
37.	Tb8—b3	Tf8—f7
38.	Tb3—b5	Lg7—f6
39.	Tb5—a5	Kg8—g7
40.	Ta5—d5	Lf6—e7
41.	Td5—b5	Le7—f6
42.	Kf3—g4	Tf7—d7
43.	Tb5—b4	Kg7—f7
44.	Tb4—a4	Td7—b7
45.	Ta4—a6	Tb7—d7
46.	Kg4—f3	Td7—b7
47.	Le3—c5	Tb7—b3†
48.	Kf3—g2	Tb3—b7
49.	Lc5—d6	Lf6—g7
50.	Ld6—e5	Tb7—e7
51.	Le5—d6	Te7—b7
52.	Ta6—c6	Lg7—f6
53.	Ld6—e5	Lf6—g7
54.	Kg2—g3	Tb7—e7
55.	Le5—d6	Te7—b7
56.	Kg3—g4	Lg7—d4
57.	f2—f3	Ld4—g7
58.	Ld6—e5	Tb7—e7
59.	Tc6—c5	Lg7—f6
60.	h3—h4	

Remis.

Partie Nr. 170

Erster Schönheitspreis

Szabo — **Lundin**

Sizilianisch

1.	e2—e4	c7—c5
2.	Sg1—f3	Sb8—c6
3.	d2—d4	c5 : d4
4.	Sf3 : d4	Sg8—f6
5.	Sb1—c3	d7—d6
6.	Lc1—g5	e7—e6
7.	Dd1—d2	a7—a6
8.	0—0—0	

Eine schwierige Variante. Weiß besitzt mehr Bewegungsfreiheit, jedoch — solange Schwarz nicht rochiert — keine rechten Angriffsaussichten. Und das weiß Lundin sehr gut.

8.	....	Lc8—d7
9.	f2—f4	h7—h6
10.	Lg5—h4	Lf8—e7

Schwarz stellt sich derart auf, daß er nie mittels Lh4 : f6 zu g7 : f6 gezwungen werden kann.

11.	Lf1—e2	Dd8—c7
12.	Lh4—f2	

Um nicht fortwährend auf Sf6 : e4 achten zu müssen (was aber an dieser Stelle noch nicht drohte: 12..., S:e4 13. S:e4, L:h4 14. S:c6, L:c6 15. S:d6†).

12.	....	Ta8—c8
13.	Sd4—b3	b7—b5
14.	Le2—f3	Sc6—a5
15.	Sb3 : a5	Dc7 : a5
16.	Kc1—b1	b5—b4

Es ist bemerkenswert, wie schön sich die schwarze Partie spielt, während Weiß noch stets nichts Rechtes unternehmen kann.

17. Sc3—e2 e6—e5!

Ehe sich Schwarz doch zur Rochade entschließt, verhindert er noch e4—e5. Er kann es sich leisten, das Feld d5 zu schwächen, da er den Sc3 verjagt hat.

18. Se2—c1 0—0

Jetzt obwalten gegen die Rochade keinerlei Bedenken. Weiß ist nämlich auf seinem eigenen Rochadeflügel derart in Anspruch genommen, daß er nicht imstande ist, an die Verwirklichung seiner ursprünglich gehegten Angriffsabsichten zu schreiten.

19. Sc1—d3

Der Beginn eines gewagten Unternehmens: Weiß spielt auf Eroberung des Bauern b4, ohne zu beachten, daß er durch aktives Auftreten auf diesem Flügel seinen eigenen König in Gefahr bringt.

19. .... Tc8—c4
20. a2—a3

Diese Schwächung seines Rochadeflügels kommt Weiß teuer zu stehen.

20. .... Da5—c7!

Aber nicht 20..., S:e4? wegen 21. L:e4, T:e4 22. S:b4, mit der starken Drohung 23. Sd5.

21. Sd3 : b4 a6—a5!

Mit diesem Zuge erzielt Schw. unter günstigen Umständen den Rückgewinn des Bauern, z. B. 22. Sd5, S:d5 23. e:d5, T:f4 usw.; oder 22. Sd3, Tfc8! 23. c3 (oder 23. Tc1, S:e4 usw.) 23..., S:e4 24. L:e4, T:e4, und nun kann Weiß nicht einmal mit 25. S:e5? auf Verwicklungen spielen wegen 25..., La4!.

22. b2—b3?

Dieser Versuch, Vorteil zu erlangen in einer Stellung, worin es geboten war, sich mit einem wohl noch nicht entscheidenden Nachteil abzufinden, muss geradezu als Szabotage betrachtet werden. Die Strafe fällt auch dementsprechend aus.

22. .... a5 : b4!

Stellung nach 22. ..., a5 : b4!!

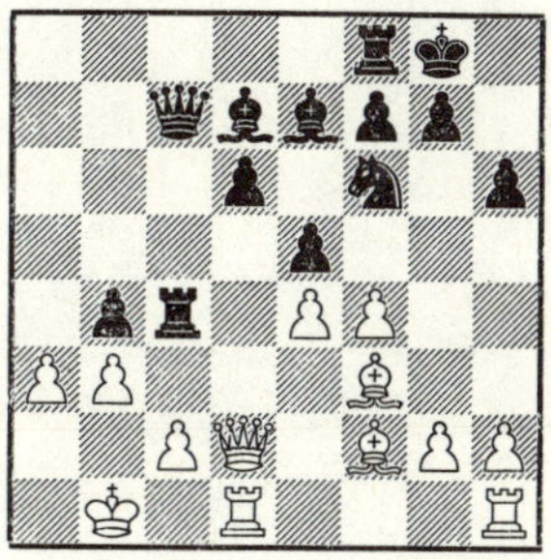

Eine glänzende Antwort. Allerdings so ziemlich erzwungen, jedoch vollkommen korrekt und entscheidend.

Schwarz erlangt für die geopferte Qualität einen unwiderstehlichen Königsangriff.

23. b3 : c4 Tf8—b8

Um nach 24. a :b4 mit 24..., D:c4 25. c3, S:e4 fortzusetzen.

24. Dd2—d3 Ld7—e6
25. Lf3—e2 Dc7—b7

Droht sowohl 26..., b:a3† als auch 26..., S:e4.

26. a3 : b4 Sf6 : e4

Aber nicht 26..., D:b4†? wegen 27. Db3.

27. Lf2—e1 d6—d5 !

Die letzte Reserve wird in den Kampf geworfen.

28. c2—c3

Auch nach 28. c:d5, L:b4 ist Weiß verloren, denn bei 29. L:b4, D:b4† 30. Db3, Dd6 verliert er die Dame (was übrigens eine der Pointen von d6—d5 enthüllt) und bei 29. Db3, L:e1 30. D:b7, T:b7† 31. Kc1, Lb4! eine Figur (weil er die Mattdrohung parieren muß).

28. .... d5 : c4
29. Dd3—c2 Le6—f5

Damit erzielt Schwarz auf alle Fälle bereits materiellen Vorteil.

30. Kb1—c1 Se4—g3
31. Le1 : g3 Lf5 : c2
32. Kc1 : c2 e5 : f4

Auch 32..., D:g2 hätte genügt.

33. Le2—f3 Db7—c8

Der Bauer f4 bleibt mittelbar gedeckt.

34. Lg3—f2 Dc8—f5†
35. Kc2—b2 Le7 : b4 !

Ein schöner, würdiger Schluß.

36. c3 : b4 Tb8 : b4†
37. Kb2—c3 Tb4—b3†
38. Kc3—d2 Df5—e5 !

Nun ist Matt in einigen Zügen unabwendbar.

Weiß gibt auf.

18. RUNDE

DONNERSTAG, 5. SEPTEMBER 1946

171.	Vidmar—Lundin	½—½
172.	Smisloff—Szabo	½—½
173.	Steiner—Najdorf	0—1
174.	Botwinnik—Guimard	1—0
175.	Denker—Christoffel	½—½
176.	Boleslawski—Kottnauer	½—½
177.	O'Kelly—Yanofsky	½—½
178.	Bernstein—Kotow	1—0
179.	Euwe—Tartacover	½—½
180.	Stoltz—Flohr	½—½

Nun hat wieder Botwinnik allein die Führung. Er kam gegen Guimard bald in Vorteil und gewann, obgleich sich das Umsetzen dieses Vorteils in Gewinn noch als eine langwierige, nicht ganz leichte Aufgabe erwies.

Auch Euwe kam bald in Vorteil und erreichte ein günstiges Endspiel, aber Tartacover verteidigte sich besonders zäh, arbeitete in kritischen Augenblicken mit hübschen taktischen Finessen und erreichte schließlich eine klare Remisstellung. Die Partie hatte 57 Züge, genau wie die von Botwinnik. Das waren die zwei längsten Partien dieser Runde.

Das Gesamtresultat der 18. Runde ist dem der 16. Runde gleich: drei Gewinne, sieben Remisen. Nur verlief die heutige Runde im allgemeinen viel ruhiger als jene.

Die schönste Partie des Tages lieferte Bernstein. An den ersten 45 Zügen war freilich nicht viel Schönes; es wurde laviert und laviert. Aber dann folgte plötzlich ein überaus glänzender Schluß, der schönste und sensationellste des ganzen Turniers. Kotow gab auf in einer Stellung, wo die feindlichen Türme auf der achten Reihe verdoppelt waren und Weiß ein zweizügiges, mit Damenopfer einhergehendes, unabwendbares Matt drohte.

Die dritte Gewinnpartie war von recht mässiger Qualität. Der Gewinner Najdorf hat sie zwar gut gespielt, aber von seinem Gegner Steiner kann man mit dem besten Willen nicht dasselbe behaupten.

Unter den Remispartien sticht das Duell Smisloff—Szabo hervor. Schwarz ließ sich in der Eröffnung einen ungenauen Zug zu schulden kommen, wovon Weiß in geistreicher, besonders feiner Weise Nutzen zog. Immer wieder mit artigen taktischen Wendungen arbeitend, erreichte Smisloff schließlich eine Gewinnstellung. Nun brauchte er nur noch einen letzten Witz sehen, dann war die Sache klar. Aber gerade an dieser Kleinigkeit scheiterte der Russe und erzielte dadurch nur einen Bauerngewinn, der angesichts ungleicher Läufer bedeutungslos war. Diese Partie brachte zugleich die Entscheidung über den dritten Preis: mit zwei Punkten hinter Euwe, aber anderthalb vor seinen Hintermännern war Smisloff unabänderlich der dritte Preisträger.

Boleslawski rochierte lang und verhehlte nicht, was er auf dem Königsflügel im Schilde führte. Eine höchst verdächtige Konzentration feindlicher Truppen auf dem Damenflügel brachte ihn jedoch auf andere Gedanken; er wickelte ab, wodurch ein gleichstehendes Endspiel entstand. Die kritische Phase dieser Partie wurde von Kottnauer sehr fein behandelt.

Denker erzielte gegen Christoffel eine gute Stellung, gab sich aber keine Mühe, um daraus etwas zu gestalten.

O'Kelly strebte gegen Yanofsky ein vielversprechendes Zwei-Läufer-Endspiel an. Als es aber so weit war, stellte sich heraus, daß dem Nachziehenden eine taktische Wendung zu Gebote stand, wodurch sich zwangsläufig eine beinahe symmetrische Stellung mit ungleichen Läufern ergab. Die Partie wurde aber trotzdem noch lange weitergespielt.

Vidmar—Lundin war eine korrekte Meraner Partie.

Die kürzeste Partie des Tages war jene zwischen Stoltz und Flohr: 26 Züge, ewiges Schach, in einer Stellung, wo es von Doppelbauern nur so wimmelte. Stoltz erzählte später, er habe Mühe gehabt, die Steine zu sehen; so zum Beispiel konnte er einmal keinen Doppelbauern entdecken, obwohl er bestimmt wußte, daß sich einige auf dem Brett befanden, während er ein anderes Mal den Läufer vermißte, mit dem er Schach bieten wollte. Der Leser wird hier vielleicht einen bestimmten Verdacht schöpfen, aber er tut Stoltz damit Unrecht. Die Sache hat zwar etwas mit Flüssigkeit zu tun, die man in den Mund nimmt, aber es handelt sich nur um Mundwasser. Jenes konzentrierte schwedische Mundwasser, ich glaube es heißt Vademecum. Stoltz hatte es beim Rasieren mit Kölnischwasser verwechselt, und dabei sind ihm einige Tropfen in die Augen gekommen, die daraufhin den Dienst versagten. Es ist nicht bekannt, ob etwa auch Flohr seine Augen vor dieser Partie mit Vademecum eingerieben hat. Aber etwas war auch bei ihm nicht völlig in Ordnung; das erhellt aus seinem Partieformular, in das die letzten Schachs fein säuberlich wie folgt eingetragen sind: Te5—d6†, Td6—e5†, Te5—d6† usw.

Stand nach der 18. Runde: Botwinnik $14^1/_2$; Euwe 14; Smisloff 12; Flohr, Najdorf, Szabo je $10^1/_2$; Boleslawski, Lundin, Stoltz je 10; Denker, Kottnauer, Tartacover je 9; Kotow $8^1/_2$; Yanofsky 8; Bernstein, Guimard je $6^1/_2$; Steiner, Vidmar je 6; Christoffel 5; O'Kelly $4^1/_2$.

Partie Nr. 171

Vidmar — **Lundin**

Neo-Meraner

1.	d2—d4	d7—d5
2.	Sg1—f3	e7—e6
3.	c2—c4	c7—c6
4.	e2—e3	Sg8—f6
5.	Sb1—c3	Sb8—d7
6.	Lf1—d3	d5 : c4
7.	Ld3 : c4	b7—b5
8.	Lc4—d3	b5—b4

Die Neo-Meraner.

Lundin will offenbar die Blumenfeld-Variante vermeiden (8..., a6 9. e4, c5; siehe Nr. 52).

9.	Sc3—e4	Lf8—e7
10.	0—0	

Laut Theorie ist 10. S:f6† nebst 11. e4 das Stärkste.

10.	....	0—0
11.	Se4 : f6†	Sd7 : f6
12.	Dd1—e2	

Sofortiges 12. e4 war vorzuziehen.

12.	....	c6—c5
13.	d4 : c5	Lc8—b7

Schwarz beeilt sich nicht mit dem Zurückschlagen auf c5 und trachtet lieber erst e3—e4 zu entkräften.

14.	e3—e4	Sf6—d7 !

Nicht der Läufer soll nach c5 gelangen, sondern der Springer, mit Angriff auf den weißen Läufer und unter Beibehaltung der Dekkung des wichtigen Feldes g5. Das ist der Kern des Gegenspiels von Schwarz.

15.	c5—c6	

Es ist mehr oder weniger Geschmackssache, ob man diesen Zug als Tempogewinn oder Tempoverlust betrachten will. Das hängt davon ab, welchen Wert man dem Zuge Sd7—c5 beimißt: ist man der Ansicht, daß der Springerzug nötig sei — und für diese Auffassung spricht auch der Verlauf der Partie — dann muß man den Textzug als Tempogewinn ansehen.

15.	....	Lb7 : c6
16.	Lc1—e3	Lc6—b7
17.	Ta1—c1	Dd8—a5
18.	Tf1—d1	Tf8—d8

Das Schlagen auf a2 würde eine Figur kosten: 18..., D:a2? 19. Lc4, Da4 20. Lb5 usw.

19.	Ld3—b1	Lb7—a6
20.	De2—e1.	Sd7—c5

Es ist so weit.

21.	Sf3—d4	La6—b7
22.	f2—f3	Ta8—c8
23.	De1—f2	

Die weiße Stellung sieht ganz gut aus, aber sie bietet keine Handhabe zu irgendeiner Unternehmung.

Stellung nach 23. De1—f2

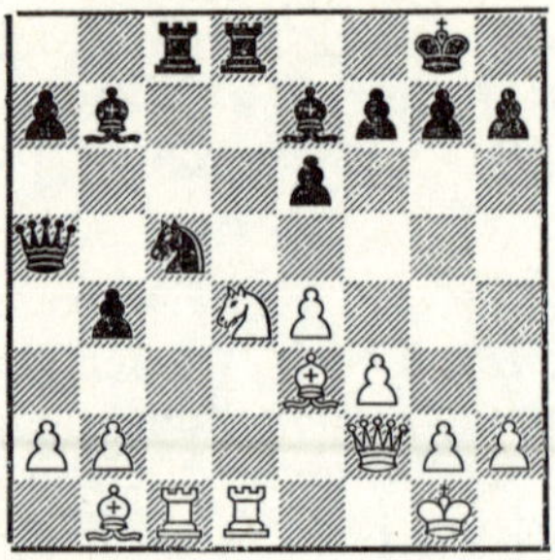

23. .... Tc8—c7
24. Sd4—b3

Im Hinblick auf das drohende 24..., Tcd7 nebst 25..., e5 sieht sich Weiß veranlaßt, abzuwickeln.

24.	**....**	**Sc5 : b3**
25.	**a2 : b3**	**Td8 : d1†**
26.	**Tc1 : d1**	**Lb7—c8**
27.	**Lb1—d3**	**Tc7—d7**
28.	**Df2—c2**	**Lc8—a6**
29.	**Ld3 : a6**	**Td7 : d1†**
30.	**Dc2 : d1**	**Da5 : a6**

Remis.

Partie Nr. 172

Smisloff **Szabo**

Schlechter-Slawisch

1.	**d2—d4**	**d7—d5**
2.	**c2—c4**	**c7—c6**
3.	**Sg1—f3**	**Sg8—f6**
4.	**e2—e3**	**g7—g6**
5.	**Sb1—c3**	**Lf8—g7**
6.	**Lf1—d3**	

Also kein 6. h3 (siehe Nr. 152 und Nr. 169). Weiß verzichtet darauf, den Zug Lc8—g4 zu verhindern.

6.	**....**	**0—0**
7.	**0—0**	**c6—c5**

Von Keres herrührend (oder zumindest von ihm erfolgreich angewendet).

Da jedoch Weiß nicht das Tempo 6. h3 verloren hat, muß Schw. sehr genau spielen; es geht nicht so einfach wie in Nr. 169.

8. d4 : c5 d5 : c4?

Richtig war 8..., Sa6!, z. B. 9. c:d5, S:d5 10. L:a6, S:c3 usw., oder 9. Sa4, Ld7 usw. Die Verdopplung des a-Bauern durch Ld3:a6 bildet gewiß keinen Nachteil für Schwarz, ebensowenig braucht Schwarz c5—c6 zu fürchten, solange er auf d5 einen Bauern besitzt.

Nach dem Textzug kommt Weiß in Vorteil.

9. Ld3 : c4 Dd8—a5?

Nach diesem zweiten schwachen Zug werden die Schwierigkeiten von Schwarz bald unüberwindlich.

Das Beste wäre nun gewesen, 9..., D:d1 10. T:d1, Sbd7 11. c6 (Weiß hat nichts Stärkeres; auf 11. b4? oder 11. Sa4 folgt 11..., Se4) 11..., b:c6. Schwarz hätte demnach eine Schwächung seines Damenflügels hinnehmen müssen; dieser Nachteil wäre aber noch lange nicht entscheidend gewesen.

10. Sc3—b5 Da5—b4

Auf 10..., a6 folgt 11. Ld2!.

11. b2—b3!

Natürlich nicht 11. Sc7? wegen 11..., D:c4 12. S:a8, D:c5 13. Ld2, Sa6, wonach der weisse Springer nicht mehr ins Freie käme.

Der einfache Textzug ist für Schwarz höchst unangenehm.

Stellung nach 11. b2—b3!

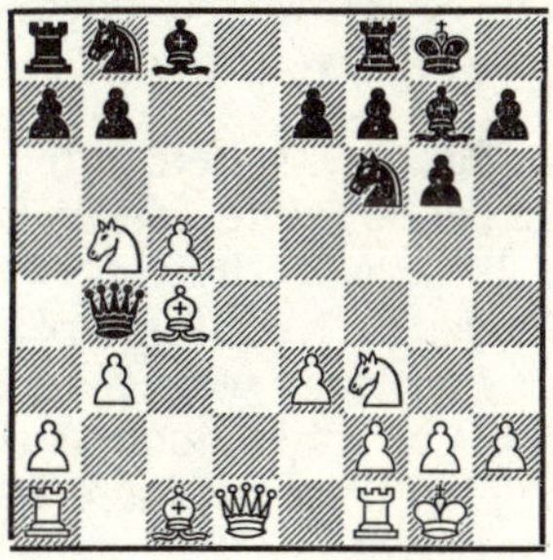

11.	....	Sb8—c6

Die Dame wird also unverrichteter Dinge zurückkehren müssen; aber das war nicht zu vermeiden, denn 11..., D:c5? ging auf keinen Fall (wegen 12. La3 nebst 13. L:e7), und 11..., Se4? hätte sich nach 12. La3, Da5 13. b4, Dd8 14. D:d8, T:d8 15. Tad1 nur als weiterer Zeitverlust entpuppt.

12.	Lc1—a3	Db4—a5
13.	Ta1—b1 !	Lc8—f5
14.	b3—b4	Da5—d8
15.	Dd1 : d8	Tf8 : d8

Oder 15..., Ta:d8 16. Tbd1, a5 17. b:a5, S:a5 18. Le2, und Weiß behauptet seinen Vorteil.

16.	Tb1—d1	a7—a5
17.	Sb5—c7 !	

Wieder sehr stark gespielt.

17.	....	Ta8—c8
18.	b4—b5	Sc6—b4

Auch nach 18..., T:c7 19. b:c6, T:d1 20. T:d1 bleibt Weiß klar im Vorteil 20..., T:c6 21. Td8†, Lf8 22. Tb8 bezw. 20..., b:c6 21. Td8†, Lf8 22. Ta8).

19.	La3 : b4	a5 : b4
20.	b5—b6	Sf6—d7
21.	Sf3—g5 !	

Weiß besitzt nicht nur einen Mehrbauern, sondern auch eine gute Stellung. Es ist ein Vergnügen zu verfolgen, wie er die Drohungen des Gegners immer wieder mit kleinen Kombinationen abwehrt und dabei seinen eigenen Vorteil festhält. Jetzt steht f7 angegriffen, und ausserdem droht 22. e4.

21.	....	Sd7—e5
22.	Lc4—d5	h7—h6
23.	Sg5—f3?	

Nach ungewöhnlich starkem Spiel ein Augenblick des Nachlassens — und der Vorteil des Anziehenden zerrinnt wie ein Traum von besseren Zeiten.

Mit 23. f4!, h:g5 24. f:e5 hätte Weiß seinen Vorteil entscheidend vergrössern können: 24..., L:e5 25. L:b7 usw., oder 24..., Tb8 25. e4! usw.

23.	....	Tc8—b8
24.	Sf3 : e5	Lg7 : e5
25.	f2—f4	Le5—c3
26.	Ld5—f3	Lf5—d3

Schwarz hat plötzlich ein schönes Gegenspiel erlangt, da seine Läufer zu Wort gekommen sind.

27.	Tf1—f2	e7—e6
28.	g2—g4	

Nur mit 28. Tc1, drohend 29. a3, hätte Weiß noch einen Gewinnversuch unternehmen können.

28.	....	Kg8—f8
29.	Kg1—g2	Kf8—e7
30.	Sc7—d5†	

Führt zu einer Remisstellung mit ungleichen Läufern.

30.	....	e6 : d5
31.	Td1 : d3	Tb8—c8
32.	Td3 : d5	Td8 : d5
33.	Lf3 : d5	Tc8 : c5
34.	Ld5 : b7	Tc5—b5
35.	Lb7—a6	Tb5 : b6
36.	La6—c4	Tb6—d6
37.	Kg2—f3	Td6—d2

Nach dem Abtausch der Türme verliert der weiße Mehrbauer jeden Wert.

Remis.

Partie Nr. 173

Steiner — **Najdorf**

Nimzo-Indisch

1.	d2—d4	Sg8—f6
2.	c2—c4	e7—e6
3.	Sb1—c3	Lf8—b4
4.	Dd1—c2	d7—d6
5.	a2—a3	Lb4 : c3†
6.	Dc2 : c3	a7—a5
7.	Dc3—g3	

Weiß will die Nimzo-Indische Partie im Stile der Offenen Spiele behandeln. Kein glänzender Gedanke.

7.	....	0—0
8.	Lc1—h6	

Dieser Mattangriff ist gewiß nicht geeignet, einen Spieler wie Najdorf aus der Ruhe zu bringen.

8.	....	Sf6—e8
9.	e2—e4	

Demnach wollte also Weiß nur das Tempo gewinnen für diesen Vorstoß. Aber . .

9.	....	e6—e5

Auch Schwarz hat durch Lc1-h6 das Tempo gewonnen für den Vormarsch seines Königsbauern.

10.	Sg1—f3?	

Bereits der entscheidende Fehler, da Weiß ohne jeden Ersatz einen Bauern verliert.
Ungünstig für Weiß wäre auch 10. d5 gewesen, wegen 10..., f5. Nur 10. Le3 hätte noch Aussicht geboten auf Vermeidung schweren Nachteils.

10.	....	e5 : d4
11.	Sf3 : d4	Dd8—f6

Stellung nach 11. ..., Dd8—f6

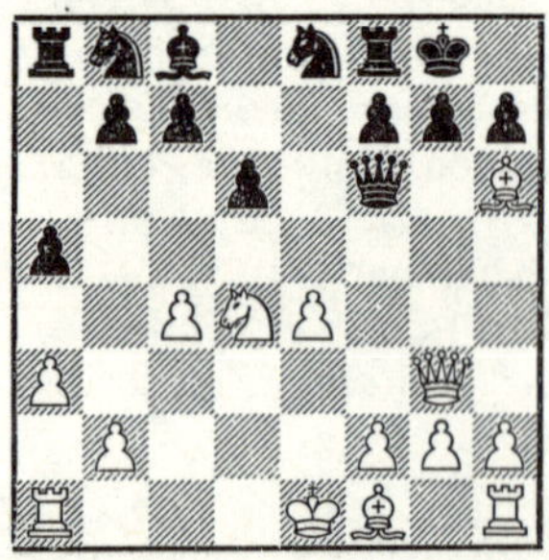

Mit drei Drohungen: 12..., D:h6, 12..., D:d4 und 12..., c5. Der Angriff des Anziehenden ist zusammengebrochen; er hat auf dem Brett einen Bauern gekostet und in der Tabelle einen Punkt.

12.	Lh6—e3	c7—c5
13.	e4—e5	

Mit 13. Sb3 war noch eher eine Art Spiel zu erlangen, z. B. 13..., D:b2 14. Lc1, Df6 15. Ta2; oder 13..., a4 14. Sc1, D:b2 15. Ta2.

13.	....	Df6 : e5
14.	Dg3 : e5	d6 : e5
15.	Sd4—f3	Sb8—d7
16.	0—0—0	Se8—c7

Mag sein, daß sich Weiß der Hoffnung hingegeben hatte, auf der d-Linie einen Druck ausüben zu können. Der schwarze Springer, der nun im Begriffe ist, sich auf d4 aufzupflanzen, begräbt diese Hoffnung.

17. g2—g4

Der bekannte Harakirizug. Weiss kann sich das ruhig erlauben, denn er hat sein Harakiri schon hinter dem Rücken (wenn man sich so ausdrücken darf inbezug auf jene sakrale Handlung, die gewöhnlich auf einem anderen Körperteil zelebriert wird).

17.	**....**	**Sc7—e6**
18.	**Sf3—g5**	**Se6—d4**
19.	**Sg5—e4**	**Sd7—f6**
20.	**Se4 : f6†**	

In einer verlorenen Stellung muß man trachten, Verwicklung herbeizuführen. Daher wäre hier 20. S:c5 noch das Beste gewesen.

20.	**....**	**g7 : f6**
21.	**f2—f4**	**Kg8—h8**
22.	**f4—f5**	**Tf8—g8**
23.	**h2—h3**	**h7—h5**
24.	**Lf1—d3**	**Lc8—d7**
25.	**Ld3—e4**	**Ld7—c6**

Der Springer beherrscht die Lage und verbürgt den Sieg. Schw. kann gewinnen, wie es ihm beliebt.

26.	**Le4 : c6**	**b7 : c6**
27.	**Le3—f2**	**Kh8—g7**
28.	**Th1—h2**	**Kg7—f8**
29.	**Lf2—e3**	**h5 : g4**
30.	**h3 : g4**	**Kf8—e7**

Auch 30..., T:g4 hätte natürlich gewonnen.

31.	**Th2—g2**	**a5—a4**
32.	**Td1—e1**	**Ke7—d6**
33.	**Le3—h6**	**Ta8—b8**
34.	**Lh6—d2**	**Tg8—g7**
35.	**Te1—h1**	**Tb8—g8**

Schwarz hat danach gestrebt, g4 und f5 zu erobern, ohne f6 preiszugeben (z. B. 35..., S:f5 36.Tf2 usw.). Jetzt hat er sein Ziel erreicht; auf 36. Th4 folgt nämlich 36..., S:f5 mit Angriff auf den Th4, sodaß 37. Tf2 nicht angeht, und auf 36. Thg1 entscheidet 36..., Sf3! 37. Tf1 (37. Td1,T:g4!) 37..., Sh4! nebst 38..., T:g4. Weiß kann also g4 nicht decken. Er macht noch einige Verzweiflungszüge.

36.	**g4—g5**	**f6 : g5**
37.	**f5—f6**	**Tg7—g6**
38.	**Th1—h7**	**Tg6 : f6**
39.	**Ld2—e3**	**g5—g4**
40.	**Kc1—d2**	**Kd6—e6**

Weiß gibt auf.

Partie Nr. 174

Botwinnik — **Guimard**

Französisch

1.	**e2—e4**	**e7—e6**
2.	**d2—d4**	**d7—d5**
3.	**Sb1—d2**	**d5 : e4**

Diesmal also kein 3..., Sc6 (siehe Nr. 68 und Nr. 89). Guimard will das Spiel nicht zu schwierig gestalten und wählt daher die gediegene Rubinstein-Variante.

4.	**Sd2 : e4**	**Sb8—d7**
5.	**g2—g3**	

Botwinnik geht aber der Theorie aus dem Wege. Er entscheidet sich für ein System, das zwar nicht gerade himmelstürmend ist, aber jedenfalls die Pläne des Gegners durchkreuzt; Schwarz gelangt nicht zur Fianchettierung seines Damenläufers und damit auch nicht zu der eigentlichen Rubinstein-Aufstellung.

5. .... Sg8—f6

Schwarz bekämpft die ungewöhnliche Aufstellung des Gegners mit gewöhnlichen Mitteln und gerät dadurch bald in Nachteil. Er sollte die Unterlassung von Sg1-f3 mit dem Streben nach e6-e5 beantworten; das wäre besser gewesen. Bereits hier konnte 5..., e5 unbedenklich geschehen (6. d5, Sc5!).

6. Se4 : f6† Sd7 : f6

Um mit c7—c5 fortzufahren. Den Vorzug verdiente jedoch 6...., D:f6, mit der Absicht e6—e5 zu spielen.

7. Lf1—g2 c7—c5

Sogar hier wäre 7..., e5 ein guter Zug gewesen; der Witz ist, dass Schwarz nach 8. d:e5, Dd1† 9. K:d1, Sg4 10. Sh3 gefahrlos mit 10..., S:e5 11. Te1, f6 fortsetzen darf (12. f4?, Lg4† 13. Kd2, 0—0—0† usw., bezw. 12. Lf4, Ld6 usw.).

8. Sg1—e2 Dd8—b6
9. 0—0 Lc8—d7
10. c2—c4 c5 : d4
11. Se2 : d4 Ta8—d8
12. Lc1—e3 Lf8—c5

Die Aufstellung des Nachziehenden sieht drohend aus.

13. b2—b4 !

Diese schöne, positionelle Kombination zerstört die Träume des Gegners. Es zeigt sich, daß die Stellung nicht für Schwarz günstig ist, sondern für Weiß.

Stellung nach 13. b2—b4!

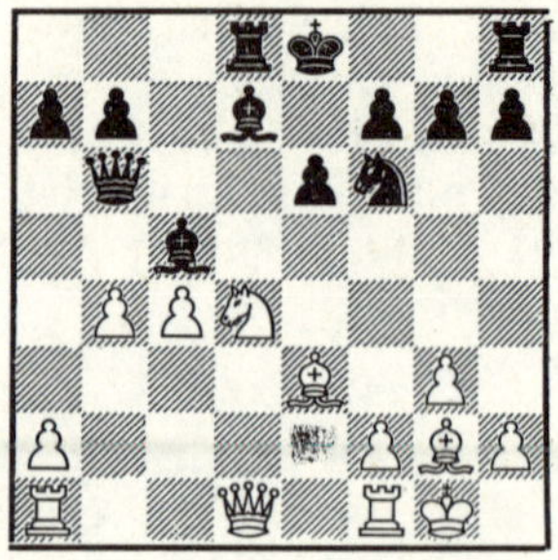

13. .... Db6 : b4
14. Ta1—b1 Db4—c3

Nach 14..., D:c4 15. Tc1, Db4 16. T:c5, D:c5 17. S:e6 usw. wäre der Vorteil des Anziehenden noch grösser.

15. Tb1 : b7 0—0
16. Dd1—e2 ! Td8—c8

Auf 16..., L:d4 folgt 17. Tc1 nebst 18. L:d4.

17. Sd4—b5 Dc3—e5

Kostet einen Bauern, aber das war nicht zu umgehen; die Abwicklung 17..., L:b5 18. c:b5, L:e3 19. D:e3, D:e3 20. f:e3 würde ein für Weiß gewonnenes Endspiel ergeben.

18. Sb5 : a7 Lc5 : a7
19. Tb7 : a7 Ld7—c6
20. f2—f3 Tf8—d8
21. Ta7—a3 h7—h5

Schwarz trachtet, sich auf dem Königsflügel Gegenchancen zu verschaffen — das Einzige, was er tun kann. Es kommt ihm dabei zugute, daß Weiß durch die Abwicklung auf dem Damenflügel die Initiative verloren hat.

22. Ta3—d3 h5—h4

Ein positionelles Bauernopfer.

23. **Td3 : d8†** **Tc8 : d8**
24. **g3 : h4**

Nun besitzt Weiß fünf vereinzelte Bauern; er empfindet dadurch Schwierigkeiten mit der Behauptung seines materiellen Vorteils sowie der Konsolidierung seiner Stellung.

24. **....** **Td8—b8**
25. **De2—d3** **Tb8—b2**
26. **Tf1—f2** **Tb2 : f2**
27. **Le3 : f2** **De5—a1†**
28. **Lg2—f1** **Sf6—h5**

Schwarz spielt weiterhin auf Angriff; es wäre jedoch vernünftiger gewesen, a2 zu nehmen und damit den gefährlichsten der weissen Bauern unschädlich zu machen. Eine unmittelbare Widerlegung von 28..., D:a2 ist nicht zu sehen, und nach etwa 29. Dd8†, Se8 (29.., Kh7? 30. Ld3†!) 30. Lc5, Dc2 31. De7, Dg6† hätte Schwarz jedenfalls eher Remisaussichten gehabt, als nach der Textfortsetzung.

29. **Dd3—d6** **Lc6—a4**

Nicht 29...., L:f3? wegen 30. Dd8†, Kh7 31. Dd3† mit Figurgewinn.

30. **a2—a3** **La4—d1**
31. **Dd6—d4** **Da1—c1**

Nach 31..., D:d4 nebst 32..., L:f3 würde Weiß leicht gewinnen.

32. **Dd4—d8†** **Kg8—h7**
33. **Dd8—d3†** **f7—f5**
34. **Lf2—e3** **Dc1—a1**
35. **Le3—d4** **Da1—c1**
36. **Ld4—e3**

Einige Wiederholungen in Zeitnot (die sich übrigens auf beide Spieler erstreckte).

36. **....** **Dc1—a1**
37. **Le3—d4** **Da1—c1**
38. **Dd3—e3 !**

Nur nicht 38. Le3?, weil Schw. dann Remis beanspruchen könnte.

38. **....** **Dc1—b1**
39. **Kg1—f2** **Ld1—a4**
40. **De3—d2** **La4—c6**

Die Zeitnot ist vorüber. Weiß hat beide Mehrbauern behauptet und seine Stellung verbessert.

41. **Dd2—e3** **Db1—d1**
42. **Lf1—e2** **Dd1—c2**
43. **Ld4—e5**

Schritt für Schritt nähert sich Weiß einer klaren Gewinnstellung.

43. D:e6 wäre nicht so gut, weil Schwarz mittels 43..., Sf4 usw. ungleiche Läufer herbeiführen könnte.

43. **....** **Lc6—e8**
44. **De3—c3** **Dc2—b1**

Das versetzt den Anziehenden in die Lage, den Damentausch zu erzwingen, wonach er mit Leichtigkeit gewinnt.

Schwarz hätte 44..., Da4 versuchen sollen.

45. **Dc3—b2 !** **Db1—h1**
46. **Db2—a1 !** **Dh1 : a1**
47. **Le5 : e1** **Sh5—f4**
48. **Le2—f1** **Sf4—g6**
49. **Kf2—g3** **Sg6—e7**
50. **Kg3—f4** **Se7—g6†**
51. **Kf4—g5** **Sg6—f8**
52. **h4—h5** **Le8—c6**
53. **f3—f4** **Kh7—g8**

Noch eine winzige Hoffnung: 54. h4??, Sh7† 55. Kg6, Le8 matt.

54. **Lf1—e2** **Sf8—h7†**

Man kann nie wissen: vielleicht geht der König doch nach g6.

55. Kg5—h4

Nein, im Gegenteil: er tritt die Reise nach dem Damenflügel an, wo die Freibauern nur darauf warten, unter seinem Oberbefehl vorzurücken.

55. .... Kg8—f7
56. Kh4—g3 Sh7—f6
57. Kg3—f2

Jetzt hätte weiterer Widerstand keinen Sinn mehr.

Schwarz gibt auf.

Partie Nr. 175

Denker — **Christoffel**

Halb-Slawisch

1. d2—d4 d7—d5
2. c2—c4 e7—e6
3. Sb1—c3 c7—c6
4. Sg1—f3 d5 : c4
5. e2—e3 b7—b5
6. a2—a4 Lf8—b4
7. Lc1—d2 Dd8—e7
8. Dd1—c2

Was die Eröffnung anbelangt, siehe Nr. 90, wo Weiß mit 8. Le2 fortsetzte.

Der Textzug bildet den solidesten Weg zum Rückgewinn des Bauern.

8. .... Sg8—f6
9. a4 : b5 Lb4 : c3
10. Dc2 : c3

Der Witz von 8. Dc2; indem Weiß mit der Dame zurückschlägt, verhindert er b5—b4, wodurch Noteboom's Gedanke, nämlich die Beantwortung von b3: c4 mit b5—b4 nicht durchführbar ist.

10. .... c6 : b5
11. b2—b3 Sf6—e4
12. Dc3—a5 Se4 : d2
13. Sf3 : d2 0—0
14. Da5 : b5 c4 : b3
15. Lf1—e2 Lc8—b7
16. 0—0 Lb7—c6
17. Db5 : b3

Stellung nach 17. Db5 : b3

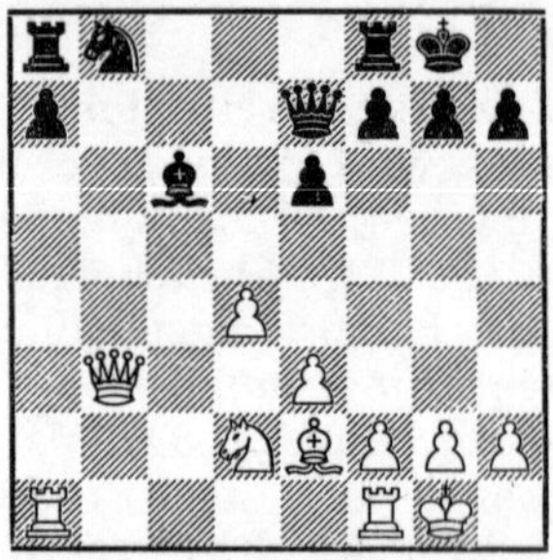

Wie gewöhnlich in derartigen Stellungen, steht Weiß etwas besser; er kann auf den a-Bauern Druck ausüben und im geeigneten Augenblick vielleicht auch sein Uebergewicht im Zentrum ausspielen.

17. .... Sb8—d7
18. Tf1—c1

Aber das führt zu nichts; Weiß hätte seine Schwerfiguren zunächst auf der a-Linie einsetzen müssen: 18. Ta5! usw.

18. .... Tf8—c8
19. Le2—a6 Lc6—d5 !

Führt zu Abwicklung und völligem Ausgleich.

20. Db3—d3 Tc8 : c1†
21. Ta1 : c1 Sd7—b6
22. h2—h3 h7—h6

23. e3—e4 Ld5—b7
24. Sd2—f3 De7—d7
25. Tc1—a1 Dd7—c6
26. La6 : b7

Es ist nichts mehr zu beginnen.

26. .... Dc6 : b7
27. Ta1—a5 Ta8—c8
28. Ta5—c5 Sb6—d7
29. Tc5 : c8† Db7 : c8
30. Dd3—a3 Sd7—f6

Um nach 31. e5, Sd5 32. D:a7 ewiges Schach zu geben: 32..., Dc1† usw.

Remis.

Partie Nr. 176

Boleslawski **Kottnauer**

Sizilianisch

1. e2—e4 c7—c5
2. Sg1—f3 d7—d6
3. d2—d4 c5 : d4
4. Sf3 : d4 Sg8—f6
5. Sb1—c3 g7—g6
6. f2—f3 Lf8—g7
7. Lc1—e3 Sb8—c6
8. Dd1—d2 0—0
9. 0—0—0

Die lange Rochade ist in dieser Variante eine scharfe Waffe; Schwarz muß sehr genau spielen, um nicht überrumpelt zu werden. Aber wenn er richtig spielt, dann bleiben die Aussichten im Gleichgewicht.

9. .... Sc6 : d4 !
10. Le3 : d4 Lc8—e6
11. g2—g4 Dd8—a5 !

Ein sehr wichtiger Zug; Schwarz greift den Bauern a2 an und entkräftet zugleich Sc3—d5, worauf der Damentausch dem weissen Angriff ein Ende bereiten würde. Welch schreckliche Folgen ungenaues Gegenspiel zeitigen kann, lehrt die Partie Dr. M. Katetov-H. Golombek aus dem Turnier zu Prag, Oktober 1946, die wie folgt verlief: 11..., a6? 12. h4, b5 13. Sd5, L:d5 14. e:d5, Dc7 15. h5, Tac8 16. h:g6, f:g6 17. Ld3, Tf7 18. Dg5, Se8 19. T:h7!, K:h7 20. D:g6†, Kg8 21. Th1, und Schwarz gab auf.

12. a2—a3

Ein Erfolg von 11..., Da5!. Weiß sieht sich zu dieser Schwächung genötigt, da nach 12. Kb1, Tfc8 bereits das Qualitätsopfer auf c3 drohen würde, z. B. 13. h4, T:c3! 14. D:c3, D:a2† 15. Kc1, L:g4! 16. f:g4, Da1† 17. Kd2, S:e4† 18. Ke1, S:c3 19. T:a1, L:d4 20. b:c3, L:c3† 21. Kf2, L:a1, und Schwarz hat vier Bauern erobert.

12. .... Tf8—c8
13. h2—h4 Ta8—b8 !

Dank dem Hervorrufen der Schwächung a2—a3 bildet nun b7—b5—b4 eine starke Drohung.

14. Sc3—d5

Stellung nach 14. Sc3—d5

Weiß entschließt sich zu einer friedlichen Abwicklung, da er sonst einen Kampf auf Leben und Tod wagen müßte.

14.	....	Da5 : d2†
15.	Td1 : d2	Sf6 : d5
16.	e4 : d5	Lg7 : d4
17.	Td1 : d4	Le6—d7
18.	Lf1—c4	

Weiß hat noch etwas Raumvorteil behalten, aber das ist bedeutungslos.

18.	....	Tc8—c7
19.	Th1—e1	Kg8—f8
20.	Kc1—d2	Tb8—c8
21.	Lc4—d3	a7—a6
22.	c2—c3	Tc7—c5
23.	Ld3—b1	Ld7—b5
24.	Lb1—a2	Lb5—c4

Zwingt zum Tausch. Ein Feind weniger.

25.	La2 : c4	Tc5 : c4
26.	Kd2—d3	Tc4 : d4†

Noch einer.

27.	Kd3 : d4	Kf8—e8
28.	Te1—e4	Ke8—d7
29.	Te4—f4	f7—f6
30.	Kd4—d3	Tc8—c5
31.	Tf4—d4	e7—e5
32.	d5 : e6†	Kd7 : e6
33.	Td4—e4†	Tc5—e5

Schwarz hat richtig gesehen, daß das Bauernendspiel remis ist.

34.	f3—f4	Te5 : e4
35.	Kd3 : e4	d6—d5†
36.	Ke4—d4	Ke6—d6
37.	a3—a4	b7—b6
38.	b2—b3	h7—h5

Nun könnten sich beide Teile zwei verbundene Freibauern verschaffen, aber dann ginge es auf keine Weise weiter: 39. f5, h:g4! 40. f:g6, Ke6 41. h5, g3 42. Ke3, f5 43. h6, Kf6 44. h7, Kg7 45. Kf3, f4.

Remis.

Partie Nr. 177

O'Kelly **Yanofsky**

Nimzo-Indisch

1.	d2—d4	Sg8—f6
2.	c2—c4	e7—e6
3.	Sb1—c3	Lf8—b4
4.	Dd1—c2	d7—d5

Die Noa-Variante.

Der ungarische Schachmeister Dr. Josef Noa pflegte nämlich das Damengambit mit Lf8—b4 zu verteidigen und erreichte oft Stellungen wie diese. Das war in den neunziger Jahren. Noa wußte nicht, daß er eine Variante der Nimzo-Indischen spielte; denn diese letztere Eröffnung ist erst seit 1914 „offiziell" bekannt (Stammpartie Rubinstein-Aljechin, Leningrad 1914).

5.	a2—a3	

Das galt eine Zeit lang beinahe als Widerlegung von 4..., d5. Botwinnik blieb allerdings anderer Meinung; er hielt an 4..., d5 fest. (Siehe auch Nr. 188).

5.	....	Lb4 : c3†
6.	Dc2 : c3	0—0

Mit dieser Fortsetzung wurden noch sehr wenig Erfahrungen gemacht. Fast alle bekannten Beispiele weisen 6..., Se4 auf.

7.	e2—e3	Sb8—d7
8.	Sg1—f3	c7—c5
9.	d4 : c5	Sd7 : c5
10.	b2—b4	Sc5—e4

11. Dc3—d4

Den Vorzug verdiente 11. Db2.

11. .... d5 : c4
12. Dd4 : d8 Tf8 : d8
13. Lf1 : c4

Anscheinend ist es dem Anziehenden gelungen, seinen Vorteil ins Endspiel zu lotsen; das Läuferpaar könnte große Bedeutung erlangen.

Aber es folgt eine Ueberraschung.

13. .... b7—b5 !

Stellung nach 13. ..., b7—b5!

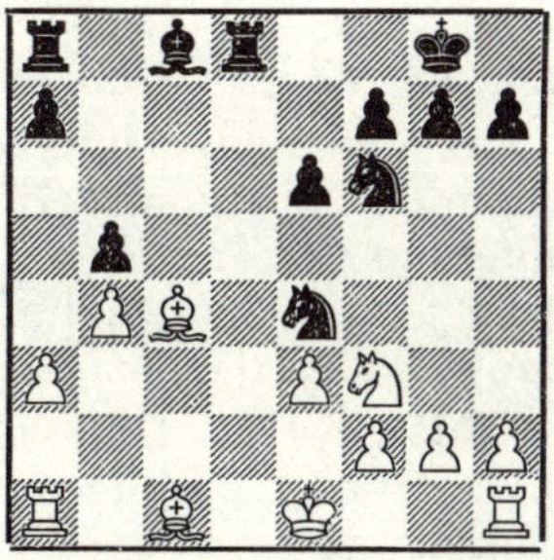

Ein schöner Streich, wodurch Schwarz völligen Ausgleich erreicht.

14. Lc4—e2

Auf 14. L:b5? würde folgen 14..., Sc3 (droht Matt) 15. Le2, S:e2 16. K:e2, La6† 17. Ke1, Tac8, mit siegreichem Angriff für Schwarz.

14. .... Se4—c3
15. Lc1—b2 Sc3 : e2
16. Ke1 : e2 Lc8—b7
17. Th1—d1

Die Stellungen sind beinahe symmetrisch, die Chancen vollkommen ausgeglichen.

Trotzdem setzen die Spieler den Kampf mit größter Verbissenheit fast vierzig Züge lang fort, was jedenfalls ihrem Siegeswillen ein schönes Zeugnis ausstellt. Allerdings bleibt ihre Mühe vergeblich, und sie müssen sich schließlich doch zur Teilung des Zählers verstehen. Da sich im weiteren Verlauf der Partie keine grossen Dinge ereignen, nimmt der weniger verbissene Glossator bereits hier Abschied vom Leser.

17.	**....**	**Lb7—d5**
18.	**Lb2 : f6**	**g7 : f6**
19.	**Sf3—d2**	**e6—e5**
20.	**f2—f3**	**Kg8—f8**
21.	**Ke2—f2**	**a7—a5**
22.	**b4 : a5**	**Kf8—e8**
23.	**Sd2—e4**	**Ld5 : e4**
24.	**Td1 : d8†**	**Ke8 : d8**
25.	**f3 : e4**	**Ta8 : a5**
26.	**Kf2—e2**	**Ta5—a4**
27.	**Ta1—b1**	**Ta4—a5**
28.	**Tb1—a1**	**Kd8—d7**
29.	**Ta1—d1†**	**Kd7—e6**
30.	**Td1—b1**	**f6—f5**
31.	**e4 : f5†**	**Ke6 : f5**
32.	**Tb1—b3**	**e5—e4**
33.	**Ke2—d2**	**Kf5—e6**
34.	**Kd2—c3**	**Ta5—a4**
35.	**Kc3—b2**	**Ta4—a5**
36.	**Kb2—c3**	**Ta5—a4**
37.	**Kc3—b2**	**Ta4—a5**
38.	**Tb3—c3**	**Ta5—a6**
39.	**Kb2—b3**	**Ta6—d6**
40.	**Kb3—b4**	**Td6—d2**
41.	**g2—g3**	**Td2 : h2**
42.	**Kb4 : b5**	**Th2—g2**
43.	**a3—a4**	**Tg2 : g3**
44.	**a4—a5**	**Tg3—g1**
45.	**a5—a6**	**Ke6—d7**
46.	**Tc3—a3**	**Tg1—b1†**
47.	**Kb5—c5**	**Tb1—c1†**
48.	**Kc5—d5**	**Tc1—c8**
49.	**a6—a7**	**Tc8—a8**

50. Kd5 : e4	**Kd7—c6**
51. Ke4—f5	**Kc6—b6**
52. e3—e4	**Ta8 : a7**
53. Ta3 : a7	**Kb6 : a7**
54. e4—e5	**h7—h5**

Remis.

Partie Nr. 178

Bernstein — **Kotow**

Sizilianisch

1. e2—e4	**c7—c5**
2. Sg1—e2	**d7—d6**
3. Sb1—c3	**Sg8—f6**
4. d2—d4	**c5 : d4**
5. Se2 : d4	**a7—a6**
6. Lf1—e2	**Dd8—c7**
7. 0—0	**e7—e6**
8. f2—f4	**Lf8—e7**
9. Kg1—h1	**Sb8—c6**
10. Le2—f3	**Lc8—d7**

Mit Zugumstellung hat sich eine bekannte Stellung aus der Scheveningschen Variante ergeben.

11. Sd4 : c6

Das Steckenpferd von Bernstein (siehe Nrn. 64, 83, 140). Weiß will offenbar die Stellung vereinfachen, was aber — wie gewöhnlich in derartigen Fällen — nur die Verteidigung erleichtert. Vorzuziehen war 11. Sb3, mit anhaltendem Druck auf die schw. Stellung.

11.	**Ld7 : c6**
12. Dd1—e2	**0—0**
13. Lc1—e3	**b7—b5**
14. a2—a3	**Sf6—d7**
15. Ta1—d1	**Sd7—b6?**

Ein taktischer Fehler, wodurch Schwar in Nachteil geraten sollte.

16. Le3 : b6?

Damit wird der Fehler des Gegners nicht nach Gebühr ausgenützt; bei weitem stärker war 16. Sd5!, womit Weiss erheblichen Stellungsvorteil erzielen konnte, z. B. 16..., e:d5 17. L:b6, D:b6 18. e:d5, mit Rückgewinn der Figur bei überlegenem Spiel für Weiß; oder 16...., S:d5 17. e:d5, L:d5 18. L:d5, e:d5 19. T:d5, ebenfalls mit einem erheblichen Uebergewicht für Weiß.

16.	**Dc7 : b6**
17. Sc3—d5	**Db6—d8 !**

Man erkennt den Unterschied zwischen der oben ausgeführten Variante und der Textfortsetzung. Weiß ist jetzt nicht genötigt, das Scheinopfer auf d5 anzunehmen.

18. Sd5 : e7†	**Dd8 : e7**
19. De2—e1	**Tf8—d8**
20. De1—a5	**Ta8—c8**
21. Da5—b4	

Nicht 21. D:a6? wegen 21..., Dc7 nebst 22..., Ta8.

Die Spiele stehen nun gleich: Weiss übt etwas Druck aus auf der d-Linie, und Schwarz tut dasselbe auf der c-Linie.

21.	**Lc6—b7**
22. Db4—d2	**De7—c7**
23. c2—c3	**Dc7—c4?**

Geboten war 23..., d5 oder 23..., a5. Nach dem schwächeren Textzug gerät Schwarz in Schwierigkeiten.

24. Dd2—f2	**Dc4—c5**
25. Td1—d4	**Td8—d7**
26. e4—e5	

Damit erlangt Weiß beträchtlichen Raumvorteil.

26.	....	Lb7 : f3
27.	Df2 : f3	Dc5—c6
28.	Df3—d3	Tc8—d8
29.	Tf1—d1	d6—d5
30.	Td1—e1	

In Frage kam der sofortige Angriff mittels g2—g4 und f4—f5; aber Weiß ist anscheinend der Meinung, daß diesem Angriff kein Erfolg beschieden sein kann, solange die feindliche Rochadestellung keine Schwächung aufweist. Daher der Textzug, womit Weiß sich anschickt, diese Schwächung mittels Te1-e3-h3 zu erzwingen und auf diese Art den eigentlichen Königsangriff vorzubereiten.

Es bleibe jedoch dahingestellt, ob das Ergebnis dieser Vorbereitung den Verlust von drei Zügen aufwiegt. Schwarz gewinnt nämlich inzwischen die Zeit zur Einleitung des bekannten Minderheitsangriffs auf dem Damenflügel.

30.	....	a6—a5
31.	Te1—e3	Td8—b8
32.	Te3—h3	h7—h6
33.	Dd3—d2	b5—b4

Damit erzwingt Schwarz auf Kosten eines Bauern die Oeffnung der c-Linie, weshalb Weiß seine Pläne auf dem Königsflügel vorläufig aufgeben muß.

Man kann über das Bauernopfer des Nachziehenden verschieden urteilen; unseres Erachtens bietet es genügend Chancen.

34.	c3 : b4	a5 : b4
35.	a3 : b4	Td7—c7
36.	Th3—c3	Dc6—a6
37.	h2—h3	Tb8—c8
38.	Kh1—h2	Da6—f1
39.	Td4—d3	

Mit der Drohung 40. b5.

39.	....	Tc7—c4
40.	Td3—f3	Df1—b1
41.	Dd2—e2	Tc8—c7
42.	Tf3—f1	Db1—f5

Besser war sofort 42...., Dg6 (aber nicht Da2?? wegen 43. Ta3!).

43.	g2—g4

Eine merkwürdige Fortsetzung, die sich aber als stark erweist, indem sie die Vorbedingungen für die schließlich folgende Mattkombination schafft.

Man sollte meinen, der Textzug sei schwach, weil er den weissen König entblößt; Bernstein hat jedoch richtig erkannt, daß der letztere Umstand keine nachteiligen Folgen hat.

43.	....	Df5—g6
44.	Tf1—c1	Tc4—e4

Auf diese Weise entzieht sich Schwarz der lästigen Fesselung längs der c-Linie.

45.	De2—d2	Tc7—b7
46.	Tc3—c8†	Kg8—h7
47.	Tc8—a8	

Ein fast naives Beginnen, dem aber ein dämonischer Gedanke zugrunde liegt.

47.	....	Te4 : b4?

Schwarz geht in die Falle. Mit 47..., Tc4 hätte er wohl noch Remis erzielen können, z. B. 48. T:c4, d:c4 49. Td8, h5 50. Kg3, Ta7 usw., mit genügend Gegenchancen dank der etwas luftigen Stellung des weißen Königs.

48. Tc1—c8 Dg6—e4

Bei flüchtiger Betrachtung gewinnt man den Eindruck, daß Schwarz ausser Gefahr sei. Aber er ist in Wirklichkeit matt. Mausematt in vier Zügen.

49. Tc8—h8† Kh7—g6
50. f4—f5†!!

Stellung nach 50. f4—f5!!

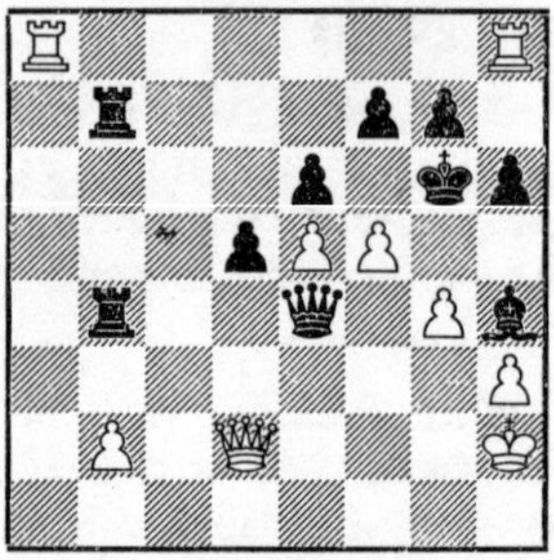

Nun muß Schwarz auf f5 nehmen, mit dem Bauer oder mit der Dame — das ist gleichgültig, und darauf folgt 51. D:h6†!!, g:h6 52. Tag8 matt.

Ein wahrhaft glänzender Schluß.

Schwarz gibt auf.

Partie Nr. 179

Euwe **Tartacover**

Damengambit

1.	d2—d4	e7—e6
2.	c2—c4	d7—d5
3.	Sb1—c3	Sg8—f6
4.	Lc1—g5	Lf8—e7
5.	e2—e3	h7—h6
6.	Lg5—h4	0—0
7.	Ta1—c1	c7—c6

Offenbar bereitet Schwarz den Lasker-Sprung vor: Sf6—e4.

8. Lf1—d3 d5 : c4

Mit Unrecht sieht Schwarz von seinem Vorhaben ab; er konnte ruhig 8..., Se4 9. L:e7, S:c3 ziehen, z. B. 10. L:d8, S:d1 (11. L:e7?, S:b2!); oder 10. Lh7†, Kh8! 12. L:d8, S:d1 13. Le7, Te8, in beiden Fällen mit etwa gleichen Aussichten.

9.	Ld3 : c4	Sf6—d5
10.	Lh4—g3	Sd5 : c3
11.	b2 : c3	c6—c5

Schwarz trachtet, die normale Entwicklung des Gegners durch unmittelbares Auftreten im Zentrum zu stören.

12.	Sg1—f3	c5 : d4
13.	c3 : d4	Le7—b4†
14.	Sf3—d2	

Auch 14. Ke2 kam in Betracht.

14.	....	Dd8—a5
15.	Tc1—c2	Lc8—d7

Das Bauernopfer 15..., e5? bietet nach 16. L:e5 keine Aussicht auf ausreichenden Ersatz, man prüfe: 16..., Lf5 17. e4 (17..., L:e4? 18. Dg4, Lg6 19. D:g6!), oder 16...., Sc6 17. Lg3, Lf5 18. Tb2 (18..., Lc3? 19. Tb5!).

16.	0—0	Lb4 : d2
17.	Dd1 : d2	

Um das Läuferpaar zu behaupten. Auf 17. T:d2 folgt 17..., Lb5.

17.	....	Da5 : d2
18.	Tc2 : d2	Sb8—c6

Das Ergebnis der Aktion des Nachziehenden ist nicht voll befriedigend; denn in diesem Endspiel bildet das weisse Läuferpaar zweifelsohne einen Vorteil.

19. Tf1—c1 Ta8—c8
20. Lc4—f1

Nicht 20. Le2? wegen 20..., S:d4!.

20. .... Sc6—e7
21. Tc1—b1 Ld7—c6
22. f2—f3 Tf8—d8
23. e3—e4 Td8—d7
24. Kg1—f2 Tc8—d8
25. Kf2—e3 Se7—c8
26. h2—h4 Sc8—d6
27. Lg3—f4 a7—a6
28. Lf4 : d6

Praktisch erzwungen, das heißt, wenn Weiß ungleiche Läufer vermeiden will. Es drohte nämlich 28..., Sb5.

28. .... Td7 : d6
29. Tb1—b6

Weiß besitzt noch immer eine gute Stellung und dazu die Führung. Es droht jetzt 30. e5, Td5, 31. L:a6.

29. .... Td8—a8
30. Lf1—c4 Td6—d7
31. d4—d5

Stellung nach 31. d4—d5

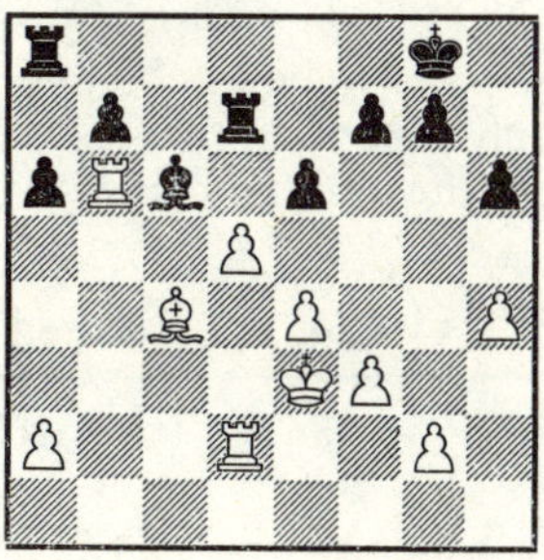

Dieses Losschlagen ist verfrüht; es führt zu Verwicklungen, die zwar sehr spannend werden, jedoch schließlich im Sande verlaufen.

31. .... e6 : d5
32. e4 : d5 Ta8—d8!

Eine scharfsinnige Verteidigung. Der Textzug ist anscheinend fehlerhaft wegen 33. d:c6, T:d2 34. c:b7 und gewinnt. Aber Schwarz würde nicht sofort auf d2 nehmen, sondern wie folgt Remis erzwingen: 33..., Te8†! 34. Kf4, T:d2 35. c:b7, Td4† 36. Kg3, T:c4 37. b8D, T:b8 usw.

33. Ke3—e4 Kg8—f8
34. Td2—d3

Jetzt, da der weisse König auf e4 steht, würde d:c6 mittels 34..., T:d2 35. c:b7, T2d4† entkräftet werden.

34. .... Lc6—a4
35. Ke4—d4 La4—b5!

Wieder sehr schön gespielt.

36. Lc4 : b5 Td7 : d5†
37. Kd4—c3

Auch mit 37. Ke4 sind keine Lorbeeren zu holen; es würde folgen 37..., f5† 38. Kf4, T:d3 usw.

37. .... a6 : b5
38. Td3 : d5 Td8 : d5
39. Tb6 : b7 Tb5—h5

Diese Komplikation hatte Schw. nicht nötig.

40. Kc3—b4 Th5 : h4†
41. Kb4 : b5 Th4—h2
42. a2—a4 Th2 : g2
43. a4—a5 Tg2—b2†

43..., Ta2 hätte auf einfachere Art zum Remis geführt.

44. Kb5—c6 Tb2—a2
45. Tb7—b5

Diese kleine Chance hat Weiß dem ungenauen 43..., Tb2† zu danken.

45.	....	g7—g5
46.	Kc6—b6	Kf8—g7
47.	a5—a6	Kg7—g6
48.	a6—a7	Ta2 : a7

Erzwungen; es drohte 49. Ta5.

49.	Kb6 : a7	h6—h5
50.	Ka7—b6	h5—h4

Schwarz kommt noch rechtzeitig.

51. Kb6—c6

Bei 51. Kc5, Kf5 52. Kd4†, Kf4 würde Weiß sogar noch in Verlustgefahr geraten.

51.	....	h4—h3
52.	Kc6—d6	h3—h2
53.	Tb5—b1	Kg6—f5
54.	Tb1—h1	Kf5—f4
55.	Th1 : h2	Kf4 : f3
56.	Kd6—e5	g5—g4
57.	Th2—a2	g4—g3

Nach 58. Ta3† würde nun Schw. zwei gute Möglichkeiten haben:

1.) 58..., Kg4 59. Ke4, g2 60. Ta1, Kg3 61. Ke3, f5 62. Ke2, f4 63. Ta3†, Kh2 usw.

2.) 58..., Kf2 (auch genügend) 59. Kf4, g2 60. Ta2†, Kf1 61. Kf3, g1S† usw.

Remis.

Partie Nr. 180

Stoltz — **Flohr**

Caro-Kann

1.	e2—e4	c7—c6
2.	d2—d4	d7—d5
3.	e4 : d5	c6 : d5
4.	Lf1—d3	Sb8—c6
5.	c2—c3	Sg8—f6
6.	Lc1—f4	Lc8—g4

Das ist die Schattenseite der Abtausch-Variante: Schwarz entwickelt mühelos seinen Damenläufer und hat dann in der Regel ein ziemlich leichtes Spiel.

7. Sg1—f3

Etwas herausfordernd gespielt. Die übliche Fortsetzung ist 7. Se2, worauf Schwarz am besten 7..., Dd7 entgegnet.

7.	....	Dd8—b6

Jetzt ist dieser Ausfall etwas lästig für Weiß.

8. Dd1—b3

Eine mutige, gute Antwort. Im Vertrauen auf das Läuferpaar nimmt Weiß den vereinzelten Doppelbauern auf der f-Linie in Kauf.

8.	....	Lg4 : f3
9.	g2 : f3	e7—e6
10.	Th1—g1	g7—g6
11.	Sb1—d2	Ta8—c8
12.	Sd2—f1	Sf6—h5
13.	Lf4—e3	Lf8—d6
14.	Db3 : b6	a7 : b6

Nun hat auch Schwarz einen Doppelbauern, und bald bekommt er noch einen zweiten. Dadurch verliert die Stellung alle Elastizität.

15.	Sf1—g3	Sh5—g7
16.	Le3—h6	Sg7—f5
17.	Sg3 : f5	e6 : f5
18.	h2—h3	Sc6—d8
19.	Lh6—g7	Th8—g8
20.	Lg7—f6	Ke8—f8
21.	0—0—0	Sd8—e6
22.	Ld3—b5	Ld6—e7
23.	Lf6—e5	Le7—h4

Stellung nach 23. ..., Le7–h4

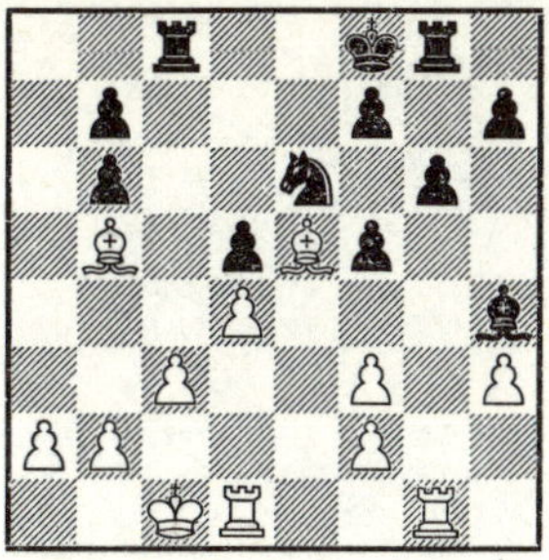

Eine zwar nicht einfache, aber leblose Stellung.

Die Gegner machen der Doppelbauerei ein Ende, indem sie die Züge wiederholen.

24.	Le5–d6†	Lh4–e7
25.	Ld6–e5	Le7–h4
26.	Le5–d6†	Lh4–e7

Remis.

HÄNGEPARTIEN

FREITAG, 6. SEPTEMBER 1946

144.	Tartacover–Boleslawski	0–1
159.	Bernstein–Flohr	½–½
163.	Tartacover–Bernstein	½–½
169.	Najdorf–Smisloff	½–½

Das waren keine Kampfhandlungen mehr, denn auf allen Brettern stand das Ergebnis bereits fest. Die ganze Formalität dauerte etwa eine Stunde. Somit hatten praktisch alle Spieler noch einen freien Tag, und damit die Gelegenheit, für die letzte Runde Kräfte zu sammeln.

Steiner machte an diesem Tage einen Ausflug nach Amsterdam, eine Bahnreise von zweimal vier Stunden. Wird er noch rechtzeitig zurückkommen? Es gehen hier nachts keine Züge und bei Tage nur sehr wenige, die außerdem übervoll sind! Die Deutschen haben ja das ganze holländische Eisenbahnmaterial weggeschleppt! Und morgen beginnt man bereits um 10 Uhr früh zu spielen! Solche Sorgen machten sich mehrere der Teilnehmer, allerdings nicht so sehr wegen Steiner, sondern in Bezug auf Szabo, der gegen jenen zu spielen hatte. Aber die Sorgen waren unbegründet, denn Steiner kehrte spät am Abend zurück. Es sollte sich freilich herausstellen, daß er ebenso gut in Amsterdam hätte bleiben können.

19. RUNDE

SAMSTAG, 7. SEPTEMBER 1946

181.	Flohr—Vidmar	$^1/_2$—$^1/_2$
182.	Tartacover—Stoltz	$^1/_2$—$^1/_2$
183.	Kotow—Euwe	1—0
184.	Yanofsky—Bernstein	$^1/_2$—$^1/_2$
185.	Kottnauer—O'Kelly	0—1
186.	Christoffel—Boleslawski	0—1
187.	Guimard—Denker	$^1/_2$—$^1/_2$
188.	Najdorf—Botwinnik	1—0
189.	Szabo—Steiner	1—0
190.	Lundin—Smisloff	$^1/_2$—$^1/_2$

Es mußte eine äusserste Anstrengung gemacht werden, um den Wettstreit an diesem Tage zu beenden. Die Russen und die Amerikaner hatten es eilig mit Rücksicht auf ihren bevorstehenden Länderwettkampf in Moskau. Daher die ungewöhnliche Spielzeit, mit neun Arbeitsstunden und nur einstündiger Pause für den Lunch, der allerdings im selben Gebäude eingenommen werden konnte. Für Hängepartien (man hoffte inbrünstig, daß keine bleiben würden) stand noch der Sonntag zur Verfügung. Alle Vorbereitungen waren getroffen, um nach Beendigung der Partien noch am selben Abend zur Preisverteilung schreiten zu können und danach das festliche Abschiedsessen zu geben.

Die Teilnahme des Publikums war an diesem letzten Tage des Turniers größer denn je. Der Saal war bereits beim Gongschlag um 10 Uhr zum Bersten gefüllt, und er blieb es bis ungefähr 11 Uhr abends, nachdem die Preisverteilung völlig beendet war. Das Programm wurde glücklicherweise durch keine Seeschlange gestört. Acht Partien endeten schon in der ersten Sitzung, nur Tartacover—Stoltz und Szabo—Steiner mußten um 4 Uhr nachmittags wieder fortsetzen. Diese letztere Partie bereitete den Organisatoren gewisse Sorgen; es wurde jedenfalls die längste Gewinnpartie des Turniers.

Auf den Brettern ereigneten sich heute ganz unerwartete Dinge. Nur ein kleiner Teil des Unerwarteten kommt in den Einzelergebnissen zum Ausdruck. Die sprichwörtliche Nervosität der letzten Runde hatte sich den Ausmaßen des Staunton-Turniers angepaßt und stieg zu einer schwindelnden Höhe.

Nur zwei Partien ergaben auf normale Weise ein normales Resultat: Christoffel zeigte sich außer stande, dem Königsindischen Siegeslauf Boleslawskis Einhalt zu gebieten, und Flohr—Vidmar remisierten auf eine gediegene, nicht zu friedliche Manier.

In zwei Fällen wurde auf normale Weise ein nicht normales Ergebnis erreicht: Kottnauer, der noch treffliche Aussichten auf einen Preis besitzt, spielt mit Weiß gegen den Tabellenletzten O'Kelly, steht aber schon nach 18 Zügen zum Aufgeben, und Najdorf schlägt Botwinnik! Das sind zwei tadellose Partien mit sensationellem Ergebnis. Botwinnik war anscheinend nicht davon überzeugt, daß Kotow gegen Euwe mindestens ein Remis erzielen werde, er legte daher seine Partie ziemlich scharf an, um auf Gewinn spielen zu können, für den Fall, daß bei Kotow Anzeichen einer Niederlage auftreten sollten. Mit dieser Möglichkeit mußte Botwinnik umso mehr rechnen, als er sah, daß sein Landsmann eine flaue Eröffnung gewählt hatte. Es ist selbstverständlich, daß der Sowjet-Champion bereit war, das Aeusserste zu wagen, um seinen Vorsprung vor Euwe zu behaupten. Najdorf behandelte jedoch die Partie hervorragend; selbstbewußt erklärte er bereits nach seinem 9. Zug, er halte seine Stellung für gewonnen, und der Ausgang sei jetzt nur davon abhängig, daß er selbst keine Fehler begehe.

Die Partie Tartacover—Stoltz verlief noch einigermassen normal; der Doktor stand zwar geraume Zeit auf Verlust, aber Stoltz ließ ihn im Endspiel entwischen. So etwas kann sich schließlich leicht ereignen. Und das Ergebnis dieser Partie an sich bildet gewiß keine Ueberraschung.

Aber was soll man von einer Partie sagen, die in Gewinnstellung remis gegeben wird? Solche Fälle ereignen sich selten und werden dann als Sensationen in der gesamten Schachpresse besprochen. Solcher Fälle gab es nun in der letzten Runde des Groninger Turniers gleich zwei: Smisloff kann gegen Lundin in einem Zug gewinnen, aber er sieht es nicht, bekommt nochmals dieselbe Stellung, sieht es wieder nicht und bricht das Spiel ab, da er ja die Schachs beliebig oft wiederholen kann; und Guimard gibt gegen Denker gerade in dem Augenblick remis, wo er die Gelegenheit hätte, die Früchte seines scharfen Spiels in einem Springer-Läufer-Endspiel zu pflücken.

Auch die Partie Yanofsky—Bernstein verlief abnormal. Schwarz beging in der Eröffnung einen schweren Fehler und geriet in eine erbärmlich schlechte Stellung; aber Yanofsky wickelte um eines armseligen Bauern willen derart ab, daß er danach noch froh sein mußte, nicht ins Hintertreffen zu geraten.

Das Aergste vom Argen spielte sich aber in den Partien Kotow—Euwe und Szabo—Steiner ab. Gigantische Böcke führten hier zu den obenerwähnten Ergebnissen. Euwe unternimmt in Remisstellung eine einzügige Kombination, die so grundverfehlt ist, daß sich dem Gegner gleich zwei Widerlegungen aufdrängen: eine, die nur Figurgewinn ergibt, die hat Kotow gewählt, und eine, die nebst dem Figurgewinn auch einen sofort entscheidenden Angriff bietet. Steiners im 79. Zuge, ebenfalls in Remisstellung begangener entscheidender Fehler war womöglich noch grösser. Wer kommt um Himmelswillen auf die Idee, die Türme zu tauschen, wenn er sonst nur einen Bauern besitzt, während die Gegenpartei über zwei Bauern verfügt? Ein Fall von zeitweiliger Sinnesverwirrung.

So hat Botwinnik doch den ersten Preis errungen. Es war ein happy end nach tausend Aufregungen, Gefahren, Heimsuchungen und Enttäuschungen.

Als Euwe seinen Fehler beging, stand Botwinnik bereits auf Verlust. Die Aussicht war also groß, daß die zwei Führenden die beiden ersten Preise teilen würden. Man darf wohl sagen, daß auch dieses ein happy end gewesen wäre.

Mit der Kapitulation Euwes war der Kampf um den Sieg im Turnier entschieden. Eine Armee von allerlei Reportern betrachtete das als ein Zeichen, um im Saal als besetzende Macht aufzutreten. Mechanisierte Einheiten von Photographen, Filmoperateuren, Lichtbombenwerfern und Tonfilmaufnehmern stürmten auf die Spieler los und brachten ihre Ungetüme von Geräten — an sich gewiß vortreffliche Produkte modernen Erfindergeistes — auf verbotenem Terrain in Stellung. Verboten? Das konnten die Neuigkeitsjäger unmöglich begreifen und waren noch entrüstet, daß sie immer wieder vor dem entschlossenen Widerstand der Turnierleitung weichen mußten. Sonderbare Käuze diese Schachspieler! Sie benehmen sich rein so, als wäre ihr Turnier nicht zum Zweck da, für Presse und Film aufgenommen zu werden. Als auch Botwinnik seine Partie aufgab, entfesselte er damit für einige Minuten ein wahres Pändamonium. Das Publikum applaudierte, und die Reporter gingen zu einer allgemeinen Offensive über. Es geschah in dieser Phase, daß Szabo seinen gesunden Mehrbauern in einen wertlosen Mehrbauern umsetzte. Er hat damit das moralische Recht auf den später folgenden Bock von Steiner erworben. Najdorf allerdings bestritt dieses Recht; er verheimlichte keineswegs, daß es ihm lieber gewesen wäre, allein Vierter zu werden.

Boleslawski und Lundin haben nach ihrem sehr schlechten Beginn erstaunlich hohe Plätze besetzt. Das Finish des Russen war einfach großartig, und in bezug auf Lundin hat sich die Voraussage von Stoltz erfüllt. Bei Denker verhielt es sich umgekehrt; der begann großartig, hat aber nach seiner Glanzleistung in der 10. Runde keine Partie mehr gewonnen.

Wir verweisen im übrigen auf die einleitenden Artikel.

Stand nach der 19. (letzten) Runde: Botwinnik 14½; Euwe 14; Smisloff 12½; Najdorf, Szabo je 11½; Boleslawski, Flohr je 11; Lundin, Stoltz je 10½; Denker, Kotow, Tartacover je 9½; Kottnauer 9; Yanofsky 8½; Bernstein, Guimard je 7; Vidmar 6½; Steiner 6; O'Kelly 5½; Christoffel 5.

Partie Nr. 181

Flohr — **Vidmar**

Damengambit

1.	d2—d4	Sg8—f6
2.	c2—c4	e7—e6
3.	Sb1—c3	d7—d5
4.	Lc1—g5	Lf8—e7
5.	e2—e3	h7—h6
6.	Lg5—h4	0—0
7.	Sg1—f3	b7—b6

Die Tartacover-Variante, eine gediegene Fortsetzung.

8. c4 : d5

Die übliche Bekämpfungsart dieser Verteidigung, wobei aber Weiß gewöhnlich herzlich wenig erreicht.

Aussichtsvoller ist 8. Ld3.

8.	....	Sf6 : d5
9.	Lh4 : e7	Dd8 : e7
10.	Sc3 : d5	e6 : d5
11.	Ta1—c1	Lc8—b7
12.	Dd1—a4	

Auf 12. Dc2 kann trotzdem 12..., c5 folgen (13. d:c5, Tc8 14. b4, a5 usw.).

12.	....	c7—c5
13.	Da4—a3	Tf8—c8
14.	Lf1—e2	Sb8—d7
15.	0—0	Sd7—f8
16.	Tf1—d1	Tc8—c7

Indem Weiß den Bauern c5 gefesselt hielt, ist es ihm gelungen, das feindliche Zentrum eine Zeitlang festzuhalten; jetzt aber muß er Farbe bekennen, da die feindliche Dame gedeckt steht.

17. d4 : c5

Er will also c5—c4 lieber nicht zulassen und spielt auf das hängende Bauernpaar c5—d5.

17.	....	b6 : c5
18.	Le2—a6	Lb7 : a6
19.	Da3 : a6	Ta8—d8

Stellung nach 19. ..., Ta8—d8

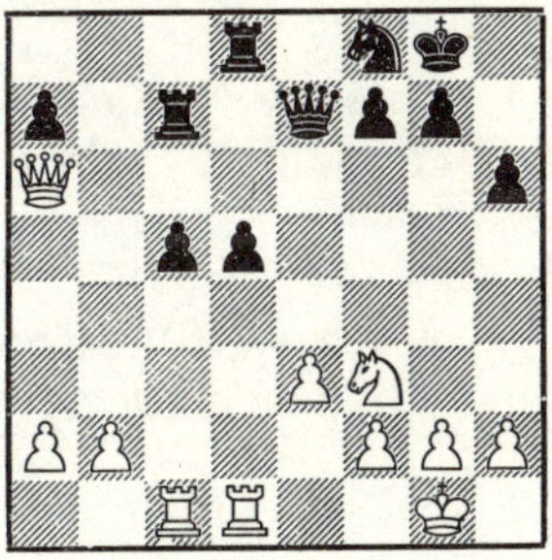

Die hängenden Bauern bilden hier keinen nennenswerten Nachteil, da es dem Weissen an guten Angriffsmöglichkeiten gebricht.

20.	Da6—d3	Sf8—e6
21.	Dd3—f5	d5—d4 !

Eine gute Lösung.

22. e3 : d4 Se6 : d4

Zwingt zum Tausch, denn es droht auch 24..., Se2†.

23.	Sf3 : d4	c5 : d4
24.	Tc1 : c7	De7 : c7

Der schwarze Freibauer ist zwar vereinzelt, aber gleichzeitig auch stark. Das Spiel steht gleich.

25.	h2—h3	Dc7—d6
26.	Td1—d3	g7—g6
27.	Df5—e4	a7—a6
28.	h3—h4	h6—h5
29.	g2—g3	Kg8—g7
30.	Kg1—g2	

Das Spiel hat den toten Punkt erreicht.

30. .... Dd6—f6

Remis.

Partie Nr. 182

Tartacover **Stoltz**

Umgekehrtes Damen-Indisch

1.	**Sg1—f3**	**d7—d5**
2.	**b2—b3**	**Sg8—f6**
3.	**Lc1—b2**	**g7—g6**
4.	**e2—e3**	**Lf8—g7**
5.	**c2—c4**	

Also eigentlich eine Variante des Damen-Indischen Springerspiele (1. d4, Sf6 2. Sf3, b6 3. g3, b6 4. Lg2, c5), jedoch in der Vorhand.

5.	....	**d5 : c4**
6.	**Lf1 : c4**	**0—0**
7.	**0—0**	**a7—a6**
8.	**d2—d4**	**Sb8—d7**
9.	**Dd1—c2**	

Die Dame stünde besser auf e2.

9.	....	**Sd7—b6**
10.	**Lc4—d3**	

In Betracht kam 10. e4; nimmt Schwarz den Läufer, so erhält Weiß ein gewaltiges Zentrum.

10.	....	**Sb6—d5**
11.	**Dc2—d2**	**Lc8—f5 !**

Schwarz steht bereits sehr gut; er beherrscht das Feld e4, wodurch die Formation e3—d4 blokkiert ist und der Lb2 nicht recht zur Geltung kommt.

12. Ld3 : f5

Besser war 12. Te1, um auf 12..., Le4 mit 13. Sg5 fortzufahren (bezw. 12..., Se4 13. L:e4, L:e4 14. Sg5, und Schwarz muß auf b1 tauschen).

12.	....	**g6 : f5**
13.	**Sb1—c3**	**Sd5 : c3**
14.	**Dd2 : c3**	**Sf6—d5**
15.	**Dc3—c2**	**e7—e6**
16.	**Ta1—c1**	**Kg8—h8**
17.	**Kg1—h1**	**c7—c6**
18.	**Tf1—g1 !**	

Ein guter Plan; Weiß geht daran, den Blockadebauer f5 mittels g2-g4 zu befragen.

18.	....	**Dd8—f6**
19.	**Lb2—a3**	**Tf8—g8**
20.	**Sf3—e5**	**Ta8—d8**
21.	**g2—g4**	

Dieser strategisch wichtige Vorstoß ist nun sogar mit einer nicht zu unterschätzenden taktischen Drohung verbunden, nämlich 22. g5 mit Damengewinn.

21.	....	**Lg7—f8**
22.	**La3 : f8**	

Ein kleiner Erfolg für Weiß, dessen Läufer sonst nichts leistete.

Aber der Zwischenzug 22. g5 wäre noch besser gewesen; nach 22..., Dg7 (erzwungen) 23. L:f8 usw. hätte es Weiß dann auf f2—f4 anlegen können, da die Vertreibung seines Springers mittels f7—f6 nicht möglich gewesen wäre.

22.	....	**Tg8 : f8**
23.	**g4 : f5**	**e6 : f5 !**

Sehr stark; Schwarz behauptet den Druck auf e4, erhält die halb-offene e-Linie und kann in der Folge mit der Drohung f5-f4 arbeiten.

24. Tg1—g3?

Weiß durfte nur auf Konsolidierung hoffen, nicht auf Angriff. Und in diesem Sinne wäre 24. Tg2! besser gewesen, erstens, weil dann die feindliche Dame nicht mit Schach nach e4 zu gelangen drohte (z. B. 24..., De6 25. Tcg1, f6 26. Sd3, De4 27. Sc5), und zweitens, weil dann ein allfälliges f5—f4 nicht mit Angriff auf den Tg3 einhergegangen wäre.

Eine andere gute Fortsetzung, vielleicht die beste, bestand in dem Hinüberspielen der Dame nach f3, z. B. 24. De2!, De6 25. Df3, und Weiß ist ausser Gefahr.

24. .... Df6—e6
25. Tg3—h3

Aber nur für den Augenblick. Indessen wäre jetzt auch 25. De2 nicht befriedigend gewesen für Weiß, denn es konnte folgen 25.., f6 26. Sd3 (26. Sg6†? ist nicht korrekt, und 26. Sf3? kostet nach 26..., f4! sofort einen Bauern) 26..., f4 27. Tf3, f:e3 28. f:e3, Tde8 29. Sc5, De7, mit Vorteil Schwarz.

25. .... Tf8—g8
26. Dc2—e2 Tg8—g7
27. Tc1—g1

Stellung nach 27. Tc1—g1

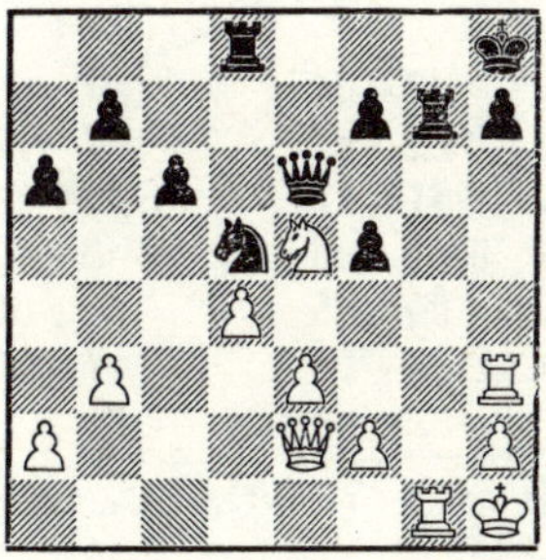

Danach wird die Stellung sehr schlecht für Weiß. Allerdings waren die Schwierigkeiten auch mit anderen Zügen nicht aus der Welt zu schaffen, z. B. 27. Df3, f4! 28. e4, Sf6, drohend sowohl 28..., T:d4 als auch 28..., S:e4.

27. .... Tg7 : g1†
28. Kh1 : g1 Td8—g8†
29. Th3—g3 f7—f6!
30. Se5—d3 f5—f4!

Führt in wenigen Zügen zu Bauerngewinn.

31. Tg3 : g8† De6 : g8†
32. Kg1—f1 f4 : e3
33. f2 : e3 Dg8—e6
34. e3—e4

Auch 34. Kf2 ist ungenügend wegen 34..., Dh3.

34. .... De6—h3†
35. Kf1—e1 Sd5—c3
36. Sd3—f4 Sc3 : e2

36..., Dh4† 37. Df2, D:f2† 38. K:f2, S:e4† 39. Kf3, Sc3 sah ebenfalls recht schmackhaft aus.

37. Sf4 : h3 Se2 : d4

Dieses Springerendspiel ist für Schwarz gewonnen.

38. Sh3—f4 Kh8—g8
39. Kg1—f2 Kg8—f7
40. Kf2—e3 Sd4—e6
41. Sf4—d3 c6—c5
42. b3—b4!

Um 42..., c4 zu provozieren, worauf 43. Sb2, b5 44. Sd1 nebst 45. Sc3 folgen würde, und der schw. Mehrheitsflügel lahmgelegt wäre.

42. .... b7—b6
43. b4 : c5 Se6 : c5
44. Sd3—b4 a6—a5
45. Sb4—d5 b6—b5
46. a2—a3

Weiß wehrt sich mit grosser Umsicht und Zähigkeit; jetzt steht sein Springer so gut wie möglich, während der schwarze König vom Damenflügel abgeschnitten ist. (46..., Ke6? 47. Sc7†).

46. .... Kf7—g6

Der schwarze König muß es auf diesem Flügel versuchen.

47. Sd5—e7†

Nach 47. Kf4 würde Schwarz seinen a-Bauern freimachen: 47..., b4! 48. a:b4, Sd3† und 49..., S:b4.

47. .... Kg6—g5
48. Se7—c6 Sc5—b7
49. Ke3—f3 Kg5—h4?

Durch diesen Zug gibt Schwarz den klaren Gewinn aus der Hand. Richtig war sofort 49..., a4, z. B. 50. Sd4, Sd6 51. Se6† (Weiß hat keine gute Wahl) 51..., Kh4 52. Sf8, Sc4 53. S:h7, S:a3 54. S:f6, b4 55. Sd5, b3 56. Sc3, b2 57. Ke3, Sb5! 58. Sb1, a3 und gewinnt.

50. Kf3—f4! a5—a4
51. Sc6—b4 Sb7—d6
52. Sb4—d5 Sd6—c4
53. Sd5 : f6 Sc4 : a3
54. Sf6—d5

Während nun der weisse Springer die feindlichen Freibauern vorläufig aufhält, wird der e-Bauer gefährlich.

54. .... Sa3—c4
55. e4—e5 a4—a3

Mit 55..., S:e5 56. K:e5, Kh3 hätte Schwarz noch einen starken Gewinnversuch unternehmen können.

56. Sd5—b4 h7—h5

Auch hier noch bildete 56..., S:e5 usw. eine Chance.

57. e5—e6 Kh4—h3
58. e6—e7 Sc4—d6
59. Kf4—e5 Sd6—e8

Schwarz will seinen Springer erst auf dem Verwandlungsfeld des e-Bauern opfern, aber diese Absicht erweist sich als undurchführbar.

60. Ke5—e6 h5—h4
61. Ke6—f7 Se8—c7
62. Sb4—d5!

Das wirft die Berechnungen des Gegners über den Haufen.

Nach 62. e8D?, S:e8 würde Schw. allerdings gewinnen.

62. .... a3—a2

Da nun die Verwandlung des e-Bauern gesichert ist, muß Schw. schnell das Remis klarstellen.

63. Sd5 : c7 a2—a1D
64. e7—e8D Da1—f1†
65. Kf7—e7

Remis.

Partie Nr. 183

Kotow Euwe

Damengambit

1.	d2—d4	d7—d5
2.	c2—c4	e7—e6
3.	Sg1—f3	Sg8—f6
4.	Sb1—c3	Sb8—d7
5.	c4 : d5	e6 : d5
6.	Lc1—f4	c7—c6
7.	e2—e3	

Besser erst 7. h3!.

7.	....	Sf6—h5
8.	Lf4—g5	Lf8—e7
9.	Lg5 : e7	Dd8 : e7
10.	Lf1—d3	Sh5—f4
11.	0—0	Sf4 : d3
12.	Dd1 : d3	0—0

Dank der etwas matten Eröffnungsbehandlung seitens des Anziehenden steht Schwarz bereits befriedigend.

13. Tf1—e1 Sd7—f6
14. Sf3—e5 Sf6—e8

Dieser Springer strebt nach dem guten Feld d6.

15. e3—e4

Weiß entschließt sich, die Isolierung seines Damenbauern hinzunehmen, um seinen Figuren etwas mehr Bewegungsfreiheit zu verschaffen.

15. .... d5 : e4
16. Dd3 : e4 Lc8—e6

16..., f6 hätte wenig Wert, denn die weissen Springer würden nach 17. Sd3, D:e4 18. S:e4 bald auf sehr gute Felder gelangen.

17. Ta1—d1

Das verführerische 17. S:f7 scheitert an 17..., K:f7!, z. B. 18. D:h7, Sf6 usw., oder 18. d5, c:d5 19. S:d5, Sf6 usw.; Weiß erhält keinen genügenden Ersatz für die geopferte Figur.

17. .... Ta8—d8
18. Se5—d3 Se8—f6
19. De4—e5 Td8—d6

Schwarz erlangt nach und nach einen fühlbaren Druck auf den Bauer d4.

20. Sd3—f4 Tf8—d8

Stärker war 20..., Dd7.

21. De5—a5 Td6 : d4

In Betracht kam 21..., b6.

22. Td1 : d4 Td8 : d4
23. Da5 : a7 Td4—d2

Im Hinblick auf diese Fortsetzung hatte Schwarz den mittelbaren Abtausch des Bauern d4 nicht verhindert. Die Folge lehrt jedoch, daß er sich von der Besetzung der zweiten Reihe zuviel versprochen hatte.

24. Da7—a8† Sf6—e8
25. Sf4 : e6 Td2 : b2?

Stellung nach 25. ..., Td2:b2?

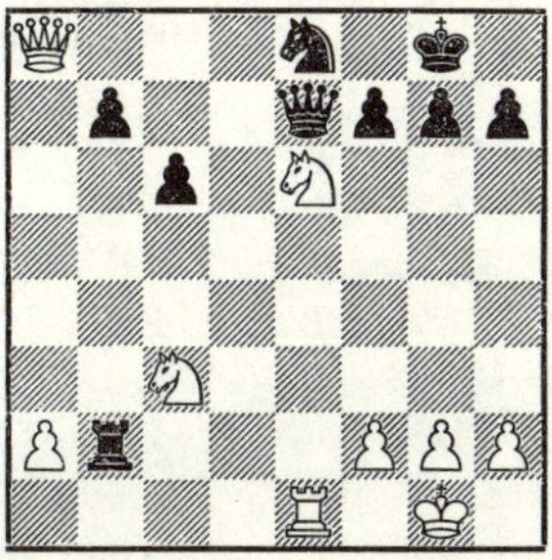

Ein unheimlicher Bock.

Nach 25..., f:e6 standen die Spiele gleich. Kotow hat die folgende Remisfortsetzung angegeben: 26. Se4, T:b2 27. Sd6, D:d6 28. D:e8†, Df8 29. D:e6†, Kh8 30. Df5, Kg8 31. De6† usw.

26. Da8—d8

Gewinnt eine Figur und die Partie. Dabei ist das nicht einmal der stärkste Zug, denn mit 26. Dc8! war der Bock noch drastischer zu widerlegen: 26..., f:e6 27. T:e6 usw., oder 26..., Tc2 27. Kf1!, T:c3 28. Sc7 usw.

26. .... De7 : d8
27. Se6 : d8 Kg8—f8

Da der Sd8 eingeschlossen ist, kann Schwarz noch etwas zappeln.

28. g2—g3 g7—g6

29. Sc3—e4 h7—h6
30. Se4—c5 Se8—d6
31. Te1—d1 Kf8—e7
32. Sd8 : b7 !

Mit dieser Abwicklung klärt Weiß die Lage; er verschafft sich ein Endspiel, das für ihn dank dem Mehrbesitz der Qualität gewonnen ist.

32. .... Tb2 : b7
33. Sc5 : b7 Sd6 : b7
34. Kg1—g2 Sb7—d6
35. Kg2—f3 Ke7—d7
36. Kf3—f4 f7—f6
37. h2—h4 c6—c5
38. Td1—b1 Kd7—c7
39. Tb1—b2 Sd6—b7
40. Kf4—e4 Kc7—c6
41. Tb2 : b7 ! f6—f5†
42. Ke4—d3 Kc6 : b7
43. Kd3—c4 Kb7—b6
44. f2—f4 Kb6—c6
45. a2—a4

Schwarz gibt auf.

Partie Nr. 184

Yanofsky **Bernstein**

Spanisch

1. e2—e4 e7—e5
2. Sg1—f3 Sb8—c6
3. Lf1—b5 a7—a6
4. Lb5—a4 Sg8—f6
5. 0—0 Lf8—e7
6. Tf1—e1 b7—b5
7. La4—b3 0—0
8. c2—c3 d7—d6
9. h2—h3 Lc8—e6
10. d2—d4 Le6 : b3
11. Dd1 : b3 Sf6—d7?

Was die Eröffnung anbelangt, siehe Nr. 81, wo Schwarz mit 11..., e:d4 fortsetzte.

Der Textzug ist ein schwerer Fehler.

12. Db3—d5 !

Stellung nach 12. Db3—d5!

Das bringt den Nachziehenden in eine schlimme Lage.

12. .... Sd7—b8

Der einzige Zug, denn 12..., Sa7 wäre wegen 13. d:e5 usw. völlig aussichtslos.
Aber Schwarz steht nun jämmerlich.

13. d4 : e5?

Matt gespielt; Weiß verzichtet zugunsten eines schwachen Mehrbauern auf seinen gewaltigen Stellungsvorteil. Das würde ein geübter Spieler nie getan haben. Richtig war 13. a4!; nach der erzwungenen Antwort 13..., b:a4 wäre das Nehmen auf e5 schon eher zu rechtfertigen gewesen.

13. .... d6 : e5
14. Sf3 : e5 Dd8 : d5
15. e4 : d5 Sc6 : e5
16. Te1 : e5 Le7—d6
17. Te5—e1 Sb8—d7

Jetzt besitzt Schwarz die bessere Entwicklung; ausserdem ist der Bauer d5 schwach, während a2—a4 nicht mehr die Kraft hätte b5: a4 zu erzwingen.

18. **Sb1—d2** **Ta8—e8**
19. **Te1—d1** **Sd7—b6**
20. **Sd2—f3**

Auf 20. Sf1 wäre 20..., Te5? verfehlt wegen 21. Lf4! (21. Se3, Lc5!) 21..., T:d5 22. T:d5, S:d5 23. L:d6, c:d6 24. Td1 usw. Aber Schwarz spielt 20..., Te2! und behauptet einen ausreichenden Ersatz für den Bauern. (21. Se3, Sc4!).

20. .... **Te8—e2**

Droht 21.., Lc5.

21. **Kg1—f1** **Tf8—e8**
22. **Ta1—b1** **Sb6—c4**

Droht wieder 23..., Lc5. Direkt ging dieser Zug nicht wegen 24. Le3!.

23. **Sf3—d4** **Te2—e5**
24. **Sd4—f3** **Te5—e2**
25. **Sf3—d4** **Te2—e5**
26. **Sd4—f3**

Auch auf 26. Sc6 würde 26..., Te2 folgen. Keiner der beiden Teile kann es sich leisten, von der Zugwiederholung abzuweichen. Eine Enttäuschung für Bernstein, der kurze Remispartien haßt.

26. .... **Te5—e2**

Remis.

Partie Nr. 185

Kottnauer **O'Kelly**

Katalonisch

1. c2—c4 **Sg8—f6**
2. d2—d4 e7—e6
3. g2—g3 d7—d5
4. **Sg1—f3** d5 : c4
5. **Dd1—a4†** **Sb8—d7**
6. **Da4 : c4**

Dieses sofortige Nehmen pflegte Aljechin scharf zu verurteilen.

6. .... a7—a6
7. a2—a4

Man ist geneigt, auch diesen Zug zu verurteilen, zumal Schwarz trotzdem zu b7—b5 kommt.

7. .... c7—c5
8. **Lf1—g2** **b7—b5 !**

Selbstverständlich; denn 9. a:b5? verbietet sich, da nach 9..., a:b5 der Ta1 verloren gehen würde.

9. **Dc4—c2** **Lc8—b7**
10. 0—0

Jetzt entdeckt man plötzlich, daß Weiß trotz allem die für diese Variante normale Aufstellung erreicht hat; seine scheinbaren Ungenauigkeiten führten nur zu einer Umstellung der Züge.

Die vorliegende Stellung ergab sich auch in der Partie Aljechin-K. Junge, Prag 1943, wenn auch mit dem kleinen Unterschied, daß der schwarze Damenturm, der dort auf b8 stand, hier noch auf a8 steht; doch kann in diesem letzteren Umstand höchstens eine Verstärkung für Weiß erblickt werden, die sich insofern auswirkt, als der Bauer d4 mittelbar gedeckt steht: 10..., L:f3? 11. L:f3, und Schwarz kann nicht auf d4 nehmen, da der Ta8 hängt. Demnach dürfte man allenfalls die Variante als Ganzes verurteilen, nicht aber die Art, wie sie Kottnauer behandelt hat.

10. .... **Lb7—e4**
11. **Dc2—d1** **Lf8—e7**

12. Sb1—a3?

Aber das ist ein schrecklicher Zug.

Wie konnte nur Kottnauer den Gedanken fassen, seinen Damenspringer auf das abscheuliche Feld a3 zu entwickeln, wo er doch gleich zwei Möglichkeiten besaß, diese Figur mit Tempogewinn in den Kampf zu werfen: 12. Sc3 und 12. Sbd2...? Ein Rätsel.

12.	**....**	**0—0**
13.	**Lc1—d2**	**Dd8—b6**
14.	**a4 : b5**	**a6 : b5**
15.	**Dd1—b3**	**Tf8—b8**
16.	**Ld2—f4?**	

Auch das ist schlecht; Weiß hätte wohl oder übel 16. d:c5 ziehen sollen.

16. .... c5—c4 !

Nun besitzt Schwarz in seiner Bauernmehrheit auf dem Damenflügel einen mächtigen Vorteil.

17.	**Db3—e3**	**Tb8—c8**
18.	**Tf1—c1?**	

Verliert auf der Stelle. Die einzige Möglichkeit, um sich noch zu behaupten, bestand in 18. Dc1.

18. .... c4—c3 !

(Siehe Diagramm)

Erobert eine Figur, hauptsächlich, weil der Sa3 so erbärmlich schlecht steht. Schlägt Weiß nicht auf c3, dann schlägt Schw. auf b2. Es ist aus, wie immer man es betrachtet.

19.	**Tc1 : c3**	**Tc8 : c3**
20.	**De3 : c3**	**b5—b4**
21.	**Dc3—c1**	**b4 : a3**

Stellung nach 18. ..., c4—c3!

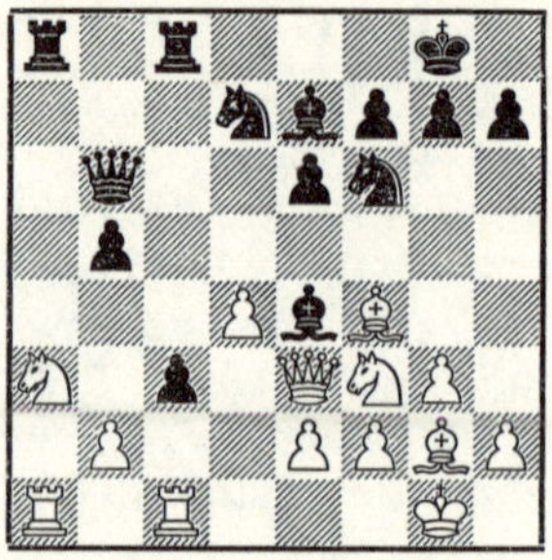

So ein Pferd mundet ganz ausgezeichnet, besonders wenn der Magen nach Punkten knurrt. Es leistet dann noch bessere Dienste als horse and vegetable, das jüngste Gericht.

22.	**b2 : a3**	**Db6—a6**
23.	**Sf3—e5**	**Le4 : g2**
24.	**Kg1 : g2**	**Sd7 : e5**

Weiß gibt auf.

Partie Nr. 186

Christoffel — Boleslawski

Königsindisch

1.	**d2—d4**	**Sg8—f6**
2.	**c2—c4**	**g7—g6**
3.	**Sb1—c3**	**Lf8—g7**
4.	**e2—e4**	**0—0**

Ein Duell zwischen zwei Vorkämpfern der Königsindischen Verteidigung.

5.	**Lf1—e2**	**d7—d6**
6.	**Sg1—f3**	**Sb8—d7**
7.	**0—0**	**e7—e5**
8.	**Tf1—e1**	**Tf8—e8**
9.	**Le2—f1**	**c7—c6**
10.	**d4—d5**	**c6—c5**

Beide Sachverständigen haben die Aufstellung von Partie Nr. 91 gewählt, aber hier weicht Boleslawski ab; er spielt nicht 10..., De7 und unterläßt diesen Zug auch in der Folge.

11.	a2—a3	Te8—f8
12.	b2—b4	Sf6—e8
13.	g2—g3	h7—h6
14.	Sf3—h4	

Verhindert f7—f5.

14.	....	Sd7—f6

Schwarz gewährt seinem Gegner einen gedeckten Freibauern, vertrauend auf den Ersatz, welchen er dafür erhält, indem er das Stoppfeld dieses Bauern mit einem Springer besetzt.

15.	b4 : c5	d6 : c5
16.	a3—a4	a7—a5
17.	Ta1—b1	Se8—d6
18.	Lc1—a3?	

Hier beginnt Weiß planlos herumzuschieben, wodurch er zusehends in Nachteil gerät. Der Läufer steht auf a3 schlecht; diese Figur hätte nach e3 gebracht werden sollen, wozu aber der vorbereitende Zug f2—f3 erforderlich war.

18.	....	b7—b6
19.	Dd1—b3	Ta8—a6

Der Turm muß sich zeitweilig auf dieses nicht gerade einladende Feld begeben, denn 19...,Tb8? würde an 20. L:c5 scheitern. Indessen steht die weiße Dame auf b3 nicht viel wirksamer als der schwarze Turm auf b6.

20.	Db3—c2	Sf6—h7
21.	Sc3—b5	Sh7—g5
22.	Kg1—h1	Sd6 : b5 !

Zwingt Weiß, mit einem Bauern zurückzunehmen, sodaß auch Schwarz einen gedeckten Freibauern erhält. Falls nämlich 23. T:b5? geschieht, so geht nach 23..., Ld7 nebst 24..., De8 der Bauer a4 verloren (hauptsächlich durch die Schuld des so schlechtstehenden La3).

23.	c4 : b5	Ta6—a7

Auch der Turm ist durch Sd6:b5 frei geworden.

24.	La3—b2	Dd8—d6

Die Ablösung der Wache.

25.	Dc2—d2	Ta7—e7

Nun hat Schwarz dank seiner zweckmässigen Entwicklung und seinem Uebergewicht auf der Königsseite bereits das Heft in der Hand.

26.	Lf1—g2	Lc8—h3
27.	Lg2 : h3	Sg5 : h3
28.	Sh4—g2	Sh3—g5

Sonst könnte dieser Springer mittels f2—f4 abgeschnitten werden.

29.	Dd2—d1	f7—f5 !

Endlich folgt nun dieser Kernzug des Königsindischen Systems; er ist unter den gegebenen Umständen von besonderer Kraft.

30.	e4 : f5	g6 : f5
31.	f2—f4	

Es ist zu spät, um energisch aufzutreten; der Textzug macht nur das Feld e4 frei für den feindlichen Springer. Ein ausgezeichnetes Springerfeld, wie sich sofort zeigt.

31.	....	Sg5—e4
32.	Kh1—g1	

Nach 32. Te2 gewinnt Schwarz durch 32..., e:f4! usw. die Qualität. Weiß hat keinen befriedigenden Zug mehr. Verhältnis-

mäßig am besten war noch 32. Tf1.

32.	**c5—c4!**

Stellung nach 32. ..., c5—c4!

Macht das Feld c5 für die Dame frei und meldet gleichzeitig die Rechte des Freibauern an. Der Kampf ist entschieden.

33.	**f4 : e5**	**Lg7 : e5**
34.	**Lb2 : e5**	**Te7 : e5**

Droht sowohl 35..., T:d5 als auch 35..., Sc3.

35.	**Sg2—e3**	**Se4—c3**
36.	**Dd1—d4**	**Sc3 : b1**
37.	**Te1 : b1**	**Te5—e4**

Nun wird die Sache sehr einfach.

38.	**Se3 : f5**	**Te4 : d4**
39.	**Sf5 : d6**	**c4—c3**
40.	**Tb1—c1**	**Td4 : d5**
41.	**Sd6—e4**	**Td5—d4**
42.	**Se4 : c3**	**Tf8—c8**

Weiß gibt auf.

Partie Nr. 187

Guimard — **Denker**

Damen-Indisch

1.	**d2—d4**	**Sg8—f6**
2.	**Sg1—f3**	**b7—b6**
3.	**c2—c4**	**Lc8—b7**
4.	**g2—g3**	**e7—e6**
5.	**Lf1—g2**	**Lf8—e7**
6.	**0—0**	**0—0**
7.	**Sb1—c3**	**Sf6—e4**
8.	**Dd1—c2**	**Se4 : c3**
9.	**b2 : c3**	

Guimard läßt also durchblicken, daß er fest entschlossen sei, auf Gewinn zu spielen. Die übliche, man kann sagen einzig übliche Fortsetzung bildet das solide 9. D:c3 (siehe z. B. Nr. 18 und Nr. 166). Der Textzug ist weniger solid, da der unauflösbare Doppelbauer zweifelsohne eine Schwäche der weissen Stellung bildet. Es ist aber eine noch ungelöste Frage, in wie weit diese Schwäche durch die Verstärkung der weissen Mitte aufgewogen wird. Die geringen Erfahrungen, welche mit dieser Variante bisher gemacht wurden, lassen keine endgültigen Schlüsse zu. Die vorliegende Partie liefert jedenfalls keinen Beweis für die Minderwertigkeit des Textzuges.

9.	....	**f7—f5**
10.	**d4—d5**	**Sb8—a6**

Durchaus logisch: Schw. schickt sich sofort an, das starke Feld c5 zu besetzen.

Einen vielleicht weniger logischen, aber jedenfalls sehr bemerkenswerten Aufbau von Schwarz zeigt die Partie Vidmar—Colle, Bled 1931: 10..., Dc8 11. Sd4, c5 12. Sb5, a6 13. Sa3, e:d5 14. c:d5, b5 15. e4, d6 16. Lh3, Sd7 17. Le3, De8 18. L:f5, T:f5! 19. e:f5, L:d5 und Schwarz steht prächtig. (Ein Wirbel im Stile von Nr. 18.)

11.	**Sf3—d4**	**Sa6—c5**
12.	**Tf1—d1**	**Dd8—c8**

13.	**Ta1—b1**	**g7—g6**
14.	**Lc1—a3**	**e6—e5**
15.	**Sd4—b3 !**	

Damit gelingt es dem Anziehenden, das wichtige Feld c5 mit einem schwarzen Bauern zu plombieren. Ein positioneller Teilerfolg.

15.	**....**	**d7—d6**
16.	**La3 : c5**	**d6 : c5**
17.	**Lg2—h3**	**Dc8—e8**
18.	**e2—e4**	**f5—f4?**

Ein ernster Stellungsfehler; es war geboten, die Spannung aufrechtzuhalten und sofort 18..., Lc8 zu ziehen.

19.	**Sb3—d2**	**Lb7—c8**

Infolge seines vorigen Zuges ist Schwarz zu diesem Tausch genötigt, da er sonst das Feld e6 dem Gegner überlassen müßte.

20.	**Lh3 : c8**	**De8 : c8**

Nun sitzt Schwarz da mit dem schlechten Läufer und muß sehr darauf achten, daß er nicht in ein verlorenes Endspiel gerät.

21.	**Kg1—g2**	**g6—g5**
22.	**Dc2—d3**	**Dc8—d7**
23.	**Td1—g1**	**Kg8—h8**
24.	**Sd2—f3**	**Le7—f6**
25.	**h2—h3**	**Tf8—f7?**

Schwarz unternimmt keinen Versuch, den Uebergang zum Endspiel aufzuhalten. Hier versäumt er die treffliche Gelegenheit, sich mit 25..., f:g3 26. f:g3, g4! Gegenspiel zu verschaffen.

26.	**g3 : f4**	**g5 : f4**

Erzwungen, denn 26..., e:f4 scheitert an 27. e5 (27..., g4 28. e6!, g:f3† 29. Kh2!).

27.	**Kg2—h2**	**Ta8—g8**

Da nun die g-Linie geöffnet ist, kann Schwarz den für ihn ungünstigen Abtausch der schweren Figuren kaum vermeiden.
Aber Denker ist sich anscheinend keiner Gefahr bewußt und geht aufgeweckt seinem Untergang entgegen.

28.	**Tg1 : g8†**	**Kh8 : g8**
29.	**Tb1—g1†**	**Tf7—g7**
30.	**Dd3—d1**	**Tg7 : g1**
31.	**Dd1 : g1†**	**Dd7—g7**
32.	**Dg1—g4**	**Dg7 : g4**
33.	**h3 : g4**	**h7—h6**
34.	**Kh2—h3**	**Kg8—f7**

Stellung nach 34. .., Kg8—f7

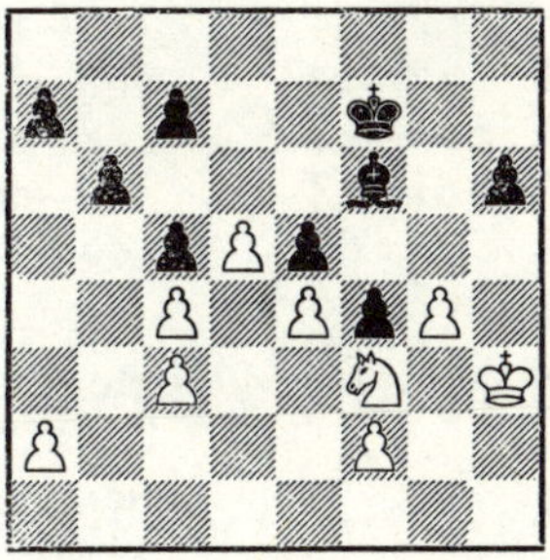

Das Gespenst im Hintergrund hat feste Gestalt angenommen.
Weiß kann nun die Partie wie folgt gewinnen: 35. g5!, h:g5 (35..., L:g5 36. S:e5†) 36. Kg4, Kg6 37. a3, a6 38. a4, a5 (38..., Kh6 39. Kf5!) 39. Se1, Le7 40. Sc2, Lf6 41. Sa3, Le7 42. Sb5, Ld6 43. Sa7, Le7 (auf 43..., Kf6 folgt Sa7—c6—d8—e6) 44. Sc6, Lf6 45. f3!, Kh6 46. Kf5, Kg7 47. Sb8! (nicht 47. S:e5, L:e5 48. K:e5 wegen 48..., Kg6!) 47...., Kf7 48. Sd7, Lg7 49. K:g5 usw. Seltsamerweise begnügt sich aber Guimard gerade jetzt mit einer

Wiederholung der Züge. Mag sein, daß er sich in Zeitnot befand und **fürchtete, einen Bauern** opfern zu müssen.

35.	**Sf3—h4?**	**Lf6—e7**
36.	**Sh4—f3**	**Le7—f6**
37.	**Sf3—d2?**	**Lf6—g5**
38.	**Kh3—g2**	**Kf7—e7**
39.	**Sd2—f3**	

Remis.

Partie Nr. 188

Najdorf — **Botwinnik**

Nimzo-Indisch

1.	**d2—d4**	**e7—e6**
2.	**c2—c4**	**Sg8—f6**
3.	**Sb1—c3**	**Lf8—b4**
4.	**Dd1—c2**	**d7—d5**
5.	**c4 : d5**	**e6 : d5**
6.	**a2—a3**	

Völlig neu. Der übliche Zug ist 6. Lg5.

6.	....	**Lb4 : c3†**

Ein Versuch, aus dem zeitraubenden a2—a3 Nutzen zu ziehen. Schwarz hätte sonst unbedenklich 6..., Le7 ziehen können. Dagegen wäre 6..., Ld6 zweifelhaft wegen 7. Sb5.

7.	**b2:c3**	**c7—c5**
8.	**Sg1—f3**	**Dd8—a5**
9.	**Sf3—d2**	**Lc8—d7**
10.	**Sd2—b3**	**Da5—a4**
11.	**Dc2—b2**	**Sb8—a6**
12.	**e2—e3**	**c5—c4**

Es drohte 13. L:a6 nebst 14. S:c5. Schwarz hätte nun am einfachsten mit 12..., c:d4 fortfahren können, die Drohung parierend und gleichzeitig Linien öffnend für sein Gegenspiel.

Die gewählte Fortsetzung ist zwar schärfer, hat aber auch ihre Schattenseiten. Denn Weiß erreicht nun nach einiger Vorbereitung eine ganz ähnliche Stellung wie bei Botwinniks Behandlung der Sämisch-Variante (siehe Nr. 103 und Nr. 113).

13.	**Sb3—d2**	**0—0**
14.	**Lf1—e2**	**b7—b5**
15.	**Le2—d1**	**Da4—a5**
16.	**Ld1—c2**	**Tf8—e8**
17.	**0—0**	**Ta8—b8**

Eine kleine Falle.

18.	**Sd2—f3 !**	

Weiß hat es gesehen.

Die Stellung erfordert f2—f3; es lag also nahe, die zufällige Gelegenheit bem Schopf zu packen und sofort 18. f3 zu ziehen, darauf vertrauend, daß 18..., T:e3 die Qualität kosten würde. Bei näherer Prüfung zeigt sich jedoch, daß diese Fortsetzung zum Vorteil für Schwarz ausschlägt und zwar: 19. Se4 (19. Sc4?, b:c4 und gewinnt) 19..., S:e4! 20. L:e3, Sc3, und Schwarz besitzt zwei Bauern für die Qualität, bei trefflicher Stellung. Dabei ist noch bemerkenswert, daß 21. Ld2, Se2† 22. Kh1 an 22..., c3! scheitert, nicht an 22..., D:d2?, was wegen 23. L:h7† die Dame kosten würde.

18.	....	**Da5—c7**
19.	**Sf3—e5**	**Ld7—e6**
20.	**f2—f3**	**Sa6—c5**

Eine gefundene Chance.

21.	**Lc1—d2**	**Sc5—a4?**

Ein höchst merkwürdiger Fall. Botwinnik kämpft gegen sein eigenes System; er weiß besser als jeder andere, daß sich Schw. in große Gefahr begibt, wenn er seinen Damenspringer in die Gegend von a3 schickt — das hat sich ja in vielen Beispielen gezeigt. Trotzdem stürzt sich Botwinnik hier in dasselbe Abenteuer.

Geboten war 21..., Scd7 22. S:d7, L:d7 23. Tae1, Lc6 24. Db1, Db7, um alle verfügbaren Streitkräfte auf den Schlüsselpunkt e4 zu richten.

22. Db2—b1	**Tb8—b6**
23. Db1—e1	**Sf6—d7**
24. De1—h4	

In drei Zügen hat Weiß seine Dame auf dieses wunderbare Feld gebracht. Einer dieser drei Züge wurde ihm mit 21..., Sa4? geschenkt.

24.	**....**	**Sd7—f8**
25.	**e3—e4!**	

Stellung nach 25. e3—e4!

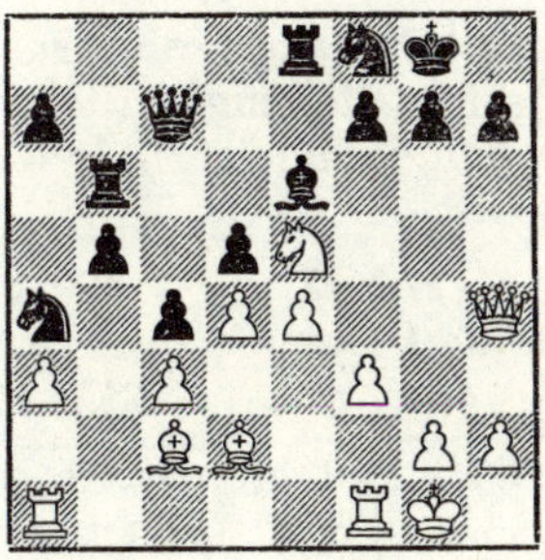

Da es dem Anziehenden gelungen ist, diesen äusserst wichtigen Vorstoß ohne jedes Zugeständnis durchzusetzen, hat er eine strategisch gewonnene Partie.

25.	**....**	**f7—f6**

Hier zeigt sich immerhin ein Unterschied mit den bekannten einschlägigen Beispielen: Schwarz verhindert e4—e5 nebst f3—f4—f5, wodurch er weniger unmittelbarer Gefahr läuft, als gewöhnlich. Aber das ergibt keine endgültige Besserung seiner Lage.

26. Se5—g4	**Sf8—g6**
27. Dh4—h5	**Dc7—f7**
28. Ta1—e1	**Tb6—b8**
29. Sg4—e3	

Ein ideales Feld für diesen Springer.

Nun steht der Bauer d5 bedroht, und Schwarz muß ausserdem mit f3—f4 rechnen.

29.	**....**	**Sg6—e7?**

Schwarz durfte natürlich nicht auf e4 tauschen. Er durfte auch nicht 29..., Sf4 ziehen wegen 30. D:f7† nebst 31. S:c4!. Schließlich verbot sich 29..., Tbd8 wegen 30. e:d5, L:d5 31. S:d5, T:e1 32. S:f6† usw.

In Betracht kam jedoch 29..., Sb6 oder 29..., Ted8, in welchen Fällen 30. f4 noch stets mit 30..., Se7 beantwortet werden konnte.

Mit dem Textzug will es Schw. noch besser machen, erzielt aber nur das Gegenteil.

30. Dh5—h4

Droht 31. e:d5 mit gleichzeitigem Angriff auf h7.

30.	**....**	**f6—f5**

Das war der Zweck von 29...., Se7; Schwarz will e4—e5 provozieren, um auf diese Weise den

Königsflügel abzuriegeln. Aber das gelingt nicht.

31. g2—g4 !

Der Strich durch die Rechnung des Gegners. Weiß erzwingt auf diese Weise die entscheidende Oeffnung von Linien auf dem Königsflügel. Der viermal angegriffene Bauer f5 darf nicht ziehen.

31. .... f5—f4

Schwarz spielt trotzdem mit diesem Bauern und beschleunigt dadurch seinen Untergang — allerdings nicht viel, denn auch nach 31..., g6 32. e:f5, g:f5 33. g:f5 hätte es nicht mehr lange dauern können, da der Bauer d5 fällt: 33..., S:f5 34. L:f5, L:f5 35. Dg5†, Lg6 36. S:d5 usw., oder 33..., L:f5 34. L:f5, S:f5 35. Dg5†, Sg7 36. S:d5 usw.

32. e4 : d5 !

Greift zugleich h7 an.

32. .... Se7—g6

Eine weitere Beschleunigung des Untergangs; Schwarz verliert eine Figur.

33. d5 : e6 Te8 : e6
34. Lc2 : g6 h7 : g6
35. Se3—g2 Tb8—e8
36. Te1 : e6 Te8 : e6
37. Sg2 : f4 Te6—f6
38. Dh4—g5 Sa4 : c3
39. Ld2 : c3 Tf6 : f4
40. Kg1—g2

Schwarz gibt auf.

Partie Nr. 189

Szabo — **Steiner**

Bogo-Katalonisch

1. d2—d4 Sg8—f6
2. Sg1—f3 d7—d5
3. c2—c4 e7—e6
4. g2—g3 Lf8—b4†
5. Lc1—d2 Lb4 : d2†
6. Sb1 : d2

Mit Zugumstellung ist das Bogo-Katalonisch entstanden, eine Variante der Bogo-Indischen Verteidigung (1. d4, Sf6 2. c4, e6 3. Sf3, Lb4† 4. Ld2, L:d2† 5. Sb:d2, d5 6. g3).

6. .... 0—0
7. Lf1—g2 Sf6—e4

Den Vorzug verdiente 7..., Sbd7 (Capablanca-Marshall, New York 1927).

8. 0—0 f7—f5

In Verbindung mit dem vorigen Zuge von Schwarz zwar folgerichtig, aber nicht empfehlenswert. Zum Stonewall gehört der Königsläufer — sonst bleiben nur (um es mit Morgenstern auszudrücken) Latten ohne was herum.

9. Ta1—c1 c7—c6
10. Dd1—c2 Sb8—d7
11. b2—b4

Das gibt Schwarz die Gelegenheit, seine Stellung mittels einer taktischen Feinheit zu befreien.

11. .... Se4 : d2
12. Dc2 : d2 d5 : c4
13. Tc1 : c4 e6—e5 !
14. d4 : e5 Sd7 : e5

Der Witz; auf 15. D:d8 würde erst 15..., S:f3† folgen.

15. Tc4—d4 Dd8—e7
16. a2—a4 Se5—f7
17. Tf1—e1 !

Schwarz hat sich Ellenbogenfreiheit verschafft, aber das Spiel steht noch nicht völlig gleich; Weiß beherrscht nämlich die d-Linie und droht sich nun mittels 18. e4 auch der e-Linie zu bemächtigen.

17.	....	a7—a5

Daher diese Gegenaktion auf dem Damenflügel. Kein übler Gedanke. Auf 18. b:a5 würde Schw. mit 18..., Dc7 fortfahren.

18.	b4—b5	c6 : b5
19.	a4 : b5	a5—a4?

Aber dieses weitere Vorrücken ist verfrüht und nachteilig. Es gab verschiedene bessere Züge z. B. 19..., Td8.

20.	Dd2—b4	De7 : b4
21.	Td4 : b4	Tf8—d8
22.	Sf3—d4	a4—a3
23.	Te1—a1	Sf7—g5
24.	e2—e3	Sg5—e6
25.	Sd4—c2	Td8—d2
26.	Ta1 : a3	

Das Schicksal fürwitziger Bauern!

26.	....	Ta8—b8
27.	Sc2—e1	Td2—d1
28.	Kg1—f1	Lc8—d7
29.	Ta3—d3	Td1 : d3
30.	Se1 : d3	Se6—c7
31.	b5—b6	

Weiß hat den Gegenangriff abgeschlagen und besitzt nun einen gesunden Mehrbauern. Es ist jedoch nicht leicht, diesen Vorteil zur Geltung zu bringen.

31.	....	Sc7—a6
32.	Tb4—d4	Ld7—b5
33.	Kf1—e1	g7—g6
34.	Lg2—d5†	

Der Beginn eines unzweckmäßigen Manövers.

34.	....	Kg8—f8
35.	Sd3—e5	Kf8—e7
36.	Ld5—c4?	

Diesen starken Läufer hätte Weiß nicht tauschen sollen. Nun erlangt Schwarz Gegenspiel, und der Bauer b6 wird sehr schwach.

36.	....	Lb5 : c4
37.	Td4 : c4	Tb8—d8
38.	Tc4—c2	Td8—d5
39.	Se5—c4	Sa6—b4!

Ein unangenehmes Zügli.

40.	Tc2—c3	Td5—c5
41.	Ke1—d2	Sb4—a2?

Mit 41..., Td5† 42. Ke2, Tc5 hätte Schwarz Remis erzwingen können.

Nach dem Textzug verschafft sich Weiß noch eine kleine Chance.

42.	Tc3—c2	Sa2—b4
43.	Tc2—c1	Sb4—a2
44.	Tc1—a1	Tc5 : c4
45.	Ta1 : a2	Tc4—b4
46.	Ta2—c2	Tb4 : b6
47.	Tc2—c7†	Ke7—f6
48.	Tc7 : h7	

Vier gegen zwei auf demselben Flügel! Man sollte meinen, Weiß stehe auf Gewinn, da er zwei verbundene Freibauern in Aussicht habe. Aber diese Aussicht steht nur auf dem Papier.

48.	....	Tb6—b2†
49.	Kd2—e1	g6—g5!

Jetzt ist das Endspiel nicht mehr zu gewinnen.

50.	h2—h4	g5 : h4
51.	Th7 : h4	Kf6—e5
52.	Th4—d4	

Auf 52. g4 darf Schwarz weder 52..., Ke4? spielen, wegen 53.

g:f5 usw., noch 52..., Tb4?, wegen 53. f3! usw.; aber 52..., f4! macht remis.

52. .... b7—b5
53. Td4—d2

Hier konnte Weiß zwar die verbundenen Freibauern haben, jedoch unter ungünstigen Umständen: 53. g4, f:g4 54. T:g4, b4, und Schwarz macht bequem remis, da sein Freibauer bereits sehr stark ist, und sein König besser steht als der weisse.

53. .... Tb2—b3
54. Ke1—d1 Tb3—b4

Der schwarze Turm mußte die zweite Reihe verlassen, aber nun bewacht er die vierte, sodaß Weiß wieder keine gute Gelegenheit erhält zu e3-e4 oder g3-g4.

55. Kd1—e2 Ke5—e4
56. Td2—c2 Tb4—b3
57. Tc2—a2 Tb3—b1
58. Ta2—d2 Tb1—b4
59. f2—f3†

Noch das Einzige, das Weiß versuchen kann.

59. .... Ke4—e5
60. Ke2—f2 Tb4—b1
61. f3—f4† Ke5—e6

Auf 61..., Ke4?? würde Matt folgen.

62. Kf2—f3 Tb1—f1†!

Nun verhindert Schwarz das entscheidende e3—e4 oder g3—g4 wieder auf diese Weise; dank der Rückständigkeit von e3 und g3 würde er nach 63. Tf2 bequem Remis erzielen mittels 63...,T:f2†! 64. K:f2, Kd5 usw.

63. Kf3—e2 Tf1—g1
64. Td2—d4

Damit gibt Weiß zu, daß er keine Möglichkeit mehr sieht, noch etwas von Bedeutung zu unternehmen.

64. .... Tg1 : g3
65. Td4—b4 Tg3—g8
66. Tb4 : b5 Tg8—d8

Jetzt ist die Stellung glatt remis; e3—e4 bildet natürlich keine Drohung mehr.

67. Ke2—f3 Td8—d6
68. Kf3—g3 Ke6—f6
69. Kg3—h4 Kf6—g6
70. Tb5—b2 Td6—e6
71. Tb2—g2† Kg6—f6
72. Tg2—g3

Weiß bekundet jedenfalls eine anerkennenswerte Strebsamkeit.

72. .... Te6—e8
73. Kh4—h3 Te8—h8†
74. Kh3—g2 Th8—a8
75. Tg3—h3 Kf6—g6
76. Kg2—f3 Ta8—b8
77. Th3—h1 Tb8—d8
78. Kf3—e2 Td8—d6
79. Th1—d1 Td6 : d1?

Selbstmord, vielleicht aus Langweile, vielleicht aus Ungeduld. Alle anderen Partien waren bereits längst zu Ende, und Steiner wollte sich gewiß auch noch auf die Preisverteilung vorbereiten. Ohne Turmtausch hätte Schwarz die Partie nie verlieren können.

80. Ke2 : d1 Kg6—f6

(Siehe Diagramm)

Jetzt lautet die Aufgabe: Weiß zieht und gewinnt.

81. Kd1—c2 Kf6—e6
82. Kc2—c3!

Stellung nach 80. ..., Kg6—f6

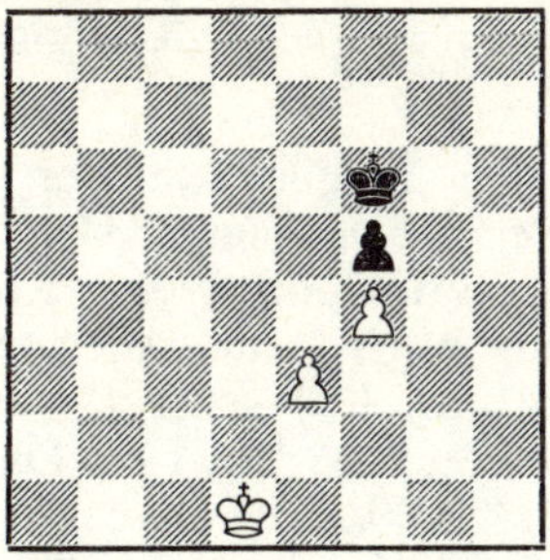

Diese kleine Feinheit hatte Schw. ausser Acht gelassen. Nach 82. Kd3?, Kd5 bliebe das Spiel tatsächlich unentschieden.

82.	....	Ke6—d5
83.	Kc3—d3	

Schwarz gibt auf.

Hiemit hat Szabo ausser dem Rekord der kürzesten Gewinnpartie (siehe Nr. 37) auch den der längsten auf seinen Namen gebracht.

Partie Nr. 190

Lundin **Smisloff**

Katalonisch im Nachzuge

1.	d2—d4	d7—d5
2.	Sg1—f3	Sg8—f6
3.	e2—e3	c7—c5
4.	Lf1—e2	g7—g6
5.	0—0	Lf8—g7
6.	d4 : c5	Dd8—a5
7.	a2—a3	Da5 : c5
8.	b2—b4	Dc5—c7
9.	Lc1—b2	0—0
10.	Sb1—d2	Lc8—g4
11.	c2—c4	

Also ein echter Katalonier, beinahe dasselbe wie in den Partien Nr. 161 und Nr. 185, jedoch mit vertauschten Farben.

11.	....	d5 : c4

Smisloff geht vorsichtiger zu Werk als Stoltz in Nr. 161 und Kottnauer in Nr. 185; er gibt seinem Gegner nicht die Chance, das Uebergewicht auf dem Damenflügel auszuspielen.

12.	Sd2 : c4	

Eine Herausforderung. Sicherer und besser war 12. L:c4 (12..., L:f3 13. D:f3, Td8 14. Tac1!).

12.	....	Lg4 : f3

Mit Vergnügen, denn die Aufreißung der weißen Rochadestellung ist das Höchste, wovon dieser Läufer träumen durfte.

13.	g2 : f3	Tf8—d8
14.	Dd1—b3	Sf6—e8 !

Dieser Zug ist das Ergebnis einer meisterhaften Beurteilung der Lage. Schwarz erleichtert seine Aufgabe, indem er einen der feindlichen Läufer unschädlich macht und bringt zugleich seinen Königsspringer besser ins Spiel.

Es war nicht leicht zu sehen, daß Schwarz sich diese Aktion vor Vollendung seiner Entwicklung erlauben durfte.

15.	Ta1—c1	Sb8—c6
16.	f3—f4	Lg7 : b2
17.	Db3 : b2	Ta8—c8
18.	Le2—f3	a7—a6
19.	Sc4—a5	

Weiß übt einen starken Druck auf den feindlichen Damenflügel aus, aber die Schwäche seiner Rochadestellung macht diesen Vorteil zunichte.

19. .... Dc7—d7

Die schwarze Dame schielt verdächtig nach h3 und g4.

20. Sa5 : c6 b7 : c6

Es ist nicht zu leugnen, daß der schw. Damenflügel arge Schwächen aufweist; nach Damentausch stünde Weiß überlegen. Aber so wie die Dinge stehen, muß Weiß fortwährend an seinen König denken.

21. Tf1—d1 Se8—d6

Ein ausgezeichnetes Feld für diesen Springer.

22. Db2—e5

Weiß faßt den Entschluß, nicht länger an seinen König zu denken und seine Dame auf Bauernraub auszuschicken.

22. .... f7—f6
23. De5—c5 Kg8—h8 !

Da beginnen sich bereits Haare in der Suppe des Anziehenden zu zeigen: nach 24. L:c6 würde Schwarz mittels 24..., Dg4† mindestens ewiges Schach erreichen. Der Textzug ist aus zwei Gründen sehr wichtig; der erste ist, daß sich der schwarze König einem allfälligen Läuferschach entzieht.

24. Dc5—b6 g6—g5 !

Und das ist der zweite Grund: Schwarz öffnet die g-Linie zum Königsangriff; er hat bereits die besseren Aussichten erlangt.

25. f4 : g5 Dd7—f5
26. Lf3—g2 Df5 : g5
27. f2—f4

Um den Läufer von der Seite aus decken zu können. Der Textzug schwächt die weiße Königsstellung noch mehr, indessen hatte auch 27. Kh1 seine Bedenken, z. B. 27..., Tg8 28. Tg1, Dh4 29. Tcf1, Se4 30. L:e4, D:e4† 31. f3, T:g1† 32. K:g1, Dc2! 33. Kh1, De2! und gewinnt.

27. .... Dg5—g4
28. Td1—d2 Td8—g8
29. Db6 : a6 Sd6—e4

Stellung nach 29. ..., Sd6—e4

Der Angriff des Nachziehenden ist ungemein stark geworden. Man sieht, wieviel Weiß gewagt hat, indem er sich entschloß, auf Bauernjagd auszugehen.

30. Td2—c2 Tc8—d8

Droht 31..., Td1† mit Turmgewinn.

31. Da6—e2?

Einzig 31. Df1 bot noch Aussichten auf Rettung.

31. .... Dg4—h3

Droht 32..., T:g2† 33. D:g2,Tg8. Auf 32. Df1 würde jetzt 32..., Sd2 und 33. Sf3† folgen.

32. De2—e1	**Dh3—f3**

Nun kann sich Weiß nicht rühren, es droht aber z. B. Td8-d3:e3.

33. Kg1—h1	**Tg8 : g2 !**

Entscheidend.

34. Tc2 : g2	**Td8—d2**
35. De1—f1	**Se4—f2†**
36. Kh1—g1	**Sf2—h3†**
37. Kg1—h1	**Sh3—f2†?**

Wie? Was? Schwarz konnte doch auf der Stelle gewinnen mit 37..., Tf2!.

38. Kh1—g1	**Sf2—h3†**
39. Kg1—h1	**Sh3—f2†?**

Unglaublich, aber wahr: Schwarz begnügt sich mit ewigem Schach. Kopfschüttelnd muß der Glossator diese Tatsache anerkennen, und nur mühsam bringt er seine allerletzte Anmerkung hervor: Ein merkwürdiger Schluß.

Remis.

TURNIERTABELLE

	Namen	Botwinnik	Euwe	Smisloff	Najdorf	Szabo	Boleslawski	Flohr	Lundin	Stoltz	Denker	Kotow	Tartacover	Kottnauer	Yanofsky	Bernstein	Guimard	Vidmar	Steiner	O'Kelly	Christoffel	Total
1.	Botwinnik	—	½	1	0	1	1	½	1	1	½	0	1	1	0	1	1	1	1	1	1	14½
2.	Euwe	½	—	0	½	1	1	½	½	½	1	0	½	1	1	1	1	1	1	1	1	14
3.	Smisloff	0	1	—	½	½	1	½	½	½	½	½	½	1	½	½	½	1	1	1	1	12½
4.—5.	Najdorf	1	½	½	—	1	1	½	0	½	½	½	½	0	1	½	½	½	1	½	1	11½
4.—5.	Szabo	0	0	½	0	—	1	½	0	1	0	1	½	1	1	½	1	½	1	1	1	11½
6.—7.	Boleslawski	0	0	0	0	0	—	½	1	1	1	1	1	½	½	½	½	½	1	1	1	11
6.—7.	Flohr	½	½	½	½	½	½	—	½	½	½	0	½	½	1	½	1	½	½	1	1	11
8.—9.	Lundin	0	½	½	1	1	0	½	—	½	0	½	1	0	1	0	½	½	1	1	1	10½
8.—9.	Stoltz	0	½	½	½	0	0	½	½	—	1	½	½	1	½	1	1	0	½	1	1	10½
10.—12.	Denker	½	0	½	½	1	0	½	1	0	—	0	½	0	½	1	½	½	1	1	½	9½
10.—12.	Kotow	1	1	½	½	0	0	1	½	½	1	—	½	0	½	0	1	½	0	1	0	9½
10.—12.	Tartacover	0	½	½	½	½	0	½	0	½	½	½	—	1	½	½	1	1	½	½	½	9½
13.	Kottnauer	0	0	0	1	0	½	½	1	0	1	1	0	—	1	1	0	½	½	0	1	9
14.	Yanofsky	1	0	½	0	0	½	0	0	½	½	½	½	0	—	½	1	1	1	½	½	8½
15.—16.	Bernstein	0	0	½	½	½	½	½	1	0	0	1	½	0	½	—	½	½	½	0	0	7
15.—16.	Guimard	0	0	½	½	0	½	0	½	0	½	0	0	1	0	½	—	1	½	½	1	7
17.	Vidmar	0	0	0	½	½	½	½	½	1	½	½	0	½	0	½	0	—	½	½	0	6½
18.	Steiner	0	0	0	0	0	0	½	0	½	0	1	½	½	0	½	½	½	—	1	½	6
19.	O'Kelly	0	0	0	½	0	0	0	0	0	0	0	½	1	½	1	½	½	0	—	1	5½
20.	Christoffel	0	0	0	0	0	0	0	0	0	½	1	½	0	½	1	0	1	½	0	—	5

PARTIENTABELLE

Die Zahlen bedeuten die Nummern der Partien
Die fettgedruckten Zahlen geben an, dass der betreffende Spieler Weiss hat

Namen der Spieler	Bernstein	Boleslawski	Botwinnik	Christoffel	Denker	Euwe	Flohr	Guimard	Kotow	Kottnauer	Lundin	Najdorf	O'Kelly	Smisloff	Steiner	Stoltz	Szabo	Tartacover	Vidmar	Yanofsky
Bernstein	—	**102**	83	15	99	**140**	**159**	**26**	**178**	**7**	57	36	120	**64**	78	142	**45**	163	**121**	184
Boleslawski	102	—	**62**	186	80	**119**	**138**	**5**	**157**	**176**	38	17	**100**	**43**	59	123	**24**	144	**81**	165
Botwinnik	83	62	—	167	**60**	**98**	**117**	**174**	**136**	**155**	19	188	**79**	**22**	40	104	**3**	125	**41**	146
Christoffel	**15**	**186**	**167**	—	175	27	48	**110**	69	90	133	112	6	**148**	154	**34**	**129**	**53**	91	**72**
Denker	**99**	**80**	60	**175**	—	103	124	187	145	166	**23**	**4**	82	39	**42**	**118**	18	**137**	**61**	**156**
Euwe	140	119	98	**27**	**103**	—	162	35	183	14	**65**	**46**	**122**	77	**84**	**160**	56	**179**	**141**	**8**
Flohr	159	138	117	**48**	**124**	162	—	54	12	33	**86**	**67**	**143**	96	**105**	180	75	**10**	**181**	**29**
Guimard	26	5	174	110	**187**	**35**	**54**	—	**73**	**92**	**149**	**130**	**16**	153	**168**	47	132	68	111	89
Kotow	178	157	136	**69**	**145**	**183**	**12**	73	—	52	**107**	**88**	**164**	115	**126**	9	94	30	31	**50**
Kottnauer	**7**	176	155	**90**	**166**	**14**	**33**	92	**52**	—	**128**	**109**	**185**	134	**147**	28	113	49	71	70
Lundin	**57**	**38**	**19**	**133**	23	65	86	149	107	128	—	**152**	44	**190**	2	**76**	170	**95**	171	**114**
Najdorf	**36**	**17**	**188**	**112**	4	46	67	130	88	109	152	—	25	**169**	173	**55**	150	**74**	131	**93**
O'Kelly	**120**	100	79	**6**	**82**	122	143	16	164	185	**44**	**25**	—	58	**63**	**139**	37	**158**	**101**	**177**
Smisloff	64	43	22	148	**39**	**77**	**96**	**153**	**115**	**134**	190	169	**58**	—	**20**	85	**172**	106	**1**	127
Steiner	**78**	**59**	**40**	**154**	42	84	105	168	126	147	**2**	**173**	63	20	—	**97**	189	**116**	**21**	**135**
Stoltz	**142**	**123**	**104**	34	118	160	**180**	**47**	**9**	**28**	76	55	139	**85**	97	—	**66**	182	**161**	13
Szabo	45	24	3	129	**18**	**56**	**75**	**132**	**94**	**113**	**170**	150	**37**	172	**189**	66	—	87	151	108
Tartacover	**163**	**144**	**125**	53	137	179	10	**68**	**30**	**49**	95	74	158	**106**	116	**182**	**87**	—	11	32
Vidmar	121	81	41	**91**	61	141	181	**111**	**31**	**71**	**171**	**131**	101	1	21	161	**151**	**11**	—	**51**
Yanofsky	**184**	**165**	**146**	72	156	8	29	**89**	50	**70**	114	93	**177**	**127**	135	**13**	**108**	**32**	51	—

ERÖFFNUNGSÜBERSICHT

(Die Zahlen bedeuten die *Nummern* der Partien)

Offene Spiele

1. e2—e4, e7—e5 2. Sf3, Sc6

Halboffene Spiele

1. e2—e4

Geschlossene Spiele

1. d2—d4, d7—d5

Halbgeschlossene Spiele

1. d2—d4

Flankenspiele

anders als 1. e4 oder 1. d4

INHALTSVERZEICHNIS